한국의 과학과 문명 028

임원경제지와 조선의 일용기술

"이 저서는 2010년도 대한민국 교육부와 한국학중앙연구원(한국학진흥사업단)을 통해
한국학 특정분야 기획연구(한국과학문명사) 사업의 지원을 받아 수행된 연구임."(AKS-2010-AMZ-2101)

임원경제지와 조선의 일용기술

초판 1쇄	2022년 10월 4일		
지은이	전종욱		
출판책임	박성규	펴낸이	이정원
편집주간	선우미정	펴낸곳	도서출판 들녘
편집	이동하·이수연·김혜민	등록일자	1987년 12월 12일
디자인	한채린·고유단	등록번호	10-156
마케팅	전병우	주소	경기도 파주시 회동길 198
경영지원	김은주·나수정	전화	031-955-7374 (대표)
제작관리	구법모		031-955-7376 (편집)
물류관리	엄철용	팩스	031-955-7393
		이메일	dulnyouk@dulnyouk.co.kr

ISBN	979-11-5925-928-9 (94910)
	979-11-5925-113-9 (세트)

한국의 과학과 문명 028

임원경제지와 조선의 일용기술

전종욱 지음

지은이 **전종욱** 全鍾項

대구 칠곡 출신. 서울대학교 경제학과, 한림대학교 태동고전연구소, 동신대학교 한의학과를 졸업하고 KAIST 의과학대학원에서 "패장초 수추출물의 혈관신생효과 연구"로 이학박사 학위를 취득했다. 가학과 함께 지곡서당, 도올서원에서 한학을 수련하였고 조선 최대의 실용백과사전『임원경제지』중 양생 분야「보양지」와 의학 분야「인제지」번역을 주도하였다. 카이스트 실험실과 한국한의학연구원 신약개발부서를 거치면서『동의보감』과『임원경제지』「인제지」,『의방유취』의 처방 정보를 빅데이터 기술로 연결하여 신약 개발에 응용하는 방법을 개발하고 공동 특허 등록을 마쳤다. 조선 어의 이수귀의 임상 에세이『역시만필』을 공동 번역하였고, (사)임원경제연구소와 함께『임원경제지』「보양지 1, 2, 3」,『임원경제지 개관서』를, (재)세종대왕기념사업회와 함께『국역 구급이해방』,『국역 의림촬요』,『국역 의감산정요결』,『국역 의방유취』등의 번역서를 냈으며, "조선 침구의 지향", "임원경제지와 조선 양생의 지향", "원효의 금광명경 제병품과 한국고대불교의학" 같은 논문이 있다. 전북대 한국과학문명학연구소에서는 전통의학 연구의 바탕 위에서 박물학 및 과학기술 전반의 형성과 흐름을 좇아 그 내면의 질서를 탐구하는 데로 연구 영역을 확대하고 있다. 특히『임원경제지』의 서유구를 비롯한 19세기 조선의 학문이 기존 유불선의 사상적 발전의 토대 위에 다시 서구 학문의 핵심을 소화하여 새로운 문명 회통의 가능성을 보인 점에 주목한다.

〈한국의 과학과 문명〉총서
기획편집위원회
연구책임자_ 신동원
전근대팀장_ 전용훈
근현대팀장_ 김근배
전 임 교 수_ 문만용
　　　　　　김태호
　　　　　　전종욱
전임연구원_ 신미영

일러두기

■ 『임원경제지』 원문과 역문은 (사)임원경제연구소에서 번역 출판된 결과물을 이용하였다. 원문의 교감과 번역 작업이 정밀하여 원뜻을 더 잘 전달하리라고 판단했다. 주요 원본은 서울대학교 규장각본, 고려대학교 도서관본, 일본 오사카부립도서관 본이며 출처 표기가 필요한 경우 각각 규장각본, 고대본, 오사카본이라고 약칭하였다.

■ 그림이나 삽화 역시 대부분 (사)임원경제연구소에서 확보한 것을 이용하였고, 소장처는 해당 항목마다 제공처를 표기하였다. 미처 출처를 확인하지 못한 것은 이후에라도 사정을 밝히고 허락을 구하는 노력을 지속할 것이다.

■ 본문 중 『임원경제지』 미출간 원고의 일부를 옮기는 곳에는 필자가 내용을 수정하기도 했다.

■ 주석에 자주 나오는 "풍석 서유구 지음, 정명현·민철기·정정기·전종욱 외 옮기고 씀, 『임원경제지(林園經濟志): 조선 최대의 실용백과사전』(씨앗을뿌리는사람, 2012)"은 대부분 "『임원경제지 개관서』(2012)"로 줄여서 썼다.

〈한국의 과학과 문명〉 총서를 펴내며

우리나라는 현재 세계 최고 수준의 메모리 반도체, 스마트폰, 디스플레이, 철강, 선박, 자동차 생산국으로서 과학기술 분야의 경이적인 발전으로 세계의 주목을 받고 있다. 그것을 가능케 한 요인의 하나가 한국이 오랜 기간 견지해온 우수한 과학기술 문화와 역사 속에 있다고 우리는 생각한다.

문명이 시작된 이래 한국은 항상 높은 수준을 굳건히 지켜온 동아시아 문명권의 일원으로서 그 위치를 잃은 적이 없었다. 우리는 한국이 이룩한 과학기술 문화와 역사의 총체를 '한국의 과학문명'이라 부르려 한다. 금속활자·고려청자 등으로 대표되는 한국 과학문명의 창조성은 천문학·기상학·수학·지리학·의학·양생술·농학·박물학 등 과학 분야를 비롯하여 금속제련·방직·염색·도자·활자·인쇄·종이·기계·화약·선박·건축 등 기술 분야에서도 다양하게 분명히 드러난다.

우리는 이런 내용을 종합하는 〈한국의 과학과 문명〉 총서를 발간하고자 한다. 이 총서의 제목은 중국의 과학문명에 대한 새로운 인식의 지평을 연 조지프 니덤(Joseph Needham)의 『중국의 과학과 문명』을 염두에 두고 만들었다. 그러나 니덤이 전근대에 국한한 반면 우리는 전근대와 근현대를 망라하여 한국 과학문명의 총체적 가치와 의미를 온전히 담은 총서의 발간을 목표로 한다. 나아가 한국의 과학과 문명이 지닌 보편적 가치를 세계에 발신하고자 한다. 지금까지 한국은 세계 과학문명의 일원으로 정당한 가치를 인정받지 못한 채, 중국의 아류로 인식되어왔다. 이 총서에서는 한국 과학문명이 지닌 보편성과 독자성을 함께 추적하여 그것이 독자적인 과학문명이자 세계 과학문명의 당당한 일원임을 입증하고자 한다. 우리는 이 총서에서 근현대 한국 과학기술 발전의 역사와 구조를 밝힐 것이며, 이로써 인류의 과학기술 발전사를 새로이 해명하는 데에 기여할 것이다.

이 총서에서는 한국의 과학문명이 역사적으로 독자적인 가치와 의미를 상실하지 않았던 생명력에 주목한다. 이를 위해 전근대 시기에는 중국 중심의 세계 질서 아래서도 한국의 과학문명이 독자성을 유지하면서 발전을 지속한 동력을 탐구한다. 근현대 시기에는 강대국 중심 세계체제의 강력한 흡인력 아래서도 한국의 과학기술이 놀라운 발전과 성장을 이룩한 요인을 탐구한다.

우리는 이 총서에서 국수적인 민족주의나 근대 지상주의를 동시에 경계하며, 과거와 현재가 대화하고 내부와 외부가 부단히 교류하는 가운데 형성되고 발전되어온 열린 과학문명사를 기술하고자 한다. 이 총서를 계기로 한국 과학문명에 대한 관심과 이해가 더욱 깊어지기를 기대한다.

마지막으로 〈한국의 과학과 문명〉 총서의 발간은 교육부와 한국학중앙연구원 한국학진흥사업단의 지원에 크게 힘입었음을 밝히며 이에 감사를 표한다.

〈한국의 과학과 문명〉 총서 기획편집위원회

"장님 코끼리 만지기"

6년 전 이 책을 기획하던 시점에서부터 떠나지 않는 말이었다. 『임원경제지』의 16개 분야 지식을 망라하여 한 책으로 엮어낸다는 것은 애초부터 장님 코끼리 만지는 헛일이 될 공산이 매우 컸던 것이다. 그만큼 풍석 서유구의 백과전서 『임원경제지』는 방대하고 난해하다. 농업기술, 방적 방직, 예학, 의학, 수학, 미학, 공업, 상업, 지리, 음식, 서화, 음악이 동시에 거론되는 책이다. 혹자는 개항 이전 전통 동아시아 지식의 모든 것이라고도 한다. 그야말로 일용의 삶 속에 접할 수 있는 모든 지식이라 할 것이다. 그렇기에 기획 시점에서부터 총서 시리즈에 적합한 것인지에 대한 의문도 이어졌고, 차라리 몇몇 분야만을 추출해서 일부만 다루어야 한다는 의견도 있었다. 하지만 현대의 소위 전문 학과로 나뉘기 이전의 생경하면서도 묘한 매력의 전통학문 16지를 들여다보면 볼수록 『임원경제지』 전체가 하나의 구조로서 가지는 의의가 있을 것이라는 생각에 기울었다. 그간 막연하지만 '학문에 통달했다'는 전통적 평가의 실내용이 바로 『임원경제지』에 있는 것이 아닌가 하는 생각도 했다. 조선의 지식인에게는 16개의 서로 다른 분야가 사실은 하나로 묶일 수 있고, 심지어 하나로 묶여져야만 더욱 온전한 지식이 될 것이라는 생각도 가능하지 않을까 기대도 생겼다. 그리고 지금까지 『임원경제지』에 대한 여러 논의가 『임원경제지』의 특정 분야만 일부 뽑아서 이해해왔던 데 따른 필연적 약점도 짐작해볼 수 있었다. 결국 무리를 감수하고 『임원경제지』라는 책의 전체를 담아보기로 했다.

이 무모한 시도를 조금이라도 가능한 일로 만들어준 것은 태반이 임원경제연구소의 번역본의 도움이었다. 임원경제연구소는 2003년 2월부터 지금까지 근 20년 동안 『임원경제지』 전체를 완역하는 데 진력해온 번역기관으로, 정명현 소장님은 출간된 번역서를 필자가 효율적으로 활용할 수 있도록 모든 도움을 아끼지 않았다. 뿐만아니라 정 소장님은 본서의 진행 과정을 항상 궁금해했고, 필자 역시 시간 되는 대로 『임원경제지』 곳곳의 구절들에서 새롭게 캐어낸 의미를 음미하면서 그 놀라움과 즐거움을 함께 나누었다. 책의 제목이 "임원경제지와 조선의 일용기술"이지만, 서유구라는 조선 후기 독특한 학자의 사유가 담긴 문명적 구상이라고 일컬어야 마땅한 부분이 많다는 것도 이런 대화를 통해 굳어진 생각이었다. 책의 서술에서 『임원경제지』를 관통하는 중심 줄기를 찾아 묶어내는 것이 중요한 관건이 되었다.

한국과학문명학연구소의 총서는 모두 기획편집위원회의 발간 취지에 따라 집필 방향을 잡고 있다. 본서도 마찬가지이다. 그중에서 특히 한국 과학문명이 지닌 보편성과 독자성을 함께 추적하여 그것이 독자적인 과학문명이자 세계 과학문명의 당당한 일원임을 드러내는 데 『임원경제지』는 매우 적절한 역할을 하리라 본다. 더하여 『임원경제지』의 내용은 우리 역사 시기를 단절적으로 보지 않고 연속적으로 보며, 고립된 것이 아니라 국제적으로 연결된 것으로 보고, 고정된 것이 아니라 역동적으로 변화하는 것으로 보게 하는 힘이 있다. 국수적인 민족주의나 근대 지상주의에 대해 거리두기를 할 수 있게 하며, 시공 속에 부단히 교류하면서 형성 발전된 것이라는 열린 과학문명사의 시각을 제공한다. 우리 문명의 미래 구상에도 유용한 점이다.

『임원경제지』에 담긴 변화하는 세계를 보는 눈, 우리 자신을 바라보는 깊이, 그리고 변화를 따라잡고 우리 스스로를 바꾸어가려는 열망과 미래 청사진의 정밀함을 이 책을 통해서 더 많은 사람이 공감할 수 있었으면 좋겠다.

'거대한 통합의 길'

서유구를 볼 때 그가 얼마나 거대한 통합을 기획했던가 하는 점을 염두에 둘 필요가 있다. 그는 유학 13경 주해서의 새로운 기획인 '13경전설', 우리나라 역대 문장의 집성인 『소화총서』, 사람이 풍요롭게 살기 위한 모든 지식으로서 『임원경제지』라는 3방면에서 총서를 통합하려 했다. 『임원경제지』와 비슷한 볼륨의 총서가 2가지 더 추가된 것이다. 어떻게 이런 작업을 시도하고, 또 이루어낼 수 있었는가? 서유구는 '종유통선불지도'라는 말을 썼다. 유학을 종주로 삼으면서 선가, 불가를 통합한 도를 말한다. 서유구는 자신도 성인들의 세기적 업적, 곧 '불후의 성사'를 이루고 싶어 했다. 불교와 도교에 대한 심오한 이해를 갖춘 사람으로서 세상의 지식을 두루 아울러 당대에 유용한 것으로 만들어내겠다는 자신감이다. 이런 자신감은 아버지 서호수 역시 뚜렷하다. 청대 서양 수학과의 교류 이후 황명으로 중국 문명의 재정립을 완수한 책으로 평가되는 『율력연원』을 온전히 소화하여 서양 수학을 충분히 마스터하고 조선의 것으로 만든 뒤에 그 3부작, 『수리정온』, 『율려정의』, 『역상고성』 각각에 대해 미진한 부분의 '보해' 편을 쓴 사람이다. 연행사로 북경에 가서 마테오리치의 묘에서 도의 전수자로 자처했고, 서양 음계를 듣고 성률을 정리할 수 있는 기회가 있었다면 천하의 이치를 새롭게 정립한 주희와 같은 경지에 오르는 '천고일쾌'를 누려볼 수 있었을 것이라고 포효했다. 조부 서명응은 『보만재총서』를 집필하여 정조로부터 "우리나라 4백년 이래 없는 거편"이라는 평가를 받았다. 그는 중국과 서양의 학문을 포괄하면서 자신의 독특한 우주론을 폈고, 백두산을 유람하면서 상한의를 가지고 다니며 머무르는 곳마다 경위도를 측정하고 기록하였고, 또 박제가를 위시한 북학파의 정신적 지주 역할을 했다. 서유구의 3대는 실로 조선 문명의 총아이자 핵심이었다.

인간의 삶의 물질적 기반과 정신적 교양을 모두 풍요롭게 달성하고자 한 『임원경제지』는 서유구 3대의 가학 위에 다시 3대 총서의 통합의 완결판이다. 『임원경제지』의 인간은 허(虛, 無形)와 실(實, 有形)을 함께 기르는 허실겸양(虛實兼養)의 존재, 신체의 오관이 모두 기쁘게 충족되는 오관구열(五官俱悅)을 누려야 할 존재로 그려진다. 도가의 무병장수와 건강 추구를 적극적으로 받아들여 유가의 수기치인(修己治人)의 테제 곧 개인에서 가정과 사회, 나라 운영이라는 그랜드한 연속체의 한 부분으로 귀착시켰고, 불교의 삼매를 끌어와서 일 자체의 핵심을 파악하고 성공적으로 이루어내는 비결이라는 의미로 변용시켰다. 삶이 고통이라는 일체개고(一切皆苦)를 즐거움이 그 속에 있다는 낙재기중(樂在其中)으로, 삶 자체를 즐거움으로 전환하였다. 일을 좋아하는 이들이 삼매의 경지를 맛볼 가능성이 높아졌다.

책의 전반부에 16지 전체의 내용을 전관하는 총론을 두고, 그 후 5개 각론으로 나누어 『임원경제지』 내용을 추출하고 해설하였다. 어쩔 수 없이 생략과 압축을 거친 것이 많지만 상당 부분은 서유구의 원래 목소리와 의도를 그대로 담아내고자 했다. 책에 인용문이 많아 보이는 결과가 되었는데, 그것이 현재로서 달성 가능한 책의 구성 방식이었다. 많은 경우 임원경제연구소의 번역문과 삽화를 활용했다. 마지막까지 삽화를 챙겨주신 최시남 선생님께 한 번 더 감사드린다. 아울러 『임원경제지』「보양지」이후 매 역서 출간마다 서문을 써서 책의 가치를 크게 높여주시는 도올 김용옥 선생님께 감사드린다. 또 서유구 연구로 가장 많은 연구 논문을 저술한 조창록 선생의 배려와 호의를 잊을 수 없다. 마지막 원고까지 꼼꼼히 살피고 수정해주셨다. 신동원 소장님은 목차 서술에 서유구의 목소리를 담는 것이 좋겠다는 구체적 조언을 주셨다. 덕분에 딱딱한 느낌이 한결 줄었다. 전통 분야 총서 팀장님 전용훈 교수님의 툭툭 던지는 조언도 그때마다 요긴하였다. 연구소 내에서 총서 전체를 끌고 오신 문만용, 김태호, 신미영 교수님께도 동료로서 감사를 표한다. 총서가 마무리되기까지 아직까지 세세한 부분 일들이 아직 남아 있을 것이다. 총서 출판 10년을 한결같이 해주신 들녘출판사 박성규 선생님께도 감사드린다. 마지막으로 전주로 이사하여 새롭게 적용하고 있는 가족들에게 늘 미안하고 고마운 마음을 전한다. 우겸, 우빈, 우초에게 서유구, 조선, 한국, 세계로 이어지는 큰 뜻을 품기를 바랄 뿐이다.

서유구의 거대한 통합을 본 감회

지금 온 세상에 한류 기세 드높으니

그 옛날 시골서 편 경제지의 뜻이리라

천고의 일쾌는 학산 서호수의 바람이었고

불후의 성사는 풍석 서유구의 희망이었네

오관을 모두 기쁘게 함은 유술을 받든 것이요

삼매로 일용을 대하는 법은 불교를 아울렀다네

일을 좋아하고 예에 노닐며 한 단계씩 나아가면

구름 위의 저 청복도 늘그막에는 이르리라

宗統感懷

方今環球韓流高

遠自陋鄕經濟志

千古一快鶴山願

不朽盛事楓石旨

俱悅五官宗儒術

日用三昧統佛技

好事游藝盈科進

怡雲淸福晚學至

2022년 2월 22일 전종욱 씀

3부 각론: 『임원경제지』의 일용 기술

풍석 서유구
(楓石 徐有榘, 1764–1845)

林園經濟志　卷一二

1부

서론

1. 이 책의 문제의식과 범위

제목

본서는 〈한국의 과학과 문명 총서〉 시리즈 중의 하나로 "임원경제지와 조선의 일용기술"이라는 제목을 달고 들어가는 책이다. 풍석 서유구와 『임원경제지』라는, 그동안 우리 역사에서 특별히 부각되지 않았던 인물과 그의 저서를 최대한 충실히 소개하여 그 도저한 존재감을 드러내는 것을 일차적 목표로 했다. 그것만으로도 이 책의 출간 가치가 있다고 보았다. 필자는 『임원경제지』의 특징을 잘 드러낼 수 있는 '일용기술'이라는 틀로 16지의 내용 중에서 중요한 것을 중심으로 골고루 뽑아내려고 노력했다. 그것이 『임원경제지와 조선의 일용기술』이다.

그런데 '일용'이란 말은 조선조에서 조금 독특하게 쓰였다. 현대어의 일용이 가정이나 직장을 막론하고 의식주와 관련된 소소한 전반적 활동에 관계된 것을 지칭한다면 전통시대 특히 조선 지식인에게서 그에 대응되는 '일용'은 아마도 주변을 청소하고 사람을 응대하는 일, 제사를 받들고 빈객을 접대하는 일이 될 것이다. 곧 쇄소응대(灑掃應對)와 봉제사접빈객(奉祭祀接賓客)이다. 그런데 조선 유학자들에게 이러한 일용은 사소한 일상, 범용의 잡사라기보다는 모든 도(道)가 집중되는 순간으로 가장 주의를 기울이고 정성을 다해야 하는 것으로 받들어진다. 율곡의 『성학집요』나 퇴계의 『성학십도』에 보이는 일용을 생각해보면, 오늘날의 일용 개념으로 조선의 '일용'을 바라볼 수만은 없을 것이다. 그들에게 '일용'은 인간 활동의 핵심이 이루어지는 곳이요, 심지어 수신과 양생의 도량이라고 주장되어온 것이다. 『격몽요결』이나 「경재잠도(敬齋箴圖)」, 「숙흥야매잠도(夙興夜寐箴圖)」의 '일용'은 오로지 성인이 되기 위한 수신 도량으로, 벗어날 수도 거부할 수도 없는 자연스럽고 당연한 시공으로 간주된다. 결국 『임원경제지』가 향촌 선비의 일상생활과 '일용' 기술을 다룬다고 했을 때 현대의 우리가 짐작하는 것과는 사뭇 다른 풍경과 논리가 전개되는 데서 오는 혼란을 피할 수 없다. 풍석 서유구의 사유 구조에는 조선 유학의 '일용'의 바탕색이 깊이 깔려 있음을 인정해야 하는 이유다.

순서

본서는 의도적으로 사농공상을 뒤집어 '상공농사' 형식의 순서를 따랐다. 그에 따라 카테고리를 5개로 만들었다. 바로 상업, 공업, 농업, 의학, 교양이다. 물론 서유구 자신이 매긴 본래의 순서는 그대로 존중되어야 한다. 그의 유가적 아이디얼리즘의 이상상은 정합적이고 논리적이라는 점에 대해 십분 수긍이 가는 바다. 다만 서유구 자신이 당대에 펼치고자 했던 의도가, 농업을 중시하고 또 사농공상이라는 순서를 인정하는 틀 속에서는 그의 혁신적이고 우상 파괴적인 본질적 측면이 오늘날 우리에게는 전달될 여지가 대폭 줄어들고 만다고 보았다. 그는 농업과 공업, 상업의 부문이 모두 실용의 산업으로 필수적 의의가 있음을 주장했고, 사(士, 즉 문인 교양과 예술 의례) 부문 역시 인간의 삶 속에 없어서는 안 될 것이라 똑같이 힘주어 말했다. 결국 내용면에서 16지의 모든 기술과 지식, 사농공상(또는 상공농사) 어느 한 면에 치우친 평가를 하고 있는 것이 아니었다.

순서 변용에 대해 한마디를 추가하자면, 풍석은 스스로 농업을 중시하고 상업을 낮춰본다는 의미로 첫 번째 지(志)는 농업, 마지막 지는 상업의 주제로 편제했다. 그런데 이것을 중본경말(重本輕末)의 의도로 파악한다면 농업사회인 조선에서 농업을 중시해야 한다는 동어반복적인 주장으로 머문다. 오히려 서유구는 그간 등한시되었던 상공업을 더 중심적으로 진흥해야 한다는 쪽에 가깝다. 실제로 그는 『임원경제지』에서 "공업이 모든 산업의 출발점이 된다."는 주장과 "상업의 이익이 상상할 수 없을 정도로 크다."고 힘을 실어 말하고 있다. 농업이 언제고 돌아가야 할 인류의 고향의 모습으로 온존시키면서도 농업을 월등히 상회하는 상공업의 생산력, 물산·물류의 이익을 현실에서 적극적으로 이용할 것을 호소하고 있었다. 그가 당대의 유가적 아이디얼리즘을 이상적으로 받아들여 농본상말(農本商末)을 원칙으로 제시했던 것은 분명하지만, 현실에서의 재부(財富) 획득과 물산·물류의 진흥이라는 의도에서 볼 때 그는 상공업이 융성한 사회를 지향했던 것으로 필자는 해석하고 판단했다.

결정적으로 서유구가 구상하는 『임원경제지』의 이상을 구현하는 실천자로서 새 품종과 기술을 도입하고 전파하는 '호사자(好事者)'를 긴급하게 요청하고 있다. 호사자는 본래 '일을 (벌이기) 좋아하는 사람'이라는 뜻으로 약간 부정적 의미로 쓰이던 단어이지만, 서유구는 물류의 이동을 주관하여 새로운 기술과 품종의 도입과 실행을 선도하는 일종의 무역업자로 자주 빗대고 있다. 호사자는 『임원경제지』 도처에서 이용후생을 성공적으로 이끌기 위한 필수적인 에이전트로 역할이 부여된다. 이처럼 서유구가 강조한 호사자의 존재는 상공업 발전이 결과적으로 농업 발전을 이끌게 된다는 생각을 드러내는 강력한 근거이다.

통합

『임원경제지』는 『맹자』 이래로 노력자(勞力者)에 대한 노심자(勞心者)로서의 자기규정을 벗어나 있다. 서유구는 스스로 직접 노동자로서의 삶을 내적으로 수용하고 있다.[1] 나아가 사대부가 공업 생산에도 뜻을 두어야 한다고 말한다.[2] 상업에 대해서도 소극적이지만 익히지 않으면 안 된다고 하였다.[3] 사대부의 전통적 정체성을 혁신하고 노동 생산과 문화 교양을 통합한 새로운 인간상을 지향했다. 그의 구상은 보편적 지향의 가치를 가진다. 향촌 농민이라도 생산력을 바탕으로 획득한 여가 시간에 문인 교양을 갖춘다면 그 또한 새로운 시대의 사대부일 것이다. 다시 말해 한편으로는 노동하는 향촌인, 곧 농부나 장인들은 식력(食力)의 여유를 발판으로 그 위에 양지(養志)를 추구하여 사대부의 견문과 교양을 쌓을 수 있는 길을 보여주었고, 다른 한편으로는 향촌에서 별다른 기약 없이 공부하는 향반들이 기존의 교양 위에 식력(食力)의 경제력을 키워 새로운 자립경제인으로서의 재탄생의 길을 열어준 것이다. 거기에는 호사자가 또 서로를 연결하고 상호작용을 넓히는 동인이 될 것이다. 요컨대 서유구는 『임원경제지』를 통해 오랜 단절로 분리된 인간 존재의 새로운 방식의 통합을 꿈꾸었다. 다음 표를 보자.[4]

　서유구의 『임원경제지』는 맹자 이후 정당화되었던 지배자와 피지배자, 노력자와 노심자의 나뉨을 통합하고 차별을 해소하여 새로운 인간형의 탄생을 소망했다. 식력과 양지를 통합한 새로운 자립경제인을 희구했다. 물론 『임원경제지』의 저술 속에서 향촌인의 실무 지식과 사대부의 이론 지식을 결합하는 방식으로 일단을 선보이기도 했으나, 실물 사회경제

<표 1-1> 『임원경제지』의 통합 구조

	신분 또는 전문분야의 구분	
맹자	노력자 치어인: 피지배자	노심자 치인: 지배자
조선	향촌인: 현장 실무 지식	사대부: 이론 교양 지식
임원16지의 구분	식력(食力) 구복지양(口腹之養)	양지(養志) 이목지양(耳目之養)
서유구의 통합	식력양지, 허실겸양, 오관구열의 인간 일을 좋아하는 호사자, 일을 즐기는 삼매, 삶의 격조를 고양하는 아취	

사에서 유의미한 업적이나 세력을 남겼느냐에 대해서는 논의가 필요할 것이다. 그러나 적어도 이론적 구상의 차원에서 16개 분야의 회통이라는 전대미문의 업적을 이룬 것은 분명하다.[5] 『임원경제지』는 그런 비전을 내포하고 있는 것이다.

이런 주장을 하기 전에 먼저 논의되어야 할 것이 유불선 3교에 대한 서유구의 입장이다. 서유구는 유학의 우위를 원칙으로 두고 있으나 『임원경제지』의 여러 분야에서 불교와 도교의 사유를 자유롭게 통섭하고 있다. 왕희지 필적의 감상법에서는 직접적으로 선불교의 화두선의 방법을 응용하도록 했고, 건강 양생을 다룬 「보양지」에서는 불가와 선가의 오랜 전통을 충분히 참작하고자 했다. 서유구는 심상규와의 편지 속에서 본인은 유가를 종주로 하고 불가와 선가를 통합한 도[종유통선불지도(宗儒統仙佛之道)]를 따른다고 했다. 어릴 적 스승으로 섬기며 학문을 배웠던 삼촌 서형수는 불교에 대한 강렬한 향심을 가지고 혹호하여, 심지어 유불은 같은 도라고 했다. 당시의 식자들은 정약용, 초의선사, 김정희의 일화를 위시하여, 유불을 넘나들며 시와 서화, 차와 예술을 논했던 조선 후기에는 이미 유가라는 틀 속에서만 논구할 수 없을 정도로 뭇 도를 섭렵하고 융회해내고 있었음을 가리킨다. 서유구의 사유를 보면 그런 생각은 더욱 분명해진다. 이처럼 풍석은 오로지 이 나라를 위해 필요한 지식이라고 한다면 거기에는 중국·일본·조선의 국적을 가리지 않았고, 유교·불교·도교 심지어 서학의 문물을 묻지 않았다. 오래전의 것이나 지금의 것이나 차별하지 않았고, 관(官)에서 인정된 것이냐 민간에 머문 것이냐도 구분하지 않았다.[6] 오직 조선의 현실을 개선하는 데 좋은 것인가, 쓸 만한 것인가가 유일한 기준이었다. 그런 목적으로 그 방대한 소스에서 엄선하고 정제해낸 지식이 『임원경제지』였다.

그렇다면 이런 소스를 바탕으로 하여 『임원경제지』에 수록된 모든 내용은 누구에게 소용이 되는 걸까? 당연히 조선에서 그 어떤 지위와 영역의 구별 없이, 모든 분야를 넘나들며 누구나 사용할 수 있는 지식이다. 농부든, 어부든, 광부든, 갖바치든, 약초꾼이든, 공인(貢人)이든 모든 분야의 사람들이 『임원경제지』의 지식과 기술을 익힐 수 있다. 향촌에서 개인과 가정과 지역사회의 풍요와 발전을 위해서 역량을 발휘할 수 있는 사람들은 얼마든지 그 지식을 활용할 주체가 된다. 그리하여 그들이 사대부 문인들이 구현하는 데 실패했던 조선의 비전을 이 땅에서 새롭게 이어갈 수 있도록 풍석이 길을 예비했는지도 모른다. 과거를 통한 벼슬 이외에 사대부에게도 자립적 경제인이라는 독자적이고 풍요로운 삶을 이룩할 기회를 제공한 것은 물론이다.

키워드

이런 관점에서 2장 2절에서는 '호사자'와 '삼매'를 키워드로 『임원경제지』 전체를 관통하는 풍석 서유구의 일관된 생각의 구도를 추적해 들어가보았다. 때로 『임원경제지』가 지향했던 것이 현재 우리가 추구하고 있는 이상적 비전을 아우르고 있지는 않은지 망외의 의미까지 캐어 들어가보았다. 혹자는 서유구가 『임원경제지』에서 지향한 조선의 모습은 당대로서는 그 생산력 수준의 제한 때문에 도저히 이루어질 수 없는 이상에 가까웠다고 치부할 수도 있다. 그러나 그 비전과 꿈이 지금의 한국 사회에서는 오히려 실현 가능성이 높을 뿐만 아니라 때로는 우리 사회의 제반 문제를 돌아보고 개인의 삶의 목표를 설정하는 데 좋은 참고가 되지 않을까 하는 것이 『임원경제지』를 보는 또 다른 생각이다.

지식과 기술은 확장되고 통합되는 데에서 더욱 강력하고 유용하며 혁신적이게 된다. 『임원경제지』가 그 행간에서 큰 소리를 내고 있는 부분이다. 『임원경제지』 곳곳에 서유구 자신의 안(案), 자신의 특별 논문 '고(考)'가 빼곡하다. 이 책의 많은 부분이 『임원경제지』 속 일상기술을 하나하나 소개하는 일에 할애되었지만, 그 이전에 『임원경제지』 전체가 지향하는 서유구의 일관된 비전에 대해서 말하는 데 주력하고자 한 이유이다. 또 『임원경제지』의 세부 내용 한구석에 담겨 있는 서유구의 생각을 원형 그대로 추출하여 새롭게 드러내는 데에도 의미를 두었다.

마지막으로 16지를 통합적으로 이해하는 데는 16지 속에서 서로가 서로를 해명하도록 돕는 이경해경(以經解經)[7]의 방법이 주효하다고 보았다. 농업을 현대의 농업사학의 위치에서 보고, 그림과 글씨를 현대의 서화사의 관점에서 보는 것도 유용하고 필요하지만, 본서의 관점은 여기에서 좀 비켜나 있다. 그런 방식은 이미 많은 연구에서 시행하고 있는 부분이기도 하고, 이 책에서 그 방법을 채택하는 것은 온당치도 가능하지도 않은 것이다. 오히려 「본리지」의 내용을 「예규지」의 내용으로, 「전어지」의 내용을 「보양지」로, 「예원지」의 내용을 「이운지」로, 「섬용지」의 내용을 「유예지」로 설명하고 보완하고 풀어내는 것이 바로 『임원경제지』의 통합적 이해라고 생각했다. 그것이야말로 식력과 양지를 통합하여 허실겸양을 이루기를 희망했던 서유구의 본뜻이요, 서로 다른 16개 전문 분야를 군이 하나의 서물로 묶어 『임원경제지』라는 형태로 만든 이유에 맞는 방식일 것이라고 생각한다.

가치

『임원경제지』는 '기존의 전통' 속에서 '새로운 전통'을 수립하려는 가장 방대한 구상이자 매뉴얼이다. 유불선, 특히 조선 유학 전통의 도저한 압력 가운데 서유구가 자신의 명료한 언어로 대처하고 판단하고 선별하는 과정이 이 백과사전적 저술에 나타나 있는 것이다. 우리는 이를 통해 자연스럽게 지금의 우리 모습을 투영하게 된다. 『임원경제지』가 당시 전통 속에서 새로운 전통을 창조해가는 모습을 통해, 지금 우리가 놓인 현실에서 전통과 현대의 대화를 이어갈 수는 없을까?

「유예지」·「이운지」의 예술 감상, 「상택지」·「예규지」의 상업 활동, 「본리지」·「관휴지」의 곡식과 채소 농사, 「만학지」·「전어지」의 임업 축산업, 「보양지」·「인제지」의 건강 의료 이야기 등은 충분히 그런 상대적 사유를 촉발시킬 만한 내용을 가졌다. 이들은 다른 분야이면서도 서로 연계되는 지식과 통찰을 보여준다. 본서는 이런 경우 각 분야의 세부의 의미를 놓치지 않으면서도 하나로 뭉뚱그려 온전히 전달하는 방법을 고민했다.

또 『임원경제지』의 내용을 풍석 자신의 언어로 먼저 제시하면서도, 그에 대한 현대적 접근은 어디에 해당될 수 있을지도 생각해보았다. '임원16지'의 허실겸양의 지식, 곧 식력 양지의 기술이 당대의 의미로서만 머물지 않는다. 현대의 관점에서 보자면, 문과 이과 구분으로부터 벗어나 인문학·사회과학·자연과학·공과대학·예술대학의 전공을 아우르고 한 줄에 꿰어내는 일이 점점 더 의미 있는 것으로 강하게 요청된다. 『임원경제지』의 일이관지(一以貫之)와 새로운 통합은 많은 것을 시사한다. 창의는 사실 '신조합(new combination)'이라고 오스트리아 경제학자 슘페터(Joseph Schumpeter, 1883-1950)는 말했다. 16지 지식의 신조합이 복잡다단한 현대의 많은 문제들을 해결하는 창의적 혁신의 실마리가 되리라 기대한다.

여기 『임원경제지』 「본리지」에서 「예규지」까지, 식력에서 양지까지, 인

	1	2	3	4	5
단위	무기물	유기물	인체(생리)	인간(윤리)	성인
생명	생명 기반	생명 기운	몸 생명	사회 생명	천지 생명
규율	천지지기	정기신	양생	인륜	천명
	오운육기	삼음삼양	오장육부	삼강오륜	참찬화육
분야	공업·상업·기상·농업		음식·의약·건강	감성·지성·교양	임원경제인
기름 (기쁨)	식력(食力) 구복지양(口腹之養)			양지(養志) 이목지양(耳目之養)	허실겸양, 오관구열
16지	섬용·예규·위선·전어 본리·관휴·만학·전공		정조·보양·인제	이운·유예·향례, 예원 상택	청복(淸福) 청수지사

간의 생활 전반에 걸쳐 어느 하나 빼놓을 수 없는 것들이 유기적으로 연결되어 있다. 나는 그것을 '물(物)–인(人)–륜(倫)시스템'이라고 이름 붙여보았다.

〈표 1–2〉는 '임원16지'의 총체적 이해를 돕고자 『임원경제』의 가치는 16개 단위를 한꺼번에 이해하는 것이 필수적이라는 생각에서 도식적으로 구성된 것이다.[8] 표의 내용을 간략히 설명하자면, 몸(인체)을 중심으로 좌측에 힘을 기르는 식력(1, 2)의 지와 우측에 뜻을 기르는 양지(4)의 지로 분류하였다. 16지 중 몸의 양생을 담당한 「보양지」를 중간 축으로 삼은 것이다. 개인의 몸을 중심으로 왼쪽은 몸을 길러주는 물질적, 원소적 성질이 강해진다면 오른쪽은 정신적, 사회적 측면이 강조된다. 맨 오른쪽 칸(5)은 『임원경제』가 궁극적으로 지향하는 최종 도달 경지를 서유구가 임원16지 내에서 사용했던 용어, 또는 조선 유학의 보편적 언어로 표기하였다.

맨 윗줄 물(物)의 단위에서는 세계를 구성하는 물질 요소로부터 시작하여, 생명으로 인간이 탄생한 후 다시 사회를 구성하고 전 우주를 도덕적으로 운영하고자 하는 유학적 이상을 순차적, 연속적으로 보이고자 했고, 규율 항목은 전통한의학의 사유를 참고하여 필자가 임의로 부여하였다. 여기서 주목할 것은 가장 기초적인 물 단위라 할지라도 이미 거기에는 생명 요소를 포함하고 있어 최종 단계인 5와 연속되어 있다는 점이다. 5의 단초가 이미 1에서 애초에 담보되어 있는 것이다. 천지지기와 오운육기가 그러하고, 무기물(無機物) 역시 기(機)가 아직 형성되지 않았을 뿐 생명의 기(氣)가 절멸된 것은 아니라고 하겠다. 『임원경제지』는 철저한 생명 세계의 연속성을 전제로 하고 있다. 이점은 조선 유학의 보편적 성격이다.

유가는 이 5가지가 간단없이 연속된 것을 모범으로 삼는다. 이 도표에서 보자면 불교, 도교는 3에 머물거나 아니면 곧바로 5로 건너뛰려는 사상으로 간주되는데, 이는 철두철미한 사회성을 견지하는 유가 전통에서는 용납하기 어렵다. 개인은 가정과 사회공동체, 또는 국가에 해당하는 4를 굳건히 지키면서 저버리지 않아야 한다. 뿐만 아니라 5에 도달하기 위한 방법은 바로 4에 지극히 충실함으로써만 가능하다고 했다. 고귀한 인간성이 거기에 있고, 그 사람이 성인인 것이다. 달리 말하면 불가, 도가와 목표에서는 때로 비슷한 점이 있으나 그 과정의 단계와 순차를 강조한 것은 현격히 다른 점이다. 유가에서는 인간의 본질이 사회성이므로 4를 제외한 상태에서의 인간 규정은 사실 모든 담론이 허무하다고 본다. 위 표에서 유학 본연의 위성지학(爲聖之學)이 『임원경제지』에서는 식력과 양지를 겸한 허실겸양과 오관구열의 인간으로 제시되었다. 식력을 기르고 동시에 뜻을 기르며, 구복을 즐겁게 할 뿐만 아니라 이목을 즐겁게 하는 것이다. 어쩔 수 없이 어느 하나를 소홀히 하거나 희생할 수밖에 없었던 역사의 굽이를 넘어 이제는 어느 것 하나도 가벼이 여기거나 포기할 수 없다고 자신 있게 말할 때가 되었다는 시대적 증좌이기도 하다.

서유구는 오백 년 조선 유학사 흐름의 종국적 지점에서 위성지학의 가장 현실적이고 혁신적인 방법론으로 변주된 '임원경제학'을 제출했고 거기에는 '임원경제인(자립지식경제인)'이 등장한 것이다. 위성지학으로서의 임원경제학 역시 5를 지향한다. 다만 그 최종적인 목표를 이루려면 식력과 양지가 모두 충족되어야 한다는 것이 서유구의 지론이다. 한마디로 5=1+2+3+4 이다.

16지로 보면 음식, 의약, 건강은 내 몸과 직접 관련된 것을 중심으로 유예, 이운, 향례 등은 나의 감성과 지성, 교양의 측면이 4에, 농사, 공업, 상업, 기상 등 일차적으로 외물의 범주를 다루는 것들이 1, 2에 포진되어 있다. 물론 이 표는 다분히 도식적이기에 실제 내용에서는 많은 부분에서 출입을 감안해야 할 것이다. 예를 들어 「전어지」에는 사냥으로 호연지기(浩然之氣)를 기르는 내용이 다뤄지고, 「위선지」에는 자연현상을 통해 천기를 예측하는 능력을 배양하는 부분이 들어 있으며, 「본리지」에도 풀달력 등 자연현상을 통해 절기와 농사일을 깨치게 하는 지혜를 담고 있다. 식력의 지로 구분되는 곳에서도 감성적 직관과 지혜가 배어 있는 것이다.

『임원경제지』는 향촌 사대부의 이념과 일상을 물적 토대에서부터 지적 이상에까지 전반적으로 바꾸어보려는 지향을 두었다. '식력'과 '양지'를 동시에 기르기 위한 길이었다. 그것은 깨어 있는 교양인 한 사람의 생활 변화로 끝나는 것이 아니라, 그가 속한 가정이 변하고 집안이 변하며, 함께 사는 마을의 풍속이 변하는 것을 지향한다. 이렇게 팔도에서 일어나는 변화는 결국 조선을 변화시킬 것이었다. 그런데 역사에서 서유구와 같은 한 사람의 자각은 보통 거대한 시대적 전환기의 흐름과 동반되는 면이 있다. 『임원경제지』는 '북학'과 '서학'이라는 흐름을 타고 있고 거기에 '가학'의 특별한 영향을 내면화하고 있었다.

2. 연구사 정리

『임원경제지』와 풍석 서유구에 대한 그간의 선행 연구자로 조창록, 김대중, 정명현의 업적이 두드러진다. 풍석 서유구로 가장 먼저 박사학위논문을 쓴 조창록은 풍석 서유구의 생애, 가학, 저서, 학문적 연관과 전승 부분 등 다양한 연구와 저술을 지속해왔고 일본에 있던 풍석의 저술『금화경독기』를 발굴 소개하기도 했다.[9] 문학 방면에서 서유구의 시문집『번계시고』를 번역 출간하였다. 서유구의 산문을 주제로 박사학위논문을 쓴 김대중은 풍석의 『임원경제지』를 사상적 구조물로 인정하여 독해해가면서, 서유구의 독창적인 생각을 어느 한 전문 분야가 아니라 종합적이고 체계적으로 접근해야 한다는 점을 앞장서 역설하였다. 이런 과정에서 그간의 다른 용어로 담아내기 어려운 풍석의 사유와 실천 구조를 '임원경제학'이라는 이름으로 묶어낼 것을 제안하기도 하였다.[10] 그런 점에서 본서가 지향하는 통합적 이해의 선구를 이룬다고 하겠다. 하지만 지향점을 둔 것은 분명하되 문학에서 출발하여 『임원경제지』의 모든 전문 분야를 아울러 온전히 이해하는 작업은 여전히 진행형일 수밖에 없다. 마지막으로 정명현은 서유구의 농학과 농법 연구로 박사논문[11]을 제출했다. 이 논문에서 풍석의 농업개혁론의 핵심이 들어가 있는 저술「의상경계책」을 직접 번역하였다. 16지에서 농업과 관련된 지가 1/3을 차지하며 풍석 스스로 가장 중요한 산업으로 농업을 꼽고 있는 것을 보면 농업의 깊은 이해 없이는 『임원경제지』를 온전히 파악하기 어렵다고 할 것이다. 정명현은 사단법인 임원경제연구소를 설립, 운영하면서 『임원경제지』 전체를 완역 출간하는 일을 20년째 전담해왔고, 그 결과물은 풍석 서유구와 『임원경제지』 연구자들에게 지대한 도움을 주고 있다.[12]

　최근의 저술 『풍석 서유구 연구 상·하』[13] 역시 언급할 필요가 있다. 『임원경제지』각 지(志)의 해당 분야의 역사적 맥락과 의의, 현재적 의미까지를 전공 분야별로 나누어 깊이 있게 논구한 저술이다. 그중의 일부를 인용해보고자 한다. 혹자는 『임원경제지』의 그 방대한 지식과 세밀한 분류에 감탄하면서도 일종의 당혹감을 느낀다고 토로한다. 지식의 양이 점점 많아질수록 실용과 활용의 측면이 감소하기 때문이라는 것이다. 과유불급(過猶不及)이라는 것이다.[14] 사실 16개 분야의 전문 지식을 아우르는 넓은 범위를 주유하다가 자칫 장님 코끼리 만지기 식의 판단을 내릴 여지가 항존한다는 점도 맞다. 그런데 지금까지 『임원경제지』에 대해 향촌의 선비가 자급자족하며 살아가는 데 필요한 실용지식의 집성이라는 지배적인 평을 액면 그대로 받아들인 데서 오는 혼란이 아닐까 한다. 만약 향촌을 넘어 민관, 국가의 차원까지 포괄하는 지식이라고 한다면 이야기가 달라진다. 나아가 문명의 재구상이라고 표현한다면 더욱 판이해진다. 예를 들어 결부법(結負法)을 경묘법(頃畝法)으로 바꾸자는 전제(田制)의 개혁, 도량형의 통일과 보급, 정밀한 경위도(經緯度) 측정과 그에 따른 지방시(地方時) 사용, 그에 근거한 농법의 실행, 전국 장시의 물산 목록과 팔도를 연결하는 도로정보망인 도로표(道路表) 등은 향촌의 사인이 담당할 만한 분야가 아닌 것이다. 『임원경제지』를 사대부가 향촌 또는 산거에 살면서 필요한 지식이라고 여기는 좁은 인식의 틀을 벗어날 필요가 있다. 그것은 서유구가 추구했던 인간과 사회, 그리고 문명의 근본 관념을 성찰하는 데로 나아가야만 온전히 풀릴 문제로 보인다.

실제로 서유구는 우리나라 팔도의 경도와 위도를 세밀하게 따져서 지방시를 계산하고 이를 농사에 활용해야 한다는 주장을 굽히지 않았는데, 바로 그 점 때문에 당대의 논자들에게 실용적이지도 않은 일을 군이 벌이기를 좋아하는 '호사가(好事家)'라는 평을 듣기까지 했다. 사탕수수를 널리 심자고 하거나 중국 남방의 파초를 들여오자고 하는 것 등은 실용이나 편의와는 거리가 한참 먼 것이었다. 『임원경제지』가 단지 실용에 직접적이고 절실한 지식을 추린 것만은 아니라는 것은 당대에나 지금에나 공통으로 짐작할 수 있는 대목이다. 차라리 서유구는 당대의 습속이나 관행, 지식의 한계를 뛰어넘고자 하는 데 관심을 두었다.

한편 전통지식의 모든 분야에 두루 침투해 있는 술수, 상수, 점복 지식의 경우 서유구의 생각은 기본적으로 부정적이었으나[術數, 君子所不取也] 풍기(風氣)가 모이고 흩어짐에 대한 세부적 논리는 곳곳에서 그대로 수록하고 받아들이는 모습도 함께 보인다. 「상택지」에서는 그 관념을 토대로 전국 명당 233곳에 대해서 소상한 정보를 전해주기도 한다. 이처럼 풍석의 생각은 당대 인식의 혁신과 함께 계승, 조합 등 다양한 면모를 보이는 것으로, 이런 노력의 결과가 무엇을 지향한 것인가를 함께 논해야 온전한 접근에 한 발짝 더 다가서게 될 것이다.

필자는 『임원경제지』의 속을 정밀하게 들여다본 뒤 경국(經國)과 제민(濟民)을 목적으로 하는 국가 경영 방법론 역시 적지 않게 녹아들어 있다는 사실에 주의하고 있다. 물질과 정신, 실용과 예능, 먹고사는 것과 심미적 향수 각각에서 극한의 경지를 동시에 완수하려고 하는 희대의 기획에 눈길이 머물고 있다. 또한 서유구가 『임원경제지』 집필과 함께 그에 필적하는 또 다른 대저를 기획한 사실에 주목한다. 바로 유학의 최고 경전 『13경주소(十三經注疏)』를 업그레이드한 "13경전설(十三經傳說)"의 편찬 계획, 역대의 해동의 위대한 문장을 모두 망라한 『소화총서(小華叢書)』의 기획이 그것이다. "13경전설"은 기획만 했고 이루지는 못했지만, 『소화총서』는 원고를 남겼다.[15] 서유구의 이 3대 기획은 각각 별개의 사건이 아닐 것이다. 임원16지는 이들 3대 기획의 포부 속에서 유기적 의미를 찾을 필요가 있다.

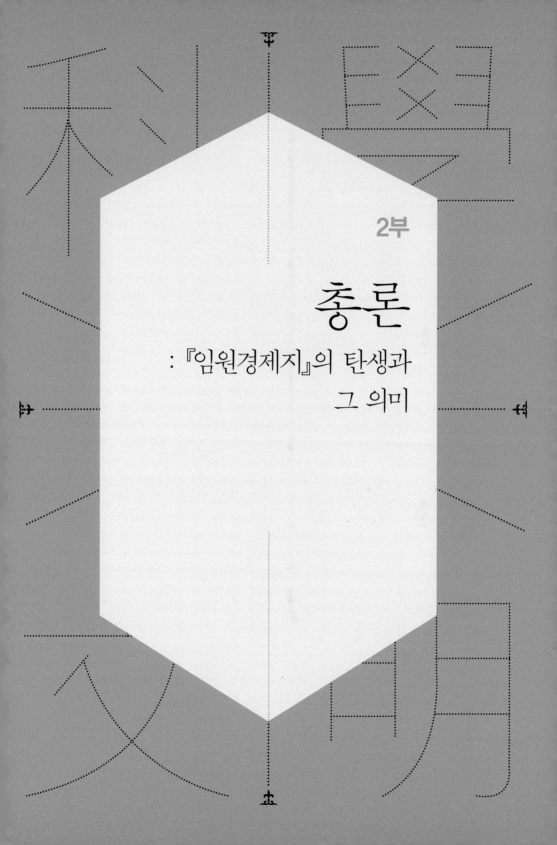

2부

총론
: 『임원경제지』의 탄생과
그 의미

1장

『임원경제지』의 탄생 배경

1절. 서유구의 일생과 『임원경제지』

1. 『임원경제지』라는 책

풍석 서유구(楓石 徐有榘, 1764-1845)의 백과사전적 저서 『임원경제지』는 19세기 중반까지 전통시대 일용기술과 문화 분야를 가장 폭넓고도 자세하게 기록해놓은 서물로 평가된다. '임원16지'라고도 일컬어지듯이 16개 주제별로 113권, 252만여 자로 이루어져 있다. 아래의 표에 원래 순서에 따른 16지 전체 내용을 수록하였다.[1]

〈표 2-1〉 『임원경제지』 속 16지의 내용

순서	16지	뜻	내용 요약	권수
1	본리지(本利志)	봄에 밭 갈아 가을에 수확하는 작물에 대한 기록	농사 일반, 곡물 농사	13
2	관휴지(灌畦志)	두렁밭에 물 대서 기르는 채소에 관한 기록	채소·약초 농사	4
3	예원지(藝畹志)	꽃 재배에 대한 기록	화훼 농사	5
4	만학지(晩學志)	늘그막에 배운 나무 농사에 관한 기록	과일·나무 농사	5

5	전공지(展功志)	부녀자의 옷감 짜기와 양잠에 관한 기록	옷감 재료 생산 및 옷감 만들기	5
6	위선지(魏鮮志)	위선처럼 기상 예측을 잘하는 일에 관한 기록	기상·천문과 풍흉 예측	4
7	전어지(佃漁志)	목축, 사냥, 어로에 관련된 기록	가축·양봉·양어·사냥·어로	4
8	정조지(鼎俎志)	솥과 도마를 사용하는 일에 관련된 기록	요리하기	7
9	섬용지(贍用志)	넉넉하게 쓰일 생활용품에 관련된 기록	건축 및 일용 도구	4
10	보양지(葆養志)	몸의 양생에 관한 기록	건강법	8
11	인제지(仁濟志)	질병을 구제하는 일에 관한 기록	치료법	28
12	향례지(鄕禮志)	향촌과 가정의 의례에 관한 기록	마을의 의례와 관혼상제	3
13	유예지(游藝志)	향촌 선비가 익혀야 할 6예에 관한 기록	심신의 단련과 교양 공부	8
14	이운지(怡雲志)	고상한 삶을 즐기는 일에 관한 기록	수준 높은 감상 안목과 취미 생활	8
15	상택지(相宅志)	집 지을 곳을 살피는 일에 관한 기록	좋은 집터 잡기	2
16	예규지(倪圭志)	계예와 백규처럼 재부를 늘리는 일에 관한 기록.	상업 활동과 재테크	5
합 계				113

『임원경제지』는 근대의 세계자본주의가 동아시아에서도 거스를 수 없는 대세로 밀어닥치기 직전인 19세기 전반까지 동아시아의 전통 식·의·주, 물질문화뿐만 아니라 예술과 문화의 향유 방법, 향촌 공동체 생활 운영 등 인간 삶에 관한 전반적 정보를 포괄적이고 체계적으로 서술했다. 18세기 서구 계몽주의 사상가와 학자들 사이에서 활발히 일어난 백과전서 운동과 비교되기도 하고, 또는 비슷한 시기 이웃나라의 사례로 중국의 『삼재도회』, 『천공개물』 또는 일본의 『화한삼재도회』 등의 영향도 큰 조선의 백과전서요, 박물학서다.

2. 오비거사 서유구의 삶

평생을 바쳐 『임원경제지』 저술에 매달린 학자 풍석 서유구는 어떤 인물이었을까? 그는 경화사족의 전형적인 엘리트 집안에서 교육받은 지식인이었다. 하지만 그의 삶은 당대의 일반적 상궤와 달랐다. 말년에 자신의 인생을 정리하면서 자찬묘비명과 같은 글을 썼는데, '오비거사 생광자표

(五費居士生壙自表)'가 그것이다.[2] 자신의 인생을 5번이나 허비한 사람이라는 뜻으로 자신을 '오비거사'라 칭하면서, 평생을 5비기(五費期)로 구분했던 것이다. 그것을 요약하면 다음과 같다.

1비기: 가학 수련 및 과거급제(1764-1790)

2비기: 1차 벼슬 생활(1790-1806)

3비기: 낙향 및 향촌 생활(1806-1823)

4비기: 2차 벼슬 생활(1823-1839)

5비기: 은퇴 및 『임원경제지』 완성(1839-1845)[3]

'1비기(費期)'는 서명응·서형수·유금·이의준·박지원 등에게서 문장을 배우고 연마하던 시기다(1764-1790). 1790년 과거급제로 조정에 들어가 벼슬살이를 시작한다. '2비기'는 젊은 서유구가 정조의 총애를 받고 주로 규장각에서 왕성하게 활동했던 시기다(1790-1806). 규장각 교리, 순창 군수를 맡기도 하면서 화려한 시기를 보낸다. 그런데 '김달순 옥사' 사건으로 작은아버지 명고 서형수(明臯 徐瀅修, 1749-1824)가 유배형을 당하면서 서유구도 벼슬살이를 그만두게 된다. '3비기'는 양주(楊州, 현 양주시 양주동 일대)와 장단(長湍, 현 파주시 장단면 일대)에 귀향하여 직접 일하면서 식구의 생계를 책임지던 시기다(1806-1823). 임진강 하구 일대에서 농사도 짓고 물고기도 잡으면서 『임원경제지』 저술을 본격적으로 시작한 시기이기도 하다. 풍석은 이 시기를 "재야로 내쳐졌다"는 뜻의 방폐(放廢)라는 용어로 표현하기도 했지만 내면적 삶과 자세는 더욱 옹글어졌다. 장단에서 실제 농사를 지으면서 조선의 농법 개량 계획을 세웠고, 난호에서 물고기를 잡아 그 일부를 조정의 지인들에게 선물로 올리기도 했다.[4] '4비기'는 다시 관료로 등용되면서 본인이 방폐 시절에 축적한 실제 공부와 경험을 현실에 적용하고 발휘하던 때다(1823-1839). 60세부터 16년간 서유구는 외직으로 전라도 감사, 수원 유수를 내직으로 6조 판서에 이르기까지 두루 거쳤으며 많은 치적을 남겼다. '5비기'는 정계를 은퇴하고 삶을 정리하는 기간이다(1839-1845). 서유구는 생애 마지막 시기까지도 『임원경제지』 최종 마무리 작업에 손을 놓지 않았다. 1839년 벼멸구의 피해를 수록해두고 대책을 고민했으며(『본리지』) 전염병의 유행을 1822-1823년까지 수록했다(『인제지』). 마지막 수년간 행보를 보면 임원의 좋은 터를 잡기 위해 여러 곳을 탐색했던 정황이 나타나며, 최종적으로 두릉(杜陵, 현 경기도 양평군 양서면)에 정착하기도 했다.

풍석은 자신이 『임원경제지』를 저술한 배경에 대해 몇 곳에서 밝혀두었다. 그중 가장 많이 언급되는 『행포지』의 서문에서 젊은 시절 경학과 경세학에 뜻을 두었다가 이후에는 한 평생 농업에 온 마음을 기울였다고 고백한다.

> 나는 남과 달리 홀로 농가(農家)의 설에 푹 빠져 이제는 이미 늙어서 기운이 다했는데도 그만두지 못하고 있으니, 과연 무엇 때문인가? 나는 예전에 성현의 경전을 연구하는 경학(經學)을 공부했었다. 그런데 말할 만한 것은 옛사람들이 이미 모두 말해버렸으니, 내가 거기다 두 번, 세 번 말해봐야 무슨 보탬이 되겠는가? 나는 또 국가의 경영에 대한 경세(經世) 공부를 했었다. 그런데 재야의 처사들이 이리저리 생각하여 한 말은 모두 '흙국'이었고, '종이떡'이었다. 그런 노력이 또한 무슨 보탬이 되겠는가. 그 후 나는 실의에 빠져 차라리 범승지(氾勝之), 가사협(賈思勰)이 정리한 농작물 재배 기술에 진력하였다. 알고 보니 앉아서 말할 만하고, 서서 시행할 만한 실용은 오직 농사뿐이었으며, 하늘과 땅이 인간에게 내려준 은혜를 조금이라고 보답하는 방법 역시 농

사에 있지 딴 데 있는 것이 아니었다.[5]

조선 최고 경화세족(京華世族)의 후예였지만, 서유구는 자기가 하는 학문의 쓸모와 가치를 당대의 현실에 비추어 비판과 성찰을 멈추지 않았다. 결론은 흙국 종이떡, 곧 토갱지병(土羹紙餠)을 면치 못한 초라한 지식일 뿐이었다. 이에 서유구는 지식인으로서의 자기를 갱신, 혁신하는 길을 걸어갔다.

3. 배움의 역정과 저술 자세

서유구는 7세 때 유금(柳琴, 1741-1788)이라는 서얼 출신에게 『사기』를 배웠다는 특이한 이력이 있다.[6] 유금은 유득공(柳得恭)의 외숙이며 특히 기하학에 밝았고 서양 천문의기 제작에도 탁월했다. 당대 최고의 천문역산가였던 서유구 부친 서호수의 지휘를 직접 받으며 일하였고 이런 관계로 어린 서유구와도 연이 닿은 것으로 보인다. 유금은 기하학을 너무나 좋아하여 그의 당호를 기하실(幾何室), 호를 기하자(幾何子)라 하였을 정도였다. 최근 그의

〈그림 2-1〉 보물로 지정된 유금의 아스트롤라베. 1787년 제작. "건륭 정미년에 약암 윤선생을 위해 만들다(乾隆丁未爲約菴尹先生製)"라는 명문과 "유씨금(柳氏琴)"이라는 인장이 있다. (문화재청 제공)

이름이 새겨진 천문의기 아스트롤라베가 일본의 소장가에게서 발굴되기도 했다. 1788년 유금이 죽자 서유구는 그를 애도하는 글을 남겼다.[7]

또 다른 스승으로 작은아버지 서형수(徐瀅修, 1749-1824), 이의준(李義駿, 1738-1798)에게서 한나라 정현(鄭玄)의 명물학(名物學)과 주희의 성리학을 충실히 배웠다. 문장과 명물학, 성리학 등을 두루 섭렵한 것이다. 다음 글에서 이런 사실들이 확인된다.

처음에 나는 명고 선생(서형수)을 따라 『예기』 「단궁」과 『주례』 「고공기」와 당송팔가문을 배우면서 유종원과 구양수의 문장에 크게 뜻을 두었다. 얼마 뒤 용주로 이사하고서 우산 이의준 선생을 서호에서 뵙고는 다시 정현의 명물학과 주자의 성리학을 강설했는데, 한참 고생스럽게 공부해도 제대로 얻지 못했다.[8]

풍석은 특히 『주례』 「고공기」의 문장을 높이 평가했다. 다음은 서형수에게서 「고공기」를 배웠을 때의 일화다. 다음은 숙부 서형수가 풍석이 『고공기』를 배울 때의 모습을 알려주고 있다.

아, 내가 일찍이 명고정사에서 풍석에게 『주례』의 「고공기」를 가르친 적이 있다. 바야흐로 등불 푸르게 번쩍이고 나무들 사이에서 나뭇잎 소리와 물결 소리 나는데, 풍석이 여러 번 소리 높여 읽다가 서안을 치며 일어나 말했다. "대장부의 글이 이 정도는 되어야 하지 않습니까?" 나는 웃으며 고개를 끄덕였다. 풍석이 어찌 그때를 잊겠는가.[9]

「고공기」는 백공(百工)의 각종 기물 제작법이 적혀 있는 책이다. 그러니까 사·농·공·상 중 '공'의 세계를 다룬 책인데, 명료하고 논리적이며 실용적 가치까지 탁월한 데에 어린 서유구는 강렬하게 매료되었다. 후에 서양에서 온 용미차에 풍석이 쓴 기문 '용미차기(龍尾車記)'를 보고 이덕무(李德懋, 1741-1793)는 이렇게 평가했다.

"내가 (용미차기가 실린) 『기기도설』 원본을 읽었을 때는 아리송하여 이해가 어려웠다. 그런데 풍석의 '용미차기'는 손바닥을 들여다보듯 명료하여 훨씬 낫다."[10]

기계의 원리와 작동을 다룬 「고공기」를 보고 감명을 받은 서유구는 자연스럽게 그 문장을 닮아간 것이다. 간결하고 정확하게 의미를 전달하는 데 주력한 것이다. 홍한주의 『지수염필(智水拈筆)』에 당시 서유구는 8천 권을 소장하고 있었다고 한다.[11] 서유구는 왜 이런 방대한 장서를 보유했을까?

> 대개 저술가들은 반드시 먼저 참고한 서적의 많고 적음을 보고 그 수준의 높고 낮음을 정해야 한다. 때문에 앞 시대를 살펴보면, 백가제서들 중에 조금이라도 내용이 심원하다고 이름난 경우라면 인용서목이 없는 예가 없었으니, 때로는 인용서목의 분량만으로 한 책을 넘기도 한다. 이는 지식을 자랑하려는 것이 아니라, 이렇게 하지 않으면 좋은 점들을 한데 모아 일가의 설을 이룰 수 없기 때문이다.[12]

참고서적의 양이 저술의 수준을 결정하는 열쇠라는 것이다. 좋은 지식을 모아 당당한 자신의 설을 펴기 위해서는 충분한 양의 책이 필수 조건이다. 또 자신의 책을 낼 때는 엄밀한 교감의 중요성을 강한 어조로 말했다.

> 우리나라 선비들은 서책을 교감할 줄 전혀 몰라서 한 줄을 인행함에 잘못된 곳이 무수히 나오니, 사람의 이름을 모르거나 단어의 뜻을 몰라 문장을 잘못 고치는 사례들을 곳곳에서 볼 수 있다. 이와 같다면 책이 없는 것이나 마찬가지이니, 신중하지 않을 수 없다.[13]

서유구는 "교감이 제대로 되지 않으면 책이 없는 것과 같다."고 하였다. 서유구의 이런 신념은 『임원경제지』 편찬 과정에 그대로 녹아 있다. 방대한 문헌들을 열람하고 유용한 지식 자료를 『임원경제지』에 담는 작업의 세부 과정이 드러난다. 김대중은 이같은 풍석의 저술관에 대해 "지식의 완전성과 전체성"에 다가가기 위한 장서 문화의 학문적 승화라고 평가했다.[14]

서유구의 저술을 순서대로 일별해보면, 관직에 나가기 전까지의 글을 모은 『풍석고협집(楓石鼓篋集)』, 정조의 『시경』 조문에 응대한 『모시강의(毛詩講義)』, 조선의 경향 각지에 산재하는 간행서 판본을 분류·목록화한 『누판고』, 은거기 이래 각종 저술을 모은 『금화경독기』, 고구마 재배 기술서인 『종저보』,[15] 전라도관찰사 시절 행정 기록인 『완영일록(完營日錄)』, 수원유수로 재임할 때의 『화영일록(華營日錄)』, 노년에 번계(樊溪)에서 주로 열었던 시회(詩會)의 결과물인 『번계시고(樊溪詩稿)』,[16] 관직에 나간 이후 생을 마감하기까지의 글을 모은 『금화지비집(金華知非集)』, 그리고 최후까지 손을 보고 간직한 평생의 저술 『임원경제지』다. 문집, 목록, 기술서, 공무일기 등 장르는 다르지만 서유구의 저술들이 이러한 일관된 원칙에 의해 집필되었다.

2절. 서유구 3대의 학문[17]

1. 조부 보만재 서명응

서유구 가계의 중시조는 멀리 선조대의 명신 약봉(藥峰) 서성(徐渻, 1558-1631)이다. 특이하게 약산춘(藥山春)이라는 명주가 서성 대에서부터 전해졌고, '약주(藥酒)'라는 말이 그때부터 유행했다는 설도 있다. 조부 서명응(徐命膺, 1716-1787)은 정조의 스승이자 규장각 설립을 주도했던 당대의 문형(文衡)이었다. 그는 주역과 상수에 기반한 독특한 역학 이론을 전개했으며, 천문·지리·농업·언어 등 다양한 방면에 저술을 남겼다. 특히 그의 『보만재총서(保晩齋叢書)』 60책은 정조(正祖, 1752-1800)로부터 "조선 400년 동안에 이런 거편(鉅篇)은 없었다."[18]는 최고의 평가를 받기도 했다. '보만재'도 정조가 친히 하사한 호다. 풍석은 어려서부터 할아버지 임지에서 모시면서 글을 배웠고,[19] 따라서 그의 영향을 많이 받았다. 『보만재총서』 중 지리서 「위사」를 본인이 편술했고, 22세에는 농학 저술인 「본사(本史)」의 일부를 조부의 명을 받아 대신 짓기도 했다. 70세의 서명응이 손자 서유구에게 자신의 저술의 일부를 맡겼다는 사실에서 풍석의 학문적 수준을 짐작할 수 있다. 그런데 아직은 어린 손자가 「본사」를 집필하던 중 어려움을 호소하자, 서명응은 문장에 대한 가르침을 준다. 어리석은 백성이라도 책을 한번 펼치는 즉시 작물을 재배하고 가꾸는 법을 환히 깨달아 실제의 용도에 쓰이도록 하기 위한 것이지, 괜히 어렵게 써서 이해하는 이가 없으면 무용지물일 뿐이라는 것이다.[20] 이에 풍석은 문장에 대한 큰 깨달음을 얻고 「본사」를 완성했다.

서명응 가계는 경기도 장단(長湍)을 묘향(墓鄕)으로 하고 있는데, 원래 고려의 수도인 송도(松都)의 오른쪽 날개 구실을 하던 곳이다. 고려 이래 중국 사행의 왕래가 끊이지 않던 길목이자, 요충지로서 영·정조대 성세에 해외 문물 도입을 주도하였던 것이다.[21] 북학파의 선구자로 평가받기도 하는 서명응은 박제가의 『북학의』에 직접 다음과 같은 서문을 썼다.

성곽과 주택, 수레와 기물은 어느 것 하나 자연의 수법이 없는 경우가 없다. 이 수법을 제대로 갖추면 견고하고 완전하여 오래갈 것이요, 그렇지 않으면 아침에 만든 것이 저녁이면 벌써 못쓰게 되어 백성과 나라에 끼치는 폐해가 적지 않다. 이제 『주례』(「고공기」)를 보면, 도로의 넓이에도 정해진 법도가 있고 가옥의 깊이에도 일정한 치수가 있다.

또 수레는 바퀴 둘레를 바퀴통보다 세 배 크기로 만들면 진흙탕에 빠지지 않을 것이요, 집은 지붕의 물매를 곱으로 하면 낙숫물이 쉽게 빠진다고 하였다. 또 쇠와 돌을 제량하는 것과 가죽을 느슨하고 팽팽하게 하는 것, 실을 물에 담가두는 법, 옻을 칠하는 법에 이르기까지 상세하게 기록해놓지 않은 것이 없다.… 그러나 한나라 이후로 '우주 만물의 수법'에 정통하지 못한 학자들이 "이것은 백공(百工)들이 할 일이다."라고 일률적으로 판단해버렸다. 그래서 당시의 제도를 기록하는 서적에서는 그에 대한 대강의 사실만을 기록하였을 뿐이다.[22]

서명응은 고래로부터 모든 문물에는 자연의 수법이 들어 있어, 정해진 법도와 치수가 있다고 하였다. 특히 『주례(周禮)』「고공기(考工記)」의 장인들의 수법과 기물 제작 방법을 후대 사람들이 제대로 계승하여 발전시키지 못했다고 보았다. 그러한 장인들의 실물에 대한 수법과 기술이 이른바 도수학(度數學)인데, 이들의 원래 모습을 되찾고자 했던 서유구의 가학을 흔히 '명물도수학'이라 일컫게 된다. 장단이 개성의 날개가 되는 곳이고, 개성상인들이 서양 복식부기의 원조인 이탈리아 상인보다 앞서 사개치부법(四介治簿法)을 널리 사용한 사실을 보면 이 지역의 수학 발달과 무관하지 않을 것이며, 이런 모습이 서명응 후손의 역상(曆象)·수리(數理)에 대한 전문절예(專門絶藝)에로까지 이어간 것으로 보인다. 서유구의 아버지 서호수(徐浩修, 1736-1799)와 형 서유본(徐有本, 1762-1822)은 모두 천문과 수학 분야에서 전문적인 저술을 남기고 있다.[23] 당시 수학은 어디까지나 중인들의 기예에 속하는 것으로, 사대부의 품격 있는 교양으로 여겨진 것이 아니었다. 심지어 서양에서도 17세기 초까지만 해도 수학은 '학문적 연구'라기보다는 '상인이나 선원, 목수, 감정인' 따위와 결부되어 있던 '기계적' 기술의 하나로 치부되었던 점은 크게 다르지 않다.[24] 이런 점에서 서유구가의 학문은 조선에서 독특한 학풍을 형성하고 있다. 이처럼 전문적인 명물도수, 정교한 기예에 치중한 이유가 무엇일까? 형제인 서형수와 서호수가 나눈 대화의 일부분이다.

일찍이 내가 공에게 물었다. "도(道)는 형이상(形而上)이요, 예(藝)는 형이하(形而下)입니다. 군자는 상(上)을 말하지 하(下)를 말하지 않는 법인데, 공이 그토록 예를 좋아하는 것은 혹시 술(術)의 선택에 잘못이 없는지요?" 그러자 공이 말하셨다. "그래요. 나도 (도와 예의 구분을) 모르는 바 아니지만, 대개 도란 것은 형체가 없어 쉽게 현혹되는데, 예(藝)는 상(象)이 있어 속이기 어렵네. 내가 정말 도를 싫어하는 것이 아니라, 말로는 도를 좋아한다면서 실제로는 도를 행하지 않는 사람들이 이른바 예를 하고자 하는 이들까지 함께 득이 없게 만들어버리는 것을 미워할 따름이오."[25]

동생 서형수가 형 서호수에게 던진 질문에 서호수는 당시 지식인들의 세태는 겉으로는 도를 말하지만 공허한 말뿐이고, 도리어 기예를 하고자 하는 이들마저 실득(實得)이 없는 것으로 호도한다고 비판했다. 차라리 예(藝)는 드러난 상(象)이 있으므로 거짓으로 꾸미지는 못한다는 것이다. 천문역산가, 수학자로서 서호수의 관점을 명료하게 보여준다. 서호수는 『수리정온(數理精蘊)』을 보고 부족한 점을 보완해 『수리정온보해(數理精蘊補解)』를 저술했는데, 『수리정온』은 마테오리치(利瑪竇, 1552-1610)에 의해 전해진 유클리드의 『기하학원리』가 1723년 청 강희제의 명에 의해 재정리된 책이다. 서유구가 그 책에 서문을 썼으니, 서유구 역시 아버지의 이런 관점을 잇고 있는 것이다.

천하에 말이 있은 지는 오래되었다. 말할 만한 것은 옛사람들이 다 말하였으니, 이미 말한 것을 말하는 것도 군더더기요 말하지 않아도 되는 것을 말하는 것도 군더더기이다. 세상에 기예를 말한 사람은 헤아릴 수 없이 많지만, 예전에 덮여 있던 것을 오늘에 드러냈기 때문에 그 수만 마디 말에 하나도 군더더기가 없는 것은 오직 『수리정온』만이 그러할 것이다.[26]

이와 같은 가학 아래 서유구의 이름이 곱자를 뜻하는 '구(榘)', 자(字) 역시 수준기(水準器)를 뜻하는 '준평(準平)'으로 썼다. 자신이 거처하는 서재의 이름을 '자연경(自然經)'이라고 하였는데, 이 역시 어린 시절 「고공기」를 배우며 감탄했던 그가 이제는 자연 그 자체를 경전으로 삼아 공부하겠다는 독특한 관점이 들어 있다.[27]

2. 부친 학산 서호수

서호수(徐浩修, 1736-1799)는 30세에 식년문과 장원으로 급제하여 정조 즉위 후(1776) 곧바로 도승지로 활동한 비범한 인물이다. 왕의 최측근에 근무하면서 정조의 국가적 편찬 사업에 주도적 역할을 한 그는 특히 수학, 천문에는 타의 추종을 불허하여 『동국문헌비고』 중 천문역산 분야인 「상위고(象緯考)」 편찬을 전담하였다. 전문적 실력을 갖춘 그는 관상감(觀象監) 책임자로서 김영(金泳, 1749-1817), 유금(柳琴, 1741-1788) 등 중인 기술자들을 완벽히 장악하였다. 또 청나라 강희제 문화 사업의 절정으로 천문, 수학, 음률을 망라한 저술 『율력연원』의 내용, 곧 『역상고성(曆象考成)』(천문)·『수리정온(數理精蘊)』(수학)·『율려정의(律呂正義)』(음률)에 대해 깊은 이해를 하고 있었다.[28] 뿐만 아니라 본인이 보기에 미흡한 부분을 보완하는 책을 3분야 모두 저술하면서 조선 지성의 자존감을 높였다.[29] 그는 농

〈그림 2-3〉 마테오리치 묘 (선종 400주년 기념사진전, 《가톨릭신문》)

학에도 관심을 기울여 『해동농서(海東農書)』를 저술했는데, 그림을 풍부하게 수록하여 당시 농기구의 그림을 지금도 볼 수 있다. 서유구의 『임원경제지』「본리지」 중 '농기도보(農器圖譜)'는 부친의 책 『해동농서』를 많이 인용했다. 농서 저술은 서명응의 「본사」, 서호수의 『해동농서』, 서유구의 『임원경제지』로 3대 연속으로 이어지는데, 이는 조선조에서도 매우 특별한 케이스다. 서유구 학문을 3대의 가학으로 함께 봐야 할 또 하나의 이유다.

학산 서호수는 1792년 연행 시 북경에 있는 마테오리치의 묘를 찾아가 직접 제문을 올려 고했다. 놀라운 것은 그 내용이다.

서호수가 마테오리치의 묘에 올린 글은 참으로 땅의 동서, 시대의 고금을 가리지 않고 학문 계승의 정통을 자신의 책임으로 받아 안는 조선 선비의 웅혼한 기개를 느끼게 해준다.

땅이 구만 리 떨어졌고 시대가 200년 뒤인데 어이하여 거류하를 넘고 갈석산을 지나 기주(冀州)에 옷과 신발만 남은 무덤을 찾았는가? 서태

(西泰, 마테오리치)의 도는 상제를 부지런히 섬기고 서태의 예는 하늘을 공손히 따랐습니다. 그 기기는 기자의 나라에 전해지고 그 책은 학산의 저술에까지 흘러들었습니다(기기는 '혼개통헌', 책은 『혼개도설집전』이다). 제가 『기하원본』에 내용을 더한 일은 감히 양웅이 태현경을 지었다고 하겠습니다. 책과 기기를 안고 그 완성을 알리며 구중 하늘의 광활함을 우러릅니다. (후략)[30]

여기에는 마테오리치가 전한 의상기구인 '혼개통헌'과 거기에 그림과 해설을 단 이지조의 『혼개통헌도설』, 다시 그 도설의 문제점과 부족처를 지적하고 보완한 서호수의 『혼개도설집전』의 스토리가 들어 있다. 서호수가 본인이 만든 서양 수학과 과학의 발전적 결과물을 직접 최초 전수자에게 알리는 예식이었던 것이다. 바로 직전에 서호수는 본인의 책 『혼개도설집전』을 당시 북경의 흠천관 책임자인 예수회사 탕사선(湯士選)에게 보여주고 평을 받았다. 책의 내용을 본 탕사선은 서문을 써서 "서호수는 이서태의 양웅(揚雄)"이라는 비유를 들었다. 이 말은 양웅이 태현경을 써서 비로소 현학이 크게 융성하게 된 역사에 빗대 후대에 관용적으로 쓰이는 용법인데, 선대의 학문을 다시 찬연히 빛냈다는 최고의 찬사다. 마테오리치 이후 학산 서호수가 있어 이 학문이 더욱 빛을 보게 되었다는 뜻이었다. 같은 책에 대해 옹방강이 내린 평에 대해서는 내심 마뜩잖은 서호수의 심기가 드러나 보인다. 옹방강의 명성이 실제와는 부합하지 않는다는 생각으로, 고염무, 주이존, 이광지, 매문정 같은 일급 학자와는 차이가 있다고 판단했다. 마지막으로 서호수는 음악, 곧 율려에 대해서도 마니아적인 취향을 가지고 있다고 밝히면서 중국의 모기령이 쓴 책이 매우 잘못된 것이라고 매섭게 비판했다. 모두 불살라버려서 후학을 오도하지 않게 해야 한다고 극언하였다. 서호수 자신이 만일 중국에서 서양의 음악을 듣고 음률을 정리할 기회를 얻었다면 주희가 말한바 천고일쾌를 얻을 수 있지 않았을까 하면서 탄식하는 대목 역시 소름이 끼칠 정도다. 아래 박스에 이에 대한 각각의 기사를 모두 묶어두었다.[31]

탕사선이 서호수의 혼개도설집전에 쓴 서문

서양 선비 탕사선이 「혼개도설집전서(渾蓋圖說集箋序)」를 지어 보내고 아울러 작은 망원경 규비비례척, 만국전도를 주었다. 서문은 이러하다. "동국의 대종백 학산 서공은 사명을 받들고 경사에 와서 나에게 『혼개도설집전』 2권을 보여주었습니다. 나는 서쪽 땅의 말학으로서 역상을 대강 알아 중화에 귀화하여 외람되이 황제의 거처에 있으면서 공의 불치하문하신 겸광을 거듭 어겼습니다만 드디어 마음이 도취되어 이 글을 짓습니다. 이서태의 신령한 마음과 지혜가 아니면 누가 혼천설로 개천설을 설명하고, 개천설로 혼천설을 증명하겠습니까? 이지조의 박식과 문장이 아니라면 누가 작법을 추론하여 풀고 용법을 환하게 밝히겠습니까? 공의 하늘에 닿은 마음과 천문에 대한 묘오가 아니라면 누가 팔선삼각의 수리에 근거하여 홀로 명암사직의 비례에 통달하겠습니까? 그 그림과 표를 보니 이서태의 양자운이라 하겠습니다. (후략)"

건륭 55년(1790) 8월 18일 흠천감 우감부 서양 湯士選 쓰다.[32]

옹방강이 서호수의 『혼개도설집전』에 쓴 발문과 이를 본 서호수의 평

"건륭 경술년(1790) 가을 8월에 박검서가 부사 서공이 지은 『혼개통헌도설집전』 4책을 내게 보내주었다. 그중 상 2책은 명 인화 이지조의 원서이고, 하 2책은 서공의 집전이다. 나는 천문과 역법의 추산에는 이전에 궁리한 적이 없고 범사에 그 시말을 깊이 탐구하지 않은 사람이라 감히 바로 서문을 쓰지 못한다. 다만 그 풀이를 보니 구면과 평면이 상응하는 까닭을 두루 밝혀서 도표와 문장으로 설명하여 남김이 없으니 그 마음씀의 부지런함에 깊이 탄복할 뿐이다." 이에 별지에 써서 구구히 겸양하고 삼가며 감히 서라고 부르지 못하는 뜻을 보인다. 북평 옹방강. (이 발문은 그의 문집 『복초재집』에는 실려 있지 않다.)

"기 상서(한상서 기윤)와 철 시랑(예부만시랑 철보)이 모두 옹 각학은 역상을 깊이 공부하였다고 말하였으나, 나는 애초에 그가 '춘추삭윤'을 힘쓴다는 말을 듣고 그가 팔선삼각(八線三角)의 방법을 모르는가 이미 의심하였다. 이제 발문을 보니 더욱 그 엉성함을 알겠다. 대체로 중국 선비들은 한갓 성률과 서화를 명예를 낚고 승진을 돕는 디딤돌로 삼을 뿐, 예악과 도수는 잘라버릴 머리털처럼 본다. 실학에 조금 힘쓰고자 하는 사람도 정림 고염무나 죽타 주이존이 남긴 오라기를 주워 모으는 데 지나지 않을 따름이다. 용촌 이광지처럼 독실하고 순수하며 물암 매문정처럼 정밀하고 투철한 경우는 세대를 걸러 한 번씩 나올 뿐이요, 결코 많을 수가 없음을 비로소 알겠다. 흠천감정 희상과 서양 선비 안국령이 모두 역상에 명성이 있다고 하나 방문하지 못하여 한스럽다."[33]

서호수가 황궁의 생일에 참여하여
청나라 황실의 음악을 직접 체험하고 쓴 글

"나는 율려에 벽이 있어 악서를 두루 보았지만 오직 『율려정의』에만 심취하여 정신을 쏟았다. 그러나 그 소리를 직접 듣지 못해 한이었는데 이번 사행에서 중화소악(中華韶樂)을 태화전의 축하 반열과 정대광명전 잔치에서 들었다. 종은 삼합동을 사용하였고, 경은 우전옥을 사용하였으며, 모두 개수를 늘리며 삼분손익법으로 만들었다. 관악기의 용적 계산과 음공 간격의 결정, 현악기의 줄의 굵기와 휘 간격의 결정은 하나같이 『율려정의』에 쓴 대로이니 참으로 선진 이후의 아름다운 제도이다. 다만 그 소리의 조율이 너무 높아 불만스러웠다. 아마 황종의 길이는 채원정 『율려신서』의 횡서 9촌을 따랐지만 글자 소리의 높이와 빠르기가 서양 음악을 많이 취하여 송 휘종의 대성악(大晟樂, 대성아악)의 부드러움과 완만함을 고쳐서 그리된 것인가. 지난번 역국(曆局)에 들어가 탕사선에게 오선으로 음정을 구분하고 반음의 차이가 계명을 바꾸는 이치를 물었더니, "기호와 음정의 구분은 눈으로 보고 알 수 있으나, 소리의 조율과 계명의 소리는 결국 귀로 결정합니다. 천주당의 옛 악기는 이미 불에 타버렸고 새 악기는 이번 겨울에 진공선으로 부칠 예정입니다."고 하였다. 내가 그 악기를 살피고 소리를 확인한다면 반드시 『율려정의』의 연원을 개발하고 천명하는 바가 있을 것이다. 이는 주자가 말한바 천고의 제일 쾌사(千古一快)이니, 내가 어찌 이를 쉽게 얻을 수 있겠는가.

상서 기윤이 누가 모기령이 악론이 엄박하다고 말한다고 전하길래 그의 『서하집』을 유리창에서 빌려 며칠 자세히 읽었다. 이른바 「경산

악록」은 주권의 「당악적색보」를 아음이라고 착각하여 부회한 것이다. 이른바 「성유악본해설」은 강희제가 지름과 원주를 논한 몇 마디를 가지고 잘 모르면서도 마구 지은 것이다. 반드시 율수를 아는 척하려고 입만 열면 주재육과 채원정을 비방하였으니 「성유악본해설」이 「경산악록」보다 심하였다. 나는 그 망령되이 이치에 어긋남이 싫어 빨리 돌려주고, 드디어 「성유악본변」을 지었다. 율려의 학문은 세상에서 궁구하는 이가 드물어 모기령 같은 이가 궤변을 구사하여 촌부자를 홀리기에 족하기 때문이니, 내가 변론하기를 좋아함이 아니다.[34]

서유구 가계 3대는 모두 중국과 서양을 조선과 대등한 상대로 생각하며 조금도 위축이 없이 당당하고 자신감이 넘쳤다. 그리고 실제로 그러한 실력을 보유했다.

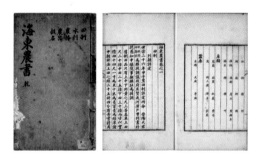

〈그림 2–4〉 『해동농서』의 표지(왼쪽)와 본문 (일본 오사카부립 나카노시마도서관 소장)

3. 숙부 명고 서형수

작은아버지 서형수(徐瀅修)는 조카들의 공부를 집중적으로 돌본 사람이다. 그는 특히 10대 시절 풍석의 모습에서 남다른 호학의 태도를 보았다. 다음은 풍석의 문집에 서형수가 쓴 서문에 들어 있는 내용이다.

풍석이 약관도 안 되었을 때 나(서형수)에게서 오경(五經)과 사서와 당송팔가문을 배웠다. 의심나면 반드시 간절하게 물었고, 물을 때는 반드시 끝장을 보려 했다. 하나라도 딱 들어맞지 않으면 바로 고개를 숙여 생각에 잠기고 눈썹을 찌푸리면서 뜻을 여러 번 되새기느라 표정이 침울했다. 그러다 깔끔하게 들어맞으면, 말이 덜된 이상한 소리를 질러댔다. 이를 지켜보던 이들이 종종 놀라거나 비웃어도 아랑곳하지 않았다.[35]

서형수가 회고한 서유구의 학습 태도는, 호기심이 많아 의심이 나는 문제를 끝까지 물고 늘어지는 집요함이었다. 의문거리를 찾아내고 답을 찾기 위해 고심하다가 답을 알게 되면 기쁜 감정을 숨기지 않았던 것이다. 책을 읽고 그 즐거움에 취해 "자기도 모르게 덩실거리며 춤추는 즐거움(手舞足蹈之樂)"을 연상케 된다. 서유구의 학문 태도다.

풍석이 가진 삼교회통의 지향은 중부 서형수에게 받은 영향이 크다. 서형수의 또 다른 사상적 지향은 불교였다. 서형수는 불교에는 매우 호의적이었다. 실제 승려 최현(璀絢)을 만나 우호를 맺기도 하였지만, 불교의 이론에 대해서도 탐구하였으며 이를 자기 인생의 한 축으로 수용하였다. 이를 잘 보여주는 시가 "산속 집에서 향불을 피우고 현 스님과 함께 불경을 강론하며"이다. 아래 그 일부를 인용하며 서형수를 좀더 알아본다.

나는 들었네 유·불·도 3교가 모두 내 스승으로 / 我聞三敎皆吾師
심성과 정신을 다스림은 같다는 것을 / 心性精神同所治

말세엔 종종 참뜻을 잃고 / 往往末流失其眞

제 논리만 고집하며 서로 비웃네 / 入主出奴紛相嗤

불가는 그나마 유가에 가깝고 도가는 머니 / 佛猶近儒道則遠

도가는 일신만을 생각하고 불가는 자비를 숭상하기 때문이네 / 道蓋自
私佛慈悲

이 때문에 유자들은 불설(佛說) 담론 좋아하여 / 是以儒者喜談佛

파옹과 목로가 부분 부분 엿보았네 / 坡翁牧老一斑窺

나 역시 어쭙잖게 불가의 설 엿보아 / 我亦粗窺佛家說

미증유의 일을 듣고 기이함에 자꾸 빠져드네 / 得未曾有頻耽奇

불가의 '불이문'은 유가의 '일이관지(一以貫之)' 요결이요 / 不二門是一貫訣

불가의 '무엇인지 관찰함'은 유가의 '늘상 주목함'이로다 / 視甚麼爲常目
之[36]

　　서형수는 유학과 불교의 상호 소통의 가능성을 긍정하고, 그 이론적
기반을 불가의 자비에서 찾고 있다. 그리고 동파 소식(蘇軾, 1037-1101)과
목재 전겸익(錢謙益, 1582-1664) 같은 분들을 예로 들면서, 자신 또한 불가
의 설에 빠져듦을 고백하고 있다. 그런데 서형수의 불교에 대한 이해는
독특하다. 불교 안으로 들어가 불교와 유학의 일치점을 부각해내고 있는
것이다.

　　서형수는 불가의 '불이중도(不二中道)'를 유학의 '일이관지'로, 선종의 '이
뭣고?[是甚麽]' 화두를 유가의 '늘상 주목하는 공부'로 같은 위치에 두었
다. 불교와 유학의 논리가 그 핵심에서는 모두 같다는 것이다. 이처럼 유
불을 회통시키는 일에 진지하게 파고든 서형수는 이 시의 마지막에서
"그대여, 유자가 불경을 강론한다고 비웃지 마소(儒演佛乘君休笑), 일체의
가르침이 지극한 경지에선 터럭만 한 차이도 없거니(萬法到處差不氂)"라고

까지 하였다. 자신이 견지한 유불회통적 사유에 대하여 당당하
게 공표한 것이다. 일찍이 중국의 양명좌파(陽明左派), 특히 이탁
오(李卓吾)와 장대(張岱) 등에 의하여 유불회통(儒佛會通)의 사유
로 제시된 바 있으나, 서형수는 양명학을 언급하지 않고도 불교
를 옹호하면서 자기 삶에서 구현하려고 하였다.[37] 불교에 적극적
으로 다가가서 이를 유학의 내부로 끌어들여 그 동일성을 추구
한 서형수의 이러한 작업은 유불의 상호 소통이자, 문명의 상호
회통의 한 장면이다. 조카 풍석이 자신의 도를 '종유통선불지도'
라고 자신 있게 말한 것도 스승으로 모신 숙부 서형수의 불교에
대한 태도와 그 영향을 되돌아보게 한다.

〈그림 2-5〉 『명고전집』

4. 형 서유본과 형수 빙허각 이씨

서유구의 형 서유본(徐有本, 1762-1822)은 어려서 작은아버지 서형수에게
서 서유구, 유금과 함께 『사기』와 글쓰기 공부를 했다. 박지원에게서 문장
수업을 받기도 했다.[38] 하지만 그는 문장력은 인정받았으나 과거에서는
계속 낙방하여 음보(蔭補, 선조의 덕으로 벼슬을 얻음)로 1805년 가을 말직
인 동몽교관(童蒙敎官)[39]이 되었다가 이듬해 봄 작은아버지가 유배형을 받
으면서 그마저 그만두게 되었다. 이후 재야에서 공부에만 전념하여 좌소
산인(左蘇山人) 문집을 남겼는데 도수명물의 학에 깊은 조예를 보였다. 풍
석은 형이 죽었을 때 등활(等活) 지옥의 고통으로 표현했을 정도로 둘 사
이는 각별하였다. 서유본의 아내 빙허각(憑虛閣) 이씨(1759-1824)는 아낙네
에게 필요한 가정백과사전인 『규합총서(閨閤叢書)』의 저자이자 서유구의
하나뿐인 형수다. 빙허각은 시할아버지 보만재에게 총명함을 일찍부터
인정받기도 했다.

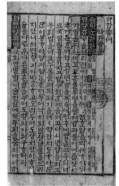

〈그림 2-6〉 『규합총서』 표지(왼쪽)와 본문(오른쪽)

형수씨가 음식을 올릴 때 할아버지 문정공께서 물으셨다. "네가 『소학』 읽기를 좋아한다더구나. 그 책에 실린 좋은 말과 행동 중에 어떤 일이 본받을 만하더냐?" 단인(端人)[40]이 대답했다. "말이 행동보다 앞서는 일은 감히 하지 않으렵니다." 문정공께서 감탄하며 "겸손하면서도 글을 아는구나. 누가 이 아이를 여자라 하겠는가?"라고 하셨다.[41]

또 빙허각은 남편 서유본과 시 짓기를 대작하기도 했고 남편의 글을 교정해주기도 했다. 남편 서유본(徐有本, 1762-1822)이 세상을 떠난 뒤, 절명사(絶命詞, 임종 때 남기는 시문)를 쓰고 19개월 뒤 결국 남편 뒤를 따랐다.[42] 1809년의 저술로 추정되는 저서 『규합총서』에는 '술과 음식', '길쌈' 등의 아녀자의 일을 한글로 적어두었고, 빙허각 생전에 세상에 알려져 친척들이 베껴 갈 정도였다. 형수의 『규합총서』가 풍석의 『임원경제지』 「정조지」(음식)와 「전공지」(의복)에도 영향을 주었다. 밥과 죽의 경우를 예로 들면 밥은 팥물밥·오곡밥·약밥 등만 소개했고, 죽은 영양죽 몇 가지에 한정했다. 반면 「정조지」에는 밥과 죽 수십 가지가 들어 있다.

3절. 북학파의 배경과 후대의 영향

1. 북학파의 배경

잘 알려져 있다시피 조선 후기의 주류 지식인들은 임진왜란 시 구원병을 보낸 명나라에 대한 의리 의식으로 만주족이 세운 청나라를 인정하지 않았다. 도리어 병자호란의 치욕을 되갚아주려는 '북벌론'이 대두하기도 하며 적대의식을 고스란히 온존하였다. 그러나 조선의 기대와는 달리 청나라는 전대미문의 중흥을 이루었고 세계의 문물이 교류하고 부가 집중되는 나라가 되었다. 1720년까지도 동지정사로 북경을 방문한 학자 이의현(李宜顯, 1669-1745)은 중국의 문물이 모두 오랑캐의 풍속으로 변해버렸다고 탄식했는데 이것은 조선의 인식을 그대로 보여준다. 그런데 이와 다른 목소리를 낸 인물이 홍대용(洪大容, 1731-1783)과 박지원(朴趾源, 1737-1805)이다. 이들의 관심사는 청나라의 풍요로운 경제생활의 향유였다. 1765년 북경을 찾은 홍대용은 조선에서 이미 북경이 번성하다는 이야기를 듣고 있었지만, 막상 보니 이 정도일 줄은 생각지도 못했다며 감탄했다. 박지원 역시 앞서 연행한 이들로부터 청의 발전상을 들었지만 국경인 책문 밖에서 청나라 쪽을 들여다볼 때부터 그가 받은 충격은 『열하일기』에서 확인할 수 있다. 홍대용은 "성리(性理)란 것도 별것 아니라 곧 나날의 삶에 필요한 일용(日用)에 흩어져 있다."며 성리를 일용의 차원으로 끌어내렸다. 박지원은 "독서와 학문도 실용의 잣대에 따른 나뉨이 있다."며 실용에 효과가 없는 학문에 비판적이었다. 학문의 도가 일용에 스며 있다는 말이나 실용에 쓰임의 여부로 판가름 난다는 생각은, 임난 직후 저술인 이수광의 『지봉유설』에 "도는 백성이 살아가는 나날의 삶 속에 있어, 이것을 빼고 도를 말할 수 없다."고 한 데서도 보인다.[43] 이들의 말이 그 전에 없던 말을 처음 새로 한 것이 아니라 경전의 본뜻, 성현의 진실을 시대에 적합하게 풀어내는 기본적 학문 활동의 소산이었다는 점이 각별하다. 서유구가 말하는 『임원경제지』의 풍요로운 향촌 생활의 도가 사실 여기서 크게 벗어나지 않는 것이다.

홍대용, 박지원이 연행에서 경험한 내용은 이들과 가깝게 교유하는 이서구, 이덕무, 박제가 등에게 큰 자극을 주었다. 이후 유득공은 세 차례, 박제가는 네 차례, 이희경은 무려 다섯 차례나 중국을 여행하면서 청의 발전상을 목도하고 자연히 청 문물의 수용을 주창한 북학론이 일었다. 그리고 당색을 넘나들어 18세기 후반 널리 사회적 공감을 얻었다.[44] 심지어 젊은 학자들은 때로 청의 발전상에 큰 충격을 받아 청 문물에 지나치게 경도된 모습을 풍기기도 했다. 박제가(朴齊家, 1750-1805)는 당벽唐癖 (중국을 지나치게 좋아하는 버릇)이 있다는 주변의 평을 들었고, 이희경(李喜經, 1745-1805?)은 다섯 차례나 다녀오고도 중국을 그리워한다는 비아냥을 받았다. 이들은 극단적으로 조선의 발전을 위해서는 모든 조선 사람이 중국어를 쓰게 해야 한다는 주장까지도 제기했다.[45] 반면 홍대용과 박지원은 그들과 달리 청에 대해 비교적 객관적인 시각을 유지했다.[46]

박제가가 1778년 첫 번째 중국 여행에서 돌아온 직후 저술한 『북학의』는 북학파의 교과서라 할 수 있다. 그는 서문에서 백성의 곤궁과 재정의 결핍에 대한 근원적 대책을 펴야 한다고 목청을 높였다.[47] 서유구의 조부 서명응이 『북학의』에 서문을 써서 이런 학문 경향을 크게 격려한 것은 이미 소개했거니와, 박지원 역시 『북학의』가 자신의 『열하일기』와 동일선상의 저술이라면서 사대부들이 학문의 도를 재인식하기를 촉구했다. 그는 오랑캐라 할지라도 그 문물제도가 훌륭하면 곧 스승이라고 할 수 있어야 하며, 청 문물은 중화 문명을 계승한 것이므로 더더욱 적극적으로 받아들여야 한다고 주장했다. 박지원, 박제가, 이희경 등은 하나같이 청 문물이 중화의 유제(遺制)를 간직한 것이라 강조하면서 청 문물을 수용해도 될 근거를 마련했다. 이런 점에서 『임원경제지』의 서유구도 그러한 경로를 착실히 따르고 있다고 할 것이다. 특히 박지원은 중국의 물품 그 자체만이 아니라 사물을 대하는 중국인의 치밀한 태도까지 살폈다. 그리하여 수레 사용에 대한 논의에서, 조선은 길이 좁아 수레를 사용할 수 없다는 당시 일반적 주장에 대해 "길이 좁아 수레를 사용하지 못하는 것이 아니라 수레를 사용하지 않아 길이 좁은 것"이라고 반박한다. 조선인들의 인식 전환을 촉구한 것이다. 수레를 이용하여 이용후생을 증진하자는 것은 기존의 관행적 사고를 파격적으로 깨어버리는 사례로 박지원, 박제가에서 서유구의 『임원경제지』로 계승되는 부분이기도 하다.

북학파는 청 문물뿐 아니라 서양 문물도 수용에서도 이용후생에 도움이 되는 것이라면 그 연원의 소재는 문제삼지 않았다. 다만 서양의 과학기술 도입에는 적극적이었지만 천주교에 대해서는 유교의 합리성에 근거하여 비판적 태도를 유지했다.[48] 북학파는 나아가 선진 문물을 체계적으로 수용하는 방안을 구상했는데, 먼저 박제가는 서양 선교사를 초빙해 이용후생과 관련된 기술을 젊은이들에게 교육하자고 건의했고, 정약용도 『경세유표』에서 "이용감(利用監)"이라는 부서를 설립해 북학을 관장하고 농기(農器)·직기(織機)·병기(兵器) 등 기계 기구의 일을 전담토록 하자고 주장했다. 이에 비해 서유구는 『임원경제지』에서는 이용후생은 똑같이 힘주어 말했으나, 그 실현을 위한 방도는 가능한 향촌의 사대부가 자력으로 운영할 수 있는 영역 범위로 좁히고, 그 뜻에 공감하는 동지들의 실천을 독려하는 데에 치중한다.

북학파의 주장 가운데 가장 주목되는 것은 "해양통상론"이다. 박지원은 "오늘날 백성의 근심과 국가의 계책은 오로지 재부에 달려 있다."면서 조선은 배가 외국과 통하지 않고 수레가 국내에 다니지 않기 때문에 재부가 항상 부족하다면서 중국의 강남 지방과 통상을 해야 한다고 주장했다. 고려 때도 송의 교역선이 예성강으로 통상했는데, 조선은 못 한다고 지적했다. 반면 일본은 강남과 활발하게 통상한 결과 명 말년에는 나가사키가 거대한 물류 집산지가 되었고 상인을 중심으로 문화 활동이 크게 흥했다는 것이다. 이런 위기감과 비분강개는 서유구도 「섬용지」 서문에서 강렬하게 보인 바 있다. 일본이 이미 조선보다 공업과 상업 등 물산에서 크게 앞서고 있다는 것을 피부로 느꼈던 것이다.[49] 세계 각국의 문물이 집결되는 중국의 강남을 주목하고 가장 적극적으로 강남통상론을 편 인물은 박제가였다. 『북학의』 중 「통강남절강상박의(通江南浙江商舶議)」에서 조선과 같이 작고 가난한 나라가 부강해지기 위해서는 반드시 먼 지방의 물자가 통해야 하고, 물자를 통할 수 있는 방법은 뱃길을 이용하는 것뿐이라면서 육로를 통한 기존의 조공적 통교 방식에서 벗어나 해양을 통한 국제무역에 동참할 것을 주장했다. 정약용 역시 일본이 부강해진 연유가 강남과의 교류에 있다고 보았다. "일본이 중국의 강남과 직접 교류하면서 좋은 책을 모두 구입해 간 결과 일본의 학문 수준이 조선을 능가"하게 되었다고 보았다. 풍석도 『임원경제지』의 곡명고·어명고·화명고 등에서 중국의 우수 품종과 종자를 도입하자는 주장을 무수히 하고 있는 것이 같은 맥락일 것이다. 자신이 가뭄 대비에 실패한 경험을 거울 삼아 중국의 늦벼 향자만(香秄晚)과 육십일(六十日), 벼멸구충에 강한 홍도(紅稻)와 조도(棗稻) 같은 벼 품종을 중국에서 들여올 것을 주장했고 조정과 협의하여 실행한 경우도 있다.[50]

이처럼 북학파 학자들의 주장에는 청나라에 대한 태도, 국제정세를 보는 시각 등의 개별적인 차이는 다소 있었지만 기존의 관행적 사고를 넘어서 조선의 재부를 늘리고 이용후생을 이루려는 생각이 뚜렷했고 이에 따라 다양한 방법론이 제출된 것은 『임원경제지』의 탄생에 큰 자양분으로 작용했다.

2. 『임원경제지』의 후대 영향

서유구는 18세기 이용후생의 기술들을 『임원경제지』 속에 집성한 데 그치지 않고, 그것을 19세기 이후 신진 학자들에게 전수하였다는 점에 남다른 의의가 있다. 『임원경제지』를 보는 관점을 기술, 예술, 문학, 학문 등을 통합한 저술로 바꾸어 보게 되면 그의 사유와 업적이 후대에 전해진 양상을 좀더 풍부하게 살펴볼 수 있다. 1839년 퇴임을 전후하여 '번계'에서 임원을 경영하였고, 이후 1845년 생을 마칠 때까지는 '두릉'에서 생활하였고, 만년의 그의 문하에는 많은 신진 학자들이 출입하면서 시회를 열었다.[51] 홍경모, 홍석모(洪錫謨, 1781-1850), 정학연(丁學淵, 1783-1859), 정학유(丁學游, 1786-1855), 홍길주(洪吉周, 1786-1841), 홍현주, 윤정현(尹定鉉, 1793-1874), 서유영(徐有英, 1801-1874), 김영작(金永爵, 1802-1868), 박규수(朴珪壽, 1807-1876), 신필영(申弼永, 1810-1865) 등이 그들이다. 정학연, 학유는 다산의 아들이고 박규수는 박지원의 손자다. 특히 홍석주, 홍길주, 홍현주 형제는 어머니가 영수합 서씨(令壽閤 徐氏)인데, 서유구의 일가다. 홍현주는 당시의 일을 시로 남겼다.

> 문장은 실사(實事)를 추구하고 / 文章求實事
> 경제는 임원에 두셨네. / 經齊在林園
> 만년에 망년(忘年)의 인연을 맺으시고 / 晚托忘年契
> 날 잡아 밤새하길 기약하시네.[52] / 頻期卜夜言

짧막하지만 서유구의 학문과 실천, 그리고 노년의 풍모를 잘 집약해놓은 시이다. 또 서유영은 밤이 깊도록 담론을 즐기던 서유구의 모습을 "촛불 심지 잘라가며 농학을 이야기할제, 백발이 은처럼 환희 빛났네."(剪燭談農圃, 華髮炯如銀) 라고 묘사했다.[53]

홍경모는 『임원경제지』에 대해 다음과 같이 말하고 있다.

> 선정(先正)의 법도를 굳게 지켜서 매번 뵈올 때면 붉은 먹과 검은 먹의
> 붓 두 자루를 손에 들고 하루 종일 한마디 말씀도 없으셨다. 그러나
> 배운 것을 여쭈어보면 옛일을 끌어다 오늘을 증명하여 경위를 갖추어
> 설명해주시는 것이 마치 옛사람의 곁에 앉아 상의하여 말해주는 듯하
> 였다. 살펴보건대 '가원(家園)의 여러 지(志)'들은 이용후생의 일이 아닌
> 것이 없고 경세제민의 재능을 또한 입증할 수 있으니, 한 점 고기로 솥
> 전체의 국 맛을 알 수 있는 격[嘗鼎一臠]이라고 할 것이다.[54]

여기서 '가원(家園)의 여러 지(志)'라고 한 것은 바로 『임원경제지』를 말
한다. 다음은 박규수가 지은 「은퇴하신 풍석 서 판서께 바치다」의 후반
부이다.

> 나라의 병폐 고칠 경륜 깊이 감추고 / 醫國深袖經綸手
> 임원에서 농사지어 나누어 먹기를 즐기실 뿐, / 林園樂事聊分甘
> 내 와서 『임원경제지』를 구해 읽어보았더니 / 我來求讀十六志
> 신기루 속의 보물처럼 이루 염탐하기 어려워라.[55] / 海市百寶難窺探

서유구의 노년을 "경륜을 감추고 임원에서 나누어 먹길 즐길 뿐"이
라고 묘사하였다. "『임원경제지』를 구해 읽어보았더니"라고 한 대목은
『임원경제지』가 박규수를 비롯한 19세기 학자들 사이에서 읽히고 있었던
증좌다. 더욱이 서유구는 정약용과 나란히 후학들에게 존경받았다.[56]

서유구는 고구마나 볍씨 등 새로 도입한 종자를 시험하고, 또 지인들에
게 전파 보급하기를 쉬지 않았는데, 신석우(申錫愚, 1805-1865)는 「고구마

를 심으며」라는 시에서 풍석의 이같은 노력을 언급하고 있다.

풍석 서 상서께서 『종저보』를 지어 종자를 전하여 심고 기르는 방법을 다 밝혀놓았는데, 그 이익이 민산(岷山)의 준치(蹲鴟)나 발해의 해구(薤韭)보다 배는 낫다고 한다. 근래에 영남에서 몇 뿌리를 얻어다가 작은 텃밭을 일구고 『종저보』를 참조해서 옮겨 심었다. 장차 뿌리를 널리 퍼뜨려 심는다면 굶주리는 사람들을 구제할 수 있을 것이다. 사람들은 혹 이 일을 우활하다 비웃을지라도, 내 나름으로는 경제의 뜻을 담은 것이다.[57]

신석우가 『종저보』를 참조하여 영남에서 구해 온 고구마를 텃밭에 심고 널리 확산할 뜻도 비쳤다. "내 나름으로는 경제의 뜻을 담은 것"이라는 말은 바로 서유구가 추구했던 '임원경제'와 크게 다르지 않다. 서유구가 그토록 바라던 나와 뜻을 같이한 나의 동지지사(同志之士)가 아닌가.

『오주서종박물고변』의 저자 이규경은 서문에서 자신의 책이 '산거경제(山居經濟, 산림 향촌에 거하는 사람들이 경제서)'가 될 만하다고 했는데, 임원경제의 뜻과 통한다.[58] 이규경은 본인의 박물학의 연원을 다음과 같이 밝혔다.

세상의 논객들이 말하기를 명물도수(名物度數)의 학문이 한대(漢代) 이후로 이미 끊어졌다고 한다.… 그런데 명나라 말기에 이르러 중원의 인사들이 점점 그 가운데 들어가 하나의 기풍을 이루어 이 도에 대해 모르는 것을 오히려 부끄러움으로 여겼다. 서광계(徐光啓)·왕징(王徵) 같은 이들이 끊어진 학문의 뒤에 우뚝 일어나 많이 계발해내어 상수학(象數學)을 창시하니, 명물도수의 학문이 찬란히 세상에 다시 밝아지

게 되었고 이로부터 전문명가(專門名家)들이 점점 나오게 되었다.[59]

한나라 이후 명맥이 끊겼던 명물도수학을 다시 밝힌 인물로 서광계(徐光啓, 1562-1633)를 들었다. 『임원경제지』 도처에서 서광계에 대한 존경과 찬사가 비치는데, 실제 서광계는 천문과 산학 관련 저술들을 다수 한역(漢譯)하였고, 「감저소(甘藷疏)」·『농정전서(農政全書)』 등 농학 저술에도 주력하였다. 그의 학문적 발자취는 서명응, 서호수, 서유구로 이어지는 학술 경향에 큰 영향을 주었다.[60] 이규경의 언급에서도 서광계, 왕징[61]에 의해 이루어진 서양 천문학과 기계 기술의 도입과 그에 자극받은 중국 고증학의 흥기, 명물도수학의 확산 분위기가 와 닿는다.

또 의약 부문에서 「인제지」의 이론 부분을 배제하고 간편 처방 위주로 간추린 『구급신서』라는 책이 지석영(池錫永, 1855-1935)의 소장인이 찍혀 발견되기도 했다.[62] 서유구의 뜻과 『임원경제지』의 내용이 19세기 학자들에게 착실히 전수되고 있었던 것이다.

서유구는 자신이 구상한 임원경제의 터전을 여러 곳을 옮겨 다니면서 실현해보고자 했다. 금화·대호·번계·두릉 등의 지역에 거처했는데, 그중 두릉이 가장 좋았다고 했다.[63] 그런데 1867년, 박규수가 윤종의(尹宗儀, 1805-1886)에게 준 편지를 보면 서유구의 마지막 터전이었던 두릉이 박규수에게 넘어간 모양이다.

이 아우가 지난번 두릉에 낡은 집 하나를 얻었는데, 풍석 선생의 옛집으로 제 마음에 꼭 맞았습니다. 저와 함께 뽕과 삼을 기르며 닭 잡고 기장밥 지어주는 이웃이 되는 것이 어떻겠습니까?[64]

또 『임하필기』에서 서유구의 마지막을 "평소 모은 가산을 돌아가실 때

모두 나누어주고(平日蓄儲, 發於大歸之時)"[65]라고 전하고 있어, 이런 정황을
짐작하게 한다. 후에 신필영은 서유구의 묘소를 지나며 다음과 같이 노
래했다.

화려한 가옥이 언덕으로 변한 뒤 회상해 보니 / 華屋山邱感一時

풍석 선생은 이미 흰 구름과 벗하셨네. / 楓翁已與白雲期

빈소는 적막하고 가을 햇빛 싸늘한데 / 繐帷寂寞秋光冷

임원의 경제를 못다 이룬 것이 슬퍼라.[66] / 經濟林園未了悲

〈표 2-2〉 서유구 상세 연표 (임원경제연구소 제공, 필자 일부 조정)

연도	나이	내용	비고
1764	1	서호수와 한산 이씨의 아들로 태어나다. 자는 준평(準平), 호는 풍석(楓石), 달성 서씨이다.	
1775	12	여산 송씨(1760~1799, 16세)와 혼인하다.	
1777	14	평안감사로 부임한 조부를 따라 평양에 머무르다. 조부 서명응으로부터 당송팔가문(唐宋八家文)을 배우다.	
1778	15	작은아버지 서형수에게 오경, 사서, 당송팔가문, 모시를 배우다. 조부가 벼슬을 그만두고 용주(蓉洲)로 거처를 옮기자, 조부와 함께 살다. 풍석암이라는 호를 쓰다.	
1781	18	서울로 거처를 옮기다. 본격적으로 문장을 짓기 시작하다. 연암을 찾아가 자신의 글을 지도받다. 이 무렵부터 1788년까지의 저술을 모은 책이 『풍석고협집』이다. 한동안 강화 유수로 있던 부친의 임지에 머무르다.	
1785	22	조부를 따라 용주에 기거하다. 가을 무렵 『보만재총서(保晩齋叢書)』 중 「본사(本史)」의 일부를 대신 저술하다. '태학생조군묘지명(太學生趙君墓誌銘)'을 짓다.	
1786	23	생원시에 합격하다.	
1787	24	「명고전집서(明皐全集序)」 쓰다.	서명응 별세
1788	25	'유군묘명(柳君墓銘)'을 짓다. 『풍석고협집』을 편찬하다.(1781~1788)	『楓石鼓篋集』
1790	27	유생 전강에서 순통(純通)을 받은 유학(幼學) 서유구를 전시(殿試)에 곧바로 응시하게 하다. 정약전(丁若銓)·김달순(金達淳) 등과 함께 초계문신으로 선발되다.	
1791	28	『주역강의』, 『상서강의』, 『대학강의』, 『논어강의』, 『맹자강의』 등의 편찬에 참여하다. 초계문신 응제에 '십삼경대(十三經對)', '농대(農對)'를 올리다. * 다산도 '십삼경책(十三經策)'과 '농책(農策)'을 올리다.	십삼경대(十三經對)', '농대(農對)
1792	29	2월 규장각 대교(待敎)가 되다. 3월 홍문관 정자(正字: 정9품)가 됨으로써, 처음으로 각함(閣啣)을 겸하다. 『시경강의』 편찬에 참여하다.	『毛詩講義』

1794	31	12월 홍문관 부교리(종5품)을 제수 받다. '팔자백선서(八子百選序)' 올리다.	신현 등과 함께 『두율분운』, 『육율분운』 등 찬술
1795	32	5월11일 아들 우보(宇輔1795~1827)가 태어나다.	정조의 축하시
1796	33	『누판고』를 편찬하다.	『鏤板考』
1797	34	7월 순창(淳昌) 군수(종4품)에 임명되다. 『어정주서절약(御定朱書節約)』, 『대학유의(大學類義)』 등의 서적을 교감하다. 『향례합편(鄕禮合編)』과 『육주약선(陸奏約選)』을 편찬하다.	『향례합편(鄕禮合編)』 『육주약선(陸奏約選)』
1799	36	1월 생부 서호수 상을 당해 순창군수 직을 면하다. 1월 28일 부인 여산 송씨가 세상을 뜨다.	서호수 별세
1800	37	삼년상을 치르다.	6월 28일 정조 승하
1801	38	3월 사헌부 장령(정4품)에 임명되다. 곧이어 내각 검교관에 임명되다. 4월 홍문관 부교리에 임명되다. 뒤이어 승정원의 동부승지, 좌부승지(정3품 당상관)를 거쳐 형조 참의(정3품)를 제수 받다.	
1802	39	12월 의주(義州) 부윤(종2품)에 임명되다.	
1804	41	5월 의주부윤을 체직하고, 8월 승지(정3품)를 제수 받다. 『정조실록』 편찬에 참여하다. 10월 여주 목사(정3품)에 임명되다.	『정조실록』 편찬
1805	42	1월 부호군(副護軍)을 제수 받고, 4월 여주목사를 면하다. 5월 성균관 대사성에 제수되었으며, 이후 여러 차례 관직을 옮기다.	
1806	43	1월 홍문관 부제학(정3품)을 제수 받았으나 사직 상소를 올려 사직하다. 금화(金華), 대호(帶湖), 번계(樊溪), 두릉(斗陵)으로 여러 번 거처를 옮기며 농사를 짓다. 아들 서우보의 도움을 받아 『금화지비집』, 『금화경독기』, 『번계모여집』을 저술하다. 이 무렵 임원 생활을 시작하여 직접 농사짓고 고기 낚으며 모친을 봉양하다. 때로 끼니를 잇기 어려운 시기를 겪다.	『金華知非集』 『金華耕讀記』 『饔饎雜誌』 『鵰蟀志』 『蘭湖漁牧志』 『林園經濟志』 저술하기 시작.
1809	46	"금화산장"에 머무르다.	
1811	48	두호에 머무르다. "봄에서 여름으로 넘어갈 즈음 극심한 가뭄이 70일이나 지속되었다. 밭에 뿌려 심은 기장·조·목화·콩·삼 등은 일절 싹이 나지 않았고 들판에는 푸른 풀이 거의 없었으나, 오직 구멍에 씨앗을 심은 오이류와 목화는 이따금 싹이 돋아났다. 대개 구멍에 씨앗을 심는 것은 구전의 제도와 가깝다."고 『행포지』에 기록하다.	구전법 실행 기록
1812	49	대호에 머무르다.	
1813	50	생모 한산 이씨(1736~1813) 세상을 뜨다.	어머니 별세
1815	52	난호에 집을 짓다. 벼슬에 나갈 때까지 이곳에서 살다.	
1817	54	12월 풍석암에서 조카 치익(穉翼)의 문집에 제(題)를 쓰다.	
1822	59	형 서유본 죽다.	서유본 별세
1823	60	9월 돈녕부 도정으로 복직하다. 11월 회양현감을 제수받다.	벼슬 복귀: 회양현감 60세.
1825	62	승지(정3품)를 제수 받다. 『행포지』를 짓다.	『杏浦志』
1826	63	8월 양주(楊州)목사에 임명되다. 왕릉의 일로 수고하여 가선(嘉善, 종2품)을 가자 받다.	
1827	64	3월 강화 유수에 제수되다. 6월 아들 서우보가 죽다. 그 뒤로 아들을 잃은 슬픈 마음을 늘 담고 살다.	서우보 별세

1828	65	호조판서에 가망(加望)하고, 이어서 자헌(資憲, 정2품)에 오르다. 이후 공조판서, 지경연춘추 관사(知經筵春秋館事)를 제수 받다.	
1829	66	5월 사헌부 대사헌에 임명되다.	
1830	67	2월 동생 서유락(徐有樂)의 상을 당하다.	동생 서유락 상
1831	68	12월 형조판서에 제수되다.	
1832	69	2월 비변사 제조, 7월 사헌부 대사헌, 8월 예조판서, 9월 호조판서 홍문관 제학의 관직을 임명받다.	
1833	70	3월 전라도관찰사로 부임하다. 소를 도살하는 일에 대해서 누차에 걸쳐 엄금하고, 소를 최대한 활용하여 농사를 지킬 것을 관할 수령들에게 책려. 업무일지를 『완영일록』으로 남기다. 12월 궁벽 산읍의 대동면포(大同綿布)를 돈으로 바치게 할 것을 상소, 윤허 받다.	호남관찰사 『完營日錄』
1834	71	『종저보』를 짓다. 최치원의 『계원필경(桂苑筆耕)』을 간행하다.	『種藷譜』 『桂苑筆耕』
1835	72	3월 의정부 좌참찬을 제수 받다. 5월 규장각 제학을 제수 받아 1839년까지 봉직하다. 6월 이조판서(정2품)가 되었으나 사양하다. 9월 병조판서(정2품)를 제수 받다.	11월 13일 순조 승하
1836	73	1월 수원부 유수로 임명되다. 매일 업무일지를 꼼꼼히 기록하여 『화영일록』으로 남기다. 수시로 강우량을 재어 장계(狀啓)를 올리다.(측우기 활용 예시, 감영)	수원 유수 『華營日錄』
1837	74	3월 고향 금릉(金陵)에 있던 살림들을 "번계"로 옮기고, 가끔 들러 며칠씩 머물다. 수원부 유수 임기를 채우고 돌아오다. 전생서(典牲署) 제조(提調)를 제수 받고, 제학(提學)을 제수 받다.	
1838	75	임원 생활을 하다. 번계산장에서 '자연경실(自然經室)'·'광여루(曠如樓)'·'자이열재(自怡悅齋)'·'오여루(奧如樓)' 등을 짓다. _2~3명의 지명지사(知名之士)들과 시회를 열고, 날마다 산 빛 샘물 소리 사이에서 읊조렸고, 집 밖의 일을 묻지 않았다(번계시고).'라고 「시장(諡狀)」에 전한다. 벼슬을 그만두기 이전이라, 번계와 서울을 오가며 생활하다. _5월 지의금부사(知義禁府事, 정2품), 사헌부 대사헌을 제수 받다. _여름 한발이 들어 기우제를 지냈으나 비가 전혀 내리지 않아 서유구는 구황삼책을 진언한다. 가을 판의금부사(判義禁府事, 종1품)에 임명되다. 초상화 그리다. 『보만재집(保晩齋集)』을 간행하고 '보만재집발(保晩齋集跋)'을 쓰다.	번계산장 '자연경실(自然經室)'·'광여루(曠如樓)'·'자이열재(自怡悅齋)'·'오여루奧如樓)' 등을 짓다. _구황3책에서 연강, 절강 지방 볍씨 도입 주장, 역자관이 1종 가져와 풍석이 번계에서 종경방안 착수 『樊溪詩稿』 『보만재집保晩齋集』 간행
1839	76	8월 상소를 올려 은퇴를 원하다. 윤허를 얻어 임원으로 돌아오다. 『임원경제지』의 내용을 임원 생활에 적용하고 시험해보다. 새벽까지 전가력표(田家曆表)를 보면서 시후와 강우량을 관측하고, 「위선지」에 있는 기후의 변화 조짐을 살피다.	전가력표, 강우와 기후
1841	78	두릉으로 거처를 옮기다.	
1842	79	'오비거사생광자표(五費居士生壙自表)'를 짓다. "세상을 등지고 살던 초기에, 나는 근심 속에서 근심을 잊고자 책을 널리 모으고 가려서 『임원경제지』를 편찬했다. 크게는 16부(部) 작게는 110국(局)으로 나누어, 온 힘을 다해 내용을 교정하고 책의 체제를 잡느라 애쓴 기간이 앞뒤로 30여 년이 되었다. 이제 그 책이 완성되어서, 죽기 전에 간행하려니 힘이 없고 장독이나 덮으려니 아쉬움이 있다."	오비거사생광자표 『임원경제지』 저술 완료 술회
1845	82	11월 1일, 세상을 떠나다. "풍석 태사(太史)께서 82세에 병이 위급해지자, 시중 드는 자에게 곁에서 거문고를 타게 하고는 연주가 끝나자 숨을 거두었다."(『林下筆記』)	82세 임종
1846		1월 장단(長湍) 금릉(金陵)에 장사 지내다.	

2장

『임원경제지』의 통합적 이해

1절. 임원16지 서문 분석

『임원경제지』는 조선 기술·기예의 집적임에 분명한 저술이지만, 기실 그 내용은 조선의 국가 운영과 생업 현실에 대한 신랄한 비판으로 가득하다. 이 비판은 조리 있고 원칙적이며 체계를 갖춘 것이어서 더욱 지성의 빛을 발한다. 현재 알려져 있는 조선 내부 비판자의 대열 중에서도 그 규모와 강도 그리고 실천적 대안에서 단연 돋보인다. 「섬용지」에서는 그 극에 이르러, "이 나라에 제대로 된 사람이 있는가?[國有人乎哉]" 하는 데에까지 이르렀다. 국가 운영의 근본에서부터 법도가 만들어지지 않았다는 비판, 본(本)에서 이미 헝클어져 있으니 말단(末端)이 제대로 다스려지겠는가 하는 비판은 매운 칼날이었다.

　구체적으로 보자면 식의주(食衣住) 생활이 모두 관여되어 있다. 농업에서 지켜져야 할 기초적이고 일반적인 원칙과 기술이 시행되지 않으니 거기서 나온 결과물과 산물의 유통, 배분, 활용에 이르기까지 삶의 각 영역에서의 양식과 효율 역시 형편없어졌다는 것이다. 서유구는 「본리지」에 농사 기구가 제대로 정비되어 있지 않고, 또 「전공지」에서 의복 제도의 기본 도구조차 마련되지 않았으니, 이런 기구와 공업 자재를 총 망라하는 「섬용지」에서 다양한 일용 도구가 어떻게 정비되겠는가 하고 한탄했다. 같은 분야 내에서도 그렇다. 예를 들면 「전공지」에서 우리나라의 의복의 근간이 되는 목화를 다루는 기술이 채 정비가 되어 있지 않으니, 하물며 그 외의 재료인 삼이나 칡에서는 더 말할 것이 없다고 했다.

『임원경제지』는 서유구의 안목과 손길에 따라 나라의 이익과 발전을 위해 재구성된 조선의 지식체계다. 그런데 그 지식체계는 서유구의 이같은 비판적 정서 위에서 수집되고 정리된 체계라는 사실을 염두에 두고 음미되어야 할 것이다. 본 장에서 16개 지의 서문을 통해 『임원경제지』를 저술한 서유구의 뜻을 개관하려고 하는 이유이다. 『임원경제지』 체계의 틀이 갖추어지고 내용이 취사선택되는 기본 얼개가 매우 직접적이고 명료하게 제기되고 있어 서유구의 일관된 의도를 간취할 수 있는 것이다.

다만 필자는 〈한국의 과학과 문명〉 총서의 취지에 맞게 '일용기술'을 재구성해보고자 했다. 풍석은 농업을 중시하고 상업을 낮춰본다는 의미로 첫 번째 권을 농업, 마지막 권을 상업의 주제로 편제했지만 본서는 그런 순서에서 오는 상당한 선입견에서 벗어나보고자 시도했다. 전통시기 학문을 접할 때 생소한 용어와 관념을 받아들이고 수용하는 순간 부지불식간에 이미 그 용어와 관념이 특정 시대의 가치를 이입하게 되는 경우가 많아 필자는 그 반대 방향으로 변화를 주고자 했다.

필자는 서유구 당시의 통념이었던 사-농-공-상의 위계를 의도적으로 뒤집어 상-공-농-사의 순서를 만들어 『임원경제지』 내용을 분석했다. 서유구가 겉으로 드러낸 언어는 농본상말이었고 그에 따라 편제를 했지만, 『임원경제지』 저술의 동기는 농업과 상공업의 발전이 함께 이루어져야 한다는 것이었다. 게다가 농업에서조차 그 어떤 기술보다 '신종자'의 도입과 보급에 가장 긴급한 관심을 표했다. 그렇다면 역사적으로 이미 오랫동안 관심을 기울인 농업보다 새롭게 주목한 무역과 상공업을 앞세우는 것이 서유구의 본의에 더 합치한다고 판단했다. 전통시기 조선 전체가 농업을 중시하는, 이른바 '기울어진 운동장'이었는데, 서유구가 다시 농업을 상업보다 중시했다는 말을 반복하는 것은 『임원경제지』 전체에서 들리는 서유구의 짙은 호소의 강도를 약화시킨다고 보았기 때문이다.

서유구는 사-농-공-상 모두 중시했다. 그런데 모두 중시했다는 말 그 속에는 그간 상대적으로 홀대된 것에 대한 관심과 배려가 더 컸다는 뜻을 포함하고 있다. 서유구는 조선의 학문이 이론 부분에서나 실용 분야에서나 기존의 껍질을 탈피하여 새로운 발전을 이루어가야 한다고 봤지만, 그것은 유학의 이상적 모습을 더 잘 구현하기 위한 방법의 탐색과도 연동되는 문제였다. 서유구는 상업과 공업의 역할을 더욱 중심적인 것으로 이끌어내고 농업 역시 새로운 기술을 도입해야 하는데, 그것은 당시 사대부 지식인과 향촌인들의 각성과 결집으로 이루어질 수 있으리라고 내다봤다. 무엇보다 지식인들이 이런 전반적인 사업을 선도하여 이끌어야 한다고 주장하고 있는 것이다.

이런 생각을 기반으로 이 장에서는 『임원경제지』 서문 16개를 재분류하여 새로이 5개의 카테고리를 만들어 사용한다. 바로 상업, 공업, 농업, 의학, 교양이다. 먼저 16개의 서문 속에서 『임원경제지』 전체가 지향하는 서유구의 일관된 비전을 요약하여 확인하고자 한다. 그런 다음 이후의 장에서부터는 『임원경제지』 속 5개 카테고리에서 일상의 기술·기예를 하나씩 뽑아 소개하면서, 서문에서 말한 서유구의 일관된 목표와 비전이 구체적으로 어떻게 실현, 입증, 권장되고 있는지 치중할 것이다.

1. 상업, 물류, 지리 분야

1) 「예규지」: "사농공상에서 상공농사로, 의리와 이익의 구별과 조화"

조선의 생산력을 극적으로 끌어올릴 무역업의 에이전트로서 '호사자(好事者)'를 기대한 서유구

『임원경제지』의 마지막 지에 오지만, 조선의 '기울어진 축구장' 상황에서는 실질적으로 가장 강조되고 있는 분야가 상업이다. 제목부터 충격적이다. 계예(計倪)와 백규(白圭)[1] 같은 장사의 달인들을 본받자는 의미로 제목을 정했다고 했다. 서유구는 많은 분량을 할애하여 조선 8도 1,800여 개 정기 시장에서 거래되는 주요 물품과 각 장시에 대한 상호간의 거리 정보를 덧붙인 팔도장시와 도리표[八道場市及道里]를 수록했다. 이런 정보를 수록했다는 사실뿐만 아니라 그 정보가 매우 정확하며 최신의 것이었다는 점이 특별하다.[2] 서유구는 스스로 이런 일을 하는 이유에 대해, "재화를 증식하려는 자들이 기일에 맞춰 거래를 하고 여정을 계산하여 통행하기를 바라기 때문"이라고 명료하게 밝혔다. 뒤에 나오지만 서유구는 조선의 생산력을 극적으로 끌어올릴 에이전트로서 '호사자(好事者)'라는 명칭을 반복해서 언급하고 있고 그 맥락도 상당히 일관적이다. 「예규지」는 유통과 물류, 무역을 통한 상업의 이익을 통해 생산력과 재부를 쌓는 의욕적인 활동가를 간망하면서, 그에 도움이 되는 정보를 쌓아놓은 곳이다. 사실 서유구는 「예규지」를 넘어 16지 전편에 걸쳐 그와 같은 호사자들의 활동을 권면하고 있다. 특히 서유구 자신은 그들의 성공적 활동을 돕기 위해 양질의 엄밀한 지식·기술 정보를 집적하는 역할을 자임한다. 그의 호사자에 거는 기대는 여러 면에서 의미가 깊다.

유학자로서 서유구가 끝까지 농사는 근본이고 장사는 말단이라는 관념을 유지한 것과 북학파의 일원으로서 일본과 강남과의 통상이 국부를 획기적으로 증대시킬 것이라는 말이 동시에 나온 것을 어떻게 봐야 할까? 조선왕조의 주도 세력이 끝까지 놓을 수 없던 것은 농업을 통한 국가

수취체제의 골간의 유지였다. 농업을 통한 취락공동체의 유지, 그에 기반한 유교 문화의 고수 등 조선의 사회구조나 국가제도는 농업 인구를 통한 생산력과 수취체제로 이루어진 채로 국운을 다한 것이다.[3] 고대국가 이후 심지어 당시 조선에서도 무역을 통한 이득이 농산물 생산의 이득보다 상회했음에도 불구하고, 무엇이 더 재부(財富)를 많이 가져다줄 것인가에 대한 생각과는 별도로 고려해야 할 점이다.

한편 서유구는 세상을 살아갈 때 누구나 경제적 재화의 추구와 인의(仁義)의 실천과의 갈등 관계에 직면한다는 점을 강하게 의식하고 있다. 유학자답게 그는 순임금, 공자, 사마천의 이야기, 공자의 제자 자공(子貢), 맹자의 후예 조기(趙岐)의 사례를 들면서까지 논변을 이어가고 있다. 그의 최종 결론은 다음과 같다.

"재화의 문제는 군자가 매달리지도 않고 저버리지도 않는 것이다."[4]

재화의 문제 곧 경제적 문제, 물질적 문제는 그에 매몰되지도 말고 또 외면하지도 말라는, 불가근불가원(不可近不可遠)의 자세를 취하라는 것이다. 물질에 탐닉되어 인간의 근본을 잃어버려서도 안 되지만 현실 속에서 가볍게 무시할 수는 더더욱 없는 것이다. 『임원경제지』에서는 이 둘의 조화와 밸런스를 추구했다.

하지만 풍석은 결코 기계적 중립의 자세를 지지하는 것이 아님을 분명히 한다. 어느 한쪽을 폐하거나 치우치지 않고 조화로운 밸런스를 유지해야 한다고 했지만, 궁극적으로는 인의와 도리에 더 후한 점수를 준 것이다.[5] 『임원경제지』는 사농공상을 동시에 중시한다. 하지만 상대적으로 그동안 관심을 덜 기울였던 상공업을 강력히 권면하고자 하는 태도를 읽을 수 있다. 농과 상의 문제, 인의와 재부의 문제에서 보이는 이같은 서유구의 태도는 『임원경제지』 전체에 깔려 있다. 『임원경제지』는 재부와 인의를 구분하는 것은 명료하고 정교하게 하면서도, 이들의 현실적 조화의 형태는 계속 새롭게 업그레이드해나가고자 했다.

2) 「상택지」: "술수 말고 수토, 오행과 간지로 된 풍수 담론은 버려라"

경위도 실측 작업을 함께 하는 나의 동지, 청수지사(淸修之士)들을 위하여

서유구는 전통적으로 풍수지리[6]로 불리어오던 지식에 대해 부정적으로 언급했다. 「상택지(相宅志)」의 첫머리에서부터 강한 불신을 내비쳤다.[7]

"군자는 술수를 취하지 않는다."는 이 한마디는 조선조 최고 지식인의 합리적 의식을 시원하게 천명한 것으로 손색이 없다. 이는 단지 풍수지리에 대한 입장일 뿐만 아니다. 전통지식과 기술·기예 중에 당대에 "앉아서 일을 논의할 때 토론이 가능하고 일어나 일을 시작할 때 시행할 만한 실제의 쓰임새(坐可言起可措之實用)"[8]를 집대성했다고 선언한 풍석 서유구의 『임원경제지』 집필의 원칙 중 하나이다.

그렇다면 살 만한 집터를 살피는 「상택지」에서는 무엇을 살핀단 말인가? 그는 딱 한마디로 요약한다. 물과 흙, 곧 수토(水土)다.[9] 마실 물을 확보하기가 편한지, 땅이 농사를 짓기에 적당하여 먹고살 수 있을 만한지, 그것만 충족되면 나머지 조건은 전혀 문제가 되지 않는다고 했다. 터 잡는 일은 그것만으로 충분하다. 특히나 임원에서 살 집은 형편 되는 대로 비바람이나 가릴 수 있으면 되었지, 길지인지 흉지인지 가리는 술수는 전혀 따질 이유가 없다고 했다. 그러나 조선 사회에서 좋은 터 잡기는 기본 상식과 같은 지식이었다. 가장 중요한 원칙을 앞에 내세우기는 했지만, 풍수지리의 모든 지식을 전면 배제하지는 않았다. 때로는 조선팔도의 명당의 정보를 서유구 본인의 안목으로 걸러내면서 「상택지」에 추가하기도 했다.

앞의 「예규지」에는 조선팔도의 시장 정보가, 「상택지」에는 조선팔도의

명당자리에 대한 정보가 모였다. 시장 정보는 물류를 통해 상업의 이득을 얻는 데 도움을 주고자 한 것으로, '호사자(好事者)'가 그 대상이다. 또한 팔도의 명당자리를 소개하면서 이를 활용할 사람으로 풍석은 '청수지사(淸修之士)'를 말했다. 『임원경제지』의 양대 축인 식력과 양지의 관점에서 그 일을 성공적으로 수행할 이들로 거론함직하다. 서유구는 청수지사가 팔도를 다니면서 좋은 땅을 가려내는 법을 알도록 해주는 일도 (임원경제의) 좋은 과업[雅課]에 도움이 되는 것이라고 했다(蓋欲使淸修之士 逐所在而逍遙, 知所揀選, 亦雅課之一助也).[10]

그렇다면 청수지사가 누구인가? 먼저 16지 총서문, 곧 '예언(例言)'에서 향촌의 청수지사는 식력(食力)뿐만 아니라 양지(養志)에도 관심을 기울여야 한다고 서유구는 말했다.[11] 향촌에서 『임원경제지』의 이상을 가지고 실현하고자 하는 직접 당사자로서 청수지사를 지목하고 있는 것이다. 이들은 사실 서유구와 이상을 공유한 '동지(同志)'들이다. 동지라는 용례 역시 『임원경제지』 속에 나타나 있는데, 「본리지」 '경위도' 항목에서 이 말을 사용했다. 팔도에서 농업 진흥을 위해 가장 중요한 열쇠가 경위도를 정확히 실측하여 파악하여 해당 경위도의 기온과 토질에 맞는 작물을 선택하는 것이라고 한 데서다.[12] 서유구는 전국의 모든 고을에서 경위도를 정밀하게 재는 작업이 필요하다며, 그의 '동지(同志)'들에게 함께 나설 것을 촉구했다.

> 무릇 '나와 뜻을 같이 하는 선비(同志之士)'들이 명승지를 한가로이 유람하거나 향촌(鄕村, 邱園)에 거처를 정하고자 할 때, 상한의(象限儀)와 자오의(子午儀)를 이용하여 그곳의 경위도와 이수(里數)를 실측한 다음 그 결과를 모두 합쳐 정확한 값을 내게 된다면, 그러한 자료는 국왕이 백성에게 정확한 일시를 제공하여 생업을 진흥하는 왕업(王業)에도 도

움이 될 것이다. 어찌 시골에서 하늘과 땅을 농사에 활용하는 지침 정도의 용도일 뿐이겠는가? '이런 일에 마음을 둔 이들'에게 충심으로 말하노니 (경위도 실측 일을) 진지하게 고려하기 바란다.[13]

앞에서는 식력과 양지를 겸하여 힘쓰는 사람이 진정한 '청수지사'라고 말했고, 여기서는 농업 진흥에 관건이 되는 정확한 경위도 실측 활동을 함께해줄 사람들이 나의 뜻과 함께하는 사람, '동지'라고 했다. 뜻을 기르는[養志] 활동의 일환으로 명승지를 한가로이 유람하는 일, 생활하기 좋은 땅을 찬찬히 둘러보는 일, 그리고 관측기기를 사용하여 경위도를 측정하며 농업을 진흥시키고 왕업에도 도움되는 일을 할 사람, 서유구에게는 이들이 『임원경제지』의 구상을 공유하고 함께 실현할 청수지사(淸修之士)요 동지지사(同志之士)였다.

정리하면, 『임원경제지』의 구현에는 두 종류의 사람이 나타난다. 호사자와 청수지사다. 그런데 「예규지」의 시장 정보의 예에서처럼 물류와 재화의 사업을 이루는 데에 전념하는 쪽이 '호사자'에 가깝다면, 「상택지」의 명당 정보와 「본리지」의 경위도 정보의 예에서처럼 식력과 양지라는 아과(雅課)의 본질에 더 다가간 쪽이 '청수지사'에 기우는 듯한 뉘앙스가 있다. 하지만 서유구가 가장 존경하는 문익점을 호사자의 대표 격으로 칭송하였고, 또 평소 존경해 마지않는 서광계의 말을 빌려 "진정으로 일을 좋아하는 호사자가 바로 인(仁)을 실천하는 사람"이라고 높이 평가하기도 했다. 『임원경제지』가 이상으로 추구한 인물의 모델인 점에는 둘이 상통한다고 하겠다.

2. 공업, 건축, 의복 분야

1) 「섬용지」: "도량형을 통일하는 일은 왕정(王政)의 책무, 근원에서부터 뜯어고쳐라."

"조선에 제대로 된 사람이 있기나 한가?" 일본에까지 밀리고 있는 조선 현실에 비분강개

『임원경제지』 전반에 걸쳐서 조선의 기술 수준이 낙후된 점을 지적하고 있지만 특히 「섬용지」에서 보인 서유구의 한탄 섞인 비판이 가장 날이 서 있다.

> "농사를 짓는 데 쓰이는 도구와 옷감 짜기에 필요한 용품에 대해 우리나라 방식이 거칠고 후진 것은 앞에서 이미 여러 차례 논하였다. 후생(厚生)의 근원인 농법과 방직에서부터 이미 법도에 이토록 미진한데 일상용품 분야[贍用]에 이르러서는 거의 한숨만 나올 뿐이다."[14]

근본인 농업에서부터 원료 공급이 원활하지 않으니, 그것을 가공해서 사용하는 일용품의 경우는 더 형편없다고 하는 것을 보면 어떤 체계적 시스템이 허물어져 있다는 진단이 뚜렷하다. 그의 매서운 비판은 공업 부문 전 영역에 가해진다. 모든 건물은 기본적으로 법식과 기준이 정해져 있어야 할 텐데 우리나라는 사람마다 제 맘대로 재단하고 장인들끼리 임의로 기준을 정하므로, 한 구역에 늘어선 집들 중 법도에 맞는 집이 단 하나도 없으니 "이 나라에 제대로 된 사람이 있기나 한가?"라고까지 했다.[15] 옹기 제작 역시 좀 낫다고 하지만 가마 만드는 법이 조악하다. 나무하고 물 긷고[樵汲], 불 때어 요리하며[炊爨], 몸 씻고 머리 손질하는[盥櫛] 도구들 중 쓸 만한 것이 없고, 채색, 착유, 조명, 광물 채굴 기술 역시 말할 수 없이 떨어져 있다는 것이다. 베 짜는 기술, 목공 기술이 턱없이 낮아 의생활, 주거생활 수준이 저하되고 육상 운송이나 수상 운송, 곧 배와 수레 이용 역시 형편없었다. 우리나라 사정이 이러하니 어쩔 수 없이 중

국과 일본에 무역을 할 수밖에 없는데, 서유구는 중국과의 무역은 대국과의 사정을 감안할 여지라도 있지만 일본한테까지 수입하게 될 줄 누가 알았겠는가 하면서 비분강개하고 있다.

결국 문제는 나라 운영의 표준이 정립되어 있지 않고, 그 시행을 일관되게 관철시키지 못한 때문이라고 했다. 도량형을 통일하는 일은 '왕정(王政)의 책무'인데도 그것이 허물어져 경향(京鄉)이 각각 자기 기준대로 쓸 뿐만 아니라 더 작은 지역끼리도 단위가 제각각이니, 어떻게 기술이 발전하고 물품이 풍요로워지겠는가 하며 한숨을 쉰다. 서유구는 도량형의 문제에 대해 「본리지」에서 길이의 척도를 엄밀하게 분석한 바 있으며, 「섬용지」에서 다시 세종조에 있었던 사실을 고증하여 만든 주척(周尺, 약 23.1cm≒23cm)이 가장 정확하다고 판단하고 이를 널리 사용할 것을 권하였다. 또 부피, 무게 단위까지 상세히 고증하면서 단위의 대소를 10진법 단위로 통일하여 사용에 편의를 기해야 한다고 역설하였다. 왕정의 책무라고 한 도량형의 표준 정립에 대해 이처럼 엄밀하게 고증하고 이를 바탕으로 나라 운영의 표준으로 삼고자 한 서유구의 태도를 보면, 『임원경제지』가 여유롭고 풍요로운 시골 생활에 대한 지식이라고만 할 수 없다는 점이 분명해진다. 오히려 농촌의 삶터, 임원의 근거지를 출발점으로 하여 국가의 전반적 운영 방식에 긍정적 자극을 주고 오래된 관행을 혁신하고 전환하는 계기를 만들어보고자 하는 의도가 감추어지지 않는다. 『임원경제지』는 '임원'의 경제만 말한 것이 아니다. 국가의 경제를 말하고 있다. 임원의 '경제'만 말한 것이 아니다. 인간 삶의 종합적 영위를 말하고 있다.

2) 「전공지」: "『임원경제지』 '농기도보', '관개도보', '방직도보' 그림은 그대로 본떠서 따라 하기 바라는 뜻"

오직 우리나라에 유용하고 좋은 것을 가려내는 안목만이 중요함 _국적 불문, 사상 불문, 고금 불문, 관사 불문

「전공지(展功志)」는 방적(紡績)과 방직(紡織), 곧 실잣기와 길쌈은 의생활에 관한 기술이다. 이를 『임원경제지』에서는 '부공(婦功, 여인들의 일)'이라고 표현했다.[16] 우리나라 길쌈 기술이 누에치기부터 목화 켜는 방법에 이르기까지 뒤처진 점을 드러냈다. 중국은 씨아[攪車]와 무명활[彈弓]의 속도, 얼레 3대~5대까지 설비된 물레[紡車]의 기능 등이 우리와는 비교할 수 없을 정도로 앞서 있다고 알렸다. 중국은 기구가 이처럼 날이 갈수록 발달하고 간편해지는데 우리는 태고적 방법을 고수하고 있으니 힘은 백 배나 더 들면서도 현재의 문제점을 타개할 생각을 못 한다고 개탄한다. 그의 진단은 서둘러 중국의 앞선 기술을 도입하고 본받는 것이었다. 우리나라 것도 있는데 왜 중국에서 찾느냐 하는 질문에는 자기 스스로 "우리 것이 좋지 않으니 어찌하겠는가?"라고 간명한 대답을 내린다.[17] 그에게는 '좋다' '아니다' 외의 다른 가치 판단은 배제되고 있다. 이것이 『임원경제지』의 포지션이다.

'예언'에서도 말했듯이, 이 책은 오로지 우리나라의 발전에 이익이 될 만한 것만을 골랐다. 기술의 국적도 중국·일본·조선을 가리지 않았고, 사상의 원천에서도 유교·불교·도교 심지어 서학의 모든 성취를 가리지 않고 실었다. 전해진 시기가 오랜 것이거나 최근 것이거나 가리지 않았고, 또 관(官)에서 인정되어 시행된 것이거나 민간에서 시작되어 아직 전혀 알려지지 않은 것이거나 간에 묻지 않고 실었다. 국내외를 막론하고 새로운 문물과 물품, 종자와 동물을 도입하는 데에 조금도 주저함과 망설임이 없다. 오직 조선의 현실을 개선하는 데 유용한 것인가, 우리 생활에

적용해서 쓰기에 좋은 기술인가만이 유일한 잣대라고 했다. 이것이야말로 『임원경제지』의 가장 두드러진 특징으로 여겨진다.

『임원경제지』에는 도보(圖譜)를 두어 그림으로 도구의 모양을 보이고 작동 방법을 설명하는 장이 네 곳 있는데 「본리지」의 '농기도보', '관개도보'와 「전공지」의 '잠상도보' '방직도보'가 그것이다.[18] 서유구는 특별히 '도보'를 두어서 더 상세히 설명한 이유를 스스로 밝혔는데, 역시 우리나라 사람이 그대로 본떠서 하도록 바라는 의미라는 것이다. 좋은 것을 택하여 그대로 본떠 하자는 것이다. 『임원경제지』 「인제지」에서도 엄청나게 많은 중국의 의학서 중에서 진짜 핵심 정보를 추출하려면 "좋은 것을 밝게 보고 가려낼 줄 알아야 한다[明見之擇善]."고 했다.[19] 서유구가 『임원경제지』를 저술한 근본 뜻이다. 편견과 선입견 없이, 어느 나라의 기술이건 우리의 여건에서 활용 가능하고 도움이 되는 것이라면 무엇이든 도입하여 적용하는 일에 거리낌이 없다. 세상의 모든 좋은 쓰임새가 있는 기술·기예·물산을 조선을 위해 도입하고자 했다.

3. 농업, 기상, 동물 분야

1) 「본리지」: "하나를 뿌려서 천백배의 수확을 거두도록 해주는 자연에 대해서 경외심"

_사람의 힘으로 하늘의 일을 대신할 수 있다는 자부심 _인대천공(人代天工)

「본리지」는 농사 전반을 다루는데 특히 곡물 농사에 집중한다. '본리(本利)'라는 단어를 풀기를 봄에 밭갈이하는 것을 본(本), 가을에 수확하는 것을 리(利)라고 하는데 이를 조합한 말이라고 했다. 밭 갈고 거둔다는 뜻으로 '경색(耕穡)'이란 말이 이미 있는데 굳이 본리(本利)라는 용어를 쓴 이유는, 하나를 뿌려 천백배의 수확을 주는 자연에 대해 감사의 마음을 표한 것이라고 했다.[20] 경색이나 본리나 같은 의미지만, 서유구의 언어 선택은 자연에 대한 서유구의 태도와 『임원경제지』의 세계에 대한 관점을 드러낸다. 생산력 발전을 위해 모든 인간의 기술과 지식을 총동원하고자 하는 것이 서유구의 입장이지만, 그 속에는 늘 인간 활동의 근원적 무대가 되는 자연과 천지에 대한 무한한 경외와 존중과 신비감이 배접되어 있다. 앞에서 서유구는 재화와 부에 대한 태도에서 그것을 폐해서도 안 되고 매몰되어서도 안 된다고 했는데 이처럼 자연과 천지에 대해서도 한편으로는 적극적 탐구와 활용의 자세를 보임과 동시에 무한한 외경과 감사의 뜻을 드러내고 있는 것이다. 「예규지」나 「전어지」에서 큰 수확을 올리기 위한 방도를 제시하고 있는 서유구를 볼 때에도 꼭 염두에 두어야 할 서유구의 양가적 태도의 일면이다.

곡식 농사에서는 무엇보다 하늘의 기후에 성패가 좌우될 가능성이 상존한다. 그러나 그렇게 인력이 미치지 못할 것 같은 하늘의 일에 대해서도 사람이 할 수 있는 일로 커버하는 것이 불가능하지 않다. 동아시아에서는 고대로부터 사람의 힘으로 하늘의 일을 대신할 수 있다는 인대천공(人代天工)[21]의 관념이 있었으니, 이를 승계하고 확산하고자 하는 것이 『임원경제지』 「본리지」의 뜻이다. 하늘에 달려 있다고 하는 가뭄과 홍수를 사람이 힘을 써서 제방과 준천 사업으로 대처하고, 땅의 조건에서 오는 토질의 문제는 사람이 노력하여 퇴비와 토질 개량 사업으로 맞서야 한다고 했다. 경위도의 정확한 설정도 그러하다. 여기에 와서 천(天)과 인(人)이 일방적 종속적 관계가 아니라 상호적 보완적 관계로 설정된다. 이러한 천과 인의 관계가 농사의 구체적 사례에서 잘 드러나 있다.[22]

농경사회가 곧 인류문명의 출발점이라고도 할 만큼 농사에 대한 기술은 그 축적의 역사가 오래되었다. 조선 역시 전통사회의 산업은 농업이 절대적 지위를 차지한다. 서유구는 농법에 대한 역대 의론은 저술가들이 잘 정리하고 구비해놓았으니, 조선 당대에는 그 뜻을 따라 농업을 지속적으로 권면하는 것일 뿐이라는 관점도 드러냈다.[23] 역대 중요 농서로 위로는 범승지(氾勝之)의 『범승지서』와 가사협(賈思勰)의 『제민요술』에서부터, 아래로 마일룡(馬一龍)의 『농설』, 맹기(孟祺)의 『농상집요』, 서광계(徐光啓)의 『농정전서』, 웅삼발(熊三拔)의 『태서수법』 등의 글을 주요하게 뽑았는데, 특히 서유구가 호남관찰사로 있을 때 하백원(河百源)의 자동양수기 '자승차'의 개발과 관련하여 「자승차도해」가 포함된 것이 특별하다. 아직 검증되지 않은 재야의 기술일지라도 역대 농가들과 이름을 나란히 올릴 정도로 서유구는 큰 의미를 부여한 것이다. 참으로 국적 불문(國籍 不問), 고금 불문(古今 不問), 사상 불문(思想 不問), 관사 불문(官私 不問)의 자세가 그대로 녹아 있다. 비록 설계도와 설명만 있을 뿐 실행에 옮겨지지는 못했지만, 상세한 도해의 존재만으로도 서유구가 지향했던 『임원경제지』의 비전을 드러내주기에 충분하다.

2) 「관휴지」: "채식은 순천, 육식은 역천"

『임원경제지』는 이상과 현실의 양가가치를 동시에 충족시키고자 한다

채소 농사를 다룬 「관휴지」 서문에서 육식과 채식에 대한 논의가 흥미롭다. 유학적 세계관에 널리 전해지듯이 하늘이 사람을 낼 때에는 반드시 먹을 것을 제공하여 생명을 유지할 수 있게끔 했다고 전제한다.[24] 그런데 식물을 먹는 것은 하늘이 제공한 바에 순하여 편안히 여기는 태도요, 동물을 먹는 것은 하늘이 제공한 바에 거슬러 꾀를 쓰는 자세라고 한다. 왜냐하면 식물은 생명의 기는 갖고 있지만 땅에 뿌리를 박고 움직이지 않는 유순한 존재이고 또 사람이 심는 대로 거두어서 먹으니 하늘이 제공한 바에 '순하는 도(順道)'가 되지만, 동물은 혈기를 가지고 있어 감각과 운동 능력이 사람과 비슷하여 서로 이기려 하므로 이들을 잡으려면 함정을 파거나 미끼를 쓰거나 우리를 만드는 등의 교묘한 꾀를 써야 하기 때문에 하늘이 제공한 바에 '역행하는 도'라는 것이다. 서유구는 여기서 순역(順

逆)의 판단 기준에 대해 정의하기를 "채취하는 데에 아무 어려움이 없으면 순(順)이고 도구와 꾀를 써야만 한다면 역(逆)"이라고 분명히 했다.[25]

서유구 역시 한동안 채식을 했다는 것이 기록으로 알려져 있는데, 채식에 대한 그의 가치 판단이 눈길을 끈다. 옛사람 중에서 채식의 도를 통해 만사를 경영한 사람이나 풀뿌리를 캐 먹으면서 한 달에 아홉 끼만 먹는 사람이 있었는데, 이들은 '청절(淸節)'이라는 이름으로 불렸다고 했다.[26] 하지만 서유구는 모든 사람들에게 이런 식습관이 옳다고 주장하거나 채식을 권장하거나 한 것 같지는 않다. 『임원경제지』 「전어지」에서는 정작 아무 거리낌 없이 세상에 있는 모든 물고기를 잡고 모든 짐승을 사냥하고 사육하는 방법이 상세하게 설명되고 있으며, 요리백과 「정조지」에서는 채식 요리뿐만 아니라 해산물, 육류 요리가 풍요롭게 쏟아져 나오고 있기 때문이다. 이와 같은 불일치는 어떻게 해석해야 할까? 애초에 세상의 모든 기술을 활용하여 세상의 모든 물산을 수확하고 채집하고 사육하여 재화를 벌어들이고 몸을 건강하게 유지하라는 것이 『임원경제지』의 바탕에 깔려 있는 메시지인 것 역시 너무도 당연하다. 그런데 과연 채식은 순천이고 육식은 역천인가?

필자는 인간에게 필요한 물질적 재화에 대한 '청수지사'의 태도와 유사한 논리가 채식과 육식의 판단에 적용될 수 있지 않을까 한다. 사람은 모두 재화 획득에 힘을 써야 하고 그렇게 해야만 부모를 모시고 처자를 양육하여 가정을 돌볼 수 있듯이 그것은 필수적인 일이지만, 재화 획득 그 자체가 삶의 목적이 되어 매몰되어서는 안 될 것이다. 앞서 「예규지」에서도 살폈듯이 인간 삶의 궁극적 목적은 인의와 도리의 실천일 뿐이다. 대신 일상생활에서 재화 획득과 도리의 실천이 반드시 조화를 이루어야 하는 것처럼, 일상생활에서는 채식과 육식 역시 양자택일이 아니라 밸런스 유지로 본 듯하다. 서유구의 『임원경제지』의 자체 논리에서 충분히 해명이 되는 것이다.

「관휴지」는 채식을 맑은 경지(곧 청절淸節)를 추구하는 목표로 제시하되 현실에서는 육류와 해산물을 적절히 섭취하는 것을 허용한다. 「예규지」는 사람이 '인의'를 목표로 하되 현실의 삶은 재부 획득과 조화를 이루어야 한다고 했다. 「본리지」는 하늘을 외경하되 실제에서는 인력의 도움으로 힘껏 보완해야 한다고 했다. 서유구의 『임원경제지』는 이와 같다. 인간으로서 추구해야 할 이상적 목표를 분명하게 제시하되 그것만 절대화하거나 강제하려 하지 않았다. 도리어 이상을 잘 달성할 수 있으려면 물질과 도구에 대한 인간의 욕망을 허용하고 조화시키는 것이 가장 좋은 방책이라고 한다. 우리는 서유구의 『임원경제지』 속에서 조선 성리학의 깊은 이해 위에서 새롭게 정립되고 있는 유연하고도 참신한 윤리 의식의 한 단면을 보게 된다.

3) 「만학지」: "우리나라에도 유용한 목재가 많아 명물(名物)을 정리하면 이용후생에 큰 도움이 될 것"

호남관찰사 시절 종저보를 펴내고 고구마 재배를 성공시킨 서유구

나무 심기에 대한 기술을 모은 곳이 「만학지」다. 나무는 과실 채취나 목공 재료로도 유용하지만, 전통적으로 집을 짓는 건축 사업에는 나무 심기 정책이 포함된다.[27] 그런데 나무 재배도 심고 가꾸는 일과 직접 관계되므로, 농사의 근본이 바로 서지 못한 현실에서 이 역시 부실하기는 마찬가지라고 서유구는 탄식한다. 무엇보다 이름과 실체를 확정하는 명물 (名物)을 올바로 정리하는 일이 시급하다고 했다.[28] 풍석은 우리나라에도 쓰임새가 있는 목재가 상당히 자생하고 있어 향후 이용후생에 도움이 될 것이라는 기대를 「만학지」 어느 곳에서 내비치는데, 그것은 모두 서유구와 같은 지식인이 주도해야 하는 일로 인식했다.

"단단하고 유용한 재목이 산림과 택지에서 자생하는데, 민간의 말로 박달(朴達)이니 가사(哥沙)니 하면 멀뚱멀뚱 무슨 이름인지 구별하지 못한다. 청해진(淸海鎭)과 거금도[折爾苫]에는 겨울에도 시들지 않는 좋은 재목들이 많은데, 이를 뭉뚱그려 동생수(冬生樹)라고만 한다. 이렇게 이름도 제대로 정리하지 못하면서 어느 겨를에 쓰임새까지 궁구하겠는가? 실질에 힘쓰는 사람들[務實之家]이 연구하고 밝혀야 할 일이 바로 여기에 있다."[29]

게다가 「만학지」에 나오는 나무는 오로지 오늘날 우리 현실의 쓰임에 적당하다고 판단되는 것들만 모으고, 양매(楊梅)·비파(枇杷)·감람(橄欖)·녹나무[枏樟] 등 우리나라에서 나지 않는 것들은 수록하지 않았다는 점도 『임원경제지』 편집의 일관된 기준의 적용으로 풀이된다. 대신 식량 대용으로 매우 요긴한 고구마가 이 편에 상세하게 나온다. 서유구가 호남관찰사 재직 시에 『종저보』를 펴내면서 고구마 재배를 성공시켰던 것과 관계가 깊다. 오늘날 분류 체계로는 고구마는 나무 심기라는 제목과 맞지 않은 것 같지만, 전통적 식물 구분법으로 보면 풀열매류를 뜻하는 라(蓏)류에 포함되므로 나무 과일과 함께 여기에 수록한 것으로 보인다.

4) 「위선지」: "실제로 농사짓는 데 도움이 될 기상 예측들, 노농의 말이나 비결 모음집"

「본리지」에서 농사에 '경위도'와 함께 '풀달력'이 중요하다고 한 서유구

일기 예측 곧 기상에 관한 지식을 모은 곳이 「위선지」다.[30] 천문역산에 관한 최고의 학자 서호수(徐浩修)의 아들로서 서유구는 경위도를 정확히 실측하여 활용하는 일이 농사에서 가장 중요하다고 했다. 그와 동시에 농시(農時)를 살피는 데에는 주변의 다른 식물의 생태와 비교하면서 때를 맞추는 풀달력[草曆]을 사용하는 것이 좋다고 했다. 농사에 도움이 된다면

그것이 첨단 과학에서 계측된 경위도이건 민간 경험에서 나온 풀달력이건 문제가 되지 않았다. 「인제지」에서도 병의 치료에 도움될 만한 것이라면 그것이 의서에 수록되어 있는 정식 처방이건 민간에서 전승된 독특한 처치법이건 열린 자세로 받아들였다. 이같은 자세에는 첨단 과학이든 세속의 경험이든 일정한 합리적 근거를 가진다면 얼마든지 수용할 수 있는 것으로 자격을 부여했다는 공통점이 있다.

물론 농시에 도움이 된다는 전제로 골라 모았지만, 그 속에서 여전히 서유구의 태도는 유보적이고 조심스러운 부분이 많다. 민간 경험 속 격언이나 오행과 간지에 따라 예측하는 천문기상 지식을 곧이곧대로만 받아들일 수는 없는 노릇이었다. 술수와 풍수지리에 대한 서유구의 태도를 앞에서 보았듯이, 농사의 풍흉이나 그해의 장마와 가뭄 또는 월별 일별 기후를 일월의 간지(干支)로써 판별하는 방법에 대해서는 근본적인 불신이 있었다.[31] 『임원경제지』 전체를 관통하는 일관된 태도다. 대신 그는 지금 세상에는 천문기상의 메커니즘을 제대로 파악하고 법칙화할 수 있는 자가 없으니, 『임원경제지』에는 단지 민간에서 농사의 일에 소용될 만한 실용적이고 경험적인 것들만 골랐다고 명시하고 있다. 천문기상의 영역은 후대의 더 발달된 지식이 필요하다는 전망이요 용인이었다.

한 가지 짚고 넘어갈 것은 천문과 기상을 보는 관점이다. 지금은 천문학과 기상학은 엄연히 구분되는 별개의 영역이고, 지구 대기권 밖과 안을 다루는 것으로 상식적으로 구분하여 말하지만 전통시대에는 천문 현상과 기상 현상을 함께 다루고 있다. 서유구 역시 기상을 말하면서도 천체에 대한 이야기를 잠깐 언급하지만, 태양이 지구를 돌고, 태양의 기를 달과 별이 받아서 반짝인다고 했다.[32] 또한 서유구는 당시 조선에서 논의가 되었던 이론인 지전설(地轉說, 지구의 자전)을 취하지 않은 것 같다. 『임원경제지』에서 북학의 선구자들을 높이 평가하고 인용을 많이 했던 그

이지만, 조선에서 지전설을 주장한 초기 인물인 홍대용은 거의 인용하지 않았다. 요컨대 서유구가 「위선지」를 쓴 목적은 전해 내려온 책이나 말들 중에 농사에서 기상을 예측하는 데 도움이 될 만한 것을 수록하고자 함이었다.

5) 「전어지」: "사냥 어로와 동물 사육, 임원경제의 가장 다양한 의미가 종합된 책"

군수 확보, 여가 선용, 재부 축적, 부모 봉양: 4가지 용도를 위한 임원경제

'전어(佃漁)'는 문자 그대로는 야생동물의 사냥 기술(佃)과 어로 기술(漁)인데, 좀더 넓은 의미로 사냥과 함께 가축을 사육하는 기술을 한데 모았다. 흔히 말하는 농림축산업에서 농림은 빠지고 축산업을 말하는 것이라 보면 되는데, 동물을 키워 기르는 것뿐만 아니라 사냥하는 것이 포함되어 있고 사냥도 뭍에서나 물에서 하는 것을 모두 합해서 이른다. 그것이 '전어(佃漁)'의 뜻이다. 서유구는 스스로 말하기를 사냥(어로 포함)과 사육(양어, 양봉 등)은 서로 다른 일(기술)인데 「전어지」에 함께 배치한 것은 4가지 필요성의 측면에서 공통되는 것이 있기 때문이라고 했다. 지금의 감각으로는 선뜻 이해하기 어렵겠지만 찬찬히 생각해보면 당시 사회의 운영 방식에서 납득이 되는 이야기이다. 서유구가 말하는 4가지 필요성이란 첫째 군대에서 군수용으로 필요하고(군마), 둘째 사람의 삶에서 유흥으로 필요하고(사냥, 새와 물고기 완상), 셋째 재산 증식용으로 필요하고(축산업), 넷째 가족 봉양하는 데 필요하다(육류 공급)는 말이다.[33]

군대 곧 군수용은 전통적으로 주(周)나라 때부터 대사마(大司馬)가 봄 사냥[蒐田]·가을사냥[獮田]의 예법을 관장하였고 군사훈련[治兵]·야영훈련[茇舍]을 때에 따라 거행한 것을 보면 사냥 기술의 연마나 군마의 운용 등 군수에 꼭 필요한 것들이다. 『맹자』에 국가의 규모와 부강의 척도로 네 마리의 말이 끄는 수레, 승(乘)을 내세워 만승지국, 천승지국이라는 용

어를 일반적으로 쓰고 있는 것을 보면 말을 키우는 일이 국가 운영에 얼마나 중요한 일인지 그 역사의 흔적이 매우 깊다. 서유구의 인식에서 말을 키우는 것이 국가의 군마와 관련된 사업이라는 점이 먼저 닿아 있는 것도 역시 『임원경제지』가 소기하는 성과가 국가 경영에 밀접한 연관이 있다는 암시가 될 것이다.

유흥 곧 놀이용은 제 할 일을 잊을 정도로 방탕하지만 않다면 바쁜 일이 없는 시간에 말 타고 사냥개를 부리면서 호방한 기상을 기르거나, 낚시를 드리우며 답답한 회포를 푸는 것도 좋은 기분 전환법이요, 이런 활동 역시 인간의 삶에서 꼭 필요한 것으로 인정한다. 식력(食力)과 양지(養志)를 동시에 하고, 물질과 정신을 함께 기르며[虛實兼養], 다섯 가지 감각을 모두 기쁘게 해야[五官俱悅] 한다고 했다.

재산 증식은 「예규지」의 지역 생산물이나 물산의 유통과도 연결된다. 농가 생산물에서 동물 사육으로 인한 소득의 비중이 크기 때문이다. 재부(財富)의 축적이 『임원경제지』의 주요한 목표임을 분명히 드러내는 곳이다. 게다가 곡식의 부산물로 짚이나 깍지는 동물의 사료가 되고 동물의 분뇨는 다시 논밭의 거름으로 매우 유용하게 쓰이면서 농가의 생산력은 시너지 효과를 누릴 수 있게 된다. 농경 사회에서 식물 경작에 동물 사육을 겸하는 것은 에너지의 선순환이 일어나게 하여 자연의 효율을 높이는 인류문명의 위대한 모델이기도 하다. 양어 역시 거금을 쥘 수 있는 효과적인 재화 증식 기술로 소개된다.

어른 봉양은 앞의 재산 증식과 연계가 되면서도 가정과 향촌에서 이루어지는 유교적 의례, 유교적 윤리와 관계가 깊다. 서유구도 「전어지」의 용도가 봉양에 가장 큰 의미가 있다고 했다. 곧 좋은 음식을 마련하여 조상에 제를 지내고(봉제사[奉祭祀]) 손님을 접대하는 것(접빈객[接賓客])에 부족하지 않게 쓰일 수 있도록 하고자 한 것이었다. 향촌에서 별다른 녹봉이 없이 자기 힘으로 가정경제를 이끌어가는 사람들에게는 더더욱 중요한 일이 된다. 본인이 맡고 있는 가정에서부터 한 가문, 한 향촌의 삶을 풍요롭게 이끌어가야 할 모범을 보여야 한다는 것이다. 「향례지」에서 재화를 모으는 목적이 때마다 돌아오는 관혼상제의 의례를 유감없이 수행하고 향촌의 각종 향례(鄕禮)들을 권장하고 유지하는 데에도 필요하다고 했다.

말미에 '어명고(魚名考)' 1권을 실었다. 서유구가 물고기의 명물(名物) 곧 이름과 실체를 정확한 고증으로 밝힌 사례들이다. 방언[俚言]이 섞여서 혼란한 것을 바로잡기도 하고, 고대의 문헌에 나오는 고기 이름이 바로 우리나라 것임을 밝히기도 하면서(낙랑칠어) 현장에 잡히는 것과 문헌에 존재하는 것의 이름과 형태를 따져가면서 체계적으로 분류했다. 많은 경우 물고기는 중국·일본·조선의 경계에 구애 없이 바다에서 모두 왕래하며 살 수 있으므로 우리나라 생산력에 크게 도움이 될 것이라 기대했다. 제대로 된 물고기 정보가 주어지면 실용에 힘쓰는 사람들이 많이 나올 것이라 본 것이다. 서유구는 명물도수에 대한 정확하고 치밀한 학문이 절실하다고 주장해왔는데, 「본리지」의 '곡명고', '도량형', 「예원지」의 '화명고' 그리고 '어명고'에서 명물도수학의 진수를 보여주고 있다.

4. 음식, 건강, 의학 분야

1) 「정조지」: "음식은 지역과 풍속에 따라 알맞게 하면 될 것"

맛의 기준을 세우는 가능성과 서유구의 기대

음식에 대한 풍석의 견해는 「정조지」에서 단적으로 표명했다. "음식은 특별한 기준이 없으니 지역과 풍속을 좇아 알맞게 하면 될 것이다."[34] 음식에 특별한 원칙은 없다는 것이다. 음식과 입맛은 고금의 차이가 있고, 중국과 우리나라의 다름이 있기 마련이다. 물이 다르고 땅이 다르고 거기서

나는 산물도 같지 않다면, 지역마다 좋아하는 음식이 다른 것은 당연한 이치다. 인기 있는 음식도 매번 바뀌기 마련이라, 한때는 청국장[幽菽]이 점점 소문이 나고, 또는 꿀을 곁들인 요리가 인기를 얻고 있다고 한다.

풍석의 집안은 할아버지 서명응 대부터 남자들이 부엌을 드나들고 요리를 하는 일을 자연스럽게 여겼다고 한다. 조선 사대부의 일반적 시각에서는 몹시 이례적이라고 할 것이다. 이런 집안 분위기가 서유구의 음식에 대한 특별한 안목을 일찍부터 키워준 것은 필연이다. 서유구가 중국과 다른 우리 요리 방식이 있음을 인정하면서 시대와 지역에 따라 그리고 사람에 따라 천차만별로 달라지기 마련이라고 평한 것은 본인의 경험에 비추어본 결과일 것이다. 음식이란 단지 그때그때의 풍속과 입맛에 맞게 하면 그만인데, 또한 임원(林園)에 사는 생활인의 바쁜 일상에서는 오로지 상황에 따라 알맞게 하면 될 것이라고 결론을 낸다.

그런데 다른 한편 청나라의 지식인 장영(張英, 1637-1708)의 평가대로 조선 사람이 밥을 잘한다는 평가가 전해져오고 있는 것을 보면 국경을 넘은 입맛의 공통점이 없다고 할 수도 없다. 실제 본문 중 '멥쌀 죽을 쑤는 법'같이 간단한 조리에도 조선 사람들이 얼마나 많은 정성을 쏟고 감각적 판단이 요구되는 것인지 느낄 수 있다. 요리 역시 고도의 기술이 들어가는 전문 분야임은 물론이요, 음식의 풍미를 느끼게 하는 기술의 깊이는 고금과 동서를 뛰어넘는 보편 기준이 있을 법한 것이다.

실제로 「정조지」 서문에서 제환공의 전속 조리사로 한 시대를 풍미했던 역아(易牙)를 소환하는 대목에서는 상황에 따라 알맞게 하면 된다는 관점과는 달리 인간 세상의, 곧 인간(곧 인류라는 종)의 맛의 기준을 세우는 일에 대한 가능성과 기대를 여전히 갖고 있는 모습도 보인다. 『임원경제지』 속에 저자 서유구가 유학자로서, 사상가로서 인간 사회의 표준을 정하고자 하는 근원적 파토스가 묻어 있는 지점으로 주목된다.

2) 「보양지」: "유불선 사상 불문, 심신의 건강 유지에 유용하다면 차별 없이 활용"

나의 본성을 밝히는 일과 세상을 구원하는 일이 하나로 통일된 유학이 더 낫다는 서유구

양생에 대해 말하고 있는 「보양지」는 도가와 불가에 대비하여 유가 양생론의 존재를 부각하고 방어하는 이야기가 매우 논리적으로 전개된다. 서유구의 학문 이력의 방대함을 보여주는 동시에 그의 정신적 아이덴티티 역시 또렷하게 드러나 있는 부분이다. 원문을 간단히 소개하면 다음과 같다.

"도가는 깨끗한 마음으로 무위(無爲)를 따르면서 몸을 수련하여 교지(巧知)를 버리고 신선(神仙)에 이르려 하고, 석가 또한 깨끗한 마음으로 무위(無爲)를 따르면서 몸을 마른나무나 죽은 재처럼 만들어 성불(成佛)하기를 기약한다. 그들의 언설이 어찌 나름의 일리가 없을까마는 단지 그 하나만으로 가르침을 삼고자 하니, 이는 한쪽으로 치우친 것이다.

이제 우리 성인[吾聖人, 공자]께서 가르친 도는 떳떳한 인륜에 근본하고 예악형정으로 체계를 세워, 서로 받쳐주고 서로 엮어주니, 마음을 다하고 본성을 밝히는 학문이 자연히 그 속에 깃들어서 인간세상을 경륜할 수가 있다. 우리의 도는 유형에서 얻은 것이고, 저 두 사람의 도는 무형에서 얻은 것이다.

우리 유학이 언제 신기(神氣)를 다잡는 일을 저버린 적이 있는가? 『맹자』에 야기(夜氣)를 기르는 이야기가 있고, 주자(朱子)께서도 일찍이 조식법(調息法)에 뜻을 둔 적이 있으니, 단정히 앉아 마음을 고요히 바라보면서 화(火)를 내리고 정(精)을 길러 그 생명을 보중하는 것 또한 하나의 도라 하겠다."[35]

신선(神仙)과 성불(成佛)의 목표가 아름답지 않은 것은 아니나, 그것은 개인으로 끝난다. 서유구의 입장은 나와 공동체의 지속성이 담보되어야 한다는 것이다. 나와 가족, 집안, 향촌, 국가 공동체가 하나로 연결되어, 유학에서 말한바 하늘에서 부여한 나의 본성을 밝히는 일과 세상을 구원하는 일이 하나로 일통하는 것이 유학의 이상이다. 도가와 불가와는 차원을 달리한다는 말이다. 그리고 그들이 주장하는 개인의 양생법, 곧 사람의 신기(神氣)를 기르는 법에 대해서는 맹자와 주자 역시 실천하는 법을 행하고 전해주었으니, 그 기본은 유가 역시 선가, 불가와 공유하고 있었다고 한다.

물론 개인 양생의 갖가지 방술을 크게 개발한 유파는 도가와 석가 쪽이었음을 인정하고 있으니 정·기·신(精氣神)의 조양(調養)과 '몸의 수련[修眞]'에 관한 것은 도가와 석가의 방법을 참작했다고 밝혔다. 그 점은 사상이나 국적을 불문하고 좋은 것을 수용한다는 태도가 잘 적용된다. 그렇지만 인간 사회는 나를 넘어서 인류으로 엮여 있다. 부모를 섬기는 방도와 아이를 기르는 법[36]에 대한 것은 본래 유학에서 가장 중시해오던 일관된 법도요 규범이라 「보양지」에서 빼놓을 수 없는 분야다. 그도 그럴 것이 '양생'이라는 제목을 걸고서 노인 봉양하는 법과 아이를 키우는 방법, 임신 출산과 관련한 내용을 함께 편집한 것은 동아시아 전통의 양생서에서는 생소한 방식이다. 서유구의 의식적 편집이요, 유가로서의 분명한 목표를 가진 것임에 틀림없다. 이 역시 『임원경제지』 전체에도 적용되는 관점이다.

인류의 역사에서 보자면 몸의 건강법이나 섭생법에 관한 내용은 유불선이라는 사상 체계 이전부터 전해 내려오는 방법이 있다고 해야 할지도 모른다. 그러던 것이 주요 종교나 사상 체계에서 포섭하고 체계화되는 과정을 겪으면서 더욱 유의미한 방식으로 다듬어졌을 것이다. 서유구는 「보양지」에서 그간의 양생에 대한 역사적 흐름을 전관하면서 유가적 관점에서의 재편과 통일하는 과정을 보여주고 있기도 하다.

3) 「인제지」: "실견이 있고 사람을 구제하는 효과가 있는 것은 오직 의약의 이치뿐"

방대한 자료 중 좋은 것을 골라내는 밝은 눈이 필요, 지식의 대중화를 위한 편집과 색인을 만든 서유구

『동의보감』 이후 가장 방대한 조선의 의서로 꼽히는 것이 「인제지」다. 그 서문에서 서유구가 의료, 의학, 의사의 경쟁적 위치에 있는 분야를 나열한 점이 흥미롭다. '술수'라는 말로 통칭되고 있는 이들이다. 그러나 서유구는 이런 종류의 유사 의술 행위들을 단호히 배척한다.

> "점을 치는 자, 고사를 지내는 자, 운명을 말하는 자, 주문을 외고 부적을 쓰는 맹인 등 음양오행의 일체 술수가(術數)들이 수천 가지 부류인데, 그 목적은 대개 세상을 구하는 것이다. 그러나 이와 같은 것들은 모두 고생만 할 뿐 허공을 잡는 짓이다. 나는 이런 술수의 효과를 아직 알지 못한다. 실제로 본 바가 있고 사람을 구제하는 효과가 있는 것은 오직 의약의 이치뿐일진저!"[37]

그는 병든 사람의 구제에 의미가 있는 지식은 '의약' 한 가지뿐이라고 단언했다. 추상같은 합리 정신의 소유자로서 최고의 유학자가 보여주는 양보 없는 자세다. 「상택지」의 터 잡는 일에서도 "술수는 군자가 취할 바가 아니다[術數, 君子所不取也]."라고 하여 이같은 태도를 명료하게 보였다. 그런데 의학의 경우 역사적으로 전해져오는 정보와 책의 양이 무궁무진하다. 조선 초기만 해도 『의방유취』와 같은 거질의 의서를 국가적 사업으로 간행한 역사가 있다. 허준의 『동의보감』 역시 「인제지」에서 실질적으

로 가장 많은 참고를 한 우리나라의 의서였다. 서유구는 이런 의약의 정보를 어떻게 추려내고 정리했을까?

중국의 최신 서적을 쉽게 살필 수 있는 위치였던 서유구는 오늘날 『사고전서』에 의약 저술이 97부 1,539권이나 실려 있다고 적시할 정도로 해박했다. 참고할 만한 의서의 범위를 정량적으로 제시한 것이다. 하지만 그 속에서 옥석을 가려야 했다. 지식인에게는 좋은 것을 선택할 줄 아는 밝은 눈이 있어야 한다는 것이었다.[38]

"밝은 안목으로 좋은 것을 선택할 줄 아는 것"이야말로 『임원경제지』 전체의 지식을 섭렵하고 정리하고 체계화한 서유구의 정신을 가장 잘 보여주는 말이다. 서유구는 선진적인 의약 지식으로 이시진(李時珍, 1518-1593)의 『본초강목』을 높이 평가하여 주요하게 인용했으며 허준의 『동의보감』 역시 내용의 대부분을 「인제지」에 수록했다. 본인은 임원(林園)에 살면서 생활에서 필요한 정도로 제한한다고 했지만 『동의보감』보다 많은 분량이 되었고, 그 결과 다시 그 정보를 쉽게 열람할 수 있는 편재여야만 했다.

향촌 생활에 필요한 책이라고 하면 손바닥에 올려놓고 볼 정도의 얇은 팸플릿을 생각하는 것이 『임원경제지』 「인제지」 이전까지는 상식이었다. 그러나 「인제지」는 규모 면에서나 체재 면에서나 이런 생각을 완전히 뛰어넘었다. 책이 부족한 향촌의 환경에 대한 고려와 함께, 갑자기 병에 걸렸을 때 의서 속의 복잡한 정보를 찾아보기 어려울까 염려하여 목차[39]를 새롭게 했다. 처방 '색인'까지 일일이 만들어두었다. 호한한 분량의 문제는 정보의 효율적 배치와 체계화로 대처한 것이다. 특히 「인제지」의 독특한 처방 색인인 '탕액운휘' 역시 『임원경제지』의 지식 편집의 한 특징을 보여준다.

5. 예능, 교양, 의례 분야

1) 「유예지」: "물고기가 물에서 노닐 듯 몸에 익어서 그 기능에 통달하기"

서유구가 시골 생활에 편하게 새로 정한 육예 _독서 수학 그림 글씨 활쏘기 실내악

예(埶)란 글자 자체의 뜻은 곡식을 재배한다는 뜻인데, 옛날의 농부는 3년 동안에 한 가지 작물 재배에 통달하였다[40]고 하여, 곡식 재배에서 예(埶)라는 명칭이 유래하였음을 밝혔다.

전통적으로 육예(六藝)는 곧 예(禮)·악(樂)·사(射)·어(御)·서(書)·수(數)인데 서유구는 독서와 활쏘기, 수학 및 글씨, 그림, 실내악[房樂]으로 재편했다. 예(禮)·악(樂)·어(御)·서(書)는 생략해버리고 향촌의 임원경제인에게 유용한 것들만 취사선택했다고 밝혔다.[41] 서유구는 육예의 전체를 그대로 묵수할 필요가 전혀 없다고 하면서 조목조목 이유를 댔다. 과연 이렇게 해도 되는가 의문이 들 정도로 서유구는 자신의 뜻대로 과감하게 나아갔다. 취사선택의 기준은 모두 임원생활에 유용한가, 임원경제인에게 의미 있는 활동인가 여부로만 판별한 것이다. 공자가 『논어』에서 '예에서 노닌다[游於藝]'라고 한 것처럼 물고기가 물에서 노닐 듯 늘 보고 익혀 몸에 익어서 그 기능에 통달해야 한다는 본뜻만 유지하고자 하였다.

『임원경제지』 저술에는 이렇듯 서유구의 이러한 창조적 파괴의 원칙이 적용되고 있다. 임원경제라는 이름에 가려 대개 농학과 실용학의 구체적 기술에 대한 지식만을 보기 쉽지만, 실제로는 조선 왕조의 정신적 근간인 사대부 교양과 의례, 예악전장 분야의 가감과 산정에서도 적극 관여하고 있다는 사실에 주목하려 한다.

2) 「향례지」: "일하는 시골 사람도 쓸 수 있는 간략하면서도 필수적인 의례"

옛 의례의 정신을 살리면서 지금 시행 가능한 시대적 변통의 방도[通變之道]를 제시한 서유구

육예와 함께 향례 역시 서유구의 과감하고 독창적인 재편의 손길이 뻗

친 곳이다. 향례는 가례를 그 속에 포함하고 있는데, 가례는 지금도 익히 알고 있는 관혼상제(冠婚喪祭)의 의례를 말한다. 집안 내부의 가례를 넘어 향촌의 공동체에 확대된 것이 향례다. 향례의 향(鄉)이란 지금은 시골, 지방, 향촌의 의미로 쓰이고 있지만, 고대 주나라 시기에는 왕성(王城) 안에 있는 6향(六鄉)을 지칭하는 말이었다. 그때는 삼공(三公)이 바로 6향의 행정과 교육을 총괄했고, 향사례(鄉射禮)·향음주례(鄉飲酒禮) 역시 6향 곧 왕성의 안에서 행해지던 행사였다고, 지금의 용례와는 전혀 다른 연원을 말해주고 있다. 지금의 '향'이 옛날의 '서울'이었던 것이다.

하지만 언어는 시대를 따라 변해가기 마련이므로 지금의 향(鄉)의 의미는 시골로 변했으니 서유구는 지금의 뜻을 좇겠노라고 했다. 서유구는 「향례지」에 자신이 새로 정리한 버전의 향음주례(鄉飲酒禮, 마을의 연장자들을 모시고 술을 마시며 화합을 도모하는 의례)와 향사례(鄉射禮, 마을 사람들과 활쏘기를 겨루면서 무예를 연마하고 화합하는 의례)를 수록했다. 아울러 관례, 혼례, 상례, 제례에도 기존의 내용을 산삭하고 본인의 의견을 첨가하여 당대에 적합한 방식을 만들고자 했다.

그는 전통적으로 내려오는 온갖 공적, 사적 예(禮)는 엄청난 규모와 번잡한 절차를 규정하고 있으므로 궁극적으로 다 정비할 수 없고 더 이상 분석할 의미도 없다고 보았다(經師云沒, 絶學已久). 차라리 간략하여 행하기에 쉽다는 점을 기준으로 삼았다. 그리하여 자신이 만든 「향례지」를 준칙으로 삼아 향촌 사람이 사용하게 되면 그것이 시대에 따른 변통의 도[通變之道]라고 자평했다.[42] 향촌 사람들이 받아들일 만큼 간략하면서도 인간 생활에 빠져서는 안 될 핵심적 의례를 추구했던 것이다.

3) 「예원지」: "'꽃'을 기르는 마음 _구복지양(口腹之養)뿐만 아니라 이목지양(耳目之養)을 추구하다"

천지가 나를 길러준 은혜(天地祿養之恩)를 오관구열(五官俱悅)의 삶으로 갚는다는 『임원경제지』의 이상

「예원지」는 화훼 원예에 관한 분야이므로 본문에서는 농업 생산 쪽에 배치했다. 하지만 그 서문의 뜻을 들여다보면 인간의 본질에 대해 심오한 논의가 전개되고 있는데, 꽃이 사람에게 주는 향기와 아름다움은 굶주림을 해결해주는 것과 같이 인간의 생존에 필수적인 무엇은 아니다. 그러나 인간에게는 구복지양(口腹之養)과 이목지양(耳目之養)이 모두 필요하다. 구복지양은 입으로 먹어서 배를 채우는 것, 곧 먹고 사는 것과 관련된 활동을 말하고, 이목지양은 귀로 듣고 눈으로 보는 것, 코로 향기를 맡는 것을 포함하여 견문을 넓히는 지적, 정서적, 유희적인 활동을 말한다. 「예원지」는 완상을 위한 꽃들을 모았다. 구복을 기르기 위한 지식과 기술은 매우 많지만 이목(耳目)을 길러주는 데 필요한 기술은 너무 적다면서.[43]

서유구가 구사한 구복과 이목이라는 구분법의 특징은 사람의 몸에 구체적으로 드러난 오관(五官)을 기준으로 하고 있다는 것이다. 물질과 비물질, 육체와 정신으로 구분해도 될 텐데 구복과 이목을 나눈 뜻은 하나의 몸에서 서로 다른 기능일 뿐이라는 점을 드러내려고 한 듯하다. 이목과 구복은 기능이 다를 뿐 몸의 '오관'이라는 하나의 범주로 통합되어 있다. 유학의 전통에서 『맹자』에서부터 익숙한 심(心)을 다른 오관을 통제하고 제어하는 형태로 표면화하지 않은 것이다. 심(心)을 오관보다 상위의 무엇으로 내세우지 않고 다만 구복과 나란히 갈 만한 이목(耳目)을 말할 뿐이다. 그러고 보면 보고 듣는 것[視聽]은 그 사람의 견문(見聞)이 되고, 견문은 자연스럽게 심(心)과 연결되는 것이었다. 보통 그 사람의 견문이 그 사람의 심지(心志)를 결정한다.

사람이 살아가는 데 필요한 에너지와 정보, 기운의 출입 통로이자 그 자체로 사람의 몸을 구성하고 있는 구복(口腹)과 이목(耳目)을 제기한 서유구는 짐승과 사람의 구별에도 같은 기준을 적용하고 있다.

"짐승은 입과 배를 기르는 일에만 급급할 뿐 그 밖의 것까지 미칠 겨를이 없다. 오직 사람만이 목숨을 보존하는 것(保生) 외에 별도로 즐길 거리를 구하기도 하고, 때로는 그것에 탐닉하는 것이 자기 목숨 보존보다 더한 경우도 보인다. 심지어 제 나라를 망가뜨리고 제 몸을 망치면서도 그만두지 못하기도 한다."[44]

짐승은 구복지양 외에 다른 욕심이 없다. 사람은 구복지양을 넘어선 곳에서 이목지양의 욕구가 있다. 보생은 인간-짐승 공통인데 그것을 넘어서는 완상과 탐닉이 곧 인간의 특징이라고 지적했다. 꽃을 완상하고 탐닉하는 것이 인간됨의 정체다. 그런데 그것은 양면을 가진다. 긍정적인 방향으로는 허실겸양(虛實兼養)과 오관구열(五官俱悅)의 방향으로 전인과 성인이 되는 길로 나아갈 것이요,[45] 부정적 방향으로는 탐닉과 중독과 기벽으로 자신과 공동체를 허물어뜨리는 데로 빠질 것이다. 신체의 동등한 기관으로서 구복과 이목이지만 이목의 활동은 제한 없이 무한히 위대해질 수도 있고 무한히 추락할 수도 있다. 이는 천지와 우주 속의 인간이란 존재에게 그 권한과 책임을 매우 크게 부여하는 유학의 흐름 위에 함께 가면서도 동시에 인간의 다양한 욕망을 상당 부분 인정하고 권장하는 『임원경제지』의 서유구 식 사유의 특징이라고 할 만하다.

『임원경제지』가 지향하는 허실겸양 오관구열은 인간 삶의 궁극이다. 허실을 동시에 길러주고 오관이 모두 기쁜 상태에 도달하는 것, 이것이 어찌 서유구의 시대의 이상으로만 한정된 것이겠는가? 경제적 발전이 어느 정도 이루어진 오늘날의 시각에서 먹을 것이 해결된 상태임에도 불구하고 인간 삶의 많은 부분에서 채워지지 않은 갈증을 느낄 때가 있다. 그 결과 이미 확보하고 있는 많은 것을 포기하고서라도 나머지 결핍 부분을 얻으려 달려가기도 하는 것이 또 사람이란 존재다. 서유구의 이런 통찰은 사실 서유구 시대의 조선에서뿐만 아니라 오늘날 우리에게도 울림을 준다.

4) 「이운지」: 청복(淸福)을 누리는 법

인류사를 통틀어 몇 명만 도달한 탈속과 아취의 최고 경지

「이운지」에는 최고 수준의 문인 교양과 탈속의 경지에 대한 추구가 담겨 있다. 서문에 나오는 세상의 속어(俗語)가 그러한 희망을 압축적으로 보여 준다.

> 옛날에 몇 사람이 상제(上帝, 하느님)에게 호소하여 자신들의 소원을 빌 었다. 먼저 재산과 공명과 문장을 원했던 사람은 모두 자신들이 원하 는 대로 들어주었던 상제는 마지막 사람이, "글은 이름자만 쓸 정도면 족하고, 재산은 입고 먹을 수만 있으면 족하니, 달리 바라는 것이 없습 니다. 다만 임원에서 고상하게 수양하면서 세상에서 구하는 것 없이 한 몸을 마치고 싶습니다."라고 하자 이마를 찡그리며 말하였다. "이 혼 탁한 세상에서 청복(淸福)을 누리는 것은 불가능하니, 너는 함부로 구 하지 말라. 차라리 다음 소원을 말하는 것이 좋겠노라."라고 했다.[46]

이것은 대개 임원에서 고상하게 사는 일의 어려움을 말한 우화일 것 이다. 실제로 서유구는 역사 속 수천 년간 이러한 희망을 이루었던 사람 을 몇 명 소개했다. 곧 한나라 중장통(仲長統, 179-220), 당나라 왕유(王維, 699-759), 원나라 예찬(倪瓚, 1301-1374)과 고덕휘(顧德輝, 1310-1369) 그리고

동진의 도연명(陶淵明, 365-427) 정도가 여기에 어느 정도 부합할 만한 인물이라고 평가했다. 그들이 각기 처한 상황은 조금씩 달랐지만, 마음을 맑게 하고 고아함을 기르면서 삶의 여유를 가지면서 자기가 원하는 생을 살았다(淸心養雅 消搖自適)는 것이다.

인류사를 통틀어 서너 사람만이 도달할 수 있었다는 최고의 탈속과 아취의 경지를 향촌에서 누릴 수 있도록 하겠다니, 서유구의 『임원경제지』의 도도한 기상이 느껴지는 대목이다. 『임원경제지』를 단지 농학과 실용학에 대한 지식 정보의 집성이라고 하기가 어려운 이유이다. 그들이 지향한 교양과 아취의 수준이 어느 정도인지 구체적으로 밝히고 있는 「이운지」의 방대한 내용을 보라. 지금의 눈으로 보아도 그들이 보유하고 향유하는 깊은 심미안과 감상력, 그리고 좋은 것을 가릴 줄 아는 안목에 감복하게 될 것이다.

2절. 호사자와 삼매로 본 『임원경제지』

『임원경제지』의 방대한 분량과 다양한 세계는 오늘날 우리에게 익숙한 세부 전공 영역의 학문적 배경으로는 접근하기가 여간 어려운 일이 아니다. 하나의 능숙한 잣대로 재단하려는 순간 자칫 좌정관천(坐井觀天)의 좁은 시각만 드러날 뿐 진실한 모습과는 더 멀어지고 만다. 『임원경제지』라는 서물을 이해하기 위한 종합적 인식의 틀을 제시하는 연구가 필요한 이유이다. 전공과 학제를 넘나드는 연구, 근경과 원경을 자유롭게 조망하는 연구, 그리고 인간사회의 여러 모습을 입체적 관점으로 보는 연구를 통해 『임원경제지』라는 장대한 산맥에 조금 더 가깝게 다가갈 수 있을 뿐이다.

전통학문은 기본적으로 "천지와 인간을 하나로 이해"하려는 유기체적 관점을 보인다. 농학도 수리도 풍수도 음식도 놀이도 그러하다. 서유구는 『행포지』 서문에서 자신이 농사를 짓고 농학에 침잠하는 것은 그것이야 말로 하늘과 땅이 사람에게 베풀고 길러준 은혜에 약간이라도 보답하는 방법[少酬天地祿養之恩]이기 때문이라고 했다. 『임원경제지』의 이해는 저자인 서유구의 삶 속에 집안의 가학, 조선 성리학, 북학, 고증학 그리고 때로는 불교와 도교, 서학과의 관계까지 나란한 지평 위에서 총체적으로 형량하고 다시 각 지(志)의 구체적 내용과 연관시켜 짚어볼 것을 요구한다. 조선 역사의 장기적 흐름 위에서 좌표 설정과 함께 현재 우리에게 이 책이 던지는 메시지까지 음미하는 탐색이 이루어져야 한다. 『임원경제지』가 저술 후 근 200여 년 가까이 제대로 이해되고 음미되지 못한 사정은 이런 공력을 요하는 작업이라는 것과도 연관이 있을 것이다.

이 절은 『임원경제지』 이해를 향한 이같은 장기 목표의 일환으로 구성되었다. 먼저 특정 분야의 구획을 넘어서는 주요 키워드를 매개로 『임원경제지』를 통관하는 정신을 추출해보고자 한다. 16개의 지(志)를 개별적으로 보는 것을 넘어 모든 지에 스며 있는 일관되고 보편적인 지향을 읽어내려는 것이다. 그 키워드로는 '호사자'와 '삼매'가 채택되었다.[47]

1. 풍석이 좋아한 사람, '호사자'

풍석이 가장 존경한 인물이라고 하면 누굴까? 최고의 지식 엘리트였던 그는 고매한 사상가나 걸출한 문장가, 아니면 강력한 제도 개혁을 이룬 명군이나 재상을 그렸을 법하다. 그런데 어찌 보면 좀 평범하다고 할 수 있을 정도의 인물, 목화씨 전래자로 알려진 강성공 문익점(江城公 文益漸, 1329-1398)이다. 문익점은 장인 정천익(鄭天益)과 함께 목화씨를 전래하여 우리나라 의생활에 일대 혁신을 가져온 인물이다. 풍석은 문익점의 공이야말로 나라와 백성을 위해 가장 지대하다고 칭송했다. 문익점을 존경한 풍석은 자신도 그와 비슷한 일을 해낸다. 바로 고구마 재배법을 정리하고 호남에 널리 유통한 것이다. 풍석 스스로 자기가 존경하던 사람의 뒤를 따라 그와 같은 길을 걸었고, 또 이후에도 뜻을 같이하는 동지(同志)들이 계속 나와주기를 바라면서 『임원경제지』를 집필했다. 『임원경제지』 내 '화명고'와 '어명고', '곡명고', '화첩론' 등 여러 곳에서 이런 뜻을 명시적으로 표현했다.

1) 호사자와 풍토불의론: "풍토불의론은 일을 하지 않는 사람들의 변명일 뿐"

풍석은 문익점과 같이 생산력 혁신의 최선봉에 선 사람을 '호사자(好事者, 풍석은 호사가[好事家]도 혼용하는데 이 글에서는 호사자로 통일함)'라는 말로 구체화하고 있다. 그런데 지금의 호사자라는 말의 뉘앙스가 결코 존경스럽거나 선망의 대상이 아닐 뿐만 아니라, 심지어 긍정적인 느낌도 그다지 없다. 이는 시대에 따라 달라지는 언어의 본질적 속성에 관한 문제이기도 하겠지만, 사실 풍석 당대에도 이런 부정적 뉘앙스가 강했던 듯하다. 이에 풍석은 스스로 호사자의 부정적 이미지를 넘어서 완전히 새롭게 그 의미를 규정했다. 그에게 호사자는 문자 그대로 '일하기(事) 좋아하는(好) 사람'이었다.

그런데 서유구는 호사자의 반대편에 서 있는 논리로 풍토불의론(風土不宜論)을 들었다. 이는 소박하게 말해서 각 지역의 고유한 기후와 풍토로 인해 외래 종자와 품종은 잘 자라지 않는다는 믿음이다. 그런데 풍석은 풍토불의론이 '일하려고 하지 않는 자'의 핑계일 뿐이라고 강력히 비판했다. 그와 정반대의 입장에 선 사람이 호사자다. '필요한 일이라면 무엇이든 찾아서 즐겨 일하는 사람', 풍석은 호사자를 참으로 좋아했다. 이 호사자의 성격과 그들이 해야 할 일에 대한 논의가 『임원경제지』 16지 전반에 나타나 있다. 호사자는 풍석 서유구와 『임원경제지』 전체를 압축하여 이해하는 데에 좋은 키워드다.

2) 중국의 서광계, 조선의 서유구: "참으로 어진 사람(仁人)이 하는 말"

풍석의 주장은 그가 존경해마지 않던 명말청초의 대학자 서광계(徐光啓, 1562-1633)의 언급을 살필 필요가 있다. 풍석뿐만 아니라 넓게는 북학파의 주장 또는 명물도수학, 고증학의 주장들이 당시 국제적인 연대의 고리를 가지고 일정한 보편적 흐름 위에 이루어지고 있었던 것도 동아시아 역사의 주요한 단면이다. 풍석 이전에 중국의 서광계의 주장, 서광계의 앞 세대 격인 명나라 구준(丘濬, 1421-1495)의 입론 역시 깊이 음미되고 있었다.

어떤 이는 우리나라의 풍토가 중국의 풍토와 다르다고 의심을 둔다. 그런데 '풍토가 맞지 않다[風土不宜]'는 말은 다만 남북 지역의 기후가 다른 데서 생긴 것일 뿐이다. 서북 지역의 콩과 조 생산은 논할 것도 없이, 남부 지역 벼 품종만 보더라도 중국 강남의 북극 고도가 32° 4′이고 우리나라 영호남 해안 마을의 북극 고도는 33~34°이다. 이 지역 간의 기온 차가 과연 얼마이겠는가? 예전에 서광계는 앞 세대 구준(丘濬)의 "남북의 모든 지역에 다양한 곡식을 함께 심어서, 옛날에는 없었던 품종도 지금은 재배할 수 있게 해야 한다."는 언급을 소개하면서 다음과 같이 말했다.

"고위직의 사람들이 이같은 마음을 가진다면 백성들이 어찌 해마다 굶주리겠는가? 많은 사람들의 논의가 '풍토불의론'을 바탕으로 하는데, 내 생각으로는 '풍토불의론'은 작물 백 가지나 천 가지 중 한둘에만 적용되는 것일 뿐이다. 나(서광계)는 본래 풍토불의론(風土不宜論)을 적극 반대했다. 나 스스로 여러 곳에서 많은 종자를 구한 다음 직접 심어 기르고, 농사의 효과를 얻고 난 뒤에 널리 퍼뜨려왔다. 그러면 1~2년 만에 새 품종의 이득을 사람들이 누릴 수 있게 되니, 새 품종을 심으라고 번거롭게 권할 일도 없어진다."

나(서유구)는 이 부분을 읽을 때마다 어진 사람(仁人)이 하는 말의 참맛을 느끼게 된다.[48]

이 간단한 문장에서 명나라 구준, 청나라 서광계, 조선 서유구의 정신의 내력이 한 눈에 파악된다. 이들은 모두 풍토불의론을 배척했다. 기후가 맞지 않아 타 지역의 품종이 재배 불가능한 것은 백에 한두 가지일 뿐 나머지는 안 될 이유가 없다는 것이다. 모든 가능성을 열어놓고 인력으로 얻을 수 있는 최대한을 확보하기 위해 간단없이 시도하는 것이야말로 사람이 할 일이다. 또한 남을 다스리는 자로서 '인(仁)의 최고의 실천'으로 받아들여진다. 이전부터 관행적으로 유행하던 관념적 사고에 얽매여 사회가 정체되고 생산력이 퇴보된다는 주장에 중국과 조선의 지식인들이 모두 공감한 점이 돋보인다.

3) 최한기의 육해법, 하백원의 자승차: "기존의 습속과 관행적 사고를 뛰어넘다"

조선에서 서유구의 후배 학자로서 최한기(崔漢綺, 1803-1877)와 하백원(河百源, 1781-1845)의 생각 속에서도 이러한 과거의 관념적 사고를 탈피하려는 모습이 보인다. 최한기의 수리기구에 대한 종합 저술『육해법(陸海法)』(1834)에서 수리기술 수준이 진보하지 못한 이유를 진단한다. 그는 수리시설 중 물이 아래로 내려오는 성질을 이용하는 것은 누구나 쉽게 알고 쉽게 시행하는 방법이지만, 논밭은 높은 곳에 있고 물은 낮은 곳에 있는 경우 특별한 기계를 사용해야 하는데 이것은 지혜가 정교한 사람만이 할 수 있는 일이라고 전제했다. 하지만 그 동작 원리를 잘 따져보면 이해 못할 것이 전혀 없다고 당당하게 말한다. 그가 보기에 실패하는 이유는 "기존의 습속에 얽매이고 정교한 생각이 부족하며(人常拘於習俗 且竤量不及)", "한두 번 시도해보고 잘 안 된다며 지레 폐기해버리기 때문"이다. 그런 태도로는 안 된다. 최한기는 이런 행태가 "어찌 처음 만든 사람의 본뜻(創立者之本意)"이겠는가?"라면서[49] 뒷사람들의 정진과 노력을 촉구했다.

또 호남의 학자로 관찰사 서유구와 직접 협력 작업의 제안을 받기까지 한 '자승차(自升車)' 개발자 하백원(河百源, 1781-1845)[50] 역시 지금까지 동방 지식인들을 지배하고 있던 관행적 생각을 뛰어넘고자 하였다. 그는 수차 개발에 소극적인 태도를 갖게 만들었던 기존 유학자들의 생각, 곧 '물이 위에서 아래로만 흐른다는 생각'을 근본적으로 뒤집었다.

전통적으로 수리시설은 두 가지로 대별된다. 자연주의적 방법과 인위적 방법이다. 물이 아래로 흐르는 성질을 거스르지 않는 저수지와 같은 방법이 자연주의적 방식이라면 물을 위로 끌어올리는 수차는 인위적 방식의 대표이다. 조선에서는 대체로 자연주의적 방식이 선호되었다.『장자』에 기계(機械, 곧 길고[桔橰]를 말함) 사용에 대해 농부와 자공(子貢)이 나누는 대화가 나오는데, 이 일화에서 기계 이용은 인위적 조작이라 사람

〈그림 2-7〉 최한기의『육해법』표지(왼쪽)와 양수기의 한 종류(오른쪽)

의 마음을 어지럽힌다는 결론으로 맺는다. 그리고 이러한 생각에 동조하는 이들이 많았기 때문에 조선에서 수차가 널리 보급되지 않았다고도 한다.[51] 조선의 성리학이 풍토불의론이나 자연주의적 수리시설과 잘 어울리는 사유체계일 수 있는 것이다. 사실 기술은 그 사회의 주류에서 생각하는 기본 관념과 복합적 연관을 맺고 있는 경우가 많다. 과학사에서 천동설이 지동설로 바뀌는 기나긴 분투의 시간을 생각해보면 그 사회의 주류 관념의 변화는 생각이나 이론뿐만 아니라 사회경제의 거대한 변화가 동시에 수반되는 것이기도 하다.

그런데 하백원은 자승차 개발 과정에서 기존의 수차에 대한 통념을 근원적으로 바꾸고자 하는 시도를 보였다. 그의 「자승차 설계도해」에는 물의 성질에 대한 절묘한 탐구가 나타나 있다. 곧 물의 성질은 위(上)에서 아래(下)로가 아니라 막힌 곳(實)에서 빈 곳(虛)으로 이동한다는 것이다.

> "물의 본성은 속이 차 있으므로 빈 곳으로만 나아가고, 무엇이 막으면 나아갈 수 없다."[52]

물의 이동은 위치가 아니라 압력, 곧 밀도 차이가 결정한다는 것이다. 이 설명이 강력한 이유는 물의 이동을 설명하는 훨씬 보편적인 틀이 되기 때문이다. 상하(上下, 위치)의 단일 방향성은 허실(虛實, 밀도)의 부정 방향성 속에 포괄될 수 있는 것이다. 맹자(孟子)가 인간의 성선을 '물이 아래로 내려간다'는 자연의 이치와 같은 진리임을 주장한 이래, 물이 아래로 내려가는 것과 인간의 성선이 서로의 진리를 입증하는 강력한 증거로 활용되었다. 자연관과 도덕관이 융합하여 형성된 주류 관념인 것이다. 이를 뒤집는 논의가 제기되기는 쉽지 않았다.

하백원의 논의는 물이 위에서 아래로 움직이는 것이 아니라 막힌 곳에

<그림 2-8> 자승차 재현도 (출처: 임원경제연구소, 『임원경제지 개관서』)

서 빈 곳으로 나아간다는, 물 자체의 성격의 재규정으로 나아간 것이다. 조선 유학자들이 수차 사용을 꺼린 데는 물의 본성을 거스르면서 작동하는 그 방식이 인간과 자연을 융합하여 형성된 주류 관념에 비추어 그다지 내키지 않는다는 것이 하나의 원인이었다. 그런데 하백원은 물의 본성을 달리 규정하여 밀도가 낮은 곳으로 움직이는 것으로 재규정했다. 그래서 그의 수차는 새롭게 규정된 물의 본성에 따라 저절로 움직이도록 만든 차, 곧 자승차였다. 자승차의 기본 구조는 오방(五方, 동서남북과 아래쪽 5개 방위)이 차 있고 중앙이 뚫려 위쪽이 비어(虛) 있다. 물이 들어오되 들어온 방향으로 나갈 수가 없으니 자연스럽게 비어 있는 위쪽으로만 나가게 된다. 물은 위치가 아니라 밀도(곧 허실)에 따라 움직인다. 이렇게 되면 맹자가 본성에 거역하는 사례로 든 "물이 이마 위로 튀어 올라가거나 산에 머물러 있는 상황[過顙, 在山]"도 실제로는 물의 본성으로 포괄할 여지가 생기는 것이다. 수차를 활용하여 물을 위로 올리는 것이 물의 정상적 흐름에 거역하는 행위가 아니라 실에서 허로 움직이는 물의 본성을 활용하는 '자연스런' 방법이 된다. 수차 이름 '자승(自升)'은 하백원에 의해 재규정된 물의 본성을 가리키고 있다.

그의 시도가 비록 실제에서 성공적으로 이어지지는 못했다 하더라도 이 '개념'은 재조명의 가치가 있다. 『임원경제지』로 연계되는 한국의 지성과 전통은 기존의 습속과 관행적 사고를 극복해온 과정이다. 서유구가 비판해 마지않은 "풍토불의론"이 대표적 예이다. 최한기는 『태서수법』, 『농정전서』의 여러 수리기구를 소개하면서 창립자의 본의에 다가갈 수 있도록 독려했다. 자승차를 개발하면서 맹자 이후 통용되던 물의 본성을 달리 해석했던 하백원의 주장 역시 전통의 무게에 짓눌리지 않는 과감하며 역동적인 진리 추구의 면모를 잘 보여준다.

이들은 모두 당대 절실한 기술개발 과정에서 중국, 서양에서 개발하고 논의한 내용을 편견 없이 받아들이고, 그 결과물을 더 발달된 형태로 다시 세상에 펼쳐내려는 정신이 살아 있었다. 그 근저에는 자연의 원리를 잘 헤아려 인간의 삶에 이용후생을 높이려는 마음이 절실했다.

4) 목화, 대나무, 차, 파초와 호사자

풍석은 먼저 호사자의 대표 격으로 문익점의 목화 전래를 다음과 같이 소개했다.

> 동사에 이르기를, "고려 정언 문익점(文益漸)이 원나라에 사신 갔을 때 목화씨를 얻어 와 장인 정천익(鄭天益)한테 맡겨서 그 씨를 심었다. 처음에는 재배하는 기술을 몰라 거의 말라죽고 겨우 한두 줄기만 남았는데, 연이어 삼 년을 시도하고서야 마침내 크게 번성했다." 이것이 우리나라가 목화를 재배하게 된 출발점이다. 당시 목화가 중국으로 전해진 지 얼마 되지 않은 때였기 때문에, 필연적으로 "풍토불의(風土不宜, 기후와 토질이 맞지 않음)"를 근거로 하는 의구심이 있었겠지만 다행히도 강성공(江城公) 문익점 같은 일 좋아하는 분이 있어 목화 재배법을 전해준 덕분에 오늘날까지도 한 나라의 의복 재료가 팔도에 넉넉하게 되었다. 이 일을 생각해보면 '새 품종의 도입'이 풍토에 구애받지 않아도 된다는 사실은 더욱 믿을 만하다.[53]

풍토불의론을 뛰어넘어 일을 좋아하는 호사자의 성공 사례로서 문익점을 뚜렷이 높인 것이다. 문익점의 목화 전래와 재배의 성공 덕분에 동국 사람들 전체가 따뜻하게 지낼 수 있게 되었다고 평가한다. 조선에서 생산력 발전을 위해 풍석은 무엇보다 새로운 품종의 도입에 열을 올렸다. 모든 혁신 중에서 제일 좋은 것은 새 품종의 도입이었다. 재배법, 병충해 방제 또는 저장과 가공법 등은 품종이 좋으면 상당 부분 해결될 수 있는 것이라 여겼다. 생산력 증대의 첫 단추가 쓰임새가 많은 초목을 우리나라에서 재배하는 것이라면서, 차나무와 대나무의 품종을 언급했다. 바로 이 첫 단추가 가장 먼저 '호사가'들이 나서서 일해야 할 부분이라는 것이다. 먼저 좋은 차 품종의 도입을 촉구하는 대목을 보자.

> 우리나라 호남지역 도처에 차가 생산된다. 이수광의 『지봉유설』에서는 "신라 흥덕왕 때 사신이 당나라에서 차 씨를 가지고 돌아왔는데 왕이 지리산에 심도록 명하였다."고 한다.… 지금 호남의 차가 그 유산일 것이다. 영호남 연해지역 마을의 북극고도(위도)는 중국 강소 절강 회남 (淮南) 회북(淮北) 등의 유명 차 산지와 별 차이가 없으며 기온 역시 대차가 없다. 그런데도 기후풍토불의론을 드는 것은 망령된 말이다. 좋은 품종을 얻고, 재배법이 합당하고, 가공법이 알맞으면 석화(石花)·자순 (紫筍) 같은 명품차를 우리나라에서 얻지 못할 법도 없다.[54]

또 중국과 우리나라 남쪽 끝의 위도 차이가 별로 크지 않다고 했다. 그래서 강남의 작물을 우리나라에서 재배할 수 있다는 것이다. 이런 생각은 경위도에 대한 정확한 판단이 전제되어 있었다. 풍석이 강조한 우리나라의 경위도 설정 주장에 대해 당시에도 풍석을 일벌이기 좋아하는 부정적 의미의 호사자가 아니냐고 힐난한 사람이 있었다. 중국은 땅이 넓으니 그런 방법이 유용하겠지만 작은 조선 땅에 거추장스런 새로운 방법을 굳이 쓸 일이 있겠느냐는 반론이다.

손님 중에 비판하는 사람이 말했다.

"그대는 참으로 일을 벌이기 좋아하는구려. 중국의 직방(職方)에 기록
된바, 먼 곳은 혹 만여 리나 되므로 중국에서 역법을 제정하여 시후
(時候)를 알리는 일에 거리 차이를 분명히 했던 것은 이유가 상당합니
다. 그러나 우리나라는 땅이 작아 겨우 중국의 한 성(省) 정도인데, 그
렇게 세밀히 따질 일이 있습니까?"

일견 그럴듯한 반격이다. 땅덩이가 작은 나라에서 세밀한 경위도 구분
이 무슨 필요가 있겠느냐는 것인데, 풍석은 우리나라가 결코 그렇게 작기
만 한 나라는 아니라는 인식이 있다. 그리고 작은 땅이라도 더 정밀하게
경위도를 살펴야 적합한 작물을 잘 선택할 수 있다고 했다. 풍석의 결론
은 이랬다.

내가 대답했다.

"그렇지 않습니다. 우리나라의 지세는 동서로 좁으나 남북으로 깁니
다. 북쪽의 경원·경흥은 중국의 선부(宣府)·대동(大同)과 상대되며, 남
쪽의 해남·강진은 중국의 등주(登州)·내주(萊州)와 상대됩니다. 장백산
아래에서는 초여름인 음력 4월에 서리가 내리지만, 반대로 제주에서는
귤과 유자[橘柚]가 나며 겨울에도 갖옷을 입지 않습니다. 우리나라의
남북 한서(寒暑)의 차이는 중국과 비교하여 다를 것이 없습니다."[55]

그는 조선 땅의 백두산과 제주도를 들면서 남북 길이가 상당하여 중국
의 재배 작물을 얼마든지 길러낼 만하다고 했다. 중국의 작물을 국산화
하면 국부의 유출도 막을 수 있다.

우리나라 사람들은 차를 그다지 마시지 않는다. 나라에 자생하는 차 품종이 있으나 아는 사람은 드물다. 근래 5~60년 동안 사대부들 중 즐기는 사람이 있어 매년 연경에서 수레로 구입하는 것이 많아졌지만 진짜는 거의 없다. 대부분 종가시나무[檟]·상수리나무[櫟]·박달나무 [檀]·조나무[皂]의 잎과 섞여 있어 오랫동안 복용하면 냉리(冷利, 찬 성 질의 이질 설사)를 하게 된다. 지금 중국의 유명 차 산지와 명차를 위에 대략 가려서 싣고, 호사가들로 하여금 차 종자를 구입하여 번식시킬 수 있도록 했다. 재배법과 가공법을 제대로 보유한다면 우리나라의 고 유한 진짜 차는 저버리고 다른 나라의 비싼 가짜 차를 구입하는 지경 까지 이르지 않으리라.[56]

중국 남방의 유명한 차 종자를 도입하여 우리나라 남부지방에 재배하 면 당시 급증하는 수입 차를 대체하여 국부 유출을 막을 뿐 아니라 가 짜 차로 인한 부작용도 없을 것이라 했다.[57] 이런 일을 호사자가 적극 나 서서 해야 할 것이며, 서유구는 그런 호사가의 활동을 권장하기 위해 차 나무와 대나무에 대한 지식 정보를 정확하고 체계적으로 제공하고 있다.
대나무 역시 종류도 많고 쓰임새가 다양하다. 지붕을 이는 재료로 쓰 기도 하고, 죽력을 채취하여 약재로 쓰기도 하며, 악기나 무기, 문방구로 쓰이기도 한다. 일찍이 황정견(黃庭堅, 1045-1105) 같은 학자도 대나무의 정보를 집성하고자 했으나 일을 이루지 못했던 것을, 풍석은 「만학지」에 다음과 같이 정리해놓고 이후의 호사자들의 활약을 기대했다.[58]

우리나라에는 대나무의 종류가 많지는 않아도 남도에서 나는 것 중 큰 것은 기와를 대신하여 지붕을 이고 푸른 물을 빼어 죽력을 채취하 고, 작은 것은 피리·화살대·필통 및 기타 용구를 만든다. 한수(漢水)

이북에는 오죽(烏竹)·반죽(斑竹)·자죽(慈竹) 몇 종류만 있다. 지금 내가 본초서와 농서 중에서 가장 두드러진 대나무 종류만을 모아 위와 같이 기록하였으니, 호사자들이 그 종자를 구입하여 번식시키기를 바라는 뜻에서이다.[59]

관상용 식물인 '파초'와 같은 항목에서도 호사자의 역할을 강조했다.

파초는 미인초(美人蕉)·봉미초(鳳尾蕉)·담병초(膽瓶蕉)·주초(朱蕉)·황초(黃蕉)·아초(牙蕉)·수초(水蕉) 등 여러 종이 있다. 안: 우리나라에서 나는 것들은 여러 해 묵은 뿌리에서 비로소 꽃이 핀다. 그러나 꽃이 피더라도 오래가지 못하고, 열매까지 맺히는 것은 본 적이 없다. 왜냐하면 우리나라의 땅과 날씨가 항상 따뜻하지 않기 때문에, 매 겨울이 되면 가지와 잎은 잘라내고 뿌리를 토굴에 묻어두었다가 봄에 따뜻해지면 다시 심어야 하는 것이다. 그보다는 중국 민광(閩廣) 등지에 자생하는 사계절 항시 땅에 뿌리를 내리고 사는 품종이 낫다. 진실로 그와 같은 좋은 종자를 얻어서 영호남의 땅끝 지방에 심고, 재배법에 알맞게 물과 거름을 준다면 열매를 맺지 못할 이유가 없을 것이다. 단지 그런 일을 즐겨할 만한 '호사자'가 없는 것이 안타까울 뿐이다.[60]

파초에 대한 서유구의 애착은 남다르다. 여름에 빗방울이 떨어지는 파초 잎에서 시흥을 느끼고 그 정경을 오래 완상하는 모습이 보인다. 뒤에 나오는 '삼매' 항목에서도 이 파초를 기르면서 느끼는 기쁨과 운치를 양지(養志)의 측면에서 한 번 더 살필 것이다.

파초뿐만 아니라 온갖 종류의 꽃에 대해서도 특별한 관심을 둔 서유구는 '화명고(花名攷, 꽃 이름에 대한 고찰)'라는 특집 코너를 따로 두었다.

거기서 서유구는 호사자들이 이 정보를 바탕으로 종자를 제대로 사 올 수 있도록 했다는 이야기를 또 한 번 강조한다.

> 안: 꽃 중에서 품종이 많고 복잡한 것은 모란·작약·난초·국화 등이 다. 이에 선인들의 서적을 두루 수집하여 이 네 종류 꽃들에 대해 특 별히 '화명고'를 만드니, 호사자들이 이 화명고를 바탕으로 이름과 실 제가 부합하는 종자를 구매할 수 있도록 했다.[61]

5) 사탕수수, 돌솥밥, 창포가루와 호사자

한편 풍석은 설탕과자(당전과[糖纏菓], 사탕수수)까지 우리나라에 도입해서 재배하자고, 음식 백과 「정조지」에서 밝히고 있다. 이쯤 되면 풍석의 생 각은 거의 종교적 신념에 가까운 수준이라고 할 것이다. 지금도 우리나라 에서 사탕수수 재배는 쉽지 않다. 서유구는 사탕수수의 쓰임은 석밀(石 蜜), 당상(糖霜), 향당(饗糖), 당전(糖纏), 유당(乳糖) 등 한량이 없는데 왜 우 리나라에서는 못 쓰는가 항변한다. 당연히 기후와 풍토가 맞지 않아서일 것이다. 그러나 서유구는 문익점 같은 호사자가 있으면 충분히 가능할 것 이라고 내다봤다.

> 사탕수수의 쓰임은 넓다. 달여서 불리고 볕에 쬐어 말리는데, 돌처럼 엉겨서 굳은 것은 석밀(石蜜)이 되고, 서리같이 가볍고 흰 것은 당상(糖 霜)이 되고, 사람이나 사물의 형태로 찍어낸 것은 향당(饗糖)이 되며, 여러 가지 색깔의 과실을 박은 것은 당전(糖纏)이 되고, 우유나 연유를 섞은 것은 유당(乳糖)이 된다. 중국에서 손님 접대하는 음식 태반은 모 두 사탕수수에서 나온다. 우리나라 사람들은 사탕수수를 재배할 줄 을 전혀 모르고 멀리 연경의 가게에서 구매할 줄만 아니 부귀한 자가

아니면 얻을 수가 없다. 그러나 영호남의 바닷가 고을들은 기후가 중국의 사탕수수 나는 지방과 비교하여 크게 차이나지 않는다. 만일 힘써 종자를 얻고 재배법에 맞게 심고 기르면 결코 이루지 못할 일이 아니다. 다만 문익점과 같은 호사가가 없음이 문제일 뿐이다.[62]

앞의 '파초', '차'에서도 읽을 수 있지만, 여기 사탕수수에서도 풍석의 '풍토불의론' 배척은 너무도 확연하여 지금 우리가 들어도 의아할 정도다. 그러나 풍석은 단호하다. 사탕수수 같은 열대식물도 우리나라의 최남단에서 재배 못 할 이유가 없다. 사람이 문제일 뿐, 풍토는 문제가 아니다. 풍토는 물리적 세계의 문제요, 일을 이루는 것은 사람의 역량과 지혜의 문제다. 풍석은 생산력 증대에 관한 한 인간이 도달할 수 있는 능력의 최고치, 인력이 미치는 범위에 한도를 두지 않고 있는 듯하다. 사탕수수를 도입해서 우리나라에 정착시키자는 열정이라면 풍석의 조선 사회 개혁의 청사진 역시 이런 생각과 나란할 수도 있지 않을까? 풍석을 통해 우리는 조선 지식인의 모습을 달리 그려볼 수 있다. 일을 좋아하는 사람(好事者)이라면 풍토가 일부 맞지 않는 것이 있다손 치더라도 그것을 극복해낸다. 새로운 종자를 확보하고, 재배 기술을 익히고, 가공기술을 배워나가면서 얼마든지 성공시킬 수 있다는 것이다. 아마도 조선에서 제기된 여러 개혁안들 중에서도 가장 적극적인 생산력 우선론이라 할 만하다. 조선의 생산성 낙후의 이유는 '못하는 것[不能]'이 아니라 '하지 않는 것[不爲]'일 뿐이었다.

호사가의 활동이 양생, 건강과 연계되기도 한다. '돌솥' 항목이다.

전(傳)에, 황제(黃帝)가 처음으로 '솥[鼎]'을 주조했다고 한다. 그 제도가 두 귀가 위에 있고 세 다리가 아래에 있으며 가운데에는 구름이나 우뢰 및 만물의 모습을 그려 넣었다. 호사가(好事家)들은 간혹 옛 제도를 본떠 돌[石]을 쪼아 정(鼎)을 만드는데, 두 귀와 세 다리를 만들고 가운데 우레 무늬를 새겨넣어 임원(林園)에서의 청공(淸供)을 삼기도 하지만 역시 많이 보이지는 않는다. 이따금 양생가(養生家)들이 밥이 푹 물러지게 찌고 익힐 경우 '돌솥[石鼎]'을 쓰기도 하지만, 일상적인 밥 짓는 기구는 그대로 부(釜)의 제도를 사용하여 아궁이에 걸고 밥을 짓는다. 요즘 '목수[梓人]'들이 아교를 달이는 데 쓰는 그릇은 이천(伊川)에서 나는 것이 가장 좋다. 흔히 '곱돌'[63]이라고 한다. '돌솥[石鼎]'은 마땅히 나무를 깎아 덮개를 만들어야 한다. 만약 '솥[鼎]'을 옛 제도대로 하려면 덮개 위에도 도철(饕餮) 모양의 꼭지를 만들어야 할 것이다.[64]

〈그림 2-9〉 곱돌솥 (국립민속박물관 소장)

호사가가 지금의 외국 물산을 도입하는 데에만 능력을 발휘하는 것이 아닌 것 같다. 시간을 거슬러 옛날에 있었던 것을 본떠 현재에 유용한 기물을 만들어내기도 하는 사람 역시 호사가다. 곱돌로 만든 돌솥이 여기서 제시된다. 금속으로 제조되는 솥, 정(鼎)의 재료를 돌로 바꾸었는데 그 돌은 끌질이 쉬운 부드러운 것이어야 했다. 청공(淸供)을 위해, 멋스럽게 보이기 위해 만든 것인데 우연히도 양생가들이 푹 익은 부드러운 밥을 지을 때 특별히 사용되었다고 한다. 평상시가 아닌 특별한 때 돌솥으로 밥을 했으며, 돌솥에는 꼭 나무뚜껑을 써야 했다. 돌솥밥의 역사를 『임원경제지』에서 대강 훑어보게 된다. 호사가와 양생가, 그리고 또 다른 민간의 경험적 지식이 새롭게 결합해간 생활문화의 한 단면처럼 보인다. '호사가'에 의해 만들어지고 '양생가'에 의해 그 용도가 정착된 것이다.

건강법에서 창포의 복용법을 소개한 곳에서도 호사가의 역할이 드러나 보인다. 약이의 효능 체험에 관한 대목이다.

> 창포 갑자(甲子)일에 1촌에 9마디가 있는 창포를 채취하여 백일 간 그
> 늘에 말린 다음 가루를 만들고 약숟가락으로 한 술씩 하루 세 번 술
> 로 복용한다. 오래 복용하면 눈과 귀가 밝아지고 지혜를 더하여 잊어
> 버리지 않게 된다. 7월 7일에 창포를 취하여 가루를 내고 약숟가락으
> 로 한 술씩 술로 복용하면, 술을 마셔도 취하지 않게 된다. 호사가들
> 이 체험해본 것이다. 오래 복용하면 눈과 귀가 총명해진다.[65]

호사가들의 실험 정신을 말해주는 대목이다. 창포의 효능에 이목이 총
명해지고 기억력을 증대시키며 술에 쉽게 취하지 않게 하는 것이 있는데,
단지 서술에만 머무르지 않고 누군가 실증을 해본 적이 있다는 사실을
추가로 기재함으로써 기사의 신빙성을 더해주려는 의도가 드러난다. 물
론 이 내용은 풍석의 말이 아니라 『천금방』의 내용인데, 그 저자는 약왕
으로 일컬어지는 당나라 손사막(孫思邈)이다. 풍석이 중요한 정보라고 판
단하고 「보양지」에 수록했다.

6) 진품 수집에서 풍속 형성까지

호사가들의 역할은 이제 예술 작품으로 뻗쳐간다. 「이운지」에 판서 윤동
섭(尹東暹, 1710-1795)[66]의 장서에 좋은 비첩들이 많다고 소개하면서 그 규
모와 안목을 중국의 호사가들과 슬쩍 비교해 보인다. 조선의 수준이 그
에 못지않다고 했다.

윤동섭 비첩

판서(判書) 윤동섭은 예서를 가장 잘 썼다. 한나라와 위나라의 예서로

쓰인 탁본을 사서 모았는데, 모두 40여 권이었다. 비록 진짜와 가짜가 서로 뒤섞이고 모양이 비슷한 연석(燕石)[67]이 마치 옥(玉)인 듯 보는 이를 현혹시키는 것도 있지만, 수집한 자료의 광대함으로 말하자면 중국의 호사가들 중에서도 이만한 경우가 드물다.[68]

풍석이 예술작품과 장서 목록을 낱낱이 거론하고 각각의 품평을 하는 이유도 명백하다. "송·원 이후 화첩(宋元以後畫帖)"에서 본인의 안을 두고 말한다. 경제적 여유가 있는 호사가들이 원 작자의 진품을 제대로 구매하도록 하려는 것이다.

> 안(案). 옛 사람들이 말하기를, "서화는 천년 가는 물건이 아니다."라 하였으니, 쉽게 망가진다는 뜻이다. 세상에 전하는 송·원 이전 시대 염(閻)·오(吳)·왕(王)·이(李)[69] 등의 필적은 대체로 모두 가짜(贗鼎)다. 나는 지금 송·원대 이후 현전하는 진적들을 채록하여 호사가들이 원 작자의 진품을 구매하도록 하려는 것이다. 혹시 빠지거나 부족한 부분이 있으면 누가 보충하기를 기다린다.[70]

이런 사실은 앞서 「예원지」 '화명고'에서 호사자들이 꽃을 살 때 이름과 실제에 맞게, 속지 않고 구매하도록 하기 위해 '화명고'를 쓴다고 한 것과 부합한다. 화첩도 마찬가지다. 그 목적은 호사가의 이목의 수준을 높여 진품을 제대로 알아보고 그에 합당한 값을 치르고 구매할 수 있도록 돕겠다는 것이다. 궁극적으로 그 사회적 안목이 수준과 직결되는 문제이다.

호사자의 일은 이제 공동체의 풍속의 형성으로까지 간다. "늦봄의 간화국(看花局, 꽃구경 모임)" 항목을 보자.

승려 중수(仲殊)[71]의 '화품서(花品序)'에 "매년 불 피우기를 금하는 한식 전후로 술과 음식을 마련하여 꽃구경하러 찾아오는 손님을 대접하되, 관계가 친하거나 서먹하거나를 따지지 않았다. 이를 '간화국'이라 한다."라 했다.

우리나라 서울[我東京都]에서의 꽃구경은 필운대(弼雲臺, 인왕산)의 살구꽃과 북적동(北笛洞, 성북동)의 복사꽃을 최고로 친다. 그래서 매년 춘삼월이 되면 꽃을 찾고 버드나무를 따라[訪花隨柳] 온 이들이 여기에 많이 모인다. 곳곳의 집주인들은 이때 정원에 물을 주어 꽃을 가꾸며[灌園藝畹], 대나무 사립을 두르고 정자에 띠를 이어[竹扉茅亭] 손님들을 맞이한다. 시골[鄕野]의 경우는 꽃피는 절기가 이보다 조금 늦고, 풍광이 뛰어난 장소 또한 정해진 곳이 없다. 그러니 오직 호사가들이 정원과 연못을 어떻게 단장하고 꾸미는가[粧點園池]에 달려 있을 뿐이다.[72]

풍석은 「이운지」에서 호사가의 역할을 물질적 생산력을 견인하는 주체에서 더 나아가 예술적 안목을 고양하고 공동체 생활을 즐김으로써 정서적 유대와 사회 공동체의 융화를 꾀하는 데에까지 높이고 있다. 여유 있는 사람이 상춘객이 좋아하는 필운대와 북적동을 잠시 동안이라도 무릉도원으로 만들어보라는 말처럼 들린다. 향촌에도 이런 춘경은 어딘가 분명 있을 것이다. 모든 사람이 즐거운 시간을 만들어보라는 것이다. 풍석은 이렇게 기존에 있던 것에 안주하지 않고 다시 좀더 키우고, 의미를 넓혀가는 방향의 일을 하도록 한 것이다. 『논어』의 공자와 자공의 대화가 떠오른다. 제자 중에 가장 부유했던 자공이 자신의 삶을 돌아보며 가난하지만 아첨하지 않고 부유하지만 교만하지 않은 삶은 어떤가 하고 물었을 때 공자는 명민한 제자가 그 정도의 수준에 머물러 있기를 용납하지 않았다. 공자의 대답은 그것도 괜찮지만, 가난한 때 낙을 잃지 않고 부유할 때 예를 좋아하는 사람이 더욱 낫다고 대답한다.[73] 공자는 부유해지면 예를 좋아하는 사람이 되라고 했다. 호례자(好禮者)는 무엇인가. 공자에게 인을 좋아하는 호인자(好仁者)가 물론 최상이겠지만[無以尙之], 그 과정에서 자공과 같은 거상(巨商)이 할 수 있는 일로 호례자를 권면했다. 호례자는 호인자로 가는 또 하나의 길일 것이다. 자공에게 전한 호례자의 미션이, 풍석에게는 호사가의 역할로 나타난 것일까. 풍석의 호사가는 절기에 맞게 꽃구경을 할 수 있는 환경을 만들고 술과 음식을 마련하여 상춘객을 대접하는 사람이다. 호례자와 호사가의 역할이 이렇게 오버랩되고 있다. 호사자도 호례자도 호인자로 동귀일체할 것이다.

이처럼 2천5백 년을 격절하고 있지만 공자와 자공과 풍석은, 물론 중간에 승려 중수(仲殊)와 같은 이를 끼워도 무방하겠지만, 이렇게 아랫집 윗집의 마을 친구처럼 하나로 연결되어 있다. 『임원경제지』를 읽으면서 느끼는 황홀감은 이렇게 곳곳에 숨어있는 것이다. 우리 역사는 이런 이상주의를 향해 나아가고 있다. 과거와 현재와 미래가 하나로 묶여서 나의 현존 속에서 에너지를 발하고 있으며, 미래를 불안하게 보지 않고, 과거를 동떨어져 있게 두지 않으며, 현재를 활발하게 매개하고 있다.

지방 향촌을 중심으로 하여 생산력 향상을 기치로 내건 풍석의 『임원경제지』는 생산 확대와 부의 축적을 가장 적극적으로 긍정하고 권장하고 있다. 그런데 그의 한계점으로 국가제도 개혁, 신분제 혁파 등에 대한 적극적 구체적 해결 방안을 제시하지 못했다는 지적이 있다. 생각해보건대 풍석은 그런 논의는 '토갱지병(土羹紙餠)'이라 하여 스스로 입을 열지 않았다. 아마도 제도 개혁은 모든 내외의 조건이 맞아떨어져야 하는, 특별한 시기에나 거국적 사회적 합의가 있어야만 가능한 것이지, 한 지식인의 정교한 사변적 구상만으로 성공할 수 있는 일이 아니라고 판단한 듯하다.

오히려 무한히 추구할 수 있는 생산력 발전을 우선 이룩한 뒤, 어떤 특별한 상황이 일단 벌어졌을 때 신속히 수습하고 대안을 수립할 여유와 역량(capacity)을 갖추는 일이 평시에 할 수 있는 최대한이라고 본 것이 아닐까 한다. 조선 후기는 소수의 명문가 지식 엘리트로 구성된 중앙권력(세도권력)이 매점과 독점으로 몸을 불린 대상(大商)과 유착된 병폐가 점점 심해지고 있었다. 풍석은 권력에서나 재력에서나 이들 모두와 일정한 거리를 두면서도 지역적 생산 거점과 새로운 지식으로 무장한 세력이 나타나기를 기대하고 있었던 것 같다. 결국 생산력을 갖춘 지식 계층이 운이 다해가는 조선 문명의 구심을 새롭게 형성해나가는 방법 이외에 다른 대안이 없다는 판단을 내렸을지도 모른다. 풍석의 그런 판단은 지금까지도 보편적 의미를 가진 것으로 볼 수 있다.

2. 『임원경제지』의 지향: 일의 '삼매'

『임원경제지』의 통합적 이해를 위해 때로 먼발치에서 거리를 두고 바라볼 필요가 있다. 풍석 서유구라는 사람이 우리나라의 이용후생, 생산력 발전을 갈망하며 임원16지를 저술하였다고는 하나, 그 실천이 힘들고 고통스럽고 그 시간이 인내만을 요구하는 것이라면 과연 어떠한가? 풍석은 인간의 삶 자체를 어떻게 보고 있는 것일까? 이 꼭지에서는 이런 질문에 답을 찾아가본다. 풍석은 자신의 문집에 화가 이명기가 그린 초상화를 붙여 넣으려 하면서 이렇게 말했다.

> "유가는 사람이 죽은 후에 정신도 육체도 사라진다고 하고, 불가는 육체는 사라져도 영혼은 존재한다고 하고, 선가는 육체와 영혼이 모두 영속한다고 한다. 그런데 초상화 화가는 정신은 사라져도 형체는 그림 속에 영원하다고 하니 그 말이 솔깃하다. 하지만 정신이 사라진다면

형체만 남은 것이 무슨 의미가 있는가? 예부터 진실한 문장은 그 저자의 정신이 천지와 함께 영속한다고 했으니 나의 문집에 초상화를 덧붙이는 것은 형체와 정신이 온전히 후세에 전해질 방도가 된다. 이야말로 유가를 종주로 하고 불가와 선가를 통합하는 도가 아니겠는가?"[74]

풍석은 초상화를 자신의 문집에 붙여서 자신의 형체도 자신의 정신도 후세에 오래 전해지기를 바랐다. 그런 풍석의 사유는 실로 유불선을 자유롭고 창의적으로 왕래하고 있는 것이다. 석가는 만유는 고통이라고 보고 그 고통을 벗어나 해탈을 추구했고, 도가는 근원적 허무 속에서 유위를 배제하며 영생불멸을 고심했다면, 유가는 생명을 기쁨과 즐거움으로 보고 천지의 운화에 참여하는 군자를 목표로 제시했다. 풍석은 「예원지」에서 오관구열의 인생을 최상의 것으로 제시했다. 식력과 양지를 모두 이룬 『임원경제지』도 정확히 유가의 이상의 연장선에 있는 것이다. 『임원경제지』 실천 과정은 기쁨과 즐거움으로 가득하다. 그러나 그때의 유가는 이미 불가와 선가의 이상을 충분히 내면화한 단계의 종유통선불지도(宗儒統仙佛之道)로 나아간 것이었다. 풍석은 이미 창의적 유불선 회통을 『임원십륙지』에서 구현하고 있었다.

『임원경제지』에서는 그 실천 과정의 기쁨을 '삼매(三昧)'라는 키워드로 제시한다. 삼매는 불교에서 온 용어다. 절정의 경지에 이르러서 혼연히 자기를 잊는 것, 또는 "물아의 도가 합치되어 생기는 내면의 즐거움"으로 풀이한다. 그런데 『임원경제지』의 삼매는 참선이나 좌선 속에서, 또는 책을 읽거나 학문적 침잠 속에서 느끼는 삼매가 아니라, 모든 분야의 일 속에서 느끼는 삼매다. 조선의 일상 기술 속에서 일의 핵심을 파악하고, 일머리를 알아가고, 일을 성공적으로 완수하면서 느끼게 되는, 곧 일을 좋아하는 사람들에게 찾아오는 황홀경을 『임원경제지』 곳곳에 배치해두었다.[75] 『임원경제지』의 삼매는 때로 일의 핵심, 비결이라는 뜻에 가깝게 이해되기도 한다. 하지만 전체적으로 일의 핵심, 비결과 그 결과의 즐거움, 황홀감을 모두 담고 있다. 아래에 13개의 삼매 항목을 골라 제시하였다.

1) 농사 일반

─ 농색 삼매

농색(農穡) 삼매는 곧 농업 진흥의 삼매라고 할 수 있다. 농업에서 가장 중요한 관건이 되는 것으로 풍석은 '경위도'의 정확한 설정을 꼽았다. 풍석이 조선 땅에 경위도를 측정하여 농사에 이용하는 것을 얼마나 중시했는지 짐작이 간다.

> 서광계는 남북 지역의 위도(緯度)를 『농정전서(農政全書)』에 싣고 기온과 토질에 맞는 작물을 선택하게 함으로써 농업을 진흥하려고 생각하였다. 나는 매번 그것을 읽을 때마다 무릎을 치며 감탄하여 말하기를, "이것은 농색의 삼매이다" 하였다.[76]

─ 심시 삼매

심시(審時) 삼매는 농시 살피기의 삼매다. 경위도 설정과 짝을 이룰 만한 것인데, 자연 속에서 절기를 추정할 수 있는 '풀달력[草曆]'이 그것이다.

> 내가 논한 남북 위도는 다만 남북 지역 기온 차이를 개략적으로 알릴 뿐, 실제로는 같은 위도 내에서도 산이 높으면 더 춥고, 저지대의 다습(多濕)한 곳은 더 덥다. 같은 산에서도 산 남쪽은 봄이 먼저 들고 산 북쪽은 꽃이 늦게 피니, 이것을 모르고 농사를 짓는다면 종자만 버리고 농사를 망치지 않는 경우가 드물 것이다. 그렇다면 어떻게 하는 것이

좋은가. 『여씨춘추』에서 "살아나는 것을 보고 심고, 죽어가는 것을 보고 거둔다."라고 하였으니, 이 두 마디 말은 진실로 농시 살피기의 삼매이다. 남북의 위도나 지형의 고하를 몰라도, 그 지역에서 초목이 나고 죽으며 꽃피고 시드는 것만 보고서 농사지을 때 씨 뿌리고 수확하는 달력[日曆]으로 삼는 것이다. 이같이 하면 어찌 제때보다 먼저 하거나 늦게 하는 실수가 생기겠는가. 지금 세속의 속담 중에서 초목의 생장을 보아서 파종하고 수확하는 시기로 삼은 것을 채록하여 아래와 같이 기재하고, 그것을 '풀달력'이라고 했다.[77]

농색 삼매와 심시 삼매, 이 둘의 관계는 좀 특별한 짝을 이룬다. 경위도와 같은 최첨단의 과학적 성과물과 풀달력이라는 민간 경험의 결집체를 모두 나란히 '삼매'의 지위에 올려놓았다. 그 지역에서 때에 맞춰 싹트고 꽃피는 식물과 낙엽 지고 시드는 식물의 생태를 기준으로 파종과 추수를 결정하라는 말이다. 대립되는 두 종류의 관점을 통합시키는 풍석의 독특한 사유가 잘 반영된 것이라고 본다. 『번계시고』에 나오는 풍석의 시 '종수가(種樹歌)'에서 "그 노인은 책 없이도 자연에서 얻은 경험만으로 최고의 농사 지혜를 익혔다."고 말하고 있다. 책에 기록된 성현의 말씀과 자연에서 평생을 노동하며 경험으로 체득된 정보가 같은 비중으로 공평하게 비교되는 것이다. 풍석의 서실 이름이 자연경실(自然經室)인데 이 뜻은 자연 그 자체를 하나의 경전으로 보겠다는 의사였다. 풍석에게 자연경(自然經)과 성현경(聖賢經)은 결국 동일한 진리로 귀결되고 있는 것이다.

― 육농 삼매
육농(陸農), 곧 밭농사의 삼매다. 파종과 재배, 수확과 저장을 한꺼번에 말하고 있다.

"파종할 때 농우는 느릿느릿 걷게 하고, 사람은 종종걸음으로 두둑 바닥을 밟아준다.

알곡이 여물면 신속히 베어내고, 건조가 끝나면 재빨리 쌓아둔다."

"주. 소가 더디게 걸으면 씨앗은 균일하게 뿌릴 수 있고, 발로 밟으면 싹이 잘 자란다. 발자국이 서로 이어지면 또한 달(撻)을 번거롭게 끌고 다지지 않아도 된다.

주. 너무 일찍 베면 낫이 상하고, 너무 늦게 베면 이삭이 꺾인다. 바람이 불면 수확이 줄고, 습기가 있는 상태로 쌓으면 볏짚이 문드러지며, 늦게 쌓으면 양이 줄어들고, 연이어 비가 오면 곰팡이가 생긴다.

안. 가씨(賈氏)의 이 말에 밭곡식을 심고 김매고 수확하는 방법의 대체와 핵심이 모두 요약되었다. 밭농사[陸農]의 삼매는 여기에서 끝난다. 무릇 신농(神農)과 허행(許行)을 배우는 자는 숙독해서 꼼꼼히 살펴야 할 것이다."[78]

— 개장 삼매

개장(蓋藏) 삼매는 곡식 알곡을 탈곡하고 저장하는 방법의 비결이다. 많이 치면[打作] 껍질이 상하고, 적게 치면 까끄라기가 남는 것이 모두 저장에는 나쁜 요소가 되니, 타작할 때에 잘 조절해야 한다.

진무인(陳懋仁)[79]의 『천남잡지』에 이르기를 "천남(복건성의 현)의 곡식창고에서 저장하는 곡식은 늦벼이다. 많이 치면 껍질이 깨지고 적게 치면 까끄라기가 남는데[탈곡 과정], 두 가지 경우 모두 좀을 끌어들일 수 있다."라고 했다. "껍질이 깨지거나 까끄라기가 남는 것은 모두 좀을 끌어들일 수 있다."고 한 말은 또한 저장법의 삼매를 얻었다고 할 만하다. 『행포지』[80]

— 치호 삼매

치호(治湖) 삼매는 저수지나 호수 관리의 비결이다. 농사에 필수적인 물을 가두고 있는 피당(陂塘, 못)은 제방을 잘 닦고, 수문빗장[竇牐, 두삽]을 견고히 하며, 때맞춰 절도 있게 물을 여는 것일 뿐이다. 제방을 관리하는 것 역시 준설 작업과 제방 작업이 상호 연계되어 있다고 말한다.

> 큰 것을 '호수'라고 하고, 작은 것을 '못'이라고 한다. 호수나 못의 둑을 '피(陂)'라 하고 '당(塘)'이라 하고 '언(堰)'이라 하는데 모두 물을 모으는 시설이다. 우리나라에는 못이 곳곳에 있는데 속어로 '방죽'이라고 부른다. 호수 땅을 침범하고 점유한 것을 혁파하고 물길이 침전물로 막히지 않도록 하는 일은 곧 담당 관리가 할 일이므로, 재야에 있는 내가 논할 일은 아니지만 대저 옛 호수를 복구하는 방법은 서차탁(徐次鐸)[81]이 『복경호의(復鏡湖議)』에서 유독 그 삼매를 얻었다. 그러므로 호수를 관리하는 방법은 "제방을 잘 닦고, 수문빗장[竇牐, 두삽]을 견고히 하며, 때맞춰 절도 있게 물을 여는 것일 뿐이다. 이것만 잘하면 천경(千頃)이나 만묘(萬畝)의 큰 못도 어렵지 않게 만들 수 있는데, 하물며 그것을 복구하는 것이겠는가! 또한 호수 바닥을 준설할 때는 형세상 반드시 그 안의 흙을 둑 위에 놓아야 하고, 둑을 쌓을 때는 형세상 반드시 호수의 안쪽에서 그 흙을 취해야 하니, 이 둘은 상생하는 것이지 상극되는 것이 아니다. 『행포지』[82]

위 세 가지 삼매에는 각각 몇 가지로 조목을 묶어 핵심을 요약하고 있다. 치호 삼매, 곧 호수를 다스리는 비결은 제방의 관리, 수문의 관리, 시의(時宜)의 결정이 그 핵심이다. 밭농사 삼매는 소는 걸음을 천천히 걷게하고 사람은 걸음을 재빨리 하기, 익으면 곧장 베고 마르면 곧장 쌓아두기가 그 핵심이다. 개장 삼매는 벼(나락)를 오래 저장하려면 겉껍질이 잘 붙어 있어야 하므로, 탈곡 과정[撃]을 과도하게 하여 껍질이 손상되거나 부족하게 하여 까끄라기까지 남아 있게 되는 것은 모두 좀이 슬 위험이 있다고, 그 적절한 타이밍의 중요성을 말했다. 작업 과정의 기술적 부분에서 최적화의 한 단면이라고 생각된다.

2) 음식 일반

— 양조 삼매

「정조지」의 양조(釀造) 삼매는 술 빚기의 삼매다. 핵심을 6글자로 말했는데, 백세·침숙·방랭(百洗·浸宿·放冷)이 그것이다. 곧 쌀을 오래 씻고, 하룻밤을 재우고, 열기가 없게 밥을 완전히 식힌 다음 독에 넣는 것이 좋은 술밥을 만들고, 좋은 술을 만드는 비결이라고 한다.

> **술 재료 손질하기(안. 술 재료는 수수나 벼 등 술을 빚는 곡식이다)**
>
> 술 빚는 쌀은 깨끗이 씻어야 좋으므로 고방에서는 모두 100번 씻기[百洗]를 기준으로 했다. 깨끗이 씻지 않으면 술 맛이 나쁘고 빛깔이 탁하다. 술밥을 지을 때는 쌀을 물에 하룻밤 담가야[浸經宿] 잘 익는다. 또 밥이 다 식도록 둔[放冷] 뒤에 독에 넣어야 시어지지 않는다. "100번 씻고, 하룻밤 물에 담그고, 식도록 둔다[百洗·浸宿·放冷]."는 6글자는 술빚기의 삼매이다.[83]

— 조장 삼매

「정조지」의 조장 삼매, 곧 장 담그기 삼매에는 풍석 자신이 「정조지」 서문에서 말한바 "음식은 정해진 기준이 따로 없으니 풍속에 따라 그 상황에 따라 알맞게 하면 된다."고 한 것과 대척점에 있는 표현이 나온다. 동서와 고금이 다르지 않은 장 담그기의 일반 원칙을 말하고 있기 때문이다. 『임원경제지』에 나오는 풍석의 말은 호사가의 사용에서도 보이지만, 때로 표면적으로 충돌하는 듯한 용례도 나타난다. 하지만 언어와 문자의 사용에서 의미 전달을 다양하고 깊이 있게 하기 위한 변용과 역용은 얼마든지 가능하지 않은가. 음식은 간단하게 소박하게 하면 할수록 좋다. 하지만 때로 음식은 인간의 노력과 정성이 가장 많이 들어가야 하는 일이요, 인간의 심미적 감각을 결정하는 기본적 원천이기도 할 것이다. 장 담그기의 비결은 풍석이 동서고금에 변치 않는 원칙이라고 힘주어 말하는 곳이다.

> 안. 서광계(徐光啓)는 "『제민요술』에 수록된 음식 요리법은 고금(古今)의 습속이 많이 달라 실제 응용하기에 어려움이 있다."[84]라 했다. 하물며 지금은 서광계보다 100여 년이나 뒤이고, 또 우리나라 풍습이 중국과 현격한 차이가 있음에라! 그럼에도 내(풍석)가 이 방법들을 특별히 수록하는 까닭은 이것이 장 담그기의 삼매이므로 고금의 때나 지역의 차이를 이유로 달라지는 것이 아니기 때문이다. "독을 고를 때 물이 새지 않는 것을 택하고, 독을 돌 위에 올려놓으며, 태세(太歲, 그해의 간지) 방향을 향하게 하여 재료를 섞고(벌레 방지), 독 아가리가 햇볕을 쏘이도록 하고, 비가 오면 독 뚜껑을 덮어 물이 들어가지 않게 하여 이렇게 100일이 되어야 비로소 익게 된다."[85]

— 천화면 삼매

천화면(天花麪, 하눌타리죽)은 과루근(瓜蔞根), 곧 하눌타리로 만든 죽 만들기 비결이다. 하눌타리를 손질하고 즙을 내고 가루를 만든 뒤, 멥쌀죽을 섞어 눈처럼 흰 죽을 만들면 몸을 보익한다는 것이다. 손사막(孫思邈)의 방법이지만 서유구 자신의 「옹치잡지」에서 그대로 수용했다.

> 땅을 깊이 파서 하눌타리의 큰 뿌리를 캐낸 다음 흰 속이 보이도록 두
> 껍게 깎아낸다. 이를 1촌 정도의 크기로 잘라서 물에 담가놓고, 아침
> 마다 물을 갈아준다. 5일째 되는 날 꺼내서 힘껏 빻는다. 명주 주머니
> 에 담아 즙을 거르면 옥액(玉液, 진액)이 되는데, 이 즙이 마르기를 기다
> 려 가루음식을 만들어 먹는다. 멥쌀죽을 섞어 자주 저어서 연유처럼
> 눈[雪] 색을 띠도록 한 뒤 먹으면 기를 보하고 북돋아준다. 이것이 하
> 눌타리죽을 만드는 삼매이다.[86]

음식 관련 분야에 3가지의 삼매가 나왔다. 상당히 보편적인 기술로 술
빚기와 장 담그기 그리고 특별한 사례로 천화분(과루분, 하눌타리)죽이다.
음식은 특별한 원리를 따르기보다 입맛에 맞게 하면 그만이라고 했지만,
장 담그기 삼매에서 동서와 고금이 다를 수 없는 가장 보편적이고 핵심
적인 내용이라고 했다. 이 말은 진리를 바라보는 풍석의 깊은 원칙과 태
도를 은연 중 드러내고 있다. 「본리지」에서 첨단 과학 기반인 경위도의
엄밀한 측정과 민간 경험 기반인 풀달력의 자세한 관찰을 모두 성공적
농업에 필수적 지식으로 인정하여 둘 다 '삼매'로 묶은 것과도 비슷하다.

3) 취미 일반
— 응렵 삼매
응렵(鷹獵) 삼매는 매 사냥의 비결이다. 정확한 타이밍의 한 시점을 포착
하는 예술이다.

> 매사냥은 높은 언덕 수목이 드물고 사방의 조망이 툭 트인 곳에 홀로

〈그림 2-10〉 심사정의 토끼를 잡은
매 (국립중앙박물관)

앉아서 여러 몰이꾼들에게 막대기로 풀을 내려치며 꿩을 쫓게 하고,
또 사냥개를 풀어놓는다. 일단 꿩이 놀라 날아오르면 그 순간 매를
풀어 날리는데 단번에 날아올라 곧바로 꿩을 낚아채게 해야 하니,
조금만 늦어도 실패한다. 소동파가 이른바 "토끼가 튀어오르자 매가
내리꽂듯, 조금만 멈칫해도 놓쳐버리네."라고 한 것이 매사냥의 삼매
(三昧)를 일컫는다.[87]

— 상택 삼매

상택(相宅) 삼매는 살 곳을 고르는 비결이다. 결론적으로 살 곳을
고를 때는 다른 모든 것은 불문하고 먼저 물과 흙을 살펴야 한다
고 했다.

한유(韓愈)는 「송이원반곡서(送李愿盤谷序)」의 서두에서 "(반곡은) 물
이 달고 흙이 비옥하네."라 칭찬했으니, 나는 한유야말로 상택(相宅)의
삼매를 가장 잘 얻었다고 본다.

대개 샘물이 달지 않으면 사는 곳에서 질병이 많이 생기고, 흙이 비옥
하지 않으면 작물이 제대로 자라지 않는다. 설령 집터의 음양과 향배
(向背)가 풍수가의 집터 고르는 법에 모두 부합된다 해도, 어찌 막연한
미래의 화복(禍福)을 이유로 눈앞의 절실한 이해의 문제를 외면할 수
있겠는가? 그러므로 집터를 알아보고 전답을 구할 때, 물이 달고 흙이
비옥한 땅을 찾았다면 다른 요건들은 물어볼 필요도 없다.[88]

집터를 잡는 데에 '수토'를 최고의 기준으로 삼은 것은 기존의 풍수 이
론에 대한 일대 혁신이다. 그런데 그 논리 역시도 풍석이 처음 제기한 것
이 아니라 이미 당나라 한유의 유명한 시구에서 최고의 집터로 '감천토

비(泉甘土肥)', 곧 물이 달고 토질이 비옥한 곳을 꼽았음을 내세웠다. 좋은 땅에 대한 사람의 느낌과 판단이 시대와 지역을 뛰어넘어 그리 다르지 않음을 여기서도 입증해 보이려는 것일까.

— 전다 삼매

전다(煎茶) 삼매는 차 달이기의 비결이다.

> 황정견이 노래하기를,
> "계곡 소나무 사이 맑은 바람 솔솔 하고
> 아득한 봄 하늘에 흰 구름 떠가네."
> 하였으니, 이는 차 달이기의 삼매를 얻었다고 할 만하다.[89]

차 달이기 삼매는 황정견(黃庭堅)의 시를 인용하는 것으로 대신했다. 이것을 풀어보자면, 차 달이기의 요체는 자연의 어떤 미묘한 순간을 포착하고 그것을 언제고 심상을 떠올릴 수 있게 재현해내는 것이 아닐까 한다. 이 순간의 이미지는 모든 이들이 공감하는 완벽한 커트다. 거기에 함입하여 공명한다. "시원한 계곡 솔바람처럼! 봄 하늘 흰 구름처럼!" 송간의 바람 소리를 연상시키는 차 끓이는 소리와 봄 하늘의 구름을 연상시키는 찻물과 찻잎의 이미지.

— 유희 삼매

유희(遊戲) 삼매는 놀이에도 그 깊이가 있다는 뜻으로 다가온다. 사소해 보이는 그림, 소품에도 그 사람의 절정의 깊이가 묻어 있는 모습, 단지 소일거리로 또는 놀이삼아 하는 일에도 자신의 공력을 오롯이 담아내는 태도를 가리키고 있다.

소동파의 게 그림은 자질구레한 털과 껍질, 게의 다리에 난 거스러미와 실털 등이 모두 다 빠짐없이 그려져 있다. 이른바 유희(遊戲)에도 삼매(三昧)가 있다는 것이다.[90]

유희 삼매는 노는 것에도 삼매가 있다고 표현한다. 노는 것과 일하는 것이 서로 다른 것이 아니며, 일거수일투족이 삼매가 되는 경지까지 내다보는 것이다. 인간의 공력을 십분 발휘하는 점에서 놀이와 예술과 노동이 다르지 않다. 「보양지」에서 보듯이 양생에서 도가의 '좌망'이 불가의 '좌선'과 다르지 않고, 유가의 '조식'과 다르지 않다. 수양의 삼매, 감상의 삼매, 노동의 삼매, 기술의 삼매가 본질적으로 다르지 않다. 그리고 삼매는 공명한다. 즐거움과 황홀경은 모든 사람이 같은 주파수를 가진다. 개인의 삼매가 공동체의 삼매로 투영되고 공감을 일으킨다. 다시 말해 불교에서 개인적 해탈을 은유하는 '삼매'가 개인에 머무르지 않고 모든 중생의 구원으로 올라서는 대승적 전개가 시작되는 지점이다. 이는 결국 유학의 경세제민(經世濟民)과도 맞닿은 곳이니, 불교와 유교가 대립과 갈등을 넘어 융회와 포용으로 나아가는 모습도 자연스럽게 그려진다. 그것이 『임원경제지』 '삼매'가 주는 메시지다.

— 감상 삼매

감상(鑑賞) 삼매는 그림이나 글씨는 감상하며 그 작가의 정신세계와 바로 교감하는 황홀한 경지를 말한다. 서첩 감상이 주는 최상의 즐거움이다. 여기서 서성 왕희지의 서첩을 감상하는 바른 방법에 대해 육유(陸遊, 1125-1130)의 말을 빌려, 감상 삼매를 제시했다. 불교의 선종에서 선문답으로 한순간 깨달음의 경지를 알아채는 것처럼 작자와 감상자가 서로 그 사람의 전체를 한눈에 알아보고 소통하는 방식을 좋은 사례로 들었다.[91]

육유(陸遊)는 다음과 같이 말했다.

"왕희지의 『난정서』를 살필 때에는 마땅히 선종(禪宗)에서 하는 방식으로 입문하면 좋다. 만약 입을 크게 벌리고 있는 개를 맞닥뜨리면 어떻게 해야 하겠는가? 식견이 있는 사람들은 왕희지 서첩을 한번 열자마자 이미 그 수준을 알아챈다. 그런데 어떤 사람은 오직 점획만을 따지며 다른 데서 들은 이야기를 끼워 넣으니, 속인들을 현혹시키는 것은 가능할지 모르나 왕희지는 그런 말에 수긍하지 않을 것이다." 육유의 이 말은 감상의 삼매를 가장 잘 얻은 것이다.[92]

감상 삼매의 내용은 육유의 입을 빌려 말하고 있지만 그에 대한 풍석의 평가 역시 백 퍼센트 동의하고 공감하고 있다. 입을 크게 벌린 개는 역대 부처와 조사들의 어록과 행적을 모은 책에 실린 일화 중 하나로 『전등록(傳燈錄)』, 『직지심경(直指心經)』, 『선원몽구습유(禪苑蒙求拾遺)』 등 여러 책에 보인다. 수행하던 선자(禪者)가 오랫동안 열심히 수행하는데도 깨닫지 못하다가 어느 날 무서운 개 한 마리가 입을 크게 벌리고 자신을 잡아먹으려는 듯이 달려든다고 하며 달아났다. 이러한 일을 스승인 덕산밀선사(德山密禪師)에게 아뢰자, "굳이 두려워하지 말라. 정신을 가다듬고 그 개가 입을 크게 벌리기를 기다렸다가 입속으로 곧장 들어가면 된다."라고 선사가 대답했다.

풍석은 금강산 백련암의 화악대사(華岳大師)를 모시고 능엄경과 반야경 강의를 들은 적이 있으며, 30년 동안 단 하루도 서로를 생각하지 않은 적이 없을 것이라고 말할 정도로 두 사람의 인연은 깊었다. 선종의 언어에 빗댄 육유의 난정서 감상법을 보고 이것이야말로 최고의 왕희지 감상 방법이라고 찬동하는 풍석이다. 그는 이미 이러한 불교식 사유의 맛에 누구보다 익숙한 사람이었기 때문이리라.

<그림 2-11> 화악대사(華岳大師) 진영 (국립중앙박물관 소장)

　서유구가 직접 능엄경 강의를 들었던 화악당(華岳堂)이라는 당호를 가진 승려는 화악 지탁(華岳 知濯, 1750-1839)일 가능성이 높다. 〈그림 2-11〉의 진영의 주인공이 화악 지탁이다. 그는 서산대사 청허 휴정(1520-1604)에서 이어지는 조선 후기 불교계의 가장 유력한 문파에 속한 승려였다. 화악대사는 실로 원효, 지눌, 서산으로 이어지는 한국 불교의 대맥을 잇는 정통이었던 것이다. 서유구 집안의 사람들은 이들과 교유한 사람들이었고, 서유구의 『임원경제지』 역시 그러한 지적 교유와 수련이 자연스럽게 묻어난다. 감상 삼매에서 선종의 문답 수련을 빗대서 작품을 감상하는 것이 최고의 방법이라고 선뜻 평가하는 것이나, 「보양지」 '도인안마'에서 유불선을 넘나드는 몸 수련의 즐거움을 세밀하게 제시하는 것도 이런 바탕에서 생각해볼 수 있다. 서유구는 16개 지 모두에서 일머리의 핵심을 요약하여 불교식 용어인 '삼매'라는 이름으로 묶어냈다. 엘리트 유학자

로서 사람의 공동체를 유지하는 생활을 굳건히 유지한 채로 불교의 삼매를 키워드로 『임원경제지』의 실천의 즐거움을 말하고 있다. 『임원경제지』는 일을 좋아하는 호사자가 주축이 되어 노동의 일상을 삼매의 경지로 끌어올리면서, 동시에 사회와 국가의 생산력 문제를 해결하고자 했다. 이는 기존의 낡은 습속, 관행적인 사고방식을 걷어내며 새로운 문명 진보에 기여하는 방식이다. 『임원경제지』는 그 문명 진보의 길에 유불선이 함께하는 공동 작업의 총화이자 지적 융합 전통의 금자탑이다.

3장

『임원경제지』 기술 지식의 특징

『임원경제지』 속 기술 지식의 특징을 추려보았다. 먼저 조선 유학이 가진 유기체적 우주론에서 나온 생명의 관점, 곧 "천하백성은 나의 형제요, 천지만물은 나와 동류다."는 인식에 기반해 있다. 동아시아 보편적 사유로 지속적인 영향력을 발휘해온 것이다. 그런데 서유구『임원경제지』에는 이런 사유에 다양한 변화가 드러난다. 고래잡이 기술에서 새끼 고래를 이용해 쉽게 어미고래까지 잡는 방법까지 제시된다. 또한 지식은 문헌의 체계적 지식과 현장의 실무적 지식이 함께 통합적으로 작용해야 그 힘이 커진다는 뜻을 반복하여 제기했다. 이용후생의 사업에 도움이 되는 일을 흥기시키고자 세상의 기술 지식을 가려 뽑았다. 오로지 조선의 생산력을 높이기 위한 것이다.

1절. 생명

"천하백성은 나의 형제요, 천지만물은 나와 동류다"

조선 후기 백과사전적 저술, 곧 유서(類書)의 출발점이라고 일컬어지는 이수광(李睟光, 1563-1628)의 『지봉유설』에 다음과 같은 기술을 보자.

> "살기를 좋아하고 죽기를 싫어하는 것은 사람이나 동물이나 매한가지다. 다만 사람은 지혜가 있으나 동물은 없고, 사람은 말을 할 줄 알지만 동물은 할 줄 모르고, 사람은 동물을 제압할 능력이 있지만 동물은 그런 능력이 없다. 그래서 사람은 이런 능력을 이용하여 동물을 죽여서 먹는 데 거리낌이 없다. 이것이 어찌 천리(天理)이겠는가? 군자가 되려는 자로서 마땅히 놀랍고 두려운 생각을 가져야 할 것이다."[1]

이수광은 자연 상태의 약육강식에 대해 이것이 '자연스럽다'기보다는 오히려 천리(天理)에 반하는 것으로 이해한다. 조선 유학자들의 동물에 대한 입장이 흥미롭게 그려져 있는 부분이다. 또 다음 세대의 이익(李瀷, 1681-1763)은 『성호사설』의 '식육(食肉)'이란 글에서 이렇게 말한다.

> "백성은 나의 동포이고 만물은 나와 동류다. 초목을 말하자면 지각이 없고, 피와 살을 갖춘 동물과는 다르다. 그래서 식물은 음식 재료로 삼을 수 있지만 날짐승·길짐승은 살기를 좋아하고 죽기를 싫어하는 의지를 갖는다는 점에서 사람과 동일한데 어떻게 차마 해칠 수가 있단 말인가?"[2]

이익은 "인간과 만물은 동류"라고 봤는데, 그 동일한 속성은 생명이다.

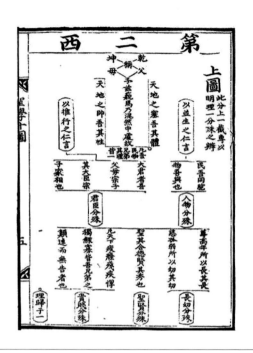

〈그림 2-12〉 『성학십도』 중 제2 「서명도」(상도). 중앙 우측에 "民吾同胞, 物吾與也"가 보인다.

그런데 동물과 식물은 정(情)의 유무에서 갈린다. 지각이 없고 피와 살이 없는 식물은 음식으로 삼을 수 있지만 호생오사(好生惡死)의 의지를 똑같이 가진 동물을 죽이고 먹는 것은 이수광도 이익도 비판적 입장에 있다. 풍석도 「관휴지」에서 채식은 하늘의 뜻을 따르는 순천(順天)하는 삶이요, 육식은 하늘의 뜻을 거역하는 역천(逆天)하는 삶이라는 뜻을 밝히고 있다.[3] 그런데 더 거슬러 올라가 조선 유학의 종주라고 할 퇴계 이황의 『성학십도』 중 제2도 「서명도(西銘圖)」에 "모든 사람이 다 나의 동포이며, 모든 만물이 나와 같은 무리이다(民吾同胞, 物吾與也)."고 한 것은 조선 유학자가 공유하는 바다.[4]

서구 역사에서 역사적으로 다윈(Charles R. Darwin, 1809-1882)의 진화 가설로 채택된 적자생존설이 도리어 인간 사회에서 약육강식과 침략의 논리를 정당화하는 데 이용된 참혹한 경험이 있다. 그런데 조선의 유학자들은 달리 보았다. 천(天)을 자연이라고 풀이한다면, 자연 상태의 약육강식이 곧 천리(天理)일 법하다. 그런데 조선의 유자들은 이런 자연 상태를 있는 그대로 당연시하는 것이 아니라, 사람의 마음에 반영된 하늘의 이치에 다시 비추어 검토하고 있다. 천리, 곧 하늘의 이치에 대한 생각이 분기하는 지점이다. 유학은 기본적으로 인간-동물-식물의 위계의 논리를 가지고 있고, 따라서 인간이 동물보다 본질적으로 우월하다는 생각이 깔려 있는 것도 사실이다. 맹자는 사람에게 오륜이 있기 때문에 천지지간 만물지중에 사람이 가장 귀하다고 했고, 『중용』에도 군자가 중화를 이루어 천지를 바로 잡고 만물을 길러낸다고 했다. 하지만 그 이전에 생명 그 자체의 범우주적 동일성, 곧 만물이 나의 동류요, 만백성이 나와 한 동포라는 기본 관념 또한 확고하게 전제되어 있다. 인간이 만물의 영장, 주인으로서 천지간의 모든 사물을 자신에게 유용하게 끌어다 쓸 수 있다는 인간 중심적 생각과, 그 천지간의 사물과 인간은 근본적으로 같은 기화(氣化)의 산물일 뿐이라는 만물평등의 생각이 역동적으로 함께 어울려 있는 것이다. 그것이 조선 유학자들의 기본 생각이었고, 서유구의 『임원경제지』에도 일관성 있게 반영되어 있다. 실제로 이용후생을 강조하는 『임원경제지』에는 이 두 가지 상반되어 보이는 관점이 강렬하게 대비되는 곳들이 있으므로 미리 조선 유학의 큰 틀에 대해 넉넉히 이해한 다음 이야기를 진행하는 것이 필요하다.

2절. 이용

"새끼 고래를 이용해 어미 고래를 쉽게 잡는다"

조선 유학의 이러한 일반적 흐름 위에서, 서유구의 『임원경제지』는 특히 이용후생을 위한 자원 활용에의 경향성이 다른 유서(類書)보다 짙게 풍긴 다. 앞서 채식을 강조하는 풍석이 천리(天理)에 입각한 생명 존중의 뜻을 강조했지만, 때로 목전의 생산력 향상을 훨씬 앞에 두고 뭇 생명에 대한 관심과 배려는 한참 유보하거나 뒤로 돌리고 있는 경우도 많이 보인다. 아마도 그에게는 당시 피폐한 조선 민중의 생활에서 조선의 경제 사회에 활력을 주고 생산력을 향상시키는 것이 무엇보다 선행되어야 할 급선무 였을 것이다. 논의가 간결해지도록 극적인 사례를 먼저 들어보자.

> 고래를 작살로 잡는 방법[刺鯨法]: 고래는 겨울에는 북에서 남으로 이 동하고, 봄에는 남에서 북으로 이동한다. 고래를 잡는 방법은 '창[銔]' 을 던져 찔러 잡는다. "창[銔]'은 세속에서 삼모(森銔)라고 하고 그 모양 은 작은 창과 같다. 칼날은 반드시 생철을 쓰는데, 고래의 피부가 두꺼 워 강철이 도리어 적합지 않다. 백정들은 고래 고기를 자를 때에도 반 드시 생철을 쓴다." 배를 타고 앞서거니 뒤서거니 하면서 다투어 창을 던진다. 큰 고래는 창을 맞아도 아픔을 참고 달아난다. 그러므로 미리 굵은 줄로 짠 그물을 멀리서 고래가 가는 길목에 쳐두고 삼모(森銔)로 사냥하면 전혀 실수가 없다. 혹 새끼 고래가 딸린 어미 고래를 만나면 먼저 새끼 고래를 찌르되, 다만 상처만 입게 하고 완전히 죽게 하지는 않는다. 그러면 어미 고래가 몸으로 감싸 보호하여 떠나지 않는데 이 때에 어미 고래를 먼저 죽이고 다음으로 그 자식을 거둔다.『화한삼재 도회』

[안] 『삼재도회』에, "고래는 5~6월에 해안에 와서 새끼를 낳고, 7~8월에 이르러 그 새끼를 데리고 큰 바다 속으로 돌아간다. 마땅히 고래가 큰 바다로 돌아가기 전에 잡아야 한다."라고 하였다.

[안] 우리나라 어호들 중에는 고래를 잡을 수 있는 자가 없다. 다만 고래가 스스로 죽어 해변에 떠오른 경우를 만나면 관아에서는 반드시 많은 장정들을 내어 칼, 도끼, 자귀를 잡고서 고래의 지느러미와 껍질, 고기를 거두어 말에 싣고 사람이 날라 며칠이 되도록 다 없어지지 않는다. 큰 고래 한 마리를 잡으면 그 가치가 무려 천금이다. 그러나 이익이 모두 관아로 들어가고 어호는 참여할 수가 없다. 그러므로 고래를 창으로 찔러 잡는 방법을 배우려 드는 사람이 없는 것이다.[5]

여기서 보는 풍석의 태도는 앞서 이수광과 이익이 보인 관점과는 사뭇 다르다. 고래를 사냥하는 방법에 대한 기술적 정보를 세세하고 담담하게 전달하고 있다. 특히 새끼 딸린 어미 고래를 한꺼번에 잡는 방법에 이르러서는, 새끼를 먼저 상처를 내두면 새끼를 보호하려는 모성을 이용해 어미 고래를 쉽게 잡을 수 있다고 했다. 과연 조선 유학자의 입에서 나올 수 있는 말인지 의아할 정도다. 물론 이

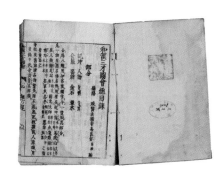

〈그림 2-13〉 『화한삼재도회』 (테라시마 료안[寺島良安]의 저술, 국립중앙박물관 소장)

정보는 일본의 『화한삼재도회』에서 인용한 것이다. 일본 어부들의 사냥법에 대한 정보를 담은 것이지, 우리나라 어부가 저런 식으로 사냥한다는 것은 아니었다. 하지만 그 정보를 유의미한 것이라고 판단하여 골라 뽑아서 『임원경제지』에 수록한 이는 풍석이다. 풍석은 서문에서 오직 우리나라를 위하여 『임원경제지』를 썼다고 했다. 우리나라 어부들이 이 정보대로 이 기술을 활용하여 고래 사냥을 하기를 바랐던 것이다. 조선의 관청

에서 그 이익을 몰수해 간다는 국내 사정이나, 조선 관료들의 탐학과 경직성에 대한 비판은 여느 학자들과 공유하는 부분이지만 고래잡이 대목에서 보인 풍석의 생산력 증대에 대한 강렬한 관심은 조선 유학자의 상식을 웃돌뿐더러 당대의 개혁적 사상을 가진 어떤 지식인과도 달리 특별히 돌출해 있는 것으로 보인다.

풍석은 대량의 물고기 수확을 위해서는 물고기가 이동하는 때와 길목을 반드시 알아야 한다고 했다. 앞서 고래를 잡는 법에서도 고래의 이동 시기를 적었듯이, 고기잡이로 큰 수익을 올리는 비결은 물고기 이동 시기에 길목을 잡고 큰 배와 큰 그물을 투입하는 것이었다. 일본뿐만 아니라 우리나라에서도 해안 고을의 부호들이 천금을 투자해 만든 배와 그물로 물고기 이동로를 덮쳐 수만금의 수익을 낸다고 했다.

> 대체로 바닷고기는 어족이 다양하고 다니는 데는 길이 있다. 북해에서는 청어(鯖魚)·북어(北魚)가 가장 좋고 연어(鰱魚)·방어(魴魚)·접어(鰈魚)·화어(夻魚)가 그다음이다. 남서해에서는 청어(鯖魚)·석수어(石首魚)가 가장 좋고 시어(鰣魚)·민어(民魚)가 그다음이다. 고기가 오는 때는 철이 있고 다니는 데는 길이 있으므로, 때에 맞추어 길을 막으면 한 떼의 물고기가 모조리 그물로 들어온다. 그러므로 그물이 매우 크지 않으면 고기를 다 잡을 수 없고, 배가 아주 크지 않으면 그물을 감당할 수가 없다. 해변의 부호들은 매번 천금을 내어 배와 그물을 만드는데, 한 해의 어획량이 놀랍게도 왕왕 거만(巨萬)에 이른다.[6]

이는 서유구가 우리나라 사례를 수록한 것이어서 당시 국내 어호 중 부호들의 생생한 모습을 알려준다는 데 의미가 있다. 그런데 서유구는 이들 부호들의 행태에 대해 도덕적 관점에서 어떠한 비판적 입장을 드러내지 않고 있다. 비판적이라기보다는 오히려 이들의 방법을 본받고 더 확산해야 한다는 어감이 있다. 강렬한 생산력 향상의 관점의 반영일 것이다.

서유구가 본 우리나라 바다에서 생산되는 최고의 어종은 청어와 명태였다. 조선의 인민이 풍족하고 여유롭게 살 수 있기를 염원한 풍석은 청어와 명태만큼은 당시 조선팔도에 넉넉히 공급되고 있는 모습을 사실적으로 그렸다. 조선의 기술과 생산력 수준은 거의 모든 분야에서 기대에 훨씬 못 미쳤지만, 이 두 어종의 경우는 예외였던 것이다. 명태 항목에서 그 풍부한 생산과 활발한 유통 상황을 살펴보자.

> 명태(明鮐魚): 세속에서 살아 있는 것은 '명태'라고 하고 말린 것은 '북어'라고 한다. 관북에서 나는데 비늘이 없다. 등은 담흑색(淡黑色)이고 배는 엷은 백색이다. 머리가 크면서 긴데 거의 몸의 삼분의 일을 차지한다. (중략) 정월의 것이 살이 잘 일어나 상품이고, 2~3월 것은 그다음이며 4월 이후는 살이 단단해져서 하품이 된다. 남쪽 원산(元山)으로 모두 수송되니, 원산은 사방의 장사꾼들이 모여드는 도회이다. 배로는 동해 해변을 따라 운송하고 말로는 철령(鐵嶺)을 넘어 실어 나르는데, 밤낮없이 계속 조선팔도로 공급된다. 우리나라에서 방방곡곡의 여러 물고기 중에 명태와 청어(靑魚)가 가장 많다. 명태는 달고 따뜻하며 독이 없어 "중기를 고르고 기력을 북돋우어 주는[和中益氣]" 효능이 있기 때문에 사람들이 더욱 중시한다.[7]

풍석은 조선에서 생산되는 대표적 수산물인 명태를 통해 집결지 원산이 물류 거점이 되고 다시 말로는 철령을 넘어 서쪽의 서울로, 배로는 동해를 따라 남쪽의 고을로 쉬지 않고 운송되는 모습을 장쾌하게 묘사하고 있다. 명태가 조선의 대표 음식으로 널리 사랑받고 있다는 명확한 증거이자, 조선팔도가 하나의 유기적 경제 단위로 묶여 있는 생활 단위임을 보여주고 있다. 식약동원(食藥同源)의 관점에서 명태는 사람의 몸을 보하는 효과가 좋은 음식이라는 언급도 곁들였다. 풍부한 물산과 활발한 유통으로 이용후생이 달성된 조선의 이상향의 한 장면처럼 느껴진다. 『임원경제지』가 지향하는 바로 그 지점이다.

3절. 만남
"사대부 지식인과 현장 실무자가 만나야 한다"

서유구는 이용후생에 도움되는 것이라면 과감하게 그 자원을 확대하고 적극적으로 도입하고자 여러 곳에서 주장한다. 「전어지」에서도 중국이나 일본 해역 바다의 물고기를 우리가 도입 활용하지 못할 이유가 없다고 했다. 육지처럼 경계가 없는 곳에 사는 생물은 타지방이나 타국의 산물이라 하더라도 우리나라에 살고 있거나 살 수 있는 것으로 봐야 한다면서 적극적으로 도입하고 때로 이식할 것을 주장한다. 이와 반대되는 입장이 앞에서 본 풍토불의론(風土不宜論)이다. 풍석은 이 관념에 반대했다. 풍석의 반대는 우리나라 사람에게는 우리나라 산물이 맞다는 신토불이라는 소박한 상식의 수준을 훌쩍 넘는 것이다. 서유구가 보기에 이런 논의들은 빈곤을 타개하고 생산력을 높이기 위한 시도에 부정적인 논리로만 이용되고 있었고, 결국 아무것도 하지 않고 과거의 낙후한 상태로 남을 뿐이었던 것이다. 서유구의 주장을 살펴보자.

우리나라는 삼면이 바다로 둘러싸여 있고 동으로는 일본과 서쪽으로는 요해(遼海, 서해)와 접해 있다. 조수의 왕래와 어별의 생육은 애초에 강역의 테두리가 없으니, 요해와 일본에서 나는 일체의 어족들은 모두 우리나라에서도 생산된다. 그러나 지금 본초(本草)를 다룬 여러 학자들의 책과 『화한삼재도회』를 통해 이름과 증거를 살펴보니 저들에게는 있는데 우리나라에는 없는 것이 열에 두셋이나 된다. 이는 무슨 까닭인가? 우리나라에 없었던 적이 없는 종류인데도 불구하고 바닷가 사람이나 어부들[漁工·海夫]은 그 옳은 이름을 말하지 못하고, 학사(學士) 대부(大夫)들은 마음을 두어 증험하고 조사하지 않았기 때문에 결국 그 존재가 없다고 여기게 된 것일 뿐이다.[8]

바다는 강역이 없으며 그 속의 생물도 생태적으로 제한이 없다. 중국 일본의 연안에 나는 물고기라면 우리나라에도 반드시 있을 것이라는 말이다. 예로써 요해와 일본은 모두 전어(鱣魚, 철갑상어)가 나는 지역인데 그 사이에 끼어 있는 우리나라는 반드시 있을 수밖에 없다며, 속명(俗名)을 뭐라 하는지 바닷가 어부들에게 가서 실제로 조사해보아야 한다고 했다. 서유구는 이렇게 명확한 전제를 걸어두고 지식인들이 문헌 연구를 하든, 현장에 답사를 하든 적극적으로 조사하고 연구하면 이용후생에 실효를 얻을 수 있다고 했다. 지금까지 알려진 조선 지식인들의 학문 방법과 비교할 만한 새로운 방식이다. 정약전의 『자산어보』가 이런 면에서 서유구의 작업과 좋은 비교 사례가 된다. 흑산도에서 직접 어류의 생태에 대해 묻고 알아가면서 자기 나름대로의 지식체계를 수립한 조선의 『자산어보』는 정약전의 문헌 지식, 현지인 창대의 현장 물고기 지식, 새로운 분류 방법이 어우러진 독창적 저술이다. 서유구 역시 『임원경제지』의 많은 부분에서 본인이 직접 경험한 내용을 수록했다. 이런 체험을 바탕으로 그는 사대부 지식인들이 명물(名物)에 대한 현장 지식을 확장해야 한다고 자신 있게 촉구한다. 조수·초목과 충어, 곧 동물·식물의 학문을 진흥시켜야 한다는 것이다. 서유구는 이러한 학문의 발전이 생업의 풍요, 곧 이용후생의 밑바탕이 된다고 보았던 것이다. 결국 이용후생을 위해서는 사대부 지식인과 현장의 실상을 아는 이들이 직접 만나야 했다. 정확한 고증적 지식과 현장의 구체적 지식이 결합할 때 그 사회의 이용후생이 크게 증대된다는 점을 확인했기 때문이다.[9] 서유구는 조선이 이용후생의 면에서 중국뿐만 아니라, 한참 후진국으로 여겨지는 일본에조차 뒤처지는 모습은 근본에서 지식인의 연구 자세와 역량의 후퇴에 있는 것으로 진단하고 몹시 안타까워하고 분개하고 있다.

> 유어(鮪魚): 일본인들은 그 모양과 이름을 자세히 알고 있는데, 『화한삼재도회』에서 그 모양을 그렸고 또 우두화(宇豆和), 목록(目鹿), 목흑(目黑), 말흑(末黑), 파두(波豆) 등의 이름을 나열했다. 그러나 우리나라 사대부들은 평소 박식함으로 유명한 이라 하더라도 그 속명이 무엇인지 알지 못하니, 소중화(小中華)의 문명국이라 하면서 초목금수(草木鳥獸)의 명물 지식을 기준으로 보면 "이빨에 옻칠을 하고 잎사귀로 옷을 해 입는[漆齒卉服]" 무리들[왜인]보다 못하다. 이는 사대부들이 소학(小學, 사물에 대한 고증과 사전적 지식)에 관심을 두지 않으려 한 탓이다.[10]

풍석은 또 중국 일본의 내륙에 있는 것이라도 우리나라에 도입하여 생물자원으로 얼마든지 활용할 수 있다는 주장을 폈다. 시대에 따라 입맛이 변하고 풍속이 변하듯, 지역에 따른 의토성조차도 고정 불변의 것이라기보다 융통성을 가지고 경계를 넓혀야 한다고 했다. 환(鯶, 초어)을 도입하자는 주장에 그 극적인 사례가 들어 있다.

> 환(鯶, 초어): 『본초강목』에서 이르기를, "환(鯶)은 성질이 느린[舒緩] 까

닭에 일명 환(鯇)이다. 풀을 먹는 까닭에 또 초어(草魚)라고 이름을 붙였다. 곽박(郭璞)이 이른바 '혼자(鯶子)는 송어(鱒)와 유사하지만 크다.'라고 한 것이 이것이다."

안: 민월(閩越) 강서(江西) 등지에서 못을 파고 물고기를 기르는 어민들은 강과 호수에서 물고기 종자[魚苗]를 사는데, 준(鱒)·혼(鯶)·서(鰤)·용(鯒)의 종류가 다 있지만 혼련(鯶鰱)을 가장 중히 여기니 그것이 쉽게 자라고 맛이 좋기 때문이다. 이제 기르는 방법을 배우려 하면 우선 혼련(鯶鰱)의 속명이 무엇인지 가려내야 비로소 물고기 종자[秧]를 구할 수 있다. 우리나라에서 정말 구하지 못한다면, 중국 일본에서 사 오더라도 안 될 것이 없다. 물고기 알[魚嘯子]은 진흙에 있는데, 여러 해마른 땅에 있어도 물을 만나면 곧 소생하니 그해 새로 난 알과 차이가 없다.[11]

먼저 환의 실제 모습과 이름을 파악하는 일이 우선해야 한다고 전제되었지만, 중국의 강호에 사는 물고기 종자가 잘 자라고 맛이 있는 것이라면 심지어 진흙에 들어 있는 물고기 알이라도 상관없다고 했다. 이용후생에 도움이 되는 물산은 널려 있는데 다만 조선 사람이 그에 관심을 기울이지 않는 것이 문제였다. 후(鱟, 대게의 종류)를 활용하면 구리를 절약할 수 있고, 해마(海馬)를 유통하면 좋은 약으로 쓸 수 있다고 했다. 맛있는 도미는 손만 내밀면 닿을 곳에 있는데 아직까지 전하지 못하고 있다고 안타까워한다. '도미'는 서유구 당대에 우리나라 사람들이 모르는 고기였다는 점은 놀랍고 흥미롭다.

후(鱟, 국자 만드는 대게): 왕세무(王世懋, 1536-1588)의 『민부소(閩部疏)』에 이르기를, "바닷가 여러 군에 후피(鱟皮)로 국자를 대신하므로, 한 해에 구리 1천여 근을 절약한다."고 하였다. 우리나라는 삼면이 바다로 둘러 있어 실로 해방(海邦)이니, 만약 후각(鱟殼)을 얻어 국자를 만들 경우 온 나라를 들어 말한다면 절약할 수 있는 구리가 어찌 수천 근만 되겠는가?[12]

○ 해마(海馬) (중략) [안] 중국 남해와 일본의 해양에 모두 해마(海馬)가 나니 우리나라 서남해에도 마땅히 있을 것이다. 그러나 어부들이 혹 잡았다 하더라도 그물에 섞인 것이 새우와 비슷하면서도 새우가 아니므로 내버리고 거두지 않는다. 해마가 난산(難産)에 성약(聖藥)이며 또한 징하(癥瘕)를 삭이고 정창(疔瘡)을 치료하는 효능이 있다는 것을 모르기 때문이다.[13]

○ 조(鯛, 도미): 일본에서 난다. 모양은 붕어와 유사한데 편편하다. 지느러미는 특히 붉고, 살은 희며 맛이 좋아 일본 사람들이 매우 귀하게 여긴다. 중국에서는 본래 희귀종이어서 『옥편』에서 단지 명칭만을 말하고 모양과 빛깔은 들지 않았다. (중략) 근세에 왜(倭)에 가는 강·절(江浙)의 상선이 이 고기를 싣고 돌아오는 경우가 많기 때문에 영파해(寧

〈그림 2-14〉 해마(왼쪽)와 투구게 (출처: 『매원개보(梅園介譜)』. 일본국회도서관 소장)

波海)에서 많이 잡힌다고 전한다. 우리나라는 일본과 바다 하나를 사이에 두고 있을 뿐인데, 지금껏 도미 종자를 전하는 사람이 없었으니, 이용후생의 뜻이 아득하니 나라 밖에는 전혀 미치지 못하는 것도 당연하다.[14]

서유구는 당대 조선이 해결해야 할 급선무로 생산력의 절대적 증진을 목표로 삼았다. 이용후생을 위한 모든 방법론이 그의 관심사였던 것이다. 명태와 투구게, 도미와 해마가 모두 인민 생활의 요긴한 자원이 된다. 물산의 생산과 활용이 저조한 조선의 상황을 이웃 중국이나 최소한 일본의 수준만큼이라도 끌어올려놓고자 하는 풍석의 의도는 그만큼 절실하고 급박한 것이었음을 보여준다고 하겠다.

그는 이용후생으로 가는 길에 걸림돌이 되는 것으로 전통시대에 널리 받아들여지는 풍토불의론(風土不宜論)과 의토성(宜土性)을 전면 부정했고, 사대부 지식인들의 명물 지식의 홀대와 실천적 사유의 결여를 신랄하게 비판했다. 특히 물고기는 중국 일본에서 나는 것이 조선에서 생육되는 것은 아무 문제가 없다고 하면서, 바닷가 현장의 실무자와 사대부 지식인의 만남으로 구현될 가능성을 열어두었다. 서유구의 이런 적극적 사고는 지금의 자연 약탈적 개발과는 구별되어야 하겠지만, 인간의 본성이 생명을 중히 여기고 죽음을 싫어하는 점에서 여타 동물과 같은 것이라고 한 조선 유학의 기본 입장에서 볼 때는 상당히 전향적인 부분이었으며 생산력 향상과 이용후생을 무엇보다 우선순위에 두었던 절박한 시대 인식의 산물이라고 볼 수 있다.

4절. 지식
"오로지 조선의 생산력을 높이는 지식을 가려 뽑았다"

풍석이 『임원경제지』에서 보인 지식 정보의 특징과 그 배치의 방법을 살펴보자. 서유구는 분명 향촌에 사는 사람들에게 도움되는 지식을 모아놓은 것이라고 스스로 말했는데, 막상 책의 분량과 규모는 113권 252만여 자에 이른다. 농공상의 실용 지식과 사대부의 문인 교양, 고상한 취미생활 부분까지 거의 극점에 이르기까지 모두 아울렀다. 음식을 다룬 「정조지」는 조선 왕조에서 나온 해당 분야 저작 중 가장 방대한 내용이고, 의학의 「인제지」 역시 그 하나의 지만으로도 『동의보감』을 능가한다. 이는 사실상 향촌 사람을 위한 요약을 넘어 각 지마다 해당 분야 지식의 집대성이다.[15] 그래서 역설적으로 이 지식의 방대함은 오히려 실용 지식의 간편성, 요긴함 등을 파훼하는 꼴이 되었다는 평가까지도 있다.

1. 축소냐? 확대냐?: "간편하게 만들어 널리 활용하는 '통변지도(通變之道)'"

왜 이렇게 방대한 지식을 모두 수집하려고 한 것일까? 풍석은 스스로 일단 기존 지식의 충분한 섭렵이 전제되지 않고서야 볼 만한 책이라는 평가를 받기 어렵다고 했다. 서긍(徐兢)의 『고려도경』은 다만 의장(儀章)만 상세하고, 동월(董越)의 『조선부(朝鮮賦)』는 편수가 적으니 모두 초목(草木)과 어별(魚鼈)의 생산을 제대로 담아내지 못하였다고 평가했다.[16] 또 풍석은 우리나라가 지식을 탐구하고 학문을 발전시키기에 불리한 조건이 아니라고도 봤다. 서유구는 조선 사람이 곧 낙랑의 후손이라는 인식을 보였는데, "낙랑에 사는 사람이면서 낙랑의 물고기를 모른다면 장차 누구에게 그 내용을 물어볼 것인가?"[17]라고 했다. 『설문해자』에 실린 낙랑·반국·예맥·사두국에서 나는 것은 바로 우리나라의 산물과 관계가 깊다는 것이다. 그런데도 밝혀내지 못한 것은 방언[俚言]이 섞여서 그 실체가 가리어지고 혼란해졌기 때문이라고 봤다.

그런데 방대한 분량보다 더 눈여겨봐야 할 것은 기존 지식을 잘 종합했고 체계적으로 편집 구성한 점이다. 3대를 내려온 가학의 장서를 보유했던 풍석은 다시 핵심적인 내용을 추려내면서 이러이러한 지식들은 '배제'하고 '제외'했다고 서문 등에서 자신의 목소리로 여러 차례 언급하고 있다. 많은 성경현전과 고금장서들 중에서 조선에 꼭 필요한 것만을 뽑아내는 과정은 축약(縮約)과 산번(刪繁)의 연속이었다는 말이다. 여기에 『임원경제지』의 성격을 파악할 중요한 열쇠가 있지 않을까? 내용을 더하고 보태려 하기보다 줄이고 빼려는 노력을 기울인 곳에 서유구의 의도처가 있다는 것이다.

먼저 사대부의 필수 교양인 6예에 대해 「유예지」는 다른 항목을 언급하지 않은 이유에 대해 언급했다. "대악(大樂)은 사라지거나 변형된 지 이미 오래되어 지금 다시 되살리려 하여도 할 수가 없다. 수레 몰기(御), 육서(六書, 사전학)에 대한 공부는 지금 시대에 그 내용을 익힐 겨를이 없으므로, 서·화를 하는 방법으로 대신하겠다."고 하면서, 시대 상황에 맞는 학예를 다시 설정했다. 서유구는 향촌 생활의 용도에 적합하게 한다고 하면서, 실제로는 원래 존재하던 내용을 엄청나게 축소시킨 셈이었다. 「향례지」의 경우 향음주례와 향사례를 간단히 서술하고, 아울러 관례, 혼례, 상례, 제례를 기록하였다. '향례'라는 제목을 단 것은 간략하게 만들겠다는 뜻이 들어 있다고 스스로 말했다. 예학의 전문가도 모두 돌아가시고 그 학문도 끊어진 지 오래이니(經師云沒, 絶學已久) 간략하게 하면 되는 것이었다. 간편하게 만들어 한 시대의 용도에 적합토록 한다면 그 또한 '통변지도(通變之道)'일 것이라고 자평했다. 집을 짓기에 알맞은 조건에 대해 설명한 「상택지」의 경우도 그러하다. 원래 술수가들은 일정한 틀에 부합되는지 여부와 순역(順逆)의 형세, 오행(五行) 육기(六氣)의 운행 등을 살피는 법이다. 하지만 서유구는 이런 번쇄한 복택의 지식은 내버리는 것이 맞다(卜宅者, 舍之焉, 可也)고 했다. 방위에 따라 따뜻한지 추운지 알고 마실 물을 확보하기가 편한지만 살피면 된다는 것이다. 임원에서 살 집은 길지·흉지를 가릴 형편이 아니라고도 했다. 몸을 기르는 섭생법을 수록한 「보양지」의 경우 도가나 불가에서 내려오는 엄청난 수련의 전통을 정제해야만 했다. 서유구는 불가 도가 모두 다 나름의 양생법이 있지만 유가를 중심으로 공유할 만한 것만을 엮었다. 정좌하고 마음을 고요히 바라보면서 화(火)를 내리고 정(精)을 길러 그 생명을 보중하는 것은 유불선 공통의 도라 하였고, 여기에 가족 건강을 중시하여 부모 봉양, 처자 양육의 방법을 덧붙였다. 의약과 질병에 대해 서술한 「인제지」의 경우 먼저 병을 치료한다고 내세우는 술수의 효과를 모두 부정하고 실견과 실효가 있는 의약의 도만 인정했다.[18] 『동의보감』 이후 의학 지식들을 총망라하여 비판적으로 수용한 사례들이 다수 발견된다. 의서 중에서도 다시 핵심만을 가려 뽑은 것이다. 「인제지」는 동방 의약 지식의 규모로나 정보의 수준과 활용방법의 측면에서나 모자란 것이 없다. 기존 지식의 분량을 크게 줄이면서 현실 문제에 민활하게 대처하기를 원했다.

2. 가려 뽑고 연결하고: "엄밀한 고증과 현장의 실천"

풍석은 장단에 돌아가 농사짓고 임진강에서 물고기 잡으며 살았던 힘든 시절을 겪었다. 이때 각 품종의 한글 명칭을 병서하고, 생김새, 생태적 특성을 일일이 수록했는데, 기존 농서, 본초서, 박물서를 활용한 데다 풍석 자신이 새로 증보하기도 했다. 서유구는 이러한 풍부한 지식을 바탕으로 중앙관직에 복귀 후 국왕에게 중국의 좋은 품종 도입을 제안하기도 했고, 도입한 품종이 우리 땅에 성공적으로 안착할 수 있도록 실제로 현장을 뛰었다. 농사에서 씨앗을 제대로 선택하는 것이 가장 중요하다는 주장을 원문대로 옮긴다.

중국의 올벼

씨앗 선택은 농사에서 제일 중요한 일이다. 심는 시기가 같고, 심는 땅이 같고, 심고 김매는 일이 모두 같은데도 이쪽은 이삭이 영글어 결실이 좋고, 저쪽은 이삭이 패지 않고 마르는 것은 바로 씨앗이 다르기 때문이다. 그러니 씨앗을 잘 골라야 한다. 하지만 씨앗이 애초에 하늘에서 내려왔겠는가? 널리 씨를 구하여 각 지방에 전한 것일 뿐이다. 그러므로 참깨[胡麻]는 중앙아시아의 대완국(大宛國)[19]에서 왔고, 점도(占稻)는 인도차이나반도의 점성국에서 왔고, 완두는 서융(西戎)에서 왔고, 수수[蘆穄, 여제][20]는 아랍[回回]에서 온 것이다. 중국처럼 큰 나라도 오히려 이와 같은데, 하물며 궁벽한 곳의 한 모퉁이에 있는 우리나라에 있어서랴! 이제 고금의 농서와 각 성(省)의 지리지(地理志)를 살펴서, 벼 품종 가운데 가장 두드러지고 씨를 전할 만한 것을 골라 아래와 같이 서술했다.[21]

중국에서도 외국의 좋은 씨앗을 지속적으로 들여와서 생산력을 높여온 역사를 증거로 올렸다. 인도, 아랍, 동남아, 중앙아시아 가리지 않는다. 우리나라는 어떻게 할 것인가? 서유구 본인의 경험담을 보자.

정종(正宗, 곧 정조) 무오년(1798)에 호남 지방에 여름 가뭄이 들어 모내기 시기를 놓치자 조정에서는 메밀을 대신 뿌리도록 명령했다. 내가 당시에 순창 군수로 있어서 직접 밭을 다니며 메밀 파종을 권하였더니 이전에 벼를 심었던 땅의 70%에 모두 메밀을 심었다. 얼마 뒤 삼복과 입추가 교차하는 때 장마가 다시 와서 밭두둑 사이에 물이 깊어 장딴지만큼 빠지게 되자, 메밀이 장마로 병든 정도가 메벼나 찰벼가 가뭄으로 병든 것보다 훨씬 심하여서 남도 사람들이 결국 굶주림을 하소연했다. 대개 씨를 대신 뿌리는 일은 진실로 옳았지만 뿌리려는 곡물이 아직 적당한 토양을 만나지 못했기 때문이다. 우리나라는 곡식의 이름과 품종이 비록 많으나 실제로는 씨를 뿌리고 김매고 거두어들이는 시기는 그다지 서로 멀리 떨어져 있지 않다. 그 가운데 늦게 심어도 먹을 수 있는 곡물은 다만 메밀과 녹두만 있을 뿐이다. 그러나 이두 종 가운데 어떤 놈은 마른 땅을 좋아하고 습한 땅을 싫어하며 어떤 놈은 척박한 땅에서 잘 자라고 비옥한 땅을 꺼려한다. 그런데 아는 것도 없이 제멋대로 일을 벌였다가 일은 일대로 했으면서도 거두어들인 것은 없었다. 만약 중국산 늦벼 가운데 덕안(德安)의 향자만(香秄晚)이나 통주(通州)의 육십일(六十日) "모두 벼 이름으로 7월에 심을 수 있다." 같은 특이한 품종을 미리 구입할 수 있다면, 어찌 이같은 일이 일어나겠는가? 그러므로 좋은 품종을 널리 사들이는 일이 가뭄의 재난을 구제하는 제일의 급선무다.[22]

기해년(1839)은 벌레의 피해를 입은 해인데 곳곳의 논은 한눈에 보아도 쓸쓸하고 적막하였다. 그러나 오직 일찍 심은 종자와 일찍 이삭이 핀 벼만은 이삭이 많고 쌀알이 굵었으며, 이삭에 알곡을 채웠으니 그 벌레들이 재앙을 끼치지 못했다. 게다가 홍도(紅稻)·조도(棗稻)[23]는 줄기와 잎이 강하여 벌레가 먹을 수 없다. 무릇 벌레가 걱정스러운 해에는 올벼 종자가 더욱 귀하다. 또 홍도나 조도를 심어야 할 것이다.[24]

가뭄과 홍수에 대처하기 위한 품종 선택과 병충해를 방제하기 좋은 품종을 제시했다. 농사는 파종에서 수확, 심지어 저장까지 한시도 소홀

할 수는 없지만 그 시작이 되는 종자를 잘 선택하면 이후의 근심을 많이 줄일 수 있다는 인식이 깊이 깔려 있다. 순창 군수로 있을 때는 가뭄에 대비하여 미리 벼를 포기하고 가뭄에 강한 메밀을 심도록 조처했으나, 그 이후 많은 비가 내려 도리어 습기가 많아진 때문에 실패한 것이다. 회한과 안타까움이 묻어나는 기록이다.

한편 『임원경제지』 「인제지」의 '안설' 부분이 처방과 약의 엄밀한 고증에 중요한 역할을 한다. 기사의 부족 부분이나 의심나는 부분 그리고 참고 내용을 활발하게 자기 언어로 표현하는데, 심지어 『동의보감』의 기사를 가차 없이 비판한다. 「인제지」 안(案)의 한두 가지 예를 들어보자.

> [안] 『동의보감』에서 『의학정전』을 인용하여 "대계(大薊)가 자화지정이다."라고 한 것은 잘못이다.[25]
>
> [안] 『동의보감』에 (『의학입문』을 인용하여) 이 처방 곧 웅빙고(熊氷膏)가 실려 있는데, "흰 암탉 쓸개를 재료로 쓴다."고 하였다. 또 "먼저 약물로 환부를 깨끗이 씻은 뒤에 약을 바른다."고 하였다. 그런데 지금 『의학입문』을 찾아보니 이러한 문장이 없다. 아마도 다른 책에 나오는 것을 오인한 것 같다.[26]

앞의 웅빙고 항목에서는 『동의보감』에 인용의 문제점을 지적했고, 뒤의 자화지정은 사물의 이름에 오류가 있음을 밝힌 것이다.

이 밖에 그의 안설은 「인제지」 이외의 다른 '지'들과의 연결도 활발히 해주고 있다. "~에 나온다" "~를 참조해야 한다"고 간단히 표시해줌으로써, 상호 참조(cross reference) 할 수 있도록 하였다. 서유구는 이 장치로 『임원경제지』의 지식을 연결하여 유기적인 체계를 만들어주고 있다. 「섬용지」, 「이운지」, 「향례지」, 「정조지」, 「인제지」를 넘나들며 서로 정보를

〈그림 2-15〉 대나무 연통(連筒) (출처: 『농정전서』)

참조하여 온전한 지식을 갖추도록 하는 예를 몇 가지 올리면서 마무리
한다.

1) 대나무 연통 가설에 대하여

— 「섬용지」: "나무를 가설하여 샘물을 끌어오는 법"

　　나무를 쪼개 허공에 걸쳐 산의 샘물을 멀리서 끌어와 부엌 주변까지
　　물을 대는 일 또한 수고를 많이 줄인다.【안: 임홍(林洪)의 『산가청사(山
　　家淸事)』에 대나무를 갈라 샘물을 끌어오는 법이 있는데, 이 방법은
　　「이운지」에 자세히 나오니 함께 참고할 만하다.】[27]

— 「이운지」: "정원에 샘물 끌어들이는 법"

　　왕정(王禎)의 『농서(農書)』에 다음과 같이 말했다. "연통(連筒)은 대나무
　　로 물을 소통시킨다. 일반적으로 사는 곳이 샘에서 멀리 떨어져 있으
　　면 물을 길어다 쓰기에 불편하다. 큰 대나무를 가져다가 안으로 대의
　　마디 속을 뚫고 처음과 끝을 서로 이어서 끊어지지 않게 한다. 이를

평지에 설치하거나 냇물이나 계곡을 건너 물을 끌어온다. 이리하여 연못이나 부엌이나 목욕간 등에 댄다. 약초밭이나 채소밭과 같은 곳에도 이 물을 댈 수 있다.

끌어온 물은 동산을 지나 담장을 뚫고 흐르다가 괴석을 만나면 잔잔하게 부딪쳐 흐르고, 구유처럼 파인 바위를 만나면 작은 도랑이 되거나, 작거나 큰 바위들이 담처럼 쌓인 곳을 만나면 벼루를 씻는 곳이 되거나, 물오리를 기르는 곳이 되거나, 연을 심는 곳이 된다. 지류의 남은 물줄기로 또 꽃밭에 물을 주거나 텃밭에 물을 댈 수도 있다. 산골에 살면서 이런 물이 없다면 비록 원림과 정사(亭榭)에 한때의 성대한 시설을 다 갖추게 하더라도, 이는 마치 사람의 혈맥이 마르고 껄끄럽게 되거나 나무의 진액이 말라 시든 모습과 같다. 원활하고 신통하게 하는 기틀은 사라질 것이다.[28]

2) '사창' 운용에 대하여

— 「향례지」: 사창계약속

사창(社倉)에 곡식을 납부할 때 사실대로 하지 않은 사람은 중벌(中罰)에 처하고, 용량을 줄여 낸 사람은 차중벌(次中罰)에 처한다. 이때는 납부할 기준보다 더 많이 징수한다. [안]: 사창의 곡식을 빌려주고 거두어들이는 방법은 「인제지」 '구황'에 보인다.[29]

— 「인제지」: 사창법

주자가 올린 「사창사목」[30]에서는 이렇게 묘사하고 있다. "제가 사는 건령부 숭안현의 개요라는 마을에 사창이라는 것이 하나 있습니다. 작년 건도 4년에 즈음하여 마을 사람들이 먹고살기가 어려워 건령부의 관청에서 상평미 6백 석을 내주고 저로 하여금 그 고향의 원주민인 조봉랑(朝奉郞) 유여우(劉如愚)와 함께 진대(賑貸)의 일을 맡기셔서 겨울이 되어 원미(元米) 되돌려 받고 다음 해 여름에 다시 이전처럼 사람들에게 빌려주고 겨울에 돌려받았습니다. 저희는 창고를 열어 조치할 때 1석당 2두의 이자를 받았습니다. 이후로 매년 이전과 마찬가지로 거두어들이고 나누어주되 약간의 흉년이 들면 이자의 반을 감해주고 큰 기근이 들면 전부 감면해주었습니다. 14년이 지난 지금 이자로 받은 쌀의 양에 따라 창고 3칸을 지어 쌓아두었더니 원미 6백 석을 본청에 돌려주고도 3천1백 석이 남았습니다. 이것은 모두 몇 년에 걸쳐 민가에서 납부한 것으로 이미 본청의 목적을 이루었으니 앞으로는 예전처럼 나누어주고 거두어들일 때 이자를 받지 않고 1석마다 단지 비용으로 쓸 3되만을 받도록 하였습니다. 저와 동네의 관리와 원주민 여럿이 함께 관장하여 나누어주고 거두어들일 때가 되면 창고를 개방하여 현의 관리 1명을 선발하여 출납을 감시하도록 하였습니다. 이렇게 하니 사오십 리 되는 한 마을이 흉년을 만나도 사람들이 밥 먹는 때를 거르지 않았습니다. 이 방법을 널리 확대하여 다른 지방에 실행하여도 좋다고 생각합니다."[31]

3) 계장(계피 음료)에 대하여

서유구가 꼭 안설로 표기하지 않은 경우라도, 독자가 하나의 지에 나온 주제를 다른 지에서 더 자세히 살필 수 있다. 「보양지」의 계장은 「정조지」에서 상세하게 찾아볼 수 있는 하나의 예다.

— 「보양지」: 여름철 건강

더위가 성한 때에는 음식을 더욱 조심하여 조절해야 하니, 복음(伏陰)이 배 속에 있어 소화가 느리기 때문이다. 또 과일과 풀열매, 채소가

많이 나며 소수(蘇水)와 계장(桂漿)을 먹는다. 이때 오직 차게 마시려고
만 하면 날것과 찬 것이 서로 대치되어 소화가 더욱 어렵다. 이때 속이
상하면 작게는 설사가 나고, 크게는 토사곽란(吐瀉霍亂)이 생긴다. 그러
므로 여름에는 음식을 더욱 조심하고 줄여서 비위가 소화를 쉽게 하
도록 해야 하며 날것과 찬 것을 피해야 배 속 장부의 질병을 면할 수
있다.[32]

— 「정조지」: 계장(桂漿, 계피 음료) 만들기

여름에 마시면 번갈(煩渴)을 풀어주고, 기운을 보태고, 담을 삭인다. 계
핏가루 넉넉하게 1냥, 백밀(白蜜) 1승을 준비한다. 먼저 물 20승을 달여
10승을 취한 다음 달인 물이 식으면 새 오지병 속에 넣는다. 그런 다
음 계핏가루와 백밀을 넣고 200~300번 휘젓는다. 먼저 기름종이로 위
를 한 겹 덮고 7겹을 더하여 봉한다. 매일 종이 1겹씩 벗기다가 7일이
되어 개봉하면 향기가 나고 맛이 좋아서 품격과 운치가 매우 높다.[33]

3. 4개의 논문, 1개의 색인: "호사자가 제대로 일할 수 있도록"

1) 4개의 논문: '곡명고', '오해고', '화명고', '어명고'

이용후생을 목표로 유용한 지식을 수록한 『임원경제지』는 서유구의 가
장 적극적인 지적 작업의 결과물이다. 그것은 유기적이고 체계적인 지식,
간결하고 정확한 지식, 삶의 현장에 기여하는 지식이 되도록 하고자 한
것이다. 풍석은 이 지식을 현장에서 활용할 사람으로 직접 '호사자'를 들
었는데, 그들이 나서서 우리나라에 없는 새로운 품종과 기술을 도입하고
전파할 수 있기를 바랐다. 풍석은 호사자들이 자기 본연의 역할을 충분
히 할 수 있도록 그 활동의 지적 기반을 마련하는 데 자신의 저술의 목
적이 있다고 여러 차례 밝혔다. 『임원경제지』 중에서 '명칭 고찰[名考]'이

라는 제목의 글이 특히 그러하다. 「본리지」 '곡명고(곡식 이름 고찰)', '오해고(농사의 5가지 재해)', 「예원지」 '화명고(꽃 이름 고찰)', 그리고 「전어지」 권4의 '어명고(물고기 이름 고찰)' 등이 그것이다. 하나를 추가하면 「인제지」의 처방 색인인 '탕액운휘'다. 곡명고를 예를 들면 벼 171종(올벼, 늦벼, 찰벼, 이모작벼, 중국품종), 잡곡 148종(기장, 조, 수수, 옥수수, 율무, 보리, 귀리, 콩, 팥, 메밀, 깨), 야생 곡식 17종(줄풀, 야녹두 등)을 담아 그 정보량에서부터 최대의 백과사전이라는 면모를 잘 보여준다. '오해고'는 수한해, 풍무해, 상포해, 충해, 잡해로 나뉘는데 농업 부문에서 멸구충의 예가 나온다. 농사에서 맞닥뜨리게 될 재해를 종류별, 사례별로 정리하고 자신의 실제 경험을 포함한 대책을 모두 모았다. '화명고'는 꽃의 왕이라고 불리는 모란을 홍색, 황색, 흰색 등 10여 가지 색깔별로 총 302가지를 모았고, 꽃은 재상 작약은 4가지 색깔별로 40개를 수집했다. 난초도 색깔별로 56종을, 국화는 황색과 흰색을 위주로 여섯까지 색깔에 무려 323종이나 올렸다. 풍석은 본인이 향촌에서 직접 본 국화만도 백 가지가 넘는다고 하면서 더 많이 있을 거라는 말도 남겼다. 이 4가지 꽃을 특히 이렇게 수집하고 기록한 것은 색이 다양하고 어디서나 볼 수 있는 꽃이기 때문이라는 소박한 이유를 달았다. '어명고'의 물고기는 민물고기(52)와 바다고기(77)를 유린(有鱗), 무린(無鱗), 개류(介類)로 다시 나누었다. 여기서는 연안의 어부가 직접 잡은 고기와 문헌에서의 명칭을 비교 분석하고 고증을 통해 확인하는 과정이 치밀하게 전개되기도 한다. 정약전의 『자산어보』와 자주 비견된다.

2) 탕액운휘: 「인제지」의 처방 색인

의약 백과 「인제지」에 '탕액운휘(湯液韻彙)'라는 항목이 나온다. 이것은 「인제지」에 담긴 5천여 개의 처방을 색인(Index)화한 것으로 검색 기능이 특화된 형태이다. 분량도 방대하여 「인제지」 총 28권 중 권27 한 권을 차지한다. 그런데 그 방식이 독특하다. 그 서두를 보면 다음과 같다.

> 각 병증에 대한 치료법에서 "어느 처방을 써야 한다[當用某方]."고 하지만, '어느 처방'이 해당 장의 항목이 아니라 다른 장에 보이는 경우가 많다. 이런 경우, 증세에 맞게 처방을 참고하고 찾아보는 일이 시간이 많이 허비된다. 이제 세 가지 운에 따라 처방을 분류하여 『병자유편(騈字類篇)』의 예를 따라 각 처방 첫 번째 글자를 표시로 삼아 검색하기에 편리하도록 하였다.[34]

「인제지」에 실린 처방 중 해당 장에 바로 나오지 않는 처방의 경우 찾기가 용이하지 않기 때문에, 그 처방이 나오는 곳을 쉽게 검색할 수 있도록 하였다는 것이다. 『병자유편』은 1719년(강희 58)에 칙명으로 편찬된 것으로, 12문(門) 240권으로 구성된 사전의 역할을 하는 유서이다. 이 책이 특별한 것은 그 범례 6조에 나오는 대로 "각종의 유서들이 다만 (한) 글자의 무리로만 분류하였는데, 여기서는 머리에 표제 2자를 두었으니 다른 책들과는 취지와 범례가 전혀 다르다."[35]는 점이다. 대분류 속에 소분류가 포함되게 하는 것이 주제가 한곳에 집중되어 지식의 연계와 확장 그리고 이해가 수월하다는 점을 포착하여 반영한 것으로 보인다. '탕액운휘'는 이 점을 그대로 받아들여 106개 운목(韻目)의 자순(곧 상평성 '東'에서 입성 '洽'까지)을 1표제자로 하되 그 아래에 처방의 제형인 탕(湯), 죽(粥), 음(飮), 산(散), 전(煎), 환(丸), 단(丹), 원(元), 정(錠), 병(餠), 고(膏), 위(熨) 등을 제2표제자로 두었다. 예를 들어 '어(魚)'자 운목에 속하는 '여(如)'자 계열의 처방 색인을 표로 보이면 아래와 같다.

1표제	2표제	처방명	찾아볼 병문
如 ('魚' 韻)	湯	如神湯	見腰脚痛 '요각통' 병문을 찾아보라(이하 같음)
		增損如聖湯	見喉痺
	飮	如聖飮	見痘瘡
	散	如神散	二方 一見黃疸 一見妊娠
		如聖散	六方 一見胞血 一見口瘡 一見痔瘡 一見肺風瘡 一見解毒
		如意金黃散	見瘡癤總方
		如聖金刀散	見脫肛
如 ('魚' 韻)	丸	如聖丸	二方 一見黃疸 一見諸疳
	丹	如神丹	見妊娠
		如意丹	見瘟疫
	錠	如聖勝金錠	見喉痺
如 ('魚' 韻)	餠	如聖餠子	見頭痛
	膏	如聖膏	二方 一見妊娠 一見癜瘍癜風
		如聖黑膏	見禿瘡

〈표 2-3〉에 보는 것처럼 '여(如)'자로 시작되는 처방 아래 탕(湯), 음(飮), 산(散), 환(丸), 단(丹), 정(錠), 병(餠), 고(膏)의 순으로 각각 그 처방이 나오는 병문을 표기하였다. 또 여성산(如聖散)과 같이 여러 병문에 나오는 처방인 경우, 포혈(胞血), 구창(口瘡), 치창(痔瘡), 폐풍창(肺風瘡), 해독(解毒)의 6가지 병문을 모두 제시하였다. 오늘날처럼 색인에 면수를 표시한 것은 아니지만, 해당 병문을 파악하여 신속히 찾아보게 한 것이다.[36] 「인제지」의 '탕액운휘'는 비록 『임원경제지』 전체의 색인은 아니지만, 오늘날의 색인 개념과 상통한다. 특히 「인제지」 분량은 『임원경제지』에서 압도적으로 많기 때문에 서유구는 이 점을 감안하여 검색 기능을 새롭게 만들어 추가한 것으로 보인다.

이처럼 『임원경제지』는 '곡명고', '화명고', '어명고'와 같이 목록을 작성하거나, '농기도보', '관개도보', '이용도보'(미완), '잠상도보', '방직도보'와 같이 그림을 활용하거나, 모든 지에서 상호 참조의 기능을 하는 안설(案說)을 덧붙여 책 전체를 긴밀하게 엮어주고 있다. 당대의 조선이 필요한 것만을 모두 담으려 한 『임원경제지』는 박학을 통해 축적된 지식이 다시 시대가 요청하는 형태로 목록화, 체계화되어 있다. 이렇게 목록화 체계화된 지식은 다시 활용의 편의를 위해 검색 기능이 요청될 수 있는데, 「인제지」 '탕액운휘'에서 그 기능을 보여준 것이다.[37] 지식의 검색 기능까지 고안한 『임원경제지』는 내용과 형식에서 더욱 완정한 형태를 갖추게 되었다.

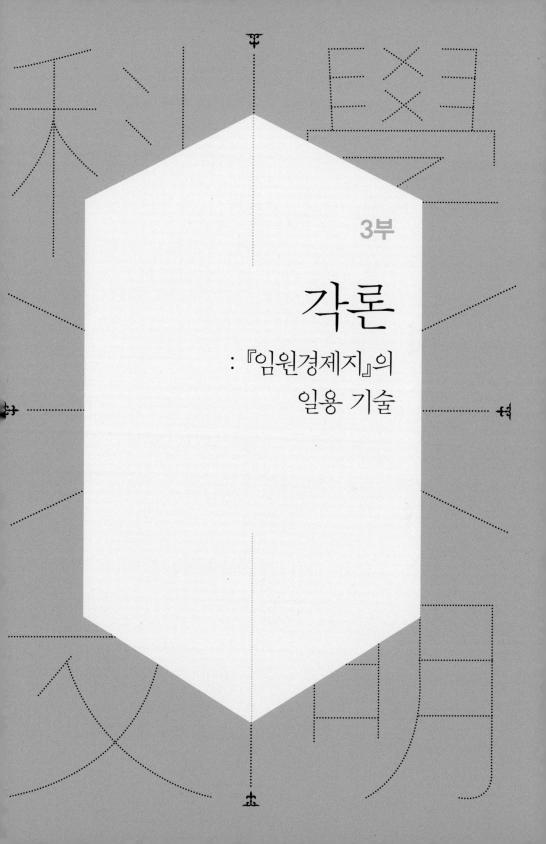

3부

각론

: 『임원경제지』의
일용 기술

1장

상업, 물류, 지리 분야

본래 『임원경제지』의 순서로 맨 마지막에 놓인 재테크 기술 분야 「예규지」를 본서에서는 맨 앞으로 내세웠다. 그 이유에 대한 논의는 앞부분에서 충분히 했다고 본다. 서유구의 본의는 생산기술과 문인 교양이 조화를 이루는 사회를 이룩하고자 하는 것이었고, 거기에서는 어느 것 하나 소홀히 할 수 없는 가치를 가진다고 했다. 현실에서는 가장 천시되고 있으면서도 실제 부를 창출하는 효과는 가장 높은 것이 상업이었기에, 본서에는 상업을 1번으로 하는 방법을 택했다. 『임원경제지』의 뜻을 구현하는 '호사자'의 활동도 대부분 신품종의 도입, 신기술의 전파와 같은 무역상의 활동이 주된 것이었다. 표면적인 순서와 달리 서유구의 내면의 뜻과 은연중 합치하기를 기대한다.

1절. 재리(財利)와 도리(道理)

"이익을 추구하되 원칙을 따른다"

1. 상업에 대한 태도

조선조 선비가 돈을 자기 손으로 직접 만지지 않는다는 태도는 널리 알려진 것이다. 물질, 재화, 장사 같은 어의가 주는 근원적 경계와 거부감이 깔려 있다. 매우 독특한 문화라 할 것이다. 그러나 유학의 원류인 공맹의 가르침이 물질과 경제, 상행위라는 인간 생존의 조건을 무시하라는 것은 결코 아니었던 것은 자명하다. 다만 그 우선순위에 대한 명확한 질서감을 요구한 것이었다고 봐야 할 것이다. 물론 그렇다고 해도 역사적으로 형성되어온 상업 천시에 대한 지배 관념을 부정할 수는 없다. 서유구는 「예규지」에서 물질과 인의, 이 두 가지를 정면에 대놓고 평가한다. 최종적 답은 역시 인의의 승리다. 그렇지만 풍석은 그 둘 중 어느 하나를 쉽게 버릴 수는 없다고 반복적으로 말한다. 그는 재화에 대해서 불가근불가원의 대상, 또는 탐닉할 수도 무시할 수도 없으며 자기 곁에 두고 끝없이 적절히 제어해야만 하는 핸들링의 대상으로 보았다.

서유구의 논리에 두 가지 상반된 모멘트가 공존한다. 하나는 '군자가 취하지 않는 바'로 표현된다. 군자는 이익 추구보다는 윤리 도덕을 우선시해야 한다는 사고가 여기에 들어 있다. 이런 사고가 일방적으로 확대되면 상업의 전면 부정으로 귀결될 것이다. 다른 하나는 '군자가 버리지 않는 바'로 표현된다. 생계 해결이 일차적으로 중요하며, 도덕적 수양을 이유로 생계 문제를 도외시해서는 안 된다는 사고가 여기에 들어 있다. 이런 사유에서는 상업을 긍정하지 않을 수 없을 것이다. 따라서 이 두 모멘트는 길항 관계를 형성한다. '군자가 버리지 않는 바'는 사대부도 스스로 생계를 해결해야 한다는 적극적 행동을 낳는다. '군자가 취하지 않는 바'

는 이익을 앞세워 인의와덕을 뒤로 미루는 것은 배척해야 할 소인의 행동이라는 규범적 판단을 부여한다. 즉, 이 두 모멘트의 길항 관계 속에서 '군자로서의 이익 추구', 즉 '바른 이익 추구' 내지 '윤리적 이익 추구'의 문제 설정이 가능해진다.

서유구가 사대부의 상업 종사를 긍정하는 논리도 여기에 기반해 있다. 서유구는 욕망의 추구 내지 이익 추구라는 관점에서만 상업 문제에 접근한 것은 아니다. 서유구에게 상업은 단순한 이윤 창출 행위가 아니라, 사회적 변화를 촉구하는 또 다른 윤리적 행위로서 의미를 갖는다. 그러므로 상행위를 통한 이익의 '무한 추구'가 아닌 '바른 추구'가 고민될 수밖에 없다. 『임원경제지』는 생산력 향상에 무엇보다 치중하고 상업 활동을 긍정하며 이용후생을 제일 가치로 두고 있지만, 역시 그 대전제는 천지의 운영자로서의 '군자'라는 유학의 본령을 굳건히 유지하고 있는 경제서인 것이다. 분야가 크게 다른 전문지식을 다룬 16지가 유기적 관계로 묶여 있는, 묶여 있어야 하는 근본 이유가 거기에 있다.

1) 재화 추구를 긍정하는 유학 전통

유학 경전 『맹자』에, 서로 다른 지역의 물가를 미리 파악한 뒤 높은 언덕[농단(壟斷)]에 올라 시장을 내려다보면서 시세를 조종하여 이익을 독점한 사람의 이야기가 나온다. 이런 식으로 이득을 취하는 사람을 천박한 인간이라고 타기하여 맹자는 그를 천장부(賤丈夫)라 했다.[1] 이익이나 권력을 독점한다는 뜻인 '농단'이란 말이 유래된 고사이다. 그러나 이런 야비한 방법이 아닌 재화 획득에는 공자든 맹자든 그것을 비난하거나 억누른 적이 없다. 순임금의 8가지 정사 가운데 앞 두 가지가 먹을거리와 재화였고, 공자도 백성을 잘 먹고 잘 입고 부유하게 해주는 것이 교육보다 앞서고, 군대를 잘 갖추는 일보다 우선한다고 했다. 공자의 수제자 중 한 사람인 자공(子貢)은 공자 학단을 재정적으로 떠받쳤고 공자의 가장 뛰어난 제자 중 한 사람으로 인정받은 인물이다. 자공이 재부를 축적한 방법 중 하나로 "물건이 쌀 때 사들였다가 비쌀 때 팔아 재물을 모았다."고 술회하기도 했다. 『맹자』의 주석가로 유명한 경학자 조기(趙岐, 108-201)는 어려운 시절, 떡을 팔아 생계를 이었다. 그렇다고 자공이 공자의 제자 중에서 현철(賢哲)한 사람으로 인정받지 못했거나 조기가 경학의 스승으로 추앙받는 데 무슨 문제가 되었느냐고 반문한다. 상업과 재부에 재능이 뛰어났던 계예(計倪)와 백규(白圭)를 본떠서 제목을 삼은 것 역시 이런 반어적 의미를 극대화하고자 하는 장치였을 것이다.[2]

　서유구의 생각은 1790년 정조의 질문에 응해 지은 「악역불가불위지성설(惡亦不可不謂之性說)」(악 또한 부득이 인간의 천성이라고 아니할 수 없음)에서도 찾아볼 수 있으니, 본성에는 선과 악이 공존한다는 탄력적인 생각으로 욕망과 이기심을 상당 부분 긍정한다. 자연스럽게 돈을 잘 버는 법, 잘 저축하는 법과 함께 잘 쓰는 법까지 적극적으로 다루게 되고, 이는 돈의 주인으로서 돈을 주체적으로 당당하게 운용하라는 메시지였다. 이렇듯 그는 유학의 전통에 굳건하게 서서 그 원래의 건강한 이념을 당대에 회복하려 했다.[3]

2) 성호 이익과 풍석 서유구

이러한 서유구의 입장을 성호 이익(星湖 李瀷, 1681-1763)과 비교해보는 것은 풍석을 이해하는 데 도움이 된다. 이익 역시 조선을 대표하는 유학자요, 개혁주의자로서 많은 시무책을 개진했다. 풍석 역시 『임원경제지』에서 그의 논의를 상당수 인용하기도 했다. 이익의 경제관은 중농주의를 표방했다. 서유구와 이익 모두 '농본상말'의 관념을 갖고 있었고, 농업의 선차적 중요성을 강조한다는 점에서 공통점을 갖는다. 그런데 이익은 그 둘의 관계를 상호 배타적으로 보려는 경향이 강하다. 비록 상업이 물건을 유통시키는 데 유용하다는 것은 인정했지만, 그 이상은 아니었다. 오히려 상업의 발달은 농촌 경제에 악영향을 미친다고 판단하여, 전국적으로 열리는 장시(場市)를 통제하고 상업을 억제하며 화폐 사용을 폐지해야 한다고 주장했다.[4] 반면 서유구는 스스로 조선팔도의 장시에 대한 소상한 정보를 수집하고, 그것은 「예규지」 '팔도의 시장'(八域場市)이란 제목으로 수록되어 있다. 또한 서유구는 유사시 사대부도 상업에 종사하거나 사채를 놓아야 할 때가 있다고 하였고, 관련 정보를 모으고 정리했다. 일목요연한 전국장시표 역시 호사자들이 상업의 일을 할 수 있게끔 도우려는 서유구의 일관된 노력의 연장선에 있었다.

한편 이익은 주로 소농(小農)의 자립과 안정을 위한 제도 개혁에 주안점을 두었다. 반면 서유구는 제도 개혁보다는 농업기술과 생산력 향상에 더 관심을 기울였다. 『임원경제지』의 구현 주체는 소농보다는 부유한 사대부에 오히려 가깝다. 「이운지」의 사대부의 여가 생활, 문화 활동, 예술 취향의 내용이나, 「예규지」의 노비 관리법, 사채 등은 소농의 삶과 거리가 먼 것이다.[5] 이런 점을 볼 때 서유구와 이익 모두 '농본상말'의 관념은 공통적으로 가지고 있었지만, 농업과 상업의 상호 관계에 대한 관점이나 사상적 지향에는 적지 않은 차이가 있다.[6]

2. 풍족할 때의 도리, 부족할 때의 처신

근검의 방법론으로 '양입위출(量入爲出)'을 제시했는데, 국가 단위건 가정 단위건 상관없이 전통사회의 가장 근간이 되는 경제 원리로 들어오는 수입을 봐가면서 지출을 조절하는 것이다. "수입의 7/10 지출을 권했다. 나머지 3/10으로는 다음과 같은 일을 권했다."

(따로 비축했다가) 여름에 입을 갈옷과 겨울에 입을 갓옷을 마련하거나, 담장이나 가옥을 수리하거나, 의약품을 구비하거나, 손님을 접대하거나, 조문이나 문병에 사용하거나, 계절별로 선물을 보낼 때 쓴다. 그래도 남은 예산이 있으면 이웃이나 친척 중에 가난한 사람이나, 훌륭한 선비 중에 곤궁한 사람이나, 소작농 중에 춥고 굶주린 사람이나, 여행 중 머물 곳이 없는 사람을 두루 도와준다.[7]

그런데 늘 이런 수입이 고정된 것은 아니어서 때로 풍족한 기간이 있고 부족한 기간이 있기 마련이다. 풍족한 때와 부족한 때, 각기 그때에 맞는 지출의 방법이 있다는 점이 이채롭다. 풍검이제(豐儉異制)라고 하여 풍족할 때의 도리와 부족할 때의 처신 방법을 간추린 곳인데, 좀더 구체적으로 보자.

집안 살림의 병통에는 7가지가 있다. 도박, 유흥, 음식, 토목공사, 소송, 애호용품 수집, 게으름이다. 이 중에 1가지라도 있으면 모두 집안을 파산시킬 수 있다.

그다음은 자신도 가난하면서 접대에 힘쓰거나, 풍족하고 여유가 있는데도 오히려 남에게 비루하고 옹졸하게 구는 일이다. 이 2가지는 일은 비록 같지 않지만 끝내 생기는 폐해는 조금도 다르지 않다. 다만 느리게 나타나거나 빠르게 나타나는 차이만 있을 뿐이다.

무릇 풍족하고 여유가 있는데 지출하지 않는 일은 폐해가 없는 듯이 보인다. 그러나 이미 풍족하고 여유로우면 다른 사람들은 그가 자신들을 두루 구제해주기를 바라게 된다. 그런데도 지금 사람들에게 무관심하면 인심을 잃게 될 것이다. 인심을 잃어버리고 나면 사람들은 그를 돕지 않고, 오직 그에게 생길 만한 흠집만을 살핀다. 일단 흠집이 생기면 다투어 허물을 들추어 공격하는데, 자손들조차 불만을 품고 있다가 하루아침에 터뜨리니 마치 제방이 무너지듯 하는 사태가 벌어진다. 앞에서 3/10을 남겨둔다고 한 말은 풍족하고 여유가 많은 사람을 위한 조절법이다. 만약 남은 양이 3/10이 되지 않으면 2/10나 1/10만 남겨두어도 괜찮다. 1/10이 되지 않으면 쏨쏨이를 절약해서라도 잉여를 남겨두어 베푸는 데 써야 한다. 그런 뒤에야 집안이 오래갈 수 있다. 그렇지 않으면 하루아침에 뜻밖의 일이 생겨 집안이 반드시 파산할 것이다.

전답도 적고 지출처가 많은 경우에는 다만 마음을 맑게 하고 검소하게 생활하면서 먹고살 길을 마련해야 한다. 손님 접대, 조문과 문병, 계절별로 선물 보내기, 그리고 여러 사람이 모이는 회식은 일체 계획하지 않는다. 이 말은 그 일을 끊어버리라는 의미가 아니라, 재화로 예(禮)를 삼지 말라는 것일 뿐이다. 가령 상가에 조문을 간다면 제일 먼저 가서 맨 나중에 돌아오는 일로 도움을 주며, 손님 접대 시 따뜻한 음식을 대접하지 못하더라도 청담(淸談)을 나누면 그만이다. 부모를 봉양하는 일에 이르러서는 콩죽을 먹고 물만 마시더라도 부모님의 기쁨을 드릴 수 있으면 이것이 '효(孝)'다. 제사는 엄숙한 것이 우선이니, 거친 밥에 채소국만 있더라도 공경하는 마음을 다할 수 있다. 매사가 모두 이와 같다면 사람들은 진실로 나를 책망하지 않을 것이며, 나 또한 마음에 무슨 유감이 있겠는가?[8]

풍족할 때 3/10을 남겨 반드시 주변을 돌아보고 쓰임에 맞게 지출해야 한다는 말이다. 우선 본인에게 계절 대비용이나, 의약 구매나, 손님 접대나, 조문 문병이나 마찬가지다. 다음으로는 주변 이웃과 부족한 사람을 돌아보라고 했다. 가난한 사람뿐만 아니라 훌륭한 선비 중에 곤궁한 자는 미래를 보는 투자가 아닐까. 여행자도 잘 살피라는 말도 그런 맥락으로 이해된다. 이런 행위는 나와 상관없는 남을 돕는다는 것이 아니라 결국 자기를 위한다는 것을 입증하고 있다. 풍족할 때 주변의 인심을 얻어 놓지 않으면 주변 사람들은 결국 내가 언제 실수하거나 잘못으로 망하게 될지 그것만 노리는 사람만으로 가득 차게 된다. 귀기울일 만한 이야기다. 가난한데 무리하게 접대에 힘쓰는 사람도 패가망신이며, 여유가 있는데도 지출하지 않는 사람 역시 하루아침에 망가질 수 있다는 것을 눈에 보이듯이 묘사했다. 결국 가난의 도는 마음을 깨끗이 하는 데 있고, 재부의 도는 사람들과 나눔에 있다.

식(食)과 의(衣) 무엇을 우선할 것인가?

보통 의식주라고 말을 하지만, 좀더 생각해보면 식이 인간의 생존에 더 중요한 것으로 보이는데 어떤 이는 이를 받아들여 '식의주(食衣住)'라는 용어로 바꿔 써야 한다고 주장하기도 한다. 그런데 인간의 삶이란, 자연의 정글에서 혼자 사는 것이 아닌 이상 '사회'라는 인간 집단 속에서의 삶이 문제가 되는 것이다.

이런 관점으로 볼 때 「예규지」에서 옷과 음식 중 무엇이 더 중요한가에 대하여 말한 대목은 상당한 의미가 있다. 곧 가난할 때 의식(衣食) 문제에 대처하는 요령에 대한 흥미로운 기사이다. 음식은 집에서 먹는 것이라 소박하게 먹어도 되지만 옷은 세상 사람에게 보이는 것이라 대충 입을 수 없기 때문에, 가난에 잘 대처하는 자는 음식을 절약하며 그 대신 옷을 잘 갖춰 입는다고 했다.

옷을 마련할 때는 1년의 계획을 세우고, 음식을 먹을 때는 1일의 계획을 세운다. 1일이라도 음식을 거르면 반드시 굶주리게 되지만, 1년 동안 옷을 마련하지 않으면 그래도 집에 있는 헌옷을 빌려 입을 수 있기 때문이다. 거친 음식을 먹어도 다른 사람들은 알 수 없지만, 옷은 겉모습을 꾸며주기 때문에 옷이 해지면 다른 사람들이 반드시 비웃는다. 그러므로 가난에 잘 대처하는 사람은 음식을 절약하여 옷을 갖추는 반면에 가난에 잘 대처하지 못하는 사람은 옷을 저당 잡혀 음식을 사 먹는다.[9]

사회 속에서 사는 개인은 개인의 물리적 생존을 넘는 곳에서 자기의 아이덴티티가 규정될 수도 있음을 지적하고 있다. 옷이라는 물건은 사회의 '가치장(價値場)'에 속한 자기 위계를 결정하는 주요 요인으로 보았다는 점에서 이 기사가 주목되는 것이다. '옷이 날개'라는 속담은 이런 점을 정확히 지적해주는 민중의 지혜였다.

3. 물질의 절약과 그 너머 연계된 행위

풍석은 "잔치는 간소해야 한다."고 했다. 손님 접대를 간소하게 하자는 권유는 허례허식을 타파하자는 취지로 보이지만, 여기에는 깊은 철학적 성찰이 배어 있다. 마음에도 맞고 몸에도 좋고 사람 사귐에도 옳은 일이라는 3가지 측면의 효과를 든 것이다. 이 중 중국 명나라 말기의 관리였던 왕도곤(王道焜)의 『찬객약(饌客約)』에서 인용한 내용은 대강 다음과 같다.

잔치를 너무 거하게 하면 '3가지 옳지 않은 일[三不宜]'을 하게 된다. 고기반찬을 마련하기 위해 동물을 많이 잡게 되는 일이 첫째다. 많은 음식을 만들기 때문에 맛이 없어 먹지 않는 음식이 생기는 일이 둘째다. 가계 예산이 나빠져서 결국 손님을 사양하는 지경에 이르는 일이 셋째다. 이를 극복하기 위해서는 장만할 음식 가짓수를 확 줄여서 '3가지 옳은 일[三宜]'을 실천해야 한다. 생명 아끼는 마음을 실천하는 '마음에 옳은 일[心術宜]'이 첫째다. 모든 음식을 맛있게 먹을 수 있는 '몸에 옳은 일[口體宜]'이 둘째다. 돈 낭비가 없어 손님을 정성껏 대접할 수 있는 '사교에 옳은 일[交誼宜]'이 셋째다.[10]

남보다 뒤지는 대접을 하지 않아야 한다는 허례허식의 강박에서 벗어나면 생명을 아끼는 양심을 보전하면서도 맛있게 음식을 먹을 수 있어 몸에 좋고, 사교적 인간관계 형성에 좋은 영향을 준다는 것이다. 저자는 이러한 행위에 도덕적 판단을 가미해서, 많은 음식 장만을 '옳지 않음'으로, 소략한 음식 장만을 '옳음'으로 이야기하고 있다. 음식이 생존을 위해, 몸의 건강을 위해 먹는 대상으로서만 머물지 않는다는 이같은 입장은 이후에 이어지는 기사에서도 일관되게 유지된다.

1) 절약과 몸의 건강

재화 증식과 나란한 덕목이 절약과 검소다. 서유구는 사회구조의 큰 틀 안에서 빈자는 가난한 대로, 부자는 부유한 대로 적절하게 처신해야 한다고 했다. 인간 생활은 지위에 따라 재화의 소비와 씀씀이 정도가 달라질 수밖에 없다. 그 범위 안에서의 절약과 검소가 요구된다. 생활과 소비가 전제되지 않고 재화 축적 자체가 우선시된다면 그것은 주객이 전도된 꼴이다. 절약과 검소를 기본으로 삼되 그것이 인색이 되어서는 곤란하다.

한편 '낭비' 역시 주어진 자원을 근간으로 생명을 유지하는 인간 존재의 기본 틀을 벗어나는 것이다. 그러므로 인간에게 '검소'라는 덕목은 생활경제의 차원을 넘어서 생명의 안정과 연장을 위한 매우 중요한 행동 방침으로까지 확대된다. 근본적으로 하늘과 땅이 제공하는 자원으로 부를 축적하고 쓰임을 조절하는 존재로서의 인간이 생명활동과 사회활동의 중요 축으로 기대야 할 원칙이다. 이에 절약과 검소를 생활화한 사람은 천지간에 장수할 수 있다는 생각으로 이어진 것이다. 그 일단을 보면 다음과 같다.

인간의 삶에서 옷·음식·재물·녹봉은 모두 정해진 수(數)이다. 만약 검약하여 탐욕스럽지 않으면 수명을 연장할 수 있지만, 반면에 사치스러워 지나치게 구하다가 정해진 양이 바닥나면 끝장이다. 비유하자면 어떤 사람이 돈 1,000문을 가지고 있는데 하루에 100문을 쓰면 10일을 버틸 수 있고, 하루에 50문을 쓰면 20일을 버틸 수 있다. 하지만 제멋대로 탐욕스럽게 사치를 부리다가 즉시 망하게 되는 것은 1,000문을 하루 만에 다 써버린 꼴이다.

혹자가 "청렴하고 검소한데도 수명이 짧은 사람이 있고, 탐욕스럽게 사치스러운데도 수명이 긴 사람이 있는 것은 어째서입니까?"라 물었다. 이에 다음과 같이 대답하였다. "검소한데도 수명이 짧은 사람은 삶의 정해진 수(數)가 짧기 때문이다. 짧은 수를 가진 사람이 만약 더욱 탐욕스럽게 사치했다면 수명은 그보다 더욱 짧아졌을 것이다. 사치했으나 수명이 긴 사람은 삶의 정해진 수가 길기 때문이다. 이런 사람이 만약 청렴하고 검소했다면 수명은 더욱 길어졌을 것이다."[11]

모든 사람이 타고난 정해진 수가 있다는 생각은 사람이 인력으로 어쩔 수 없는 사태에 대해서는 더 말하지 않는다는 유학의 관념과 닿아 있다. 사람이 할 수 있는 일에 주력하자는 뜻이다. 정해진 수에서 더 늘리거나 더 줄이거나 하는 것은 각자의 검소와 청렴에 달려 있다고 했다.

2) 식시삼사

밥 먹을 때 생각하는 3가지, 즉 식시삼사(食時三思)도 절약의 일환이다. 반찬 없이 맨밥을 첫 세 숟갈을 떠먹으면서 생각할 내용이다.

첫술에는 밥의 바른 맛을 알고[知飯之正味],

둘째 술에는 옷과 밥이 어디서 왔는지 생각하고[思衣食之從來],

마지막 셋째 술에는 농부의 고생을 생각하라[思農夫之愁苦].[12]

밥 먹는 행위를 거의 종교화하는 것이 아닌가 생각이 들 정도인데, 사실 이 조항은 선불교의 식시오사(食時五思)에서 왔다. 그것을 훨씬 간결하게 만든 것이다. 서유구는 이렇게 밥을 먹으면 이미 반이나 먹게 되어 나머지도 소략한 반찬으로 해결할 수 있다고 했다. 앞에 나온 잔치에서의 '3가지 옳은 일'과 마찬가지로 물질 절약이라는 틀을 벗어나 나의 생존과 관련된 전체를 돌아보는 계기로 삼자는 뜻으로 읽힌다.

서유구는 또 배부르게 먹는 습관은 위와 장이 커지게 해 음식 소비량이 과도해질 수 있다고 우려를 표시했다. 식사 때 고기를 두 가지 이상 올리지 말고, 또 고기로만 배를 채우지 말라고 권유하기도 했다. 공자의 평소 식생활을 담은 공자가 "고기 음식이 많아도 밥의 기운보다 많지 않게 하라."는 말의 재현이다.[13] 오곡은 토의 덕(德)의 정화라서 사람은 이것에 의지하여 생명을 기르므로 오곡을 공경하고 아껴야 한다는 취지의 말도 남겼다. 절약의 실천은 단지 물질을 아끼는 것을 넘어 자신의 건강, 장수와 함께 생명 세계의 화육에 참여하고 주도하는 복합적이고 중층적 행위가 된다.

2절. 물산과 물류

"삶을 꾸려가는 도는 무역에 있다"

1. 재산을 모으는 법

서유구가 「예규지」에 '화식(貨殖, 재산 모으기)'이라는 대목을 넣은 것은 서유구가 이재(理財)의 기술, 곧 재테크를 얼마나 중시하였는지 잘 보여준다. 서유구는 "관직이 없으면 오로지 화식(貨殖)으로 충당한다."고 했다. 지출 계획에 비해 수입이 부족하면 상업이나 이재 활동으로 재화를 융통해나가야 한다는 것이다. 지출 계획에 상응하는 수입을 가지는 일은 결코 쉽지 않았다. 풍석은 재물을 집에 보관만 할 것이 아니라 적절한 수준의 이자 불리기를 하라고 권했다. 다만 지나치게 많은 자금을 빌려주지 말라고 했다.[14] 아마도 이자율의 상한선을 정하는 일이나 대출인의 신용등급을 정확히 판단하여 대출 규모를 정하는 일의 원형에 해당될 것이다. 고리대 금업은 동서고금을 막론하고 전통시대의 귀족들이 부도덕하다고 천시했던 행위이다. 그럼에도 서유구는 지금의 금융업과도 비슷한 '이자놀이'조차도 생계의 수단으로 적극적으로 활용할 수 있다는 입장을 견지했다.[15]

이러한 서유구의 이재관은 "상업을 말단으로 삼아 가볍게 여기기 때문이다."라는 「예규지」 서문의 진술을 많이 희석시킨다. 『임원경제지』 내에 상공업의 발전이 사회 발전의 근간임을 여러 번 강조했기 때문이다. 뒤에서 보겠지만 서유구는 때로 독점이나 전매를 통한 부의 축적을 허용하는 태도까지 보이기도 한다.

1) 장사의 비법, 공(公)과 성(誠)

서유구는 장사의 비법은 공(公)과 성(誠)이라는 것을 강조한다. 중국의 『인사통(人事通)』, 『원씨세범(袁氏世範)』에 나오는 내용을 두루 인용하여 다음과 같이 정리했다.

- 하찮은 물건을 귀하게 여기고, 귀한 물건을 하찮게 여긴다. (賤之惟貴, 貴之惟賤.)
- 남이 버리는 물건을 내가 갖고 남이 가지려는 물건은 내가 준다. (人棄而我取, 人取而我與.)
- 사계절의 변화를 살펴 한 해의 수확량을 헤아리고, 땅을 고찰하여 지리(地理)의 이로움을 알며, 사람들이 필요한 용품들을 헤아려 알맞은 물건을 분별한다. (察時變而稽歲功, 考方輿以知地利, 度人用以辨物宜.)
- 희한하고 교묘한 물건을 억지로 취하려 하지 않고, 의복을 너무 사치스럽게 입지 않으며, 주색에 함부로 탐닉하지 않는다. (不强取巧索, 不豐侈衣服, 不蕩溺酒色.)
- 부지런하고 검소하다. (克勤克儉.)
- 장사하는 이는 있고 없는 것을 소통하여 자모의 균형을 맞추고자 공(公, 공정함)과 성(誠, 진실함) 두 글자를 벗어나지 않는다. (爲商者, 誠欲通有無, 權子母, 總不出公誠二字.)
- 공정하면 사사로움이 없으니, 시장의 가격이 일정하고 삼척동자도 속임이 없어 시장으로 달려오는 사람들이 흐르는 물처럼 저절로 몰린다. (公則無私, 市價不二, 三尺之童不欺, 趨市者自歸之如流水.)
- 진실하면 거짓이 없으니, 비단 사람들이 그의 후의를 기억할 뿐만 아니라, 천지신명 또한 그를 도울 것이다. (誠則無僞, 不惟人懷其厚, 天地鬼神亦且庇佑矣.)[16]

상인의 덕목으로 공정함과 진실함을 강조했는데 그 공과 성은 사사로움이 없고 속임이 없는 것이다. 무사, 무위는 사실 유학에서 무엇보다 강

〈그림 3–1〉〈태평성시도〉 부분. 중앙 양 쪽에 "교역은 공평한 데서부서 시작되는 것이니, 도량형에 항상 주의해야 할 일이다(交易自無私, 權衡須有意)."가 보인다.

조하는 인의(仁義)와 근본에서 다를 것이 없다. 조선 후기 번화한 도시 풍경을 그린 〈태평성시도〉에서도 비슷한 구절을 확인할 수 있다.[17] 상업과 무역을 주도하는 이가 유학자와 사대부 중에서 나오지 못할 이유가 없는 것이다.

여기서는 '예규'라는 명칭 유래의 주인공이기도 한 '백규'의 상업 철학과 거의 유사한 내용을, 『인사통』을 인용해 소개했다. "천한 것을 귀하게 여기고 귀한 것은 천하게 여겨 남이 버린 것을 내가 취하고 내가 취한 것을 남에게 준다."는 원칙이 그것이다.

2) 사람 관리와 도둑 예방법

자산을 매입하고 관리하는 것은 재산 증식에 가장 긴요하다. 전통시대의 최고 자산은 농지와 노비였다. 서유구는 농지를 매입하는 일과 종을 들이는 일에 대해 매우 구체적인 상황을 들어 조언한다. 소작인과 종을 대우하는 법, 재산 관리 및 상속에 대해서도 주변 사람이나 가족의 원망이 없게 처리하는 처세술을 제시했다. 매사에 본인이 먼저 근면과 검소 두 덕목을 실천할 것을 강조했고, 재산 관리의 실무를 담당하는 유사(집사) 나 종들을 어떻게 들이고 처우해야 하는지를 다뤘다.[18] 이 중에서 사람을 관리하는 법은 어느 시대에나 통용될 수 있는 소중한 경영 기술이 아닐 수 없다.

도둑을 근본에서 막는 법 역시 이런 관점에서 집안 방비를 철저히 하는 것뿐만 아니라, 평소 마을 사람의 인심을 쌓아두는 것이라고 하는 뜻이 자연스럽게 이해된다. 이 논리는 사람의 마음을 심층에서 이해하는 방법으로 더욱 확장해서 가난한 이들이 부끄러워하지 않게 은밀히 곡식을 빌려주는 데까지 나아간다.[19] 문서도 작성하지 않고 이자도 부과하지 않으면서 풍년에 갚도록 한다거나, 집 주변에 공공 건축 사업을 일으켜 가난한 사람들이 일을 하면서 돈을 벌게 해주고 동시에 도둑질 같은 사회적 비행을 미리 차단하도록 하는 것은 고금을 막론하고 모범적인 일로 권장되고 있다. 전통시대부터 널리 알려진 '노블레스 오블리주'의 실천인 것이다. 우리 전통에는 구례 운조루(雲鳥樓) 집안이나 경주 최씨 집안의 가훈들이 유명하다.

2. 조선 물산과 물류

「전어지」에서 우리나라에서 가장 많이 잡히는 어종인 청어와 명태, 그중에서 동해안의 명태 집산지 원산에서 전국의 수요에 따라 물류가 운송되는 모습을 실감나게 묘사하고 있지만(총론부 참조), 그에 대한 조선의 입지 조건도 「예규지」에서 한 번 더 상세하게 설명했다.

우리나라는 길이가 동서로는 1,000리이고 남북으로는 동서의 3배이며, 서울이 그 가운데에 위치한다. 전국의 재화가 서울로 모일 때 그 거리가 가로로 500리를 넘지 않고 세로로 1,000여 리를 넘지 않는다. 또 3면이 바다에 둘러싸여 근해 지역은 각각 배로 다닌다. 그러니 육지를 통해 장사하는 경우 멀어도 6~7일 일정을 넘지 않고 가까우면 2~3일 일정이요, 한쪽 끝에서 다른 한쪽 끝까지 가는 기간은 그 2배이다. 만약 유안(劉晏)[20]이 잘 달리는 사람을 두었던 일처럼 한다면 전국 재화의 가치를 며칠 안에 고루 정리할 수 있을 것이다.[21]

서유구는 이용후생에 도움 되는 것이라면 상당히 과감하게 그 자원을 확대하고자 한다. 특히 전통시대에 널리 받아들여지는 의토성(宜土性)까지도 통렬하게 비판하고 있다. 풍토가 맞지 않아 우리나라에 도입하기 어렵다는 주장은 어불성설이라는 것이다. 다르면 얼마나 다른지 경위도(經緯度)상으로 표기되는 정량적 근거가 필요했다. 서유구는 경위도의 차이가 별로 나지 않는 우리나라는 도리어 중국 일본에 있는 것을 자유롭게 도입하여 생물자원으로 얼마든지 활용할 수 있다는 주장을 편다. 생산력의 발전을 위해서라면 물산과 재화의 수용의 경계를 나라 전체를 넘어 국제적으로 그 한계를 넓히고 있다. 배의 사용과 수레의 이용이 그 중심에 있다. 조선팔도의 물산을 '수레로 얻는 이익'에서는 조선에 수레의 유통이 활발하지 않기 때문에 가난을 면치 못한다는 박제가와 박지원의 논의가 통렬하게 제시되었다.

그러므로 강원도 영동에는 꿀이 나지만 소금은 없고, 평안도에는 철이 나지만 감귤은 없으며, 함경도에는 삼이 잘 되지만 면포는 귀하며, 산골짜기에는 붉은팥이 값싸고 바닷가에는 젓갈이 물릴 정도로 많다.[22]

여기에서 흔한 물건이라도 저기에서는 귀하고, 이름만 듣고 본 적이 없는 이유는 무엇 때문인가? 오직 운반할 힘이 없어 초래된 결과일 뿐이다. 사방 몇 천 리의 넓이인 나라에서 백성의 산업이 이처럼 가난한 이유를 한마디로 정리한다면 수레가 나라 안에서 다니지 않기 때문이라 하겠다.… 사람들은 항상 "우리나라의 험준한 고을은 수레를 쓸 수 없다."라 하는데, 이것이 무슨 뚱딴지같은 말인가? 나라에서 수레를 쓰지 않기 때문에 길이 닦이지 않았을 뿐이다.[23]

배와 수레를 이용한 물류

서유구는 무역의 중요성[質遷]을 맨 앞에 내세웠다. 치생(治生), 곧 살아갈 방도를 마련함에 있어 무역은 반드시 필요하다. 사실 여기에 『임원경제지』 담론의 핵심이 담겨 있지 않을까 한다. 나머지는 오히려 말단이라고 봐도 무방할 것이다. 조선 개혁의 핵심은 호사자들을 지원하고 길러 새로운 종자와 물품을 자유롭게 들여와 생산력을 높이는 데 있다는 것이 서유구의 일관된 논지였다. 스스로 이것을 하고자 하였고 동지들을 설득하였고, 청사진을 제시했으나, 결국 성공하지 못하게 된 것이 조선 멸망의 근저를 이룬 것이 아닐까. 서유구의 어조대로라면 이것은 철론(鐵論)이다.

살아갈 방도를 마련하려면 반드시 무역을 해야 한다. 사람이 이 세상에 살면서 웃어른을 잘 모시고 죽은 사람을 후하게 장사 지내는 일에는 모두 재화가 사용된다. 그런데 재화는 하늘에서 떨어지거나 땅에서 솟아오르지 않으므로 반드시 있는 물건과 없는 물건을 무역하고 운송할 수 있도록 대비해야 한다. 무역의 방법으로는 배가 가장 편리하고, 수레나 말이 그다음이다.

가령 부유한 상인은 남쪽으로는 일본과 무역하고, 북쪽으로는 중국과 무역한다. 여러 해 동안 천하의 물품을 골고루 운반하여 더러는 수

백만금의 돈을 번 사람도 있다. 이들은 서울에 많이 있고, 다음으로는 개성(開城)에 많으며, 또 그다음으로는 경상도의 동래(東萊)·밀양(密陽), 평안도의 의주(義州)·안주(安州)·평양(平壤)이다. 이 지역들은 모두 남북으로 통하는 길이기 때문에 무역할 때마다 희귀한 물건을 획득하니 그들이 얻는 이익은 국내 상업에 비하여 2~5배나 된다.

그러나 사대부는 이런 일을 할 수 없으므로 다만 생선과 소금이 서로 유통되는 곳을 살펴 선박을 두고 이익을 얻어 관혼상제에 필요한 비용을 준비한다면 또한 무슨 해가 되겠는가?[24]

여기서 운송하여 장사하는 무역, 즉 '유통업'의 필요성을 역설했다. 이 가운데 이윤이 가장 큰 것은 선박을 통한 유통이고, 다음은 수레를 활용한 유통이고, 다음은 말을 이용한 유통이다. '배로 얻는 이익'에서는 전국의 강과 바다로 연결되는 선박 유통망을 설명했다. 조선에서 가장 많이 활용되었던 유통수단이다. 밑줄 친 곳의 사대부는 이런 일을 할 수 없다는 말은 인용 문헌인 『팔역가거지』, 곧 『택리지』의 말이 그대로 딸려 온 것으로 서유구의 본뜻이라고 하기가 주저되는 부분이다. 물론 박지원의 『열하일기』의 매점매석을 인용한 곳에서 그 결론 구절을 변경하는 엄청난 일도 감행하곤 하는 서유구이지만, 여기서는 맥락상 직접 배를 몰아 운송하는 일보다는 주요 교통 요지에서 선박을 운용하는 일 정도만으로도 충분하리라 본 듯하다.

물론 서유구의 이런 적극적 사고는 자연 약탈적 개발과는 분명히 구별되어야 할 것이다. 서유구에게는 기본적으로 물산의 활용이 저조한 수준에 머물러 있던 조선의 상황을 이웃 중국이나 일본의 수준만큼이라도 끌어올려놓고자 하는 의도가 더 앞선 것이라 하겠다. 특히 사대부 지식인들의 정보 지체와, 실천적 사유의 결여를 목청 높이 비판하는 데에 중

점이 있는 것이다. 다만 인간의 지위를 여타 동물과 차원이 다른 곳에 올려놓은 유학적 세계관에서 서민 생활의 안정이라는 기본적 수준은 언제든지 도달할 만한 범위 내에 있다. 유학은 인간을 자연의 주인으로서 적극적인 활용과 함께 그에 따른 높은 책임감을 동시에 요구하는 입장으로, 『중용』에서 말한바 천지의 화육과 참찬을 담당하는 대인군자(大人君子)가 그것을 반영한다.

3. 조선팔도의 장시와 전국도로표

서유구는 조선팔도의 물산을 개괄하면서 토질, 지리, 인구, 수확량, 주 생업, 부유함 여부, 특산물, 특정 풍속 등을 소개했다. 이익(李瀷, 1681-1763)의 『성호사설』「생재(生財)」에서 왔지만, 이익이 저술한 취지와 서유구가 이 글을 인용했던 취지는 많이 다르다. 이익의 의도는 좋은 관리를 등용하여 가난한 나라에서 벗어나야 한다는 사회적 해결책에 역점을 두었다면 서유구의 의도는 조선의 물산을 자세히 소개함으로써 민간에서부터 상업을 장려하고 재산을 늘리도록 하는 데에 있었던 것이다. 이익의 주된 목적은 실용적 지식의 정리, 생산력 향상, 재산 증식보다는 사회적·정치적 개혁을 통한 수탈의 방지에 있었던 반면, 서유구는 「생재」의 본문 정보만을 인용하여 본인의 「예규지」 서술 의도에 맞추었다. 본인이 필요한 대목만을 취하거나 심지어 원문을 수정하면서 자신의 구상에 철저히 부합시킨 것을 보면 서유구의 저술 태도가 분명히 드러난다.

또 경기(39곳)·충청(52곳)·전라(54곳)·경상(71곳)·강원(26곳)·황해(23곳)·평안(42곳)·함경(24곳) 등 총 331곳의 자연물·농산품·공산품을 나열한 곳은 모두 『여지도서(輿地圖書)』(1757~1765년 저술)에서 인용하고 있는데, 이 책은 18세기 중엽 조선 각지의 물산을 파악하는 데 중요한 자료가 된다. 그런데 서유구는 여기서도 물산 품목을 『여지도서』에서 그대로 인용하지 않았다. 「예규지」에 실린 품목 중 전체의 34%는 인용문에 없던 물품으로, 서유구가 추가하여 새롭게 저술한 것이다.[25] 그 분량은 적지 않았다. 18세기 중엽의 거래 산물에 머물지 않고, 19세기 전반 현실의 물품 현황을 최대한 반영한 결과인 것이다.

서유구는 팔도의 주(州)와 군(郡)에 열리는 장과 장날, 읍내에서 해당 장터까지의 거리, 거래 물품 목록을 팔도장시에 일일이 정리했다. 이것은 서유구 자신의 저술인 『금화경독기』에서 인용한 정보인데, 어떻게 전국의 자료를 이렇게 자세히 조사했는지는 미상이다. 호남 관찰사 등의 관직을 수행하면서 기초 자료를 확보하고 전국 물류의 유통망을 파악한 것이 아닐까 추측된다. 이어지는 '전국거리표'는 주요 7개의 도로 정보와 리수, 팔도 각 지역의 상호 거리 정보를 촘촘하게 표로 작성하였다(「예규지2」 출판본 참조). 이 역시 팔도 물류를 적시적소에 수급할 수 있도록, 그 실행자들이 편리하게 이용하는 데 도움을 주기 위해 제작되었다.

아래 표는 경기(34/92)·충청(53/158)·전라(53/187)·경상(71/269)·강원(26/51)·황해(23/109)·평안(42/145)·함경(14/42) 등 총 316개의 지역에서 개장되는 시장 총 1,053곳의 개황과 경기도의 군현 지역 내 개설 시장을 표로 나타낸 것이다.(표 3-1, 3-2) 장은 대부분은 5일장이지만 10일장인 곳도 있다. 간행본에는 해당 지역마다 거래되는 주요 물산들도 소상히 수록되었다. 당시 전국 물산의 유통과 거래의 증거가 될 것이다. 말미에는 전국 도로거리표와 팔도의 열읍상거리표를 거리와 경위도를 함께 제시하였다. 조선의 지리 정보를 마치 손바닥 들여 보는 듯하다.(그림 3-2)

〈표 3-1〉 조선팔도 시장 현황

순서	팔도	군현 수	시장 수
1	경기	34	92
2	충청	53	158
3	전라	53	187
4	경상	71	269
5	강원	26	51
6	황해	23	109
7	평안	42	145
8	함경	14	42
합계		316	1,053

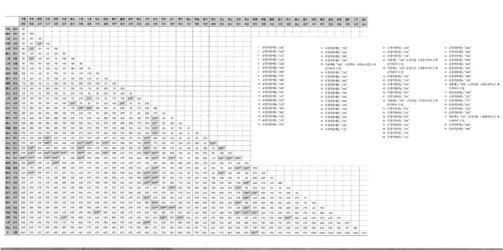

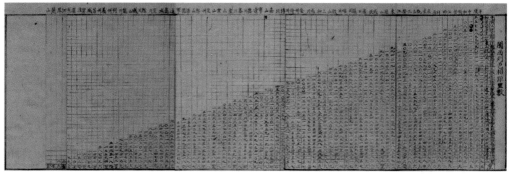

〈그림 3-2〉 평안도 열읍상거리표(위)와 원본(아래, 출처: 「예규지」 권5)

순서	지	개설 시장	시장
1	양주	가라비장, 신천장, 동두천장, 마석우장	4
2	여주	주내장, 억억장, 곡수장, 신은천장, 궁리장	5
3	파주	봉일천장, 문산포장, 눌노장, 원기장	4
4	광주	성내장, 송파장, 사평장, 경안장, 곤지애장, 우천장	7
5	수원	부내장(북문 밖), 부내장(남문 밖), 오산장	3
6	강화	남문외장	1
7	교동	부내장	1
8	남양	부내장, 용교장, 신기장	3
9	인천	소암장, 사천장	2
10	부평	발라장	1
11	죽산	부내장, 이실장, 배감장, 주천장	4
12	통진	원통리장, 오라리장	2
13	장단	부내장, 사천장, 사미천장, 구화장, 고랑포장, 도정장	6
14	이천	부내장, 군량장, 판교장	3
15	안성	군내장	1
16	안산	상직곶리장, 석곡산대장	2
17	양근	사탄장, 가좌곡장, 심리장, 미원리장	4
18	김포	신장	1
19	고양	신원장, 휴암장, 사포장, 덕은리장, 덕수천장, 이패리장, 행주장, 염포장, 하패리장	9
20	가평	군내장, 신복장	2
21	삭녕	수욱장, 석교장	2
22	마전	유림진장	1
23	교하	신화리장, 삽교장	2
24	용인	현내장, 김량장, 도촌장	3
25	진위	신장	1
26	영평	현내장, 물은담장	2
27	지평	전곡장, 곡수장, 유평장, 부연장	4
28	음죽	장호원장	1
29	과천	군포장, 안양장	2
30	양성	현내장, 소사장	2
31	포천	송우장	1
32	적성	두일장, 오목천장, 입암장	3
33	연천	차탄장, 신설장	2
34	양지	개천장	1
합 계			92

4. 매점매석, 각화(榷貨)에 대한 서유구의 입장

풍석의 독특한 주장 중 매점매석을 옹호 내지는 허용하는 발언이 「예규지」 내에 있어서 특히 주목된다. 다음은 박지원 『열하일기』 내용을 인용한 것이다.

> 우리나라는 배가 외국과 통하지 않고, 수레는 나라 안에 다니지 않는다. 그러므로 온갖 물건이 그 산지 안에서 생산되어 그 안에서 소비된다. 무릇 천금(金)은 적은 재화라 물건을 다 사기에는 충분하지 않다. 그러나 이를 열로 쪼개면 백금이 열 개가 되어, 충분히 10가지 물건을 살 수 있다. 물건이 가벼우면 옮기기 쉬우므로 1가지 재화에서 비록 손해를 보더라도 9가지 재화에서 이문을 남긴다. 이는 통상적으로 이익을 내는 방법으로, 소상인의 장사이다.
>
> 만약 만금을 가지면 물건을 다 사기에 충분하다. 그러므로 수레에 실었던 물건을 통째로 사고, 배에 실었던 물건을 통째로 사고, 한 고을의 물건을 모조리 산다. 이는 마치 그물에 촘촘한 그물코가 있어서 물고기를 모조리 잡아들이는 방법과도 같다. 육지의 산물 만 가지 중에 하나를 매점하거나, 수산물 만 가지 중에 하나를 매점하거나, 의원의 약재 만 가지 중에 하나를 매점하여 그 한 가지 물품을 스톱시키면 모든 재화 유통이 멎어버리게 될 것이다. 이는 부유한 상인의 매점매석(榷貨)이다.[26]

이상에서 설명한 물품전매법은 사실 『열하일기·옥갑야화』 중 「허생전(許生傳)」으로 더 잘 알려진 부분의 인용이다. 허생이 돈을 빌린 변씨(卞氏)에게 억만금을 벌게 된 방법을 이야기하는 과정에서 한 말이다. 문제는 맨 마지막 구절인데, 「예규지」에서 서유구는 "이는 큰 상인이 각화하는 방법이다(此大賈之權貨者也)."라고 하여 큰 상인이 만금으로 물건을 전매하는 행위를 별다른 가치 판단 없이 서술하고 있는 점이다. 오히려 앞뒤의 맥락으로 보면 소인 장사치(小人之賈)와 대비된 큰 상인의 남다른 장시 비법으로 옹호되고 있는 느낌을 준다. 반대로 『열하일기』 「허생전」의 원문에는 "이는 백성을 해치는 방법이다. 후세에 물가를 담당하는 관리가 만약 내가 썼던 방법을 쓴다면 반드시 그 나라를 병들게 할 것이다(此賊民之道也, 後世有司者, 如有用我道, 必病其國)."라고 했다. 서유구가 인용하면서 결론 부분을 전혀 달리 바꾼 것이다. 서유구는 왜 박지원이 "백성을 해치는 방법"이라고 한 것을 "큰 상인이 각화하는 방법"이라고 수정했을까? 박지원에게는 국가가 경제를 해칠 만한 행위가 서유구에게는 사대부가 하더라도 문제없는 방법으로 이해된 과정이야말로 궁금한 대목이 아닐 수 없다. 이에 대해서는 유수원(柳壽垣, 1694-1755)이 『우서(迂書)』와 연결점을 제시한 최근 이헌창의 설명이 있다. 유수원이 비록 1755년 역모 혐의로 처형되어 1908년에야 억울함이 풀린 저간의 상황을 보면, 서유구가 『임원경제지』에서 『우서』를 직접 인용하기는 쉽지 않았을 것이고 그 취지만을 박지원의 글을 일부 수정하는 선으로 담아냈다는 것이다.[27] 「예규지」는 보이지 않게 『우서』까지도 잇고 있었다. 서유구는 매점매석의 상업 행위를 사대부에게 권장했던 유수원의 입장을 따랐을 수 있다. 큰 상인들이 하고 있는 물품전매법을 사대부가 해도 무방하다는 입장에 가깝다. 앞에서 물고기를 그물로 낚는 비유를 보면, 「전어지」에서 해안의 어업 부호들이 많은 돈을 들여 거대한 그물을 만들고 계절에 따라 움직이는 물고기 떼를 한꺼번에 잡아서 거대한 부를 쌓는다는 예시를 한 것도 그 맥락이 이와 비슷하다.[28]

대체로 바닷고기는 어족이 다양하고 다니는 데는 길이 있다. 북해에서는 청어(鯖魚)·북어(北魚)가 가장 좋고 연어(鰱魚)·방어(魴魚)·접어(鰈魚)·화어(鮬魚)가 그다음이다. 남서해에서는 청어(鯖魚)·석수어(石首魚)가 가장 좋고 시어(鰣魚)·민어(民魚)가 그다음이다. 고기가 오는 때는 철이 있고 다니는 데는 길이 있으므로, 그때에 맞추어 그 길을 막으면 한 떼의 물고기가 모조리 그물로 들어온다. 그러므로 그물이 매우 크지 않으면 고기를 다 잡을 수 없고 배가 아주 크지 않으면 그물을 견디어 낼 수가 없다. 해변의 부호들은 매번 천금을 써서 배를 만들고 그물을 만드는데, 한 해에 잡는 고기가 왕왕 놀랍게도 거만(巨萬)에 이른다.[29]

『난호어목지』

여기서 해변의 부호들이 하는 행태야말로 정확히 물고기 떼의 매점매석이다. 보통의 상인은 보통의 이득밖에 얻을 수 없고, 대상인이어야 큰 이득을 볼 수 있는 상황이 된 것이다. 요컨대 서유구의 생산력 증대, 부의 축적, 무역의 확대, 호사자의 활약, 새로운 방법론의 적용 등은 일관된 흐름이 있다. 이는 무엇보다 당대 조선이 처한 현실을 과감히 변화시키려는 목표가 분명한 것이었다.

3절. 지리와 입지

"물과 흙[水土]이 좋으면 그만이다"

1. 좋은 터를 잡는 기준

'상택(相宅)'은 '살 곳[宅]을 살핀다[相]'는 뜻이다. 서유구는 전통적으로 감여가(堪輿家), 풍수가들이 행하는 오행(五行)과 육기(六氣)의 운행을 살피는 행위를 경계했다. 술수(術數)는 군자가 취할 일이 아니라는 것이다[術數君

子所不取也]. 명확하고 확실한 방법만을 골라 세상에 실행해도 모자랄 판에, 굳이 논란이 많고 시비가 판가름나지 않은 설들을 힘들여 좇을 이유가 없다. 유교는 상식과 평상의 학문이다. 공자에서부터 죽음에 대한 이야기, 귀신에 대한 이야기가 나올 때면 삶도 다 알지 못하는데 죽음을 어찌 알겠으며, 사람도 다 섬기지 못하는데 귀신까지 어찌 다 섬기겠느냐고 반문하면서 모두 상식과 합리의 선에서 대처하도록 가르쳤다.[30]

풍수에 대해서도 그렇다. 서유구는 공자 이후 유학의 부흥에 선구적 역할을 한 한유(韓愈)의 예를 들면서, 진정으로 살펴야 할 점은 이런 불확실한 설이 아니라 오로지 살 곳이 추운지 따뜻한지, 물이 좋은지 여부 정도면 된다고 했다. 환경이 적당한지를 살펴 몸을 의탁하면 될 뿐, 여기에 지기(地氣)의 쇠락왕성, 인간세상의 화복(禍福)을 말하는 술수를 따질 필요가 없다는 것이다. 조선에서 살기 좋은 전국의 명당을 모두 거론한 곳에서도 명당은 이런 취지에서 찾아야 한다고 특기했다. 터 잡을 때의 기준은 물과 흙인 것이다.

한유(韓愈)는 「송이원반곡서(送李愿盤谷序)」의 서두에서 "샘물이 달고, 흙이 비옥하다."라고 노래했으니, 나는 이 내용을 통해 한유가 상택의 정수[相宅三昧]를 가장 잘 얻었다고 본다.

샘물이 달지 않으면 질병이 많이 생기고, 흙이 비옥하지 않으면 작물이 제대로 자라지 않는다. 설령 집터의 음양과 향배(向背)가 풍수가의 집터 고르는 법에 모두 부합된다 해도 어찌 막연하여 알 수 없는 장래의 화복(禍福) 때문에 눈앞의 절실한 이익과 손해의 문제를 외면할 수 있겠는가? 그러므로 집터와 전답을 마련할 때 샘물이 달고 흙이 비옥한 땅을 찾았다면, 다른 요건들은 모두 물어볼 필요도 없다.[31]

서유구는 풍수라고 하면 그것이 무슨 대단하고 심오한 이론을 밑바탕에 깔고 있어야 한다는 당대의 믿음이 근거 없다고 보고, 거주지를 선택하는 일은 상식적 감각에서 출발해야 한다고 주장한다. 사는 데 주변 환경이 크게 무리가 없는 곳을 찾을 것을 강조한 그의 주장은, 합리적 선에서 이해될 만한 것을 빠짐없이 포함시키는 것과 나란히 간다. 대표적으로 남향집과 같은 것이다. 그는 전통적 풍수 내용 중에서 건물이 남향이면 가장 좋다는 말은 대체로 받아들인다. 그런데 만약 그것이 어렵다면 문이나 창문만은 꼭 남향으로 내야 한다는 정도로 융통성을 발휘할 수 있을 것이라고 본인의 목소리로 밝혔다[論居室宜向南].

> 인가의 방은 남향이 가장 좋고, 동향이 그다음이며, 북향이 또 그다음이지만, 절대로 서향으로 지어서는 안 된다. 문이 서쪽을 향하면 이롭지 못한 점이 많기 때문이다.[32]

> 사람이 사는 방은 반드시 남향으로 지어서 양기를 받아들이게 해야 한다. 집터가 자좌(子坐, 정남향 자리)나 유좌(酉坐, 동쪽 자리)나 또는 묘좌(卯坐, 서쪽 자리)나 상관없이, 일반적으로 사람이 사는 방에 관계된 것이라면 모두 남향으로 낸 창이 없어서는 안 된다.[33]

서유구 식 조선 명당론

서유구의 터 보는 방법, 상택 기술은 결국 이 범위를 넘지 않는다. 전통적 풍수 이론 중에서 유념할 만한 것은 알맹이를 뽑되 현실적 조건 하에서 융통성을 가미한다. 그리고 과도하게 길흉화복의 결과를 연계시키는 이론적 요소는 과감하게 끊어버린다. 우리가 풍수 관련해서 기억하고 있는 여말의 승려 도선(道詵)의 이론이나 조선 건국 시 한양의 도읍지를 정

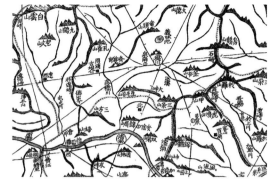

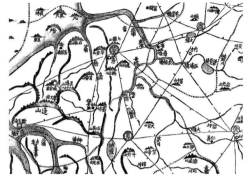

〈그림 3-3〉 제천 의림지 부근 (대동여지도 부분) 〈그림 3-4〉 김제 벽골제 눌제 근처 (대동여지도 부분)

하는 과정에서 무학대사(無學大師)나 하륜(河崙)의 일화, 조선 말기 흥선대
원군의 아버지 남연군(南延君)의 묏자리 선택과 관련된 이야기는 『임원경
제지』「상택지」에는 취급하지 않는다.

　대신 '살기 좋은 명당 품평[名基品第]'에서 조선의 강·계곡·산골·호수·
바다 근처의 거주지 중 좋은 곳들을 자세하게 소개한다. 강 인근 지역으
로는 평양 외성, 춘천 우두촌, 여주읍 등이 좋은 곳이고, 계곡 인근 지역
으로는 예안 도산, 안동 하회, 안동 임하 등을 최상급으로 평가했다. 산
골로는 금강산·설악산·오대산·태백산·소백산·속리산·덕유산·지리산
을 8대 명산으로 꼽았으나, 이곳이 유람하기는 좋아도 영구히 살 곳은 아
니라 했다. 역시 먹고사는 데 중요한 생업과 교통의 요소를 중시했기 때
문이리라. 또 강과 호수 근처 지역으로는 관동의 6대 호수(삼일포·경포대·
시중대·화담·영랑호·청초호)를 꼽았으나, 이곳 역시 농지가 부족하고 바다
와 접하고 있어 유람하기는 좋지만 살 곳은 아니라고 평가했다. 반면 홍
주 합덕제, 제천 의림지, 익산 황등제, 김제 벽골제, 고부 눌제, 광주(光州)
경양호, 용궁 공검지, 연안 와룡지(즉 남대지) 같은 큰 저수지 근처는 생
업에 유리한 곳이라 앞의 지역과 구별하여 좋은 평가를 내렸다.(그림 3-3,

3-4 참조)[34]

바다 근처에 대해서 조선은 삼면이 바다라 연해지역이 많다면서도 이곳을 거주지로 삼는 데는 부정적이었다. 왜냐하면 이 역시 생업 조건이나 안전에 문제가 있었기 때문이다. 영남·호남의 바다 주변이나 섬은 산람장기(山嵐瘴氣)나 벌레, 뱀에 고초를 당하는 데다 왜구와 가깝고, 서해는 중국의 어선이 무시로 들락거려 불안해 살 만하지 않다고 했다. 하지만 그중에서도 국방의 요충으로 비교적 안전한 곳이라고 할 수 있는 강화도와 대부도 두 곳을 살기 좋은 곳으로 평했다. 또 통진(지금의 김포) 십승정, 충청도 내포, 황해도 연안·배천 역시 살 만한 곳으로 품등을 했다.[35] 종합하자면 바다 근처보다는 강 근처가, 강 근처보다는 계곡 근처가 살기 좋다는 것이 서유구가 「상택지」에서 보는 조선의 지리와 생업과의 관계에 대한 총평이었다.

2. 생업의 조건

사람이 세상에 태어나 인간다운 생활을 하는 데에는, 곧 산 사람을 봉양하고 죽은 이를 장례 지내는 데는 모두 재화가 필요하다. 그 재화를 생산하는 방법으로 서유구는 토지가 비옥한 것이 가장 좋고, 배나 수레로 물건을 운송하여 파는 것이 그다음이라고 했다. 바로 생리요, 지리다. 그다음에는 마을의 풍속과 사람들의 인심이 후해야 좋다고 했다.[36]

생리가 곧 농사다. 옛사람들이 살 곳을 고를 때는 반드시 논과 밭이 비옥한 곳을 먼저 택했다는 사실을 들면서, 만약 논밭이 비옥하지 않다면 비록 쌓아놓은 재물이 천만금이라 하더라도 결국 자신의 소유가 아닌 것이라고 했다.[37] 토지 비옥도를 판단하는 기준으로 논은 볍씨 한 말을 뿌려 재배하는 한 마지기[斗落]에서 쌀 60말을 수확하는 농지가 상등(上等)이고, 쌀 40~50말을 수확하는 농지가 그다음이며, 쌀 30말 이하를 수확하는 농지는 척박한 농지이다. 밭은 1일경(日耕, 하루갈이)의 면적당 조 30석을 수확하는 토지가 상등이고, 조 20석을 수확하는 토지가 그다음이다, 조 3~5석을 수확하는 토지는 척박한 토지로, 이런 곳에서는 누구도 살 수 없다고 했다.[38]

지리가 곧 장사다. 물건을 운송하여 파는 수단은 말이 수레만 못하고, 수레가 배만 못하다. 그러므로 거주지가 강이나 바다에 가까우면 배들이 다니는 곳과 통하고, 여러 큰 읍의 재화가 모여드는 곳과 통하므로, 이런 곳에서는 모두 값이 비쌀 때 내다팔고 값이 쌀 때 사들이는 상술을 부려볼 만하다. 우리나라는 동쪽·서쪽·남쪽이 모두 바다라 강과 바다가 만나는 곳에 이익이 넘쳐나는데, 특히 한강, 금강, 낙동강이 3대 물류 중심이라고 평가했다. 예를 들어 경상도 낙동강의 김해(金海) 칠성포(七星浦)는 북쪽으로 상주까지 올라가고, 서쪽으로 진주까지 연결되어 물산의 집결지라고 평가했다.[39]

그다음 인심이다. 공자는 "인심이 인(仁)한 마을에 살기가 좋다. 살 곳을 고를 때 인한 곳에 살지 않으면 어찌 지혜롭다고 하겠는가?"라 했고, 맹자의 어머니도 좋은 마을을 찾아 3번이나 이사하며 아들을 교육한 점을 들었다. 좋은 풍속이 없는 마을은 자신에게 해로울 뿐만 아니라, 자손 또한 나쁜 풍속에 물들어 그릇된 길로 빠질 우려가 있으므로, 반드시 좋은 풍속을 살펴 선택해야 한다고 했다.

한편 피해야 할 곳을 또 다음과 같이 정리했다.

① 사묘(寺廟)와 신불(神佛, 신이나 부처를 모시는 곳)의 주변
② 높은 벼슬아치와 부자의 옆집
③ 앞뒤로 강과 가까운 곳
④ 초가집이 옹기종기 모여 있는 곳

⑤ 흉포한 자들의 소굴이 있는 땅

⑥ 창녀와 광대들이 섞여 있는 곳

⑦ 젊은 과부와 탕자(蕩子; 방탕하게 노는 사람)가 사는 곳[40]

이런 곳은 비록 꼭 사고가 생기지는 않더라도 다만 그곳의 기운이 나를 억누르고, 그곳의 분위기가 나를 뒤틀리게 하며, 그 바닥의 논리가 벌써 나를 어긋나게 한다고 했다. 이런 곳은 애초에 멀리하여 후환을 미리 방지해야 할 것이며, 반대로 순박하고 선량한 풍속이 있는 마을의 이웃들은 덕(德)에 부합하고 인(仁)에 부합하여 자신도 모르게 즐겁고 편안한 복을 누리게 된다고 했다. 또한 "재화와 이익이 모여드는 곳은 살면 안 된다."고 하는 상반된 논의가 있는데, "배나 수레가 모여드는 곳이나 시장의 이익을 다투는 곳은 번잡하고 시끄러워 싫증이 날 뿐만 아니라 민가의 풍속 또한 결코 아름답지 않다."고 하는 논의가 동시에 나온다.[41] 생리와 인심이 조화를 이루어야 한다는 말이다.

이와 같이 일반론을 정리하고 구체적으로 조선팔도의 풍속을 개론하였다. 이 내용은 이중환의 『택리지』(『팔역가거지』라고도 함)를 인용하였다. 당시의 인심과 풍속을 가감 없이 서술한 것으로 당대에 많은 공감을 얻고 있었던 듯하다.

평안도는 인심이 순박하고 후하다. 그다음으로 경상도는 풍속이 소박하고 진실됨을 지향한다. 함경도는 여진(女眞)과 국경을 접하고 있어 백성이 모두 굳세고 날쌔다. 황해도는 산수가 험준해서 백성이 대부분 거칠고 사납다. 강원도는 산골에 사는 백성이 대부분 굼뜨다. 전라도는 오로지 교활함을 지향하여 그릇된 일에 동요하기 쉽다. 경기도는 도성 밖 시골 고을에 사는 백성의 생활이 피폐하다. 충청도는 오로지

이익과 권세만을 쫓는다. 이것이 팔도 인심의 대략이다.[42]

그 외 피해야 하는 땅의 형세로, 사방의 산이 높이 솟아 해가 늦게 떴다가 일찍 지는 곳, 북두칠성이 보이지 않아 신령스런 빛이 적고 음기(陰氣)가 쉽게 침입하는 곳, 종교 시설이나 대장간이 들어선 곳, 황폐한 곳, 전쟁터였던 곳, 지형 조건이 편안하지 못한 곳 등을 들었다. 또 경치가 좋더라도 생업 조건이 좋지 않은 곳은 별장을 두는 편을 권했는데, 역시 여유가 있는 사대부의 입장을 반영한 것으로 보인다.[43]

3. 좋은 물 찾기[44]

서유구가 상택의 조건으로 특히 중요시한 '물과 흙'에 대해 좀더 살펴보자. 서유구는 집터를 살필 때 물이 달고 땅이 기름지면 다른 조건은 따질 것도 없다고 했다. 이런 생각을 이어서 구체적으로 좋은 물과 흙 살피는 법을 제시했다. 물에 대해서는 「정조지」, 「보양지」와 「이운지」에서도 다른 각도에서 다루고 있어 상호 참조의 방식으로 접근해보려 한다.

음식을 다룬 「정조지」의 맨 처음에 물에 대해 총론적으로 개관했다[總水]. 그만큼 중요한 것이다. 여기서도 역시 물과 흙이 사람의 건강을 결정하는 핵심 요소라고 하는 말이 나온다. 사람의 몸의 건강은 태어난 곳의 물과 흙에 달렸다는 것이다.

> 하늘은 사람을 낳고 (사람을) 물과 곡식으로 기른다. 그러므로 "몸에 물이 없으면 혈(血)이 흩어지고 곡기가 없으면 기(氣)가 사라진다."라 했다. 장중경(張仲景)은 "물이 경락(經絡)에 들어가야 피가 생겨나고, 곡식이 위장에 들어가야 맥이 돈다."라 했으니, 물이 사람에게 또한 어찌 중요하지 않겠는가! 그러므로 사람의 체격의 대소와 수명의 장단은 거

의 태어난 곳의 물과 흙에서 받는 자양이 다른 때문이다. 이는 남방과 북방의 물과 흙과 그 인물의 실상을 징험해보면 알 수 있다.[45]

「보양지」에서는 여러 가지 물이 가진 효능을 말한다. 그중 정화수(井華水)는 그 자체로 온전하고 훌륭한 약이 된다고 했다.

새벽에 처음 길어낸 우물물을 깨끗한 그릇에 담고 몇 번 끓어오르도록 데운 뒤, 천천히 마시면서 입안을 헹구어 넘기는데, 이를 '진일음자(眞一飮子)'라 한다. 대개 천일(天一)이 물을 낳고, 사람의 야기(夜氣)는 자시(子時, 오후 11시~오전 1시)에 생긴다. 아침에 곡기가 들어가기 전 배 속이 비어 있을 때 복용하면 오래 쌓인 담음(痰飮)을 제거하고 몸에 스며서 운화(運化)의 근원을 돕는다.[46]

물이 가지는 특별한 공능이다. 좋은 물이 있는 곳은 사람의 건강한 삶을 보증하는 것이나 마찬가지다.
또 「이운지」에서 샘물은 달고(甘) 차갑고(寒) 향기가 있는 것(香)을 각각 최고의 물로 쳤다.

샘물은 단맛이 나는 것을 최상으로 삼는데, 단맛이 나는 물은 무게를 재보면 반드시 무겁다. 그 까닭은 물이 유래한 곳이 멀고 깊어서 그렇다.
샘물은 짙푸른 색이고 차갑지가 않으면 모두 하품이다. 『주역』[47]에 이르길, "우물이 깨끗하고 차가운 샘물이라야 먹는다."고 하였으니, 우물물은 차가워야 좋다는 것을 알 수 있다.
샘물이 달고 차가운 것은 향기 또한 짙으니, 그 기운이 비슷한 것들이

서로 만나 어울리기 때문이다.[48]

특히 수질을 시험하여 좋은 물과 그렇지 않은 물을 가리는 5가지 방법을 설명했는데 끓이거나, 햇빛에 비추거나, 맛보거나, 무게를 달거나, 흰종이로 담가보는 등의 방법을 제시했다.

― 수질 시험하는 법

첫째, 물을 끓여 시험하기(煮試): 맑은 물을 가져다 깨끗한 그릇에 넣어 푹 끓이고, 이를 흰 자기에 부은 다음 물이 맑게 가라앉을 때 아래에 모래흙이 남아 있으면 이는 수질이 나쁜 것이다. 반면에 수질이 좋으면 찌꺼기가 없다. 수질이 좋은 경우 그 물로 음식물을 끓이면 쉽게 익는다.

둘째, 햇빛에 비추어 시험하기(日試): 맑은 물을 흰 자기 속에 넣고, 해가 비치는 곳에 두어 햇빛이 물속을 똑바로 비추게 한다. 물속을 비추는 햇빛을 바라보았을 때 만약 아지랑이가 피어오르는 듯이 먼지가 자욱하게 끼어 있으면 이는 수질이 나쁜 것이다. 수질이 좋으면 바닥까지 보일 만큼 맑다.

셋째, 맛으로 시험하기(味試): 물은 원행(元行)[49]이다. 원행은 아무 맛이 없으므로, 먹었을 때 아무 맛이 없으면(無味) 진짜배기 물(眞水)이다. 맛은 모두 외부 물질과 결합되어 느끼는 감각이다. 그러므로 수질을 시험할 때는 맛의 담박함을 기준으로 삼는다. 맛이 좋은 물(佳味)이 그다음이며, 맛이 나쁜 물(惡味)이 가장 좋지 않다.

넷째, 무게를 재어 시험하기(稱試): 각 종류의 물이 있어서 이 물의 수질을 분별하려 할 때는 그릇 하나에 번갈아 물을 따르면서 무게를 잰다. 무게가 가벼우면 상품이다.

다섯째, 종이나 비단으로 시험하기(紙帛試): 색이 밝고 흰 종이나 비단을 물에 담가 말렸을 때 아무 흔적도 없으면 상품이다.[50]

물론 모든 경우에 이와 같은 5가지 시험법을 사용하여 수질의 우열을 비교해 가려내야 한다는 것은 아니다. 단지 집터를 살피는 사람이 다른 조건이 비슷한 두 곳을 두고 선택해야 할 상황에서 수질을 평가 잣대로 권했다. 이 내용은 한역서학서 중의 하나인 『태서수법(泰西水法)』의 부록인 「수법부여」에서 인용한 것이다. 또 『임원경제지』 「이운지」의 '물의 품등'과도 참조해서 살펴보라는 서유구의 안설도 함께 보인다. 그런데 무게가 무거운 물이 좋은지, 가벼운 물이 좋은지는 논란이 있었다. 『태서수법』은 무거운 것이 좋다고 한 데 반해 중국의 건륭제가 편찬한 『건륭어제집(乾隆御製集)』은 가벼운 것이 상등이라고 했던 것이 있다. 서유구는 어떤 한쪽이 맞다고 판별하지 않고 『건륭어제집』의 내용을 대등하게 서술해두었다.

『태서수법(泰西水法)』에 물이 좋고 나쁜 것을 시험하는 법이 있는데, "아무 맛이 없는 물이 참된 물이다. 맛은 모두 외부로부터 더해진 것이므로 물을 시험할 때는 담백함을 주로 삼는다."고 했다. 또 "그릇 하나에 번갈아 물을 떠서 무게를 재는데, 무게가 가벼우면 상등이다."고 했다. 그런데 『건륭어제집(乾隆御製集)』에는 "물은 가벼운 것이 좋은데, 일찍이 은으로 구기[斗, 자루가 달린 용기]를 만들어서, 옥천(玉泉) 물의 1구기 무게 1냥(兩)과 비교해보니, 오직 북쪽 변경 이손(伊遜)의 물이 그나마 여기에 견줄 만하고, 제남(濟南)의 진주천(珍珠泉)과 양자강(楊子江)의 중냉천(中冷泉)은 모두 옥천의 물에 비하여 1~2리(釐) 정도 더 무거웠다. 혜산천(惠山泉)·호포천(虎跑泉)·평산천(平山泉)의 물은 훨씬 더

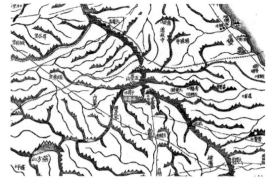

〈그림 3-5〉 우통수 〈대동여지도〉 부분(왼쪽)과 우통수 현장 사진(출처: 국가문화유산포털)

무거웠다.[51] 옥천의 물보다 가벼운 물은 오직 설수(雪水, 눈 녹인 물)와 하로(荷露, 연잎에 맺힌 이슬)뿐이었다."라고 했으니, 『태서수법』의 언급과 상반된다.[52]

중국 각지의 물의 품등을 무게로 재어 사실적으로 비교한 점이 인상적이다. 그중 옥천과 이손의 물이 가장 가벼워서 좋다고 했다. 서유구는 서양에서 들어온 방법과 중국 건륭제 때 기록된 방법이 각각 근원적으로 방향이 다른 점을 지적하며 누가 옳은지에 대한 판단을 미루었다. 서유구의 고증이 빛나는 부분이다. 「상택지」의 물 선택의 지식이 「이운지」의 최고의 물 찾기로 이어지고, 「정조지」, 「보양지」의 효능으로 연계되고 있는 모습을 보았다. 동서고금의 지식 경쟁의 무대 위에 서학한역서 『태서수법』의 서양 지식과 청 건륭제의 『어제집』의 중국 전역의 지식까지 포괄하는 장쾌한 지식의 향연이 펼쳐지는 곳이 바로 조선의 『임원경제지』다.

조선의 7대 강 중 한강의 물맛이 가장 좋다는 서유구의 평가도 음미해 볼 만하다. 한강은 해동(海東)에서 물맛이 최고인 오대산 우통수(于筒水)에서 발원하는데, 이 물은 특이하게도 온갖 냇물이 합류해 흘러가더라도 다른 물과 섞이지 않고 한강 물의 중심에서 반짝반짝 빛난다고 했다.[53] 수질을 시험하는 법 5가지는 서양식 실험 방법의 흔적이 뚜렷한데 조선에서 발전이 지속되었더라면 어땠을까 하는 궁금증이 더해진다.

4. 물과 흙의 독 기운 피하기

풍석은 피해야 할 곳으로 우리나라에 토장(土瘴)에 대해 매우 구체적으로 언급했다. 토장이란 특정 지역의 풍토병의 원인이 되는 그 지역의 물과 흙에 밴 독기라고 한다. 소금기, 땅의 독기, 물의 탁기, 동식물의 독기 등 여러 가지를 들면서 그 증상들을 대수롭지 않게 보았다가 크게 낭패를 볼 수 있다고 경계했다. 향촌에서 살 뜻을 가진 사람이라면 이런 정보를 몰라서는 아니 되며, 이런 곳을 가려낸 다음 집터와 논밭을 알아봐야 한다고 했다(凡雅意林園者, 必先審擇於此, 然後始可問舍求田).[54] 『임원경제지』는 서유구와 뜻을 같이하는 동지들이 향촌에서 풍요롭고 품위 있는 생활을 영위할 수 있도록 적극적으로 돕는 가이드북이라는 것이다.

— 전국의 산람장기가 깃든 땅(域內瘴土)

흙에서 발생하는 산람장기의 독은 짐새의 독보다도 심하다. 그 독이 평상시 먹고 마시는 음식물 속에 감춰져 있다가 폐와 위장으로 점차 스며들어 미처 알지 못하는 사이에 몸을 해치면, 마침내 쇠약해져 일어날 수 없는 병이 된다.

그러나 고금의 의방(醫方)을 살펴보면 물과 흙에 몸이 적응하지 못해 발생하는 병증이 있고, 또 골짜기의 물을 오랫동안 복용하면 목덜미에 혹이 생긴다는 기록도 있지만, 유독 흙에서 발생하는 산람장기에 대해서는 언급하지 않았으니, 이는 어째서인가? 치료 방법이 없다는 이유로 결국 그에 대한 저술을 빼놓은 것인가? 아니면 중국에는 이와 같은 산람장기의 독이 드물고 사람들이 산람장기를 피하는 방법을 알기 때문에 상해를 입은 적이 없어서 굳이 의사의 처방을 기다렸다가 대처할 필요가 없는 것일까?

우리나라는 산과 가깝고 바닷가에 근접한 지역이 곳곳에 있는데, 어떤 곳은 읍 전체가 모두 그러한 경우가 있고, 어떤 곳은 한 지역이 특히 심한 경우가 있다. 이러한 땅에 살면 남녀노소에 관계없이 산람장기의 독을 거치지 않는 사람이 없다. 그 증상을 살펴보면 처음에는 기침을 하고 담혈(痰血)이 나오면서 얼굴이 창백해지고 수척하게 마른다. 이 증상이 오래되면 손톱, 발톱이 부풀어오르고 부종(浮腫)이나 천만(喘滿)을 앓은 결과로 요절하거나 고질병이 되어 목숨을 보전하는 자가 드물다.

대개 산세가 험하거나 바닷물이 고인 곳 가운데 소금기가 섞여 까맣거나, 점토질로 이루어진 붉은 땅에는 여기(沴氣, 독한 기운)가 녹아들어 있다. 그곳의 우물과 샘에는 탁한 기운이 배어 있고, 라(蓏)류와 채소는 나쁜 기운을 함유하고 있기 때문에 사람들의 장부(腸腑)에 스며들면 곧바로 기괴한 질병을 발생시킨다. 그럼에도 불구하고 이 땅에서 밭을 갈고 우물을 파는 사람들은 단지 나무하고, 채집하고, 벼를 심고, 게를 잡는 이익 때문에 그곳의 거처를 편안히 여기고 이사하기를 망설이다가, 결국 그 해독을 달게 받아들여 마침내 목숨을 잃더라도 잘못을 깨닫지 못하니, 그 미혹됨이 참으로 심하다!

평소 임원(林園)에 거처할 뜻을 품은 사람이라면 다른 무엇보다도 먼저 이와 같은 요소를 꼭 살펴서 살 곳을 선택해야 한다. 피할 곳을 피한 뒤에 비로소 집터를 찾고, 농토를 구해야 할 것이다. 전에 보고 들은 바대로 전국에서 산람장기가 있는 땅을 정리하여 아래에 기록한다.

영남의 함양, 함안, 단성, 풍기에는 모두 장기가 있고, 진주, 하동이 가장 심하다.

호남의 순천, 여산, 태인, 고부, 무장, 부안, 고산, 무장, 부안, 고산, 익산 등지에는 곳곳마다 장기가 있고, 광양, 구례, 흥양이 특히 심하다. 지리산이 바다를 끼고 웅장하게 솟아서 전라도, 경상도 양도의 경계를 이루므로 지리산에 연접한 여러 군현은 모두 해독을 입는다.

호서의 경우, 산세가 부드럽고 들이 넓어서 살기 좋은 땅이라고 본래부터 칭송되고 있지만 청양, 정산 등에는 왕왕 장기가 있다.

경기도의 경우 남양, 안산, 통진, 교하 등의 바다와 접해 있는 곳에 간혹 장기가 있다.

파주의 파평산 아래와 장단의 지역은 모두 임진강을 접하고 있으며, 서도의 여러 촌락의 백성들도 장기에 의한 병을 앓고 있다. 삭녕과 마전 등의 지역 중에도 간혹 장기가 있다.

해서의 평산, 황주, 봉산 등의 읍은 토질이 점토질이고 수질이 혼탁해서 거주하는 사람들이 질병이 많은데 금천의 경내가 특히 심하다.

관서는 산이 아름답고 물이 고우며, 땅이 저지대가 아니나 양덕, 맹산, 순천의 사이에는 수질과 토질이 상당히 나쁘다.

관동은 시내와 산이 맑고 희며 관북은 풍기가 높고 차기 때문에 장기에 의한 해독이 전혀 없다. 그러나 영흥에 가까운 지역에는 장기가 있다.

이상이 장기가 있는 지역의 대략적인 분포이다. 『금화경독기』[55]

「상택지」에 나오는 토장은 의약 분야인 「인제지」에서 더욱 세밀하게 다루고 그 병의 치료법까지도 우리나라 의서를 통해서 밝혀주고 있다. 특히 물의 독, 흙의 독, 동식물의 독이 주원인이 되므로 이런 곳에서 산출되는 먹을거리는 반드시 끓이고 익힐 것을 당부했는데, 그것만 하면 해를 입어도 심하지는 않을 거라고 했다. 이것은 탁월한 혜안이다. 병의 원인이 무엇인지 잘 판단이 안 되는 상태에서 최소한 지켜야 할 사항을 그 독의 원천을 판별하여 차단 방법을 알린 것이다. 서유구 사후 얼마 후 구한말 전국을 휩쓴 콜레라와 같은 전염병, 곧 원인을 알 수 없는 괴질에 대해 최소한 이와 같은 대응을 했더라면 어땠을까 하는 안타까움과 함께 이러한 대책을 내릴 수 있었던 지식인의 존재를 다시 보게 된다.

— 토장의 치료법(治土瘴)

[광제비방] 습한 곳에 사는 사람은 수토(水土)가 혼탁한데도 이 물을 늘 마시면 담(痰)이 성하고, 숨이 차며, 기침하고, 피를 토하며, 손톱이 팽창한다. 혹 벼슬살이 하는 사람이 수토가 맞지 않아 이 병에 걸리기도 하는데, 이 경우 백약이 무효하니 매우 안타깝다. 옛 처방을 참고하여도 뚜렷한 치료약이 없으니,『동의경험방(東醫經驗方)』에 있는 것들을 미루어 대략 기록해둔다. 민어(民魚) 쓸개를 술에 섞어 매일 새벽 1잔씩 복용하고, 또 오소리[土猪]로 술을 담가 복용한다. 또 창출고를 많이 복용한다. '불복수토(不伏水土)' 항목을 서로 참고하여야 한다.

풍토병으로 온몸이 허하고 가려운 것은 모두 혈허(血虛)에 속한다. 이때는 사물탕 약재에 황금 5푼을 더하여 물에 달이고 자배부평을 가루 내어 타서 복용한다. 또 선각·박하·화피를 성질이 보존되도록 태우고 같은 양으로 가루 내어 술로 복용한다. 또 곡지혈(曲池穴)에 뜸을 100장 뜨면 효과가 있다.[56]

[안] 토장(土瘴)이라는 것은 옛날에는 그 이름이 없었는데, 근세에 우리나라 사람이 편찬한 『광제비방(廣濟祕方)』을 보면 '토질(土疾)'이라는 한 항목이 설정되어 있다. 그러니 토질이란 우리나라 사람들이 붙인 명칭이다.

이 병은 남쪽의 낮고 습한 지방에만 있는 것이 아니라, 서북의 높고 건조한 곳에도 많이 있다. 우리나라의 경우 영·호남과 경기도의 궁벽한 마을에서 흔히 보이는데, 혹 성읍 전체가 다 그런 경우도 있다. 이런 곳은 흙 색깔이 거칠고 더러우며 물이 혼탁하여 채소나 과실이 모두 그 장독(瘴毒)의 기를 타고나게 된다. 여기에 사는 사람들은 그 물을 마시고 그 나물을 먹어, 장위(腸胃)에 독이 쌓여 병이 되는 것이다. 그 증상은 담(痰)이 성하고 숨이 차며, 기침하고, 피를 토하며, 피모가 말라비틀어지며, 손톱이 팽창하는 것인데, 남녀노소 할 것 없이 독에 한 번 상하면 죽어서야 그친다. 그러니 참으로 모진 질병이라 할 수 있다. 그럼에도 고금의 의방에 모두 빠져 있으며, 더구나 우리나라의 의술이 형편없으며, 전에 없던 새로운 처방을 세운 사람이 한 사람도 없으니 참으로 탄식할 일이다.

그 원인과 기전을 따져보면 실로 이것은 수질과 토양의 장독(瘴毒)에서 생긴 병이므로, 토장(土瘴)이라는 항목을 만들고, 겨우 『광제비방』에 기록된 약간의 처방을 덧붙였다. 백성을 구제하려는 뜻을 가진 자가 여러 곳의 경험들을 찾아내어 옛사람들이 갖추지 못한 부분을 보충할 수 있다면 참으로 다행이겠다. 토장의 독은 우물이나 채소·과일 종류에 많이 붙어 있으므로, 우물물을 그대로 마시거나 과일·채소를 날것으로 먹는 것을 매우 삼간다. 삶거나 익혀서 날것과 찬 것을 먹지만 않는다면, 그 해를 받아도 그렇게 심하지는 않을 것이다.[57]

5. 조선팔도의 명당들

'팔도 명당'은 팔도 명당을 도별로 일일이 소개했는데, 소개된 명당은 총 233곳이다. 조선팔도의 산하를 잇는 산·내·강·바다의 인근 주요 읍들을 개괄하고, 입지 조건, 경제 환경, 교통 환경, 지역적 특성, 배출 인물, 주거 가능성 여부를 소상히 알려준다. 팔도별 특성이 비교적 두드러져 해당 도에 대한 당대의 인식을 엿볼 수 있는데, 경기(82곳)·충청(56곳)·강원(42곳)·경상(25곳)·전라(17곳)·황해(5곳)·평안(3곳)·함경(3곳)의 순이다. 경기도와 충청도에 집중된 이유는 그곳에 실제로 명당이 많아서라기보다는 사대부가 발탁이 되었을 때 곧장 관직에 나아갈 수 있는 여건이 가장 좋았던 이유가 컸다. 서울과 근기 지방의 중요성은 이미 보편적 상식이었다. 하지만 영남이 훌륭한 인재를 가장 많이 배출하고 살기도 좋은 곳이라고 했는데, 특히 예안·안동·순흥·영천·예천 등은 신령스러운 기운이 왕성한, 복지(福地)라고 했다. 아래에 표로 제시한다.

〈표 3-3〉 팔도의 명당

팔도	총수	명당 지명
경기	82	누원촌 망해촌 사천폐현 삼가대 풍양 토원 석실원촌 화산 이곡 수곡 금수정 창옥병 농암 연곡 용호동 조종 청평천 용진 미원 행주 마산역촌 화석정 우계 내소정 용산 고랑포 정자포 기일촌 상수촌 징파도 삭녕읍촌 여주읍촌 이호 천령 장해원 안성읍촌 금령촌 판교촌 압구정 장항 대부도 선원 청룡동 송산 가정자 반곡 풍양 평구역촌 노원 진벌촌 남일원 주원 화현 경반 비금산 능우촌 감호 귀래정 벽계 용진 봉황대 소계 삼성당 서촌 우계 매화곡 삼계정 시라리 비파호 두현 석림 남자곡 장항 학탄 숙몽정 자하동 월파정 신곡 십승정 백운동 장생동 영통동 백로주 만취대 등
충청	56	청라동 가야동 판교천 성연부곡 무릉동 합덕제 화성 광천 갈산 화계 성주동 유성 경천촌 이인역촌 유구촌 사송정 강경포 시진포 진포 부여읍촌 왕진 공세창촌 온양읍촌 작천 산동 송면촌 이원진 황산 안평계·금계·용화계 풍촌촌 채하계·구룡계 형강 고산정 진천읍촌 황강 도화동 사인암 대흥향교촌 풍세촌 이화촌 초평 석실 관대 후선정 운암 금천 가흥 북창 목계 내창 말마리 구로동 물한리 이원 수석동 등
강원	42	임계역촌 경포 대은동 여량역촌 주천고현 사자산 흥원창 법천 덕은촌 횡성읍촌 우두촌 기린고현 광복동 정연 해함지 대야평 오상곡 옥산 귀석정 도천 옥계 월뢰 산현 단구 교항 제일촌 모평리 분곡 서석 호명리 천전 금곡 송정 하북점리 선창촌 거성 사견촌 가려주 포내 구당 대은동 광복동 고밀운 등
경상	25	귀래정 삼구정 하회 임하 내성 춘양촌 옥산 양좌동 도산 청송읍촌 죽계 병천 화개동 악양동 금오 밀양읍촌 갑천 가천 봉계 우담 해평촌 이안부곡 가정구기 수동 월성촌 등
전라	17	율담 봉상촌 황산촌 서지포 주줄촌 제원천 장계 주계 변산 경양호 복흥촌 송정 성원 구만촌 법성포 영산강 월남촌·구림촌 등
황해	5	석담 수회촌 채촌 주구 화천동 등
평안	3	당촌 회산 고향산 등
함경	3	합포 금수촌 광포

2장

공업, 건축, 의복 분야

1절. 건축 및 공업 일반
"공업이야말로 모든 산업의 근본이다"

1. 생산력 낙후의 근본 원인
서유구는 『임원경제지』 16개 지의 순서를 농본상말에 의해 전개했다고 말한다. 그러나 그것은 근본을 두터이 하고 말단을 가벼이 다룬다는 조선 유학의 근본 뜻을 이어간 측면에서 본 것이고, 사실 『임원경제지』 내용 자체에서는 어느 것 하나 소홀하게 넘어가는 법은 없다. 오히려 재부를 크게 늘리고 생산력을 증대하는 데서 호사가(好事家)들의 무역 활동이 가장 중요한 관건임을 전 편에 걸쳐 누누이 강조하고 있다. 또 사대부의 교양과 관련된 「유예지」, 「이운지」, 「향례지」의 순서도 생각해볼 부분이 있다. '사농공상'의 전체 모습을 고려한다면 『임원경제지』의 맨 앞으로 와야 맞다고 볼 수 있다. 그러나 농업 분야가 제일 먼저 배치되고 이들은 모두 후반부에 들어간 것을 보면 서유구 본인도 이미 기존의 '사농공상'의 개념적 질서를 넘어 자유롭게 재구성한 의도가 읽힌다. 공업 분야를 다루는 「섬용지」에서 서유구는 공업이야말로 산업의 근본이라고도 했다. 요컨대 서유구는 16개 지 어느 분야도 소홀하게 할 수 없다는 입장이었다.

　「섬용지」 서문에서 조선의 기술이 낙후했음을 한탄하고 분발을 촉구하는 내용이다. 「섬용지」 내 13개 기술 분야를 일일이 거론하며 모두 "거칠고 졸렬하다."는 말로 마감한다. 현재 우리가 보는 조선 건축, 공예, 즉 한옥이나 도자기 등에 대한 평가가 정말 객관적인지 서유구의 논의를 보면 의구심이 들 것이다. 18세기 후반과 19세기 초반은 전 세계적인 물류의 호황이 이어지던 시기다. 특히 청나라에서 들어오는 갖가지 중국산 또는 서양산 물품에 눈이 가는 것은 당연했다. 중국과 일본에서 품질 좋고 다양한 물품이 쏟아졌고 조선의 재화를 줄줄이 유출되고 있는 모습을 봐야만 했다. 그런데 서유구에게 중국산을 받아들이는 일은 그렇다 쳐도 일본산까지 수입해야 할 지경이 된 것은 용납하기 어려웠다.

> "아! 우리나라가 예부터 중화를 우러러 의지해온 것은 기술과 예술이 미치지 못한 것이니 어쩔 수 없다. 그렇지만 당당히 서로 대등한 나라로서 섬나라 오랑캐 일본에게서 기꺼이 수입하게 될 줄 누가 알았겠는가? 아! 「섬용지」를 읽는 이여, 비분강개하는 바가 있으리라!"[1]

— 일용 도구 바늘의 예

사람들의 일상생활에 꼭 필요했던 바늘의 예를 들어보자.

> 우리나라 사람들은 바늘을 만들 줄 몰라 반드시 연경에서 수입해서 들여온다. 이처럼 날마다 써서 없어서는 안 되는 필수품조차도 반드

시 다른 나라에 의지해야 하니, 만일 요동과 심양으로 가는 길이 3~5년간 막혀 다니지 못한다면 압록강 동쪽 우리나라 사람들은 모두 벌거벗고 다녀야 하는가? 『천공개물』에 바늘 만드는 방법이 있으니, 만약 만드는 방법을 살펴서 바늘을 두들겨 만들어 나라 안에 유통시킬 수 있다면 이 또한 이용후생(利用厚生)에 일조할 것이다.[2]

바늘[針]'은 의생활에 필수적인 물건이다. 이런 바늘이 조선에서 제대로 생산되지 않았다는 것은 충격적이다. 19세기 유씨 부인의 수필 『조침문(弔針文)』을 기억하면 더욱 그러하다. 서유구는 바늘조차 우리나라에서 만들지 못하고 중국에서의 수입에 의존하는 현실을 한탄하면서, 중국의 최고의 기술서 『천공개물(天工開物)』을 인용하여 바늘 제작법을 상세히 설명했다. 아래 내용을 보면 바늘 제작 하나도 간단한 작업이 아님을 잘 알 수 있다.

바늘 제작 시 우선 쇠를 두드려 가는 가닥을 만든다. 철척(鐵尺) 하나에다 송곳으로 실구멍[線眼]을 만든 뒤 앞서 만들어놓은 가는 쇠 가닥을 이 구멍을 통해 뽑아내 쇠 실을 만든 다음 0.1척만큼씩 잘라 바늘을 만든다. 먼저 한쪽 끝을 갈아서 날카롭게 하고, 다른 한쪽은 작은 망치[小擡]로 밑을 두드려 납작하게 만든 다음 송곳으로 바늘귀를 뚫는다. 이어서 다시 바늘귀의 겉을 갈고 다듬는다. 그런 뒤에 바늘을 가마솥에 넣고 약한 불로 볶는다. 다 볶았으면 다시 흙가루에 소나무 숯과 두시(豆豉)를 넣어 이 3가지로 덮은 뒤 가마솥 밑에서 불로 찐다. 이때 바늘 2~3개를 남겨두었다가 그 밖에 꽂아두고 이것으로 불기운을 확인한다. 바깥 바늘을 손으로 비볐을 때 가루가 되면 그 속에 들어 있는 바늘은 불기운을 다 받은 것이다. 그런 다음 가마솥을 열고 바늘을 물에 넣어 담금질하면 된다. 실을 꿰어 옷을 만들고 수를 놓는 바늘은 그 재질이 단단하지만, 오직 마미(馬尾)에서 장인들이 관(冠)을 만드는 바늘은 유조연침(柳條輭針, 버드나무 가지처럼 부드러운 바늘)을 쓴다. 바늘의 경도는 물·불을 이용한 담금질에 달려 있다.[3]

조선에서 수입하는 물품은 일부 계층의 사치품들만이 아니라 바늘 같은 일용품이라는 데 문제가 크다고 보았다. 심지어 관혼상제의 예를 숭상하는 조선에서 부모님 봉양과 장·제례를 위한 것들은 꼭 확보해야 할 기술이었다. 사대부들이 특히 『천공개물』과 같은 이용후생의 서에 관심을 가져야 할 이유였다.

2. 공업은 모든 산업의 근본

나라에는 크게 직분이 6가지[六職]가 있는데, 공업이 그중 하나를 당당히 차지한다.[4] 육직은 한 국가 구성원의 직분을 표현한 말로, 왕공(王公), 사대부, 장인[百工], 상인[商旅], 농부, 길쌈아낙[婦功]을 가리킨다. 그런데 서유구는 장인의 직분인 공업제도가 나머지 5가지 직분을 바로잡는 근본이기 때문에, 공업이 망가지면 육직이 모두 허물어진다고 했다. 곧 농법·수차 제도를 강구하지 않으면 농부의 일이 엉성해지고, 길쌈 도구가 갖춰지지 않으면 길쌈아낙의 일이 엉성해지고, 수레·배가 제 역할을 못해 상인의 일이 엉성해진다는 것이다. 이 네 가지 직이 엉성해지면 나머지 왕공과 사대부의 일도 제대로 진행될 수가 없다. 원래 유학에서 말하는 이상적 성왕의 시대에서는 농·공·상 모두 성현들이 기꺼이 힘을 기울여 발달시켜야만 하는 분야였다.

군자는 '도구를 편리하게 하고 쓰임새를 이롭게 하는 방도[便器利用之

道]'에 마음을 두고 『영조법식(營造法式)』이나 『천공개물』 같은 기술서를 연구하여 백성에게 실질적 효과를 끼치는 사람이다. 지금의 사대부는 그런 역할을 제대로 하고 있는가?[5]

서유구는 장인의 역할과 중요성을 상세히 논한 『주례』 「고공기」를 이미 젊었을 때부터 탐독하였고, "대장부의 문장은 마땅히 「고공기」와 같아야 하지 않겠습니까?"라고 했다는 일화가 서유구 문집의 서문에 전할 정도로 심취했었다.[6] 서유구의 이름의 구(榘, 직각자) 역시 도량형의 표준인 규구준승(規矩準繩)의 하나요, 그의 자(字) 역시 준평(準平, 수준기)인 것도 의미가 깊다. 인간 세상의 운영과 산업 진흥의 경로에는 근본이 있고 시작이 있다는 것이요, 그 기본과 출발점이 바로 규격화와 표준화로 본 것이다.

1) 공업의 규격화 방안: 도량형 정립

서유구는 공업제도가 흥성하도록 도량형의 표준화를 위한 엄밀한 고증과 체계화 작업을 스스로 수행했다. 서유구의 도량형, 곧 '길이', '부피', '무게' 단위의 표준화 노력을 간단히 짚어보자. 먼저 '길이' 단위는 곧 척의 표준화다. 그런데 전통적으로 척은 용도에 따라 건축용 자와 옷감용 자가 달랐다. 주척(周尺)·영조척(營造尺)·포백척(布帛尺)이 있었는데, 주척은 표준척이고, 영조척은 건축용 자이며, 포백척은 옷감 재단용이었다. 주척만 간단히 살펴보면, 주(周)나라 때 정해진 자로, 실제 길이는 시대에 따라 엄청나게 많은 변화와 굴곡이 있었다.[7] 서유구는 결론적으로 말해 진(晉)나라 순욱(荀勖, ?-289)이 복원한 자가 주척이라고 했으며,[8] 명나라 주재육의 『율려정의(律呂正義)』나 청나라 옹방강의 『양한금석기(兩漢金石記)』 등에 실린 그림으로 실제 길이를 참조할 수 있다고 했다. 서유구는 중국과 조선의 역대 척도를 고구한 치밀한 고증 연구 끝에 주척의 1/2 길이의 그림을 『임원경제지』에 실어놓았다. 이를 2배로 확대하면 실물 고증을 통해 밝혀낸 주척(23.1cm)과 동일하다.(농업 부문 참조)[9]

한편 '부피' 단위에서 서유구는 "지금 민간에서 일상적으로 쓰는 승(升, 되)이 가장 알맞은 제도를 얻었으니 이 제도에 따라 만들어야 한다."고 말했다. 조선의 여러 제도에 대한 평가 중 가장 좋은 평가다. 이같은 평가는 자신이 행한 엄밀한 실험에 근거한 것이었다. 1합(合, 홉)의 규모는 『한서』 「식화지」에 중간 크기 기장알 2,400개 들이다. 이에 근거하여 조선의 민간에서 쓰는 1승(升, 곧 10합)에 들어간 기장 수를 세어 보았더니, 22,330알이었다. 1,670개 차이였는데 중국의 되는 이보다 훨씬 오차가 컸다. 또 이런 부피 단위는 굳이 꼭 옛 제도에 얽매일 필요가 없다는 인식도 보였다. 서유구의 엄밀한 고증 정신과 실용 정신이 함께 드러나 보인다. 그 외 '무게'에서는 당시에 통용된 리(釐)·분(分)·전(錢)·양(兩)·근(斤) 단위를 소개하고 저울 구조를 간단하게 설명했다.

2) 임원의 생활 지식을 넘어: 양전의 표준화

서유구의 표준화 구상은 토지제도 개혁과 연관된 것이었다. 농업 발전을 위해 반드시 이루어야 했던 '경묘법'이 시행되려면 토지를 측량하는 양전척의 통일이 급선무였다.[10] 양전척(곧 보법)은 먼저 주척의 확정이 선행되어야 하는 일이었다. 주척 복원은 결국 농정 개혁으로 가는 첫걸음이었던 것이다. 『임원경제지』의 첫 내용이자, 「본리지」 권1에서부터 척법·보법·묘법이 동일한 척도 단위라는 인식 위에 주척의 실제 길이를 매우 치밀하게 연구했다.[11] 역사적 혼란의 와중에 실체가 애매해진 주척의 참값을 조선의 세종대에 확정하여 얻었다는 증거가 나타났다. 세종 때의 주척을 찾게 된 과정은 이렇다. 세종대의 척제(尺制)에는 주척, 황종척, 조례기

척, 영조척, 포백척의 5가지가 있었는데 이를 증빙할 실물은 거의 남아 있지 않고 『경국대전』에서 이 다섯 종류 자를 싣고서 그 상대적 비율을 알려주는 정도였다. 그런데 세종 대 제조된 유일한 유물로 관동 삼척부(三陟府)에서 발견된 포백척이 알려졌다. 구리로 제조된 이 자는 뒷면에 "세종 28년(1446) 12월에 정확히 고정하여 새로 제작한 포백척"이라는 뜻의 "정통 11년 12월 상정 신조 포백척(正統十一年十二月詳定新造布帛尺)"이라는 15자가 또렷이 새겨져 있었다. 이 유물에 대해 유형원(柳馨遠, 1622-1673)은 『반계수록』에 이 사실을 실었다.[12] 영조 때(1740년)에는 우의정 유척기(兪拓基, 1691-1767)가 건의하여 이 자를 근거하고 『경국대전』의 기록에 의거하여 척도를 바로잡기도 했다.[13]

서유구가 이렇게 집요하게 주척 1척 길이를 따지는 이유는 무엇보다도 조선의 문물제도의 모델을 중국 문물제도의 근간으로 받아들였던 주나라에서 찾았기 때문일 것이다. 또 다른 이유는 「의상경계책(擬上經界策)」에서 주장하는 핵심 농법인 견종법이 바로 주나라 정전제도에서 시행된 농법이라고 믿었기 때문이었을 것이다.

양전은 이와 같이 척법을 정한 뒤에는 보법(步法)을 정해야 한다. 역사적으로 6척을 1보로 삼기도 하고, 5척을 1보로 삼기도 했지만 실상은 6척을 1보로 삼았을 때의 1척 길이(23.1cm)가 후대로 오면서 1척 길이(27.72cm)가 길어져 5척을 1보로 삼았을 때와 같게 된 것이었다. 서유구는 6척 1보 제도가 고법(주나라 제도)이기 때문에 그를 따르기를 원했다.

척법과 보법이 정해지면 묘법(畝法)을 말할 수 있는데, 묘법 역시 100보 1묘(고법)와 240보 1묘(신법) 두 방식이 있었다. 당시 조선은 세종이 정했던 규정인 240보 1묘를 따르고 있었지만, 서유구는 고법으로 일관하여 100보 1묘의 제도를 따르자고 했다. 조선은 평야가 드물어서 농지를 구획하는 단위를 작게 하는 것이 양전 조사의 편의, 단위 환산의 편의를 위해 좋다고 했다. 이렇게 하면 주척 6척을 1보로 삼고(1보가 양전척 1척이 된다), 100보를 1묘로 삼고, 100묘를 1경으로 삼는 서유구 식 '경묘법의 표준화'가 완성된다.[14]

3. 건축과 건축 재료

서유구는 건축제도에서 가옥의 모든 건축물과 시설물을 다루고 있다. 집의 배치, 터 다지기, 척도 등 총론을 비롯하여 지붕, 방, 흙손질과 벽돌쌓기, 창, 마루, 부엌과 부뚜막, 뜰, 곡간, 외양간, 화장실과 도랑, 담장, 우물을 아울렀다. 그러면서 조선의 가옥이 중국의 그것에 미치지 못한 점이 많다는 견해를 견지하고 있다. 중국의 가옥제도와 대비를 통해 조선 주택의 문제점들을 대비시켜 보여주고 있는데, 특히 가옥 구조가 중국처럼 일(一)자형이 아니라 구(口)자나 'ㄱ'자 두 개가 마주하는 'ㄴㄱ' 모양인 조선 가옥의 문제 6가지를 지적한다. 이어서 기초공사, 건물의 치수, 칸살, 지붕, 방, 흙손질, 벽돌쌓기 등 온갖 공사에서 조선 공법의 문제점들을 지적하고 중국 제도를 본받아야 한다고 촉구한다.[15]

건축 재료로 '목재', '석재', '흙 재료', '기와와 벽돌', '도배 재료' 등을 언급했는데, 여기서도 조선의 방식을 정리하고 중국의 것과 비교했다. 예를 들어 당시 미장을 할 때 흙손으로 빈틈을 발라주는 데 쓰는 '새벽흙[沙壁土, 적당히 찰기가 있는 흙을 말똥과 섞어 찧어서 반죽한 것]'을 얘기하면서 벽돌을 쓰는 중국 제도를 따른다면 이 새벽흙도 필요 없을 만큼 치밀하고 빈틈없다는 것이다. 중국을 보고 온 박지원의 『열하일기』를 인용하여 중국 제도를 따르자고 주장했다. 중국 기와와 우리 기와의 차이점을 묘사한 곳에서는 기와나 벽돌을 굽는 가마 제도의 문제점도 재미있게 지적하고 있다.

― 기와 굽는 법

중국 기와의 몸통은 원형의 대나무를 넷으로 쪼갠 모양과 같고, 기와 하나의 크기는 두 손바닥을 나란히 한 크기와 비슷하다. 민가에서는 통기와를 쓰지 않고 암키와만을 쓴다. 기와 하나는 하늘을 향해 젖혀 놓고, 다른 하나는 엎어놓아 서로 맞물려 자웅을 만든다. 이를 다시 회반죽으로 메꿔주는데, 물고기비늘처럼 단단하게 붙이면 참새나 쥐가 뚫는 일이 자연히 없어질 것이다. 우리나라의 기와 몸통은 너무 크기 때문에 만곡부가 과도하다. 그래서 그 안에 빈곳이 많아 뱀이나 참새의 소굴이 된다.[16]

사실 기와와 벽돌을 구워서 사용하자는 주장은 연암이나 풍석 이전에도 줄곧 있어왔다. 성호 이익, 반계 유형원에서도 구체적인 방법론이 제시되고 있었다. 이들의 이야기가 후대에 다시 평가되고 강조되는 모습이 이어진다. 심지어 기와를 굽는 계 조직을 만들어 한 고을 전체를 기와집으로 만들자고도 했다.

물건의 제작에는 원대한 계획이 중요하다. 공자께서 은나라 수레를 타신 것도 그 수레의 튼튼함을 취한 것이다. 백성들이 급한 일은 입는 것과 먹는 것이며, 집이 다음이다. 집을 지을 때 비가 새지 않게 하면 수백 년을 지탱할 수 있는데도 그렇게 못하는 이유는 시골 풍속에 기와를 구울 여력이 없어서 그저 볏짚으로 지붕을 덮기 때문이다. 유형원(柳馨遠)[17]은 외곽 고을마다 흙과 목재를 가져다 가깝고 편한 공간에 기와 굽는 곳을 만들어 백성들이 구입할 수 있게 하려 했다. 또 "주민들이 계를 맺고 재물을 모아 기와를 만들면 십여 년이 지나지 않아 한 고을 모두 기와집이 될 것이다."[18]라 했다. 그 계획이 참으로 원대하니,

이런 것은 서둘러 시행해야 한다.

게다가 땅에서 쓰이는 데는 말만 한 짐승이 없고, 농사짓고 누에치는 데는 소가 아니면 일이 안 된다. 말이나 소를 기르는 데는 풀과 짚이 중요한데, 가난한 집에서는 더러 풀과 짚이 부족함으로 인해 말이나 소를 기를 수도 없다. 참으로 시골집이 모두 지붕에 기와를 덮어 짚이나 풀을 지붕 잇는 데 낭비하지 않는다면 또한 생계를 크게 돕게 될 것이다.[19]

기와와 벽돌을 사용하여 민생의 수준을 높이고자 하는 노력이 일찍이 반계 유형원, 성호 이익, 그리고 박지원, 서유구에 의해 계승되고 있음이 확인된다. 서유구의 『임원경제지』는 이런 흐름 위에 놓여 있다. 서유구 동시대의 정약용, 정약전이 이와 비슷한 길을 걸었고 좀 후대에 이규경, 최한기, 박규수 등이 또한 계속 이어갔다고 봐야 할 것이다. 서유구는 벽돌이 유리한 점에 대해 먼저 박제가의 『북학의』를 인용하여 말했다. 이어 벽돌 굽는 법은 앞서 바늘 항목과 같이 『천공개물』의 내용을 소상히 인용했다.

― 벽돌의 이점

지금 천하는 땅 위로 50~60척, 땅 밑으로 50~60척이 모두 벽돌이다. 높은 곳으로는 누대·성곽·담장이고, 깊은 곳으로는 다리·분묘·도랑·온돌·저수지 등의 시설물이다. 모든 나라를 보호하여 백성들에게 수재와 화재, 도적, 부식과 습기, 기울고 무너지는 등의 근심이 없게 하는 물건은 모두 벽돌이다. 벽돌의 효과가 이와 같은데도 우리나라 몇 천 리 안에서만은 벽돌을 버려두고 강구하지 않으니 실책이 크다. 더러는 "벽돌이 흙의 성질에 크게 좌우되기 때문에 우리나라는 기와를 쓰고 벽돌을 쓰지 않는다."라 했는데, 이는 결코 그렇지 않다. 진흙으로 둥글게 만들면 기와이고, 네모나게 만들면 벽돌인 것이다.[20]

― 벽돌 굽는 법

진흙을 이겨 벽돌을 만들 때는 땅을 파서 흙색을 확인하고 분별하는데, 흙색은 남색·백색·홍색·황색【민·광(閩廣, 복건, 광동) 지역에서는 홍색 진흙이 많다. 남색 진흙은 '선니(善泥)'라 하는데, 강소성(江蘇省)과 절강성(浙江省) 지역에 많다. [안]. 우리나라에서 기와를 구을 때 쓰는 붉은 찰흙은 홍색 진흙 종류인데, 곳곳에 있다. 남색 찰흙은 물가나 기름진 논 안에 있다.】으로, 찰져서 흩어지지 않고, 곱게 가루를 내도 모래처럼 흩어지지 않는 흙을 최고로 친다. 찰흙이 있는 곳에 물을 길어다 부어서 흙을 적신 다음 소 몇 마리를 몰고 가서 이리저리 발로 밟아 된 진흙을 만든다. 진흙을 벽돌 모양을 만드는 나무틀 속에 채워 넣고 철사로 시위를 건 활로 진흙의 표면을 평평하게 잘라 날벽돌 모양을 만든다.(그림 3-6)

날벽돌을 만든 뒤에 가마 속에 쟁여 넣는데, 쟁여 넣은 벽돌의 무게가 100균(鈞, 30근)이면 하루 밤낮 동안 불을 때고, 200균이면 불 때는 시간을 배로 늘린다. 가마는 연료로 땔나무를 쓰는 것이 있고, 매탄(煤炭)을 쓰는 것이 있다. 땔나무 가마는 불길이 청흑색이고, 매탄 가마는 불길이 백색이다. 땔나무 가마는 가마 꼭대기 옆에 구멍 3개를 뚫어 연기를 내보낸다. 불이 충분하여 땔나무를 그만 넣어도 될 때는 진흙으로 구멍을 막은 뒤 물을 부어 전수시킨다. 화력이 정상보다 1/10 부족하면 (벽돌이) 녹슨 색을 띠면서 광택이 없다. 3/10 부족하면 '눈화전(嫩火甎, 약한 불에 구운 벽돌)'이라 하여, 굽기 전의 본래 빛깔이 섞여 나타난다. 눈화전은 나중에 서리나 눈을 맞으면 바로 모양이 흩어져 진흙으로 돌아간다. 화력이 정상보다 1/10 세면 벽돌 표면이 갈라져 터진 무늬가 생긴다. 3/10 세면

〈그림 3-6〉 날벽돌 만드는 모습 (『천공개물』)   〈그림 3-7〉 벽돌을 전수하는 모습 (『천공개물』)

벽돌의 모양이 오그라들면서 터져 갈라지고, 굽어서 펴지지 않으며, 벽돌을 때려보면 쇠를 부수는 듯하여 담장용으로 쓰기에는 적당하지 않다.

재치 있는 사람은 이런 벽돌을 흙속에 묻어 담장 받침으로 쓸 수도 있다. 이 역시 벽돌의 용도이다. 불의 화력을 보려면 가마 입구에서 안쪽의 벽을 들여다보아, 흙이 불의 정수를 받아 마치 금과 은이 녹아서 극에 다다른 듯 벽돌이 마구 요동치는 듯하면 도공들이 이를 기준으로 벽돌의 구워진 상태를 분변한다.

'벽돌을 전수하는 방법'은 가마 꼭대기에 평평한 밭 모양을 만들고 사방의 둘레를 조금 둥글게 올려 그 위에 물을 대는 것이다.(그림 3-7) 기와 100균을 구우려면 물 40석을 쓰는데, 물 기운이 가마벽의 아래까지 스며들어가 불길의 흐름과 서로 감응해서 이루어지는데, 수화기제(水火旣濟)[21] 괘처럼 일이 잘 성취되면 벽돌이 오래간다.[22]

4. 목재 가공기술

"목재 다루기"에서는 자귀·톱·대패·끌·송곳·변탕·갈이틀·숫돌·상어껍질·속새·부레아교 등이 나오는데 톱·대패·끌·송곳 제조법은 모두『천공개물』에서 취했다. 이 중 '변탕(邊鐋)'은 목재의 가장자리를 곧게 밀어내거나 모서리를 턱지게 깎아내는 대패다. '갈이틀'은 목재를 둥근 모양으로 손질하기 위한 장치다. 둥근 나무그릇 같은 용기를 만드는 이 기계는 지금의 목선반과 유사하며, 그릇을 빚는 물레와 비슷한 역할을 한다. 갈이틀의 구조와 작동법에 대한 서유구의 설명은 조영석(趙榮祐, 1686-1761)의 그림에 나오는 갈이틀과 거의 일치한다.(그림 3-8) 이 그림에서는 '갈이칼'

〈그림 3-8〉 갈이틀, 조영석의 〈목기 깎기〉

〈그림 3-9〉 갈이틀, 윤두서의 〈선차도〉

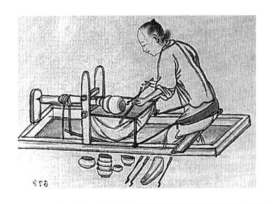

〈그림 3-10〉 갈이틀, 김준근의 풍속화 〈가질간〉 (라이덴 국립민속박물관 소장)

을 잡은 장인의 왼손 아래에 고정 장치로 보이는 가로대가 가로로 길게 놓여 있다. 윤두서(尹斗緖, 1668-1715)와 김준근(金俊根, ?-?, 1880년대에 주로 활동)이 그린 갈이틀도 있는데, 그 모양이 조금씩 다르다. (그림 3-9, 3-10 참조)

— 갈이틀

나무틀[枋] 하나를 땅에 누인 뒤, 왼쪽에는 홑틀[單冀]을 세우고 오른쪽에는 쌍틀[雙冀]을 세운다. 쌍틀은 간격이 몇 촌 정도이며, 가운데에 나무막대 2개를 끼우고 고정해서 정(井)자 모양을 만든다. 큰 나무를 누운 축으로 삼되, 이에 앞서 이를 대패로 둥글고 매끈하게 다듬어, 한쪽 끝은 홑틀에 끼워 넣고 다른 끝은 쌍틀 속 정(井)자의 가운데에 끼워 튀어나오게 하여 축이 되게 한다.

쌍틀에 끼운 나무 축 끝에는 쇠못 6~7개가 둥글게 박혀 있다. 나무를 둥글게 깎을 때마다 깎을 나무를 축 머리에 못박아놓고, 1명이 가죽 끈으로 축의 가운데를 둘둘 감는다. 좌우에 남은 끈이 각각 몇 척씩 되는데, 그 사람이 왼손과 오른손으로 끈을 잡고 풀었다 당겼다 하면, 그 축이 멈추지 않고 돌아간다.

다른 1명이 선도(旋刀, 갈이칼)【머리가 약간 휘고 좌우로 날이 섰다. 나무자루는 길이가 1척 정도이다】를 잡고 깎을 곳에 갖다 댄다. 이때 흔들리거나 움찔거리지 않으면 대패질한 듯이 나무가 깎이는데, 일의 관건은 오로지 칼을 잡고 있는 사람의 솜씨에 달려 있다. 칼에는 크기에 따라 2~4등급이 있는데, 정밀하게 깎을지 거칠게 깎을지에 따라 용도가 다르다.[23]

위의 전통 갈이틀 그림 중 본문에서 설명하고 있는 갈이틀의 구조는 김준근의 그림과 가장 비슷하지만, 조공이 가죽 끈을 축에 감아서 돌리면 장인이 칼을 잡고 나무에 갖다 대어 깎는 모습은 윤두서와 조영석의 그림과 유사하다.

5. 조명, 연료, 점화 도구

— 화로

화로에는 구리화로·쇠화로·사기화로·질화로·흙화로·풍로·휴대용 화로 등 각종 화로를 소개하며 중국산과 일본산이 좋다고 했다. 잠자리에서 쓰는 와욕로(臥浴爐, 뜨거운 물을 사기나 쇠 그릇에 부어둔 통)를 본받을 만하다고 했다. 연료에 쓰이는 숯 만드는 법과 오래 쓰는 법, 숯이 탈 때 터지지 않게 하는 법을 소개하고 또 석탄 사용을 권장했다.

다른 광물도 마찬가지지만, 조선에 석탄이 많이 매장되어 있음에도 탄광을 열 생각을 하지 않는 사대부는 이용후생에 뜻을 두지 않고 있다고 질타했다. 석탄은 목탄보다 화력이 강해서 농기구를 제조하기에도 좋고, 무엇보다 당시에 벌채로 인한 산림 황폐를 방지할 수 있는 장점이 있었다. 광산을 열고 대장장이를 모집하여 구리나 철 제련으로 얻는 이익을 보여준다면, 사람들이 경쟁적으로 모여들어 온 나라에 석탄이 보급될 것이라고 서유구는 확신했다.

— 등

조선의 조명 기구에는 독서등·좌등·휴대용등·걸개등·연등·법산자(법제한 산가지등) 같은 등과 만리초·풍전초·밀랍초·기름초·구피유초(오구나무 껍질기름초) 같은 초, 그리고 촛대·등잔에 관한 정보를 모았다. 독서인에서 중요한 독서등 같은 경우, 서유구는 조도를 높이고 화재 위험을 줄일 수 있도록 금박을 입힌 등(燈)을 제안하기도 한다. 오래 쓸 수 있는 초와 등을 만드는 법, 기름 절약형 등잔, 바람에도 꺼지지 않는 등을 만드는 법도 있다. 기름 절약형 등잔은 우리나라 사람이 개량된 형태로 만들어 효과가 좋아졌다는 평과 함께 풍석의 의견도 달았다.(그림 3-11)

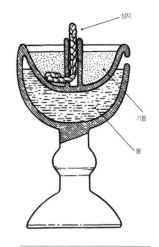

> 한쪽 끝에 작은 구멍을 내어 맑고 찬물을 그 속에 붓고 저녁마다 한 번 갈아준다. 보통의 등잔은 불에 뜨거워져 기름이 빨리 말라버리게 되는데 이것은 그렇지 않아 절약한 기름이 거의 절반이 된다.【안: 우리나라 사람들이 이 방법을 본떠 놋쇠로 겹등잔을 만든 일이 있는데, 과연 기름을 절약하는 데 효과가 있었다. 사기 등잔을 쓰면 기름이 더욱 절약될 것이다.】[24]

〈그림 3-11〉 기름 절약형 등잔 모식도
(임원경제연구소)

— 연료용 기름의 채취

서유구는 이미 『행포지』 등에서 기름을 채취할 수 있는 야생식물과 물고기를 소개했는데, 조선에서 상용한 불을 밝히기 위한 기름 재료는 밀랍·삼·콩··들깨·참깨 등 몇 종에 불과했다. 그중 밀랍은 비싸고 참기름은 식재료로도 부족하기에, 등불에 쓰는 데에는 주로 들기름을 애용했다. 하지만 들깨 역시 식용작물이라, 기름 채취용 작물 재배지를 줄이고 타 작물을 재배할 수 있으면 그것이 이용후생의 한 방도라는 생각에 24종의 야생식물 및 바다 생선을 활용하자고 제안했다. 모든 바다 생선은 모두 기름을 달여 등을 켤 수 있으며, 고래 한 마리의 기름을 짜게 되면 인근 고을까지 3~4 마을이 써도 될 정도라고 했고, 식물로는 오구나무 씨, 산초 씨, 수유나무 씨, 잇꽃 씨, 순무 씨, 유채 씨, 차조기 씨, 아주까리 씨, 목화 씨, 배추 씨 등 18종의 씨와 함께 모든 종류의 생산 기름을 기름초로 사용 가능하다고 했다.

> 우리나라 사람들이 초를 만들 때 쓰는 기름은 밀랍·참기름·들기름
> 등 몇 종류에 불과하다. 그런데 밀랍은 값이 비싸 재력이 있거나 신분
> 이 귀한 사람이 아니면 쓸 수 없으며, 참기름은 음식에 필요한 재료이
> 다 보니, 날마다 등불을 켜고 종이나 가죽에 기름을 먹이는 데에 쓰는
> 것은 들기름 한 종류를 넘지 않는다. 쓰임이 풍부하여 수요가 많아지
> 니 기름진 땅까지 확장하여 들깨를 심고 거름을 소비하여 들깨에 거
> 름 주는 일이 거의 1/10이 넘는다. 그런데도 버려진 비탈과 공터에서
> 저절로 나는 기름초 재료는 모두 버려두고 아무도 돌아본 적이 없으
> 니, 서광계가 보게 된다면 어떻게 생각하겠는가? 지금 초목의 열매 가
> 운데 기름초의 용도로 쓸 수 있는 재료들을 채록하여 자세하게 기재
> 하는 것은 기름초가 귀해서만이 아니라, 서광계가 말했듯이 참깨·콩
> 을 아껴 식량에 충당하고 들깨·채소 재배하는 밭을 줄여 곡식을 재배
> 하기 위함이고 만에 하나라도 이용후생에 작은 도움이 되기를 바라서
> 일 뿐이다.[25]

특히 『농정전서』에서 소개한 '사(樝)'라는 나무의 씨가 제주에서 나는 저
율(櫧栗)과 같은지 여부를 실험 재배를 하려 했던 자신의 체험을 말하고
있다. 기름 비용 절감을 기대한 대목에서, 기름 채취가 당시에 얼마나 중요
한 과제였고 서유구 자신이 이를 위해 얼마나 애썼는지를 짐작할 수 있다.

> 내가 전에 제주도 사람에게 들으니 그곳에 있는 어떤 나무가 모양은
> 상수리나무 같은데 씨가 조금 작고, 그 자인을 날로 먹을 수 있는데,
> 맛이 밤과 같아서 그곳 사람들이 제율(櫧栗)이라고 부른다 하니, 내가

그것이 아마도 감저(甘藷)가 아닌가 하여 시험 삼아 그 종자를 구하였다. 다음 해에 제주 상선(商船) 편에 수십 알을 붙여 왔는데, 모양과 색이 『본초강목』에서 말한 감저 씨와 아주 비슷하였다. 정원사에게 주어 파종하게 했더니 오래되어도 싹이 나지 않아 파봤더니 모두 쥐가 파먹어버렸다. 나중에 다시 제주에서 종자를 구하여 널리 베풀어 심도록 하고자 기약하였다. 만약 제주에서 말하는 제율이 바로 『본초』에서 말하는 저(藷)의 씨이고, 『본초』에서 말하는 저(藷)나무 씨가 바로 현호가 말하는 사(柤)나무라면, 이 종자를 전하여 번식시키면 반드시 기름초 만드는 비용에 커다란 보탬이 있을 것이다.[26]

서유구는 이 연료 기름의 문제를 해결하는 것은 제상이 한때의 성세를 이룩하는 것보다 더욱 영속적인 가치가 있는 것이라고 힘주어 말한다. 자신이 존경해 마지않는 서광계 역시 연료용 기름에 큰 관심과 노력을 기울였다고 한다.

서광계는 강소성·절강성 사이에서 나는 오구나무에서 기름을 채취하는 이로움을 높이 평가하고서 또 다음과 같이 말했다. "기름[膏油]은 일상생활에 빠질 수 없는 것이지만 민간에서 쓰는 기름은 대부분 참깨·콩·들깨·채소 등에서 채취한다. 참깨나 콩은 곡식이 아니고, 들깨나 채소도 곡식이 아닌가? 들깨나 채소를 재배하는 곳은 곡식 재배하는 밭이 아닌가? 오구나무와 같은 재료는 참깨·콩·들깨·채소에 비해 기름을 10배나 거둘 수 있다. 게다가 버려진 산이나 공터에서 채취하여 기름으로 쓰는 것이다. 기름을 짜는 데에 쓰일 참깨·콩을 아껴 양곡에 충당하고 들깨·채소를 재배하는 밭을 줄여 곡식을 심게 하면 곡식을 저축하는 데 보탬이 되는 점이 적지 않을 것이다." 나는 이 말에

백 년의 세월을 뛰어넘어 신통하게 공감한 점이 있었다. 그리하여 서광계가 재상으로서의 업적은 혁혁하게 기록될 만한 것은 없으나 백성을 구제하는 실제적인 쓰임은 도리어 한 질의 농서(農書) 안에 모두 실어 놓았다. 설령 재상으로서의 업적이 세상에 크게 드러났더라도 한 시절을 경영한 일에 불과했을 테니, 참으로 이것을 저것과 바꿀 필요는 없다고 생각한다.[27]

마지막에는 불로 인한 화재 피해를 막는 도구 곧 '소화 도구'가 나오는데 여기서 박지원이 중국에서 보고 『열하일기』에 수록한 물총차(水銃車)를 소개했다. 네 바퀴의 수레에 큰 수조를 올려놓고 구리통 2개에 물을 빨아들이고 내뿜는 형태로 물을 쏘게 하는 일종의 소방차인데, 조선의 군영(軍營)에서 똑같은 모양은 아니라 할지라도 물을 빨아들이고 내뿜는 원리는 대체로 비슷한 것을 갖추고 있다고 했다.

2절. 중장비와 광업기술
"조선의 광산 개발은 큰 이익이 된다"

1. 수레와 배

'배', '수레'는 통상을 강조한 북학파들이 공통으로 강조한 이기들이다. 흔히 중국에 비해 조선의 환경이 산과 내가 많고 수레가 다닐 길이 없어 수레 사용이 적합하지 않다고 한다. 실제로 많은 사람들이 여기에 동감한 듯하다. 조선에서 가장 넓은 길은 북경과의 사행길이 있는 서울-의주 간 도로였고 조선의 6대로 중 으뜸이었다. 하지만 박제가를 위시한 북학파들은 수레를 사용하지 않기 때문에 길을 내려고 생각조차 하지 않는다는 주장을 폈다. 배 역시 세미를 실어 나르는 조운선의 항로가 일찍부터 운행되고 있었지만 민간의 상선은 일본과 중국에 비해 규모가 매우 작았다.

『임원경제지』에서 탈것으로 태평차·쌍륜차·독륜차·쟁기수레·가마 등이 소개되었다. 태평차는 말이나 나귀가 끄는 수레인데 조선에는 없었던 모양인지 중국의 제도만 나온다. 나머지 쌍륜차, 독륜차도 재력 있는 사람이나 쓸 수 있는 고급 탈것이다. 쟁기수레는 사람이 미는 모습이 쟁기와 같아서 붙여진 이름이고, 노약자 수송용 가마도 중국의 제도를 본받도록 추천했다. 야항·화선·윤선·대차·독륜차·타차 등은 중국산이고 발차·동차·설마(썰매)·담기(메고 운반하는 틀) 등은 조선에서도 활용하던 수레였다.

배 중에서 '윤선' 항목을 소개한다. 윤선은 당나라 조왕(曹王) 이고(李皐)가 전한 제도로, 연원은 오래되었다. 그 크기가 수레 30~40대에 맞먹는다고 하고, 쌍으로 된 바퀴를 끼고 있어 발로 굴려 나가면 전투마보다 빠르다고 한다. 조선의 정후조(鄭厚祚, 1758-1793)의 『사예고(四裔考)』[28]에서 윤선의 제도를 자세하게 기록했다. 글이 묘사하고 있는 것을 보면 배의 양옆에 큰 바퀴를 만들고 바퀴살과 물부채(水箑)를 만들어 물을 치고 나가게 하는 배인데, 동력은 도르래와 인력을 이용하는 것으로 나온다. 논밭에 물을 양수하는 수차의 원리를 배에 적용한 것으로 보인다.

윤선 제조법: 배의 크기에 관계없이 배 전후와 좌우에 각각 기둥 두 개를 설치하고, 그 기둥 윗부분 끝은 '요(凹)'자 모양으로 파서 바퀴축을 받친다. 축의 길이는 배의 너비를 가늠해서 그보다 조금 더 길게 만들어 바퀴가 축과 결합할 때 배 밖에서 바퀴를 돌릴 수 있도록 한다. 그리고 바퀴통을 축에 결합시켜 바퀴를 만든다. 그 바퀴살을 길게

하여 물을 젓는 물부채(水箑)를 만드는데, 물부채 길이는 배의 크기와 관계없이 바퀴축에서 배 밑바닥까지를 기준으로 한다. 물부채 뿌리 부분 중 바퀴통에 끼우는 곳은 반드시 두껍게 만들되, 부채의 너비와 비교하여 반드시 그보다 1/3을 줄인다. 부채의 끝부분 중 물에 들어가는 곳은 노의 끝처럼 점점 얇으면서 뾰족하고 둥글게 만든다. 그 뒤 반드시 큰 밧줄이나 쇠밧줄을 이용해 물부채 중 물에 들어가지 않는 곳들을 단단히 묶어 바퀴 테두리를 대신하게 한다. 이때 반드시 흔들려서 빠지는 우려가 없게 해야 한다. 만약 둘레를 단단히 묶은 밧줄이 물에 들어가면 반드시 물을 젓는 물부채가 물 치는 데 방해를 한다.

또 기둥머리의 바퀴축을 받치는 곳과 바퀴축 중에서 기둥에 걸치는 곳은 모두 쇠로 싼다. 여기에 쇠를 쓰지 않으면 두 나무 사이가 반드시 마찰이 일면서 불이 난다. 또 바퀴축의 중간에 십(十)자를 설치하여 도르래를 만듦으로써 손으로 돌리거나 발로 밟기에 편하게 한다. 빨리 가려면 빨리 돌리고, 천천히 가려면 천천히 돌린다. 왼쪽으로 돌려면 왼쪽 바퀴를 들고서 오른쪽 바퀴만 돌리고, 오른쪽으로 돌려면 이와 같은 방식으로 한다. 반드시 앞 기둥은 높고 뒷기둥은 낮게 만들고, 앞바퀴는 크고 뒷바퀴는 작게 만들어야 한다.[29]

2. 거중기와 녹로

무거운 물건을 드는 기구로 거중기와 녹로 두 가지가 나온다. 녹로(轆轤)는 도르래를 이용하여 무거운 물건을 들어올리는 기계로, 『임원경제지』「본리지」수리기구 항목에서 물을 끌어올리는 기구에서 같은 이름으로 나온다.(그림 3-13) 거중기(擧重機 또는 기중기起重機)는 정약용(丁若鏞, 1762-1836)이 화성을 건설할 때 이용한 기구로 유명하다.(그림 3-12) 정약용의 『여유당전서』에는 정조가 『고금도서집성(古今圖書集成)』에 들어 있는 「기기도설(奇器圖說)」을 하사하자, 정약용이 이를 연구한 보고서 형식으로 거중기의 제작·이용법을 상세하게 적었다고 했는데, 이 거중기 내용이 『임원경제지』「섬용지」에 그대로 나온다.[30]

— 거중기

선대 왕 갑인년(정조 18, 1794) 수주(隋州)에 성을 쌓을 때 거중기 한 대를 놓았다. 그 제도는 다음과 같다. 다리가 4개에 가로 들보 1개를 이고, 그 아래에는 유량(游梁) 2개를 달았으며, 좌우에 각각 물레를 두고는 굵은 삼줄로 물건을 매단다. 좌우에 일꾼들이 힘껏 물레를 돌려 무거운 물건을 들어올린다. 건물을 지을 때 이 기구가 없어서는 안 된다.[31]

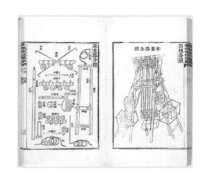

〈그림 3–12〉 거중기 (출처: 『화성성역의궤』, 국립중앙박물관 소장)

— 녹로

기둥이 4개, 들보가 3개, 인방이 2개이다. 한쪽에는 물레를 설치하고, 다른 한쪽에는 장대 2개를 비스듬히 세운다. 장대 머리에는 짧은 들보 2개가 있고, 이 들보 가운데는 짧은 축이 있다. 이 짧은 축에 굵은 삼줄을 걸어 한쪽 끝은 물건을 묶고, 다른 한쪽 끝은 물레 위에 감는다. 물레를 돌리면 물건이 올라간다.【안: 녹로 제도는 「본리지」 '농구도보'에 상세하다.】[32]

〈그림 3–13〉 녹로 (출처: 『화성성역의궤』, 국립중앙박물관소장)

여기서 말한 『고금도서집성』은 서유구의 부친 서호수(徐浩修, 1736-1799)가 정조의 명을 받들어 연행 사절로 갔다 오면서 구입해 온 것이다. 건축에 필수적인 기구에 대해 서유구의 서술이 매우 소략하다. 정조대 화성

건설 시(1794년)에 쓰였다는 사실과 간단한 특징을 수록하고서 건축에서 없어서는 안 된다고만 했다. 정약용은 거중기를 실제 건축에 사용했었고, 서유구는 「본리지」 저술에 주요 기구로만 기술한 차이였을 것이다.

3. 광산 채굴

서유구는 광물의 활용에 관심을 기울여 금·은·구리·철·황동·놋쇠·납 등을 채취·가공·활용·판별하는 법을 41개의 표제어로 많은 분량의 내용과 함께 소개했다. 금속과 광물을 채굴·정련하는 방법은 주로 『천공개물』·『본초강목』·『고금비원』 등 중국 서적에 의존하고 있지만, 조선의 상황을 서술한 기록도 있다. 금은 조선에서도 전국에 분포되어 있으나 채취는 주로 삼남(三南, 충청·경상·전라도) 이북에서 성행했다며, 삼남 지방에도 금이 나지만 사람들이 농사에 더 매달리느라 관심이 없을 뿐이라는 것이다. 조선에서 금은 주로 사금 형태로 채취됐기 때문에, 큰 자본 없이도 비교적 쉽게 돈을 벌 수 있었는데 그 결과 농사를 버리고 사방에서 금광으로 몰려드는 당시의 세태도 함께 알려주었다. 금 만드는 법을 비롯해 금박·도금 등의 활용법에 대한 서유구의 기록을 보자.

> 우리나라의 금은 대부분 물가의 모래흙 속에서 얻는데, 대개 산을 옆에 두고 물가에 임하여 흙빛이 밝게 빛나고 석양에 반짝반짝 반사되는 것이 있으면 반드시 금이 난다. 모양은 기장 껍질 같고 모래흙 속에 섞여 있으니, 중국 사람들이 말하는 부금(麩金)[33]이 이것이다.
> 캐는 사람은 나무바가지 하나, 포대 하나, 작은 가래 하나를 가지고 가서 가래로 땅을 파 포대에 담고는 바가지로 물을 퍼서 모래를 일어 금을 얻는다. 하루에 10여 알을 얻기도 하고 3~4알을 얻기도 하는데, 얻는 것이 비록 얼마 안 되어도 팔면 오히려 200~300전은 되고, 어린아

이나 부녀자도 다 할 수 있는 일이니 노력이 반만 들어도 이익은 배가 되어서 사람들이 다투어 몰려든다. 모든 금이 나는 곳의 농민 태반이 보습을 내던지고 밭이랑은 버려놓으며, 사방의 백수(遊手)들이 모여들어 마을을 이루니 나라에서 법을 엄격하게 하여 이를 금지하였다. 그러나 이익이 있다 보니 끝내 그 몰래 캐내는 것[潛採]을 막을 수 없었다. 우리나라에서는 금을 쓸 일이 많지 않다 보니 매년 중국 상인들이 몰래 연경으로 사들여 가는 양이 끝이 없다. 해마다 7, 8월부터 10월까지 금값이 갑자기 뛰면 개성, 평양, 안주, 의주 등의 중국 상인들이 모이는 곳에 가 1푼[34]당 40~50문에 팔고는 한다.[35]

금의 부가가치가 높아서 농민들이 본업을 내던지고 밀려든다는 세태를 꼬집기도 했지만 기본적으로 풍부하게 산출되는 부금(사금)을 효과적으로 채취하는 방법을 수록했다. 금의 수요는 주로 중국 물산을 수입하는 대금으로 지출되었고, 그 시기에는 중국 상인에게 높은 값으로 팔렸다고 한다.

구리에 대한 흥미롭고 놀라운 정보가 많다. 구리는 구리 단일 금속만 아니라 청동·황동 등 합금의 형태로 다양하게 활용했던 광물이라 그만큼 많은 분량을 할애했다. 조선에서 구리를 광산에서 캐낸 것은 극히 최근 들어서인데, 그 이유는 구리 제련법을 몰랐기 때문이라는 것이다. 일본산 구리를 중계무역으로 중국에 되팔았기 때문에, 중국에서도 조선에서 구리가 난다고 오해했던 당시의 실상을 「섬용지」 본문에서 그대로 보여주고 있다.

『오대사』에 보면 "고려 땅에서 구리와 은이 나서, 주(周)나라 세종 때 (954-959)에 상서수부원외랑 한언경을 보내어 비단 수천 필로 고려에서 구리를 사 동전을 만들었다. 현덕 6년(959)에 고려 왕 소(昭, 광종)가 사신을 보내 황동 50,000근을 바쳤다."고 하였다.

그러므로 우리나라에서 구리가 나지 않는 것은 아니지만, 구리 제련법을 몰라 지금껏 광(鑛)을 열어 캐낸 적이 없다. 적동(赤銅)은 원래 일본 노감석(爐甘石)을 가지고 만들어 중국에 팔기도 하고 황동으로 만들기도 하므로 사실 우리나라에서 쓰이는 황동이나 적동은 다 토산이 아니다. 이 당시 중국이 일본과 교류하지 않아 일본의 모든 구리가 우리나라에 먼저 수입되었다가 중국에 되팔렸으므로 중국 사람들이 마침내 우리나라에서 온 것이라고 여겼고 '영남 영해산 구리'라고 전했던 것이다. 수천 년 동안 아직 광(鑛)을 열어 캐냈다는 말이 없으니 비록 있어도 없는 것과 한가지다. 『영해읍지』에, "구리가 예전에는 대소산(大所山)에서 났지만 지금은 없다."고 하였으니 퍽 우습다. 이 산이 있은 이래로 원래 한 번도 풀무질하고 주물을 한 적이 없는데, 예전에 있었다는 구리는 귀신이 가져갔다는 말인가?

성호 이익이 "우리나라에는 구리 산이 바둑판처럼 퍼져 있다."고 하였고, 반계 유형원의 『여지지』에 경기도 영평, 호서의 공주·진잠, 호남의 순창·창평·흥양·진산·영광·강진·해남, 영남의 영해·거제, 관동의 창평·금성, 해서의 수안·장연, 관서의 귀성·삼등에서 다 구리가 난다고 했는데, 모두 흙 돌 속에 가둬놓고 해마다 비싼 값에 멀리 일본에서 사 오니, 이는 참으로 창고를 닫아놓고 이웃에서 곡식을 구걸하는 격이다. 성호는 또, "만약 천금으로 구리를 제련하는 방법을 구하기를 솜 빼는 방법[洪澼絖] 구하듯이 한다면[36] 어찌 얻지 못 할 까닭이 있겠는가?" 하였는데, 이 역시 잘 모르고 한 말이다. 이제 『천공개물』을 보면, 구리 제련에 별다른 방법이 있는 것이 아니라 지금의 은 제련법과 같다. 그저 이용후생의 방법에 뜻을 두는 사람이 없는 것이 문제일 뿐이다.

관북의 갑산, 안변 등지에서 나는 구리가 가장 많아서, 요즘은 많이들 광(礦)을 열어 캐내고 그것으로 동전을 만들어 거두는 이익이 배나 된다고 한다. 그러나 그릇 따위를 만들면 너무 메지는 문제가 있어 끝내 일본산에 미치지 못한다. 이는 제련하는 방법이 아직 그 요령을 얻지 못했기 때문이다.[37]

반계 유형원(柳馨遠, 1622-1673)이나 성호 이익(李瀷, 1681-1763) 같은 학자들이 이전부터 구리가 조선팔도에 퍼져 있다고 말을 했었는데도, 여태 흙속에 가둬놓고 일본에서 수입하는 세태를 아쉬워한 내용이다. 심지어 이익은 구리 제련법을 비싼 돈을 주고서라도 알아내야 한다고 주장했는데, 이에 대해 서유구는 그것은 이익이 잘 모르고 한 소리라고 다른 주장을 폈다. 곧 구리 제련법은 은 제련법과 동일한 방법이므로 그 방법대로 하면 될 뿐이라고 했다. 새로 제련기술을 도입해야 하는 문제가 아니라 다만 이용후생에 뜻을 두는 사람이 없을 뿐이라는 진단이다. 최근에 비로소 함경도에서 동전을 만들고 있지만 그릇이나 다른 제품은 일본산에 못 미친다는 소식도 전했다. 놋그릇 같은 구리합금 용품을 일상에서 다량으로 쓰고 있던 한반도에서 구리 가공법을 몰랐다는 것은 바늘을 일상에서 늘 쓰면서 바늘 제작법을 모른다는 지적과 닮아 있다.

4. 금속 제련

철의 제련에 대해서도 역시 중국의 기술을 많이 다뤘지만 칼 제조 기술에서는 일본의 『화한삼재도회』를 끌어왔다. 당시 한·중·일 어느 책에서나 칼에 대해서는 하나같이 일본이 최고임을 인정했던 사실도 알 수 있다. 「섬용지」 '칼' 항목에서 서유구는 "일본도는 칼등의 두께가 0.02척 정도도 안 되는데도 손가락에 얹어보면 기울거나 뒤집어지지 않으니 도대체 어떻게 망치질하여 다듬었는지 모르겠다. 중국은 아직 그 기술을 얻지 못했다."든가[38] "일본 칼은 매우 단단하고 날카로워 중국에서 만든 칼이 미치지 못한다."고 한 당대 평을 실었다.[39]

여담으로 『천공개물』의 저자 송응성(宋應星, 1590-1650)에 "조선의 풍속은 솥이 깨지면 반드시 산속에 버리고서 다시는 녹이지 않는다."라고 엉뚱한 한마디를 한 것이 보인다. 이에 서유구는 바로 안설을 달아 조선에는 길에서 소리치며 고물 쇠를 모으는 고물 장수가 팔도에 널렸다면서, 송응성 씨가 어느 오랑캐 풍속을 전해 듣고 근거 없는 이야기를 하는지 모르겠다고 쏘아붙였다. 조선이 하루빨리 배워야 할 중국 기술의 정수를 집성한 중국의 최고 기술자이자 저술가 송응성에게도 할 말은 하고 보는 풍석이다.[40]

— 수정 안경: 애체

그 외 옥·수정·금강찬·미얀마 보석·유리·돌 등을 채취하고 가공하는 법을 소개했다. 옥을 자르고 새기는 여러 방법이 있는데, 새길 때는 옥 표면을 무르게 처리해야 한단다. 그중 안경은 수정으로 만드는 것이 있는데 그렇게 만든 안경을 애체라고 했다. 조선에서도 영남과 관동에서 수정이 간혹 나오긴 해도 기술이 없어 만드는 이가 드물지만 경주 사람들이 가공법을 알아서 안경을 만든다고 했다. 안경은 근시와 원시에 따라 표면을 달리 깎는다고 했고 이것을 겹쳐서 망원경(望遠鏡=遠眼鏡)을 만드는 방법도 더했다. 네덜란드(阿蘭陀, Holland)에서 전해진 것이라는 것과, 지금은 안경이 유행하여 많은 사람들이 사용하고 있다는 상황도 기록해두었다. 애체와 관련된 설명은 이규경의 『오주연문장전산고』에도 나온다. 『백천학해』를 인용했다.

애체(靉靆)는 안경의 일명이다. 노인이 작은 글씨를 읽지 못할 때 이것을 눈에 걸치면 눈이 밝아진다. 『백천학해』에서 "서역(西域)의 만리국(滿利國)에서 난다."고 했다.[41]

애체(靉靆)는 옛날에는 없었다. 황명(皇明) 때 서양(西洋)에서 왔다. 기보(奇寶)라고 속여 값이 한 필의 좋은 말 값과 같았다. 지금은 거의 천하에 퍼져 책을 읽는 사람치고 눈에 애체를 걸지 않은 사람이 없었다. 여름철에는 마땅히 수정으로 만든 것을 사용하고, 겨울에는 마땅히 파려(玻瓈: 유리)로 만든 것을 사용하였다. 수정(水晶)은 날씨가 찰 때 냉기가 눈에 닿아 사용할 수가 없다. 왜(倭)에서 만든 것은 가끔 품질이 좋은 것이 있다. 우리나라 경주(慶州)도 오수정(烏水晶)이 나는데, 애체를 만들 수 있다. 그러나 갈고 장식하는 것은 중국과 일본의 아름다운 것만 같지 못하다.[42]

3절. 방적·방직과 의복
"중국의 선진기술을 도입하고 공동노동결사 누에방 길쌈방을 만들자"

1. 조선의 의생활 평가
인류 역사 이래 의식주의 기본 생활 중 몸을 감쌀 의류를 생산하는 일은 끊임없이 이어진 기술이었다. 동물성 모피와 견사에서부터 식물성 삼, 모시, 칡 그리고 면화에 이르기까지 다양했다. 그런데 일부 동물 가죽을 제외하고 이 작업은 주로 여성들에게 부과되면서 부공(婦功)이라고 불렸다. 실과 옷감을 생산하는 일은 고되고 강한 노동이 요구된다. 부공은 여성 노동력에 의한 고치 기르기와 길쌈 작업을 말한다. 전공(展功)이라는 말은 부공(婦功)을 펼친다는 말이다.

『임원경제지』「전공지」에는 이러한 방적, 옷감 제조 기술을 다룬다. 풍석보다 한 세대 선배인 이덕무는 『사소절(士小節)』에서 "길쌈하고 누에치는 일이 원래 부인의 본업"[43]이며, "부인으로서 길쌈하고 음식을 만들 줄 모르면, 마치 장부로서 시서(詩書)와 육예(六藝)를 알지 못하는 것과 같다."[44]고 하였다. 당시 부녀자의 직분 중에서 가장 중요한 일이 의식(衣食)을 마련하는 일이라는 말이다. 이덕무의 말을 조금 더 들어보자.

"서울의 부인들은 베 짜는 일을 알지 못하고, 사대부의 부인들은 밥 짓는 일을 알지 못하니, 모두 비루한 풍습이다. 베 짜고 밥 짓는 일을 수치로 생각하니, 이들을 (부공을 행하는 원래 의미의) '부인'이라 할 수 있겠는가?"[45]

"현명한 부인은 아무리 작은 생선과 마른 나물이라도 삶고 자르는 일을 정결하게 하여 모두 입에 맞는 반찬을 만들고, 낡은 비단과 묵은 솜이라도 곱게 재봉하여 모두 몸에 맞는 옷을 만든다. 그러나 어리석은 부인은 살진 어육도 어그러지게 삶고, 좋은 쌀과 차조로도 밥을 잘 못 짓고, 고운 비단도 거칠게 다듬고, 좋은 실과 솜으로도 형편없이 길쌈을 한다. 그러므로 음식과 길쌈에 관한 책을 반드시 보아야 한다."[46]

이덕무는 부공의 기술을 잘 익히지 못한 도회 부인들의 행태를 한탄하고 있다. 한 세대 아래의 서유구는 다른 『임원경제지』의 사대부 지식인이 실용기술을 몰라 이용후생을 등한시한다고 질타하긴 했어도 부공의 부진을 부인들에게로 돌리는 목소리는 없다. 다만 기술 수준이 뒤처지고 조악하다는 말을 할 뿐 그 탓을 부녀자의 기술과 실력 탓이라고 하지는 않는다. 사대부 지식인이 여기에 관심을 기울여 좋은 기술을 도입하지 않은 것이 더 큰 책임이었다.

서유구는 스스로 의생활 전반에서 이용후생의 방법을 모색하였다. 중국과 일본과의 무역에 의존하여 공급되고 있는 생활필수품의 국내 생산을 주장한 것도 같은 문제의식이었다. 서유구는 한편으로 중국의 선진 기술을 도입할 것을 외쳤지만, 그보다 먼저 우리나라 장인들이 만들어내는 우수한 물품들을 정확히 알리고 우선 확산시켜야 한다고 했다. 갓[笠]은 개성, 망건(網巾)은 정주, 구(屨)는 관서지방, 극(屐)은 통영, 접부채[摺疊扇]는 전주와 남평, 인두[熨刀]는 통영을 그 대표적인 생산지로 꼽고 있다. 이런 서유구의 모습은 우리나라 공업 산품이 형편없는 것은 장인의 기술이 모자란 것이 아니라, 오히려 사대부가 발전을 이끌어가지 못한 데 책임을 지운 것이다. 공업의 발달이 저조한 것은 장인의 문제가 아니라 사대부의 문제요, 길쌈의 기술이 발전하지 못한 것은 부인의 문제가 아니라 지식인의 문제라는 것이다.

　길쌈에 이어 복식 부분에서 서유구는 다양한 복식의 유래와 역사적 고증을 다양한 전거를 통해 설명하였다. 주자가례 실천의 상징인 심의(深衣)에 대한 정밀한 고증과 검토 작업은 주자가 만년에 간편복으로 착용한 야복(野服)을 새롭게 발견하여 평상시에 착용하려고 한 노력과 나란하다. 특히 당시 복식 가운데 특히 불필요하게 넓어진 소매를 개정하고자 하였다. 학창의(鶴氅衣), 심의, 편복의 경우에도 모두 소매의 문제점을 지적하면서, 일하기 편리하면서도 팔을 움직이기 쉽도록 하는 범위에서 소매를 줄일 것을 주장하였다. 이런 논의에서 서유구는 본래의 제도에 부합되는지 여부, 실용적인지 여부, 원단 사용량과 비용의 절약 여부를 그 기준으로 했다. 여성들의 대표적인 사치품이었던 가체에 대해 족두리를 사용하자고 한 서유구의 비판적 제안도 있다. 즉, 가체를 얹고자 하는 여성들의 욕구를 만족시켜주면서도 지나치게 비용이 낭비되는 문제를 해결하고자 하였다.

서유구는 갓과 망건, 모전과 피혁제품의 세탁법을 자세하게 설명하고, 가죽 제품의 최대 단점인 벌레가 먹지 않게 하는 방법을 기록하고 있다. 가죽[皮]·전(氈) 제품을 벌레 먹지 않게 보관하는 방법은 팥꽃나무 가루와 말린 쑥 등의 재료를 사용하는 방법이었다. 세탁법과 벌레 먹지 않게 하는 방법에서 사용하는 재료들은 모두 실생활에서 어렵지 않게 구할 수 있는 것이다. 또한 평소 의복, 침구의 착용 습관에서 발을 따뜻하게 보호하여 발이 찬 것에서 발병하는 허리와 배의 병과 기생충증을 미리 예방하고자 하였다. 건강과 양생은 이런 일용품의 적절한 사용과 긴밀한 연관이 있다.

2. 누에치기와 비단 제조

우리나라에는 사(紗)·라(羅)·릉(綾)·단(緞)이 없는데 이런 종류의 비단 직조법을 모를 뿐만 아니라 견사의 품질이 떨어져 중국산과 너무 차이가 크기 때문이라고 했다. 그래서 아예 지금은 국왕의 의복을 담당하는 상방(尙方, 상의원)의 공인들이 자색의 비단을 만들기는 하더라도 원료는 중국산 실을 쓸 뿐이라고 당시의 국내 기술을 평가하였다.[47] 시대가 차이는 나지만, 송나라 서긍(徐兢, 1091-1153)이 고려에 사신을 와서 개성의 풍물과 문화를 기록한 『고려도경』에 따르면 "고려 사람들은 양잠에 서툴러서 명주실과 비단을 모두 상인에게 의존하는데 산동이나 절강·복건 등지에서 구한다."고 했다.[48] 700년 뒤에 나온 풍석의 저술에서 여전히 조선 비단의 품질이 못하다는 표현이 등장하는 것으로 보아 이러한 연원 역시 오래되었음을 짐작할 수 있다. 역대 한반도 국가의 중국에서의 주요 수입품은 비단이었던 것이다. 풍석은 그나마 우리나라에서 비단을 짤 수 있는 실로는 평안도에서 나는 것이 좋다고 하면서 영변(寧邊)이나 성천(成川) 등의 합사주(合絲紬)는 광택이 있고 윤기 나며 질기고 톡톡해 가장 좋다

고 했고, 호남의 나주산도 가격은 배나 비싸지만 품질이 좋다고 평가하면서 귀한 기술임을 알렸다.[49]

풍석은 「전공지」의 저술 목적은 길쌈의 방도를 본받아 실천하도록 하기 위해서라고 하였다. 본받는다 함은 좋은 것을 선택함에 있고, 그 좋은 것은 중화(中華)에서 구해야 한다고 말했다. 우리들에게도 고유의 방식이 있을 수는 있지만 효율이나 결과가 태부족이므로 어쩔 수 없이 중화의 기술을 본받아야 한다는 것이다. 거기에는 다른 변명이나 이유가 없었다. 앞서 「섬용지」 서문에서도 조선의 현실을 강력하게 비판했지만 「전공지」 역시 "베 짜는 이도 제대로 된 방법에 어둡고 목수[梓匠]도 적절한 기술을 잃었으니, 복식과 기거의 생활이 어찌 편해지겠는가?"라고 하였다. 풍석은 일관되게 조선의 후진적인 기술을 지적하고, 중국의 선진적인 기술을 받아들여 이를 개변시키고자 했던 것이다.

— 뽕나무와 누에

뽕나무는 하나도 버릴 게 없는 나무, 아낌없이 주는 나무의 대명사다. 잎은 누에 먹이로, 가지는 약재로 또는 땔나무로, 열매(桑椹子)는 식용이나 약용으로, 뿌리 역시 상백피(桑白皮)라는 약재로 쓰인다. 뽕나무는 이른봄 무성한 가지로 종이를 뜰 수도 있고, 활을 매기도 하고 책상 의자를 만드는 재료로도 그만이라고 서유구는 말했다. 또 꾸지뽕나무로 누에를 먹이고 실을 뽑으면 그것으로 만든 금(琴)과 비파 현은 소리가 청명하고 멀리 울려 다른 실보다 훨씬 좋다고 한다.[50]

『임원경제지』의 모든 공정의 기저에는 농사가 있다. 백성의 하늘은 밥이라고 했듯이, 누에의 밥인 뽕은 누에에게 하늘 같은 존재이다. 뽕나무의 안정적인 성장과 재생산이 양잠의 근본이요, 그것은 또 인간의 의생활에 필수적이다. 「전공지」는 그 모든 지식을 망라하고 있다.

누에의 먹이로 쓰이는 뽕나무의 재배에 대하여 '알맞은 토양', '파종 시기', '종자 고르기', '오디 파종', '옮겨심기', '휘묻이와 꽂이', '접붙이기', '지상(나지막하게 가꾸는 뽕나무)', '관리하기', '가지치기와 뽕따기', '효율적인 뽕나무 재배법', '구황용 뽕나무 관리법' 등 뽕나무와 뽕을 얻기 위한 전 과정을 자세하게 다루었다. 뽕나무 이외에 꾸지뽕나무도 누에먹이로 쓰이는데, 그 재배법도 함께 설명하였다.

다음, 누에치기의 실제로 들어가보자. 누에가 고치가 되어서 비단으로 만들어지기 위해서는 우선 고치를 잘 가려 좋은 고치에서 실을 자아내야 한다. 자아낸 실로 비단을 짜는 길쌈의 과정을 마치면 다시 염색의 과정을 거쳐야 복식의 최고급 재료로 거듭나게 된다.

누에 생태를 설명한 것 중 누에는 양물(陽物)이라 마른 것을 좋아하고 습한 것을 싫어하며, 먹기는 하되 마시지는 않고, 세 잠 자고 세 번 일어나며, 스무이레가 되면 다 자란다고 한 것이 눈길을 끈다. 알에서 깨면 개미누에가 되고, 개미누에가 허물을 벗으면 누에가 된다. 그리고 누에에서 고치로, 고치에서 번데기로, 번데기에서 나방으로, 나방이 알을 까면 다시 개미누에가 된다. 누에는 '신비로운 벌레(神蟲)'다.[51]

누에치기는 세심한 관찰이 필요하고 그에 따른 조치가 있어야 한다. 온도 조절, 뽕 먹이기, 성장에 따라 마릿수를 적당히 하여 잠박에 나누고 똥갈이에 신경을 써주어야 좋다. 개미누에에게 처음 먹일 때는 첫날에 49회, 이튿날에 30회, 사흗날에는 20회로, 먹이는 횟수를 줄이면서 뽕은 점점 두껍게 먹인다. 적절한 시점에 잠을 재우는 것은 누에 생장의 최대 관건이므로 세밀하게 살펴야 한다. 세 잠을 재운 뒤에는 누에를 섶에 올린다.

누에의 빛깔은 백·청·황의 세 가지로 구분되는데 흰 빛깔은 먹을 것을 찾는 때이고, 푸른 빛깔은 넉넉히 먹여야 하는 때이다. 주름이 지는 것은 못 먹어서 생기는 신호이며, 누런 빛깔은 먹이는 때를 점차 줄여야 하는 신호이다.

누에치기로 말해보자면, 잠실을 따로 만들어 누에를 거기에 두고, 바람으로 시원하게 하기도 하고 불로 덥혀 주기도 하며, 이를 위해 잠박(蠶箔)으로 고르게 배열하고, 잠망(蠶網)으로 누에나누기[擡飼]를 하며, 세 잠과 네 잠의 시기를 조절하고, 봄 치기과 가을 치기의 구분을 따라야 좋아질 수 있다.

그런데 우리나라는 이렇게 하지 않는다. 사람 기운이 찌든 구들장[炕]에다 누에와 뽕잎을 마구 뒤섞어놓아 뽕잎이 시들거나 썩어 문드러지기가 쉽다. 게다가 마음대로 누에를 자주 집어들기도 하는데, 이는 잠망과 잠박(網箔) 만드는 방법을 모르는 탓이다. 그러니 눅눅하고 불결한 상태에서 억지로 다루다가, 누에의 발이 떨어지거나 껍질이 벗겨져 상한 누에가 태반이 된다. 누에가 제 본성을 다하도록 길러내지 못하니 비록 상하지는 않았다 해도 온전한 누에는 없으니, 어찌 촘촘한 고치를 바라겠는가?[52]

이 부분은 매우 중요하다. 서유구의 말은 항시 하늘이 부여한 본성을 온전히 발휘하도록 돕는 데 핵심이 있다. 사람이나 동물이나, 천지간의 만물에 보편적으로 적용되는 원리다. 이는 기구·기계를 사용하여 일의 능률을 높이는 방법을 세밀하게 보여주면서(잠상도보) 더욱 강하게 제기된다. 그 전에 고치를 고르고 삶는 방법에 대한 설명을 잠깐 살펴보아야 하는데, 그래야 조선에서 사용하는 방법의 낙후성과 심지어 그것이 사람과 누에의 천성에 알맞지 않은 것을 부각시킬 수 있기 때문이다.

— 고치 삶기, 실켜기

고치 고르고 삶기, 실켜기로 이어지는 공정은 아래 그림에 보인다. 고치를 켤 때는 열부법과 냉분법 2가지가 있는데, 뜨거운 솥에서 실을 켜는 열부조법(熱釜繰法)과 그보다 차가운 동이로 실을 켜는 냉분조법(冷盆繰法)이 그것이다. 간편하기로는 열부법이 낫지만 제품의 질로 보면 냉분법이 좋다. 냉분이라 해서 차갑지는 않으며 따뜻한 정도라고 한다.

그다음은 소차를 이용하여 실을 켠다. 남소차와 북소차가 있는데, 중국은 이러한 기계를 이용하여 편리하게 또 능률적으로 일하고 있는데, 우리나라는 이런 기계를 사용할 줄 모른다면서 얼른 도입하여 사용하기를 간망했다.

〈그림 3-14〉 누에항아리(견옹, 왼쪽)와 누에고치 삶기(견롱, 오른쪽) (출처: 「전공지」 규장각본)

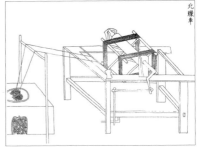

〈그림 3-15〉 남소차(왼쪽)와 북소차(오른쪽) (「전공지」 권5 '방직도보')

― 잠상도보, 방직도보: 그림으로 보여주는 부공

잠사(蠶事)에서 따로 누에의 방을 마련하여 바람으로 식혀주고, 불로 밝혀주며, 잠박에 펴서 기르며, 잠망을 만들어 먹이고, 세 잠 네 잠의 기미에 잘 맞춰주고, 봄 먹이기와 가을 먹이기의 나눔을 잘 따르는 방식이 정석인데 우리나라의 형편은 그렇지 못하다고 했다. 사람이 살던 방에다 그대로 누에를 기르며 잠망이나 잠박의 제도를 알지 못하고 누에를 함부로 다뤄 그 본성을 해치고 진을 빼놓으니 좋은 고치를 기대할 수가 없다. 이런 상태에서 변함없이 자기 방법만을 고집하면 되겠는가? 누에의 본성을 살려주는 방법이 절실하다는 것이다. 이같은 현실을 타개하고자 서유구는 「전공지」에서 길쌈의 방도를 자세하게 서술하고 나서 도보(圖譜)를 두어 그 공정을 보다 분명하게 보여주려

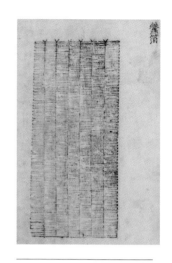

〈그림 3-16〉 잠박(누에발) (출처: 『왕정농서』)

고 하였다. 곧 잠상도보, 방직도보가 그것이다. 잠상도보는 중국의 길쌈 제도를 쉽게 본받아 따라할 수 있도록 그림을 배치한 곳이다. 중국의 발달된 여러 기구·기계들을 도입하여 태고 시절에 머물고 있는 조선을 바꾸고자 하였다. 『왕씨농서』의 그림을 위주로 하고 자신의 저술 「경솔지」와 일본의 『화한삼재도회』를 참조하였다. 한중일의 정보를 모두 담은 명실상부 동아시아 의생활 기술정보의 보고이다.

― 공원치족

풍석은 조선의 현실을 개선하는 첩경으로 반드시 '잠실(蠶室)'을 별도로 둘 것을 주문했다. 잠실 제도의 확립에는 '공원치족(空院置蔟)'이 급선무라고 했다. 공원치족이란 빈 방에 누에섶[蠶蔟]을 설치하는 것이다.(그림 3-17)

〈그림 3-17〉 누에섶(왼쪽, 「전공지」의 '단족'), '공원치족'의 빈 공간에 누에섶 설치하기(가운데, 「전공지」의 '공원치족')과 누에시렁(오른쪽, 「전공지」의 '잠추')

— 자새녹로

또 인력으로 고치실을 켜는 '자새녹로[繰絲轆轤]'에 대해서는 손으로 견사를 잡아당기므로 속도가 균일하지 못하고 힘은 너무 많이 드는 반면 능률은 그에 미치지 못함을 안타까워하였다. 자새녹로를 통해서 나온 실뭉치인 '사편(絲匾)'의 제도에 대해서는 천하에 둘도 없는 나쁜 방식이라고 극언하였다. 이에 대해서는 좀 길지만 풍석의 말을 그대로 인용해본다. 원래 중국의 고치는 예쁘게 나고 조선의 고치는 못나게 날 리가 없는데도 실의 품질이 이렇게 다른 것은 오로지 기술의 차이 때문이라는 것을 여실히 보여주는 대목이다.

자새[繰絲轆轤]는 우리나라의 법이다. 그 제도는 다음과 같다. 사방 1척 남짓한 크기의 나무판으로 밑판을 만든다. 판 끝에는 작은 기둥 2개를 서로 마주 보게 세운다.

기둥의 길이는 0.4척이다. 한 기둥에 각각 구멍 2개씩을 뚫는다. 두 구멍 사이의 간격은 0.1척 남짓이다. 작은 붓대 같은 모양의 화살대[箭竹, 전죽] 2개를 쓰되, 그 길이는 0.2척 남짓이다. 여기에 작은 쇠를 끼워

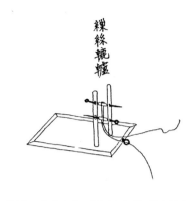

〈그림 3-18〉 자새녹로 (출처: 「전공지」 규장각본)   〈그림 3-19〉 자리짜기 (출처: 김홍도, 「풍속도화첩」)

굴대로 삼는다. 이를 기둥구멍에 끼워놓아서 매끄럽게 돌아갈 수 있게 한다. 이 기구를 '녹로(轆轤)'라 한다.

다시 굵은 철사로 동전크기만 하게 만들되, 녹두만 한 1개의 구멍을 만든다. 이를 기둥 아래쪽에 끼워놓는다. 끼워놓을 때는 판 바닥의 밖으로 그 구멍을 나오게 한다. 판은 고치를 삶는 질솥[土鍑] 곁에 두어 구멍이 질솥의 바로 위에 위치하도록 한다.

고치를 삶았으면 고치에서 분리된 뜨거운 실들을 젓가락으로 휘젓는다. 이때 실 여러 가닥을 이끌어내어 하나로 모으면 처음 나온 거친 실은 버린 다음 그 뒤의 깨끗한 실을 전안(鐵眼)에 꿴다. 이 실은 녹로에 둘렀다가 끌어낸 다음 한 손으로 잡아당긴다. 무릇 이 제도는 매우 투박하다. 사람이 손으로 실을 잡아당기는 데다 고치 켜는 물의 끓는 속도도 고르지 않고, 이 과정에 들어가는 힘의 낭비가 너무 심하다. 그리하여 종일토록 녹로에서 실을 끌어 돌려도 수고가 멈추지 않는다. 비록 연약한 여자의 손가락이 갈라지고 허리가 시큰거리도록 일해도 켜놓는 실은 겨우 한 움큼의 헝클어진 실마리일 뿐이므로, 진실로 탄식할 만하다.[53]

一 사편

사편(絲區) 또한 우리나라의 법이다. 녹로에서 실을 켜면서 그 곁에 겹쳐 쌓아놓으면 실이 어질러져 차례가 없어질 것이다. 그렇다고 만약 나누어 흩어둔다면 그 형세는 얼레 같은 도구에 둘러 감는 모습이 되어야 할 것이다. 그러므로 겹쳐 쌓아놓은 실에 물을 뿌려 실끼리 서로 붙게 하고, 이를 수건이나 베로 싸고 돌로 눌러놓은 채로 불에 쬐어 말렸다가 꺼낸다. 이것이 사편(絲區)이 된다. 민간에서는 '사반대(絲盤臺)'라 부른다.

참깨를 압착한 깻묵처럼 실을 눌러서, 톱으로 잘라놓은 나무판처럼 얇게 만든 것인데 이는 천하에 없는 법이다. 우리나라 사람들은 옛 관습에 익숙해져 소차와 광상의 제도를 익혀서 시행할 수 없다 보니, 단지 서툰 손놀림으로 실을 켜서 이렇게 사편을 만들게 되었을 뿐이다.

다만 불에 쬘 때 너무 급하게 말리면 실이 그을려 누런 점이 생기고, 습기가 찬 상태로 밤을 새면 썩어 곰팡이가 핀다. 만약 쓸 일이 생겨 다시 실을 끌어내리려 하면 실 가닥이 딱 붙어 있다. 그럼에도 실을 끌어 억지로 당기면 실은 무수히 뜯기거나 끊어진다. 그 결과 실이 약해져서 당기는 힘을 감당하지 못할 것이니, 이런 실을 어디에 쓰겠는가?

무릇 우리나라 사람들의 양잠기술은 본래 거칠고 어리석다. 이미 양잠할 때부터 누에의 본성을 억눌러 제대로 생장을 못 해 고치가 쇠약한 상태이니 어찌 고운 비단을 짤 수 있겠는가? 비록 그렇더라도 이왕에 이런 고치로 실을 켠다면, 마땅히 실의 성질을 따라 그 천성을 보존해야 맞다. 그런데 지금은 뽑은 실을 돌로 열심히 눌러놓아 가늘고 약하게 만들고야 마니 어쩌겠는가? 예전에 중국의 법령을 보았더니, 호사(湖絲) 중에 품질이 좋은 실로는 최고급 견직물인 단(緞)을 모두 짜게 하고, 품질이 그다음인 호사만을 수출품으로 허락했다. 그럼에도 불구

하고, 중국산 실 중에 우리나라로 수출되는 실은 모두 견고
하고 질기면서 매끄럽고 윤택하다. 우리나라의 실 최상품도
중국산에 비해 어쩔 수 없이 품질이 열등하다.

어찌 하늘이 고치를 낼 때 중국만 후하고, 우리나라는 박하
겠는가? 이는 전적으로 누에치는 사람들의 기술 수준에 달
려 있음이 분명하다.

고금의 잠서(蠶書)를 일일이 살펴보고, 또 일본의 여러 책을
열람해보아도 거기에는 모두 사편을 만드는 법이 없다. 비록
사편이 자잘한 기술에 속하지만, 참으로 한탄하고 애석히
여길 만하다. 그러므로 특별히 이 점을 논하여 우리나라 사
람들이 굼뜨고 변변치 못한 일단을 보여 주고자 했다.[54]

絲匾

〈그림 3-20〉 사편 (출처: 「전공지」 규장
각본)

풍석은 또 조선의 고유한 풍속으로 증석(蒸石)과 저증방(苧蒸房)을 들고
있다. 안타깝게도 이 두 가지 사안에 대해서는 설명만 있고 그림은 실려 있
지 않다. 삼을 쪄서 가공하는 단계에서 조선은 중국에 없는 증석을 사용하
고, 저포(모시) 가공에도 중국과는 달리 저증방을 쓰고 있다는 것이다.[55]

3. 부공 공동 노동결사체 구상: 춘경료, 추솔와

서유구는 실 잣고 옷감 만드는 부공이 결코 쉽지 않은 기술임을 잘 알았
다. 그 나름대로 이런 기술이 축적되고 공동 노동을 할 수 있도록 결사체
를 구상했으니, 「이운지」에도 언급된 '춘경료(春鶊寮)'·'추솔와(秋蟀窩)'라는
누에방과 길쌈방이 그것이다.

꾀꼬리를 뜻하는 경(鶊)과 귀뚜라미를 뜻하는 솔(蟀)이 알려주는 봄과
가을의 시령(時令)을 매개로 작명한 것인데, 누에치기와 길쌈을 나타내는
말이다. 『십국춘추』에 따르면 봄에 꾀꼬리가 처음 지저귀면 대광주리를

〈그림 3-21〉 씨실 감는 물레(위차[緯車]) (출처: 「전공지」 권5 '방직도보')

〈그림 3-22〉 여인 방적하는 모양 (출처: 김준근의 『기산풍속도』)

갖추고 누에치기를 시작하며, 가을에 귀뚜라미가 울기 시작하면 길쌈 도구인 베틀의 북이 운다고 하였다.[56] 풍석은 이 춘경추솔(春鶊秋蟀)에서 경솔(鶊蟀)을 뽑아 자신의 저술에 「경솔지」라는 이름을 붙였다.

4. 삼베와 모시

삼베는 삼에서 얻는 옷감이다. 삼은 대마(大麻)는 화마(火麻)·황마(黃麻)·한마(漢麻)로도 불리며, 수그루는 시마(枲麻)·모마(牡麻)라고 하고 암그루는 저마(苴麻)라고 한다.[57] 2자마다 한그루씩 재배하는데 김매기를 늘 깨끗이 하며, 꽃이 피고 나면 수그루는 제거한다. 모시 곧 저마(苧麻)는 한 그루가 수십 줄기로 이루어지며 한번 심어서 성공하면 묵은 뿌리가 형성되어 따로 씨를 뿌릴 필요가 없다. 모시는 한 해에 세 번 베고 1묘당 20~30근이나 생산하며 품질이 부드럽고 질기며 깨끗하고 고와서 다른 포에 비해서 값이 곱절이나 된다. 어저귀 역시 모시와 비슷한 작물로 기름지고 습한 땅에서 잘 자란다. 줄기를 유황에 담가서 등의 심지를 만들면 불이 빨리 붙는다. 칡은 야생도 있지만 집에서 심기도 하는 것으로,

봄에 싹이 나고 덩굴을 뻗어 늘어지면 채취하여 고운 갈포와 거친 갈포를 만들 수 있다. 삼과 모시, 칡을 재료로 하는 길쌈법은 '첨운경(詹雲卿)의 베 짜는 법'[58]을 기본으로 하였다.

모시[毛絁, 苧麻][59] 짜는 법: 한 색상의 하얀 모시풀을 골라내 물에 적셔 올을 나누는데, 올의 굵기는 임의대로 하여 그때그때 실 삼기하고 실올을 꼰다. 원래 민간에서는 넓적다리 위에서 꼬아 실로 만들어 펼쳐두니 방거에서 실을 자을 필요가 없다.【안: 우리나라에서는 삼을 삼고 모두 넓적다리 위에서 꼬아 실로 만든다.】또한 정련하거나 물에 담그지 않는다. 다만 생실을 다스리고 모시실로 바디에 꿸 때에는 평상시의 방법대로 한다고 설명한다. 발효시킨 묽은 풀에 고운 콩가루를 타서 솔질하고 다시 기름물로 솔질한다. 날씨가 완전 습할 때, 바람이 통하지 않는 곳이나 토굴 안에는 땅에 물을 뿌려 축축하게 한 다음 짜면 좋다. 만약 날씨가 매우 건조하면 실올이 마르고 약해져 짜기가 힘들어진다. 짤 때마다 반드시 기름물로 모시풀을 축축하게 하고 실도 축축하게 한다. 생베를 다스려 짜서 좋은 잿물 안에 잠기도록 담그고 햇볕을 쬐어 말리며 다시 담갔다 다시 말린다. 이렇게 2일을 하는데 주무르거나 문지르면 안 된다. 다시 담가 축축해지면 마른 재에 안에 골고루 스며들도록 한나절[兩時] 정도 오래둔다. 뜨거운 잿물 안에 넣어 담가 적신 다음 시루에서 찌는데 중간 불에 2~3일 둔다. 자주 뒤집어서 살피고 재의 성질과 화력의 강약을 알아야 한다. 그다음에는 깨끗한 물에 빨아 씻는다. 날이 맑으면 다시 2~3번 물에 적셨다가 털어 볕에 말리기를 앞과 같이 한다. 횟수는 상관없이 오직 깨끗하고 하얘질 때까지 한다. 재는 반드시 좋은 품질의 깨끗한 것을 써야 하니 떨어진 배[落黎]·뽕나무가지[桑柴]·콩대 등의 재로 한다. 숯재를 조금 넣

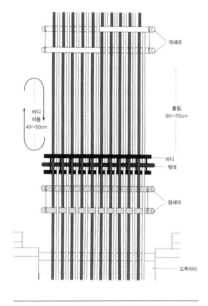

개새대

풀칠
60~70cm

바디
뒷대

바디
이동
40~50cm

참새대

도투마리

〈그림 3-23〉 우리나라 모시짜기 모식도. 첨운경의 베
짜는 법이 그 원형이 된다.

어도 효과가 빼어나다.[60]

우리나라는 남북의 지리적 차이로 인해 품질의 격
차가 상당하다고 했다. 남쪽이 북쪽보다 못하고 북으
로 갈수록 질이 높아져 회령이나 종성 등지로 가면 가
볍고 고운 베가 산출되므로 서울의 귀한 사람들의 수
요를 충당한다는 것이다. 보통 남쪽이 작물이 잘 되는
것이 일반적인데 베는 반대가 된다는 점이 흥미롭다.
다만 모시는 한산이나 임천 등지에서 하는 방법이 첨
운경의 모시포법(毛絁布法)과 유사하고, 무늬가 고운 문
저포(紋苧布)와 누런 빛깔의 황저포(黃苧布)도 난다고 했
다. 영남에서 나는 올이 가늘고 빛깔이 고운 베는 대
개 갈포를 짜서 만든 베인데, 귀한 사람들이 여름옷으
로 해 입는다고 했다.

5. 면화 재배와 길쌈

면화(목화) 재배에서는 먼저 문익점과 관련된 면화의 유래는 본서 총론으
로 대신하고,[61] 풍석에 따르면 우리나라의 경우 영호남의 해안가는 청명을
전후하여 목면을 심고, 호서와 경기도 한강 이남은 곡우를 전후하여 심으
며, 경기 한강 이북과 해서 및 관서는 입하를 전후하여 심는다. 중국 면화
의 품종에는 강화(江花)·북화(北花)·절화(浙花)·황체(黃蒂)·청핵(青核)·흑핵
(黑核)·관대의(寬大衣)·자화(紫花) 등이 있는데, 처음에는 모두 남방의 해
외 여러 나라에서 전파되었다. 우리나라의 경우 문익점으로부터 풍석의
시대까지 단지 한 품종만이 전해졌고, 오래되어 대가 약해져서 땅이 비
옥하고 풍년이 들어도 목화 20근에서 5·7·9근의 면을 얻는 경우는 나라
를 통틀어도 전혀 없었다. 매년 해외에서 청핵(青核: 20근 목화에 9근의 면

을 얻음) 등의 3~4개 품종만 구해 와도 중량을 더하고 수확을 배나 올릴 것이라 했다.[62]

『화한삼재도회』에 일본 목면은 중국 목면보다 더 희고 깨끗한 하수면(蝦手棉)·신악면(神樂棉)·연초면(烟草棉) 등이 있다고 한 내용을 인용하면서, 풍석은 중국의 좋은 품종 구하기가 여의치 않다면 대마도를 통해 일본 품종을 사 와 심는 것이 낫다고 했다.[63] 좋은 종자를 구하여 우리 땅에 재배할 수 있게만 된다면 어느 나라든지 거리낌이 없다. 다른 농사와 마찬가지로 목면 재배에도 씨앗이 중요하며 중국과 일본을 통해서 더 좋은 씨앗을 구해 생산량과 품질을 높이려는 노력은 『임원경제지』에서 일관된 태도이다.

면화 재배법 중에 특기할 만한 사례로는 산골짜기나 평원의 거친 밭에 구덩이를 파서 목화를 재배하고 구덩이를 하나씩 늘려가면서 개간으로 이어지는 '감종법(坎種法)'이 있다. 무릎 깊이에 방석 너비의 구덩이를 파고 심을 때가 되면 오줌재와 소똥·말똥을 구덩이에 넣고 또 새 흙을 더해준다. 목화씨를 소 오줌과 삭은 재에 굴려 밤알 크기만 한 덩어리를 만들어 구덩이마다 5~6개씩 심는다. 적당하게 자라면 가운데 줄기 끝을 잘라줘서 가지가 무성하고 열매가 번성하게 열리도록 하는 방법이며, 이런 구덩이를 매년 늘려가면 3년 정도 만에 밭이 자연스럽게 개간되는 효과까지 노릴 수 있다.[64]

문익점(1329-1398)이 목화씨를 들여와서 재배에 성공한 후에 씨아와 물레, 솜을 타는 기구인 탄기(彈機)와 실을 감는 사추(絲樞)를 새롭게 만들어 솜옷을 만들고 베를 짠 것이 우리나라 면포의 유래이다. 하지만 풍석은, 『동사강목』에는 솜 타고 베 짜는 기구가 문익점과 정천익에 의해 만들어졌다고 하지만, 당대에 쓰이던 씨아와 물레 등의 기구는 중국의 기구와 하등 다를 것이 없다고 보았다. 면화로 매우 곱게 짠 무명은 가볍고 따뜻하며 편하고 부드럽기가 고운 비단에 버금간다. 방직의 방법은 중국과 대동소이하다. 그러나 우리나라에서는 씨를 빼고 면화를 타고 실을 뽑아 얼레에 감은 뒤에 풀을 발라 직기에 앉힌다. 중국의 제도에 쓰이는 발차(撥車)·광상(軖床)·선가(線架) 등의 기구를 별도로 쓰지 않는다고 했다. 중국의 황도파(黃道婆, 1245-1330)라는 여성이 원나라 때 지금의 해남(海南) 애현(崖縣)의 여족(黎族)으로부터 무명 방직 기술을 배웠고, 1296년쯤 상해 근처의 고향으로 돌아와 방직 기술을 전파했다. 이 지방에서는 1334년에 사당을 세워 황도파를 '방직의 신(神)'으로 모셨고, 지금도 상해시 남구(南區)에 선면사(先棉祠)가 남아 있다고 한다.

씨아와 무명활의 제작: 중국의 황도파, 한국의 문익점

송강부(松江部)[65]의 백성이 목화[木綿]을 심었는데, 처음에는 답거(踏車, 씨아)와 추궁(椎弓, 솜타는 활)의 도구가 없어 모든 과정에 걸쳐 손으로 목화 열매를 갈라 씨를 빼내고 활줄을 상 사이에 설치해놓고 동여매 흔들어 솜 덩어리를 만들었는데, 그 작업이 매우 고생스러웠다. 원나라 초 노파 황도파(黃道婆)가 남쪽 애주(崖州)에서 온 뒤 솜을 트는 법, 무명을 짜는 연장 만드는 법을 가르쳤고, 사(紗)를 섞어서 배열하는 법, 가로세로 무늬를 넣는 법까지 각각 방법이 갖추어지게 되었다. 이 방법으로 옷[被]과 이불[褥]·띠[帶]·수건[帨]을 짜 만들었고, 그 위에는 꽃가지[折枝]·둥근 형태의 봉황[團鳳]·격자 형태[棋局]·글자 문양[字樣]이 그림을 그린 듯 아름다웠다. 이 가르침을 받은 사람들이 다투어 만들고 재물로 맞바꾸면서 부자가 되었으니,

이 은혜에 감사하지 않을 수 없어 황도파가 죽자 그 동상을 세우고 제사지냈다.

『동사(東史)』에서 "고려시대 정언(正言) 문익점(文益漸)이 사신이 되어 원에 갔다가 검남(劍南, 사천 운남 인근)에 유배되어 목화[木棉] 종자를 얻어서 돌아왔다. 그의 장인 정천익(鄭天翼)과 함께 목화를 심자 3년 만에 크게 번식했다. 또한 같이 교차(攪車, 씨아)·소차(繅車)·탄기(彈機, 무명활)·사추(絲樞, 북)를 새로 창안해서 솜[綿]을 만들어 옷에 솜을 넣고, 실을 당겨서 베를 짰다."라 했다. 이는 우리나라 면포의 유래이다. 그러나 『동사』에 근거하면 솜을 틀어 실 잣는 기구가 모두 문익점과 정천익의 의도로 창안했다고 하는데, 지금 쓰는 교거(攪車)와 소거(繅車)는 중국과 똑같을 뿐 다른 점은 없다. 이는 우연히 같은 것인가? 아니면 문익점이 중국에서 가지고 와서 우리나라에 전해준 것인가?[66]

6. 조선의 복식과 의관

복식 중에서 조선시대에 널리 사용된 대표적 물품을 원문 위주로 몇 가지 올린다.

1) 갓

갓에는 대우[帽]가 있고 양태[簷, 둘레 모서리, 챙]가 있는데, 모두 대오리[竹絲]를 엮어 만들고 베로 싸서 옻칠을 한다. 양태는 제주도에서 나는데, 지금은 통영에서 만든 양태가 더욱 좋다. 팔도 사람들의 복장 중 9/10가 제주산이고 통영산은 값이 비싸 겨우 1/10을 차지한다. 그러나 통영산은 바람을 잘 견디고 질겨 제주 양태 셋이 통영 양태 하나를 당

〈그림 3-24〉 대오리로 만든 양태에 베[布]를 입힌 갓(왼쪽)과 대오리로 엮어 옻칠을 한 갓 (국립민속박물관 소장)

할 수 없다. 새로 관례(冠禮)를 치른 소년은 황초립(黃草笠)을 쓰는데 색이 황금색 같다. 개성 사람들이 잘 만든다. 갓의 제도는 멀리 신라에서 비롯하여 오늘에 이르는데 벼슬한 사람이나 아니 한 사람, 귀한 사람이나 천한 사람 모두 착용하는 복장이 되었다. 중국 사람들은 우리 갓을 '절풍건(折風巾, 고구려 때 관모)'이라 한다. 우동(尤侗, 1618-1704)의 『외국죽지사(外國竹枝詞)』에서 조선의 복식을 언급한 구절에서 "장삼(長衫)의 넓은 소매와 절풍건 썼지."라 했는데, 이는 바로 우리나라 포(袍)와 갓 제도를 가리킨다.

갓에 기름때가 생기거나 땀이 스며들어 더러워지면 오두(烏頭)를 진하게 달인 물로 씻어준다.[67]

갓은 대표적인 조선 사람의 복식인데, 중국인들은 '절풍건'이라고 했다. 중국 사신이 쓴 글에서 장삼, 넓은 소매, 절풍건을 특징으로 표현했고, 이는 우리나라 도포와 갓의 스타일을 표현한 것이라고 풍석도 인정했다("長衫廣袖折風巾", 卽指我國袍笠之制也). 우리가 아는 전통 한복의 원형이 풍석이 활동하고 인식하던 시점과 거의 합치하고 있다는 점이 신선하다.

2) 가죽옷

들짐승의 가죽으로 만든 옷을 통틀어 '갖옷'이라 한다. 귀하게는 담비나 여우에 이르고, 천하게는 양이나 고라니에 이르기까지 값이 천차만별이다. 담비는 요동 바깥의 건주(建州) 지역과 조선에서 난다. 담비 1마리의 가죽은 사방 1척을 넘지 않아 60여 마리의 담비를 모아야 겨우 갖옷 하나를 만든다. 담비갖옷(초구)을 입으면 바람 불고 눈 오는 가운데에 서 있어도 집 안에서보다 따뜻하다.

【안: 우리나라 관서나 관북에서 나는 담비류는 대부분 검노란색인데, 이 담비갖옷의 따뜻하고 두터움은 건주(建州)산에 버금간다. 또 쥐 가죽과 다람쥐 가죽이 있는데 모두 갖옷을 만드는 재료가 된다. 여우는 도처에 있지만, 우리나라 사람들은 망초로 무두질하는 방법에 익숙하지 않아 여우 갖옷을 만드는 사람이 없다. 연경에서 수입한 촉묘피(蜀貓皮)는 눈처럼 희어 애호하지만, 털이 짧아 따뜻하지 않다.】

다른 지역의 기이한 물건으로 예를 들면, 금사후(金絲猴, 황금원숭이)는 황제에게 바쳐 모자로 사용했으며 스라소니[扯里猻]는 황제가 입는 포(袍)를 만들었는데, 이들은 모두 중국에서 나는 물건이 아니다. 새 중에 매의 배나 기러기 옆구리의 솜털을 모으되, 이들 만 마리는 죽여야 갖옷 한 벌을 얻을 수 있어 천아융(天鵝羢)이라 하는 갖옷도 있다지만, 어찌 입어보겠는가?

옛날의 갖옷 제도는 길이가 상의의 길이와 나란하지만 우리나라는 길이나 크기가 일정하지 않다. 지금의 주의(周衣)【민간에서는 두루마기라 부른다.】처럼 온몸을 둘러 여미기도 하고, 지금의 배자처럼 반비(半臂)에 방령으로 두 길[兩襟]이 마주하고 내려가며 길이는 겨우 배를 덮기도 하며, 지금 민간에서 말하는 동의(冬衣)【동옷】처럼 길이가 복사뼈나 정강이뼈까지 오고 앞뒤가 서로 이어지지 않기도 하며, 지금의 속

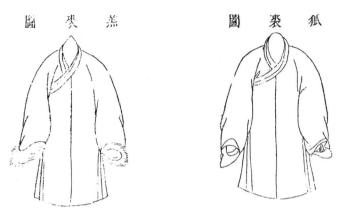

〈그림 3-25〉 고구(羔裘, 왼쪽)와 여우갖옷(狐裘, 오른쪽) (출처: 『삼재도회(三才圖會)』)

옷[裏衣]【민간에서는 저고리라 부른다.】과 같기도 하다. 갖옷의 옷감으로는 초(綃)나 단(緞) 또는 주(紬)나 견(絹)을 쓰고, 청색·자주색·침향색(황흑색)·검누른 붉은색·낙타색 등 쓸 수 없는 색이 없지만, 홍색과 황색 두 색만은 쓸 수 없다. 갖옷 중에 두 길이 마주하고 내려가는 옷은 은단추 또는 호박(琥珀)단추나 밀화(蜜花) 단추 등의 단추를 달아 여민다. 『금화경독기』[68]

우리나라산으로 담비 가죽이 많이 생산되고 귀하게 여겼다고 했다. 여우 가죽은 무두질 기술이 충분치 않다는 평이다. 기이한 물건으로 황금원숭이와 스라소니 가죽이 나오는데, 그보다 더 기러기 깃털로 만든 천아융이 눈길이 간다. 지금의 구스파커(Goose Parker)의 원형인 듯하다.

3) 베개

『시경』에 "뿔 베개[角枕] 찬란하여라."라는 노래 가사가 있다. 옛사람들은 대부분 뼈나 뿔로 베개를 만들었다. 지금도 상아베개가 있는데, 여

〈그림 3-26〉 자수베갯모에 무명 홑청을 두른 베개(왼쪽, 국립민속박물관 소장)와 대나무베개(오른쪽, 국립민속박물관 소장)

〈그림 3-27〉 나전 배겟모 (국립민속박물관 소장)

기에 아름다운 돌이나 꽃 들을 새겨놓았으니, 몸을 깨끗이 재계하고 누울 때 쓰는 도구로 꼭 알맞다. 색실로 자수를 놓은 베개나 통영에서 만든 나전베개(그림 3-27)[69]는 너무 화려하여 예쁘지 않은 것은 아니나 부녀자가 화장을 한 느낌이 난다. 오목(烏木)으로 베개를 만들어 윗면에 자석을 박아두면 시력을 좋게 한다. 일찍이 정요(定窯, 송나라 정주의 도요지)의 사기베개를 본 적이 있는데, 어린아이가 위를 보고 누운 모양에 생기발랄하게 돌아보고 있어서 부르면 아이가 곧 일어날 듯했는데, 역시 기이한 제도였다. 따로 자주색 명주 주머니에 좁쌀[稷米]을 담아 이 사기베개의 가운데 놓아 뒷목을 받치면 여름철용 베개로 좋다. 부인들 베개는 아무래도 원앙수나 봉황수 베개를 좋은 것으로 친다.[70]

7. 천연 염색

총 44종의 천연 염색 염료와 제조법을 수록했는데, 아래에 소목(蘇木)을 재료로 한 홍색과 쪽풀을 재료로 하는 남색의 내용을 원문으로 옮긴다.

— 목홍(木紅)색

소목 달인 물에 명반(明礬)과 오배자(五梧子)를 넣는다.[71]

〈그림 3-28〉 목홍색 (박영진 제공)　　　　　〈그림 3-29〉 남색 (박영진 제공)

— 남(藍)색

6~7월에 요람(蓼藍, 쪽의 한 종류)잎이 살지고 진액이 왕성할 때 잎을 따다가 깨끗한 그릇에 담는다. 여기에 물을 붓고 주무르며 으깬 다음 즙을 취하여 물들인다. 쪽 염색은 매번 삼복[庚伏] 때에 하게 되는데, 더위에 쪄지고 습하여 쉽게 변색되므로 조빙궤(照氷櫃, 얼음을 채운 상자)가 있어야 한다.[72]

8. 의복 세탁과 관리

서유구는 빨래하는 여러 가지 방법을 소개하여 의생활을 보다 지혜롭게 영위할 수 있도록 배려하였다. 「전공지」에 소개된 빨래하는 방법은 46가지로 옷감별 빨래 방법과 오염의 종류에 따른 다양한 빨래 방법이 나온다. 빨래 방법은 직전 세대 이덕무의 『이목구심서』, 유중림의 『증보산림경제』와 서유구 자신의 「경솔지」 등을 인용했다. 몇 가지 눈길을 끄는 것을 모았다.

— 기름 묻은 옷 빨래

- 활석과 천화분을 적당량 가루 내어 더러워진 곳을 숯불에 쬐어 말려 뜨겁게 한 뒤 가루를 뿌려 때를 떨쳐낸다.
- 더러워진 곳에 방분(蚌粉)을 넉넉하게 뿌린 뒤 다리미로 뿌린 곳을 다리면 바로 제거된다.
- 꿀을 써서 빤다.

— 먹물 든 옷 빨래

- 생살구씨를 씹어 먹물에 뱉은 뒤에 바로 빤다. 조밥을 씹어서 해도 된다.
- 반하, 살구씨, 날 은행을 곱게 찧어 잠시 조물조물하면 제거된다.
- 대추를 잘게 씹어 문지른 뒤에 찬물로 빨면 흔적이 없어진다.
- 밥알로 비빈다.[73]

— 기타

- 담배 진액에 물든 옷은 살구씨나 복숭아씨의 가루를 젖에 타서 씻으면 바로 가신다.
- 벼룩 똥 묻은 옷을 뜨물에 담가서 측간에 두면 저절로 없어진다.
- 홍현채(紅莧菜)에 생마포를 삶으면 모시처럼 희어진다.

같은 정보도 생활에 쓰일 만한 것들이다.

3장

농사, 기상, 동물 분야

이 장은 농업, 동물, 기상 분야를 하나로 묶었다. 농업은 『임원경제지』에서 서유구 스스로 가장 중요하게 다루는 분야라고 했으며 실제 그 분량도 많은 곳이다. 농업이라 한마디로 뭉뚱그렸지만 실제로는 곡물 농사, 채소 농사, 원예 농사, 과수 농사를 모두 아우른다. 각각 「본리지」, 「관휴지」, 「예원지」, 「만학지」에 해당하는 내용이다. 여기에 목축·어로·사냥을 다루는 「전어지」, 날씨와 풍흉 예측을 다룬 「위선지」가 포함되어 총 5개 지가 아울러졌다. 여기에 조금 설명을 보태려 한다.

곡물 농사를 다룬 「본리지」가 본디 『임원경제지』의 첫 장이기 때문에,[1] 여기서는 다른 농사에도 적용될 수 있는 농사 전반에 대한 이야기가 비교적 상세하게 기술되고 있다. 곡물 농사는 좋은 종자를 구하는 것을 가장 중시했고 병충해 방지, 수리시설, 토질 개량과 개간 등에 대해서도 상세하게 다루고 있다. 실제 농법에 적용해서 생산성을 높여야 할 것들이다. 하지만 무엇보다 경위도를 정확히 측정해서 각 지역의 작물 파종부터 수확 시기까지 농시를 정확히 알아야 하는 것을 가장 중시했다는 점이 『임원경제지』를 통틀어 독창적이고 주목을 끄는 부분으로 보고 앞에 세웠다.

다음, 채소농사는 「관휴지」에서 다루는데 우선 채소·약초 재배에 적합한 밭으로 휴전(畦田, 두렁밭)을 만드는 새로운 방법에 특히 유의해서 서술한다.[2] 「관휴지」에서 식용·약용으로서의 채소·약초를 다루고 있다면, 관상용 화훼원예는 「예원지」에서 다룬다. 한편 「관휴지」와 「예원지」 이 두 지(志)에서는 농업 자체의 서술을 넘어서 인간의 삶 자체를 심미적·철학적으로 성찰하는 자세가 특별한 논조의 서문에 제시되고 있다. 서유구 자신의 목소리이므로 관심을 둘 만한데, 먼저 육식과 채식의 관계를 평가한 「관휴지」 서문 내용은 지금의 관점에서 더욱 음미할 가치가 있다. 꽃을 가꾸는 내용의 「예원지」는 사람에게 필수적인 두 가지 영역, 곧 식력·양지 구분에서 양지로 분류한 논리가 정연하게 펼쳐지고 있다. 풍석은 꽃의 용도에 대해 먹고 힘을 얻는 재료(곧 식력)가 아니라 관상하고 음향하면서 마음을 풍성하게 하는 대상(곧 양지)으로서의 의미를 부각시켰다.

한편 의복의 원료가 되는 실과 직물, 그리고 재료 작물인 목화, 삼, 모시, 뽕나무 등을 재배하는 것에 관한 「전공지」도 크게 보아 농업 카테고리에 들어가겠지만, 재료의 수확 이후 실과 옷감을 만드는 일인 부공(婦功, 곧 「전공지」에 해당) 분야는 각론의 제2장 "공업, 건축, 의복"에 배치했다.

과수농사는 「만학지」에서 주로 다루었다. '임원16지' 중에서 서유구의 가장 말년에 저술된 것이라고 하는데, 특이하게 이 나무 농사에 고구마 재배 기술이 나오는데 새로 들여온 고구마를 채소가 아닌 풀열매류[蓏類]로 이해한 듯하다.

각종 동물과 어류에 대한 사냥, 목축, 어로 기술이 담긴 「전어지」는 『임원경제지』 전체에서 가장 생동하는 현장 지식이 들어 있는 곳일 것이다. 농업에 목축을 포함한 것은 그리 낯선 방식은 아닌데, 다만 실제 「전어지」의 내용은 목축뿐만 아니라 사냥, 어로를 끼고 있다. 인간이 사육하고 기르는 활동뿐만 아니라 자연 상태의 동식물을 수렵 채집하는 내용이 들어가므로 사실상 원시시대에서부터 내려오는 다양한 사냥, 어로의 방법이 포괄되어 더욱 흥미롭다. 서유구는 특히 이 「전어지」의 내용이 가정 경제를 윤택하게 하고 국가적으로도 큰 도움이 된다고 평가하면서 많은 공력을 들였다. 바닷물고기를 설명하는 데서 사대부의 지식 편집 능력과 향촌인의 현장 어류 지식을 결합하여 경제난으로 허덕이는 조선을 일으켜 세우고 새로운 세계를 열어가야 한다고 말하는 곳에서는 생산력 발전의 엔진 기능으로서 『임원경제지』의 진수를 보여준다.

마지막으로, 기상 분야(「위선지」에 해당)에서 날씨를 비롯한 자연현상의 예측에 대한 정보를 다룬다. 특이한 점은 전통시대의 가장 정확한 수학적 계산을 자랑하는 천문역법과 같은 본격적인 천문학의 이야기는 상술되지 않는다는 것이다. 「위선지」 서문에서 밝히고 있듯이, 향촌에서 농사짓는 데에 유용한 기상 지식을 모아 농업생산성 증대에 도움을 주고자 할 뿐이다. 대부분이 오랜 기간 농사 경험에 기반한 이야기가 중심이다. 「본리지」 맨 앞에서 경위도를 정확히 측정하는 것이 중요하다고 강조한 것과 「위선지」 전체가 오랜 경험에서 나온 이야기를 중시한 것은, 모두가 농업 생산력 증대에 요긴한 지식이라는 평가가 밑받침되어 있다. 지금의 담론으로 보자면 첨단과학기술의 성과와 오랜 경험의 노하우가 별 무리 없이 병립되고 있는 모습이다. 서유구의 인식은 이렇게 종으로 횡으로 연결되고 결집되어 『임원경제지』를 이루고 있다. 그런 형식에 맞추어 이 장은 경위도에서 시작하여 기상 예측으로 시종을 이루며, 그 사이에 농업과 동식물이 들어간 구성이다.

1절. 농사 일반, 곡물 농업 분야

"조선의 농업 발전은 신기술 도입과 경묘법 시행에 달려 있다"

1. 경위도 사용

"농사짓는 데 반드시 알아야 할 것이 정확한 경위도이다."

서유구의 파격적 주장으로 『임원경제지』와 조선의 일용기술 본문을 시작한다. 18세기 후반에서 19세기 전반까지 활동한 조선의 고위급 지식인이 주장한 것으로, 당대의 현실을 개변하는 데 필요한 지혜와 실천을 모든 분야에서 최대치까지 밀고 나갔다고 공감할 수 있는 것이 존재한다면 그것은 과연 무엇일까? 나아가 현대의 독자들에게까지 당면한 문제에 대한 진단과 해결 방안을 둘러싼 그 지적 분투의 과정이 설득력 있게 전달되고 그 지향과 목표가 여전히 우리 문명이 가야 할 한 지향점으로 삼기에 부족함이 없다는 인정을 받을 만한 것이라면 어떤 것일까? 필자는 그러한 가치가 『임원경제지』에 녹아 있을 가능성을 염두에 두고, 그중에서 가장 앞쪽에 두어야 할 것으로 '경위도'를 꼽는다. '경위도'라는 말이 주는 새로움과 신선함이 서유구의 전체적 담론이 가지는 특별함과 독자성을 다른 무엇보다 선명하게 전해줄 것이라는 판단에서다.

먼저, 풍석이 경위도에 대해 누군가와 나눈 대화의 한 장면을 들여다보자.

손님 중에 비판하는 사람이 말했다.

"그대는 참으로 일을 벌이기 좋아하는구려. 중국의 지도[職方][3]에 기록된바, 먼 것은 혹 만여 리나 되므로 중국에서 역법을 제정하여 백성들에게 시후(時候)를 알려줄 때에 반드시 거리의 차이를 상세히 해야 했던 것은 본디 그러했습니다. 그러나 우리나라의 땅은 탄환(彈丸)만 한 크기로서 겨우 중국의 한 성(省)과 맞먹을 정도입니다. 어찌 중국과 같이 자질구레하게 경도와 위도를 살펴야 합니까?"

내가 대답했다.

"그렇지가 않습니다. 우리나라의 지세는 동서로는 좁으나 남북으로는 깁니다. 북쪽의 경원·경흥은 중국의 선부(宣府)·대동(大同)과 상대되며, 남쪽의 해남·강진은 중국의 등주(登州)·내주(萊州)와 상대됩니다. 장백산 아래에서는 4월에 서리가 내리지만, 제주에서는 귤과 유자가 나며[橘柚] 겨울에도 갖옷을 입지 않습니다. 이렇게 우리나라의 남북 한서(寒暑)의 차이는 중국의 그것과 비교하면 무슨 다른 것이 있겠습니까?… 지금 우리나라에서 가장 북쪽인 지역과 가장 남쪽인 지역의 경운(耕耘)을 모두 한양의 절기에 맞춰 한다면, 겨울에 곡식을 심어 봄에 수확하기를 바라는 것과 무엇이 다르겠습니까?"

손님이 말했다.

"남북의 한서(寒暑)가 위도의 차이 때문에 생기는 것이야 그러합니다. 그러나 경도의 차이는 한양에서부터 동쪽으로는 영남에 이르고, 서쪽으로는 관서에 이르는데, 각각 1°강(强)에 지나지 않습니다. 비록 각(刻)과 분(分)의 차이가 있더라도 그 차이가 얼마나 되겠습니까?"

내가 대답했다.

"만약 한양의 입춘(立春)이 '자초3각지말'[子初三刻之末][4]에 있다면 편동(偏東)으로 1°를 지나간 지역은 1일 뒤가 입춘이 됩니다. 그러나 '자정 초각지초(子正初刻之初)'[5]에 있다면 편서(偏西)로 1° 지나간 지역은 1일 앞서 입춘이 됩니다. 무릇 두 해가 교차하는 때는 앞뒤로 갈라져서 2일로 되니, 이것이 어찌 작은 이유입니까. 어떻게 각(刻)과 분(分)이 작다고 하여 소홀히 하겠습니까.… 지금 가장 동쪽에 있는 동래·기장과 가장 서쪽에 있는 의주·창성에서는 모두 한양의 절기를 기준으로 삼아 농사를 지으면서 한번 들어맞지 않으면 바로 폐기합니다.… 이것은 진실로 이른바 기러기발을 고정시키고 거문고를 연주하는 것이며, 저 울추를 붙여놓고서 무게를 다는 것입니다."[6]

서유구는 우리나라가 중국에 비해 비록 땅이 작다고 하나 역시 경위도를 정밀하게 측정하여 땅의 용도를 넓히는 일이 매우 중요함을 역설하고 있다. 서유구가 이렇게 경위도를 중시하게 된 데에는 조선 후기 최고의 천문역산학자인 아버지 서호수와 정조의 스승으로 일세의 문형(文衡)을 거쳤던 할아버지 서명응의 영향이 직접적이다. 「본리지」 안에서도 이러한 가계의 영향을 숨기지 않고 표현했다.

나는 본래 직분(職分)이 희·화(羲和)[7]의 일이 아니며, 이미 향촌에 머물러 지내는 사람으로서 관측기구를 들고 사방에 측량하러 다니는 노릇도 할 수가 없다. 단지 우리 집안에서 아버지께 배워 얻은 내용을 아래에 기록해둔다. 무릇 나와 뜻을 같이하는 선비(同志之士)가 혹 한가하게 명승지를 노닐 때나 향촌(鄉村)에 땅을 정하고 살게 되었을 때 그 지방(地方)에서 상한의(象限儀)와 자오선의(子午線儀)를 이용하여 실제 땅의 위치에 맞게 경도와 위도를 측량하고, 이들 실측 자료를 모두 합쳐서 가지런히 정정(訂正)한다면, 이 편(編)은 국왕이 행하는 수시(授時: 천시를 정확히 계상하여 백성에게 배포함)의 교화를 펴는 일에까지도 보탬이 없지 않을 것이다. 이 일이 어찌 한갓 농가에서 천시(天時)에 따라 땅을 이용하는 지침일 뿐이라고만 하겠는가? 진정으로 바른 뜻을 품은 사람이라면 이를 진지하게 생각해야 하지 않겠는가?[8]

서유구는 자신의 동지들이 모두 합심하여 경위도 관측기구를 들고 다

 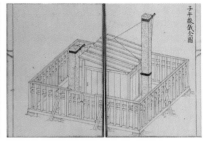

〈그림 3-30〉 상한의, Giovanni battista giusti, quadrante orario, 1550~1600 (출처: Wikimedia)

〈그림 3-31〉 자오선의전도 (출처: 『관정역서(寬政曆書)』 권19)

니면서 팔도의 구석구석의 땅의 실측값을 얻어 사용하자고 했다. 상한의 와 자오선의로 가능하다고 한다. 상한의(=quadrant, 四分儀)라고도 하는데, 더 작은 각도를 잴 때는 오분의 육분의도 있다.

— 가학의 축적

경위도에 대한 지식은 풍석이 옛날부터 집안에서 배워 얻은 것(昔所得於過 庭者)이었다. 곧 과정지훈(過庭之訓)으로 아버지에게 집에서 직접 배운 것 을 말한다.[9] 앞의 서론부에서 설명했지만 서유구의 가학은 경화세족의 지 위로뿐만 아니라 개성 연원의 기수지학(氣數之學), 명물도수지학(名物度數 之學)의 특징을 강하게 띠며 예(藝)와 용(用)의 부문에서도 전문절예(專門 絕藝), 이용후생(利用厚生)의 극을 달리고 있었다. 동서(東西)의 범위로 넓 혀서 말하자면 마테오리치와 서학(西學)의 성취를 직접 거론 평가하기도 하는 데에 이르렀고, 고금(古今)으로 말하자면 요순(堯舜)에서부터 서유구 당대, 그리고 후세 학자들의 눈까지 거명하는 문명사적 단위의 폭을 지 닌 것이었다.

　서유구가 우리나라의 경위도를 아는 것이 중요하다고 인식한 연유는 「본리지」에 소개된 아버지 서호수의 『해동농서』 내용으로부터도 충분히 확인해볼 수 있는 것이다.

지금 풍씨(馮氏)의 설[10]을 가지고서 우리나라의 남북을 비교하여 헤아
려본다면, 서울은 북극의 고도가 37°39′으로 산서(山西)[11] 지역과 상대
된다. 북쪽의 갑산(甲山)은 심양(瀋陽)과 상대된다. 남쪽의 제주[耽羅]는
강남(江南)과 상대된다. 제주로부터 서울까지, 서울부터 갑산까지, 3지
역은 기후가 또한 천리마다 10일씩 차이가 난다. 제때보다 먼저 파종
하는 경우에는 너무 일러서 나지를 않고, 제때보다 늦게 심은 경우에
는 너무 늦어서 결실을 맺지 못한다. 『해동농서』[12]

우리나라가 서울 기준으로 파종 시기가 10일씩 차이 나는 정도의 위
도 차를 보인다는 것이다. 농사에 서울 기준의 시후로만 쓴다면 낭패를
보기가 일쑤다. 중국에서도 서광계를 위시하여 서학의 위력을 직접 체험
한 마테오리치의 후계 학자들 중 이런 주장이 있어왔다. 서유구는 특히
서광계의 글이야말로 '어진 사람[仁人]'의 마음이 묻어나는 내용이라고 감
탄을 쏟아낸다. 서광계는 남북 위도(緯度)의 차이를 『농정전서(農政全書)』
에 실어서, 춥고 따뜻함의 알맞음을 알 수 있게 하여 토지에 맞는 작물
을 골라 심음으로써 농업을 진흥시키고자 하였다. 서유구는 매번 그 대
목을 읽을 때마다 무릎을 치며, "이것은 농시의 삼매다."라고 하였다는 것
이다.[13] 서유구는 땅에서 거리가 2백 리의 차이가 나면, 하늘의 경도나 위
도는 반드시 1°의 차이가 난다고 생각했다.[14] 우리나라의 경우에도 이런
법칙은 그대로 적용될 것이다. 우리나라는 비록 국토가 작으나 동서의 길
이는 1천여 리가 되고 남북의 길이는 3천여 리가 되므로, 직선거리로 계
산하면 경도의 차이는 3도가 넘어야 하고 위도의 차이는 6,7도가 넘어야
한다는 것이다.[15] 하지만 실측을 정밀하게 하지 않아 그 활용이 미비하기

그지없다는 것이 풍석의 현실적 판단이다.

> 8도(道)의 경도와 위도의 거리 차이는 아직 측량하여 확인한 적이 없고 다만 한양의 경도와 위도로써 개략적으로 추산하였다. 그래서 우리나라의 이 역법은 곧 경기(京畿)의 2백리 이내에서 사용할 수 있는 역법이지, 2백 리 이외의 다른 도(道)에서 사용할 수 있는 역법이 아니라는 것을 뜻한다. 그렇다면 경기도 이외의 여러 도는 아예 역법이 없다고 할 수 있다. 역법이 없다면 농사는 어떻게 하겠는가.[16]

이처럼 지금 사용하고 있는 것들은 실측이 아니라 한때 특정 지역에서 측정한 값을 기준으로 지도상에서 추산한 값이었다. 다음 기사에서 보듯이 몇 가지 사용되는 것 중 개성을 중심으로 한 것, 한양을 중심으로 정한 것, 서명응이 백두산에서 실측한 것, 서호수가 정한 것이 있는데, 모두 실측이 아니라 〈동국여지도〉 등을 가지고 종이 위에서(紙上) 예측한 것이라고 했다. 심지어 서명응은 1도를 250리, 서호수는 200리로 계상했기에 그 결과값도 차이가 나는 것은 당연했다.

> 원(元) 나라 곽수경(郭守敬)의 『수시력(授時曆)』은 고려의 북극 고도가 38° 25′이라 정했는데, 이는 고려 수도 개성의 북극 고도이다. 청(淸)나라 매각성(梅瑴成)의 『역상고성(曆象考成)』[17]은 조선의 북극 고도가 37° 39′ 13″라고 했는데, 이는 청나라 사신 하국주(何國柱)가 상한대의(象限大儀)[18]를 써서 수도 한양의 종로에서 북극 고도를 측량한 것이다. 나의 조부[19]가 백두산을 유람할 때, 상한의를 사용하여 백두산 연지봉(臙脂峰) 아래에서 북극의 고도를 측량하여 42° 3′을 얻었다. 이것들은 모두 실제로 측량한 것이다. 그러나 그 나머지 각 도의 북극 고도는 실

제 측량값이 아니다.

『서운관지』에는 세종(世宗)이 역관(曆官)을 마니산(摩尼山)·백두산(白頭山)·한라산(漢拏山)으로 나누어 보내어 북극고도를 측량하게 했다는 글이 있으나, 그때 측량한 수치는 지금 찾아볼 수가 없다. 정미년(丁未年, 1787) 나의 조부(서명응)께서는 「양곡지(暘谷志)」를 편찬할 때 250리의 차이를 1°로 치는 고법(古法)을 이용했고, 정후조(鄭厚祚)의 『동국여지도(東國輿地圖)』를 근거로 하여 각 도(道)의 경위도의 수치를 정하였다. 신해년(辛亥年, 1791)에 부친(서호수)께서는 서운관의 제거(提擧, 책임관)로 있을 때 2백 리의 차이를 1°로 치는 현행법(今法)을 이용했고, 비변사(備邊司)에 소장되어 있는 『여지도(輿地圖)』를 근거로 하여 각 도의 경위도를 정하였다. 그러나 우리나라의 산천은 굽이지고 도로는 꼬여 있으며, 또 땅을 재는 척법(尺法)과 보법(步法)에 일관된 기준이 없다. 이렇게 볼 때 굽은 산길(鳥道)을 이용하여 거리를 정한 이전의 모든 정보는 정확하지 않은 개략적 수치일 뿐이다. 그런 수치와 실제 측량 값을 비교하여 확인해보면 결과가 어떠할지 알 수가 없다.[20]

경도와 위도에 따라 농사의 시기와 방법이 다르다는 사실을 강조한다. 날씨가 곳에 따라 다른 것을 안다는 것으로 끝나는 것이 아니라, 왜 이런 현상이 일어나는지, 어떻게 알 수 있는지를 자세하게 아는 사람은 드물다. 태양의 출입과 절기의 시각이 지역에 따라 다르다면 땅에서 발산하는 기운도 지역에 따라 달라질 것은 당연하다. 그렇다면 밭 갈고 씨 뿌리는 시기도 이에 따라야 할 것이다. 위도와 경도가 비교적 정교하게 알려진 것은 중국의 명말청초에 제작하고 시행한 시헌력법(時憲曆法)의 시대 이후의 일이다. 이 역법은 마테오리치를 비롯한 예수회 선교사를 통해 전해온 서양 천문학의 성과를 반영한 역법으로 위도와 경도는 이 역법의

주요 구성 요소였던 것이다.[21]

— 농시 삼매

결국 서유구에게 경위도는 농시(農時)를 정확히 알 수 있는 척도가 된다. 농시를 잘못 알거나 어기면 일 년 농사를 망친다. 동아시아에서는 고래로부터 하늘의 운행을 잘 살펴 백성에게 정확한 때를 알려준다는 관상수시(觀象授時)의 책무는 제왕들의 치도의 핵심이요, 한 국가의 흥망을 좌지우지하는 요소였다. 농시를 어기지 않는 것이 왕도정치의 시작(不違農時, 王道之始也)이라고 왕들에게 누차 강조했던 『맹자』를 굳이 거론하지 않더라도, 농시는 백성들의 생존이 걸린 문제였다. 서유구에게 경위도의 측정과 활용은 이렇게 중요한 일을 정밀하게 제어할 수 있는 기술을 새롭게 손에 넣은 자의 과제 상황이었을 것이다.

농사에서 1년 날씨의 변화는 초미의 관심사가 된다. 1년을 24개의 절기로 나눈 것도 모자라 72개의 후(候)로 나누어 5일 단위로 날씨와 자연환경이 어떻게 변하는지를 반복해서 이야기한다. 제때에 심은 곡식과 그렇지 않은 곡식의 낟알, 줄기, 이파리, 짚 등의 성장 차이를 여러 층위로 세분할 정도로 '농시'에 대한 풍석의 관심은 지대했다. 제때에 심은 곡물의 수확량이 훨씬 많을 것은 당연한 결론이지만, 경험으로 볼 때 파종 시기만으로 얘기한다면 늦게 심는 것보다 일찍 심는 것이 낫다고 했다.

그러나 한편으로는 또 24절기 72후는 인간이 만든 임의적인 배열에 불과할 뿐이니 이를 절대적으로 신봉하지 말라고도 한다. 풍석이 이처럼 절후에 대한 고착된 믿음을 경계하는 모습을 동시에 보인 것은, 그가 경위도의 중요성을 무엇보다 강조하고 경위도에 따른 대강의 기후

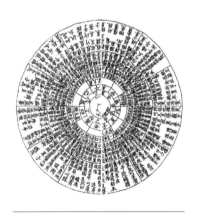

〈그림 3-32〉 수시도. 1년 농사를 한 눈에 보여준다. (출처: 『본리지』 고대본)

를 획정하면서도 한편으로는 작은 지방마다의 지형과 조건에 맞는 풀달력[草曆]을 동시에 사용하기를 주문한 것과도 일맥상통한다. 농사에 1년의 정보를 한눈에 보여주는 '수시도(授時圖)'에서 역시 그러하다. 막연히 1월은 초봄, 4월은 초여름이라고 하는 것은 잘못이라고 하면서 '입춘'에서 1월이 되고 '입하'에서 4월, '입추'에서 7월, '입동'에서 10월이 된다는 것이다. 그래서 이 '수시도'는 달력이 매해 새로 바뀌어도 그와 무관하게 사용 가능하여, 마치 '혼천의'와 같은 역할을 한다고 했다.

― 풀달력

농시에 대한 고민은 경위도로 모두 해결되지 않는다. 위도의 차이는 남북의 기후를 개략적으로 알려줄 뿐인 것이다. 이것만 믿고 농사짓다가는 종자만 낭비한다. 같은 위도 안에서도 고지대는 춥고 저지대는 더우며, 산 북쪽은 춥고 산 남쪽은 따뜻한 것처럼 지역에 따라 편차가 심하기 때문이다. 만물 중에 식물이 기후에 가장 민감하다. 뿐만 아니라 변화를 알아채는 실마리를 곧장 보여준다. "자라는 식물을 보고 자랄 작물을 심고, 죽는 식물을 보고 죽을 작물을 거둔다."[22] 이른바 '풀달력'이다.

풀달력은 이러하다. "씀바귀 뿌리가 살 오르고 큰 냉이가 싹트면, 봄보리를 뿌리고 대마를 심는다", "창포 싹이 나면 서둘러 삽을 멘다", "개나리가 노랗게 피면 볍씨를 모판에 뿌린다", "조팝나무에 향기 나면 조나 수수를 파종한다", "토란이 싹 트면 보리타작 소리 난다", "보리나 밀이 누렇게 익으면 모내기를 하고, 벼가 누렇게 익으면 보리나 밀을 파종한다."[23] 모두 생활 반경에서 조금만 주의를 기울이면 알 수 있는 식물의 변화가, 그토록 알고자 했던 작물의 파종 시기, 김매는 시기, 수확 시기를 알려준다. 답은 먼 곳에 있지 않았다. 작물도 주변 식물의 변화와 함께 한다는, 수천 년 동안 수많은 사람들에 의해 반복된 관찰에서 나온 소박한 진실이다. 서유구가 경위도의 중요성을 수차례 강조하면서도 맨 뒤쪽에 풀달력을 배치하여 시골 농사꾼의 자연 경험 노하우도 함께 올린 것은 의미가 깊다. '농시'의 비결로 첨단과학의 산물인 경위도를 먼저 제시하고, 그것만으로 모든 것이 해결되지 않는다고 미세 지역에서의 자연 변화에 민감한 감각을 가지도록 유도한 것 같다. 아마도 천체의 변화를 알기 위해 하늘을 바라보며 상한의(象限儀)로 측정하고 기록하는 것은 동료 사대부의 일이요, 굳이 기기를 사용할 일이 없이 평소의 일터를 왕래하면서 간파한 자연 식생의 변화나 계절의 흐름을 체득하는 것은 향촌인의 장기로 이해한 것은 아닐까?

서유구는 최종적으로 농시에 대한 정보를 종합하여 전가력표, 곧 농가에서 사용하는 달력을 표로 만들어 제시했다. 먼저 중국에서 만든 표를 달별로 씨뿌리기, 꺾꽂이, 접붙이기, 휘문이, 심기, 물주기와 북주기, 수확과 저장, 기타 잡일 등으로 구별하여 곡물을 포함한 모든 농작물의 월령(月令)을 기록했다. 이어서 한양의 절기를 기준으로 한 우리 식 농가 달력을 만들었다.[24] 이 표는 「본리지」를 비롯한 다른 농사 관련 지의 다이제스트판으로, 현장에서 항용할 수 있도록 핵심만 간략하게 모아두었다.

2. 농지 측량과 주척

경위도뿐만 아니라 농지를 측량하는 제도, 양전법(量田法, 토지 측량법)을 새롭게 규정해두려는 서유구의 노력도 돋보인다. 현실적으로는 상당 부분 중국의 선례를 좋은 모범으로 정하여 당시의 조선 토지제도 '결부법(結負法)'을 '경묘법(頃畝法)'으로 바꾸자고 했다.[25]

조선에서 시행되던 양전법은 그 이전 고려조부터 내려오던 전통적 결부법(結負法)이었다. 결부법은 땅의 절대면적이 아니라 비옥도에 따라 넓이가 조정되는 방식이었다. 같은 넓이의 농지라도 기름지면 세금을 더 많이 내고, 토박하면 적게 낸다. 이에 반해 중국의 경묘법(頃畝法)은 주척(周尺)이라는 표준자로 양전하고, 이를 토대로 세금을 부과한다. 풍석은 조선의 결부법을 버리고 어디서나 동일한 척도로 동일한 넓이를 파악할 수 있는 경묘법을 하루빨리 시행하자고 제안한다.[26]

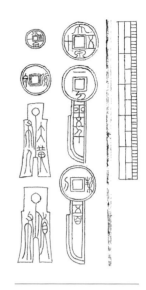

<그림 3-33> 주척 (『본리지 권1)

사실 조선 농업과 조세의 최대 문제점이야말로 이 들쭉날쭉한 양전방식인 결부법이었다고 해도 과언이 아니다. 그 폐단은 수많은 경세가들에 의해 지적되었다. 유형원(1622-1673), 정약용(1762-1836) 등 많은 학자들도 코에 걸면 코걸이, 귀에 걸면 귀걸이가 되어버리는 결부법의 개혁을 주장했다. 서유구 역시 1820년에 국왕에게 건의를 올리는 형식으로 쓴 「의상경계책(擬上經界策)」에서도 결부법을 폐지해야 할 개혁의 일순위로 올려놓고 있다.[27]

결부법을 경묘법으로 개혁하려면 무엇보다 표준자가 우선 정해져야 했다. 동아시아에서는 중국 주나라의 표준자 주척이 표준자 구실을 했었지만, 시간이 흐름에 따라 주척 제도는 변화, 소멸, 복원을 거듭했다. 조선에서도 마찬가지여서 관청과 민가의 자가 다르고, 동(東)과 서(西)의 자가 다르고, 옛날과 지금의 자가 달랐다. 풍석은 먼저 정확한 주척을 고증하고 정립해야 했다. 그는 치밀한 고증적 연구 결과로 얻어낸 주척을 책에 싣고 있는데, 현대 중국에서 발굴한 여러 유물을 실측한 결과 얻어낸 본래 주척의 길이(약 23.1cm)와 거의 일치한다.

이때의 결과에 대해 그 신빙성을 보증할 만한 사람이 규장각에서 서유구와 함께 근무했던 연경재(研經齋) 성해응(成海應, 1760-1839)이다. 그는 서유구가 연구한 척도 관련 자료를 매우 유용하게 활용하고 있다.[28]

3. 좋은 종자 구하기: 모든 농사의 시작

「본리지」에는 농사의 전 과정이 들어 있다. 생산력을 높이기 위해 온갖 방도를 찾아다니는 서유구의 농사 철학이 있고, 그에 수반되는 농법과 농정이 있으며 작물의 이름과 생태에 관한 세밀한 정보가 들어 있다. 그런데 그중에서 서유구의 농업 진흥법에서의 최고 목표는 좋은 종자(식물과 동물, 어류 포함)를 구하는 것이었다. 그리고 그런 근본적 산업 확장의 열쇠를 쥐고 있는 사람이 호사자였다. 나아가 호사자가 제대로 유용한 종목을 알아보고 도입하는 일을 정확히 수행하도록 돕는 것이 『임원경제지』 저술의 큰 효용이다. 『임원경제지』 곳곳에서 그토록 물명과 도수의 정확성을 기하기 위해, 표준을 만들기 위해, 지식의 고증과 분석과 체계화를 위해 매진한 이유이다. 순창 군수 시절 종자 선택 실패의 경험, 대사헌 때의 헌종에 쌀 품종 건의,[29] 중국에서 자생하는 유용성 높은 대나무와 차나무의 도입 주장, 중국 강남 지방의 어묘 도입 주장 등 일관된 서유구의 실천적 활동과 주장이 모두 생산력 증대의 출발점이 되는 품종 도입으로 모아지고 있음을 보여준다.

여기서는 「본리지」에 수록된 내용으로 서유구가 순창 군수로 재직하던 시절, 나름대로 농무에 큰 힘을 쏟고 있었는데도 흉작을 면치 못한 사례를 솔직하게 기록하면서 훗날에 대비하는 거울로 삼고 있다는 내용의 자료를 싣는다.

> 정종(正宗, 곧 정조) 무오년(1798)에 호남 지방에 여름 가뭄이 들어 모내기 시기를 놓치자 조정에서는 메밀을 대신 뿌리도록 명령했다. 내가 당시에 순창 군수로 있어서 직접 밭을 다니며 메밀 파종을 권하였더니 이전에 벼를 심었던 땅의 70%가 모두 메밀을 심었다. 얼마 뒤 삼복과 입추가 교차하는 때 장마가 다시 와서 밭두둑 사이에 물이 깊어 장딴

지만큼 빠지게 되자, 메밀이 장마로 병든 정도가 메벼나 찰벼가 가뭄으로 병든 것보다 훨씬 심하여서 남도 사람들이 결국 굶주림을 하소연했다. 대개 씨를 대신 뿌리는 일은 진실로 옳았지만 뿌리려는 곡물이 아직 적당한 토양을 만나지 못했기 때문이다. 우리나라는 곡식의 이름과 품종이 비록 많으나 실제로는 씨를 뿌리고 김매고 거두어들이는 시기는 그다지 서로 멀리 떨어져 있지 않다. 그 가운데 늦게 심어도 먹을 수 있는 곡물은 다만 메밀과 녹두만 있을 뿐이다. 그러나 이 두 종 가운데 어떤 놈은 마른 땅을 좋아하고 습한 땅을 싫어하며 어떤 놈은 척박한 땅에서 잘 자라고 비옥한 땅을 꺼려한다. 그런데 아는 것도 없이 제멋대로 일을 벌였다가 일은 일대로 했으면서도 거두어들인 것은 없었다. 만약 중국산 늦벼 가운데 덕안(德安)의 향자만(香秄晚)이나 통주(通州)의 육십일(六十日)(모두 벼 이름으로 7월에 심을 수 있다.)[30] 같은 특이한 품종을 미리 구입할 수 있다면, 어찌 이같은 일이 일어나겠는가? 그러므로 좋은 품종을 널리 사들이는 일이 가뭄의 재난을 구제하는 제일의 급선무다.[31]

봄 가뭄이 지속되어 우리나라 작물로 파종이 가능한 유이한 작물로 메밀과 녹두를 심었는데, 미처 하반기 장마까지 대비하지는 못했다는 말이다. 웬만한 목민관이라면 이 정도의 신속한 대책을 세웠다는 것만으로도 본분을 잘 한 것이라 여길 만하다. 그러나 서유구는 비록 그런 기상 조건이라도 중국산 늦벼 '향자만'이나 '육십일' 같은 것이 준비되어 있었으면 위기를 면할 수 있었을 것이라고 진한 안타까움을 내보이고 있다. 농사에서 사후의 대책이 가지는 한계에 대해 절실히 깨닫게 된 계기였다. 이후 서유구의 농사 진흥책은 오로지 어떤 기후 조건도 이겨낼 수 있는 좋은 품종을 널리 사들여 확보하는 것으로 집중되었다.

4. 병충해 대처[32]

병충해 방제에 대한 서유구의 생각은 역시 종자 구입보다는 뒤에 놓이는 대처법으로 본 것 같다. 스스로 여러 방제법을 직접 시행하고 벌레를 제거하는 작업을 해보고 효과를 크게 본 것을 기록하기도 했다.

특히 무자(戊子, 1828)년 여름 경기도와 충청도에서 이것이 생겨 그해에 결국 결실을 맺지 못했고, 기해(己亥, 1839)년 여름이 끝나고 가을이 올 무렵 호서·호남 지방에서 시작하여 경기 지역에 이르렀고 결국은 영남·영동과 호남 지역까지 두루 퍼졌는데, 방제법을 사용하여 그치게 했다면서 당시 상황을 구체적으로 묘사했다. 그 방제법이란 매미충을 한곳에 모아서 물고기 기름 한 숟갈을 뿌려주면 박멸된다는 것이다. 하지만 더 간단하고 효과적인 대책은 역시 병충해에 강한 종자, 곧 홍도나 조도를 구하여 심는 것이라는 결론이다. 당시 유행하여 골머리를 앓았던 매미충에 대한 서유구의 방제 노력 기사를 보자.

— 매미충[蟬蟲] 제거법

6~7월, 날씨가 후덥지근할 때 논두둑에서 변태를 하는 벌레가 있다. 옅은 검은색이고 크기는 이[蝨]만 하며 조금 크면 날개가 생긴다. 매미[蜩]와 비슷하나 크기가 작다. 벼줄기를 둘러싸고서 싹과 잎을 빨아먹으면 벼가 저절로 시들고 말라버린다. 민간에서는 멸오충(蔑吳蟲)[33]이라 하고 또 매미충[蟬蟲]이라 한다. 무자(戊子, 1828)년 여름 경기도와 충청도에서 이것이 생겨 그해에 결국 결실을 맺지 못했다. 기해(己亥, 1839)년 여름이 끝나고 가을이 올 무렵에도 호서·호남 지방에서 시작하여 경기 지역에 이르렀고 결국은 영남·영동과 호남 지역까지 두루 퍼졌다. 사람들이 아래의 방법을 사용하여 그치게 했다.

그 방법은 다음과 같다. 논두둑에 물을 대어 가득 채우고 막대기를 들

고 물을 계속 휘저으면 벌레가 모두 가볍게 날려 떨어져서 물 위에 뜬
다. 이때 평미레로 천천히 논둑 끝 쪽으로 몰아 내려가면 벌레가 모두
모인다. 이제 물고기 기름 한 숟갈을 그 위에 흩뿌리면 벌레가 곧 죽는
다. 이때 논두둑을 터 아래로 흐르게 하고 베로 짠 자루로 논두둑 입
구에 받쳐서 벌레들을 받아 땅에 묻는다. 다른 곳도 돌아가면서 이런
방법으로 하여 이 벌레가 재앙이 되지 않았다. 그런데 오직 경기 지역
사람들만 그 방법을 알지 못하여 결국 기근에 이르고 말았다.[34]

기해(1839)년은 벌레의 피해를 입은 해인데 곳곳의 논은 한눈에 보아도
쓸쓸하고 적막하였다. 그러나 오직 일찍 심은 종자와 일찍 이삭이 핀
벼만은 이삭이 많고 쌀알이 굵었으며, 이삭에 알곡이 찼으니 그 벌레
들이 재앙을 끼치지 못했다. 게다가 홍도(紅稻)·조도(棗稻)는 줄기와 잎
이 강하여 벌레가 먹을 수 없다. 무릇 벌레가 걱정스러운 해에는 올벼
종자가 더욱 귀하므로 더욱이 홍도나 조도를 심어야 할 것이다.[35]

5. 농사의 실제

서유구는 「본리지」에서 곡물 농사에만 한정하지 않고 모든 농사에 필요
한 기본적 지식을 다지고 마련하는 데 주력했다. 농사 자체와는 직접 관
련이 없어 보이는 제도적 문제까지 나아가는 데도 주저하지 않았다. 농사
를 주축으로 일구어온 조선 문명의 면면한 전통들을 아우른 것이다. 「본
리지」에 작물 농사의 일 년 공정을 다음과 같이 요약해볼 수 있다.

1) 한 해 농사의 전 과정

종자선택 및 관리→(개간)→밭갈이→써레질 및 고무래질→거름주기→
파종→김매기→물대기, 재해 대비 및 극복→수확→방아찧기→저장

서유구는 '농지 가꾸기'에 앞서 사람이 왜 농사를 지어야 하는지에 대한, 당위에 가까운 농사 철학과 함께 이런 철학이 어떻게 농사에 적용되어야 하는지를 역설한다. 『마씨농설(馬氏農說)』 전체를 거의 그대로 옮긴 이 부분은 「본리지」에서 전달하고자 하는 농사 철학의 근간을 제공한다. "농사는 근본을 다스리는 일이다."[36] "밥은 백성의 하늘이다."[37] 같은 말들이 여기에 있다. 음양의 이치를 세밀히 살펴 변화의 원리를 이해하면 천지가 사물을 만들어내는 과정에 주체적으로 참여할 수 있게 된다고 했다. 농사의 전 과정에서 주의해야 할 일과 미리 준비할 사항들을 간략하게 제시하고 주석에서 길게 해설하는 형식으로 구성되었다.

2) 산과 습지 개간

화전을 개간하는 방법에 대해 서술했다.

> 무릇 산과 습지의 황무지를 개간할 때는, 모두 7월에 풀을 베고 풀이 마르면 불을 지르고 나서 봄이 돌아오면 개간한다. 개간할 숲의 큰 나무들은 껍질을 고리모양으로 벗겨 죽여야, 잎이 말라 죽고 더 이상 퍼지지 않아 곧 마음대로 밭을 갈고 씨뿌리기를 할 수 있다. 3년 뒤에 뿌리가 마르고 줄기가 썩으면 불로 태운다. 황무지 갈이가 끝나면 '쇳니 박은 써레'를 사용하여 다시 골고루 써레질한다. 찰기장과 메기장을 이리저리 뿌려 써레로 다시 골고루 써레질한다. 이듬해가 되어야 곡식을 심는 밭이 된다.[38]

작물을 심기 전 3년 이상을 황무지 갈이를 해야 한다는 말이다. 이런 과정을 대부분 수행하는 공간은 땅, 곧 흙이다. 농사에는 흙의 성질이 가장 중요하다. 「본리지」에 흙을 분별하는 법에서 상중하 3등급으로 나눠

총 90종의 흙을 소개했다. 맛이 달면 상등이고, 달지도 짜지도 않으면 중등이고, 짜면 하등이다. 그리고 각각의 흙 종류에 맞는 작물 총 36가지를 들고 있다.[39] 흙의 색, 맛, 무게로 흙의 비옥도를 알아내고 거기에 적합한 작물을 심을 것을 권했다. 또 흙은 무거울수록 좋은 흙이라 했다. 흙의 성질에 따라 그 땅을 관리하는 법도 나뉜다. 흙이 기운이 왕성하면 좀 누그러뜨리고 허약하면 땅심을 돋우어준다는 중용의 도가 필요하다. 강한 흙과 약한 흙, 무거운 흙과 가벼운 흙 등 과불급을 보여주는 여러 종류의 흙을 중용에 맞게 관리해야 한다. 흙의 비옥도에 따라 작물을 심는 시기도 달리한다.

조선팔도의 토질을 품평하는 곳에서 풍석은 당시 생산력이 최고인 땅은 호남의 남원과 구례, 영남의 진주와 성주를 꼽았다.[40] 이곳의 농지에서는 논 한 마지기에 최고 14석(石)에서 최하 8석이 나올 정도라고 했다. 풍석은 남부지방이 비옥하고, 북부지방이 척박한 이유에 대해서는 일조량으로 설명하기도 했다.[41]

3) 밭갈이: '경'

농사의 기본은 밭갈이다. 밭갈이를 뜻하는 경작(耕作), 경종(耕種), 경예(耕藝)라는 표현이 농사를 대표하는 말로 쓰이기도 한다. 밭갈이 여부에 따라 농사냐 아니냐가 결정된다. 밭갈이를 언제 시작했느냐가 채집 단계에서 재배 단계로 도약하는 문명의 발전 단계를 가늠하게 해준다. 밭갈이 기구에 따라 기술 발전 수준과 생산력이 결정된다. 「본리지」에서 밭갈이 법에 대해서는 다음과 같이 설명한다.

밭고랑은 씨를 받는 곳이며, 밭두둑은 흙을 무너뜨려 뿌리를 북돋아주는 곳이며, 밭도랑은 배수하는 곳이면서 물대는 곳이기도 하다. 이

때문에 밭고랑은 나아감이 곧아야 하고, 밭두둑은 두둑하니 높아야 하고, 밭도랑은 크고 깊어야 한다.[42]

밭갈이는 소를 이용해 흙을 뒤엎는 것을 말하지만 그 뒤에 이어지는 과정, 즉 흙덩이를 부수어 부드럽게 하는 써레질과 흙을 평평하게 고르는 고무래질까지를 포함하기도 한다. 서유구는 가족의 노동력을 고려해서 농사를 '적당히' 지어야 한다고 주의했다. 욕심대로 땅을 넓게 차지했다가 결국 힘에 겨워서 일을 대충하는 경우보다 애초에 적은 땅으로 부지런히 일하는 것이 더 낫다고 했다. 갈고 씨 뿌릴 때는 흩뿌리지 말고 밭두둑을 가지런히 정리하고 줄을 지어 심어야 한다.[43] 노동을 집중 투입하는 방식이 결국 소득도 훨씬 알찬 것이었다. 조선 후기에 농업의 소농생산체제가 이와 같은 성실과 근면 위에 정착된 최적의 영농체제가 된 것은 우연이 아닐 것이다.[44] '문전옥답'이란 말처럼 거주지와 농지는 가까우면 좋다. "집 가까우면 황무지 없고, 밭 멀면 부자 못 된다."[45]는 속담을 수록했다.

6. 농기구와 수리시설

농업의 역사는 농기구 변천의 역사와 궤적을 같이한다. 일찍이 농기구의 중요성에 대한 인식은 조선 후기에 여러 학자들이 공유하고 있던 바다. 농사를 제대로 지으려면, "먼저 그 연장을 벼려야 한다."[46]는 『논어』의 말은 이들이 즐겨 인용하는 구절이었다. 박지원, 박제가, 서명응, 서호수 같은 학자들은 자신들의 저서에서 농기구를 매우 비중 있게 다뤘다.[47]

농사 중에서도 벼농사(水稻作)가 가장 중요했던 조선에서 물을 안정적으로 공급하기 위한 정책은 통치자에게 긴급한 관심사였다. 삼한시대부터 대형 저수지의 축조가 이루어진 역사가 있지만 늘어난 인구에 발맞추어 전 국토를 벼농사에 적합하게끔 이용하려는 시도는 조선 후기에 매우 활발하였다. 대표적으로 강의 상류와 작은 지류마다 보(洑)를 건설하여 좁은 토지를 최대한 촘촘하게 사용하려 했다. 그러나 아직까지 위에서 아래로 흐르는 물을 일정 기간 가두어두는 방식의 수리(水利)가 주를 이루었고, 인위적 양수 등의 과감한 수리 도구는 그 활용이 미미한 편이었다. 조선의 수리 방식은 도랑이나 개천을 이용한 보가 대부분인데, 이마저도 물을 거의 반 척도 올리지 못하는 데다 튼튼하지 못해서 쉽게 무너지고 홍수로 이어진다고 비판했다. 이에 강바닥을 파내는 준설법, 지세 측량법, 방죽 쌓는 법, 둑을 잘 보존하는 법, 물을 모아 저수지를 만드는 법과 우물이나 샘을 이용하여 물 대는 방법, 밭 물 관리법 등을 꼼꼼히 제시했다.[48] 수리는 서유구가 특히 관심을 기울인 분야인데, 재래의 저수 방식뿐만 아니라 기계 양수 등의 관련 기술이 『임원경제지』에 총동원되어 있다. 종류별로 보면 재래의 방식을 29종, 용미차(龍尾車), 옥형차, 항승차, 자승차처럼 새로 전해진 방식 22종 등 총 51종을 올리고 있다. 이 중 서양 기술서 『제기도설』에서 옮긴 학음(鶴飮)과 용미차는 서유구가 실제로 활용하기도 했으며,[49] 호남의 학자 하백원이 구상한 자승차를 이전에 없던 훌륭한 양수기로 평가하고 농사에 실용하려는 계획을 세우기도 했다.[50] 자승차에 대해서는 앞부분에 설명했다.

『임원경제지』의 독특한 체제 중 하나인 도보(圖譜)가 「본리지」 마지막 부분에 나온다. 그림은 우리나라 농서에서 희귀한 것으로, 서호수의 『해동농서』에 비교적 여러 그림을 실은 사례가 유일하다.[51] 중국에서 이미 『왕정농서』에 삽화 273종을 실었던 사례와 비교된다. 서유구는 「본리지」에서 수리 관개를 포함하여 모든 농기구에 대해 그림을 삽입했다.[52] 특히 용미차(龍尾車)나 옥형차(玉衡車), 항승차(恒升車) 등 서양 수차의 경우 그 구조가 복잡하고 재래의 수차와는 동작 방법이 달라 그림이 없이는 이해

〈그림 3-34〉 요맥차 　　　　　　　　　　　〈그림 3-35〉 용미차

하기가 어려웠다. 그림의 대부분은 앞선 중국 『왕정농서』에서 그려진 것
을 모사한 형태였다. 서양 전래의 수차는 한역서인 『제기도설』이나 『기
기도설』 등에서 옮겨왔고, 조선의 기구들은 많은 부분 서호수의 『해동농
서』의 그림을 재수록했다. 서유구 본인의 제안으로 오줌을 담아 거름으
로 뿌리는 기구인 요맥차(尿麥車)가 흥미롭다.

　아래에 「본리지」 속 농사의 전 과정에 필요한 연장(농기구)과 수리시설
을 합해 9항목으로 묶은 표를 제시한다.[53]

〈표 3-4〉 「본리지」에 수록한 농기구 그림

도구의 종류	도구 및 시설	현대 농기계 및 시설
1. 갈이 도구	보습, 쟁기, 쌍날삽, 볏, 물추리막대, 멍에, 우리쟁기, 대경, 따비, 잔, 괭이, 우리괭이, 삽, 봉, 쇠스랑, 가래, 우리가래	트랙터, 경운기, 쇠스랑, 삽, 괭이
2. 삶이 도구	써레, 로, 육독, 역택, 곰방메, 번지, 전탕, 고무래	
3. 파종 도구	누차, 누차보습, 둔차, 호종, 끙게	모종포트, 손으로 파종, 병
4. 김매기 도구	누, 박, 호미, 우리호미, 누서, 등자호미, 자귀, 곤축, 운탕, 요맥차(부록)	호미, 낫, 비닐멀칭
5. 거두기 도구	질, 예, 낫, 밀낫, 속견, 걸, 발, 얼루기, 도리깨	콤바인, 낫, 호미

6. 찧기 도구	디딜방아, 항아리방아, 우리방아, 물방아, 기대, 전대, 토매, 물토매, 연자방아, 롤러 연자방아, 물연자방아, 복합 물바퀴, 맷돌, 자동맷돌, 물맷돌, 연마, 수전연마, 풍차맷돌, 우리매	정미소의 기계
7. 고르기 도구	풍구	정미소 기계
8. 갈무리 시설 및 도구	곡간, 벽 없는 곡간, 노적가리, 둥근 곡간, 네모 곡간, 곡갑, 통풍관, 땅광, 움	저장창고
9. 관개 시설 및 도구	수책, 수갑, 피당, 수당, 뚫은 물길, 하수로, 번차, 물 번차, 소 번차, 통차, 고지대 통차, 당나귀 통차, 물 고지대 통차, 연통, 가조, 용두레, 괄차, 길고, 녹록, 비륜, 국자 길고, 행륜, 성륜, 홍흡, 학음, 와두, 석롱, 수방, 용미차, 옥형차, 항승차, 자승차	댐, 저수지, 펌프, 양수기, 농수로

이러한 농기구와 수리시설 정보는 서유구가 당대 조선 사회에서 활용하기를 권장한 것이었다.

— 메밀 농사

메밀이 『임원경제지』에 서술된 내용을 예로 들어보자. 먼저 「본리지」에 이름과 품종, 산지, 용도에 대해 서술되었고, 「인제지」에서 약으로서의 효능을 담았다. 메밀, 곧 교맥이 맥류가 아닌데도 왜 맥이라는 이름이 붙었는지에 대한 이유에 대해 답하고 있고, 특징에 따른 여러 이름을 나열하고 있다. 강원도 정선이 좋은 메밀이 나는 곳이라는 정보, 수제비를 만들어 먹을 수 있다는 용도, 중국산 메밀이 가지는 특징과 용도 등을 흥미롭게 요약했다. 약으로서는 막힌 것을 풀어주고 해독의 효능이 있다고 한다. 사실 메밀은 기름지거나 영양가가 높은 음식이 아닌데, 대신 거친 땅에서도 잘 자라므로 산간벽지에 대용 양식으로 충당하기에 좋다고 한다. 오늘날에는 이런 특징으로 다이어트 음식으로 새로이 각광받기도 한다. 또 한 가지 주목할 것은 「본리지」에서의 메밀 정보와 「인제지」에서의 메밀 정보가 서로 연결되어 있음을 '안(案)'에서 서유구가 직접 안내하고 있는 점이다. '상호 참조(Cross reference)'라고도 부르는 방식인데, 곡식으로서의 메밀과 약으로서의 메밀은 그 주제 분야에서 그 카테고리에 맞게 각기 서술되면서도 동시에 정보가 통합되는 것을 효과적으로 보여준다(총론부 참조).

【교맥(蕎麥)】「본리지」

메밀은 맥류가 아니면서도 '맥'이라는 이름이 있으니, 이것은 빻은 가루가 보릿가루처럼 요기(療飢, 식사 대용)가 되기 때문이다. 줄기는 약하나 곧게 솟고, 쉽게 자라고 쉽게 수확할 수 있기 때문에 교맥(蕎麥) 또는 교맥(蕎麥)이라 한다. 꽃이 활짝 많이 피어서 화맥(花麥)이라 하며, 열매 껍질이 검기 때문에 오맥(烏麥)이라고도 한다. 우리나라 사람들은 메밀의 줄기가 나무 모양과 같다 하여 '목맥(木麥: 메밀)'이라고 부른다. 남쪽과 북쪽에 모두 있으며 강원도[關東] 정선(旌善)에서 나는 메밀이 가장 좋다. 낟알은 크고 희며 가루는 기름지고 매끄럽다. 수제비를 만들면 맛 좋은 찹쌀에 견줄 만하니, 또한 독특한 품종이다.

중국 남쪽 지방에서는 고교맥(苦蕎麥)을 생산하는데 가지·잎·꽃·열매 모두가 교맥이지만, '꽃의 꼭지'[花帶]가 녹색이고 열매가 뾰족하지만 모서리가 선명하지 않다. 맛이 없고 쓰기[苦] 때문에 '고교(苦蕎)'라고 부른다. 이 역시 한때의 굶주림을 해결할 만한 곡식이다.[54]

【교맥(蕎麥)】 메밀 「인제지」

여러 본초서에서 맛이 달고 성질은 평하고 차며 독이 없다고 하였다. 소화기관을 튼튼하게 해주고, 적체(積滯)를 풀며, 열로 부은 것을 삭인다. 단석(丹石)독을 누르며 백탁(白濁)을 제거한다. [안] 이름과 생김새는 「본리지」에 보인다.[55]

2절. 채소 원예 과수 농업 분야

"채식은 하늘에 순응하는 길이요, 양화는 이목(耳目)을 기르는 도이다"

『임원경제지』 농업 분야의 순서는 곡물 농업 다음에 채소, 원예, 과수 농업이 이어진다. 「본리지」「관휴지」「예원지」「만학지」의 순서다. 먼저 채소 농사에 대하여 「관휴지」 서문에서 채식과 육식 문제가 거론되기도 하였고, 본문에서는 휴전(두렁밭)을 만드는 방법이 주요하게 논의된다. 이는 조선의 밭농사에 가장 중요한 관건이 가뭄에 대한 효과적 대처라는 인식이 깔려 있는 것이다. 채소와 원예 과수를 아우르는 『임원경제지』 밭농사에서 특이한 점은 정서 함양에도 역점을 두고 있는 것이다. 식력(食力)을 돕기 위한 것만이 아니라 양지(養志)를 위한 용도 역시 소홀히 다루지 않았다. 본문에서 파초, 대나무 같은 종류를 다루는 곳에서 상술한다.

1. 채소의 효용, 채식의 가치

「관휴지」 서문에서 서유구는 육식과 채식에 대해 흥미로운 논리를 전개했다. 식물과 채소를 먹는 것은 하늘로부터 부여받은 바에 잘 따르고 만족하며 사는 것인 데 반해, 동물과 물고기를 먹는 것은 하늘이 내린 본성에 거역하면서 계교를 써야만 하는 삶이라는 것으로 이 둘의 차이점을 드러냈다. 채식이 바로 하늘을 따르는 순리라는 것이다. 하지만 「전어지」에서 다루는 사냥과 목축 및 어로 기술, 「정조지」에 나오는 온갖 고기 요리를 보고 있자면 서유구의 「관휴지」에서 보인 순천과 역천의 논리가 그대로 적용되는 것 같지는 않다. 형식적으로 불일치할지라도 육식과 채식의 어떤 원론적 측면을 드러낸 서유구의 인식으로 보면 족할 것이다.

먹을거리의 으뜸이 곡식임은 말할 나위도 없지만, 채소 역시 곡식과 조화를 이루기 위한 밥상에 빼놓을 수 없는 먹을거리였다. 채소는 음식 중에서 음(陰)의 기운을 띤 것으로 사람에게 음의 기운을 북돋아주는 역할을 한다고 믿었다. 또한 기운을 소통시키는 효능을 지녔다고 했다. 채소(菜蔬)의 '소(蔬)'는 바로 소통(疏通)해준다는 뜻이었다. 따라서 채소를 먹으면 위와 장에 음식이 정체되는 병이 생기지 않는다.[56] 「정조지」에서도 역시 "채소는 모두 땅에서 나는 음물(陰物)[57]이라 몸의 음기를 기르므로 꼭 먹어야 한다."고 했다.

2. 채소 키우기 좋은 밭, 휴전(두렁밭)

"채소 농사의 비결은 휴전[두렁밭]에 물대기다"

「관휴지」의 관휴(灌畦)란 무슨 말인가? 관휴(灌畦)는 '휴전(畦田)'에 물을 댄다(灌)는 뜻이다. 휴전은 우리말로 두렁밭이다. 사방에 두렁을 만들어둔 채소 농사를 위한 밭의 기본 구조다. 채소류 대부분은 휴전으로 재배해야 함을 강조하기 위해 '휴'를 제목으로 뽑았다. 서유구는 '관휴'라는 명칭으로 채소 농사법을 혁신시키고자 한 뜻을 보인 것이다.[58] '관휴'라는 말에 서유구의 밭농사 진흥의 근본 뜻이 담겨 있다. 관휴는 밭두렁으로 둘러싼 '두렁밭' 곧 휴[畦]전에 물을 잘 대주는[灌] 법에 대한 이야기다.

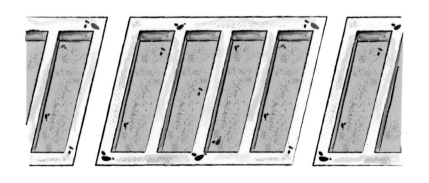

〈그림 3-36〉 서유구가 제안한 두렁밭의 구조 (「본리지」 해제)

'두렁밭'은 곡식 농사와는 구별되게 조성한 밭으로, 물을 많이 필요로 하는 채소 농사 공간이다. 가뭄에 대해 적극 대처한 서유구 식 처방이었던 것이다(그림 2-49). 물론 두렁밭[畦田]은 채소뿐만 아니라 꽃 재배에도 요긴하여, 채소 약초 화훼 등에 모두 적용된다.[59]

두렁밭은 작물에 따라 물 조절이 어느 정도 가능하도록 만든 가뭄 대비용 밭이다. 그런데 물 공급을 위해서는 채마밭 가까이에 개울이나 시내가 있어야 했다. 여의치 않으면 못이나 우물이라도 파야 한다. 채소 종류와 생장 시기에 따라서는 밭에 물이 고루 적실 정도로 대기도 하고, 때로 논처럼 물에 잠기게 할 수도 있어야 했다.

> 땅을 파서 두둑을 만들되, 길이 2보, 너비 1보로 하여 가장자리에 경계로 삼는다. (중략) 두렁밭은 길이는 더 늘일 수는 있지만 너비는 늘여서는 안 된다. 두렁 안에 물을 대고 가두어놓을 때 밭 안에 발을 들여놓아서는 안 된다. 발을 들이게 되면 흙이 단단해지고 작물의 싹이 상하기 때문이다. 김매기는 양쪽의 두렁에 앉아서 해야 하므로, 밭두둑 너비가 너무 넓으면 김매기가 불편해진다.[60]

서유구는 앞의 중국 농서보다 훨씬 구체적으로 두렁밭의 역할과 구조를 설명했다. 휴전은 습기를 보존하기 위한 밭이고, 두렁 안에 물을 가둘 때 발을 들여놓아서는 안 된다는 말에서, 두렁밭이 논과 비슷한 구조임을 알 수 있다. 김매기는 두렁에 앉아 해야 한다고 김매기 방법도 제시하고 있다. 너비를 1보 이상 넓히지 않는 이유도 밝히고 있는데, 1보는 양 밭두렁에 앉아 팔을 뻗을 수 있는 물리적인 최대 거리라는 것이다. 이처럼 두렁밭을 가시적으로 그려낸 것을 보면 한마디로 직사각형의 작은 논과 같은 구조였을 것이다.

채소와 약초 재배법은 '휴종법'과 '구종법(區種法)' 두 가지로 거의 소개되고 있다. 구종법은 포기마다 일정 면적을 확보하고 구덩이를 깊이 파주는 법인데 이 역시 가뭄에 대비하여 물을 오래 간직하는 데 요긴한 방법이다. 또한 일부 '견종법(畎種法)'으로 재배하는 법도 나오는데 견종법은 두둑과 고랑을 번갈아 만든 뒤 고랑에만 작물을 재배하는 농법으로 보통 이랑에 재배하는 밭농사 방법과는 정반대이다. 익히 아는 채소 중에 배추가 바로 견종법의 예다.[61]

3. 두렁밭에 적합한 작물, 피해야 할 작물

『관휴지』에는 두렁밭(휴전)에 재배해야 한다는 설명을 따로 해놓은 작물이 많다. 아욱·파·부추·마늘·생강 등 우리에게 익숙한 채소는 물론이고, 구기자나물·원추리나물·느티나물 등 나물류, 구기자나무나 느티나무 같은 나무류가 들어 있다. 동아 같은 덩굴 채소도 일단 두렁밭을 만들어 간격을 띄어 심는 방법을 권했고, 인삼을 비롯한 지황·삽주·결명자·우엉 등의 약초류도 두렁밭 재배를 권했다.

서유구는 그 외 위전, 가전, 궤전, 다락밭, 도전, 언전, 사전, 보전, 번전, 화전, 섬전 등 11가지 형태의 중국과 조선의 농지 형태를 소개했다. 이 중 섬전(苫田)은 둥구미로 만든 텃밭이다. 조그마한 공간조차도 내버려두지 않고 작물 재배에 사용하려는 노력의 결과인데, 농지가 적은 소농에게는 빈 둥구미(짚을 엮어 만든 커다란 가마니 같은 물건)에 거름과 흙을 섞어 가지를 재배하도록 권유한다. 한 둥구미에 가지 몇 석은 수확할 수 있다고 단언한다. 서유구가 전하는 '열종법(畊種法)'이라는 특이한 이름의 재배법은 가지[茄] 재배와 연관되는데, 두둑을 4~5척 정도로 높이 만든 뒤 두둑에 3척 간격으로 지름 2척, 깊이 2척짜리 구덩이를 만들고서 여기에 거름을 주고 가지를 재배한다. 다 자라면 8~10척(2미터 내외)이나 되고 한 구덩이에 재배한 3그루에서 가지를 1석이나 수확할 수 있다고 한다. 이것은 섬전과 관련된 재배법이라고 하겠다.

그렇지만 두렁밭 역시 모든 작물에 적용되지는 않는다. 고추처럼 습기를 싫어하는 작물도 있기 때문이다. 고추는 "열매를 맺지 않는 꽃이 없다."는 속담이 생길 정도로 왕성하게 열매를 맺는 게 특징이라고 했다. 그러나 고추가 습기를 매우 싫어하기 때문에 물에 잠기기라도 하는 날에는 그런 속담도 헛말이 된다. 그리하여 큰 두둑을 만들고 거기에 다시 작은 두둑을 만들어 거기에 재배해야 한다고 했다.[62] 또 콩나물이나 숙주나물 재배법에서는 물을 뿌려주지 않는다거나, 아예 물에 담가놓고 매일 물을 갈아주거나, 거적에 물기를 머금게 한 뒤 그곳에 놓고 기르거나, 축축한 모래를 자기그릇에 넣고 창고에 보관하기도 한다. 들판에 흔한데도 먹지 않는 나물로, 질경이 순, 소루쟁이, 접시꽃 순, 부들 싹, 명아주 등 매우 많다. 이들은 흉년에 찾아다니는 구황식물이 아니라 평상시의 요리다.[63]

「관휴지」 채소 농사에 아욱·파·부추·생강·배추·무 등 채소류 33종과 구기자나물·콩나물·냉이·소루쟁이·씀바귀 등 나물류 55종, 김·미역·다시마·청각·매생이 등 바다채소 13종, 오이·호박·박·가지·토란 등 풀열매류 8종, 인삼·둥굴레·당귀·맥문동·더덕 등 약초 20종이 소개되고 있다. 조선에 나지 않아 중국에서 도입해야 할 작물로 개람(芥藍) 등에 대해 언급했다. 이들은 역시 호사자가 활동하여 우리나라에 도입할 만한 대상이다. 이름과 품등, 알맞은 토양, 파종 시기, 파종과 가꾸기, 거름주기, 거두기, 보관하기, 종자 보관하기, 쓰임새 등을 다루고 있다. 이름과 품등[名品]을 앞세워서 특정 단어가 특정 사물을 지시하는 것을 명확히 하고자 했다는 점은 '명물학(名物學)'의 자세를 반영하고 있다. 이런 태도는 「관휴지」는 물론 「예원지」·「만학지」에서도 일관되게 지켜진다.

— 인삼 재배 기술

조선의 일용기술이라는 주제와 관련하여 인삼과 고구마를 골라 집중적으로 설명하고자 한다. 인삼은 조선 후기 대표적 환금 작물이자 인기 약재로 국제무역에서도 최고의 성가(聲價)를 누린 상품이다. '인삼'은 「관휴지」의 재배 방법과 「인제지」에서 약효를 설명한 부분이 상호 참조 형태로 엮여 있는 곳이기도 하여, 이를 함께 간추려 소개한다.

인삼(人蔘) 「인제지」

[명의별록] 음력 2월과 4월, 8월 상순에 뿌리를 캐서 대나무 칼로 깎은 다음에 햇볕에 말린다. 바람을 맞으면 안 된다.

[도경본초] 봄에 싹이 나는데, 깊은 산속 그늘진 곳에 많고, 단칠 아래 습기 찬 곳 가까이에 있다.

[해약본초] 신라에서 들어온 것은 수족(手足)이 있으며, 모양은 사람의 형태와 같다. 1척 정도의 길이이며 삼나무로 상자를 만들고 붉은 실로 묶어 장식을 하였다.

[안] 여러 본초서에서 뿌리는 맛이 달고 성질은 미온하며, 독이 없다고 하였다. 오장을 보하며 정(精)과 신(神)을 안정시키고 모든 허증을 치료한다. 노두는 맛이 쓰고 성질은 따뜻하며 독이 없다. 허로로 생긴 담음을 배출시킨다.

[안] 이름과 생김새는 「관휴지」에 보인다.[64]

서유구는 본인의 생각을 서술한 '안(案)'에서 여러 본초서에 기재된 인삼의 성미와 효능을 정리하면서, 인삼의 품종과 재배법에 대해서는 「관휴지」를 참조하라고 안내한다. 「관휴지」의 인삼 항목으로 가서 내용을 살펴보자.

인삼(人蔘) **약류**(藥類)「**관휴지**」

[이름과 품종] 일명 신초(神草)라고도 하고, 지정(地精)이라고도 한다. 『본초강목』에 "삼(蔘)은 본래 '삼(薓)'으로 썼다. 햇수가 오래되어야 조금씩 자라기 때문이다. 뿌리가 사람의 모습과 닮았고 영험이 있기 때문에 이것을 인삼(人薓) 또는 신초(神草)라고 부른다. 땅의 정령을 얻어 자라기 때문에 또 '지정(地精)'이라고 한다." 하였다.

[안]『본초강목』에 "삼은 상당(上黨) 지방의 것을 제일로 치고, 신라·백제·고구려에서 나는 것은 다음으로 친다." 하였으니, 우리나라에서 나는 삼은 참으로 천하의 명품에 든다.

우리나라 풍속에 영남과 호남에서 나는 삼을 '나삼(羅蔘)'이라 하고, 관서(關西)·강계(江界) 등지 및 강원도의 여러 고을에서 나는 삼을 '강삼(江蔘)'이라 하며, 관북에서 나는 삼을 '북삼(北蔘)'이라 한다. 위로는 궁궐에 공물로 바치고, 아래로는 일반인들에게 공급된다.

남쪽으로는 일본에까지 수출하고, 북쪽으로는 북경에도 판매한다. 쓰임이 풍부하고 값이 높아 나라의 귀중한 재화가 된다.

수십 년 전부터 산에서 나는 것이 점점 없어지고, 집에서 심어 재배하는 법이 영남에서 시작되어 온 나라에 두루 퍼졌다. 이것을 '가삼(家蔘)'이라고 부르는데, '산삼'과 구별하기 위해서이다. 이시진(李時珍)이 "인삼은 10월에 씨를 수확하여 봄이 되기를 기다려 파종한다. 채소를 파종하는 법과 다름없다."라고 하였으니, 이로 보면 중국에서는 집에서 파종하는 방법이 이미 우리나라보다 앞서 개발되었던 것이다.[65]

서유구는 인삼에 대한 중국이나 조선의 역대 지식을 자신의 기준으로 정리해서 전달했다. 인용된 이시진의『본초강목』의 문장을 보면, 이것은 당시 중국에서 재배되는 인삼을 말한다기보다 인삼 재배에 대한 일반

적 지식에 대한 서술로 보인다. 특히 중국 상당(上黨) 지방이 인삼 산지로
서 최고의 지위를 차지한다는 이야기는 여러 연구에 의해 근거가 희박한
것으로 드러나고 있다.[66] 서유구 역시 『본초강목』의 기사 자체에 대해서
는 더 문제를 삼지 않고 신뢰가 상당하다 보니 더 상고하지 못한 부분이
생긴 것이 아닐까 한다. 다른 곳에서는 전라도 동복(同福)의 어떤 아낙이
재배술을 알았고 그 기술을 개성상인이 배워서 크게 유행했다는 일화도
전해진다.

　서유구는 인삼 항목에서 주로 『종삼보(種蔘譜)』와 『해동농서(海東農書)』
를 인용하여 품종과 재배법을 서술했다. 종삼보는 작자가 알려지지 않았
고, 해동농서는 아버지 서호수의 저술이다. 인삼은 사람의 형상을 한 식
물이라 영험이 있으며 따라서 그 재배 역시 사람의 양육과도 비교될 정
도로 까다롭고 세심한 주의가 필요했다. 단적으로 인삼은 싹도 잘 나지
않고[論蔘不易生] 쑥쑥 자라지도 않는다[論蔘不易長]고 표제를 붙여서 설명
하고 있다.

> 인삼은 신령한 약초라서 본래부터 희귀한 데다, 씨앗이 쇠면 싹이 나
> 지 않는다.
> 지금 인삼을 가을에 캐는데, 이는 모두 씨앗이 익는 때이다. 씨앗이 붉
> 어지는가를 살펴, 붉어지면 그때 인삼을 캔다. 그렇기 때문에 채취한
> 인삼 씨앗이 모두 너무 쇠어 싹이 나지 않는다. 사람에 의해 채취되지
> 않고 씨앗이 절로 맺혔다가 절로 떨어지는 것도 역시나 반드시 너무
> 쇤 다음에 떨어진다. 그러므로 덜 여물어 싹이 잘 나는 것도 틀림없이
> 절로 떨어진 것이다. 이것도 백 개의 씨앗 가운데 싹이 나는 것은 겨우
> 한둘뿐이니, 인삼 싹이 잘 나지 않는 까닭이다.[67]

인삼은 싹도 잘 나지 않지만, 더욱이 잘 자라지도 않는다.

대개 인삼은 성질이 물을 좋아하면서도 습한 것은 싫어하며, 햇볕을 꺼리고 응달을 좋아한다. 설령 인삼 씨앗이 다행히 싹이 텄다 하더라도, 만약 위로는 건조하고 아래로는 습하며, 혹 산비탈이 우뚝우뚝 솟아서 강렬한 햇볕이 항상 내려쬐거나, 혹 암석에 가려져 얼음이 얼고 햇볕이 없으면 모두 잘 자라지 못한다. 반드시 그 토질은 기름지고 두터우면서도 촉촉하고 배수가 잘 되어야 하는 조건을 모두 겸해야 한다. 초목이 울창하면서도 하늘빛이 얼룩얼룩 비쳐 볕도 들고 그늘도 들어야 한다. 이런 조건이 갖추어진 뒤에야 잘 자랄 수 있다. 그래서 옛말에, "세 가장귀와 다섯 잎[三椏五葉, 인삼의 별칭]이 볕을 등지고 응달을 향해 있다. 나를 만나고 싶으면 개오동나무와 옻나무 아래서 찾으라."라고 한 것이 바로 이것을 일컫는 말이다. 싹이 나도 조건을 갖춘 땅을 만나기가 너무 어려우니, 이것이 인삼이 잘 자라지 않는 이유이다. 차라리 높고 건조할지언정, 낮고 습해서는 절대 안 된다.[68]

수확과 저장 과정에서도 준비와 주의가 필요하다. 수확한 인삼은 잘 말려야 한다. 약효를 오래 유지하기 위한 저장법으로 여기서 세신 뿌리와 함께 켜켜이 쌓아 항아리에 보관하는 법이 보인다. 아궁이의 재를 이용하는 방법도 있다. 특히 인삼의 국제적 수요를 크게 확대시킨 저장 기술의 핵심으로 홍삼(紅蔘) 제조 기술이 언급되고 있는데, 서유구의 『임원경제지』 저술 시점과 비교하여 살펴보면 홍삼 제조 기술의 유행 시점과 그 효과를 엄밀히 평가해볼 수 있다. 그런데 송나라 사신 서긍이 고려 개경을 둘러보고 그 문화와 풍습을 기록한 『고려도경』의 인삼 관련 항목에는 700년 전 고려시대에 이미 생삼과 숙삼의 차이를 말해주는 부분도 있어서 인삼의 가공 기술에 대한 의문과 호기심을 더해준다.[69] 아래는 그와 관련된 「관휴지」의 내용이다. 색다른 보관 방법도 수록되었다.

> 무릇 인삼은 심은 지 4~5년이 지나면 바로 수확하여야 한다. 무게가 4
> 전 나가는 생근(生根)을 말리면 1전이 된다. 4전 이상 되는 뿌리는 모
> 두 말려서 쓰니, 1/4 비율로 줄어든다고 계산한다. 만약 연한이 오래되
> 면 오래될수록 더욱 무거워지고 더욱 좋아진다.
> 혹 생삼으로 보관하거나 혹 쪄서 숙삼(熟蔘)을 만들거나, 염조(捻造), 세
> 척(洗剔), 호수(糊鬚), 권미(卷尾) 등의 기술은 모두 인삼을 재배하는 농
> 가에서는 항상 사용하는 방법이다.[70]

> 인삼은 바람과 볕에 자주 노출되면 쉽게 좀먹는다. 오직 참기름을 담
> 았던 항아리를 깨끗이 씻고 불에 쬐어 말려, 여기에 넣되 족도리풀(세
> 신)의 뿌리와 인삼을 한 켜씩 번갈아 담아서 밀봉한다. 이렇게 하면 해
> 를 넘겨도 변하지 않는다. 또 다른 한 방법은, 아궁이의 재를 물로 걸
> 러낸 다음 볕에 쬐어 말린 뒤 항아리에 담아두는 것도 좋다.[71]

— 무청(蕪菁, 순무) 재배 기술

순무는 지금도 널리 섭취되는 채소이다. 순무는 다른 여타 채소에 비해
얻을 수 있는 이익이 매우 넓다고 했다. 그에 맞게 「관휴지」에서 재배 기
술이 가장 많은 분량이 집적된 곳 중의 하나다. 「인제지」에서 순무의 약
효를 뿌리와 잎, 씨에 대해 나누어 다음과 같이 서술했다. 「관휴지」에서
는 이름의 연원을 추적하였는데, 일명 만청(蔓菁), 구영숭(九英菘), 제갈채
(諸葛菜)라고도 한다. 여기서 중국 촉 지방 사람들은 제갈량의 고사와 함
께 '제갈채'라고 부른다는 사실, 순무가 사람에게 유익한 채소인 6가지를
정리했다. 지식 정보의 상호 참조의 예로서 제시한다.

무청(蕪菁): 「인제지」

[안] 여러 본초서에서 '만청(蔓菁)'이라고도 한다. 뿌리와 잎은 맛이 쓰고 성질은 따뜻하며 독이 없다고 하였다. 오장의 기운이 원활하게 돌게 하며 살이 찌고 강건해지게 한다. 기를 내리고 해수를 치료하고 풍종과 유옹을 치료한다. 순무 씨는 맛이 쓰면서 맵고 성질은 평하며 독이 없다. 눈을 맑게 하고 황달을 치료하며 소변이 잘 나오게 한다. 적취와 곽란을 치료한다.[72]

무청(蕪菁): 「관휴지」

[이름과 품종] 일명 만청(蔓菁)이라고도 하고, 일명 구영숭(九英菘), 또는 제갈채(諸葛菜)라고도 한다. 『본초습유』에 "순무는 남북 지방에서 부르는 통칭이다. 북방 지역 사람들은 만청이라 부르고, 새북(塞北) 지방과 하서(河西) 지방에서 심는 것은 구영숭이라고 부른다." 하였다. 『본초강목』에 "유우석(劉禹錫)의 『가화록(嘉話錄)』에 '제갈량은 머무는 곳마다 병사들에게 오직 순무를 심으라고 했다. 이유는 씨앗에서 막 싹이 돋은 것을 솎아 날것으로 먹을 수 있다는 것이 하나요, 잎이 펴지면 삶아 먹을 수 있다는 것이 둘이요, 오랫동안 주둔하면 세월을 따라 잘 자라는 것이 셋이요, 버려도 아깝지 않은 것이 넷이요, 돌아왔을 때 찾아서 캐 먹기 쉬운 것이 다섯이요, 겨울에 뿌리를 먹을 수 있다는 것이 여섯이다.' 하였다. 다른 여타 채소에 얻을 수 있는 이익이 매우 넓어, 지금까지 촉 지방 사람들은 제갈채라고 부른다." 하였다.[73]

— 우엉 재배 기술

우엉에 대하여 「관휴지」에서는 일명 악실(惡實), 서점(鼠粘), 대력자(大力子)라는 이명과 함께 그 유래에 대해서도 "열매와 껍질에 털가시가 많다. 그래서 쥐가 근처를 지나가면 달라붙어 아무리 발버둥을 쳐도 벗어날 수 없다. 그래서 '서점(鼠粘)'이라 한다.'고 설명했다. 『본초강목』에 "열매 모양이 못나서 '악실'이라고 부른다.'고도 했다. 뿌리와 잎을 모두 먹을 수 있기 때문에 우채(牛菜)라고도 하며, 산중의 방술사들이 부르는 은어로는 '대력(大力)'이라고 한다. 우엉은 2월 말에 종자를 심는데, 띄엄띄엄 심으면 안 된다면서 오직 기름진 땅에 깊이 갈아주고 빽빽하게 심는 것이 비결이니, 만약 드물게 심으면 속이 빈다고 했다. 우엉은 채소 중에 극히 좋은 것으로, 밭두둑뿐만 아니라 빈 땅이면 어디에나 심을 수 있고 뿌리와 잎을 모두 먹을 수 있고 어떤 것은 뿌리 크기가 팔뚝만 하다고 알렸다.[74] 「인제지」 악실(惡實, 우엉씨) 항목에서 우엉의 성미와 효능에 대해 실려 있어 「관휴지」와 상호 교차 색인을 할 수 있다. 원 내용을 간략히 옮기면 다음과 같다.

악실(惡實, 우엉씨): 「인제지」

[본초강목] 음력 7월에 씨앗을 채취하고, 8월에 뿌리를 캔다. 그 뿌리의 크기가 큰 것은 팔뚝만 하고 긴 것은 1자에 가깝다. 색깔은 회흑색이다.
[안] 여러 본초서에서 씨앗의 맛은 맵고 성질은 평하며 독이 없다고 하였다. 눈을 밝게 하고 풍을 없애며 옹저의 창두를 나오게 하고 반진(斑疹)을 사라지게 한다. 뿌리와 줄기의 맛은 쓰고 성질은 차가우며 독이 없다고 한다. 상한(傷寒), 한출(汗出) 및 폐옹(肺癰)을 치료한다.
[안] 일명 우방자라고도 한다. 이름과 모양이 「관휴지」에 자세하게 보인다.[75]

우엉[牛蒡]: 「관휴지」

[이름과 품종] 일명 악실(惡實), 서점(鼠粘), 또는 대력자(大力子)라고 한

다. 『도경본초』에 "열매와 껍질에 털가시가 많다. 그래서 쥐가 근처를 지나가면 달라붙어 아무리 발버둥을 쳐도 벗어날 수 없다. 이 때문에 '서점'이라고 부른다." 하였다. 『본초강목』에 "열매 모양이 못나서 '악실'이라고 부른다. 뿌리와 잎을 모두 먹을 수 있기 때문에 사람들이 우채(牛菜)라고 부른다. 산중의 방술사들이 부르는 은어로는 대력이라고 한다. 줄기의 키는 3~4자이다. 4월에 꽃이 피어 떨기를 이루는데, 담자색이다. 열매는 풍구(楓梂)와 닮았으나 작다. 꽃받침 위에 작은 가시 수십, 수백 개가 촘촘히 나 있다. 밤톨 같은 씨방 하나에 씨앗 수십 개가 들어 있다."[76]

4. 꽃에 대하여: "구복과 함께 이목을 길러야 한다" 「예원지」

'예원'이란 "밭이나 정원에서 화초를 기른다."는 뜻이다.[77] 이때의 화초는 「본리지」와 「관휴지」에서 다루지 않은 관상용 꽃이다. 꽃에 대해서는 15세기 강희안(姜希顔, 1417-1464)의 『청천양화록』(또는 『양화소록(養花小錄)』이라고도 함)이 조선에서 잘 알려진 화훼 저술이면서 「예원지」에서 가장 많이 인용한 조선 문헌이기도 하다. 「예원지」는 이후 조선 후기에 늘어난 화초 정보를 다시 한번 결집한 저작이다. 중국과 조선의 여러 문헌을 비교하면서 이름과 실물을 엄밀히 고증하였고, 때로는 일본의 화훼와 비교하며 그 차이점을 말하기도 했다.

그런데 꽃을 비롯하여 아름다움에 대한 관상, 완상이라는 행위에 대한 전통적 지식인들의 평가는 그렇게 좋지만은 않았다. 서문 분석에서 보았다시피 유학자들은 마음에 끌린다고 이런 일에 몰두하다가는 자칫 본분을 잃어버리고 도에서 멀어질까 봐 우려했던 것이다. 이른바 '완물상지(玩物喪志)'[78]다. 완상하는 사물에 정신이 팔려 원대한 이상을 잃어버린다는 뜻이다.

이런 전통적 입장에 대해 풍석은 매우 전향적인 의견을 피력했다. 사람이 세상을 살아가는 것은 오관(五官)을 통해서 가능한 것으로, 이들 중 어느 하나만을 중시하고 다른 것은 무시할 수 없다는 말이다. 즉, 곡식·채소·고기 등은 오관 중 '입(과 배)'만 길러주는 음식들인데 사람은 짐승과 달라 '입과 배를 기르는 일'[口腹之養]만으로는 만족스러운 삶을 살지 못한다고 파악했다. 사람이 목숨 보전[保生]을 위해 배를 채우는 일이 중요치 않은 것이 아니지만, 인간이란 존재는 완상하면서 재미있게 즐길 거리[觀玩之供]를 찾게 마련이라는 것이다. 풍석의 인간관이다. 풍석은 『노자』의 허실(虛實) 개념을 끌어와 "모든 사물에는 '허'가 있어야 '실'이 온전해지듯이, 사람도 역시 허를 기르는 것이야말로 실을 기르는 근원"이라고 했다.[79] 재미있게도 조선 초 『청천양화록』의 지향이 「예원지」의 취지와 정확히 서로 맞닿아 있다. 조선의 지식인 중에서는 화훼 재배를 통해 오히려 인간의 심지와 덕성을 기를 수 있다는 확신을 가진 이도 있었다.[80]

— 허실겸양과 오관구열

『임원경제지』를 이용·후생의 보고, 생산력 증대의 보감으로 이야기를 하다가도 「예원지」 서문에서 생각이 깊어진다. 식력(食力)과 양지(養志)를 구분하며 물질과 정신을 균형 있게 길러야 한다는 원칙이 강력하게 제기되고 튼튼하게 지켜지고 있기 때문이다. 식력과 양지는 허와 실을 함께 길러야 한다는 허실겸양(虛實兼養)으로 변주하면서 같은 맥락을 이어간다.

입으로 먹고 내 육신을 기르는 것[口腹之養]을 '실'로 본다면 눈으로 보고 귀로 들어 정신을 기르는 활동[耳目之養]은 '허'로 본다. 꽃을 기르고 완상하는 취미는 '허'적인 측면이다. 『노자』의 논지대로 실이 실이 되기 위해서는 허의 뒷받침이 필수적이다. 『임원경제지』에서 허를 기르는 일상의 체험이 바로 꽃을 기르고 감상하는 데에서 비롯된다는 것이 서유구의 생각이다. 허와 실은 상보적이라 둘은 '허실겸양(虛實兼養)'이 되어야 하며, 더 구체적으로 구복(口腹)과 이목(耳目)을 포함한 '오관(五官)'이 모두 충족되어야 한다. 풍석은 이것을 오관이 모두 기쁜 상태, 곧 오관구열(五官俱悅)이라고 표현했다.[81]

이처럼 『임원경제지』 안에서 「예원지」의 의의는 독특하여 삶의 아취와 관련된 장과 더 연관이 있기도 하다. 그렇지만 실제 화초를 기르는 방법에서는 농업 분야와 가깝다. 파종법과 옮겨 심는 법, 접붙이는 법, 물주는 법과 북주는 법은 통용되는 재배 기술이다. 특히 채소와 약초 농사를 소개한 「관휴지」, 나무나 덩굴열매를 다루는 「만학지」와 공통 부분이 많다. 앞서 언급했지만 두렁밭[畦田]을 이용하는 꽃 재배법이 10회나 소개되고 있듯이 『임원경제지』의 두렁밭 기술이 채소나 약초와 함께 꽃 재배에도 적용되고 있다. 단 일부 화훼류에만 특별히 적용되는 노하우들도 있는데, 꽃나무를 손질하거나 특정 모양으로 만드는 법, 보호하는 법, 화훼나 화분의 배치법, 화훼류의 품평, 절기 맞추기, 개화 시기를 앞당기는 법, 꽃색 바꾸는 법, 보관하는 법 등이 그것이다.[82]

우선 '무궁화[木槿]' 조에서는 이 꽃이 아침에 피었다가 저녁에 진다는 특성, 한순간에 아름답게 핀다는 특성 때문에 '근(槿)'이나 '순(橌)'이라는 이름이 붙었다며, 조선에서는 무궁화(無宮花)라고 부른다고 했다. 무궁화라는 명칭의 유래가 오래되었고 그 의미에 대해 당대의 정보를 정리해주고 있다.[83]

서유구는 외국 원산의 꽃도 적극적으로 소개했다. '수선화'는 최근에 중국에서 들여왔고 호사가들이 즐기는 꽃인데, 비싸서 완상이 쉽지 않음을 얘기했다.[84] 또 '여주[錦荔枝]'처럼 우리나라에서 거의 재배되지 않고 궁중에서만 본 적이 있었던 꽃에 대해서도 수록하고서, 안타깝게도 재배법을 얻지는 못했음을 밝히기도 했다.[85] 다양한 종류의 꽃을 모든 사람들이 널리 향유할 수 있기를 바라는 뜻이 곳곳에서 표현되었던 것이다. '수국'이나 '한련'은 인용이나 참고 자료 없이 자신의 저술인 『금화경독기』나 '안설'로만 대신했고, '해당화' 조에서는 서유구 자신이 장단에 거처할 때 관찰했던 해당화에 관해 적기도 했다.

> 내가 금화산장(金華山莊)에 머물 때 그 뒤의 기슭에 작은 나무가 무리 지어 났는데 봄에는 꽃이 피어 붉은 꽃잎 다섯 장이 나고 색이 매우 선연하며 열매를 맺는 것이 마치 모과(木瓜)와 같았다. 향촌 사람들은 모과라고 불렀지만, 이는 모과가 아니다. 『심립해당기(沈立海棠記)』를 보면서 그 잎·꽃받침·꽃·꽃술 등을 모두 살펴보니 하나하나 해당화에 부합하였다. 이로써 우리나라에 야생하는 진짜 해당이 있는데 사람들이 모르고 있음을 비로소 알게 되었다. 지금 해당이라 부르는 것은 실은 모두 홍장미 종류이다. 관동이나 해서 연안의 금사해당(金砂海棠)은 뿌리와 잎이 별로 없고 해변에 흩어져 나기 때문에 그 짙은 빨간색이 멀리서 보면 땅에 점점이 낙화한 듯하다. 이 역시 별종이다.[86]

해당화의 자생지를 보고서 문헌 고증을 한 명백한 사례다. 현장의 향촌 사람들도 정확하게 모르기 때문에 더 나아가 신뢰할 만한 문헌으로 따져 들어가는 모습이다. 명사십리해당화로 이름이 있는 관동과 해서 지역의 바닷가에 금사해당까지도 품평했다. 여기서 나아가 서유구는 중국 강남의 재배법은 조선의 영호남에서도 적용할 만하다는 과감한 주장까지 폈다. 화훼의 물명과 형상 및 색채 비교 등의 상세한 서술에서 "우리나라에는 이런 종이 없으니 중국에서 구입하여 재배해야 한다."거나 "그런 일을 할 호사가가 없어 안타까울 뿐이다."라거나 "이는 몹시 비싸니 재력 있는 자라야 가질 수 있다."고도 한 것은 외국 화훼 품종의 조선화의

가능성과 그 일의 수행자, 그 일의 효과까지도 함께 바라보는 안목을 느낄 수 있다.[87]

— 작약

꽃의 재상이라고 하는 작약(작약, 함박꽃)에 대해 『임원경제지』의 상호 참조의 방식을 좇아가본다. 정보를 찾아간 순서에 따라 「인제지」의 작약 부분을 먼저 제시하고, 「예원지」의 작약으로 돌아갈 것이다.

【작약(芍藥)】「인제지」
[명의별록] 산골짜기에서 나며 음력 2월과 8월에 뿌리를 캐서 햇볕에 말린다.
[본초별설] 인가(人家)에서 심는 경우에는 반드시 거름을 주기 때문에 비록 크고 향미가 있더라도 약효는 적다.
[본초강목] 꽃이 붉은 것은 뿌리도 붉고, 꽃이 흰 것은 뿌리도 희다.
[안] 여러 본초서에서 맛은 시고 성질은 약간 차가우며 약간의 독이 있다고 한다. 붉은색은 소변을 잘 누게 하며 기운을 내려주는 데 좋고, 흰색은 통증을 가라앉히고 혈을 보한다.
[안] 이름과 모양은 「예원지(藝畹志)」에 보인다.[88]

먼저 「인제지」에는 작약의 채취, 감별, 약효 위주로 간단히 서술했고, 그 구체적 명칭과 형태에 대해서 「예원지」를 참조하라는 서유구의 안설이 함께 붙어 있다. 「예원지」 작약 항목에는 명칭의 기원과 고사부터 옮겨심기와 뿌리나누기, 작약이 등장하는 속담 등 다양한 정보가 서술되었다.

【작약(芍藥)】「예원지」

모든 꽃 가운데 모란이 첫째요 작약을 둘째라 한다. 이런 까닭에 세상에서 이르기를 "모란은 화왕(花王, 꽃의 왕)이요 작약은 화상(花相, 꽃의 재상)"이라 한다. 일명 여용(餘容), 남미춘이라고도 한다.

『본초강목』에 "작약은 작약(婥約)과 같다. 이 꽃의 모습이 아리땁고 단정하기 때문에 그렇게 이름 지은 것이다. 나원(羅願)의 『이아익(爾雅翼)』에 이르기를 음식의 독을 다스리는 데 이 풀보다 좋은 것이 없기 때문에 '약(藥)'이라는 명칭이 들어갔다.'고 했는데 또한 의미가 통한다."고 했다.[89]

8월부터 12월까지는 작약의 진맥(津脈)이 뿌리에 있기 때문에 옮겨 심을 수 있으나 봄은 옮겨심기에 좋지 않다. 속담(諺)에는 "춘분에 작약을 옮겨 심으면 늙을 때까지도 꽃이 피지 않으니 그 진맥이 밖으로 흩어지기 때문이다."라고 한다. 『군방보』[90]

반드시 3년마다 한 번씩 분근(分根, 뿌리나누기)을 해야 하는데 시기는 모두 8월이 제때이다. 이른바 "작약이 다리를 씻는다[芍藥洗脚]."는 것이 이것이다. 『원포일고』[91]

꽃의 왕이라고 하는 화왕 모란과 화상 작약을 함께 놓으면서 꽃의 순서를 논했다. 또 '작약(婥約)'이 '요조(窈窕)'와 같은 의미를 지녀서 '아름답다'는 뜻의 이름이 붙은 것, 약(藥)이라는 이름이 식물 이름에 들어간 내력을 기록했다. 작약의 식물적 특색으로 가을에 그 엣센스가 뿌리로 내려가 있을 때만 옮겨심기가 가능하지 봄 무렵에는 엣센스가 흩어져버려 옮겨심기가 불가하다고 했다. 뿌리나누기를 '다리 씻기(洗脚)'라는 하나의 재배 관련 절기 행사와 같은 용어로 굳어진 일화도 소개되었다.

— 파초

꽃보다는 잎과 줄기의 아름다움을 즐기는 식물을 훼(卉)라고 하는데, 석
창포·파초·만년송·종죽·종려 등 15종이 수록되었다. 특히 주목되는 것
은 '파초'인데, 본래 아열대 지역에서 서식하는 파초가 우리나라에서도
많이 재배된다고 했다. 파초의 꽃은 3년이 되어야 피고, 열매는 중국 북
방에서는 나지 않고 강남의 남쪽(지금의 광동성, 복건성)에서나 맺는다. 풍
석은 이처럼 아열대 식물 파초가 본디 열매를 맺는 식물이라는 것도 알
고 있었고, 조선의 남쪽 지방에서 제대로 재배한다면 열매를 맺을 것이라
고 했다. 다만 이런 시도를 하는 '호사가'가 없음을 안타까워하기도 했다.
중국에서 최근에 들여온 '초송(草松)', 조선에 없어 중국에서 가져와야 하
는 '호자(虎刺)', 일본에서 비싸게 들여오는 '소철(蘇鐵)', 중국으로 가는 사
신단에서 화분으로 들여오는 '종려(棕櫚)'도 소개된다. 이들은 모두 호사
가의 취미를 물씬 풍기고 있는데, 중국이나 일본에 있는 것이라도 조선에
서 '허실겸양'을 위해 쓰일 만하다는 판단이 서면 기사로 올리고 있다.

「인제지」에서 약으로 쓰인 파초를 보면 갈증을 없애고 진액을 보충하
며 해독 작용을 한다고 했다. 파초뿌리와 파초유에 대해서도 설명했고,
기름을 얻는 방법도 기록했다. 파초가 약으로 쓰인 것이 생소할 수도 있
지만 대부분 이미 『동의보감』에 수록된 내용이기도 하다. 또한 조선 초
강희안의 기록이 이후 지식인들에게도 계승되어온 실행이라는 점도 기억
되어야 한다.(후술)

【파초(芭蕉)】「인제지」

[안] 여러 본초서에서 잎의 맛은 달고 성질은 아주 차며 독이 없다고
하였다. 갈증을 없애고 폐를 적셔주는 작용을 하며 단석독(丹石毒)과
주독(酒毒)을 치료한다. 뿌리는 돌림 열병으로 미쳐 날뛰는 것과 옹종

을 치료한다. 파초유[蕉油]는 풍간(風癎)을 치료한다.

[안] 이름과 생김새는 「예원지」에 보인다. 파초유(芭蕉油)를 얻는 방법은 대롱을 껍질 속에 꽂아놓고 나오는 수액을 병에 담는 것이다.[92]

〈그림 3-37〉 정조의 〈파초도〉 (동국대학교 박물관 소장)

「예원지」에서는 우리나라에서 파초를 재배하기 위해 가장 필요한 점을 정리했다. 파초는 남방 식물이므로 사계절이 뚜렷한 조선의 기후 환경에서 관상용 화훼로 가꾸려고 하면 추운 겨울을 나는 방법이 관건이 된다. 서유구는 안설에서, "우리나라에서 나는 것들은 여러해살이의 오랜 뿌리라야 꽃이 피기 시작한다. 그러나 꽃이 피더라도 오래가지 못하고 열매가 맺히는 것은 본 적이 없다. 토질과 날씨가 항상 따뜻하지 않기 때문이다. 매해 겨울이 되면 그 가지와 잎은 잘라내고 뿌리는 토굴에 묻어두었다가 봄에 따뜻해지면 다시 심어야 한다. 중국 민광 등지의 사철 내내 따뜻한 곳과 다르다. 진실로 좋은 종자를 얻어서 영호남의 가장 남쪽 지역에 심고 물 주고 거름 주는 재배 방법을 잘 쓴다면 열매를 맺지 못할 이유가 없을 것인데 그런 호사자가 없음이 한탄스러울 뿐이다."라고 했다.[93]

풍석이 왜 이토록 파초에 관심을 가진 것일까? 이에 대해 풍석이 젊은 시절, 한여름에 폐병으로 고생하던 중 파초를 통해 회복했던 경험이 담긴 글이 있다. 바로 우초당기문이다. 열병으로 정신이 희미하던 와중에 갑자기 파초잎에 떨어지는 빗방울 소리를 들었을 때의 청량감이 큰 자극제가 되었다고 했다.

기문 속의 파초

파초가 서유구에게 얼마나 각별한 의미인지 「우초당기문」을 살펴보자. 서유구의 고종사촌 박시수(朴蓍壽, 1767-1834)가 자신의 '우초당(雨蕉堂)'에 기문(記文)을 청했는데, 풍석은 자신이 병들었을 때 파초를 보고 느꼈던 특별한 경험을 문장으로 담았다.

> 남쪽 작은 언덕에 파초 너댓 그루를 새로 심었는데 어느 새 십여 척으로 자라 저물녘 그늘이 창을 덮어 안석과 평상, 서책과 책갑이 역시 맑고 푸르러 좋아할 만했다. 이때 매우 무더웠는데, 나는 폐병을 앓아누워 땀이 줄줄 흘렀으며 정신이 몽롱하고 기운이 없어 잠이 든 듯한 때가 여러 번이었다. 그런데 갑자기 섬돌 사이에서 타다닥 소리가 들리면서 청량한 기운이 얼굴을 때려서 일어나 보니 뭉게구름이 짙게 드리우고 빗방울이 세차게 파초잎을 치고 있었다. 무성한 잎에 후두둑 떨어져 구슬처럼 또로록 흩어져 내리는 것을 내가 귀기울여 오랫동안 듣고 있자니, 정신이 상쾌하고 기운이 맑아져 병이 이미 나은 것 같았다.[94]

이때는 풍석이 10대 후반의 일로 추정된다. 서유구는 파초 덕분에 정신이 상쾌하고 기운이 맑아져 앓던 폐병이 다 나은 듯했다고 상기했다. 풍석의 삼촌 서형수 역시 파초에 대한 글을 남겼다.

> 박성용(朴聖用, 박시수)이 뜰에 파초를 가득 심어놓았는데, 비가 내리는 날 창가에 누워 듣다가 소리가 마음에 맞으면 기뻐했다.… 파초는 별로 좋아할 만한 점이 없다. 그런데도 파초를 좋아하는 것은 속이 텅 비어 소리를 잘 울리는 점이다.[95]

서형수의 「우초당기」 중 일부다. 서형수는 파초에 특별히 애호할 만한 점이 없지만, 그 속이 비어 있어서 소리를 잘 울리는 것이 좋다고 했다. 흥미로운 것은 조선 초 강희맹(姜希孟, 1424-1483) 역시 파초를 가까이 두고 길렀다는 점이다. 그의 「파초 기르기 노래」(養蕉歌)에 붙인 서문에 따르면, 누가 파초 재배법을 물어 와 강희맹이 그 방법을 알려주고 있다. 그 내용의 일부를 보자.

> (만물은) 제대로 기르는 법을 얻지 못하면 동물은 활동을 멎고 식물은 쓰러지며 무성한 꽃은 말라버리고 뻗어나가는 가지는 사라져 그 본성으로부터 멀어지게 되니, 당연하지 않은가? 만물이 이러하므로 마음도 어떻게 기르느냐에 달려 있다네. 마음이 공명(功名)과 사업(事業)에 유혹되거나 우환(憂患)과 영욕(榮辱)에 동요되면 마음은 본연의 온전한 상태를 잃고 손상되고 만다. 파초는 식물 중 가장 연약한 것이라 건조하면 바싹 마르고 습하면 쓰러진다. 제대로 기르면 꽃을 잘 피우지만 그렇지 않으면 금방 말라 죽는다.[96]

파초 재배법을 통해 만물의 본성을 말하는 강희안은 '마음의 본연의 온전함'을 강조하는 형태로 파초의 재배법을 연계시키고 있다. 서유구가 『임원경제지』 「예원지」에서 양지(養志)를 말하고 허실겸양을 말하며, 오관 구열을 언급한 것이 인간의 내면과 외면, 물질과 정신의 측면을 아울러 말한다는 점에서 강희안의 「양화소록」과 「파초 기르기 노래」와 그렇게 멀지 않다. 「우초당기문」에서 보인 서유구의 경험과 감성은 『임원경제지』 전체에서 가지는 「예원지」의 독특한 의미와 잘 부합한다.[97]

― 차

「예원지」 파초에서 보여준 감성의 배양에 대한 이야기가 나무 농사 「만학지」의 차와 대나무 항목에서도 그대로 이어진다. 특히 차는 중국과 달리 일상 음료가 아니기 때문에 상층부에 속한 일부 부호가 아니면 구하기 어려웠다. 당시 값이 비싼 중국 수입차를 구입하려던 풍조가 크게 유행했던 사실도 기록에 나타난다. 하지만 진품이 아닌 차를 잘못 구입하는 일도 많아, 중국차를 수입하느니 차라리 우리나라에 도입해 재배하면 일거양득이라는 뜻을 비쳤다. 풍석은 정확한 품종 감별과 함께 차를 수확하고 가공하는 방법을 상세히 다루었다.

> 우리나라 사람들은 차를 그다지 즐겨 마시지 않아 나라에 자생하는 차 품종이 있으나 이를 아는 사람도 드물었다. 최근 50~60년 전부터 사대부나 귀족 중에 종종 즐기는 사람들이 있어 매년 연경에서 수레로 구입해 온 것이 한우충동이지만 진짜는 거의 없다. (중략) 지금 중국의 차 산지와 여러 종의 이름과 품종을 대략 위와 같이 가려 실었으니, 호사가들이 종자를 구입하여 번식시킬 수 있게 했다. 재배와 가공의 방법을 알면 우리의 고유한 진짜 차를 버려두고 다른 나라의 값비싼 가짜 차를 구입하는 지경까지는 이르지 않을 것이다.[98]

풍석은 값비싼 외국차의 수입으로 인한 외화 낭비를 막아보려 시도하고 있다. 단지 하나의 품목에 대한 대처법으로서가 아니라 국가경제의 균형적 운영에 대한 염려가 전제된다. 「만학지」에는 차와 같은 귀족의 사치재 대체 노력과 서민층의 기근에 대비하기 위해 고구마를 보급하려는 노력이 모두 담겨 있다. 차뿐만 아니라, 조선에는 대나무의 종류가 많지 않다며 중국과 일본 문헌을 많이 인용하여 소개했는데, 그 이유 역시 호사가들이 종자를 도입하여 번식시키도록 하기 위해서였다.[99] 그 밖에도 염료로 주로 이용되는 잇꽃·쪽·요람·지치와 자리 만드는 재료인 부들·갈대·왕골·골풀·매자기, 그리고 담배를 소개했다. 이들은 대개 경제성이 높은 상업작물이었다.

— 대나무

서유구가 각별한 의미를 두었던 파초와 함께 대나무에 대해서도 유사한 글을 남겼다. 그의 친형 서유본(徐有本, 1762-1822)이 집안의 뜰에 대나무를 심어놓고 자신의 거처를 '불속'이라고 명명했다고 한다. 이에 기문을 남겨 「불속재기문(不俗齋記文)」을 지었다. 「우초당기문」을 삼촌 서형수와 서유구가 지었는데, 이 「불속재기문」은 조부 서명응과 서유구가 작품을 남겼다. 먼저 서명응의 글을 제시한다.

서재 서쪽의 작은 언덕이 서재와 마주하고 있는데 그곳에 대나무 숲을 만들었다. 바람이 건너오면 싹싹 소리가 나고 달이 오면 은은하게 그림자가 진다. 비가 내릴 적에는 소쇄(蕭麗)한 정취가 어울리고 눈이 내릴 적에는 꿋꿋한 의지가 어울린다. 이에 그 문미(門楣)에 '불속(不俗)'이라는 편액을 걸었다. 예로부터 대나무를 아름답게 여긴 사람이 많았으니, 어떤 사람은 굳센 점을, 어떤 사람은 맑은 점을, 어떤 사람은 그것이 텅 비어 있음을 좋아했다. 그러나 나는 유독 공자(孔子)의 가르침을 좋아한다. 옛날에 공자께서 위(衛)나라에 가셨을 적의 일이다. 바람이 대나무를 흔들자 맑고 깨끗한 소리가 들리니 기뻐하신 나머지 고기 맛을 잊어 삼 개월 동안 고기를 드시지 않고 공손청(公孫青)에게 말씀했다. "사람은 대나무가 아니면 속되어질 뿐이야. 그 사실을 아는가?" 이로써 사람의 병통은 유속(流俗)에 물들어가되 스스로 거기서 벗어나지 못하여 결국 마음을 비우지도 맑지도 굳세지도 못하게 됨을 알 수 있다. 만약 속됨을 벗어나면 이 세 가지 미덕(굳셈, 밝음, 빔)을 모두 지닐 수 있다. 요컨대 세 가지 미덕은 목(目, 그물코)이고 '불속(不俗, 속되지 않음)'은 강(綱, 벼리)이 되니, 벼리를 들면 그물코가 어찌 빠져나갈 수 있겠는가? 이것이 내가 세 가지 미덕 대신 '불속'을 취한 이유이다. 아울러 내가 공자 말씀에서 터득한 것을 분명히 하여 「불속재기문」으로 삼는다.[100]

서명응의 글은 '불속(不俗, 속되지 않음)' 두 글자에 응집된다. 서명응의 불속은 죽림칠현류(竹林七賢流)의 은둔이나 청담(淸談)과는 달리 공자와 같은 성인(聖人)의 가르침에 근거를 둔 것이다. 정통 유학의 기본으로 돌아가자는 뜻이 확고하다. 이런 주제 의식은 손자 서유구에게도 다음과 같이 더욱 뚜렷하게 표출된다.

서유구는 먼저 탈속이라고 해도 사회적 책임을 벗어난 취향에 대해 비판적 거리를 두고자 했다. 「불속재기문」 이전에 서유구가 지은 「소음재기문(篠陰齋記文)」을 보자. 그의 재종숙부 서기수(徐淇修, 1771-1834)가 자기 서재 이름을 '소음(篠陰, 대숲의 그늘)'이라 짓고 서유구에게 기문을 청했는데, 유학자의 바른 기준에서 볼 때 청담과 은둔의 취향과는 거리를 두어야 했던 것이다.

〈그림 3-38〉 대나무 (탄은 이정의 〈묵죽도〉)

옛날 진(晉)나라의 육기(陸機)는 서재 동쪽에 대나무를 심어놓고 날마다 거기에서 술을 마셨으니 그대의 편액도 여기에서 취한 것입니까? 대저 무성한 나무 그늘에 앉아 바람이 스치는 대나무 소리를 들으며 술동이를 들어 술을 마시는 것은 진인(晉人)들의 청일(淸逸)과 방달함이고 한유(韓愈)가 말한바 "의탁하여 도피하는 경우"입니다. 그대는 나이가 젊고 재주가 뛰어나니 진실로 장차 입신(立身)하고 행실을 닦아 세상에 나아가 쓰임이 되어야 하거늘, 어찌하여 술에 의탁하여 숲과 언덕[林麓]으로 도피한단 말입니까?[101]

서유구의 태도가 분명하게 드러난다. 다시 「불속재기문」으로 돌아와, 그는 서명응의 주제 의식을 이어받으면서 대나무에 담긴 '속되지 않음'의 의미를 보다 적극적으로 구체화했다.

나는 동방 사람이다. 동방의 풍속이 중화(中華)에 가장 가깝지만, 익히고 물드는 것에 대해 비루한 것을 늘 병통으로 여기니, 참으로 습속을 바꾸기란 퍽 어렵구나! 정유년(丁酉年, 1777) 여름 5월에 우리 형님이 뜰에 대나무를 심었는데 대나무가 매우 무성해지자 드디어 그 거처를 '불속'이라고 명명했다. 훗날 나는 이렇게 말했다.

"훌륭하지 않은가? 우리 형님이 풍속을 변화시키는 방법이! 옛날 중니(仲尼)께서 위(衛)나라에 계실 적에 대나무 소리를 들으시고는 삼 개월 동안 고기 맛을 알지 못하셨을 때, '사람이 대나무가 아니면 속되어진 다'고 하셨다. 그러므로 풍속을 변화시키는 데에는 대나무만큼 좋은 것이 없다.… 대저 중을 지키면 바뀌지 않고 정을 잡으면 변하지 않는 다. 바꿀 수 있고 옮길 수 있는 것은 풍속이다. 그래서 지역의 거리가 천여 리이고 시대의 차이가 천여 년이더라도, 뜻을 얻어 온 나라(中國)에 행해지면 마치 부절(符節)을 합한 듯 일치하게 되니 그것은 성인(聖人)의 덕이 중정(中正)하기 때문이다. 외체(外體)는 곧고 내체(內體)는 텅 비었으며, 된서리도 꺾지 못하고 서늘한 바람도 잎을 떨어뜨리지 못하는 것은 대나무의 기품(氣品)이 중정하기 때문이니, 풍속을 변화시키는 점에서 그 공(功)이 똑같은 것이다."[102]

대나무가 곧 성현과 그 공을 같이한다고 했다. 이유는 중정의 덕을 가지고 있기 때문이요, 변하지 않고 옮기지 않기 때문이다. 성인의 덕으로 풍속을 바꾸는 공이 대나무에 있다. 그런데 사람이란 잠시라도 가만히 두면 곧 세속에 물들게 마련이라, 사람의 거처에 대나무가 없으면 속되어진다고 했다. 서유구는 비루한 습속을 바꾸기 위해 주변 환경을 새롭게 바꾸고 매순간 면려하는 형 서유본의 자세에서 그것을 읽었다. 서명응과 서유구는 모두 공자의 말을 인용하면서 '속되지 않음'을 추구했다. 서명응이 절제된 자세를 견지하고 있는 것과 달리 서유구는 자신의 견해와 사회적 전망을 보다 자유롭게 표출하고 있으며 진취적으로 세상을 향해 공을 이루는 데 기울어 있다. 서유구가 파초를 대할 때 서정적이고 부드러운 느낌이 있었던 반면 대나무를 대할 때는 사회적 전망과 열의로 끓어 넘치며 진취적이고 적극적인 성격을 띤 점도 흥미롭다. 서유구가 강조한 '불속'은 조선의 풍속을 변화시키는 동력으로서, 곧 중정을 일으켜 나와 세계를 함께 일신해나가는 모습을 희망적으로 그려내고 있다. 현재 조선의 풍속이 낙후되었으나 이런 대나무의 덕성을 볼 줄 아는 안목으로 일대 문화운동이 일어나기를 기대한 것이다. 서재 주변에 대나무를 심고 가꾼 형 서유본과 그에 대해 기문을 짓는 풍석에게는 이런 문제의식이 담겨 있다고 생각된다.

5. 나무 심기에 대하여: "나이 들어서는 나무 재배가 삶의 가장 좋은 방도이다" 「만학지」

— '만학'이라는 이름

「만학지」는 나무 농사에 대한 지식과 기술을 모았다. 과실이나 재목을 얻기 위한 나무의 정보, 재배 기술을 모아놓은 책에 왜 '늦은 나이에 배운다'는 뜻의 '만학'이라는 이름이 붙었는지 여전히 의문이다. 「만학지」 서문과 본문에 구체적인 언급이 없기 때문이다. 다만 풍석의 말년(75세경) 시문집 『번계시고(樊溪詩稿)』 속 「종수가(種樹歌)」라는 장편시에 해답을 짐작할 만한 구절이 남아 있기는 하다. 당시 거주했던 번계산장(현 서울 강북구 번동)에서 나무 심기에 열중한 얘기를 서사적으로 풀면서 "나이가 들어 다른 것보다 나무 심기에 뜻을 두어"라는 말을 하고 있는데, 아마도 여기에서 '만학'이라는 말을 따온 것이 아닌가 추측한다. 풍석은 나이가 들어 산촌에 물러나 살면서 나무 재배가 삶의 가장 좋은 방도임을 알았다는 것이다.[103]

『임원경제지』에서 나무 재배에 관한 내용은 「만학지」뿐만 아니라 「이운지」·「상택지」 등 여러 곳에서 다뤄지고 있다. 그만큼 나무는 쓸모가 많은 것이었다. 「이운지」에서는 '은거지의 배치' 항목에서 나무를 상당 부분 다뤘고,[104] 「상택지」에서는 '집 가꾸기'라는 항목에서 '나무 심기'라는 소제목 아래 5개의 표제를 세워 설명했다. 그리고 집 가꾸는 과정에서 가장 먼저 해야 할 일 중 나무 심기를 꼽기도 했다.[105]

「만학지」 서문에서 나무의 쓰임새가 인간의 삶에 얼마만큼 중요한 비중을 차지하는지 풍부한 재목이 가져다주는 재부는 왕이나 제후와 비견할 만하다고 했다. 부유함은 그 자체가 목적이라기보다, 그러면 백성의 풍속이 아름다워지기 때문에 필수적이라는 것이다. 나무 재배는 전통적으로 제왕의 농정(農政)에 중요한 축으로서 곡식 농사와는 또 다른 의미에서 백성의 삶의 근본에 힘쓰는 일이라 중국 농서에서도 중하게 다루었다고 했다. 그러나 조선은 농사 전반이 낙후되어 있기 때문에, 농사 기술이 상당 부분 바탕이 되어야 하는 나무 재배는 더욱 뒤떨어져 있다고 안타까워했다.

농사의 근본이 어두운데 어느 겨를에 나무 재배까지 애를 쓰겠는가?

높은 산 깊은 골짜기에서 제멋대로 자라다 말라 죽는 유실수 같은 경우는 간혹 꺾어다 꽂아두기도 하나 엉성하기 짝이 없다.[106]

조선의 나무 재배법이 매우 엉성한 수준임을 보여주고 있다. 그런데 서유구가 보기에 이보다 더 큰 문제는 조선 사람들이 나무 이름을 제대로 알지 못한다는 것이다.

— 명물학과 이용후생

특정 사물에 대해 정확한 명칭을 확정하고 나아가 체계적인 분류를 통해 질서를 부여하는 학문 분야인 '명물학(名物學)'의 문제가 「만학지」에서도 등장한다.

(조선 사람들은) 명물(名物)에 대해서도 궁구하지 못하여, 산앵두를 사과[㮈]라 하고 잣나무[五粒松]를 측백나무라 한다. 잎갈나무[杉] 보고 전나무[檜]라 하니, 쥐고기와 옥을 모두 박(璞)이라 한 데서 생긴 오해와 같지 않은가. 싸리나무를 일러 초(楚)라 하지 않고 뉴(杻)라 하니, 이는 콩과 보리도 구별하지 못하는 쑥맥이나 뭐가 다른가? 단단하고 질겨서 쓸모가 있는 재목이 산택에 자생하는데, 민간의 말로 박달(朴達)이니 가사(哥沙)니 하고 있으니 이것이 무슨 이름인지 멀뚱멀뚱 구별하지 못한다. 청해진(淸海鎭)[107]과 거금도[折爾苫][108]에는 겨울에도 시들지 않는 좋은 재목이 많은데, 이를 싸잡아 모두 동생수(冬生樹)라고 부른다. 이렇게 나무의 이름도 제대로 정리하지 못하면서 어느 겨를에 그 나무의 쓰임새까지 궁구하겠는가? 실질에 힘쓰는 사람들이 강구하여 밝혀야 할 분야가 바로 여기다.[109]

서유구가 이처럼 '명물(名物)'은 사물과 이름의 관계를 명확히 하는 것으로, 유가의 원류인 공자의 정명(正名) 사상과 무관하지 않다. "이름이 바르지 않으면 언어가 순조롭지 못하게 되고 언어가 순조롭지 못하면 일을 이루기 어렵다(名不正則言不順, 言不順則事不成)". 이름이 혼란스러우면 다음 단계의 일을 하기 어렵다는 것은 쉽게 납득할 수 있다. 풍석은 사물의 명칭과 특징을 정확히 구별하여 사물의 정체성을 확정하는 명물학(名物學)이야말로 그 사물의 쓰임새를 널리 펴기 위한 전제 조건이라고 생각한다. 명물학은 우선 사물을 특정 명칭으로 일대일 대응이 될 수 있도록 정리하는 데서 출발한다. 나무의 명칭이 정해지면 쓰임새와 관련된 여러 정보, 즉 재배법·보관법·치료법 등을 일관되게 적용할 수 있기 때문이다.

『임원경제지』는 서유구의 명물학, 확장하여 명물도수지학의 최종 결과물로 볼 수도 있을 것이다. 그것은 사물과 명칭에서 시작하여 인간과 세계, 주체와 객체를 각 층위에 맞게 배치하면서도 이용후생의 일관된 원칙으로 관통하여 하나의 통합적 체계를 확보하고자 한다. 고금에 걸친 지식의 연원과 역사에 대한 명료한 이해, 그 결과로서 현재 통용되고 있는 사물, 정보에 대한 정확한 판단, 그를 기반으로 사물의 용도를 보급·전파 확장해나간다면 조선의 당대의 여러 문제들을 충분히 감당하고 해결해나갈 수 있다고 보았다. 그래서 서유구는 '실질에 힘쓰는 사람', 즉 '무실지가(務實之家)'가 진정으로 힘써야 할 곳이 바로 이 지점이라고 했다. 「만학지」의 무실지가는 일을 좋아하는 호사자와도 보조가 맞는 이름일 것이다.

— 나무 농사에서 중요한 기술들

나무 키울 때 중요한 과정 중 하나인 '접붙이기'에서는 '신접법(몸체에 접붙이는 법)' 등 총 11가지 접붙이는 법을 자세히 이야기했다.[110] 그중에서 피접법(껍질로 접붙이는 법)을 간단히 소개한다.

【껍질로 접붙이는 법】

날이 날카로운 작은 칼을 사용하여 원래 나무의 몸통에 '八'자 모양으로 비스듬하게 베고 작은 대로 깊이를 가늠하여 접을 붙이려는 가지의 껍질과 육질 부분을 마주 꽂는다. 덮어주고 보호해주는 것은 이전과 같다. 접붙이는 가지가 무성하게 뻗기를 기다려 곧 원래 나무의 가지와 줄기는 베어낸다. 『무본신서』[111]

접붙이기의 효과는 "한번 접붙이면 두 기운이 서로 통하여 나쁜 것은 좋은 것이 되고, 저것으로 이것을 바꾸니, 그 이로움을 말로 다 할 수 없는 것이 있다."[112]는 말로 요약된다.

특히 자른 가지를 바로 흙에 심지 않고 토란이나 순무의 속살에 꽂아 심는 방법이 있다는 사실이 흥미롭다. 먼 곳으로 옮겨 심을 때 특히 유용하다고 했다.

접붙이기와 함께 과일 나무의 재배와 관리에 매우 유용한 지식을 몇 가지 아래에 정리한다.

- 나뭇가지를 비틀어서 접붙이기 효과를 보는 법
- 종근을 제거해 과육은 많아지고 씨는 작게 하는 법
- '나무 거세법'으로 열매를 크게 하는 법
- 나무에 뜸을 떠주거나 시집을 보내서 과일을 잘 맺게 하는 법
- 과일나무 해거리 대처법
- 열매가 잘 맺고 쉽게 떨어지지 않게 치료하는 법
- 바람과 서리 막는 법

이 중 '나무 뜸뜨는 법'을 인용해본다.

【나무 뜸뜨는 법】

나무는 남으로부터 북으로 갈수록 시드는 것이 많고 추워서 열매를 맺지 못하니 단지 섣달에 뿌리 옆의 흙을 제거하고 보릿대로 두텁게 덮고 불을 놓는다. 이렇게 하고 깊이 북을 주기를 예전처럼 하면 1~2년 지나지 않아 모두 열매를 맺는다. 해마다 이 방법을 쓰면 남쪽과 북쪽에 차이가 없어지니, 마치 사람에게 쑥뜸을 뜨는 효과와 같다.[113]

온기를 불어넣어 몸을 따뜻하게 하는 것으로 치료 효과를 내는 쑥뜸의 방법처럼, 추위에 시들고 열매를 잘 맺지 못하는 북쪽 지방의 나무에 사용하기를 권했다. 나무를 사람의 신체와 비슷하게 인식한 것이다. 이뿐만 아니라 나무에 제사를 지내거나, 또는 나무에게 열매를 많이 맺게 해 달라고 '위협'하는 의식을 통해 효과를 보는 방법도 수록되어 있다. 서유구의 정보 수집과 수록의 원칙은 상당히 유연하고 개방적이다. 민간에서 민속이나 미신과 함께 결합하여 자생적으로 유행하는 것들도 인간의 삶의 일부로 또는 함께 천지간의 생명의 하나로 여기기도 하는 모습이다.

과일을 오랫동안 신선하게 보관하는 법도 보인다.

【과일저장법】

대체로 일체의 신선한 과일을 수확한 후 납수(臘水), 박하 한 움큼, 명반 약간을 넣되 그릇은 적시지 않고서 담그면 색과 맛이 모두 좋다. 혹자는 말하기를 "물 기운에 가까이 하되 물을 넣지 않는 것이 절묘한 점이다."라고 하니, 모두 기름이나 술의 기운에 심지어 기름이나 술을 담는 그릇과도 가까이 하는 것을 피한다. 감·귤·복숭아·오얏 따위가

7, 8할 익었을 때, 가지채로 무나 토란 속에 꽂은 다음 종이나 마른 짚으로 감싸 새로운 옹기 안에 보관하되 바람을 통하지 않게 하면 다음 해에 꺼내어 먹어도 신선하다. 『군방보』[114]

그런데 과일 저장에 관한 새로운 방법을 박제가의 『북학의』에 나온 내용을 추가로 인용하기도 했다. 당시 빈번하게 연경을 다녀온 조선 학자들이 직접 본 것이나, 중국의 책에서 본 정보나 여러 곳의 최신 견해를 담은 저술을 냈고, 서유구는 다시 그런 정보를 『임원경제지』에 반영한 것으로 저간의 활발한 지식 습득과 교류의 한 장면이다.

연경(燕京)의 과일 보관법이 가장 좋다. 전년의 여름과일과 금년의 새 과일을 섞어서 파는데, 아가위, 배, 포도 등의 색이 나무에서 새로 딴 것 같았다. 이 방법 역시 한때의 편리함이 있다. 『물리소지』에는 "배와 무를 같이 저장하면 상하지 않는다. 혹 무에 꼭지를 꽂기도 한다."라고 한다. 또 다른 방법. 땅을 파고 큰 대나무를 심고 그 대나무 통에 감을 저장하고 이어서 진흙덩이로 입구를 봉하고 감쌌다가 여름이 지나 꺼낸다.[115]

─ 소나무

이제 본격적으로 나무 농사에 들어가본다. 비교적 내용이 상세한 나무로는 소나무·오동나무·광나무 등인데, 그중 목류에서 가장 먼저 소나무가 나온다. 나무의 대표답게 그 이름 역시 공(公)이 들어갔고, 같은 맥락에서 측백나무는 백(伯)이 들어갔다고 이름 풀이를 했다. 「예원지」에서 모란이 화왕이고 작약이 화상이라는 설명과도 대비되는 이야기다. 이후 소나무 옮기는 법, 소나무 재배법, 소나무 종자 거두기, 전나무와 노송의 이름 고증, 노송 재배법, 쓰임새 등을 차례로 수록했는데『농상집요』와 같은 중국 문헌은 물론『어우야담』,『행포지』,『증보산림경제』와 같은 조선 문헌을 풍부하게 인용한다. 조선에서 소나무가 많고 쓰임새도 크다는 반증이다. 특히 유몽인이 전하는 큰 소나무를 옮겨 심는 방법에 대한 지식과 서유구가 직접 전하는 소나무씨앗 싹 틔우는 방법은 현장의 지식을 그대로 옮겨놓은 것처럼 사실적이어서『임원경제지』의 일용 기술들이다. 원문 번역을 아래 박스 형식으로 전한다.

소나무

【이름과 품종】[116]

《왕씨자설》소나무와 잣나무는 모든 나무 중에서 뛰어나서 소나무는 공(公)과 같고 잣나무는 백(伯)과 같다. 그러므로 소나무는 공을 따르고 잣나무는 백을 따른다.

『본초강목』소나무 잎은 침이 두 개인 것, 세 개인 것, 다섯 개인 것으로 구별된다. 침이 세 개인 것은 괄송자(栝子松)이고 다섯 개인 것은 송자송(松子松)이다. 요해와 운남에서 나는 것은 씨가 파두(巴豆) 크기만 하고 먹을 수 있으며 해송자라고 한다.

【시기】

정월 우수에 소나무와 잣나무를 심고 또 정월 초하루에서 그믐까지 소나무와 잣나무를 옮겨 심을 수 있다.『사시찬요』

춘분 후에는 심지 않고 추분 뒤에 심는데, 소나무만 그러한 것은 아니다.『박문록』

【심고 가꾸기】

소나무를 심는 방법은 대체로 대나무와 같아서 뿌리만 튼튼하게 하고 흔들지 않으면 자연스럽게 살아난다.『박문록』

곡우 전후 무렵에 손으로 흙과 보리 겨를 긁어내고 물을 준다. 다음 해 겨울에 봉하여 덮어주는 것도 또한 이와 같이 한다. 2년 후 3월 중에 흙째로 옮겨 심는데, 먼저 구덩이를 파고 똥과 흙을 배합하여 구덩이 안에 넣고 물로 묽은 진흙을 이긴 다음 구덩이 안에 심는다. 구덩이가 차도록 흙을 북돋워주고 물을 주어 튼실하게 다진다. "절구공이로 다지지 않고 발로 밟는다." 다음 날 갈라진 부분이 있으면 발로 밟아 메우고 늘 물을 주어 습하게 한다. 10월에 흙을 떨어 없애고 흙을 덮어 나무를 드러나지 않게 한다. 봄에 흙을 제거하면 다음 해에는 덮을 필요 없다. 큰 나무를 심은 경우 3월 중에 옮기되 뿌리의 흙을 넓게 남기고 "높이 1장의 나무는 사방 3척의 흙을 남기고 멀리 옮기는 경우는 2척 5촌 남긴다. 1장 5척의 나무는 사방 3척이나 3척 5촌의 흙을 남긴다." 새끼줄로 뿌리의 흙을 감싼다. 나무가 큰 것은 아래 부분부터 2~3층의 가지를 제거하고 나무에 남북을 기록한 후 구덩이를 파놓은 곳까지 운반하며 이전의 방법과 같이 심는다.『원사농사농상집요』

큰 소나무를 옮기는 방법: 2월 초순이나 중순에 나침반으로 나무의 남북을 표시하고 흙을 깎아 크고 작은 뿌리를 상하지 않게 한다. 먼저 구덩이를 넓고 깊게 파서 보리 10말 정도를 깔고 앞뒤에 맞게 하여 보리를 깐 위에 뿌리를 안정되게 놓고 뿌리가 횡으로 서게 하면 뻗었다가 줄어드는 것이 모두 예전과 같다. 또 원래의 흙을 많이 취하여 새 흙과 섞이지 않게 한다. 처음 다질 때는 흙을 두터이 하되 단단하게 다지지 않으니 뿌리를 상할까 염려해서이다. 두 번 세 번 이상 다질 때는, 흙을 얇게 하고 예전의 묻힌 정도까지 흙을 단단하게 다진 뒤에 그치는 것은 소나무의 드러난 뿌리가 묻히면 반드시 죽기 때문이다. 다지는 것이 끝나면 사방에 큰 기둥을 심고 노끈으로 튼튼하게 묶으면 큰 바람도 움직일 수 없다. 새벽과 저녁으로 물을 주면 한 아름 되는 큰 나무라도 살 수 있다.『어우야담』

소나무를 심는 방법: 소나무씨를 구하여 물에 담그고 물 위에 뜬 것은 없앤 다음 맑은 물에 하루 낮 하루 밤 동안 담갔다가 가는 황토를 섞어서 심되 가령 소나무씨 1되를 심을 경우 황토 10여 말을 사용한다. 체로 쳐서 굵은 자갈을 제거하고 얇게 펼쳐 햇볕에 말려 표면이 희게 되면 여러 사람이 손으로 비벼 매우 가늘게 하면 기름기가 비로소 걸러진다. 소나무씨를 물기가 있는 채로 황토 속에 던져 100번 굴려서 흙이 섞여 두터워진 것이 매우 좋다. 개암나무 열매를 짚광주리 안에 보관하는 것과 같이 열매를 누르지 않게 하고 다시 물로 짚을 적셨다가 두텁게 덮는다. 그날의 날씨가 추우면 방에 두되 먼저 집 난간이나 계단위에 두고 빠르게는 4~5일, 늦게는 10여 일 정도면 각각 싹이 나니 이에 심되 한 움큼 이리저리 뿌리면 되고 괭이와 가래로 땅을 팔 필요 없다. 또 수고롭게 달구질로 흙을 덮을 필요 없다. 그해에 1척 8촌까지 자라고 9년이면 서까래의 재목으로 자랄 수 있다.『행포지』

【거두고 심기】

소나무씨는 바다 주변의 산에서 나는 소나무씨를 취하면 벌레 먹는 것을 피할 수 있다. 그 소나무씨가 맺혔으나 아직 떨어지지 않았을 때, 가지가 이어진 채로 베고 햇볕에 말려 거두어들인 다음 이듬해

— 닥나무

닥나무는 전통시대 종이 제조의 재료가 되는 것이다. 서유구는『반계수록』의 유형원이 우리나4 닥나무보다 일본 닥나무가 품질이 더 나아서 왜의 종이로 만든 책이 고귀하다는 언급을 인용하고 있다. 한때 우리나라 정부에서 일본 닥나무 종자를 구해 와서 널리 확산시키려 했다는 이야기도 전하고 있다. 닥나무는 삼씨와 함께 뿌려서 겨울에 얼지 않게 해야 한다고 하며, 3년 만에 수확을 할 수 있어서 그 수익이 매우 높다는 정보도 신고 있다. 구체적으로 30묘를 심어 매년 10묘씩 수확하면 해마다 일정한 수확량을 유지할 수 있다고 했다. 수익성에서도 심어진 나무 자체를 파는 것보다 껍질을 벗겨서 파는 것이 낫고, 더욱이 직접 최종 물품인 종이를 만들기까지 하여 팔면 수익이 극대화된다고 했다.『제민요술』에서 인용된 것이라 시대적으로 떨어져 있기는 하지만 이렇게 하여 벌어들이는 한 해 수입 곧 세수(歲收)가 비단 100필에 해당한다고 전했다.

닥나무(楮)[117]

【이름과 품종】

곡(穀)이라고도 한다. 음은 구(媾)이고, 또한 구(構)로도 된다.

『본초강목』저(楮)는 본래 저(檸)로 되어 있는데 껍질은 길쌈하여 모시를 만들 수 있기 때문이다. 초 땅 사람들은 젖을 곡(穀)이라고 부르는데 나무 속의 흰 즙이 젖과 같아서 이와 같이 이름 지은 것이다. 암컷과 수컷 두 종류가 있는데 수컷은 껍질이 얼룩덜룩하고 잎에는 갈라지는 부분이 없다. 쉽게 나고 잎에는 거칠거칠한 털이 많으며 껍질을 벗겨 찧고 삶아 종이를 만들며, 또한 실을 잣고 누이어 포를 만들기도 하는데 견고하지 않고 쉽게 썩는다.

【적당한 토양】

닥나무는 골짜기에 심어야 하며 땅은 지극히 좋아야 한다. 『제민요술』

【시기】

베는 법: 12월이 좋고, 4월은 그다음이다. [주: 이 두 달이 아닌데 베면 닥나무가 말라죽는 경우가 많다.] ○『제민요술』

【종자 고르기】

우리나라의 닥나무가 종이를 만들기에 괜찮지만, 무겁고 털보풀이 있는 점에서 가볍고 윤기 나며 결이 고운 일본 닥나무만 못하다. 인쇄된 서책 중 지금 혹 남겨져 전하는 것은 왜의 닥나무로 종이를 만든 것이 많다. 이런 것은 아주 귀한 것인데 지금은 점점 없어지게 되었다. 조정에서 일본에 사신 가서 그 종자를 구해 왔고 그것을 번식시키려 했다는 것을 들은 적이 있다. 지금 남방의 바닷가에 가끔 보이는데, 종자를 취하여 널리 심어야 한다. 『반계수록』

【심고 가꾸기】

땅을 보드랍게 갈고 2월에 누거(樓車)로 밭을 갈고 삼씨를 섞어 아무렇게나 씨를 뿌리고 써레질한다. 가을과 겨울에 삼을 베지 않고 남겨 닥나무를 위해 따뜻하게 해준다. [주: 삼씨를 섞어 심지 않으면 대부분 겨울에 얼어 죽는다.] 3년이면 베기에 적당하다. [주: 3년을 채우지 않은 것은 껍질이 얇아 쓸 수 없다.] ○『제민요술』

돌무더기 옆의 마른 흙에 눕혀서 심고 흙을 매우 두텁게 덮고 발로 밟아서는 안 된다. 돌로 누르면 쉽게 난다. 조금 자라기를 기다려 가지를 굽혀서 또 묻고 이어서 돌로 굽힌 곳을 누르면 곧 다른 뿌리가 난다. 뿌리가 착상된 지 여러 해 지난 후에 소가 끄는 쟁기로 뿌리 옆을 갈아주면 뿌리가 드러난 곳에서 곧 순이 난다.『산림경제보』

【손질하기】

매년 정월에 늘 불을 놓아 태운다. [주: 마른 잎이 땅에 있기 시작하면서부터 불로 태울 수 있다. 태우지 않으면 무성하지 않다.] 2월 중에 상태가 좋지 않은 뿌리를 베어낸다. [주: 베어낸 경우 땅이 익으면 닥나무의 가지와 잎이 무성해지니, 또한 윤택함을 남기는 것이다.] ○『제민요술』

매년 베어낸 후에 나무절구로 뿌리 끝부분을 쳐서 부수면 더욱 무성해진다.『산림경제보』

【쓰임】

(닥나무 심은) 땅을 떼어 파는 것은 수고로움은 덜하나 이익은 적다.

삶아 벗겨 껍질을 파는 것은 수고스럽지만 이익은 많다.

직접 종이를 만들어 팔면 이익이 더욱 많다.

30묘를 심었을 경우 해마다 10묘를 베면 3년에 한 번 돌아가게 되고, 세수는 비단 100필이다.『제민요술』

— 고구마와 감자[118]

고구마에 대한 풍석의 애착은 지대하다. 이규경은 고구마가 1764년 일본에서 들어왔다고 기록했는데, 바로 풍석이 태어난 해다.[119] 서광계의 고구마 예찬에서도 보이듯이 사람에게 매우 유용한 작물이어서, 조선에서도 고구마 재배에 애를 쓴 것은 분명한 사실이다. 김장순(金長淳, ?-?)의 『김씨감저보』, 강필리(姜必履, 1713년-?)의 『강씨감저보』라는 책이 나와 있던 것이 지금의 『증보산림경제』로 확인되는 사실이다. 이런 노력에도 불구하고 현실에서 고구마가 조선에 성공적으로 재배되지는 못하고 있었다. (고구마 위유사. 『정조실록』 1794년 가렴주구 이유) 풍석은 고구마를 구황작물로 특히 주목했다. 서광계 역시 고구마가 가장 훌륭한 구황작물이라고 했던 것이다.[120] 호남 관찰사로 재직하던 시절(1834년) 호남 지방의 기근으로 농민들이 농지를 등지면서 생긴 너른 황무지들을 보고 안타까운 마음에 같은 해에 고구마에 관한 모든 것을 모은 『종저보(種藷譜)』를 지었다.[121]

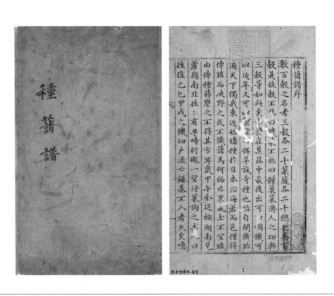

〈그림 3-39〉 『종저보』의 표지(왼쪽)와 『종저보』 서(오른쪽) (국립중앙도서관 소장)

「만학지」의 '고구마' 항목은 이『종저보』의 대부분이 들어 있으며 단일 품종으로 최대 분량이 수록되어 있다.

> 갑오년(1834) 나는 호남을 시찰하다가 노령 남북 지역에 있는 평야의 넓은 밭에 끝없이 이어진 황무지를 곳곳에서 보았다. 그 지역 사람에게 물어보니 "기사년(1809)과 갑술년(1814) 기근 때 농민이 떠나버려 이 땅에 농기구를 들이지 않은 지 오래되었습니다."라고 했다. 아! 하늘이 때를 주고 땅이 산물을 준 것은 모두 사람을 기르기 위함이다. 그러나 다만 사람의 기술이 미치지 못함으로 인해 하늘이 준 때를 버리고 땅이 준 생산물을 막는다고 하자. 그러면 공간적으로 토지를 헤아려 볼 때 잃어버린 땅이 몇 천만, 몇 억이 될지 모를 것이다. 또 시간적으로 한 해를 헤아려볼 때 좋은 운수라도 어떻게 그 운수를 다 이루겠는가.[122]

재배 기술이 제대로 갖춰지지 않아 이런 기근이 왔다고 판단한 풍석은 고구마를 수십, 수백 구덩이만 재배해도 흉년에 굶주리지는 않을 것이라고 했다. 오주 이규경은 자신의『오주연문장전산고』에서 서유구의『종저보』를 높이 평가하며 고구마 농사를 지으면 곡식의 절반을 대체할 수 있고 기근 걱정이 없어져 풍속이 순후해질 것이니 나라의 큰 복이라고 했다.[123] 여기서는 「만학지」에서 고구마의 명칭과 토양에 관해 한두 기사를 옮기면서 고구마의 재배 기술의 일단을 선뵈는 것으로 마무리하려 한다. 먼저 고구마의 명칭이다.

【명칭】
고구마는 왜인들이 '고고이문과(古古伊文瓜)'라고 부른다. 유구국에서는 '번가'라고 부른다. 대마도 사람들에게 들으니 처음에는 주애국(周厓國)에서 생산되었다고 한다. 민간에서는 고구마로 곡식을 대신하여 국경 밖으로 나가지 못하게 금하였다. 여사(呂私)국 사람 중에 장사하러 여기에 온 사람이 있었는데 몰래 한 줄기를 훔쳐 돌아가서 마침내 남국에 두루 퍼뜨렸으며 여사는 곧 일본의 속국이라고 한다. 『강씨감저보』

[안] 주애(周厓)는 아마도 주애(朱厓)가 잘못된 것 같다.

[안] 여사(呂私)는 곧 여송(呂宋)이라는 글자가 잘못된 것 같다.[124]

고구마가 남방에서부터 전해진 내력을 좀더 깊이 전해주고 있다. 본디 인용 문헌인 『강씨감저보』의 표기를 고쳐 바로잡고 있다. '여송'은 필리핀이고, '주애'는 월남 북부에서 중국 해남 지역을 말한다. 왜인들이 말한 '고고이문'이 현재의 고구마의 명칭과 관련이 있는지 호기심이 가는 부분이다.

【적당한 토양】

모래밭에 심어야 하고 매우 비옥하게 해야 한다. ○ 서광계『감저소』

"서유구 안. '래땅을 귀하게 여기는 것은 푸석푸석하여 뿌리를 뻗어 나가기 쉽기 때문이다. 그러나 흰 모래땅은 대체로 비옥하지 않다. 이것은 거름을 깔고 손질해야 한다. 만약에 거름이 적당하게 깔리면 또 세 번 밭 갈고 아홉 번 써레질하여 토맥(土脈)을 성글성글하게 해주면 굳은 것이 부드러워지는데 소위 강토가 연해진다는 것이다."

우리나라(중국) 동남쪽 바닷가의 높은 지대에는 당과 포가 곳곳에 많이 있는데, 조수에 의한 모래가 쌓여서 해마다 처준 흙이 양쪽 가에 쌓인다. 이러한 높은 곳은 이미 벼를 파종할 수가 없다. 목화를 심으면 오랜 가뭄에 벌레가 생긴다. 콩을 심으면 이익이 적고 쪽풀을 심으면 본전이 많이 든다. 오직 고구마를 심으면 새 땅이 모두 조수의 모래인 데다 흙 성질이 푸석푸석해서 일반적인 흙과 매우 달라 가장 적합하다. ○ 서광계 『감저소』

"서유구 안. 일반적으로 알이나 뿌리를 사용하는 채소와 덩굴열매는 모두 부드러운 모래진흙땅을 좋아하는데 뿌리가 뻗어나가기 쉽기 때문이다. 지금 사람들은 무를 심을 때 호수나 강가의 장마철에 쌓인 진흙밭을 귀하게 여긴다. 7월에 물이 물러가는 때를 기다려 무를 가꾸면 번성하고 잘 번식하니 다른 밭과는 매우 다르다. 내가 생각하건대 참마의 파종 역시 이런 땅을 써야 한다. 2, 3개월 앞서 가장 높이 올라간 땅을 골라 진흙을 돋우어 높은 두둑을 만든다. 장마 진 해에 물이 이른 곳에 견주어 1~2척 높게 두둑에 씨고구마를 심는다. 7월에 장마가 물러가면 또 덩굴을 잘라 낮은 땅에 넓게 꽂으면 배로 수확한다. 박제가의 『북학의』에서는 살곶이(箭串), 율도(栗島) 등지에서 참마를 많이 파종하는 것이 가능하다고 하니, 이와 같은 견해이다."[125]

고구마 바로 뒤에 감자 재배술에 대해서도 짧게 언급했다. 이때는 감자가 거의 도입 초기여서 이름을 소개하는 정도에 그쳤다. '북저'라고 이름 했다.

【북저(北藷)】 감자

근래에 관북으로부터 왔으며 잎은 무의 새로 난 잎과 비슷하지만 가는 가지와 싹은 무더기로 자란다. 길이가 몇 척이 되면 위는 무거워 땅으로 숙여진다. 6~7월에 꽃이 피고 열매를 맺는다. 꽃은 번초(番椒)의 꽃과 비슷하다. 열매는 연조(軟棗)의 열매와 비슷하다. 가지가 숙여져

땅에 거의 붙을 때 곧 흙을 쌓아 묻으면 마디마다 알이 생긴다. 알의
크기는 아이 주먹만 하다. 또 그 열매를 취하여 땅에 묻으면 또한 알을
이룬다. 9~10월에 파서 삶으면 모두 먹을 수 있다. 고구마에 비해 특히
쉽게 무성해진다. 민간에서 "삼복에 가지를 묻으면 알이 쉽게 난다."고
전한다.[126]

— 동아시아의 열매 찬가: 순무, 감, 고구마, 복분자

서유구는 역사적 인물들이 각각 어떤 식물(과실)에 대해 그 뛰어난 점을
상찬했던 전통을 살려 본인도 그 흐름에 동참했다. 실제로 제갈공명은 무
의 좋은 점 6가지를 들어 높였고, 단성식은 감의 뛰어난 일곱 가지 특징
을 7절로 이름 지어 찬양했고, 서광계는 고구마의 열세 가지 훌륭한 점
을 노래하며 릴레이를 이어갔다. 중국 인물들의 이러한 식물 상찬 전통
을 조선의 서유구는 조선에서 유명한 '복분자의 8가지 뛰어난 점' 곧 복
분팔기(覆盆八奇)로서 다시 받았다. 이들은 모두 먹을거리로뿐만 아니라
심미적 측면까지 아우르는 조예를 선보였으니, 한자문화권에서 단단하게
공유되고 전승되는 하나의 문화적 양태로 보기에 부족함이 없을 것이다.
각각의 내용을 순서대로 싣는다.

제갈량(諸葛亮, 181-234): 순무의 6가지 좋은 점[蔓菁有六利]

"유우석(劉禹錫)의 『가화록(嘉話錄)』에 '제갈량은 머무는 곳마다 병사
들에게 오직 순무를 심으라'고 했으니 그 이유는 다음과 같다."[127]

1. 막 싹이 돋은 것도 날것으로 먹을 수 있다

2. 잎이 자라나면 삶아 먹을 수 있다

3. 장기간 주둔 시 언제라도 잘 자란다

4. 버려도 아깝지 않다

5. 돌아왔을 때 찾아서 캐 먹기 쉽다

6. 겨울에도 뿌리를 먹을 수 있다

단성식(段成式, 803?~863): **감나무의 7가지 뛰어난 점**[柿有七絶]

1절. 장수하는 것[壽]

2절. 그늘이 많은 것[多陰]

3절. 새 둥지가 없는 것[無鳥巢]

4절. 벌레가 없는 것[無蟲]

5절. 단풍잎이 볼 만한 것[霜葉可玩]

6절. 열매가 좋은 것[佳實]

7절. 떨어진 잎이 기름지고 큰 것[落葉肥大][128]

서광계(徐光啟, 1562~1633): **고구마의 13가지 장점**[甘藷有十三勝]

옛사람들이 "무는 여섯 가지의 이로움이 있다."고 하고, 또 말하기를 "감에는 일곱 가지 뛰어난 점이 있다."고 한다. 나(서광계)는 고구마의 13가지 뛰어난 점으로 옛사람을 잇는다.

1. 한 묘의 땅에서 수십 섬을 거두어들임

2. 색은 희고 맛은 달아 땅에 심는 여러 종자 중에서 출중함

3. 사람들에게 유익함이 참마와 비슷함

4. 땅에 두루 퍼져서 나며 줄기를 잘라 종자로 삼고, 올해에 한 줄기를 심으면 다음 해에는 수백 묘에 심을 수 있음

5. 가지와 잎이 땅에 붙어 마디를 따라 뿌리가 되어 바람이나 비에 손상되지 않음

6. 쌀 대용으로 흉년에도 구완할 수 있음

7. 제기에 담아낼 수 있음

8. 술을 빚을 수 있음

9. 말려 보관하였다가 가루를 내어 떡을 만들면 엿이나 꿀보다 나음

10. 날것이나 삶아서나 모두 다 먹을 수 있음

11. 경작 면적은 적어도 이익이 많고, 물 대기도 쉬움

12. 잎이 매우 무성하여 잡초가 파고들 수 없어 농사일에 지장을 주지
    않음

13. 뿌리가 깊어 싹을 다 먹어도 또 생겨나고, 벌레도 적음[129]

서유구: 복분자의 8가지 신기한 점[覆盆八奇]

유우석(劉禹錫)은 "순무는 여섯 가지 이로움이 있다."고 하였고, 단성식
(段成式)은 "감에는 일곱 가지 뛰어난 점이 있다."고 하였으며, 서광계
(徐光啓)는 "감자에는 13가지 뛰어난 점이 있다."고 하였는데, 나도 복
분자에 대하여 또한 특별한 애호가 있어 '복분팔기'를 말한다.

1. 꽃이 희고 열매는 붉어 정원과 밭을 꾸밀 수 있음

2. 달고 시며 상큼하여 입을 즐겁게 하고 갈증을 풀어줌

3. 손님상에 올리면 찬란히 빛남

4. 햇볕에 말려 가루를 내어 미숫가루로 만들어 먹을 수 있음

5. 땅에 가득 자생하여 번거롭게 모종하고 가꿀 필요가 없음

6. 북쪽과 남쪽 땅 끝까지 곳곳에 자생함

7. 오월에 열매를 맺으니 열매 중에 가장 먼저 익음

8. 기운을 더하여주고 눈을 밝게 하며 오장을 조화롭게 하고 피부를
   윤기 나게 함[130]

― 조선의 유명한 과실

조선에서 나는 과일 중에 유독 중국 사람에게 좋은 품질을 인정받은 것

이 밤이다. 고려 때의 기록이긴 하지만 송나라 사신 서긍이 특기했을 만큼 돋보이는 정보다. 서유구 역시 놓치지 않고 우리나라 밤의 특징과 독특한 저장법을 함께 「만학지」에 수록했다.

> 고려율의 크기는 복숭아와 같고, 달고 좋아 아낄 만하다. 여름에도 또한 있다. 그 법을 물으면 이에 도기에 담은 채로 흙속에 묻는다. 그러므로 해가 지나도 손상되지 않는다. 『고려도경』[131]

조선의 수박에 대해 풍석은 당시 최고 품질의 수박이라 평가받았던 경기도 광주(廣州) 산의 재배법을 자세히 설명했다.

> 수박은 광주산을 가장 칭찬하는데 토지가 다르기 때문이 아니라 모종하고 가꾸는 것이 알맞은 방법을 얻었기 때문이다. 그 법은 덩굴이 수척 정도 자랐을 때 덩굴의 형세에 따라 흙을 갈아 도랑을 만들고 도랑 가운데 덩굴을 눕혀 거름과 재를 흙과 섞어 북돋운다. 단지 나머지 덩굴의 끝만 흙 밖으로 5촌 나오게 한다. 열매를 맺기를 기다려 처음 맺힌 열매를 제거하고 힘껏 덩굴 끝으로 솟아나온 것이 다시 씨를 맺으면 살찌고 크며 달게 된다. 『행포지』[132]

3절. 동물 분야

"군수, 흥취, 식화, 봉양의 4가지 쓰임새에 모두 필요한 것들이다"

목축과 사냥, 양어와 어로 분야 기술은 『임원경제지』 「전어지」에 잘 정리되어 있다. 농업과 목축은 전통적으로 매우 밀접하게 연결되어 있다. 농가에서 기르는 일뿐만 아니라 야생의 동물, 새, 물고기를 잡는 기술까지 함께 다루고 있는 점 정도가 현대의 우리와 조선의 서유구의 개념 정의 상의 차이로 보인다. 또한 여기서 다루는 동물은 모두 인간이 생명을 유지하기 위해 섭취해야 하는 먹을거리, 즉 고기로서나 일상용품을 만드는데 필요한 재료로서의 동물이다.

　가장 중요한 가축은 역시 말과 소다. 말은 전쟁 시 군수용으로서 더욱 중요하므로 명실상부 제1의 지위를 차지한다. 파발마(擺撥馬)와 같은 국가에서 필요로 하는 신속한 정보 전달과 명령 수행의 역할로도 중요하다. 또한 소는 농우(農牛)라고 표현하듯, 농사일에서 없어서는 안 될 동물이다. 밭갈이와 짐을 싣고 가는 용도, 때로는 가까운 거리를 타고 가기도 했다. 그 외의 동물들은 집을 지킨다든지, 시간을 알린다든지, 알을 얻는다든지 등의 부수적 용도를 빼면 모두 고기를 얻거나 팔아서 재화를 얻는데에 집중된다. 『임원경제지』는 재산을 불릴 수 있는 매우 요긴한 방법으로 동물을 길러 잘 번식시키고 새끼를 내다파는 일에 주목했다. 물고기를 기르는 것도 아주 권장할 만하다. 기르는 일 뿐만 아니라 바닷물고기가 계절에 따라 대량으로 이동할 때 큰 배와 그물로 수확하여 거금을 쌓는 사례도 알리고 있다. 조선에서 즐겨 사용한 매사냥 기술에 대해서도 정리했다.

1. 가축 기르기 일반

재산을 불리는 효과적인 방법으로 부자의 대명사 도주공(陶朱公)[133]의 말을 빌려 와서 가축 기르기의 효용을 가장 첫머리에서 두었다. "부유해지고 싶다면 다섯 종류의 가축(곧 소·말·돼지·양·나귀)을 길러라. 이것이 가장 빨리 부유해지는 방법이다."라는 것이다.[134] 가축을 기를 때는 타고난 성질과 능력을 헤아리고, 추위와 더위, 갈증과 배고픔을 잘 살펴 물과 먹이를 주어야 한다. 원래 천성에 맞게 해주어야 한다는 것이다(適其天性). 그런데 조선의 가축 기르는 법이 영 마뜩찮다. 서유구는 중국의 목축 기술을 따라잡지 못하고 낙후한 조선의 모습을 대비시키면서 기술 향상을 촉구하기도 한다. 박제가의 『북학의』에서 지적한 것을 옮겼다.

요동(遼東)과 요서(遼西) 2,000리 일대에는 가축이 우는 소리가 서로 들리고, 가축이 무리지어 다닌다. 조금 부유한 집에서는 기르는 가축의 종류가 10여 종에 이른다. 말·노새·나귀·소가 각각 10여 필(匹)이고, 돼지·양이 각각 수십 필이며, 개 몇 마리씩에 간혹 낙타도 1~2필 키우고, 닭·거위·오리는 각각 수십 마리이다. 그 가축 떼를 방목할 때면 거의 산을 뒤덮다시피 한다.

해가 질 때면 농부 한 사람이 들로 나가, 길이 잘 든 말을 좇아가 타고서 소리를 질러 한 번 부르고, 막대기를 잡아 휘두르면 말과 다른 가축은 모두 자기 집을 찾아서 들어간다. 가축 무리를 어지럽게 흐트러트리지도 않고 놀라서 달아나게 하지도 않으므로, 10여 세의 어린아이도 그 일을 충분히 할 수 있다.

양과 돼지를 모는 사람이 각각 수백 마리를 몰고 오다가 길에서 다른 무리와 마주치면 갑자기 가축이 뒤섞여서 다시 제어할 수 없는 경우도 있다. 그러나 휘파람을 한 번 불고 채찍을 치는 소리가 나면 동쪽으로 가던 가축은 동쪽으로, 서쪽으로 가던 가축은 서쪽으로, 가던 길을 따라서 간다. 이는 대개 가축을 모는 기술이 있어서이다.

조선 사람들은 이러한 기술은 전혀 궁리하지 않으면서, 음식은 반드시 쇠고기를 먹으려 하고, 말은 반드시 말몰이꾼에게 끌게 하며, 양은 집에서 가축으로 기르는 사람이 없다. 돼지 4~5마리를 몰고 가는 자는 돼지의 귀를 뚫어서 끌고 가면서도, 여전히 돼지가 달아날까 걱정한다.

사정이 이렇다 보니 짐승을 다루는 방법이 날이 갈수록 곤궁해진다. 짐승을 다루는 방법이 곤궁해지자 국가는 마침내 그로 인해 부강하지 못하게 된다. 그러나 그 이유는 다른 데 있지 않으니, 중국을 배우지 않은 잘못이다. 『북학의(北學議)』[135·136]

2. 말 기르기

말의 경우 국가적으로 중요한 동물이었던 만큼 말의 병 치료에 매우 많은 분량을 할애하고 있다. '군마를 튼튼하게 기르는 법', '코 째는 법', '군살 빼는 법', '피 빼는 법' 등이 올라 있다. 『백락상마경(伯樂相馬經)』[137]을 인용하여 말의 오장을 살피는 방법(相馬五藏法)을 실었다. 의학에서 사람의 오장의 상태가 외부의 오관의 창으로 그 좋고 나쁨이 드러나듯이, 말역시 몸의 오장의 상태를 살피는 방법과 또 좋은 말을 파악하는 여러 가지 방법이다.

말의 오장(五藏)을 살피는 방법:

간(肝)은 작아야 한다. 귀가 작으면 간이 작다. 간이 작은 말은 사람의 의중을 잘 알아차린다.

폐(肺)는 커야 한다. 코가 크면 폐가 크다. 폐가 크면 잘 달릴 수 있다.

심장은 커야 한다. 눈이 크면 심장이 크다. 심장이 크면 용맹스러워 놀라지 않는다.

눈이 원만하면 아침부터 저녁까지 힘차다.

콩팥[腎]은 작아야 한다.

장(腸)은 두텁고 길어야 한다. 장이 두터우면 뱃가죽 아래 부위가 넓고 반듯하며 평평하다.

지라[脾]는 작아야 한다. 허구리[臁][138]와 배가 작으면 지라도 작다. 지라가 작으면 기르기가 쉽다.

멀리서 바라보면 크게 보이지만, 가까이 가서 보면 작게 보이는 말은 근마(筋馬)이다. 반면에 멀리서 바라보면 작게 보이지만, 가까이 가서 보면 크게 보이는 말은 육마(肉馬)이다. 이 말들은 모두 먼 데까지 타고 갈 수 있다.[139]

말을 잘 기르는 방법으로 말이 오행의 화에 속하므로 그 천성에 따라 길러야 한다는 것, 습한 것을 싫어하고 건조하고 높은 장소를 좋아한다는 것, 물을 먹일 때는 항상 새로 길은 것을 먹여야 한다는 것, 물을 먹고 몇 리를 걷게 해야 한다는 것, 바람 부는 데 묶어두면 병이 난다는 것 등을 일관되게 서술하고 있다.

말은 오행 가운데 화(火)에 속하는 가축이다. 따라서 그 본성이 습한 기운을 싫어하고 높고 건조한 장소에 머물기를 좋아한다. 밤낮으로 잘 먹여야 하고, 2월[仲春]에 무리를 이루게 하는 이유는 대개 그 본성을 따르기 위함이다. 3월[季春]에 반드시 잘 먹여야 하는 이유는 말이 여월까 염려되기 때문이다.… 여름에는 아침부터 저녁까지 물을 3차례 먹여야 하지만, 가을과 겨울에는 1차례만 먹여도 좋다. 물을 먹일 때는 새로 길어 온 물을 먹여야 한다. 묵은 물을 먹이면 말을 병들게 한다. 겨울에는 물을 다 먹인 다음 또한 천천히 몇 리를 몰고 가야 한다. 안장을 벗기고는 말을 처마 아래에 두어서는 안 되니, 바람이 불면 병이 나기 때문이다.[140]

중국에서는 말을 먹일 때, 죽을 먹이지 않는다. 소금을 마른 곡식과 볶은 다음 짜게 먹여서 냉수를 마시게 한다. 소금을 가미하는 이유는 갈증이 나서 물을 마시게 하기 위함이다. 말이 물을 마시게 하려는 이유는 오줌을 잘 누게 하기 위함이다. 말이 오줌을 잘 누면 병에 걸리지 않기 때문이다.[141]

말이 오줌을 잘 누면 병에 걸리지 않는다. 그러려면 물을 잘 먹어야 하고, 물을 잘 먹게 하려면 죽은 피하며 약간의 소금을 넣고 볶은 곡식을 먹여야 한다. 이런 사육법은 말의 생리와 병에 대한 깊은 통찰이 들어 있다. 『북학의』에 들어 있는 이야기이지만 조선 사람들에게도 상당히 받아들여진 말 먹이기 방식이 아닌가 생각된다. 말이 화(火)의 기운을 가진 동물이고 괘상은 리괘(離卦, ☲)에 해당하며, 그래서 깨끗한 물을 잘 공급하여 몸을 순환하고 나오는 오줌이 원활하게 하는 것이 건강 유지의 핵심이라고 보는 것은 주역의 보편적 사유가 스며 있다. 『증보산림경제』를 인용한 기사에서는 조선의 말 먹이는 방식을 개선하기를 촉구한다. 들판을 달리는 말의 천성에 맞게 길러야 하는데 죽을 먹으며 몸집만 키우고 성질은 유약하게 되어버렸다는 것이다.

풀을 뜯고 물을 마심은 말의 본성이다. 옛날 중국의 말에게 풀과 물 이외에 주는 먹이는 곧 콩이나 곡식 4~5승이었다. 그런데 그 말이 살찌고 튼튼하여 꼴을 먹지 않고도 하루에 100리를 잘 달릴 수 있었던 이유는 올바른 방법으로 길렀기 때문이다. 그러나 조선에서는 그렇지 않다. 추운 때든 더운 때든 가리지 않고, 풀과 사료 외에도 아침저녁으로 죽을 먹인다. 그러면 말의 몸집은 비록 쉽게 커져도 근육이 튼실하지 않고, 말의 성질 또한 유약하게 변한다. 그 결과 30~40리를 달릴 때마다 곧바로 땀을 흘리고 숨을 헐떡이면서 배가 고파 쓰러지며, 잠깐 사이에 수척해지고 피곤해한다. 이는 참으로 올바른 방법으로 기르

지 않았기 때문이다.[142]

마지막으로 말에 나타나는 여러 가지 질병 치료 중 하나를 보고 말 기르기는 마무리한다. 말의 생식기가 축 처져 거두어지지 않는 묘한 질병이다. 이 병의 원인과 치료 원칙, 약 처방, 침 처방 그리고 조리하는 법까지 묶었다.

말의 생식기가 축 처져서 거두지 못하는 질환을 치료하는 처방

마경: 말의 생식기가 축 처져서 거두지 못하는 질환은 콩팥이 줄어든 증상이다. 야윈 말이 피로로 과도하게 상했을 때 빈속에 탁한 물을 지나치게 잘못 먹음으로 인해 그 물이 한곳에 머물러 서서 흩어지지 않고, 신경(腎經)에 흘러들어 배꼽 아래에 스며듦으로써 수구(袖口)[143]에 쌓이고 응결되어 종기가 된다.

그렇게 되면 요심(尿膁, 생식기)이 오그라들지 않아 축 처져서 거두기

〈그림 3-40〉 요심난축(尿膁難縮, 말의 생식기가 오그라들지 않는 질환) (『마경대전』)

어렵고, 꼴을 적게 먹고 허구리가 늘어지고 사타구니가 끌리며 허리가 땅기게 된다.

파고지·육두구·회향·후박·청피·진피·호로파·천련자·파극을 함께 가루 낸 뒤, 1냥씩 물 1종지[鍾]와 함께 3번 끓어오르도록 달인 다음 동변을 0.5잔 넣고 꿀을 먹이지 않은 상태에서 따뜻한 채로 입에 흘려 넣는다.

허리 위쪽 칠혈(七穴)에 불침을 놓는다.

사료와 꿀을 늘려주고, 달리기를 줄이고, 밤에 따뜻한 마구간에 묶어 두고, 마른 말똥을 땅에 깔아주어 눕게 한다. 빈속에 물을 먹이지 말고, 축축한 땅에 매어 거기서 자게 해서는 안 된다.[144]

3. 소 기르기

소는 농우(農牛)라는 말처럼 농사일에 가장 큰 역할을 하는 가축이다. 먼저 소를 부르는 명칭에 대해서 "새끼는 '독(犢)'이라 하고, 태어난 지 2년 된 소를 '패(牬)'라 하고, 3년 된 소를 '삼(犙)'이라 하고, 4년 된 소를 '사(牭)'라 하고, 5년 된 소를 '개(𤚩)'라 하고, 6년 된 소를 '비(犕)'라 한다."고 하여 농경사회에서의 소의 다양한 구분법과 쓰임새를 반영했다. 소를 잘 기르는 법으로 제때에 잘 먹이고 추위와 더위를 잘 막아주도록 했는데, 특이한 것은 소를 자주 목욕시키는 것이 소의 건강에 좋다고 한다. 늘 목욕시키고 솔질해주는 중국의 예를 들면서 종신토록 한 번도 씻겨주지 않는 조선의 풍속을 질타하기도 했다.

소는 귀가 먹어서 코로 소리를 듣는다거나, 눈동자는 세로로 곧추서 있고 가로로 펴 있지 않다는 말도 흥미롭다. 말에서도 같은 논리가 등장했지만, 소는 토(土) 기운에 속하고, 괘(卦)로는 곤(坤)괘에 속한다고 했다. 토(土) 기운은 느릿하고 온화하여 그 성질이 순한 성질을 상징한다. 말과 소를 비교한 대목을 옮긴다.

건양(乾陽, 하늘의 양기)은 말이고, 곤음(坤陰, 땅의 음기)은 소이다. 그러
므로 말의 발굽은 둥글고, 소의 발굽은 갈라져 있다. 말이 병들면 드
러눕는 이유는 음(陰)이 승하기 때문이다. 소가 병들면 서는 이유는 양
(陽)이 승하기 때문이다. 말은 일어날 때 앞발을 먼저 쓰고, 누울 때 뒷
발을 먼저 쓰는 이유는 양을 따르기 때문이다. 소는 일어날 때 뒷발
을 먼저 쓰고, 누울 때 앞발을 먼저 쓰는 이유는 음을 따르기 때문이
다."145

소를 기르는 것을 마치 집 식구를 기르는 것처럼 해야 한다고 했다. 추
울 때 담요를 덮어주고 힘들 때 좋은 먹이를 줘야 하는 것은 소가 사람
의 의식(衣食)의 근본이 되기 때문이라고 했다. 먹이가 충분하고 따뜻하게
지낼 수 있어야 질병도 없고 건강해지며, 그런 소가 있어야 논밭을 갈아
서 사람의 의식(衣食)이 풍족해진다는 논리다. 소에게 충분한 먹이와 담요
를 제공하는 것이 아깝지 않다는 말이다.

옛날 사람들은 누운 소에게 쇠덕석[牛衣]을 덮어주고 아침을 기다렸으
니, 추울 때는 소에게 쇠덕석이 있어야 한다. 소를 먹여야 살지게 되니,
수척해지면 대개 콩과 조를 먹여야 한다. 털 담요로 덮어주고, 콩과 조
를 먹이는 옛사람들은 왜 이다지 소를 중시했는가? 이 가축이 의식(衣
食)의 근본이 되기 때문이다. 볏짚만으로는 굶주림을 채우기에 부족하
고, 물만으로는 목마름을 해소하기에 부족하다. 또 날씨가 추울 때에
는 얼어서 덜덜 떨고, 날씨가 더울 때에는 뙤약볕을 맞는다. 이로 인하
여 수척하고 약해져 전염병이나 풍토병에 걸려 쓰러지는 지경에 이른

다면, 논밭 관리가 제대로 안 되는 것은 이상할 것이 없다.[146]

소를 잘 먹이고 추위를 막을 담요를 덮어주는 것은 아마도 조선에서도 비교적 잘 행해진 것 같다. 조선의 민간에서는 늘 쇠죽을 끓여서 먹이는데 이것은 좋은 방법으로 인정한다. 조선의 『증보산림경제』의 내용이다. 앞서 말을 키울 때 죽을 주면 좋지 않다고 한 것과는 대조적이다. 쇠죽은 소에게 이롭다. 천성에 맞게 길러야 한다는 주장이다. 추가로 소를 방목한 상태에서 새벽이슬을 먹는 것은 병을 일으킬지 모르므로 금해야 한다고 했다.

소를 먹이는 민간의 방법

겨울에 매일 콩깍지 3~4두, 메주콩 몇 승을 솥 안에다 푹 삶아서 잘게 썬 볏짚과 꿀과 섞어서 뜨거울 때 아침저녁으로 배불리 먹인다. 밤에도 자주 꿀을 주어 소가 충분히 살지고 건장해진 뒤에야 비로소 봄에 밭을 갈 수 있다. 소는 방목했다가 새벽이슬이 내린 풀 먹이는 일을 금해야 한다. 이를 먹으면 반드시 병이 생긴다. 『증보산림경제』[147]

다만 목욕의 경우는 중국과 비교된다고 박제가의 입을 빌어 변화를 종용했다.

소는 자주 목욕시켜야 함

중국의 소는 늘 목욕을 시키고 털에 솔질을 한다. 당나라 시(詩)에 "향유(香油) 바른 수레는 날렵하고 금빛 송아지는 살쪄 있구나."[148]라 한 말도 소의 털빛이 윤기 나는 모습을 말한 노래이다. 하지만 우리나라의 소는 평생 씻기지 않아 몸에 똥과 때가 말라 비틀어져 있다. 소가 비쩍 마르고 개선(疥癬, 옴과 버짐) 따위가 생기는 일은 대부분 여기에서 연유한다. 3~5일에 한 번은 목욕을 시켜주어야 한다.[149]

과연 현실적으로 3~5일에 목욕을 시키는 것이 가능할지에 대해서는 의아한 부분이 없지 않다. 그러나 병에 대한 걱정은 분명한 사실인 것 같다. 소의 병 치료에 대해서는 전염병, 열병, 헛배부름증, 발굽갈라짐증, 요혈증(尿血證), 기침, 수척증 등 총 28종의 처방을 소개한다. 특이한 것은 소의 전염병에 파초뿌리의 즙을 입으로 흘려 넣으면 심한 병증이라도 반드시 낫는다고 했다. 파초가 관상용이 아니라 치료용으로도, 더구나 소의 전염병 치료에 요긴하게 쓰이고 있다. 풍석의 파초에 대한 애착은 좀 특별한 데가 있다.

파초뿌리즙 1주발을 입에 흘려 넣는다. 3일 동안 계속하면 비록 독역(毒疫, 홍역)이라도 반드시 낫는다.[150]

4. 그 외의 동물

— 노새와 당나귀

당나귀는 연자방아 굴리기, 물긷기, 수레끌기, 밭갈이 등 하지 않는 일이 없는데, 조선에서는 당나귀를 일상에서 이용할 도구가 없음을 한탄하기도 했다. 노새와 당나귀는 그 이름부터 정리하는 것이 필요하다. 이세진의 『본초강목』을 인용하면서 잡종의 여러 이름을 분명하게 밝혀두었다.

노새[騾, 라]는 당나귀(驢, 려)보다 크고 말보다 튼튼하다. 그 힘은 허리에 있다. 그 뒤쪽에 쇄골(鎖骨, 빗장뼈)이 있는데, 쇄골이 벌어지지 않아 새끼를 치지 못한다. 잡종의 종류는 다음과 같이 5가지이다. 수탕나귀가 암말과 교배하여 태어나면 노새이다. 수말이 암탕나귀와 교배하여 태어나면 버새[駃騠]이다. 수탕나귀가 암소와 교배하여 태어나면 탁맥(馲駝)이다. 수소가 암탕나귀와 교배하여 태어나면 적총(驒騱)이다. 수소가 암말과 교배하여 태어나면 거허(駏驉)이다. 지금 민간에서는 이를 통틀어 노새라 부른다.[151]

당나귀를 이용하는 방법으로 박제가의 『북학의』의 내용을 인용한 것은 흥미롭다. 연자방아 돌리는 당나귀에 눈가리개를 해야 종일 일을 해도 어지럽거나 지루하지 않다고 한다. 물고기 키울 때도 같은 원리를 적용한다고 했다.

연자방아를 돌리는 당나귀는 가죽 조각으로 두 눈을 가린다. 빙글빙글 돌며 연자방아를 돌리면서도 그 사실을 알지 못하게 하려고 해서이다. 당나귀가 그것을 알면 어지럽기 때문이다. 이는 마치 물고기를 기를 때 반드시 섬을 만들어주어, 물고기가 섬 둘레를 빙빙 돌며 헤엄쳐 다니면서도 스스로는 하루에 천 리를 노닌다고 여기게 만드는 일과 같다.[152]

— 돼지

돼지 사육의 주된 목적은 식용이다. 따라서 돼지 사육은 어떻게 하면 살이 잘 찌게 할까에 초점이 맞춰져 있다. 생후 3일 만에 꼬리를 자르고, 60일 뒤에는 거세해야 한다. 꼬리를 자르지 않으면 몸 뒤쪽이 작고, 거세하지 않으면 뼈가 굵고 살이 적어지기 때문이다. 또 돼지가 쉽게 살찌게 하는 법을 설명했는데 주로 활동을 적게 하거나 특별식을 주는 방법들이다.

돼지가 많으면, 모두 수용할 수 있도록 큰 우리를 1개 만들고 이를 다시 작게 나누어 작은 우리를 만든다. 작은 우리마다 돼지 1마리만 수용하여 돼지가 소란스레 이리저리 돌아다니지 못하게 하면 잘 자란다.[153]

돼지 살찌게 하는 법: 관중 3근, 창출 4냥, 메주콩 1두, 참깨 1승. 이상의 약미들을 각각 푹 볶아서 함께 가루 낸 뒤 먹인다. 12일이면 살이 찐다.[154]

동아 1개를 오동나무잎과 섞어서 돼지에게 먹이면 겨울 한철 동안 다시 여러 음식물을 먹일 필요가 없으며, 자연스레 배고프지 않으면서, 3~4배 자란다.[155]

비름[莧菜]을 익도록 삶아 삶은 물과 함께 먹인다. 끓인 물과 맹물에 흙을 섞어 먹인다.[156]

'땅광에서 기르는 법'은 큰 땅광을 파고 그 위에 먹이를 주는 창고를 만드는 구조다. 땅광 안의 시설을 만드는 법과 먹이 주는 법까지 설명하는데, 암수를 분리시켜 시간차를 두고 먹이를 줌으로써 식욕을 돋우면 쉽게 살찌게 한다고 소개했다. 그런데 이보다 앞서 『증보산림경제』에서는 중국 상선이 표류하여 조선에 닿은 경우에 배 안에서 돼지를 키운 이야기를 적고 있다. 한계상황에 닥친 때에 좁은 공간에 맞추어 돼지를 사육한 기술이 땅광을 만드는 기술과도 연계가 있는 듯하여 먼저 제시한다.

예전에 표류하여 조선에 온 중국 상선(商船)이 있었다. 그 배 안에서는 돼지를 길렀다.

기르는 법은 다음과 같다. 넓은 나무널빤지에 구멍 4개를 뚫고 돼지의 다리 4개를 그 구멍에 끼워 돼지가 이리저리 움직이지 못하게 하여 돼지를 공중에 매단다. 하루에 3번 죽과 사료를 먹이고 돼지의 똥과 오줌은 마음대로 싸도록 내버려 둔다. 이와 같이 1개월 남짓 기르면 살찌고 커지는 것이 방목한 돼지보다 낫다.『증보산림경제』[157]

땅광: 땅을 파서 큰 구덩이를 만든다. 깊이는 수 인(仞, 7척)이고, 세로는 가로의 배이며, 가로는 세로의 절반이다. 위에는 초창(草廠, 풀로 지붕을 얹은 우리)을 설치하여 비와 눈을 막는다. 초창 동서의 양쪽 끝에 모두 문짝을 설치하여 여닫을 수 있게 한다. 다만 문짝은 벽에 의지하여 달고, 흙 계단을 설치하여 돼지를 기르는 사람이 출입하기 편하게 한다. (후략)[158]

─ 개와 고양이

서유구가 말하는 '개'의 용도는 3가지다. 사냥[田犬], 집 지키기[吠犬], 식용[食犬]. 개를 사랑하는 이들에게는 아쉽겠지만 동아시아에서 개를 사육하는 용도 중 애완용은 들어가지 않는다. 개 고르는 법에서 개가 집안의 흥망과 긴밀한 관련이 있다는 전제로 접근하는 태도가 흥미롭다. "검은 머리 개를 기르면 재물을 얻는다."거나 "앞 두 다리가 흰 개는 자손이 많게 한다."거나 "푸른 점박이는 도둑을 알아채어 짖는다."는 식이다. 그만큼 인간과의 물리적 친밀도가 높은 가축이었음을 확인할 수 있는 대목이다. 개를 기를 때는 과식하지 않게 하고 아기의 똥을 계속 먹이도록 했다. 개는 추위를 싫어하기 때문에 꼬리를 자르면 꼬리로 코를 덮고 잘 수 없어 밤새도록 집을 지킬 수 있다고 한다. 집 안에 들어오거나, 집에서 대소변을 누거나, 부엌의 음식에 입을 대거나 하는 짓을 못하게 엄격하게 길들이도록 하였다. 애완견에 익숙한 오늘날의 관점과는 사뭇 다르다. 개가 심하게 맞아서 죽을 지경일 때는 좋은 황토를 몸에 두르고 멍석으로 덮어주면 한나절이면 살아난다는 믿기지 않는 치료법도 있다. 비쩍 마른 개에게 드렁허리(뱀장어와 비슷하게 생긴 민물고기)를 대나무통에 넣어 먹이면 금방 살찐단다. '고양이'의 거의 절대적 용도는 쥐 잡이다. 고르는 법은 이와 관련이 있다. 고양이를 집으로 데리고 올 때나 버릴 때는 푸대자루에 넣어보지 못하게 하는 민간의 풍속을 소개했다. 배 속에서 새끼가 죽었을 때 박초(朴硝) 끓인 물을 넣어주면 곧 나온다며 참으로 기이한 방법이라 평가하기도 했다.[159]

— 닭과 오리 기르기

'닭' 기르는 법에서는 '닭장 만들기', '병아리 키우기', '빨리 살찌게 기르는 법', '무정란 얻는 법', '닭 양생법' 등의 내용을 담고 있다. 닭장은 울타리를 만들고 횃대에서 잘 수 있도록 설치한다. 닭장의 규모와 구조가 잘 설명되었다. 닭장은 서쪽 바람이 잘 들어야 한다고 하고 옻나무로 횃대를 만들면 전염병을 막을 수 있다는 풍석의 설명도 있다. 특히 닭 사료 중에서 차조 죽이나 쌀겨에 구더기가 생기게 놔두었다가 이를 사료로 이용하는 법은 『가정법』·『거가필용』·『농정전서』·『산림경제보』에 공통으로 나온 것으로 권장할 만하다.[160] 또 밀을 쪄서 먹이거나 꼬리털을 빼주면 살이 쉽게 찌고 사료에 참깨를 섞어주면 암탉이 알을 품지 않게 된다는 등의 기술도 전한다.

오리는 알 잘 낳고 새끼 잘 기르는 종자를 고르는 일이 긴요하다고 하면서, 가둬서 먹이 잘 주어 쉽게 살찌게 하는 법과 무정란 많이 얻는 법을 알려주었다.

5. 벌 키우기(양봉)

벌을 키우는 일 역시 벌의 습성을 파악하여 주의할 정보를 모아둔 것이 주목된다. '여왕벌 나누는 법', '벌떼 맞이하는 법', '벌통 설치하는 법', '꿀 따는 법' 등은 양봉만의 특성을 보여주는 좋은 표제어다. 여왕벌에 대한 설명을 보자.

> 여왕벌은 독이 없다. 벌집을 처음 지을 때 반드시 대(臺)를 하나 만든
> 다. 크기가 복숭아나 자두만 하다. 여왕벌은 대(臺) 위에 살면서 그 속
> 에 알을 낳는다.
> 여왕벌의 새끼벌은 모두 다시 여왕벌이 되어 해마다 그 종족을 갈라
> 떠난다. 갈라져 나온 벌들은 부채처럼 펼치거나 오지병처럼 둥글게 떼
> 를 지어 여왕벌을 옹호하며 떠난다. 여왕벌이 있는 곳에서 벌은 감히
> 침을 쏘지 못한다. 만약 여왕벌을 잃으면 뭇 벌들은 질서가 무너져 죽
> 는다.[161]

벌을 키울 때 조심할 것이 많은데, 지나가는 벌떼를 원하는 곳에 모여
들게 하고, 벌통을 만들어 설치하고, 여러 벌레들의 피해가 없도록 대비
하고, 겨울을 잘 날 수 있게 벌통을 수리해주거나 먹이를 충분하게 주고,
여왕벌을 양봉 규모에 맞게 나누는 등의 여러 과정을 마쳐야 좋은 꿀을
얻을 수 있다. 풍석 자신의 『난호어목지』에 나온 이야기를 일부 옮긴다.

> 벌을 기르는 곳은 앞산이 높고 험준한 지형이 알맞다. 벌이 바람에 멀
> 리 날아가지 않기 때문이다. 서북쪽이 막혀 있는 지형이 알맞다. 벌은
> 마른 서북풍을 꺼리기 때문이다. 계곡이나 시내가 멀지 않은 지형이
> 알맞다. 벌이 목마를 때 쉽게 물을 마실 수 있기 때문이다.
> 또 질동이에 사람이나 가축의 오줌을 저장하여 벌집 근처에 두면 좋
> 다. 벌이 이것을 먹고 꿀로 만들기 때문이다. 사방이 산과 언덕으로 둘
> 러쳐진 곳에 메밀을 넓게 재배해야 알맞다. 대개 6~7월 사이에 온갖
> 꽃이 모두 시들어도 메밀꽃만은 한창이기 때문이다.[162]

6. 물고기 기르기(양어)

풍석은 물고기 기르는 것이 생계를 꾸리는 가장 좋은 법이라고 하면서, 가축과 마찬가지로 『도주공양어경(陶朱公養魚經)』의 말을 싣고 있다. 구체적 수치를 제시했는데 암잉어 20마리, 수잉어 4마리가 1년 후에는 1척짜리 1만5천 마리, 2척짜리 1만 마리, 3척짜리 4만5천 마리가 되어 125만 전을 벌 수 있고, 그 뒤 1년 후에는 515만 전을 벌 수 있다는 것이다. 앞부분만 인용해본다.

생계를 꾸려나가는 법은 5가지 있는데, 물고기 기르기가 그 첫 번째이다. 물고기 기르기란 이른바 어지(魚池, 연못 물고기 기르기)이다. 6묘의 땅에 연못을 만들고, 연못 가운데에 9개의 섬을 만든다. 여기에 노랑어리연꽃[莕荇] 같은 수초를 많이 기른다.
길이가 3척 되는 알 밴 암잉어 20마리, 길이가 3척 되는 수잉어 4마리로 시작한다.[163]

바로 다음에 이런 방법을 쓰면 금방 부자가 된다는 『왕정농서』의 이야기가 이어진다.

사는 곳 가까이 몇 묘(畝) 넓이의 호수에 도주공(陶朱公)의 방법대로 물고기를 기른다면 금방 부자가 될 수 있을 것이니, 이는 필연적인 효과이다.[164]

연못을 조성하는 방법도 꼼꼼하게 설명했다. 너무 깊게 파면 안 되고, 오물이 들어가게 해서도 안 되며, 섬을 만들거나 파초를 심어두면 좋고 멀구슬나무나 포도나무를 심으면 자연스럽게 그 과실이 물고기의 먹이가 될 수 있다고 한다. 연꽃을 심으면 수달을 막을 수 있다. 연못 주위에 꿩 고기를 매달아두어 천적인 수달을 막는 방법도 있다. 그 외에 계란의 속 내용물을 빼고 대신 물고기 알을 넣어 암탉의 품속에서 부화시키는 방법은 기발하다.

물고기 기르는 법: 일반적으로 연못을 파서 물고기를 기를 때에는 반드시 2개의 연못을 만들어야 한다. 여기에는 다음의 3가지 좋은 점이 있다. 물을 저장할 수 있고, 물고기를 팔 때 큰 놈은 팔고 작은 놈은 남길 수 있으며, 물고기가 물 위로 떠오르는 문제를 해결할 수 있다(한 연못에 물고기가 떠오르면 다른 연못에 넣을 수 있다).

연못에 삼[麻]을 담그면 안 된다. 1일만 지나도 물고기가 물 위로 떠오르기 때문이다. 물고기가 집비둘기의 똥을 먹으면 물 위로 떠오른다. 이때는 변소의 인분을 넣어 해독시킨다. 물고기 스스로 배설한 똥이 많아져서 계속 그 똥을 먹으면 물 위로 떠오른다. 이때 역시 변소의 인분을 넣어 해독시킨다.

연못을 너무 깊게 파서는 안 된다. 연못이 깊으면 물이 차가워서 물고기가 자라기 어렵다. 물고기가 계란이나 오리알의 노른자를 먹으면 중한(中寒)[165]에 걸려 알을 배지 못한다. 그러므로 노른자를 먹여 기른 치어는 모두 알을 배지 못한다.

물고기가 물속을 헤엄쳐 돌아다닐 때는 밤낮으로 쉬지 않는다. 연못에 모래톱과 섬을 둘러 만들어주면 쉽게 자란다. 연못가에 파초를 심으면 이슬방울이 떨어지기 때문에 물고기가 물 위로 떠오르는 문제를 해결할 수 있다.

멀구슬나무를 심으면 열매가 연못 속으로 떨어져 물고기를 배불리 먹일 수 있다. 포도를 심고 연못 위에 받침대를 설치하면 새똥이 연못에 떨어지는 피해를 막을 수 있다. 연꽃을 연못 둘레에 심으면 수달의 피해를 막을 수 있다. 『농포사서』[166]

물고기알을 가져다 계단(鷄蛋)에서【계란】노른자와 흰자를 제거한 뒤, 물고기알을 계란껍질 안에 집어넣어 닭이 21일 동안 품게 한다. 이후 꺼내어 그늘에서 말리고 물속에 풀어놓으면 물고기가 된다.[167]

물고기의 종류에 따라 가물치나 메기의 경우에 조심할 것, 물풀이나 개구리밥이 너무 빽빽할 때의 문제점을 지적하며 해결책을 제시했다.

물고기를 먹여 기를 때 수초를 어지럽게 두어서는 안 된다. 흑어(黑魚)나 점어(鮎魚) 등의 알이 수초 위에 있을까 걱정되기 때문으로, 이놈들은 물고기를 잡아먹을 수 있다. 흑어는 가물치[鱧魚]이다. 밤에는 대가리를 쳐들고 북두칠성을 향한다. 점어는 제어(鯷魚), 즉 메기[鯤魚]이다. 머리는 크고 입은 네모나다. 등은 청흑색이며 비늘은 없다. 몸통에 점액이 많다.
연못 속에 소금물이나 석회를 넣으면 안 된다. 물고기를 물 위로 떠오르게 할 수 있기 때문이다. 일반적으로 연못의 개구리밥[蘋]이 번식할 때는 하룻밤에 7개의 줄기가 생겨 퍼져나간다. 그러므로 개구리밥이 너무 빽빽해지면 물고기가 모두 답답하여 죽는다. 반드시 절반쯤 제거해야 좋다. 『농포사서(農圃四書)』[168]

혹 물고기가 배를 뒤집는 등 이상 현상을 보일 경우 바로 취할 수 있는 조치도 있다. 파초가 포함되어 있는 것이 해독의 효과를 보인다.

일반적으로 물고기가 중독되어 배를 뒤집으면 급히 독물[毒水]을 배수시켜 제거하고 따로 새 물을 끌어다가 연못에 들인다. 파초잎을 많이 따다가 짓찧어서 새 물이 흘러들어오는 곳에 놓아두어 물고기가 들이마시게 하면 해독된다. 혹은 오줌을 연못 표면에 뿌려도 좋다.[169]

물고기 기르는 일은 운치를 돋우기 위한 방법으로 나온다. 「이운지」에 물이 빠져나가지 않게 하는 방법으로 아예 큰 항아리 수십 개를 땅에 묻고 거기에 고기를 담고 수초를 위에 얹어 인공적인 연못을 조성하는 법도 이와 연계된다.

7. 고기잡이와 낚시

「전어지」에서 큰 부분을 차지하는 것이 고기잡이와 낚시[漁釣] 분야다. 본인이 저술한 『난호어목지』의 내용이 대부분이기도 하여 풍석이 실제 고기잡이를 한 경험이 바탕이 되었다고 생각된다. 여러 가지 그물과 낚시 도구로 숭어·준치·청어 등 여러 물고기를 잡는 방법도 아주 생생하다.[170] 여기서는 가물치와 뱅어를 골라 간단히 설명한다.

가물치는 여러 가지로 특별한 모양새다. 무늬가 북두칠성을 닮았고, 예를 차리는 짐승이요, 육지와 물에 모두 살 수 있다고 하고, 그 쓸개의 맛이 달다고 한다. 이런 생물이 인간에게 어떤 효용을 가질 수 있을까? 「인제지」의 약재 효능 정보와 「전어지」의 명칭 생태 정보의 상호 참조(Cross reference) 형식이 효과적으로 구현된 곳이다.

— 가물치

『난호어목지』예(鱧)는 두 아가미 뒤에 모두 일곱 개의 반점이 있는데 북두칠성을 닮았다. 밤에 반드시 고개를 들어 북극성을 향하는데, 이러한 본능적인 예의가 있는 까닭에 글자에 예(禮)가 들어 있다. 어떤 이는 말하기를, "다른 물고기들은 모두 쓸개가 쓰지만 오직 가물치만은 쓸개가 단술처럼 단 까닭에 글자에 예(醴, 단술)가 들어 있다."라고 하였다. 그 색깔이 검은 까닭에 또 현례(玄鱧=가물치), 오례(烏鱧)라는 이름도 있다. 몸에 꽃무늬가 있으므로 문어(文魚)라고 한다. 뱀과 교접하기를 좋아하므로 향기와 맛이 비리고 나빠서 주방의 요리로 쓰는 경우는 드물다. 다만 치질을 치료하고 벌레를 죽이는 효과가 있어 어부가 이 고기를 잡으면 다른 고기보다 값을 2배는 더 받을 수 있다. 그러나 7개의 별 무늬가 분명해야 상품에 들고 그 별이 5개, 혹은 6개인 것은 약효가 아주 떨어진다."고 하였다. 곳곳에서 나는데 압록강 상하류에 가장 많다. 예로부터 이 물고기를 '북방어(北方魚)'라고 불렀는데, 단지 성질이 차고 색깔이 검다는 사실 때문만은 아닌 것이다.[171]

이에 대해 의학 분야 「인제지」의 '예어(鱧魚, 가물티)' 항목에서 서유구는 참조할 만한 요긴한 정보를 묶어 서술했다. 가물치 쓸개의 용도는 「인제지」 본문의 각 병문(후비, 치질, 두창)에서 상술했지만, 가물치의 쓸개가 단맛이 난다는 것 등을 특별하게 여겨 별도로 다룬 것이다.

> [안] 여러 본초서에서 고기는 맛이 달고 성질은 차며 독이 없다고 하였다.
> 5치를 치료한다. 습비·부종·대소변불통·임신중부종을 치료한다. 창자와
> 간은 치루와 창(瘡) 속에 벌레가 생긴 것을 치료한다. 쓸개는 맛이 달고
> 성질이 평하다. 목 안이 붓고 막혀[喉痺] 죽을 것 같은 것을 치료한다.[172]

먼저 가물치 쓸개는 급성으로 목이 부어 숨이 쉬기 어려울 후비증의 경우 한 방울 떨어뜨려주면 바로 낫는다고 했다. 또 어린아이의 천연두, 두창

〈그림 3-41〉 가물치 (출처: shutterstock.com)

을 예방하는 데에 가물치 두세 마리를 고아 온몸에 씻겨주면 상당 부분 효과를 본다는 정보가 수록되었다. 믿기 어려우면 일부를 바르지 말고 놔 둬보라고 했다. 그곳이 더 심하게 창이 돋아난 것을 볼 수 있다면서.

후비(喉痺)

후비증으로 곧 죽을 듯한 경우. 가물치 쓸개를 조금씩 떨어뜨려주면 바로 낫는다. 병이 심한 경우는 물에 타서 떠먹인다.[173]

치루(痔漏)

가물치 내장을 5미(五味)로 양념하고 향이 날 때까지 구워서 치루에 붙이는데, 벌레가 모두 나올 때까지 한다.[174]

두창(痘瘡)

가물치 달인 물로 아이를 목욕시켜 두창이 걸리지 않게 하는 법. 섣달 그믐 해질녘에 가물치(큰 것은 한 마리, 작은 것은 2~3마리)를 끓여서 그 물로 아이의 온몸과 7규(七竅)를 빈틈없이 씻어주는데 비린 냄새를 싫 어한다고 해서 맑은 물로 씻어내지 말아야 한다. 만약 믿지 못하겠으면, 한쪽 손이나 발을 씻지 않고 남겨놓아보라. 두창이 돋을 때 씻지 않은 부위에 더욱 많이 돋아나는 것을 볼 수 있으니, 어떤 이인(異人)이 전해준 처방이다.[175]

서유구가 직접 물고기를 잡아서 서울의 지인들에게 선물로 나누어준 사례가 보인다. 서유구와 비슷한 연배로서 어릴 적부터 벗으로 지냈고 나중에 정승에 올랐던 두실 심상규(斗室 沈象奎, 1766-1838)에게 보낸 시다. 서유구는 고기를 길렀나에 대한 하나의 실마리가 되는 에피소드일 것이다.

난고 서상서(준평)가 뱅어를 보내오다. 전에도 여러 번 받았다.

누가 긴 칼로 생선 가르는 일을 가련히 여기는가?
난호(蘭湖) 쪽 서 판서께 다시 한번 감사하네.
눈 조각 광주리에 가득하니 보는 눈이 시원하고
얼음 줄기 한 점 집어 입에 넣자마자 스르르 녹아드네.
이 늙은 몸이 어디 가서 천근육을 얻을꼬?
2촌 크기 뼈 없는 고기가 참으로 달고나.
시정배들은 물건 볼 줄을 모르나니
이 작은 고기가 바로 왕여어라네.[176]

뱅어 색깔이 희기 때문에 백어(白魚, 뱅어)라고 불리기도 하고 얼음 속에서 잡기 때문에 빙어(氷魚)라고도 한다. 「전어지」에서 서유구는 실제로 본인이 살았던 임진강의 장단에 많다고 하였고, 일본의 『화한삼재도회』, 『화명초』의 내용을 비판적으로 검토하기도 했다.

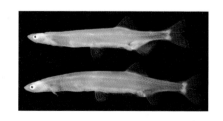

〈그림 3-42〉 젓뱅어 (출처: 국립생물자원관)

문헌 분석 결과 중국에 뱅어가 있는지 의심스럽다는 얘기도 날카로운 지적이다.

빙어(氷魚) 【뱅어】

『난호어목지』: 길이가 겨우 몇 촌이고, 비늘이 없으며, 몸 전체가 희고 밝아서 다만 두 눈의 검은 점으로 분별할 수 있다. 빙어가 오는 때는 반드시 동지(冬至) 전후이므로, 얼음을 뚫고 그물을 던져 잡는다. 입춘(立春) 이후에는 점차 청색이 나고 점차 뜸하게 보이다가 얼음[氷]이 녹으면 볼 수가 없기 때문에 '빙어(氷魚)'라 한다. 지금 민간에서 부르는 '백어(白魚, 뱅어)'는 색을 들어 지칭한 것이다. 『화한삼재도회』에서 "빙어는 가을 말부터 겨울 초까지 어량(魚梁)에 모이니 당망(攩網)으로 잡는다."라 했다. 일본의 계절)이 우리나라보다 1~2개월 정도 빠르기 때문이다. 또 『화명초(和名抄)』를 인용하여 "빙어는 이름이 소(鮂)이다."고 했지만, 지금 자서(字書)를 찾아보면 "소(鮂)는 세어(細魚, 가는 물고기)이다."라고만 했지 형상을 분명하게 말하지 않았기 때문에 과연 이 물고기를 말하는지는 모른다. 중국에는 이 물고기가 있는지 역시 알 수 없다. 우리나라에서 나는 빙어 중에 한강에서 나는 놈이 가장 좋고, 장단(長湍)의 임진강, 평양의 대동강에서 나는 놈이 그다음이다. 충청도 금강 상하류 및 전라도 함열(咸悅) 등지, 경상도 김해 등지에도 있다.[177]

이후 통발·어살·낚시·작살을 이용한 어로법에 대해 설명하고, 또 약·보자기·이불·거적·모래·수수 등을 이용해 고기 잡는 법도 소개되는데 매우 자세하고 흥미롭다. 도롱이·대삿갓 등도 낚시 도구로 이용할 수 있다고 한다. 그중 대표적으로 어조망과 문망 두 가지를 그림과 함께 간단히 소개하고자 한다. 어조망(漁條網)은 큰 배 밑에 설치하여 물고기를 잡

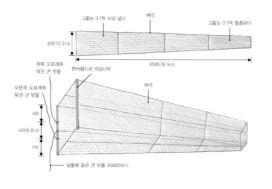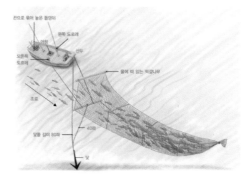

〈그림 3-43〉 어조망의 구조(왼쪽)와 어조망으로 고기잡기(『임원경제지 전어지2』, 임원경제연구소)

는 안강망 종류로, 조류가 빠른 곳에 그물을 고정해놓고 물고기 떼가 그물에 밀려들어가게 하여 잡는다. 닻으로 어구를 고정시키며, 그림처럼 입구가 넓고 길이가 긴 자루 모양의 그물이다. 조류가 빠른 한국 서해안에서는 참조기·민어 등을 잡을 때 예로부터 강제함정 어법이 사용되었다고 한다. 문망은 아주 긴 장대 기둥 2개를 마치 문설주처럼 세워서 앞의 어조망을 매달아 펼친다(그림 3-43 참조). 조수의 왕래로 따로 오가는 물고기를 잡는 방법이다.

어조망(漁條網)

바다의 어구이다. 바닷고기가 왕래함에는 때가 있고 조로(條路, 물고기가 다니는 갈래가 된 길)가 있다. 어부는 때를 살펴 큰 배를 타고 나가, 조로에 닻을 내린 다음 배 밑에 그물을 매달아서 고기를 잡는다. 그러므로 이를 '어조망(漁條網)'이라 한다. 【연해의 어부들은 어조망으로 물고기를 잡는 어선을 '중선(中船)'이라 하고, 그물을 '중선망(中船網)'이라 한다. 그러나 무슨 뜻인지 모르겠다.】

어조망의 그물은 삼끈으로 만든다. 【생삼껍질을 잘게 쪼개어 실을 만든 다음 물레[繅車]를 왼쪽으로 돌려 이 실로 단격(單繳, 한 오리의 실)을 만든다. 그 실들을 합칠 때에도 물레를 오른쪽으로 돌려 쌍격(雙繳, 두 오리의 실)을 만든다. 이와 같이 하면 실이 매우 긴밀하게 얽혀서, 물에 넣으면 더욱 튼튼하고 질겨진다.】

그물의 위쪽은 너비를 넓게 하고, 아래쪽은 좁게 한다. 너비가 넓은 위쪽은 그물눈이 성기고, 너비가 좁은 아래쪽은 그물눈이 촘촘하다. 【촘촘한 곳에는 그물눈의 크기가 사방으로 불과 0.1척 정도이다.】

길이는 45파(把, 아름)를 채우고, 위쪽의 너비는 꼭 6파(把)가 되게 한다. 이와 같이 그물 8장을 만든 뒤에 이들을 늘어놓고 그물의 폭(幅)을 이어서 큰 그물 하나를 만든다. 그물의 형태는 포대(布袋)와 비슷하며, 아가리는 넓고 꼬리는 좁다. 이렇게 하면 윗그물 아가리의 둘레는 48파(把)이다.

둘레는 한 아름드리로, 길이가 12파(把)인 떡갈나무 2개를 위아래로 둘레가 줄어들지 않도록 깎아 다듬는다. 여기에 그물아가리[網口]의 위아래를 얽어맨다.

뱃머리의 좌우에는 각각 도르래를 설치한다. 칡으로 큰 밧줄[大緪] 2가닥[條]을 꼬아서 아래로는 그물아가리의 아랫입술에 해당하는 횡목(橫木)에 매달고, 【횡목의 좌우 양쪽 끝에서 각각 4파(把) 더 나아간 곳에다 큰 밧줄을 매단다.】 위로는 도르래의 중심축에 매단다. (후략)[178]

문망(門網)

그 제도는 어조망(漁條網)의 제도와 같다. 다만 배 밑에 그물을 매달지는 않는다. 바다 가운데 물고기가 다니는 조로(條路)의 중요한 길목에 둘레가 한 아름드리 되는 큰 나무 2개를 마주하여 세운다. 그 길이는 60~70인(仞)이다. 【이와 같은 긴 나무를 구하기 어려우면 두 나무

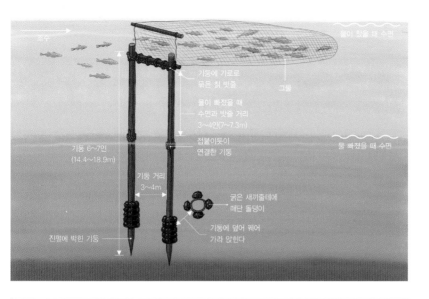

〈그림 3-44〉 문망으로 고기잡기 (임원경제연구소 『임원경제지 전어지2』

를 붙여서 하나로 만든다. 만드는 방법은 다음과 같다. 아랫나무의 위
쪽 끝과 윗나무의 밑동을 모두 비스듬하게 잘라서 서로 맞붙이고, 삼
실로 맞붙인 나무쪽을 동여매어 과일나무를 접붙인 모양처럼 단단하
게 만든다.】두 나무의 거리는 문설주의 거리 정도로 한다. (중략)

조수가 이르러 고기가 그물에 들어오면 큰 배를 타고 두 기둥을 가로
로 막고서 그물을 거두어 보통의 방법대로 고기를 잡는다. 민간에서는
이를 '주벽망(周壁網)'이라 하는데, 무슨 뜻인지 모르겠다.[179]

8. 사냥: 사냥에 가장 요긴한 동물로 제일 먼저 "매와 사냥개"를 내세웠다.[180]

— 매사냥

산진이, 수진이, 날진이, 해동청, 보라매라는 이름으로도 익숙하지만, 고려
조선조를 통해 매사냥은 매우 성행했다. 응방(鷹坊)이라는 관청이 있었고,

고려 후기 이조년(李兆年, 1269-1343)이 저술한 『응골방(鷹鶻方)』이라는 매 질병 치료 의서도 있었다. 조선 중기 임진왜란 전후의 기록인 『쇄미록』에서도 겨울 한 철은 2~3일 간격으로 매사냥으로 얻은 꿩 몇 마리를 가지고 왔다고 기록되어 있다. 「전어지」에서 매는 한창 길들일 때는 잘 먹여서 살이 찌게 해야 좋다고 하면서 매를 관리하는 방법을 제시했다. 사냥하기에 최적의 몸 상태를 만들기 위해 가슴 근육을 살펴보고 부족하면 닭고기를 얇게 저며 매일 적당량 먹이는 조선의 방법(加伊音)을 수록했다. '가이음'이라는 명칭은 지금도 '갬', '개욤' 등으로 매사냥꾼들에게 통용된다.

조기법(調肌法)[181]: 일반적으로 매가 굶주리면 곧 사람에게 붙어 있지만 배가 부르면 갑자기 날아가버린다. 그러므로 매가 배고픈지 배부른지는 반드시 가슴 위의 근육을 관찰해야 한다. 먹이를 소화하여 근육과 살이 단단하고 실한 경우는 몸속에 지방이 많아 배부른 경우이다. 근육과 살이 부실하고 연약한 경우는 굶주려서 몸에 지방이 적기 때문이다. 만약 근육과 살이 너무 부실하고 연약하면 매의 기운을 약하게 하므로, 사냥을 시켜서는 안 된다.

매의 가슴 속이 단단하고 실한지 살펴본 뒤, 닭고기를 얇게 잘라 저며서 찬물에 담갔다가 매일 적당한 양을 매에게 먹인다. 매의 근육이 단단하지도 연약하지도 않게 되면 비로소 사냥에 내보낼 수 있다. 우선 1일 전에 메주콩 크기 정도인 목화솜뭉치[綿子團]로 물에 담근 닭고기를 싸서 매에게 먹인다. 【민간에서는 이를 '가이음(加伊音)'이라 부른다.】

매가 이것을 먹고 한나절 남짓 되면 고기는 소화되었으므로 목화솜뭉치만을 다시 토해낸다. 이것은 장(腸) 안의 기름기를 깨끗하게 닦아내는 방법이다. 매의 몸속이 이제 깨끗해지고 근육 또한 고르게 조절된 뒤에야 비로소 꿩사냥[獵雉]을 허락한다. 그러나 처음에 사냥을 시도할 때는 절대 매를 많이 날리지 말고 반드시 한 번 사냥한 다음에 곧 되돌아오게 해야 한다.[182]

매는 조선에서 선호되었다면, 사냥개는 중국에서 구방(狗房)을 설치하고 관리한 모습이 보인다. 토사구팽(兎死狗烹)의 고사에서 보듯이 사냥에서 사냥개는 필수 요소다. 역시 먹이를 적당히 주어 몸이 무겁지 않게 가볍게 하면서도 달리고 무는 힘을 낼 수 있을 정도의 조절이 비결이 된다.

중국 구방(狗房)에서 개를 사육하는 법은 다음과 같다. 반드시 물건을 공중에 던진 다음 개로 하여금 뛰어올라 낚아채서 그 물건을 잡도록 한다. 이때 땅에 물건을 떨어뜨리면 밥을 먹게 하지 않는다. 이는 발돋움과 민첩성을 익히게 하기 위함이다.

먹이를 줄여서 주되, 평상시에 3/10정도만 먹여 굶주리게 하므로 모든 사냥개가 대체로 여위고 말랐다. 대개 기름기가 끼고 살이 많이 찐 개는 달리기를 게을리하고 뛰어오르기를 싫어하는 점을 우려하기 때문이다.[183]

그다음 사람이 쓰는 총과 활, 그물과 함정 등으로 들짐승이나 날짐승을 사냥할 수 있는 준비를 한다. '총과 활'에서는 물새·참새·꿩·호랑이·곰·사슴·멧돼지·수달·물개·두더지·토끼를 사냥하는 법을 각각 표제어로 설정했다. '그물과 함정'에서는 참새·메추라기 등의 조류와 호랑이·사슴·여우·담비·다람쥐·청설모·족제비·살쾡이·쥐 등을 잡는 법을 설명한다. 이런 동물을 사냥하는 데는 덫, 기계낫, 창애 등의 도구를 이용하

<그림 3-45> 매사냥 (출처: 유네스코 인류유산)

기도 한다.

― 호랑이

끈끈이를 이용해서 범을 잡는 법도 있다. 성급한 성미를 이용하는 것이다.

> 끈끈이를 땅에 깔거나 길 곁에 여기저기 펼쳐놓고 호랑이가 왔다가 머
> 리가 닿으면 끈끈이가 붙었음을 알게 된다. 발톱으로 후벼도 끈끈이가
> 떨어지지 않으면 땅에 앉는다. 그러면 잠깐 사이에 온몸이 모두 더러워
> 져서 성내어 울부짖기도 하고 팔짝팔짝 뛰기도 하다가 죽는다.[184]

호랑이 사냥에 쓰이는 것으로 지나가다 구동 장치를 자극하면 고속으로
낫이 회전함으로써 순식간에 쓰러뜨리는 '기계낫'의 사용법을 매우 자세
히 묘사했다. (그림 3-46 참조)

산골짜기에서 호랑이나 표범이 오가는 길목 주변에다가 굵은 나무기

둥 2개를 6~7척 간격으로 세우되, 기둥은 견고하고 깊어서 흔들리지 않도록 힘써야 한다. 땅에서 0.1척 정도 떨어지도록 1개의 인방[枋]을 가로질러 설치한다.【인방 양끝을 양쪽 기둥에 몇 촌(寸) 깊이로 끼워 넣는다.】

인방 위로 1파(把)가량 떨어져서 굵은 숙마(熟麻, 삶은 삼 껍질) 밧줄로 양쪽 기둥을 두른다. 이때 여러 바퀴 가로로 두르다가 밧줄이 끝나는 곳에서 밧줄의 양끝을 교차로 묶어서 단단히 매듭짓는다.

긴 자루가 달린, 단단하고 예리한 큰 낫을【낫은 강철을 단련하여 만든다. 모양은 땔나무를 베는 낫과 같으나 그보다 훨씬 크다. 날은 끝이 매발톱처럼 굽었으며, 물에 담금질하고 숫돌에 연마하여 몹시 단단하고 예리하게 한다. 자루는 굵기가 몇 위(圍)이고 그 길이는 1파(把) 남짓이다.】가지고 그 자루를 양쪽으로 두른 밧줄 사이에 끼운다.【양쪽 기둥의 간격을 나누어 한가운데에 낫을 끼운다.】

두 사람이 밧줄을 사이에 두고 마주선다. 그리고 팔 힘으로 낫자루를 비틀어 돌려 양쪽으로 두른 밧줄이 왼쪽으로 돌면서 낫과 함께 꼬이도록 한다. 낫자루를 비틀어 돌릴수록 밧줄이 점점 팽팽해지다가 켕기는 힘이 극에 달해 더 이상 돌릴 수 없게 된다. 그런 뒤에, 길이가 7척 몇 촌 되는 팔뚝 굵기의 나무를 가져다 낫자루 뒤꽁무니의 0.1척 정도 지점에 닿게 가로질러 설치한다. 이때 나무의 양끝은 기둥에 의지하고 중간의 허리는 낫자루에 지탱되도록 한다.

이렇게 해놓으면 왼쪽으로 꼬여서 팽팽하게 켕긴 삼밧줄은 오른쪽으로 돌아서 되치여 풀리고 싶어도 낫자루가 가로나무에 막혀 있기 때문에 오른쪽으로 돌지 못한다. 공중에 매달리도록 기대어 설치한 가로나무[橫木]는 땅에 떨어지고 싶어도 중간의 허리가 낫자루에 단단히 잡혔으므로 떨어지지 못한다. 이들의 형세가 본래 그렇다. 그런 다음

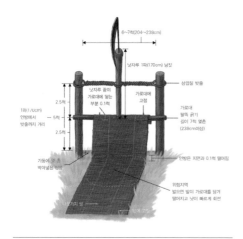

가느다란 나뭇가지로 긴 발[箔]을 엮어서 한쪽 끝은 땅에 펼치고 한쪽 끝은 가로나무에 걸쳐 덮어 놓는다.

호랑이나 표범이 이곳을 지나다가 일단 그 발[箔]을 밟으면 가로나무는 떨어지면서 낫은 밧줄을 따라 회전한다. 그리하여 호랑이나 표범을 찍어 적중하면 창자를 도려내고 등뼈를 발라낸다. 낫이 되치여 돌면서 난도질하니, 그 기세가 매우 억세고 빠르므로 비록 나는 새라 하더라도 피할 도리가 없다. 일반적으로 곰·노루·사슴·여우 등 일체의 산 속 짐승들은 모두 이 방법으로 사냥하여 잡을 수 있다.[185]

〈그림 3-46〉 호랑이를 잡기 위한 기겸의 구조 (『임원경제지 전어지2』)

— 담비

담비 사냥법도 이채롭다. 담비는 모두 조선에서 채록된 정보인데, 『어우야담』과 『보만재집』이 그것이다. 함경도 특산으로 초피 가죽이 조선의 부호들에게 인기가 높았던 사정도 관계가 있을 것이다. 특히 서유구 조부 서명응이 백두산을 등정하면서 기록한 「백두산기」에 수록된 내용이라 그 현지의 사냥꾼의 이야기가 생생하게 들려온다.

호인(胡人)들이 담비[貂鼠]나 다람쥐[黃鼠]를 잡을 때에는 기계와 함정을 모든 산에 놓기 때문에 산에 비어 있는 땅이 없다. 민간에서는 이것을 '식산(飾山, 산 꾸미기)'이라 하니, 바로 담비를 사로잡는 일이다. 매년 겨울 얼음이 얼 때에 나무 하나를 가로질러서 시내 위로 다리를 놓고, 그 다리에 실로 만든 올무[羂]를 많이 설치한다. 담비가 다리를 따라서 물을 건너다가 올무에 걸려 얼음물에 매달린 채로 동사하면 호

인들이 담비를 가져온다.[186]

갑산(甲山)을 경유하여 백두산으로 들어가는 길에 신대연동(申大淵洞)이 있으니, 이는 곧 번호부락(番胡部落)의 옛 거주지이다. 이곳에는 담비·오소리·초서(貂鼠, 노랑가슴담비)가 사계절 모두 있다. 담비 사냥꾼은 물에 뜨는 다리를 만들고 그 안에 구멍을 파서 냇가 위에 걸쳐놓는다. 그러면 담비가 물을 먹기 위해 다리를 따라서 오르내리다가 구멍 속으로 떨어져 물에 빠져서 결국 사람들에게 사로잡히게 된다.[187]

〈그림 3-47〉 담비 (『고금도서집성(古今圖書集成)』)

4절. 기상 분야

"오랜 경험으로 농사에 도움 되는 것들을 모았다"

「위선지」를 천문기상 분야로 묶고 있지만, 기대와는 달리 역법을 위한 정치한 수학이나 천체의 운행의 계측과 같은 내용은 포함되지 않았다. 아버지 서호수가 조선 후기 최고의 천문역산가였고, 「본리지」에서도 경위도를 중시하고 상한의, 자오의 사용을 권한 것에 비추면 조금 의아하다. 그런데 서유구 스스로 이러한 천문 지식들이 아직 충분하지 못하고 확실한 근거가 부족한 것이어서, 향후 지구와 태양, 달과 별의 기운과 운행에 대한 더욱 수준 높은 지식이 나와야 제대로 기후 예측을 할 수 있을 것이라고 토로했다. 지금은 다만 부족한 정보나마 오로지 농사를 짓는 데 도움이 될 만한 것들만 추려 모았다고 했다. 주로 하늘과 땅의 자연물의 관찰을 통해 날씨 변화를 예측하는 지식을 전하는 이야기가 중심이다. 『임원경제지』의 목표가 생산성 향상을 위한 모든 지식의 집적이었던 것을 돌아본다면 수긍이 된다.

1. 날씨 예측법의 기원과 전승

날씨 예측법의 기원은 서유구의 「위선지」 서문에 그 실마리가 있다. 농사
의 풍흉을 예측하는 기상천문 분야의 이름으로 '위선(魏鮮)'을 채택한 까
닭이 무엇인가? 서유구는 이렇게 말한다.

> 기후를 점치고 예측하는 일은 그 유래가 오래되었다. 비재(裨梓)가 먼
> 저 특이한 능력을 드러냈고, 위선(魏鮮)은 그 뒤로 명성을 이었다. 그러
> 나 그 천문의 기술을 고찰하고 숙달할 수 있는 이가 드물어, 지금에
> 이르러서는 거의 흩어져 숨어버렸다. 전해오는 기록에 남아 있는 것들
> 중 다수는 번쇄하고 뒤엉켜 오류들로 가득 차 있으니, 누가 그것을 하
> 나하나 밝혀줄 수가 있을 것인가.[188]

비재와 위선은 고대의 천문가를 대표하는 이름이다. 비재(裨梓)는 중국
춘추 시기 정(鄭)나라의 비조(裨竈)와 노(魯)나라의 재신(梓愼)을 말하며,
위선 역시 한(漢)나라의 천문가로 일 년이 시작하는 날 천문기상을 보고
그해 농사의 풍흉이 어떠할지를 예측한 인물로 유명하다. 『사기(史記)』는
위선에 대한 사적을 다음과 같이 기록하고 있다.

> 한나라의 위선(魏鮮)은 섣달 그믐날에 모여, 정월 새벽을 밝히고, 8풍
> (八風)을 결정한다. 바람이 남방에서 불어오면 큰 가뭄이 들 것이고, 서
> 남쪽에서 불어오면 작은 가뭄이 들 것이라고 예측했다.[189]

『사기』에 나오는 이 기록이 위선의 사적과 관련한 유일한 기록으로, 후

대의 『한서(漢書)』와 『개원점경(開元占經)』 등 천문 관련 문헌에서는 『사기』의 위 기록을 그대로 인용하고 있다. 서유구가 이런 연유로 「위선지」라는 이름을 지은 것은, 기상과 천문을 보고 그해 농사의 풍흉을 점후(占候)하는 위선의 특별한 능력과 지식을 잇겠다는 뜻이었을 터이다. 후대의 『사기』 주석에 "위선은 성명이니, 앞날을 점치고 예측하는 사람이다."라고 한 것을 보면 기상 예측에서의 위선의 지위가 확고한 것 같다.

서유구는 「위선지」를 저술하면서 도움을 받은 역대의 대표적인 학자들을 언급했다. 전국시대 제(齊)나라의 감공(甘公)과 위(魏)나라의 석신(石申) 두 사람을 합해 감석(甘石)이라 함, 『사기』의 저자 사마천(司馬遷, B.C. 135-87), 동한(東漢) 시기의 천문학자 장형(張衡, 78-193), 당(唐)의 천문학자 이순풍(李淳風, 602-670) 등이 그들이다. 특히 장형은 혼천설의 대표자이자, 『영헌(靈憲)』, 『혼천주(渾天注)』 등을 저술했던 탁월한 천문학자요, 이순풍은 『진서(晋書)』와 『수서(隋書)』의 「천문지(天文志)」·「율력지(律曆志)」를 편찬한 대표적 역산가로서 수학서 『산경상서(算經上書)』를 주석했다.

서유구는 또 고금의 천문서와 농서를 망라했는데 그중 『무비지(武備志)』(346회)와 『군방보(群芳譜)』(344회), 『전가오행(田家五行)』(164회), 『관규집요(管窺輯要)』(124회) 등이 「위선지」의 주요한 인용 문헌이었다.[190] 이들 4개의 중요 문헌을 좀더 살펴보자.

『무비지』는 명(明) 말기에 모원의(茅元儀, 1594-1644)가 중국 역대 병법서를 조사, 검토하여 1621년 발간한 종합적인 병법무예서이다.[191] 이 중에서 「점도재」는 「위선지」의 내용과 체제에 큰 영향을 미친 것으로 보인다. 「점도재」의 "하늘로 점치다(占天)"편은 「위선지」 권2의 체제와 제목이 대동소이하다.

『군방보』의 인용 기사는 「위선지」에서 총 344회가 나오며, 글자 수는 11,689자로, 「위선지」 전체 분량의 12.3퍼센트를 차지한다. 『군방보』는 명

(明)나라의 왕상진(王象晉, 1561-1653)이 편찬한 총 30권 분량의 유서(類書)로 「천보(天譜)」, 「세보(歲譜)」, 「곡보(穀譜)」, 「소보(蔬譜)」, 「과보(果譜)」, 「다죽보(茶竹譜)」, 「상마갈면보(桑麻葛棉譜)」, 「약보(藥譜)」, 「목보(木譜)」, 「화보(花譜)」, 「훼보(卉譜)」, 「학어보(鶴魚譜)」의 12보 체제로 되어 있는데, 「위선지」에서 주로 「천보」, 「세보」, 「곡보」 중 '점후(占候)' 항목의 자료들을 채록하였다.

『관규집요』는 청(淸)나라의 황정(黃鼎, ?-?)이 1653년 80권으로 편찬한 천문서이다. 표제지에 "天文大成輯要"라고 적혀 있어 『천문대성관규집요』라고도 부른다. 중국 전통 천문학의 종합적인 강요(綱要)라는 평가를 받는데 서유구는 「위선지」 권1~4에 걸쳐 이 책에 나오는 점후의 사례를 폭넓게 수용하였다.

『전가오행』은 원말명초(元末明初)에 살았던 누원례(婁元禮, ?-?) 혹은 명(明) 육영(陸泳)의 저작으로, 농업 기상에 관한 점후서이다. 『전가오행』의 체제와 「위선지」의 체제 역시 비슷한 점이 많다. 『전가오행』은 상중하 3권으로 전해지고 있는데, 상권은 정월에서 12월까지, 중권은 '천문', '지리', '초목', '새와 짐승[鳥獸]', '비늘 있는 물고기[鱗魚]' 분류로, 하권은 '삼순(三旬)', '육갑(六甲)', '기후(氣候)', '연길(涓吉)', '상서(祥瑞)' 분류로 이루어져 있다. 이 중의 상당 부분이 「위선지」로 들어와 있다. 특히 책 말미에 붙은 「습유(拾遺)」 중 『동방삭탐춘력기(東方朔探春歷記)』는 1,775자의 원문 전체가 「위선지」 권1에 실려 있다.[192]

— 기상 예측의 신빙성에 대한 서유구의 입장

그런데 「위선지」 서문과 본문 중에서 역대의 전문가들의 노력에도 불구하고 점후와 천문에 대한 이해가 매우 부족함을 말하고 있다. 그런 점이 현재의 상식으로 이해하기 어려운 기사도 「위선지」에 상당수 출현하게 되는 하나의 이유가 될 것이다. 서유구는 『전가오행』을 평가하면서 역대 전문가의 노력으로도 다 밝히지 못한 부분이 있으며 그것은 (후세의) 뛰어난 인물을 기다려야 할 것이라고 토로했다.

무릇 가뭄과 홍수, 풍년과 흉년의 예측은 칠정(七政, 곧 일월와 오성)과 매우 밀접한데, '누원례와 육영[婁陸, 곧 『전가오행』의 저자들]'의 점후가 성상(星象)에까지 일괄적으로 미치지 못한 것은 무엇 때문일까? 나는 멀리로는 감석(甘石, 감공과 석신)과 가까이로는 사마천, 장형, 이순풍 등 여러 전문가의 설 중 1년 예측과 연관된 것만 취해서 여기 옮겼다. 아! 환하게 밝은 것은 천상(天象)이요, 은미하고 아득한 것은 이치이다. 여기에 빠져버리면 구속되어버리고 그렇다고 빼버리는 것도 옳지 않다. 구속되지도 않고 빼버리지도 않으면서 신묘하게 그 내용을 파악하는 일은 오직 신묘한 능력을 가진 사람에게 달려 있으니, 책에서 다 밝히지는 못한 부분이다.[193]

이와 같은 천문기상 예측에 대해 서유구의 인식을 서문에서 다시 한번 따라가보자. 그는 일단 연월일의 간지로써 예측하는 법에 대해 기본적으로 회의적이다. 그것은 사람이 인위적으로 만든 체계일 뿐이라는 것이다.

일월의 간지(干支)로써는 그 풍흉을 확인하고, 절기의 음양을 관찰하여 장마와 가뭄을 판별한다. 그런데 간지란 인간의 작위에서 시작된 것이지, 하늘의 소관이 아니다. 절기는 인간의 의도적 안배에 속할 따름인 것인데, 어찌 수(水)나 화(火) 따위로 견강부회할 것이겠는가? 그러한즉 실질에 힘쓰는 사람이라면, 오호라 무엇을 따라야 하는가.[194]

그는 결국 새로운 지식체계의 도래, 그런 인물의 탄생만이 실제와 부합하는 예측과 더 나은 수준의 담론을 가능하게 할 것이라고 내다봤다.

> (이전의 지식은) 농부나 촌부들에게 귀동냥하거나, 과거 흔적의 파편들
> 을 모으거나, 옛사람들의 어지러운 찌꺼기를 찾은 것뿐으로 이런 것들
> 을 근거 삼아 눈앞에서 실제로 확인하는 일이 가능할 것인가?
> 무릇 태양은 지구를 둥글게 둘러싸 돌고, 달과 별은 태양의 기를 받고
> 있으며, 그 운행 과정에서 더위와 추위가 있고, 홍수와 가뭄도 있고,
> 바람과 비도 있고, 흐린 날과 맑은 날도 있다. 이러한 도에 밝은 자라
> 야만 기후를 점치고 헤아리는 실제를 이야기할 수 있으리라.[195]

여기서 보듯이 서유구는 태양이 지구를 돈다는 인식, 달과 별이 태양
의 기를 받고 있다는 인식, 그리고 지상의 날씨가 일월성신의 천체의 운
행 과정과 연관되어 있다는 인식을 보여준다. 간지를 통해 날씨를 예측하
는 방법은 벗어나야 한다고 하면서도, 하늘과 땅의 이원적 구조와 그들
의 상호 감응을 통해 날씨가 결정된다고 하는 전통적 생각은 대체로 견
지하고 있음을 볼 수 있다.

2. 월별로 기상 예측하기

「위선지」 본문에서는 1년 12달의 기상·천문현상이 농사풍흉에 미치는
상응관계를 설명했다. 정월점(正月占)에서 12월점(十二月占)까지 우선 '건후
(愆候, 절기를 어길 때의 징후)'를 배치하였다. 그 내용은 대부분 『예기·월령
(禮記·月令)』에서 인용하고 있는데, 그것은 계절·월별로 농정·군사·치수·
제사 등 그때마다 시행해야 할 정령(政令)과 백성에게 알려야 할 일들을
조목조목 서술한 것이다.[196]

특히 '건후(愆候)'를 각 달의 첫 항목으로 세워 인간이 적극적으로 농사

의 풍흉을 조절할 수 있게끔 한 것으로 보인다. 예를 들어 여름철의 절기에 내려야 할 정령인 하령(夏令)은 "농부들이 농사에 힘쓰게끔 권면하며 사냥을 금지하고 토목공사를 피해야 한다."고 했는데, 이렇게 계절에 적합하게 내려야 할 정령을 어길 경우에는 나라에 물난리나 흉년 등의 혼란이 일어나는 것으로 기술되어 있다.[197] 요컨대 인군(人君)이 자연의 절기에 맞는 정치를 행해야 한다는 것이다.

인용한 이유는 아마도 『예기』가 유가 정경인 13경의 하나라는 권위와 함께, '건후(愆候)'에는 인간이 의식적 노력을 통해 적극적으로 농사의 풍흉을 조절할 수 있다는 신념이 담겨 있기 때문이다.

또 그달의 기상천문 현상과 농사의 상응 관계가 있을 만한 여러 자료를 『군방보』, 『관규집요』, 『동방삭점서』, 『농정전서』 등 여러 인용 문헌에서 골고루 인용하고 있는데, 그 가운데 짧은 기사 하나를 소개하면 다음과 같다.

> 정월에 눈이 땅에 내려 삼일 내로 녹는다면 곡식이 잘 여물고, 사람들은 평안하게 된다. 7일 동안 녹지 않는다면, 가을 곡식이 제대로 여물지 못한다. 『군방보』[198]

이 기사는 정월에 눈이 내려 7일 동안 녹지 않을 만큼 큰 추위가 닥친다면, 그해 가을에 알곡이 충분이 익을 만큼 한 해 날씨가 따뜻하지 않을 것이라는 예측을 담고 있다. 주로 정월에 눈이나 비, 서리, 햇무리, 우박, 안개, 무지개 등이 나타날 경우 그해 농사가 잘 될지 어떨지를 예측하는 내용이다.

3. 일별로 기상 예측하기

각 절기와 특정한 날의 '일진(日辰)', '일후(日候)', '여러 가지 점[雜占]' 등이 이어진다. 일진은 60갑자로 본 그날의 간지(干支)가 특정일에 해당되면, 그해에 가뭄이나 물난리, 풍흉 등이 올 수 있다는 내용이다. 예를 들면, "갑자일에 입춘이 되면 고지대의 마을은 풍년이 들어 곡식이 잘되고, 물이 강둑에 한 척 넘게 차오른다."[199]고 한다. 서유구는 간지와 오행으로 점복을 보는 것에 매우 부정적인 태도를 가졌지만 그 시대의 담론 대부분을 지배하는 내용인 만큼 「위선지」와 「상택지」 등에 이처럼 간지를 통한 관련 기사가 스며들어간 것이 없지 않다.[200]

'삭치절(朔値節)'을 둔 것이 주목된다. '삭(朔)'은 음력의 매월 초하루인데 이날이 24절기 중 하나와 합치하는 날을 의미한다. 음력 1월 1일이 입춘에 해당된다면 나라가 평안할 것이라고 했다. 옛사람들의 역사상 경험한 사건 혹은 그 사건과 관련한 믿음이나 속담을 반영한 것이다.

> 정월 초하루가 입춘이면 백성들의 삶이 태평하다.
> "백 년 동안 세조춘(歲朝春)을 만나긴 어렵네."라는 속담이 있다.[201]

일후(日候)는 "그날의 날씨가 어떠하면, 그해의 농사 풍흉은 어떠하다."는 예측이다. 한 사례를 보자.

> 입춘날에 청명하고 구름이 적으면 그해에는 곡식이 잘 익지만, 입춘날이 흐리면 그해는 가뭄이 들고 벌레들이 벼와 콩을 해친다.[202]

「위선지」 1월에서 12월까지 월점과 일점에는 이와 같은 내용으로 이루어져 있다. 특징적인 기사 몇 가지를 짤막하게 소개하면서 마무리하자.

2월 2일을 농가에서는 상공일(上工日)이라고 부르는데, [안: 품팔이 일꾼들이 이날 작업을 시작한다.] 의당 맑아야 좋다.[203]

겨우내 일을 쉬던 일꾼들이 본격적으로 일하는 날이기에, 의당 맑아야 좋다는 내용으로 '상공일'이라는 기사다. 서유구가 안설([案])을 달아 '상공(上工)'의 의미를 서술하였다. 생소한 용어이기는 하지만 전통적으로 상공일은 중국과 조선에서는 매우 중요한 풍속일 중의 하나였다. 상공일에 대한 『농정전서』의 설명도 이와 같은 내용이다.[204] 『동국세시기』에서는 2월 1일을 머슴날[奴婢日]이라고 해서, 정월 대보름에 세웠던 볏가릿대 속에 넣은 곡식으로 송편과 같은 떡을 만들어 머슴들에게 먹이고 하루를 쉬게 했다는 이야기도 있다.[205]

청명엔 맑은 날을 좋아하고, 비를 싫어한다. "처마 머리에 심은 버드나무잎이 푸르면 농부들이 쉬면서 맑은 하늘을 기다리고, 처마 머리에 심은 버드나무잎이 말라 있으면 농부들이 교만을 부리네."라는 속담이 있다.[206]

위 기사는 청명에는 그 이름처럼 맑아야 좋을 것이라는 농부들의 기대심리를 보여준다. 청명날 비가 와서 버드나무잎이 푸르면 일손을 놓고 비가 개길 기다리지만, 그날 맑으면 한 해 농사는 잘될 것이라는 믿음이 있기에 꾀를 부린다는 익살스런 속담을 덧붙였다.

서유구는 특히 5월 1일의 중요성을 강조하는 기사를 가려 뽑았다. 그날은 '벼의 본명일[禾本命]'이라는 것이다. 음력 5월 초순은 벼의 생장이 가장 활발한 즈음이라 이날 비가 오고 안 오고가 한 해 벼농사의 풍흉을 가름하는 중요한 날이기 때문이다.

- 오월 초하루 아침은 밭벼의 운세를 보는 날이니, 비가 내리는 것을 더욱 꺼린다.
- 오월 초하루가 맑으면, 주로 풍년이 들 것이다.
- 속담에 "오월 초하루에 빗방울이 떨어지면 우물이 떠오르고, 초이틀에 빗방울이 떨어지면 우물이 마르고, 초사흘에 빗방울이 떨어지면 우물이 태호(太湖)로 이어진다."고 한다. 또 "초하루에 비가 오면 사람들이 온갖 풀을 뜯어먹는다."고 한다. 또 "초하루에 맑으면 한 해 풍작, 초하루에 비 오면 한 해 흉작"이라고 한다.[207]

4. 별점

'별점'은 하늘의 별 전체를 대상으로 그 움직임의 규칙성과 변화를 인간 세계와 연결시켜 이해하려는 점법이다. 전통적으로 동아시아의 하늘은 자미원(紫微垣), 태미원(太微垣), 천시원(天市垣)의 3원 별자리와, 동서남북을 대표하는 7개의 별자리(각각 7수로서 총 28수)를 말하는 3원 28수와 토성, 목성, 수성, 화성, 금성 등 5성, 그리고 요성, 객성, 유성, 혜성 등으로 구성되어 있다. 여기서는 주로 그 별자리의 이상 징후가 농사 풍흉에 미치는 영향에 대한 내용을 위주로 선별했다. 60갑자와 간지를 이용하여 '운기로 점치는' 내용도 나온다.

유성이 태을성[208]의 별자리로 들어오면 천을성과 마찬가지로 점을 친다. 혜성이나 패성이 태을성을 범하면 전란과 사상, 가뭄이 같이 일어난다. 붉은 기운이 태을성을 드나들면 큰 가뭄이 있다. 검은 기운일 경우에는 큰 물난리가 있다. 푸르거나 흰 기운일 경우에는 큰 역병이 돌아 죽는 사람이 많다.[209]

〈그림 3-48〉「위선지」 중 다섯 행성의 그림

　「위선지」에는 그림이 23개 나오는데, 주로 별자리와 운기(運氣)의 도판
이다. 그중 서유구가 인식한 천상의 이미지를 드러내는 다섯 행성에 대한
그림을 아래에 게재하였다. 토성의 고리, 목성의 띠, 금성의 상하현에 대
한 인식이 드러나 보인다.

5. 하늘의 빛깔로 예측하기

하늘, 땅, 해, 달, 바람, 비, 구름 등의 천문 기상현상과 초목, 곡식, 금수,
곤충 등의 자연현상을 통해 농사의 풍흉을 점치는 내용을 보자. 옛사람
들이 하늘 빛깔에 대해서 품고 있는 일반적인 통념이나 믿음을 반영하는
자료인데, 지금도 하늘의 색깔이 급변한다면 왠지 두려운 마음이 드는 것
처럼 보편적인 사람들의 심리가 담겨 있다.

- 하늘이 높고 빛깔이 희면 가물다.
- 하늘의 빛깔이 누렇게 변하면, 가물고 흉작이 들어 도적이 일어
  난다.
- 하늘이 갑자기 침침하고 어두워지며 며칠간 구름이 흩어지지 않는
  경우, 큰 홍수가 아니면 큰 가뭄이 든다.[210]

그중에 재밌는 기사를 몇 개 소개하면 다음과 같다.

- 작은 동전만 한 물건이 땅으로부터 나왔다. 보통은 삼씨[麻]나 기장 크기이다. 그것을 '천우부증天雨釜甑'(안, 『관규집요』에서는 그것을 '증병(蒸餠)'이라고 함)이라 한다. 그해에는 주로 풍년이 든다.
- 땅에서 '흰 밀가루[白麪]'가 나온다면, 그해 백성들은 굶주림을 겪고, 유랑하거나 도망친다.[211]

'하늘에서 내린 떡국[天雨釜甑]'이나 '흰 밀가루[白麪]'가 생겨난다고 했는데 도대체 이 기상현상이 무엇을 의미하는지 알기 어렵다. 중국의 어떤 시기에 일어났던 특이한 사건에 대한 사람들의 기억이 역사적 기록으로 전해지는 것이리라.

6. 식물, 동물로 예측하기

'초목점' 항목에는 풀과 나무, 꽃 등의 생장이 곡식농사와 긴밀히 연관되어 있음을 말해주는 내용이 나온다. 연꽃과 복숭아, 자두, 살구의 사례만 예시한다.

- 연꽃을 물꽃 우두머리라고 부르는데, 개화가 하지 전에 일어나면 물난리가 있다.
- 복숭아와 자두 열매가 많으면, 다음 해는 반드시 풍년이 든다.
- 살구 열매가 많이 달리고 벌레 먹지 않으면, 이듬해 추수가 좋다.[212]

결국 이런 예측 노력의 목표는 농사의 풍흉을 미리 알고 대처하기 위해서다. '곡식 농사에 좋은 날과 피할 날[耕播宜忌日]'처럼 일을 하기 좋거나 피해야 할 날, 곧 의기일(宜忌日)을 택하는 근거가 된다. 이어서 채소 농사, 나무 심기, 누에치기, 가축 기르기, 사냥과 고기잡이에 좋은 날과 피할 날들도 부록으로 수록하였다. 심지어는 '소코뚜레 하고 길들이기 좋은 날과 피할 날'과 '고양이 데려오기 좋은 날', '개 사고 데려오기 좋은 날과 피할 날'도 기록해두었다. 농사의 중요성이 큰 만큼 그와 관련된 기후와 주변 사물의 변화가 매우 민감하게 연동되고 있는 것이다.

지금 학교에서는 개미나 물고기, 아궁이재가 습기와 어떤 연관 관계를 갖는가라는 문제의식으로 해석할 만한 기사들이 동식물로 날씨 예측하는 법이다. 지금도 나이 드신 노인들이 아이들에게 옛사람들의 지혜로 들려줄 만하다. 익히 들어본 지식으로 "개미가 줄지어 있으면 비가 온다", "청개구리가 울면 비가 온다", "소쩍새가 많이 울면 그해는 풍년이 든다"는 것처럼 지금도 이어지는 것도 있다. 「위선지」 동물점에는 다음과 같이 수록되어 있다.

개미

늦봄에 갑자기 더워지고 가옥의 목재 사이에 날아다니는 개미가 나오면 비바람이 온다. 평지에 개미가 줄지어 진을 이루면 또한 그러하다. 개미가 개미굴의 입구를 막으면 큰 홍수가 올 것이다.[213]

청개구리

소나기가 오려 하면 청개구리가 마구 운다. 수풀 속에서는 비가 많이 오지는 않는다.[214]

정소조(鼎小鳥, 소쩍새)

소쩍새가 밤에 울면 그 소리가 마치 "솥이 적다"고 하는 것 같아서 그런 이름이 붙었다(솥 정[鼎], 작을 소[小]). 산림에 많이 있다. "이 새가 울면 풍년이 든다."는 속담이 있다.[215]

사람 소리

어린아이가 입으로 거품을 뿜으며 소리를 내면 주로 비가 내린다.[216]

특히 솥이 적다고 우는 소쩍새의 우리말 뜻을 한자를 사용해 '정소조(鼎小鳥)'라고 옮긴 것이 재미있다. 『행포지』가 인용서인 것을 보면 이 정소조라는 말을 만든 사람 역시 서유구 자신이 아닐까 한다. 속담의 전승이 이미 서유구 시절부터 이어지고 있었다는 근거로 손색이 없다. 동물점은 지금도 큰 해일이나 지진이 날 때 주변 동물의 특이한 행동을 통해 미리 알고 대처하는 지혜로 여겨지는 경우가 많다. 친근한 동물로 개, 물고기와 관계된 것 몇 가지를 옮기면서 이 장을 마친다.

개[狗]

- 개가 땅을 긁어 파면 흐리고 비가 온다. 잠잘 때마다 재를 높이 쌓으면 비가 온다. 개가 푸른 풀을 씹어 먹으면 날이 갠다.
- 털개가 털이 다 빠지지 않으면 장마가 그치지 않는다.
- 개들이 장난을 치며 마구 몰려다니면 바람이 분다.
- 수캐가 아침 동쪽의 해를 향에 오줌을 누면 비가 온다.[217]

물고기[魚]

- 고기가 수면을 튀어 오르는 것을 '물 저울질[稱水]'이라고 하는데 물이 붇고 늘어난다.
- 잉어와 붕어가 4~5월간에 갑자기 물이 불면 알을 낳는다. 알을 다 낳기 전에는 물이 그치지 않는다. 다 낳으면 물의 기세도 안정된다. 하지 전후에 황상어(동자개)가 많이 알을 낳으면 시우가 반드시 그친다. 알을 낳아도 많지 않으면 비가 끝내 그치지 않으니 가장 긴요

하다.

- 수레바퀴 고랑으로 물을 거슬러 오는 고기가 메기이면 날이 개고, 잉어이면 물이 진다. 속담에 "메기는 맑고 잉어는 습하다."고 했다. 또 "붕어이면 비가 오고 동자개이면 날이 갠다."고 한다.

- 어부가 그물에 죽은 쏘가리를 잡으면 '수악(水惡)'이라고 한다. 고기가 그물에 걸리는 즉시 죽는 것이다. 쏘가리 입이 벌어져 있으면 비가 곧 오되 금방 지나갈 것이요, 입이 닫혀 있으면 늦게 오되 가뭄과 홍수가 일정치 않다.

- 새우 통발에 동자개가 잡히면 비바람이 온다.

- 고기가 수면에 떠오르면 비가 온다.

- 하늘에 비가 오려고 하면 습기 있는 구름이 모이기도 전에 물고기가 이미 수면에 입을 벌름거린다.

- 물고기 무리가 물을 뛰어오르면 큰 바람이 올 징조이다.

- 하지 전에 논밭에 햇볕이 내리쬐어 작은 고기가 죽으면 비가 온다. 입이 벌어져 있으면 바로 비가 와서 금방 지나가고 닫혀 있으면 그 반대이다.[218]

4장

음식, 건강, 의학 분야

이 장에서 음식과 보양, 의약을 함께 다루려 한다. 전통적으로 '식약동원'이라는 말로 이들의 중요성과 긴밀한 연관 관계를 표현해왔듯이, 『임원경제지』에서도 「정조지」, 「보양지」, 「인제지」는 가깝게 연결되어 있다. 음식을 다룬 「정조지」는 밥, 죽, 떡, 국, 나물, 고기, 생선 등의 주요리와 함께 음료, 과자류, 그리고 탁주, 청주, 소주 종류의 술이 망라되어 있다. 「보양지」는 건강양생법이나 도인호흡법이 중심을 이루고 있지만, 이와 함께 몸을 보하는 음식으로 식이, 약이, 약주 등이 포함되어 있어 「정조지」의 내용과 상당한 연계를 가진다. 「인제지」는 의학 전반을 총괄하였는데, 전통시대 의학은 본초(本草)의 방대한 지식을 비롯하여 박물학에 비견되는 정보를 담고 있다. 중국의 『본초강목』, 조선의 『동의보감』은 의서일 뿐만 아니라, 본초 지식을 포함한 대표적인 박물학서로 볼 수 있는 것이다. 서유구의 『임원경제지』「인제지」는 『동의보감』을 거의 포함하고 있으며 『본초강목』의 새로운 정보를 가장 적극적으로 수록했다.

1절. 음식 조리 분야

"두장은 오래 묵은 것이 나으니, 조선의 장이 천하제일이다"

1. 주식

1) 밥

한국인의 주식인 밥이 가장 중요하게 다루어진다. 청나라 사람 장영(張英, 1637-1708)의 입을 빌려 조선 사람이 밥 짓는 데는 뛰어나다고 했고, 풍석도 밥 짓기는 조선이 천하에 이름났다고 인정했다. 『임원경제지』를 편집하기 이전의 풍석 자신의 요리 저술인 『옹치잡지』를 인용 문헌으로 하고 있다. 매우 인상적인 대목이라 전문을 옮긴다.

> 장영의 『반유십이합설(飯有十二合說)』에서 "조선 사람들은 밥을 잘 지어서 밥알이 반지르르하며 부드럽고 매끄러운 데다가 향기롭고 윤기가 돈다. 소위 '가운데와 가장자리가 모두 기름지다'는 말이 아니겠는가?"라 했다. 우리나라 사람들의 밥 짓기 기술은 이미 천하에 이름이 난 것이다.
>
> 지금 사람들의 밥 짓기에 별다른 기술은 없다. 쌀을 깨끗이 씻은 뒤 쌀뜨물은 버리고 솥에 넣는다. 새로 물을 부어 잠기게 하는데, 물은 쌀 위로 손바닥 하나 두께만큼 채우고 나서 솥뚜껑을 덮고 땔감을 때서 끓인다. 밥을 부드럽게 하려면 쌀이 익을 때쯤 불을 물렸다가 15~30분 후에 다시 불을 밀어넣어 끓이는데, 되게 하려면 불을 물리지 말고 처음부터 끝까지 센 불로 끓인다. 남쪽 사람들은 쌀밥을 해 먹고 북쪽 사람들은 조밥을 지어 먹는데, 이 또한 그 지역 풍속을 따른 것이다.[1]

『임원경제지』 전체에서 우리나라 기술이 천하에 뛰어나다고 인정한 곳

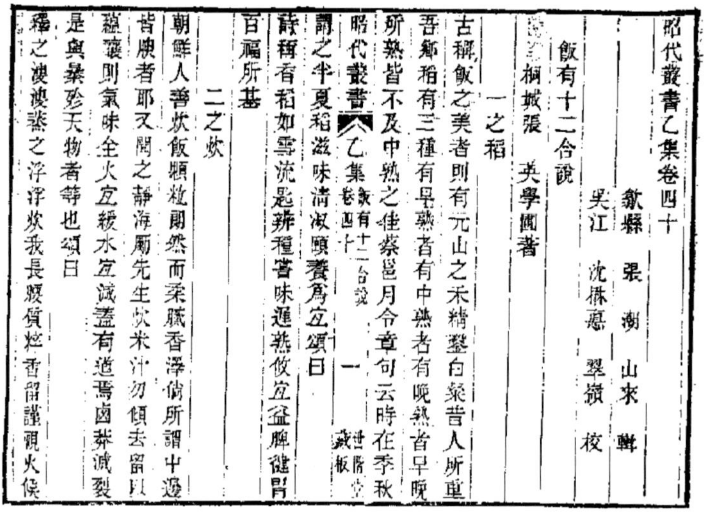

歙縣　張潮　山來　輯
吳江　沈懋惪　翠嶺　校

昭代叢書乙集卷四十

飯有十二合說
桐城張　英學圃著

昭代叢書【乙集卷四十二合說　一

一之稻
古稱飯之美者則有兀山之禾精鑿白粲昔人所重
吾鄉稻有三種有早熟者有中熟者有晚熟者早晚
所熟皆不及中熟之佳蔡邕月令章句云時在季秋
詞之半夏稻滋味清冽頗養爲盆頌曰
穀種看稻如雲流苹程者味進蒸飯盆脾健胃
百福所甚

二之炊
朝鮮人善炊飯趂卽然而柔膩香澤偅所謂中邊
皆腴者耶又聞之靜海厲先生炊米汁勿傾去且
嫩釀則氣味全火宛水宛減盎荷道焉鹵莽減裂
是與粲乡天物者等也頌曰
稀之溲溲藜之浮浮炊我長腰瑩燦香留謹視火候

〈그림 3-49〉 장영의 『반유십이합설』. 왼쪽에서 5번째 줄에 "조선인들이 밥을 잘 한다(朝鮮人善炊飯)"는 말이 있다.

중 하나다. 한때 전기밥솥으로 일본이 이름을 날린 적이 있었는데 이제
는 세계에서 한국의 전기밥솥이 석권하고 있다. 밥이 맛이 있으려면 기술
과 함께 입맛의 섬세한 감각이 발달되어야 할 것이다. 밥 짓기에 별다른
기술이 없다고 한 말과 "반지르르하며 부드럽고 매끄러운 데다가 향기롭
고 윤기가 돈다."는 감각이 묘한 대조를 이룬다.

　중국에까지 소문난 밥 짓기 기술은 무슨 특별한 비결이 있어서가 아
니라고 했다. 공정에 쌀을 깨끗이 일어 노구솥에 넣고, 손등 높이로 물을
채운 다음, 솥뚜껑을 덮고 불을 지펴 끓이는 데 무슨 특별한 것이 있을
리 없다. 물 자체의 성질, 노구솥과 솥뚜껑의 재질 같은 것도 영향을 줄
수 있겠으나 그보다는 물 양의 조절과 불의 세기 조절 및 때맞춤에 심혈
을 기울이는 것이 밥을 잘 지은 이유일 것이다. 여기서도 무른 밥은 익을
때쯤 불을 뺐다가 1~2각(15~30분) 후에 다시 불을 넣어 끓이고, 된밥은
불을 빼지 말고 처음부터 끝까지 센 불로 끓이라는 말이다.

결국 기술의 완성은 기술을 만들고 향유하는 그 공동체 문화 속에서 어떤 기준 내지는 원리가 동반되어 있다고 봐야 할 것이다. 음악에서도 귀명창이 있어야 소리명창이 나온다고 했는데, 어떤 미적 기준이 형성되고 수준이 정립되면 생산과 수요의 원리에 의해 어떤 문화적 생태계가 이루어지게 된다. 그에 도달하지 못하거나 어울리지 못하는 요소는 그 문화생태계에서 자연스럽게 소멸될 것이다.

풍석은 '혼돈밥'과 '고구마밥' 짓는 법을 설명하면서 직접 밥을 해본 경험이 없으면 쓸 수 없는 표현을 쓰고 있다. 혼돈반(渾沌飯)을 지을 때는 멥쌀·팥·밤·말린 대추를 섞어 밥을 한다. 먼저 팥을 삶고, 다음 멥쌀·대추·밤을 넣고 푹 쪄서 떡처럼 익힌다. 멥쌀에 찹쌀을 조금 더하여 찰기를 띠게 하면 더욱 좋다고 했다.[2] 고구마밥(藷飯)은 멥쌀밥이 다 되었을 때 즈음 고구마를 넣는데, 이때 뜸들일 정도면 되지 너무 익히면 고구마가 문드러진다고 했다.[3]

밥을 하는 과정의 변화가 최종적 밥맛에 어떤 영향을 주는지 관찰이 배어 있는 것이다.

2) 떡

우리나라에서는 떡이라고 하면 쌀떡을 지칭하지만 중국 문헌에서는 밀과 쌀을 가리지 않는다. 면 역시 우리나라는 주로 국수를 가리키지만 중국 문헌에서는 밀가루나 국수를 모두 면이라고 지칭하여 그 의미의 폭이 더 넓다고 지적한다. 풍석은 이처럼 '떡[餠]'이라는 말과 '면(麪)'이라는 말에 대해 정확한 용법을 가리는 것을 시작으로, 시루떡을 비롯하여 총 63종의 떡 종류를 다루었다.

곡물가루를 반죽하여 뭉쳐 만든 떡은 고(餻)와 이(餌)와 자(餈)와 탁(飥)이 있는데, 이(餌)는 쌀가루를 찐 떡으로 우리나라의 시루떡 같은 것이고, 자(餈)는 가루를 내지 않고 고두밥을 하여 떡메로 친 떡으로 찹쌀 인절미가 대표적이다. 그 외 기름에 튀긴 떡은 유병(油餠), 꿀을 적신 떡은 당궤(餹饋), 밀가루를 반죽해서 자르고 끓여 삶은 떡은 박탁(餺飥), 쌀을 가루 내어 쪄서 모양을 둥글게 하고 가운데 소를 넣은 떡은 혼돈(餛飩), 쌀을 가루 내서 엿을 가미한 떡은 교이(餃餌), 떡을 따로 삶아내지 않고 제 물에 끓인 떡은 탕중뇌환(湯中牢丸), 발효시켜 풀처럼 부풀린 다음 밀가루를 살짝 띄운 떡은 부투(餢鍮), 또는 포어(飽䬡), 얇은 떡으로 고기를 말아놓은 것을 담(餤)이라 한다. 또 밀가루를 발효시켜 고기로 된 소를 넣은 것을 만두(饅頭)라 한다.[4]

장단(長湍)에 거주하던 풍석은 가까운 황해도 연안(延安)의 '인절미'를 좋게 평가했다. 그 이유는 찹쌀이 다른 지방보다 좋기도 하지만, 먼저 쌀을 찧어 가루 낸 뒤에 푹 쪄서 떡메로 치기 때문에 기름지고 찰지며 밥알갱이가 남지 않기 때문이라고 했다. 대추살을 섞어 찌기도 하고, 당귀잎 가루를 섞어 찌기도 하며, 먼저 붉은 밥(약밥)을 짓고 바로 다시 쳐서 떡을 만들기도 하는데 이들 모두 별미라 한다.

> 인절미는 황해도 연안(延安) 지방의 것이 좋은데, 찹쌀이 다른 지방에서 나는 것보다 나아서만은 아니다. 반드시 먼저 쌀을 찧어 가루를 만든 후에 푹 찌고 이를 완전히 흐물흐물하게 찧는다. 그러므로 기름지고 찰지며 알갱이가 남아 있지도 않는다. 붉은 대추의 살을 섞어 찌기도 하고, 당귀잎가루를 섞어 찌기도 하며, 먼저 붉은 밥을 짓고 【안 붉은 밥은 민간에서 '약밥'이라 부른다.】 바로 이를 다시 흐물흐물하게 쳐서 떡을 만들기도 하니, 모두 별미다. 『주례·변인(籩人)』에서 "변(籩)에 담는 음식은 구이(糗餌)와 분자(粉餈)이다."라 했다. 서개(徐鍇)가 이에 대해서 "분자는 콩을 가루 내어 인절미 위에 뿌린 것이다."라 했으니,

떡 중에 인절미가 가장 오래된 것이다.[5]

3) 죽

죽은 전통적으로 약재를 재료로 하여 병을 다스리는 경우가 매우 많았다. 노약자들의 원기를 보양하는 것이다. 지금도 병원 입원 시, 또는 회복기에 죽을 제공하는 경우가 흔하며 밥 대용으로도 좋다. 종류도 다양하여 쌀죽·원기보양죽·녹두죽·율무죽·깨죽·우유죽 등 87가지나 된다. 풍석은 가장 먼저 죽의 대표 격이라 할 수 있는 '흰죽' 쑤는 법에 대하여 설명했다.

> 흰죽은 늦벼로 쑤어야 가장 좋다. 솥은 돌솥이 가장 좋고 무쇠솥과 노구솥(유기솥)은 그다음이다. 물은 감천수(甘泉水)를 쓰면 좋은데, 샘이 나쁘면 죽의 색이 누렇게 되고 죽이 잘 되지 않는다. 흰죽을 끓일 때는 먼저 잘 찧어 여러 번 씻은 흰쌀을 참기름 두른 뜨거운 솥에 넣고 쌀알에 기름이 스며들도록 대강 볶는다. 이어서 물을 많이 붓고 약한 섶나무 불로 계속 졸이다가 반쯤 익어 즙이 흐르려고 하면 곧 놋국자로 그 즙을 깨끗한 그릇에 떠낸다. 그러고는 놋국자의 등으로 아주 곱게 문질러서 쌀알이 풀어지도록 한다. 여기에 다시 참기름을 넣고 고루 저어 눌어붙지 않게 끓인다. 다음 놋국자로 떠놓은 즙을 서서히 죽에 넣는데, 그 즙이 졸아들면 다시 즙을 떠 넣고, 더할 즙이 없어지면 그친다. 이렇게 하면 우유죽처럼 진한 죽이 된다.[6]

사람의 소화 기관에 부담을 주지 않아 건강에 매우 좋은 음식이라는 기록도 다음과 같이 나온다. 죽이 사람의 건강과 매우 밀접한 것이다.

장뢰(張耒, 1054-1114)의 『장문잠죽기(張文潛粥記)』에 "매일 아침 일찍 일어나서 큰 사발로 한 그릇 죽을 먹으면, 공복에 위가 허한 상태에서 곡기가 바로 작용하여 보하는 바가 적지 않다. 또 죽은 매우 부드럽고 기름져서 배 속 창자와 서로 맞으니, 가장 좋은 음식이다."라 했다.

묘제화상(妙齊和尙)은 "산중의 승려가 매일 아침 죽을 한 번 먹는 일은 건강과 깊은 관계가 있다. 만약 먹지 않으면 종일 장부가 마른 느낌을 받는다. 대개 죽은 위의 기운을 통하게 하고 진액이 생기게 한다."고 했다.[7]

4) 두부, 청포

「관휴지」에서 채소를 먹는 것이 순천(順天)이라고 한 뜻을 먼저 새긴 적이 있는데, 두부는 채소에 부족한 단백질을 섭취하는 최선의 방책일 것이다. 두부는 국을 끓이기도 하고, 굽기도 하며, 꼬치에 꿰고 국물을 더하여 연포(軟泡)를 만들기도 하는 등 활용의 여지가 넓다. '두부' 만드는 법은 풍석의 할아버지인 서명응(徐命膺, 1716-1787)의 『고사십이집』을 인용한 것이 눈에 띈다.[8] 콩의 종류에 관계없이 모두 물에 담갔다가 맷돌에 갈아 찌꺼기는 걸러내고 물에 끓인 뒤 간수 등으로 응고시켜 만드는 방법은 이때에도 그대로 적용되고 있었다.

'청포'에 대해서는 할아버지와 본인의 저서에서 나란히 인용했다. 조부의 『고사십이집』에 따르면 청포는 녹두로 두부를 만드는 것과 같은 방식으로 제조하는데, 다른 점이라면 포대에 넣지도 않고 누르지도 않고 나무그릇에 거두어 담아서 굳힌 뒤에 잘라서 쓴다는 것이다. 가늘게 채 썰어 나물처럼 만들어 식초와 간장을 곁들여 먹으면 매우 좋다고 했다.[9] 반면 서유구의 『옹치잡지』에서는 청포는 녹두로 만들어야 좋다고 하면서도 필수적인 것은 아님을 밝혔다. 예를 들어 치자 물을 들이면 엷은 황색을 띠며 밝고 맑아서 좋고, 누런 콩으로 만들면 빛깔과 맛이 모두 떨어진다는 것이다. 또 흉년에 산골 사람들이 도토리를 갈아 청포를 만드는데 빛깔이 붉고 맛이 담백하여 허기를 달랠 만하다고 했으니, 도토리묵도 청포 종류로 불렸음을 알 수 있다. 처음에는 녹두묵만을 청포라고 했지만, 차츰 청포가 여러 가지 묵을 통칭하게 된 것이다.[10]

2. 과자류

과자 종류에서는 밀전과, 당전과, 말린과일, 과일구이, 법제한 과일, 유과 등 수십 가지 종류를 선보였는데, 대표로 밀전과와 당전과를 살펴보자. '밀전과(蜜煎菓, 과일꿀조림)'는 좋은 열매를 벌꿀로 달여서 졸인 과자이다. 중국 사람들은 밀전과(蜜煎果)라 부르고 우리나라 사람들은 정과(正果)라고 한다. 풍석은 전(煎)과 정(正)이 음이 비슷하여 전과가 정과로 와전된 이름이라고 설명했다. 정과의 일종으로 우리에게 익숙한 것이 수정과(水正果)다. 밀전과 중 하나인 '밀전복분자'를 보자.

> 붉게 익은 복분자를 깨끗이 씻어 냄비나 노구솥에 넣고 꿀을 탄 생강탕을 부어서 잠기게 한다. 달여서 익으면 꺼내어 체질하여 씨를 제거하고 뻑뻑한 즙을 얻는다. 다시 노구솥에 넣어서 눈같이 흰 아주 좋은 꿀을 부어서 뭉근한 불로 달이는데 쉬지 말고 젓가락으로 저어 눌어붙지 않게 한다. 불기운이 충분해져서 이당(飴餳)처럼 뻑뻑해지면 깨끗한 항아리에 담아 냉수 동이 안에 넣어놓는다. 하룻밤 묵으면 응고되는데 칼로 사방 1촌 크기로 잘라 떡 모양을 만든다.[11]

'당전과(糖煎菓, 과일설탕절임)'는 사탕수수로 만든 설탕을 이용한 과자이다. 서유구는 중국의 접대용 음식은 태반이 모두 사탕수수에서 나올 만큼 널리 쓰이는데, 우리나라는 사탕수수를 재배하는 기술이 없어 멀리 북경에서 구매해야 하므로 그 비용을 댈 사람이 드문 것을 매우 아쉬워했다. 과연 조선에서 사탕수수 재배가 가능했을지 여부는 여전히 의문이지만, 풍석은 『임원경제지』 곳곳에서 신품종의 도입을 강조하면서 영호남의 바닷가 고을들은 중국 재배지와 별 차이가 없다고 단언한다. 문익점(文益漸)과 같은 호사자가 없을 뿐이라는 것이다.

> 사탕수수의 쓰임은 넓다. 사탕수수를 달여서 졸였다가 볕에 쬐어 말리고 돌과 같이 응고되어 굳은 것은 석밀(石蜜)이다. 서리와 같이 가볍고 흰 것은 당상(糖霜)이다. 사람과 사물의 형태로 찍어낸 것은 향당(饗糖)이다. 여러 가지 종류의 과류(果類, 나무열매)와 라류(蓏類, 풀열매)에 이를 입힌 것은 당전(糖纏)이다. 우유로 만든 수락(酥酪)을 섞은 것은 유당(乳糖)이다. 중국에서 손님을 접대하는 음식은 태반이 모두 사탕수수에서 나온다. 우리나라 사람들은 유독 사탕수수를 재배할 줄 모르고 반드시 멀리 연경(燕京)의 가게에서 구매하니, 호귀(豪貴)한 사람이 아니면 구입할 수가 없다. 그러나 영남과 호남의 바닷가에 있는 고을들에서는 기후의 따뜻한 정도가 중국의 사탕수수가 나는 지방과 비교하여 서로 크게 차이나지 않는다. 만일 종자를 전하고 농법대로 재배하기를 권장한다면, 결코 이루지 못하지는 않을 것이다. 다만 문익점(文益漸)과 같이 일을 좋아하는, 바로 그 사람[其人]이 없음이 걱정일 뿐이다.[12]

1) 포

말린 고기를 포(脯)라고 하듯이 '말린 과일'도 포(脯)라고 한다. 과실을 얇게 잘라서 볕에 말리면 육포와 같기 때문이다. 또 말려서 가루를 낸 과

실포를 과유(菓油)나 과면(菓麪)이라 한다. 가루 낸 과유를 꿀로 반죽하여 찍어낸 것을 과병(菓餠)이라 한다. 우리나라 사람들은 특히 과병을 다식(茶食)이라 한다. 다식은 차를 마실 때 먹는 과자이다. 이들은 모두 햇볕에 말려서 만드는 것으로 형태는 조금씩 다르지만 본질적으로 같은 종류라고 했다.[13] '포과(脯菓, 말린과일)' 중에서 '강분정(薑粉錠)'과 '조유정(棗油錠)'을 보자.

강분정을 만들 때는 어린 생강을 질동이에 갈아 물을 부어 맑게 가라앉힌 다음 찌꺼기는 걸러내고 가루를 취해 볕에 말린다. 여기에 곶감 거죽에 돋은 흰가루[枾霜]와 설탕 및 백밀을 섞어서 떡처럼 찍어낸다. 강분정은 신명을 통하게 하고 비장을 따뜻하게 하는 효능이 있으므로 통신병(通神餠)이라 할 만하다. 백 가지 유익함이 있는 과실이 대추이므로 대추다식을 백익병(百益餠)이라고 한다. 조유정을 만들 때는 대추즙 엉긴 것을 꿀로 반죽하여 설탕가루, 계핏가루, 후춧가루를 넣고 찍어내 정(錠)으로 만든다.

생강은 신명을 통하게 하는 효능이 있다. 공자도 향당편에서 생강을 빠뜨리지 않는다[不撤薑食]고 했듯이, 생강의 중요성에 대한 인식은 오래되었다고 할 만하다. 대추는 백 가지 유익함이 있어서 '백익'이라는 별칭을 얻었다. 대추와 생강만으로 감기를 다스리는 법은 우리 문화의 기층이기도 하다.

지금은 통상 과실이라고 칭하지만, 옛사람들은 나무열매는 과(果)라고 하고 풀열매는 나(蓏)라고 하여 구별했다. 나무나 풀의 열매는 모두 오곡을 보좌하는 중요한 역할을 하기도 하지만 이를 과식하면 도리어 사람을 상하게 한다고 한다. 그런데 이를 완화하기 위해 과실을 굽거나 법제하는

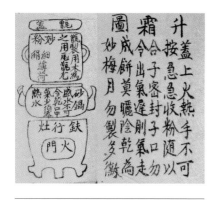

〈그림 3-50〉 승상도 (「정조지」 고려대학교 소장본)

가공법이 있다. 법제는 의사들이 약을 쓰면서 굽거나 말리거나 섞거나 물에 담그는 방법을 통하여 치우친 성질을 바로잡고 독을 제거하는 처치를 말한다. '외과(煨菓, 과일구이)'는 과일을 굽는 것인데, 과일을 구워서 익히는 이유는 목기(木氣)를 제어하기 위함이라고 했다. '법제과(法製菓, 법제과일)'는 일정한 가공을 통해 법제한 과일을 말하는데 그 방법으로 '승련옥로상(升煉玉露霜)' 제법이 그림과 함께 전한다. 「정조지」에 수록된 유일한 그림 자료이다. (그림 3-50)

우선 콩가루 0.5근을 노구솥에 넣고 불에 볶아 말려 콩 비린내를 없애둔다. 깨끗이 말린 용뇌(龍腦)와 박하(薄荷) 1근을 시루에 넣은 다음, 고운 명주로 덮은 다음 그 위에 콩가루를 얹고 시루의 뚜껑을 덮는다. 노구솥 위에 시루를 얹어 시루꼭대기까지 매우 뜨거워지도록 쪄서 콩가루가 서리처럼 엉기면 완성된 것이다. 서리같이 엉긴 가루 8냥마다 백당 4냥, 졸인 꿀 4냥을 배합하여 고루 섞고 빻아 매끄럽게 반죽하여 떡 모양으로 찍거나 혹은 환을 만든다. 이를 입에 머금고 있으면 담을 삭이고 화(火)를 내려준다. 또한 차 삼아 먹을 수 있고 화증(火症)도 치료할 수 있다.[14]

'점과(黏菓, 유과)'에서는 우리나라 사람이 잘 쓰는 '과'를 다루었다. 과는 산자(饊子), 또는 한구(寒具)라고도 한다. 한구는 겨울에서 봄까지 일상적인 식품으로 오래 두어도 상하지 않기 때문에 그런 이름이 붙은 것이다. 우리나라 사람들은 유독 과(菓)를 봉제사접빈객에 많이 쓰면서 중요시했다. 풍석은 산자가 고려의 절집 풍속으로부터 나왔다고 의심하여 제사에 쓰기를 기꺼워하지 않는 것은 잘못이라고 하면서, 제작의 본뜻을 크게 거스르지 않는다면 풍속을 따라도 좋다는 의견을 보였다.

산자(饊子)를 만드는 법은 먼저 좋은 찹쌀을 가루로 빻아 곱게 체로 치고, 반죽하여 1촌 크기로 편을 잘라서 참기름으로 지진 다음 산자밥풀을 겉에 붙인다. 이 밥풀이 저장을 오래 할 수 있게 하는 것이다.

산자 만드는 법:

가장 좋은, 백정향(白丁香, 흰 정향나무)의 색을 띤 찹쌀을 가루로 빻아 고운체로 친다.

여기에 밀가루를 조금 넣고 소금물에 반죽한 다음 나무밀판 위에서 아주 얇게 밀어서 편다. 이를 칼로 직경 0.1척 정도 되는 편으로 썬다. 이 편을 쟁개비나 삼발이솥 안에서 참기름으로 지진다.【혹 중국인들은 창이자(蒼耳子, 도꼬마리)기름으로 한구를 지진다고 하는데, 시험해 볼 일이다.】지질 때는 구멍 뚫린 국자로 자주 눌러서 산자 몸통이 부풀어 오르지 못하게 한다. 지진 뒤 젓가락으로 건져 올려 깨끗한 소반 위에 둔다. 따로 벌꿀·흰엿을 서로 섞어서 녹인 다음 이를 산자 위에 끼얹어 섞는다. 이어서 이 산자를 강반(산자밥풀 옷, 곧 찹쌀을 쪄서 말린 것을 보자기에 싸서 끓는 기름에 튀긴 밥풀) 속에 넣어 몇 차례 굴리면, 강반이 알알이 산자 편 위에 달라붙어 산자의 옷이 된다. 깨물면 바삭거리는 소리가 나며, 몇 개월을 두어도 상하지 않는다.[15]

2) 청량음료, 율추숙수

음료로 통칭할 수 있는 탕과 장, 차와 청량음료 등의 종류도 이채롭다. 그 중 유자로 만든 '유장(柚漿)', 갈수, 숙수를 뽑아보았다.

유장 만드는 법

사기항아리에 눈처럼 흰 아주 좋은 벌꿀 2~3승을 담고 생유자 10여 개를 그 안에 넣은 뒤에 항아리 입구를 밀봉한다. 이를 땅광에 100여 일 동안 넣어둔다. 꺼내보면 꿀이 명유(明油, 법제들기름)처럼 변한다. 유 자를 건져내고 찌꺼기를 거른 뒤에 맑은 부분을 사기항아리에 담는다. 물 한 잔에 유장 1큰술을 타서 마시면 달고 향긋하니 입을 상쾌하게 하여 여름에 가장 좋다고 했다.[16]

'갈수(渴水, 청량음료)'는 역시 목이 마를 때 시원하게 마시는 청량음료 다. 향약과 과일과 설탕을 담아 빚은 음료로 탕이나 장과 같은 종류이다. 풍석에 따르면 당시에는 만드는 사람이 드물어 혹 만드는 자가 있어도 탕 이나 장으로만 부를 뿐 '갈수'라고 부르지는 않는다고 했다. '숙수(熟水, 달 인 음료)'는 적당한 재료를 넣고 달여 만든 음료이다. 우리나라 사람들은 숭늉을 '숙수'라고 하는데, 이름은 같지만 실상은 다르다. 숙수 중에 밤송 이를 달인 물인 '율추숙수(栗皺熟水, 밤송이숙수)'가 특이하다.[17] 밤송이를 가시 그대로 깨끗이 씻고서 물 1잔마다 3~5개를 넣어 달인 뒤 밤송이를 제거한다. 그 물을 마시면 흉격을 맑게 하고 담을 삭이는 효능이 있다고 한다. 풍석은 고려시대의 궁궐 주방에서 매번 이 물을 올린 기록을 보고, 고귀한 왕실에서 하찮은 재료를 사용하는 것은 검약함을 숭상한 덕이라 고 칭찬했다. 송나라 사람들이 향신료를 많이 썼으나 도리어 호귀함으로 인한 질병으로 고생했다는 고사가 있는데 이에 비교되는 좋은 사례로 평 가했던 것이다.[18]

3. 육류, 해물 요리

고기와 해산물을 먹는 갖가지 요리법 309종류 중 갱확·번자·회생·포석

·해자·엄장어육·기타 고기 요리법에서 몇 가지를 뽑았다. 현재의 고깃국이나 탕에 해당하는 갱(羹)은 본래 양을 삶은 음식이나 염소를 조리하여 만든 음식을 뜻했으나 차츰 모든 조류와 짐승, 어류와 갑각류의 살을 삶아서 만든 음식을 모두 갱이라고 부르게 되었다. 채소가 들어가면 갱, 채소가 없으면 확(臛)이라고도 한다.

고기 요리의 기본은 고기 삶기다. 질긴 고기 무르게 삶는 법, 묵은 고기 누린내 나지 않게 삶는 법, 단단한 생선 무르게 삶는 법 등을 비롯하여 쇠고기·양고기·돼지고기·잉어·붕어 등 각종 육류와 생선을 삶는 법을 이야기한다. 그중에 가장 고급 요리로 손꼽히는 열구자탕(悅口子湯)에 대한 기사를 뽑았다. '열구자탕(悅口子湯)'은 뜻이 입을 즐겁게 하는 요리다. 그 재료가 다양할 뿐만 아니라 조리 도구인 신선로가 독특하여 흥미를 끈다.

> 놋쇠로 단지 모양의 도구를 만드는데, 크기는 작은 동이만 하게 하고 중앙에는 쇠로 된 원통을 설치하며 전체적인 형태는 아가리가 넓은 호리병같이 한다. 원통에는 숯불을 장치할 수 있도록 하고 사방에 홈을 둘러 7~8주발의 물을 담을 수 있도록 한다. 재료를 쟁여 넣고 간장물을 부어 뚜껑을 덮은 뒤, 숯불을 원통에 넣고 가열하면 물이 끓어 재료가 고루 익는다. 이를 색깔대로 자기 숟갈[磁匕]로 떠서 상에 올린다. 재료는 소 가슴 밑살·소 위살·소 천엽살·돼지 살코기·저장하육[猪腸下肉, 돼지막창 일명 사기가(沙器家)]·닭고기·꿩고기·붕어·숭어·말린 전복·해삼·파·부추·미나리·배추·순무·무·오이·생강·고추·천초·후추·잣·말린 대추·계란 흰자를 모두 차근차근 놋단지 안에 쟁여 넣는다. 먼저 냉수에 간장을 타서 간이 맞으면 기름기가 많은 고기와 참기름을 넣고 끓인다. 몇 차례 끓으면 고기를 건져내고 육수를 깨끗한 그

릇에 거두어두었다가, 재료가 다 쟁여지면 놋단지 안에 육수를 부어
서 잠기게 한다.[19]

'번자(燔炙)'는 불에 구워 조리하는 음식을 말하는데, 불에 가까이 구
운 것을 번(燔)이라 하고 불에서 멀리 떼어 구운 것을 자(炙)라 한다. 또
은근한 불로 데운 구이를 은(炈)이라 하고 고기를 감싸서 구운 것을 포
(炮)라 한다. 풍석은 돼지를 구울 때 냉수 한 동이를 옆에 두었다가 굽자
마자 물에 담기를 여러 차례 반복한 뒤에 기름간장과 양념을 바르고 다
시 구우면 매우 연하고 맛이 있다고 했다. 쇠고기를 연하게 구운 설하멱
(雪下覓)처럼 고기를 굽다가 물에 넣었다 빼는 과정을 반복하는 고기 굽
기의 새로운 방식을 소개한 것이 이채롭다. 마지막으로 민간에서 유행하
는 '번철[煎鐵]' 또는 '전립투(氈笠套)'라고 하는 쇠로 만든 투구를 뒤집어
그 챙에 고기를 얇게 얹어 구워 먹는 방법을 소개했다. 이것은 일본에서
부터 유래되었으며 지금은 나라 안에 두루 퍼졌는데, 중국에는 이런 방
법으로 만들어 먹는 음식이 있는지는 듣지 못했다고 썼다.[20]

— 회와 포

회는 생선회와 육회로 나뉜다. 생선과 고기를 날것 그대로 식재료로 쓰
므로 생선회는 '어생(魚生)', 육회는 '육생(肉生)'이라고도 한다. 때로 살짝
삶거나 데친 것도 회생이라고 부른다. 풍석이 전하는 쇠고기육회는 소 위
장과 소 천엽을 함께 끓는 물에 약간 데쳐내고, 얇게 썰고 다시 실처럼
채로 썰어 간장 식초와 함께 먹거나 겨 자장과 함께 먹는다고 한다. 양고
기육회 만드는 법도 이와 같다. 생선회로는 동치회(凍鯔膾)가 있는데, 겨울
에 숭어를 잡아 얼음이나 눈 위에 하룻밤 내어두어 충분히 얼린 뒤에 비
늘과 껍질을 제거하고 잘 드는 칼로 나뭇잎처럼 얇게 저며 겨자장에 찍

어 먹으면 매우 상쾌하고 맛있다고 했다.[21]

생선이나 고기를 절여 저장하는 방법으로 '포(脯)', '단(腶)', '석(腊)' 등을 소개했다. 얇게 자른 고기는 '포(脯)'라 하고, 찧어서 생강과 후추를 뿌린 고기는 '단(腶)'이라 하며, 작은 재료를 통으로 말린 고기는 '석(腊)'이라 한다. 쇠고기육포를 만드는 방법 중에서 불에 쬐는 배포법(焙脯法)을 소개하면서, 배포법에서는 쇠고기의 힘줄과 비계를 깨끗이 제거하고 얇게 잘라 포를 만들고 흰소금과 천초를 뿌린다. 화롯불 위에 배롱을 두고 포를 배롱 위에 걸어 불에 쬐어 말리면 매우 연하고 맛이 있다. 양고기와 사슴고기도 모두 이 방법에 따라 만들 수 있다. 풍석은 이런 방법이 생명을 아끼는 어진 사람이 마음을 써서 만든 방법이라는 평가를 내렸다. 예를 들어, 1마리의 가축을 양으로만 치면 한 사람이 100일 동안 먹을거리가 된다 하더라도 실제로는 고기가 쉽게 상하기에 저장법이 마땅치 않으면 매일 잡아도 신선한 고기가 부족하게 될 터인데, 만약 소금에 절이거나 술지게미에 담가 오래 저장하면 살육을 줄일 방도가 된다고 했다. 풍석은 육식은 역리(逆理)이며 채식이 순리(順理)라는 입장을 견지하고 있었으므로, 이처럼 육식을 하더라도 적절한 방법을 강구하고자 했다.[22]

4. 김치 담그는 법

'채소 절이기(엄장채, 醃藏菜)'에서는 김장 담그기, 곧 엄장법을 설명하고 있다. 엄(醃)은 담근다, 장(藏)은 저장의 뜻으로, '엄장(醃藏)'이란 채소를 담가서 오래 먹을 수 있게 저장한다는 의미가 된다. 여기에 동원되는 재료는 소금이나 술지게미, 향료를 포함하며, 맛있는 채소류를 저장하여 겨울에 대비하는 긴요한 방법이므로, 향촌 생활을 하는 사람은 반드시 익혀야만 한다고 풍석은 강조했다. '자채(鮓菜, 담금채소)'에서 자(鮓)는 생선을 저장하는 방법을 가리키며, 소금과 쌀로 생선살[魚]을 삭혀 만든다. 우리

말로는 식해(食醢)가 가장 가깝다. 후세에 쌀·누룩·소금·기름으로 채소를 삭힌 음식도 포함되었다. '제채(虀菜, 절임채소)'는 자채와 비슷한데, 젓갈·장·생강·마늘 등 짜고 매운 양념으로도 만들 수 있다. '저채(菹菜)'가 바로 오늘날의 김치를 가리키는 것으로 이해된다.

풍석을 이들을 묶어 설명하기를, "대개 엄채, 제채, 저채는 크게는 한 종류이면서 이름이 다르다. 다만 저채는 한번 익으면 먹을 수 있고, 엄채는 다시 국에 데친 이후에 먹을 수 있다. 제채는 가늘게 자르고 저채는 뿌리와 잎을 모두 삭히는데 이것이 다른 점이다."고 했다.[23] 저체 중의 '혜저'를 뽑아 올린다.

저채에는 혜저(醯菹)라는 젓갈을 이용한 '무김치'가 있는데 재료로 무·오이·가지·동아·배추·갓 등의 채소와 조기젓갈·전복·낙지·녹각·소라·천초·고추 등의 양념이 들어간다. 서리가 내린 뒤에 무를 잎이 붙은 채로 취하여(늙은 잎은 제거하고 다만 어린잎만 취한다) 깨끗이 씻고, 각각 세로로 갈라 3~4편으로 만든 다음 깨끗한 동이 안에 넣고 약간의 소금을 뿌려둔다. 3일이 지나면 오이(미리 6~7월에 소금에 절여놓았던 것을 물에 담가 소금기를 빼서 쓴다)·가지(꼭지를 제거한 것)·동아(껍질과 속을 제거하고 잘라서 조각으로 만든 것)·배추(뿌리 및 줄기와 껍질을 제거한 것)·갓(뿌리와 잎 및 줄기와 껍질을 제거한 것) 및 여러 종류의 양념과 같이 단지 안에 쟁여 넣는다. 양념으로는 조기젓갈(비늘 및 머리와 꼬리를 제거하고 비스듬히 잘라 편으로 썬 것)·전복살(날것을 편으로 썬 것), 소라살(편으로 썬 것), 낙지(1촌 길이로 썬 것)·굴(생으로 쓴다)·녹각채(몇 촌 길이로 썬 것)·생강(껍질을 제거하고 썬 것)·천초(씨를 제거한 것)·고추(1촌 길이로 썬 것)를 써서 한 층은 채소, 한 층은 양념을 층층이 쟁여 넣는다. 감천수에 젓갈즙을 타서 간이 맞으면 부어서 담근다. 기름종이로 단지 주둥

이를 봉하고 짚으로 싸서 땅속에 깊이 묻음으로써 김치가 얼어서 손 상되지 않도록 한다. 21일 뒤에 익는다.[24]

채식을 더 높이 쳤던 「관휴지」 서문에서의 풍석의 말을 강화해주는 듯 채식을 즐기는 소식가(素食家)들에게 어울리는 채소를 기름에 지지는 법 과 기름에 볶는 방법 등도 소개했다. 은거한 선비의 깨끗한 음식 중에서 진귀하면서도 검박한 음식이다. 우리나라 사람들은 이것을 자반[佐盤, 좌 반]이라 부르는데 밥상 위의 밥을 돕는다는 뜻에서 왔다. '유전채(油煎菜, 기름에 지진 채소)', '식향채(食香菜, 식향을 가미한 채소)' 등이 그것인데, 회 향, 시라(蒔蘿), 차조기, 계피, 산초와 같은 향료나 약초를 채소와 섞어 향 과 맛을 낸 것이다. 식향(食香)은 중국 사람들이 일상적으로 쓰지만 우리 나라에는 널리 쓰이지는 않고 있는 상황이라 하지만 향료가 들어가면 음 식의 풍미를 훨씬 더한다고 평가했다.[25] 또 '말린 채소(건채, 乾菜)'는 생채 를 볕에 말린 야채 포의 일종인데, 깍둑썰기나 채를 쳐서 소금과 술지게 미, 혹은 향약을 넣는 것이다. '수채(酥菜)'는 두채(荳菜, 콩류)를 갈아서 졸 인 다음 눌러 짜서 덩어리를 만들거나 혹은 그릇에 담아 굳힌 것으로, 콩으로 만든 식물성 유제품이다. 그 모양이 '수락(酥酪, 치즈)'의 겉면 같아 맛 또한 달고 부드러우며 촉촉하다는 뜻도 들어 있다. '해대전(海帶煎)'은 다시마튀각[奪角, 탈각]인데, 매우 부드럽고 맛이 있다고 평가했다. 다시마 를 물에 하룻밤 담가두었다가 몇 촌의 길이로 잘라서 끓는 기름에 튀기 는데, 누렇게 되어 향기가 나고 부풀어오르면 볶은 참깨를 뿌려서 식으 면 먹는다고 했다.[26]

1) 소금과 장

삼면이 바다에 접한 조선은 온 나라 사람들이 모두 해염(海鹽, 바다소금)

을 먹으며 다른 종류는 없다. 중국이 해염(海鹽)·정염(井鹽)·지염(池鹽)·감염(鹻鹽)·애염(崖鹽)·석염(石鹽)·목염(木鹽)·봉염(蓬鹽) 등 품목이 다양한 것과 대조된다. 우리나라 서남해에서 나는 소금은 질그릇에 끓여서 만드는 자염(煮鹽)인데, 동북해에서 나는 소금은 쇠그릇에 넣고 끓이기 때문에 철염(鐵鹽)이라 부른다. 철염은 맛이 서남해산에 비해서 못하다고 한다.[27]

'장(醬)'에서는 글자 풀이를 하면서, 장수 장(將)이 들어 있는 장(醬)은 장수가 적들을 평정하듯이 음식물의 독 기운을 제압한다고 했다. 장의 의미를 멋들어지게 풀었다.[28] 중국은 장의 재료를 다양하게 사용하여 장의 맛도 모두 다른 반면, 우리나라에서는 오로지 대두만을 쓰는데 그중에 3~5년 묵은 장은 색이 제호(醍醐)와 같고 맛은 수타(酥酡)에 맞먹는다고 한다. 중국 양나라 의학자 도홍경(陶弘景)이 장에 대해서 논하면서 두장(豆醬)은 오래 묵은 것이 낫다고 했던 근거를 들어 그렇다면 우리나라의 장이 마땅히 천하제일이 된다고 했다.[29]

우리나라의 장 만드는 과정은 6가지로 구성된다. ① '독 준비하기[備甕]', ② '소금 고르기[擇鹽]', ③ '물 가리기[揀水]', ④ '메주 만들기[造末醬]', ⑤ '장 담그기[沈醬]', ⑥ '장 뜨기[取醬]'이다.

① 독 준비는, 7월에 빚은 온전하고 두꺼우며 아가리가 큰 독을 골라 모래 구멍이 있는지 세심하게 살피는 일로 시작한다. 연기가 스며 나오는지 살피기 위해, 바람이 없는 곳에서 장독을 땅에 엎은 뒤 볏짚에 불을 붙여 넣고 독 주위를 세심하게 확인한다.
② 소금은 쇠솥에 굽거나 큰 바다에서 난 것은 장 담그기에 좋지 않으니, 서남부 해안의 긴 포구에서 깊이 들어간 곳에서 질그릇에 구운 것을 쓴다. 밀실 안에 두고 나무나 돌에 소금 둥구미를 얹어 간수가 깨끗

이 빠져나온 뒤에 사용해야 한다.

③ 장맛은 전적으로 물의 품질이 좌우한다. 반드시 단 샘[甘泉]이나 강 중앙의 물을 취해 큰솥 안에 넣어 팔팔 끓이고, 여기에 소금을 섞은 뒤 식으면 찌꺼기를 걸러내고 쓴다. 혹 납설수(臘雪水)를 써서 장을 만들면 벌레가 생기지 않고 맛도 좋은데 납설수를 만드는 법은 「본리지」에 보인다. 또한 『관서구속지(關西舊俗志)』를 살펴보면, 6월 6일에 깨끗한 독에 물을 담아두면 일 년이 되어도 냄새가 나지 않고, 이것으로 장과 장아찌를 만들면 일 년이 지나도 맛이 변하지 않는다고 했다.

④ 메주를 만들 때는 먼저 높고 마른 곳에 말구유 모양으로 긴 도랑을 파는데 깊이는 1척 정도면 된다. 도랑의 네 귀퉁이에는 물길을 만들어 두고 빈 둥구미나 엮은 띠풀 따위를 도랑 안에 편다. 모래와 돌을 일어낸 콩을 물에 담가 하룻밤 두었다가 건져낸 뒤, 큰솥 안에 넣어 물을 붓고 푹 삶는다. 하룻밤 지나고 꺼낸 뒤 절구에 넣어 진흙처럼 문드러지도록 찧고 손으로 다듬어 덩어리를 만든다. 크기는 수박만 하게 하여 큰 칼로 2조각으로 자르고 각 조각을 또 가로로 자르면 모양이 반달과 같고 두께는 0.1척 남짓 된다. 이어 도랑 안쪽의 빈 둥구미 위에 비늘처럼 연달아 펴놓고 따로 빈 둥구미나 띠풀 따위로 두텁게 덮어 바람이 통하거나 비가 새어들지 않게 한다. 습기가 차서 곰팡이가 피면, 덮개를 열고 1번 뒤집어준 뒤 도로 덮는다. 이와 같은 과정을 8~9회 하면 자연히 수십 일이 걸려 거의 다 마른다. 바로 이때서야 꺼내어 볕에 말렸다가 쓴다.

⑤ 장을 담글 때는 물로 메주를 깨끗이 씻어 독 안에 넣은 다음 소금물을 붓는데, 메주 10승마다 소금 6~7승, 물 1통의 비율로 한다. 가을·겨울에는 소금이 적어도 무방하고 봄·여름에는 소금이 많아야 좋은데, 소금물이 메주보다 약간 높게 하고 뚜껑을 덮지 않은 채로 볕에

말린다. 비가 오면 바로 뚜껑을 덮어 빗물이 한 방울도 스며들지 못하게 해야 한다. 물이 줄어들면 다시 소금물을 더하는데, 미리 소금물을 담은 작은 독을 곁에 두고 필요하면 쓴다. 바싹 마른 메주를 장독 아가리까지 가득 넣으면 소금물에 부풀어 독이 터질 염려가 있으니, 독 아가리까지 채우지 않는 것이 좋고, 또 미리 대나무로 독의 배 상하로 테를 둘러야 한다.

⑥ 장을 뜰 때는 충분히 익은 장 속에 손을 넣어 한가운데 깊은 웅덩이를 만든 뒤 자루가 긴 놋국자로 간장을 떠내어 옆에 준비해둔 작은 독 안에 나누어 담고 볕에 말린다. 끓인 물에 적당량의 소금을 섞어 다시 장독 속에 부어두면 오래지 않아 다시 간장이 된다.[30]

이 중 메주 만들기는 서울에서 메주 만드는 방법을 풍석은 특히 권장했다. 메주를 만들 때는 반드시 이 방법으로 해야 장을 담아야 해가 지나도 맛이 좋다는 것이다. 그에 반해 시골에서 메주 만드는 법을 보면 메주를 뭉쳐서 방안에서 띄우기 때문에 덩어리의 속은 끝내 잘 마르지 않는다고 한다. 이런 메주를 가지고 장을 만들면 맛을 잃는 경우가 많고 또 오래가지도 않는다는 것이다.

2) 기름과 양념

기름과 유제품은 먹으면 사람을 살찌우고 윤택하게 한다. 기름은 곡물이나 채소의 씨를 짜서 만들고, 타락과 같은 유제품은 소나 양의 젖을 졸여서 만든다. 그 본원이 식물성이냐 동물성이냐로 서로 나뉘기는 하지만 음식이나 반찬에 들어가면 부드럽고 풍미가 좋아져 필수 음식 재료라는 점에서 같다고 했다. 다만 북쪽 지방 사람들은 타락을 좋아하고 남쪽 사람들은 기름을 좋아하는데, 조선 사람들은 본래 목축 기술에 어두워 참깨로 짠 참기름만 알 뿐이라고 안타까워했다. 배염마설(配鹽麻屑)이라는 양념은 말 그대로 깨와 소금을 배합한 것인데 오늘날 '깨소금'이 바로 연상된다. 참깨 10냥에 소금 3냥을 넣고 향기가 나도록 함께 볶은 다음 찧어 가루 낸 뒤 사기항아리에 보관한다고 한다. 채소국이나 고깃국의 맛을 내는 데 쓰기도 하고, 채소나 고기에 뿌려 버무리기도 한다.[31] 양념(임료, 飪料) 조에서 매운 맛 양념은 위장을 열어주고, 단맛 양념은 입을 즐겁게 해주고, 향이 강한 양념은 잡냄새를 쫓아버리고, 타락은 굳은 음식을 연하게 해준다고 설명했다. 식재료에서 빠뜨릴 수 없는 것이 양념인데, 요리를 하면서 양념을 쓸 줄 모르면 수준 낮은 음식으로 전락하고 만다고 지적했다.[32]

5. 술빚기

「정조지」에 무려 술 167 종류가 나온다. 전통주의 보고라는 평가가 어색하지 않은 것이다. 풍석은 술의 연원과 뜻에 대해, "술[酒]은 젖[乳]이다. 몸을 부드럽게 하고 노인을 보익한다." "술은 이루는[就] 것이다. 인성의 선악을 이룬다." "술은 유(酉)이다. 쌀과 누룩으로 빚으면 발효되어 술이 되니 그 맛이 좋다." "또 술은 삼간다[踧踖]고도 한다. 술을 잘하고 못하고 간에 음주 시에 모두 서로 조심하려고 애쓴다." 등으로 고증했다.[33] 뜻을 풀면서 술의 용도, 좋은 술의 조건, 술 마실 때의 삼가는 태도 같은 파생적 의미도 추출해내고 있다. 풍석은 술빚기의 핵심적 비결을 '양주삼매(釀酒三昧)'로 표현하고 내용을 다음과 같이 압축했다.

> 술을 잘 빚기 위해서는 누룩을 잘 다루어야 한다. 먼저 누룩을 밤알 크기로 부수어 3일 동안 낮에는 볕을 쬐고 밤에는 이슬을 맞혀 더러운 기운을 없앤다. 또한 잘 익은 독을 3일 동안 물에 담갔다가 깨끗이 씻은 뒤 볏짚 연기로 훈증 소독하고 쓴다. 술 빚을 쌀은 깨끗이 씻는

것이 중요하므로 옛날 방식에서는 모두 100번 씻기를 기준으로 했다. 만일 깨끗이 씻지 않으면 술맛이 나쁘고 빛깔이 탁해진다. 술밥을 지을 때는 물에 하룻밤을 담가야 잘 익는다. 또 술밥을 식힌 다음에 독에 넣어야 술이 시어지지 않는다. 그러므로 "100번 씻고, 하룻밤 물에 담그고, 식도록 둔다[百洗 浸宿 放冷]."는 이 여섯 글자는 고금을 막론하고 '양주삼매'이다.[34]

풍석은 술 167종을 체계적으로 분류하고, 그 종마다 들어가는 재료와 술 제조법 248개를 다시 치밀하게 제시했다.[35]

— 소주

술을 탁주, 청주, 소주로 나눠서 볼 때 북쪽 지방의 추운 곳에는 소주가 상대적으로 더 많이 퍼지고 남쪽 지방의 따뜻한 곳에서는 청주나 탁주의 소비가 더 활발하다. 그런데 탁주에서 청주로 가는 변화는 청주에서 소주로 가는 변화에 비하면 지엽적인 변화라 할 만큼 소주의 발명은 역사적 중요성이 크다. 소주의 발명은 알코올 도수를 높여 술의 유통 기한을 거의 무한대로 확장시키는 결과를 낳았다. 소주는 화주(火酒)나 노주(露酒)라고도 하고 아랄길주(阿剌吉酒)라고도 하며, 이름에서 보듯이 아랍 지역에서 시작하여 원나라를 통해 고려에 알려졌다고 한다. 소주 증류의 기본은 진한 술을 술지게미와 섞어 시루에 쪄서 김이 올라오게 하여 그릇에 떨어지는 액체를 받는 것인데, 물과 같이 맑고 맛은 진하고 독하니 '술의 정화'라고 불린다. 소주의 다른 장점은 맛이 시어져버린 술, 상한 술도 증류하면 마실 만한 소주를 얻을 수 있는 것이다. 약주를 제조하면 의료적 쓰임도 넓다. 하지만 탁주나 청주에 비하여 소주는 재료와 비용에 비해 얻는 양이 적다.[36]

소주에는 많은 종류가 있으나 여기서는 대표적으로 귀리소주를 예로 소개한다.[37]

곱게 찧은 귀리 100승을 등구미로 싸서 길게 흐르는 물속에 담가둔다. 3일이 지난 뒤에 꺼내어 멥쌀 30승과 함께 2번 뜸을 들인 밥을 지은 뒤 펼쳐서 식힌다. 밀기울누룩 가루 80승과 고루 섞어 독에 넣고 익으면 보통 방법대로 고아서 노주(露酒)를 받는다.

술이 귀한 음식으로 대접받고 있으므로, 맛이 변한 술을 다스리는 방법과 보관상의 주의사항에 대해서도 자세하게 설명하고 있다. 옛사람들은 술을 먹어서 수명을 늘리고 술로 병을 다스렸다. 「보양지」 '약이(藥餌)'에도 약주가 나오지만 「정조지」에도 약주가 63종 소개된다.

마지막으로 술의 제조 이외에 술을 마시는 교양 또는 풍속에 대해 말하고 있는데, 술병을 예방하는 방법과 취하지 않는 방법, 혹은 술을 마시고 바로 취하는 방법, 중국과 우리나라의 술 마시는 풍속을 흥미롭게·비교하고 있다. 박지원의 『열하일기』에서 인용했다.

우리나라 사람들은 술을 마시면 천하 사람들보다 독하게 마신다. 반드시 큰 사발로 들이키면서 이마를 찌푸리고는 한 번에 비운다. 그러므로 술을 마시기만 하면 반드시 취하게 되고, 취하면 꼭 주정을 하게 된다. 이것은 들이붓는 것이지 마시는 것이 아니고, 배를 채우는 것이지 흥취를 돋우는 것이 아니다. 중국 사람들은 술 마시는 법이 매우 우아해서, 비록 한여름이라도 반드시 데워서 마시는데, 소주도 데운다. 살구 크기 술잔을 입에 대어 조금씩 마시고, 탁자 위에 남겨두었다가 잠시 뒤에 다시 마시며, 거만하게 한 번에 비우는 경우가 없다. 조선 사람

처럼 큰 그릇이나 주발에 마시는 사람은 전혀 없다.[38]

술은 술의 맛 자체도 중요하지만 모인 사람들의 흥취나 분위기가 더 큰 의미를 가진다는 것은 술을 음미하기 시작한 이후 모든 역사가 증거하는 것이 아닐까 한다.

2절. 건강 양생 분야
"불가·도가를 융회하여 최상의 유가 양생술을 이루다"

1.「보양지」의 양생

음식에 대한 내용「정조지」에 이어「보양지」는 본격적인 '양생'을 다룬다. 생명을 가진 개체로서의 인간은 자신의 주변 환경과 긴밀하게 상호작용을 하는 유기체로서 생존의 지속과 확대를 끊임없이 지향한다. '양생'은 바로 인간의 그러한 활동을 총체적으로 말한다.「보양지」는 역대 양생의 다양한 원리와 방법에 대한 지식들을 대거 수집하고, 활용하기 쉬운 형식으로 체계적으로 정리해놓은 것이다.

양생과 함께 또 하나의 짝이 되는 것은 실제 질병에 대한 치료의 문제다. 양생의「보양지(葆養志)」와 치료의「인제지(仁濟志)」가 나란히 편성된 것은 우연이 아니다.「인제지」가 '질병(疾病)'의 '치료'에 초점을 둔 것이라면「보양지」는 몸이 병들기 전에 미연에 예방하며 평소 쾌적한 심신의 상태를 유지하고자 하는 것이다.

그런데 방대한 양생과 치료의 지식을 수집하였다 하더라도 유학자로서 풍석은 결코 불멸(不滅) 혹은 불사(不死)를 지향하지는 않았다. 인간이 죽음을 초월하거나 불로장생을 목표로 하지 않았으며, 몸이 가진 수명의 한계 속에서 건강하게 오래 사는 것일 뿐이었다. 유교에서 이상적으로 그리는 삶이란 공동체 속에서 인간다움을 실현하면서 교양인으로서 살아가는 것이다. 때때로 이러한 양생론은 도교에 뿌리를 두고 불멸을 지향하는 논의들과 충돌한다. 그러한 점에 대해 풍석은 충분히 의식하고 있었다.

유학자로서의 그의 정체성을 바탕으로 풍석이 「보양지」를 편성했다는 점이 서문 격인 '보양지인(葆養志引)'에 잘 표현되어 있다.

> 도가(道家) 계통에는 연정(煉精)의 설이 있고, 불교의 진리에는 마음을 다스리는 방법을 밝힌다는 내용이 있다. 그 말에 "어떤 것이 시작이 없는 때로부터 있어서 낳고 낳아 그침이 없다. 하늘과 땅에 앞서서 스스로 있으며, 하늘과 땅이 있고 난 후에도 또한 스스로 있다."라고 하였다. 도가에서는 그것을 '현빈(玄牝)'이라고 하고, 불교에서는 그것을 '진여(眞如)'라고 한다. 두 종교의 가르침은 오로지 그것을 보존함을 임무로 삼고 그것 밖에 무엇을 구하지 않는다. 그러므로 도가에서는 맑고 고요하며 작위가 없이[청정무위(淸淨無爲)] 진(眞)을 닦고 지(知)를 제거하여 신선이 되어 올라가는 데에 이르고, 불교에서도 맑고 고요하며 작위가 없이 마치 마른 나무와 타버린 재와 같이하여 부처가 되기를 기약한다. 그 말한 것들이 어찌 견해가 없다고 하겠는가? (다만) 한 가지로 그것으로 가르침을 베푸니 치우친 것이다. 오직 우리 성인(聖人)의 진리는 떳떳한 인륜에 근본을 두고 예악형정(禮樂刑政)을 두어서 매달고 편안히 하였으니 마음을 다하고 본성을 밝히는 학문이 저절로 그 안에 깃든다. 그래서 세상을 구제할 수 있다. 이 진리는 형체가 있는 것에서 얻은 것이요, 저들 두 종교는 형체가 없는 것에서 얻은 것이다. 이것을 기준으로 판단한다면 거의 우리와 그들 사이의 차이를 알

수 있다. 비록 그러하나 우리 사람들이 어찌 일찍이 신(神)과 기(氣)의 수렴(收斂)을 버린 적이 있었던가? 다만 그것이 큰 진리의 한 가닥일 뿐이므로 드물게 말했을 뿐이다. 『맹자』에 야기(夜氣)를 기르는 내용이 있고, 주자(朱子)도 일찍이 공동도사(空同道士)의 이름을 가탁하여 조식(調息)의 방법에 뜻을 둔 적이 있다. 그것을 폐할 수 없음은 분명한 것이다. 무릇 사람의 삶이란 하늘에서 받은 것이기에 본래 어둡지 않다. 욕심으로 그것을 얽어매고 잃어버리기 때문에 끝내는 그 처음 상태를 회복하지 못하는 것이 세상의 도도한 풍조가 된 것일 뿐이다. 그런 상황에서 정좌(靜坐)하여 관심(觀心)하고, 화(火)를 내려 정(精)을 기르며, 그를 통해 그 생명을 보존하는 것은 또한 하나의 진리인 것이다.[39]

여기에는 유교를 세계관의 중심으로 하되 도교적이고 불교적인 지식들을 수렴하여 활용할 수 있다는 생각이 담겨 있다. 실용적인 차원에서 타종교의 가르침에 개방적인 태도가 엿보이는데, 이는 맹자의 야기설(夜氣說)과 주자의 조식잠(調息箴)처럼 유교에도 양생에 관련된 중심 논의가 오래전부터 있어왔다는 확신과 자부에서 우러나온 태도 같다. 인간이 하늘로부터 온전한 생명을 받았지만 욕망으로 말미암아 그것을 왜곡하고 상실하여 결국 그 원래대로의 생명을 누리지 못한다는 점은 유불도 공통의 인식이라는 것이다. 풍석은 다른 곳에서도 유가를 종주로 하고 선불의 좋은 점을 취하는 방식을 매우 선호한 것으로 나타나, 이런 「보양지」의 입장은 매우 단단한 철학적 바탕을 가진다고 하겠다.[40]

— 선가, 불가를 보는 유학자의 입장
풍석은 「보양지」 서문에서 이러한 「보양지」 내용이 혹시나 유가의 본업에서 벗어나 보이지 않을까 염려하고 있는 것 또한 사실이다. 사실 서유구는 젊은 시절 금강산 백련암 화악대사(華嶽大師)에게 불교를 배웠는데, 『능엄경(楞嚴經)』과 『반야심경(般若心經)』 강론에 참석했다는 1795년(서유구 32세) 기록이 보인다.[41] 또한 그는 선가의 술에 대한 이해도 상당했는데 할아버지 서명응의 저술인 『도덕지귀(道德指歸)』에 서문을 쓴 것이나, 그가 당호로 쓴 자연경실(自然經室)의 기문(記文) 「자연경실기」에 비친 인식을 살펴보면 도가의 오의(奧義)를 숙지하고 있었음에 분명하다.[42]

그러나 치열한 합리주의의 위에서 풍석은 3가(三家)의 득실을 명료하게 가린다. 사람의 생명은 하늘에서 온 것으로 영활하고 밝지만 욕심으로 인해 질곡되고 망가져간다는 대전제나, 정좌하여 마음을 가라앉히면서 화(火)를 내리고 정(精)을 길러 그 원래의 초심을 회복하고 생명의 원기를 지키는 방법론은 유·불·도 공통이라고 전제한다. 하지만 도가나 불가는 실질적 형체가 없는 것에 매달리는 반면, 유가는 인간의 삶의 모든 단위에서 구체적이고 손에 잡히는 효과를 보여준다고 평한다. 「보양지」에서 건강은 개인의 문제로 끝나지 않고 위로 부모 봉양, 아래로 처자 양육, 나아가 향촌인의 구휼(救恤)과 사회제도의 정비(「인제지」에 보임)까지 포함하는 인간 사회 전반의 건강과 지속적 복지로까지 확장되는 것이다. 맹자를 필두로 유가에서 양보할 수 없는 원칙은 가족을 기초로 하는 사회와 국가 공동체의 유지와 운영이었다. 거기서는 자신의 개체적 생명뿐만 아니라 공동체의 안녕과 지속이 커다란 가치를 가지며 때로 자신의 생명조차도 버릴 수 있는 유가의 신념이 바탕이 된다. 공동체와 연관이 뚜렷하지 않은 개인의 생명과 평안은 때로 소인의 이기적 관심으로 치부될 수도 있는 것이다.[43] 하지만 유가의 양생은 공동체를 구성하는 개인들의 건강한 생존을 보호하는 한에서는 얼마든지 권장되고 환영받는 것이었다. 특히 노인 봉양과 후손 출생 및 양육은 유가의 가치를 위해서도 매우 유용하다. 또한 욕구의 절제를 기본 원리로 하는 '양생론'은 수신(修身)을 중

시하는 유학자들의 일반적인 정서에도 상당히 부합하는 것이었다.[44]

「보양지」는 이러한 양생과 수양을 어디까지나 개인-가족-공동체의 건강과 복리, 곧 사회 전체의 통합적 선순환으로 귀결시켰다는 점에서 현세적 합리주의를 바탕으로 한 유가적 통합을 이루려 한 점이 특징이다. 『동의보감』 역시 양생을 우선시하라는 국왕의 저술 시침으로 몸의 수련과 호흡법을 유가적 관점에서 발전시켜온 점이 있다.[45] 세상의 모든 지식의 집대성인 『임원경제지』 16개 지에서 「보양지」가 중요한 자리를 차지하는 이유다.

2. 스스로 건강 유지하기: 호흡법과 도인안마

1) 기에 대한 인식

「보양지」에서는 사람과 자연의 모든 실체와 흐름이 기로 설명된다. "천지의 허공 중 모든 것이 기이고, 사람 몸의 허공처가 모두 기이다. 그래서 내쉬는 탁기(濁氣)는 몸속의 기요, 들이마시는 청기(淸氣)는 천지의 기이다. 물속에 물고기가 헤엄치듯, 사람은 천지간에 가득 찬 기 속에서 살아간다. 사람이 기 속에 있는 것은 물고기가 물속에 있음과 같아서 물고기 배 속으로 물이 출입하지 못하면 죽듯이 사람의 배 속에 기가 출입하지 못하면 역시 죽는다."[46] 이 부분은 조선 내단학의 대표 격인 정렴(鄭磏, 1506-1549)의 『용호비결(龍虎祕訣)』[47]과 일치하며 오늘날의 단전술과 호흡술의 복잡다단한 이야기도 이 시기에 이미 간결하고 명쾌하게 정리된 논의를 반영하고 있다.

「보양지」에서 가장 핵심 되는 부분이 권4의 '수진(修眞, 몸의 수련)'이다. 호흡과 안마, 스트레칭의 실행 모습을 그대로 그리고 있는 것이다. '도인'과 '안마' 두 부분으로 이루어져 있다. 도인이 약보다 나은 이유는 다음과 같다. 약을 쓰는 것은 가려야 할 조건이 많고, 좋은 약을 구하기가 어려우며, 후유증도 무시할 수 없다는 것이다. "약에는 진품과 위품이 있고 그 성질에도 반오(反懊, 부작용)가 있어 병은 비록 떠났어도 독이 아직 남아 있기 때문에, 비정상적 추위나 더위에 당하거나 음식을 잘못 먹은 상황이 오면 다른 질병을 일으키어 심하게는 죽게 되기도 한다."[48]면서 약을 매우 경계했다. 도인을 행하는 시점 역시 "최상의 도인은 병이 없을 때 행하는 것이요, 중간의 도인은 병나기 전에 행하는 것이며, 최하의 도인은 병이 난 다음 행하는 것"[49]이라면서 그 우열을 논했고 평시 건강할 때 도인을 실행하는 것이 좋다고 했다. 약물치료보다 도인법이, 병이 났을 때보다 병이 없을 때 하는 도인법이 우리 몸의 건강과 질병 관리에 더욱 효과적이라는 말이다.

도인술의 궁극적 효용가치는 자기 몸에 대한 자기 제어 능력이다. 서유구는 궁벽한 곳에서 의사의 도움을 받지 못하고 침과 같은 도구도 없어 병이 나면 속절없이 요절할 수밖에 없는 이들을 걱정하여 역대 수양가들의 '도인으로 병을 고치는 처방'을 수집하고 요점만 뽑아 자기의 질병을 스스로 고칠 수 있도록 했다고 한다. 편작(扁鵲)의 약 처방을 구하지 않고 내 몸을 돌보아 심한 질병도 치료할 수 있다는 것이다.[50]

2) 도인 안마의 실제

유명한 도인법을 실제 예로 들면서 동작과 호흡을 설명하고 있는데, '초보자의 도인 자세[初學打坐法]', '종리의 8단금 도인법[鍾離八段錦導引法]', '화타의 5금희법[華佗五禽戲法]', 팽조의 곡선와인법[彭祖穀仙臥引法]', '왕자교의 8신도인법[王子喬八神導引法]', '영씨의 도인행기법[甯氏導引行氣法]', '24절기의 도인법[二十四節導引法]' 등이다. '병을 제거하고 수명을 늘이는 6자법[去病延年六字法]', '간단하고 효과적인 수진법(簡妙修眞法)' 등이다. 간단한 부분 동작으로 탄진법(呑津法)은 입안의 침을 되돌려 삼키는 법이다.

고방에선 모두 혀를 상악에 붙여 진액을 생기게 하고서 머금어 삼키라고 하는데, 꼭 그렇게 해야만 진액이 생겨나는 건 아니다. 단지 혀를 구부려 혀뿌리를 젖기만 해도 진액이 생긴다. 오랫동안 습관이 되면 저절로 멈출 수가 없게 되니 배고프고 피곤할 적에 쉽게 힘을 얻을 수 있다.[51]

이들의 구체적 동작은 「보양지」 저본에는 그림이 없지만 그 인용서 중에는 그림이 나오는 곳이 꽤 있다. 예를 들면 종리의 8단금 도인법[鍾離八段錦導引法]은 명나라 말엽 고렴(高濂, ?-?)의 『준생팔전(遵生八牋)』에서 각 도인에 각각 주해와 그림을, 24절기 도인법[二十四節導引法]은 명대 철봉거사(鐵蜂居士)의 『보생심감(保生心鑑)』에 나오는 24개 그림을 참고할 수 있다. 그 뒤 질병 치료법에서는 명나라 왕채(王蔡)가 1513년 쓴 『수진비요(修眞秘要)』의 그림 40여 개가 요긴하다. 그림은 문자 너머의 사실을 가감 없이 전달하는 훌륭한 도구가 된다. 일부 그림을 여기에 옮긴다.

일반적으로 도인법은 병의 예방과 관련된 것이라 하겠지만, 여기서는 본격적으로 '도인으로 병을 치료하는 여러 방법'을 풍부하게 소개하고 있다.

'안마(按摩)'는 몸의 관절을 열어 기가 다니는 길을 매끄럽게 하는 손기술이다. 존상(存想)과 연결시켜 이해하면 좋은데, 존상은 뜻으로 기가 돌아다니는 길을 제어하므로 안에서 밖으로 통하는 것이라면, 안마는 몸의 밖에서 안으로 통하는 것이다. 기가 잘 소통되게끔 하려는 목적은 같다. 눈, 코, 귀 안마하는 법, 얼굴과 머리카락 안마하는 법, 관절 안마하는 법을 구체적으로 알려주고 있다. 동작을 실행하는 사람들이 외기 쉽게 운문으로 제작된 것이 많다. 여기 나온 '장생16자묘결', '도인결', '소요가', '위생가', '침상기', '양생명', '인도결', '장생인도가', '양생결' 등이 그것이다.

〈그림 3-51〉 좌우 안정: 양손 밀어올리기(왼쪽)와 구반: 손가락으로 발 걸어 올리기(오른쪽) (출처: 『준생팔전』)

〈그림 3-52〉 절기에 따른 도인법: 한로도인법(왼쪽)과 상강도인법 (출처: 『보생심감』)

〈그림 3-53〉 두훈 치료 도인(왼쪽)과 전신 통증 치료 도인(오른쪽) (출처: 『수진비요』)

그중 '위생가'의 일부를 옮긴다.

세상 사람들아! 위생(衛生)의 도 알고자 하면

기쁨과 즐거움 일정하게 하고 노여움 줄이라.

마음 성실하고, 뜻 방정하게 하면 근심 절로 덜어지니

이치 따라 수신하면 번뇌 제거하리.

봄에 허(噓) 하여 눈 밝게 하고 여름에 가(呵) 하여 심(心) 도우며

가을에 사(呬) 하고 겨울에 취(吹) 하여 신장과 폐 (肺) 안녕케 하지.

사계(四季)에 늘 호(呼) 하면 비장이 음식 소화하고,

삼초(三焦)가 희(嘻) 하고 배출하면 열이 머물기 어려우리.

머리카락은 빗질 많이 하고, 기는 쌓이도록 수련해야 하며

치아는 고치를 자주 하고, 침은 삼켜야 하네.

그대가 불로장생 원한다면 곤륜(崑崙) 닦아야 하고

양손을 문질러 늘 얼굴에 대야 하리.

봄에는 신맛 줄이고 단맛 먹어야 하며

겨울에는 쓴맛 먹고 짠맛 먹지 않아야 하지.

여름에는 매운맛 늘리고 쓴맛 줄이며

가을에는 매운맛 줄이고 신맛 약간 더하지.[52]

世人欲識衛生道, 喜樂有常嗔怒少. 心誠意正慮自除, 順理修身去煩惱.

春噓明目夏呵心, 秋呬冬吹腎肺寧. 四季常呼脾化食, 三焦嘻出熱難停.

髮宜多梳氣宜煉, 齒宜數叩津宜嚥. 子欲不死修崑崙, 雙手揩摩常在面.

春月少酸宜食甘, 冬月宜苦不宜鹹. 夏要增辛宜減苦, 秋來辛減少加酸.

양생은 머리부터 발끝까지의 신체 부위와 시청언동(視聽言動), 행동거

지(行動擧止), 의복(衣服)과 거처(居處) 등 생활 전반에 적용된다. 위의 시에 소개된 것 중, 손바닥을 뜨겁게 마찰하여 자주 이마를 문지르는 것을 "하늘의 뜨락[天庭]을 닦는다."고 한다. 또 "손은 늘 얼굴에 대는 게 좋다[手宜在面]."는 명구가 잘 알려져 있다.[53] 그 외 빗질하기, 안면마찰법, 고치법(叩齒法) 등 일상생활 수련법의 원형이다. 잠자는 자세도 똑바로 눕기보다 옆으로 눕되 몸을 조금 구부리는 것이 좋다는 이야기는 『논어』 「향당(鄕黨)」편에도 언급이 있을 뿐 아니라[54] 지금의 수면과학에서 새롭게 강조되기도 하는 것이다. 침을 뱉지 말라고 당부하며 '침 되돌리는 법[回津之法]'을 알려주고 있는데, 그 이유가 뜻깊다. 우리 몸의 귀하디귀한 진액 중에 땀, 피, 눈물, 정액[汗·血·淚·精]은 한번 나가면 돌아올 수 없는 것이지만 침만은 되돌릴 수 있기 때문이라 한다.[55] 침을 뱉지 말라는 것이 사회 관습이나 예절상의 문제가 아니라 자기 몸의 건강과 직접 닿아 있는 말이었던 셈이다. 「보양지」 속의 양생 이야기에서 얻는 깨달음이다.

3. 보양식에 대하여

약과 음식의 복용법으로, 「보양지」에서 가장 많은 분량을 차지하는 권이다. 보통 보약이나 약식 정도로 생각되는 분야지만 그 너머 생활 곳곳에서 건강법을 말하고 있다. 즉, 복용하는 약, 바르는 약, 씻는 약, 염색하는 약, 술과 떡 등을 포함하여 베개, 빗, 컵 등의 일용품까지 포괄하는 내용이다.

대원칙으로 광물로 된 약재 복용을 멀리하고 초목 약재의 복용을 권한다. 예를 들어 "광물은 성질이 사납고 모질어 진액의 윤기가 없어 젊을 때는 그 해를 모르다가 쇠약한 뒤에야 독이 발(發)한다. 초목의 약을 부지런히 복용하면 약력(藥力)이 서로 잇닿아 세월이 오랜 뒤에는 반드시 큰 이로움이 있다."[56]고 하여 우선 반짝하는 효과보다 은근하지만 부작용 없이 오래 지속되는 쪽을 높이 쳤음을 알 수 있다. 또 하나 특히 오래 기억해야 할 명구가 있다. 전통 의서의 내용을 볼 때 기본적으로 지니고 있어야 할 자세에 관한 말이다.

> 선가(仙家)의 서술 내용이 비록 실제보다 과장된 듯하나 일반적으로
> 장려하는 말은 종종 넘치는 법이니, 이 또한 상리(常理)일 따름이다.[57]

청찬은 좀 넘치는 것이 상리라고 했다. 몸에 좋은 여러 가지 일을 권면하는 말에 역시 과장이 없을 수 없다. 하지만 그 말의 본뜻을 잘 추려서 이해한다면 무슨 해로움이 있겠는가? 정곡을 찌른 말이다. 풍석이 상찬해 마지않았던 명나라 본초학의 대가 이시진(李時珍, 1518-1593)의 『본초강목』 중 '오가피' 항에 나오는 말을 인용한 것이지만, 사실 풍석이 하고 싶었던 말이었다 해도 서로 어긋남이 없다.

그런데 조선 중기 광해군 때의 화음 이창정(華陰 李昌庭, 1573-1625)이 지은 『수양총서유집』의 발문의 내용이 홍미롭다. 「보양지」와 『본초강목』의 말과 맥이 닿아 있고 서로 통한다.

> 이 책을 지음은 요사한 짓을 억누르고 평상의 일에 힘써 인민을 장수
> 하게 함과 동시에 정상의 도를 잃지 않게 하자는 취지이다. 이 책을 보
> 는 사람이 이런 뜻을 취하여 일상생활 속 사무와 쓰임새에 맞는 것
> 을 구하되, 허탄하고 먼 곳을 쫓아가지 않게 된다면 대체로 옳을 것이
> 다.[58]

「보양지」의 말은 긍정과 권면을 조금 더 취한 말이요, 『유집』의 말은 경계와 염려를 좀더 앞세운 말이지만, 알맹이를 보자면 둘 다 허탄한 것은

빼고 실생활에 효과를 볼 수 있는 것만 골라 쓰면 된다는 것이다. 나아가 「인제지」 서문에서 "나는 이런 술수의 효과에 대해 들어본 적이 없다. 실제로 본 바(實見)가 있고 사람을 구제하는 효과(濟人之功)가 있는 것은 오직 의약의 도일 것이다."[59]라고 한 것도 같은 맥락이다. 「인제지」에서 서유구는 다른 술수와 의약의 차이점을 분명하게 지적하고, 의약이야말로 실제성(實見), 효과성(濟人之功)이라는 합리적 구조를 갖추고 있는 유일한 분야라고 했다. 서유구는 이처럼 「보양지」, 「인제지」를 관통하여 양생술에 대한 합리적 관점에서의 통합 노력을 기울였다. 수친양로서, 삼원연수서, 수양총서 등의 중국에서 시도된 양생의 유가적 통합이 「보양지」에서 수행된 것이다.

〈그림 3-54〉 오가피 (출처: 「본초강목」 금릉초간본)

「보양지」에는 이런 독법으로 읽어야 할 것이 많다. 조심해서 가려야 할 것은 분명히 가려야지, 좋다고 무슨 일이든 좇아서는 안 된다. 그리고 그 방법도 정확히 알고 지켜야 한다. '기운 복용하는 방법'에서 달의 정기·6가지 종류의 하늘의 기운·사람의 기운 흡수하는 법, '물 복용하는 방법'에서 추로수(秋露水)·옥정수(玉井水)·유혈수(乳穴水)·정화수(井華水)·단사수(丹砂水)·국화수(菊花水)·구기수(枸杞水)의 복용법, '광물 복용하는 방법'에서 철·금·옥·단사·유황 등 15가지 종류의 광물 복용법들이 그러한 내용일 것이다. 이들 약물 역시 본뜻을 잘 이해하고 상황에 합당한 것을 가려 쓰라는 권고에 따라야 할 일이다. 다산 정약용은 그의 의학 저서 『의령(醫零)』에서 이같은 광물을 잘못 복용하여 명을 재촉한 사례를 실명을 들어 수록해두었다.[60]

'연밥'에 대한 부분에 흥미로운 내용이 있다. 이들은 백 년이 지나도 썩지 않는데, 새나 원숭이 먹이로 동굴 등에 오래 저장된 것은 최고의 품질로 불로의 약이라 한다. 연밥이 수백 년 이상을 씨앗으로 있다가 적당한 조건에서 다시 발아한다는 사실이 과학계에 알려진 지가 얼마 되지 않았는데 이에 대한 지식이 이미 퍼져 있었고 그 효능을 익히 알아 약으로 복용했다는 기록이 더욱 귀해 보인다. 익히 알려진 경옥고(瓊玉膏) 등 몸을 보하는 본격 약이(藥餌) 처방은 '여러 보약 처방[滋補藥餌諸方]'에 46가지가 등록되어 있고, 그 이름은 대부분 신선(神仙), 불로(不老), 만수(萬壽) 등과 어울린다. 독특한 보양법으로 '배꼽에 뜸을 떠 수명을 늘리는 처방[煉臍延壽方]'이 있는데 장생연수단·접명단 등 5가지가 보인다. 이어서 눈을 밝히는 명목방(明目方), 치아를 튼튼히 하는 고치방(固齒方), 수염을 검게 하는 오수방(烏鬚方) 등 갖가지 방법이 뒤를 잇고 있다.

음식분야 백과사전 「정조지(鼎俎志)」에 음식이 망라되어 있기는 하지만, 이와 별도로 「보양지」에서도 술과 떡이 빠지지 않는다. 몸을 보하는 술로 황정주·인삼주·우슬주 등 34가지가 선을 보이고, 백설고·오향고 등 떡 종류도 5가지가 보인다. 건강 베개를 만드는 침방(枕方) 7가지, 건강 증진에 빗을 이용하는 소방(梳方) 3가지, 또 잔을 이용하는 배방(盃方) 4가지, 목욕물에 입욕제로 쓰이는 세욕탕방(洗浴湯方) 5가지도 덤으로 나온다. 이만하면 하루의 일거수일투족이 보양과 관련되지 않은 것이 없다 해도 과언이 아니다.

4. 정기신: 우리 몸의 3가지 보배

"사람의 수명은 하늘의 원기 60세, 땅의 원기 60세, 사람의 원기 60세, 합하여 180세가 된다."[61]고 양생(養生)의 효용에 대해 말했다.

말은 쉽지만 실제 행동으로 따르기가 어려운 것이 양생이다. 양생은 가장 세밀한 부분을 삼가고 조심하는 데서부터 출발하는 것이 가장 근본이 된다고 했다. 다음의 구절은 건강에 관한 한 천고의 명언이라 할 만하다. "몸을 다스리는 일에는 세세한 부분에 공을 들여야 하니 이익이 적다고 여겨 성실히 닦지 않거나, 손해가 적다고 대수롭지 않게 여겨 적극적으로 막지 않으면 안 된다."[62]는 것. 구체적으로 양생의 5가지 어려움, 양생의 3가지 방법, 양생의 8가지 요점 등의 방법론을 제기하는데, 대체로 내 몸의 내부를 지키는 3보배[內三寶] 곧 정기신(精氣神)과, 외부와 접촉하는 3보배[外三寶] 곧 귀·눈·입[耳目口]을 잘 다스리는 것이 관건이라 한다.[63] 타고난 생명의 원기를 잘 간수하는 동시에 외물과 접촉하는 창구로서의 감각기관과 음식섭취기관을 적절히 제어하는 원리를 서술하였다.

특히 생기를 촉발시키는 두 가지 원천을 말하는 부분이 의미가 깊다. "마음[心]을 언제나 즐겁고 편안히 하여 우울한 기운이 생기를 막지 않도록 하는 것이 한 가지요, 비(脾) 기운을 길러 소화의 원천을 도우면서, 나머지 4개의 장이 모두 거기에서 생기를 얻게 하는 것이 다른 한 가지다."[64]라고 하였다. 즉, 심장 중심으로 기운을 화창하게 하여 7정(七情) 조화를 건강의 근본으로 하는 방법과 비위(脾胃) 중심으로 물질적 영양의 공급과 순환을 중시하는 방법을 함께 명시하고 있다. 사실 마음을 평안하게 하는 것과 소화기관의 작용을 원활히 하는 것은 서로 불가분의 관계가 있다. 자율신경 중 부교감신경의 활성이야말로 노동과 스트레스에 찌든 우리 몸의 회복과 재건을 도와주며 행복 호르몬까지 분비하게 만든다. 복잡한 생리학의 기전은 몰라도 이렇게 하면 저렇게 된다는 상식적 삶의 기전을 말한 것이다. 이 비결을 모르면 아무리 좋은 약을 먹어도 별 도움이 없을 것이라고 일갈한다! 양생을 우선한 다음 복약을 시행해야 한다면서 둘 중의 우선순위를 설정하였으니, 이로써 양생 전문의 「보양지」와 치료 위주의 「인제지」 간의 경중 관계를 은근히 드러내기도 한다.

1) 정

정(精)을 지키는 것을 보정(保精), 기(氣)를 고르는 것을 조기(調氣), 신(神)을 기르는 것을 색신(嗇神)이라고 한다. 물론 문자 그대로는 정을 지키고,

기를 고르고, 신을 기른다는 뜻이 되겠다. 정은 인체 생명의 가장 근원적 물질이라고 일반적으로 풀이하지만, 본문에 근거해보면 확실히 남자의 정액(精液)과 직접 관련이 있다. 보정(補精)하려면 성욕에 대한 절제를 최우선해야 한다고 거듭하여 말하고 있기 때문이다. 성욕을 너무 이른 나이에 발하면 안 되고, 성욕을 억지로 일으키면 안 되며, 결혼 후에도 성행위의 절도가 있어야만 한다고 가르친다. 여기에 부연하여 다시 좋은 부인을 얻기 위한 관상법, 합방(合房) 시의 절차와 방법인 교회법(交會法), 성행위에서의 금기 사항 등이 구체적으로 제시되어 있다. 물론 신장에 속하는 정액이 인체의 유일한 정은 아니다. 오장 속에 모두 그 장의 본질적기운인 정(精)이 함유되어 있으며 몸 안에 두루 흘러 다니는 것으로 묘사되는데, 그것이 성교를 하기 전에는 혈액 속에 섞여 독자적인 형상이 아직 없지만 성교 시점에 욕화가 절정에 이르러서야 전신에 유행하던 혈액이 명문(命門, 생명의 원기를 보유한 곳, 특히 오른쪽 신장) 부위에 이르러 정으로 변한 다음 사정(射精)을 하게 된다고 한다. 정에 대한 이러한 설명은 매우 설득력이 있는 것으로 여겨져 어떤 의가는 다음과 같은 실험적 근거까지 제시하기도 했다. "사람이 사정한 정액을 그릇에 담아, 소금을 조금 넣은 술과 함께 섞어 하룻밤 내놓으면 다시 혈액이 된다."[65] 그러므로 정을 깎아내리고 해치는 가장 큰 적이 성욕을 필두로 한 인간의 욕심이라고 하는 지적은 매우 자연스럽다. 다음과 같은 구절에서 두루 확인된다.

> 욕심이 많으면 정(精)을 깎는다. 사람이 보중할 것이 목숨이요, 아껴야 할 것이 몸이요, 중히 여겨야 할 것이 정이다.[66]
> 병은 죽음의 길로 이어져 있고, 욕심은 병의 길로 이어져 있으며, 음악과 미색을 가까이 함은 욕심의 길로 이어져 있다. 이 세 가지 길을 막

으면 수명을 늘릴 수 있다.[67]

2) 기

기(氣)를 고르는 '조기(調氣)'에서는 호흡법과 관련된 이야기를 주로 하였고, 신(神)을 기르는 '색신(嗇神)' 항목은 기본적으로 사람의 감정, 즉 7정의 조절에 관한 논의가 주가 된다. 존상(存想), 좌망(坐忘)이라는 조금 난해한 이야기가 나오는데, 먼저 존상에서 '존'은 나의 신(神)을 보존한다는 것이고 '상'은 나의 몸을 생각한다는 것으로, 종합하면 외물을 좇아 밖을 보지 말고 내면의 신을 돌보고 지키는 방법을 말한다. 또 좌망은 한 걸음 더 나아가 좌정한 상태에서 내 몸의 존재 자체를 잊어버리는, 곧 의식을 넘어서 무심하게 도(道)에 합치하는 경지로서, 선가 수련의 최고의 단계를 일컫는다. 이런 논법은 사실 「보양지」 서문에서 서유구가 내심으로 행여나 혐의를 입을까 봐 걱정하던 도가적 논리의 요체이기도 하다. 어떤 곳에서는 "과도한 사랑은 반드시 그 대가가 크고, 많이 간직하면 반드시 크게 잃는다. 족함을 알면 욕되지 않고, 그칠 줄 알면 위태롭지 않으니, 오래오래 갈 수 있다."면서 청정한 마음과 중도를 중시한 노자(老子)의 말을 드러내어 인용하였다.[68] 하지만 「보양지」 전편 내지 『임원경제지』 전체의 편집의 틀에서 보면, 이러한 개인 수양의 궁극의 지향점은 초월이나 별세계로 뻗어간 것이 아니라 어디까지나 개인의 건강-가족의 건강-공동체의 건강과 복리 등 인간 사회 내부에서의 선순환으로 귀결되는 것이었다.

3) 신

「보양지」는 신(神)을 인간의 7정의 문제로 이해하고 있다. 감정을 잘 기르고 아끼는 법으로 색신(嗇神)을 말했다. 인간의 건강은 결국 몸과 마음의 문제로 귀결된다. 감정의 자연스런 발로와 적절한 절제의 방식을 사람이 터득해야 할 가장 핵심적 과제로 본 것이 유가다. 그래서 유가적 양생법은 개인의 인격적 수양으로 맞닿아 이어진다. 희로애락, 걱정과 사려, 놀람과 두려움, 사랑과 미움, 의심 등 인간의 감정을 조절하여 신을 기르는 다양한 방법이다. 일부를 옮긴다.

> 너무 기뻐하면 양(陽)의 기운을 상하게 되고 너무 노여워하면 음의 기운을 상하게 된다.[69] 너무 즐거워하면 기가 흩어지고 간을 손상하여 눈이 어두워진다
>
> 너무 근심하면 폐의 기를 상하게 하여 폐기가 운행되지 않는다.[70] 너무 슬프고 서러우면 음양이 교류하지 못해 몸이 상한다.
>
> 도를 배우는 사람은 무엇보다 기쁨과 노여움의 감정을 적절히 조절하여야 한다. 비록 기쁘더라도 담연지성(湛然之性)을 요동치게 하는 데 이르지는 말고, 비록 노엽더라도 호연지기(浩然之氣)를 막히게 하는 데 이르지는 말아야 한다.[71]

5. 양생 달력

양생은 하루, 매달, 그리고 1년 내내 지켜야 할 기본 원칙으로 확장되어 간다. 그것이 확장된 형태가 '양생월령표'이다. 이 양생월령표는 매우 흥미롭다. 「보양지」의 내용을 마치 요즘의 달력처럼 만들어 늘 손쉽게 찾아보고 실행할 수 있게 만든 일종의 요약표다. 월별로 좌공(坐功), 음찬(飮餐), 탈착(脫著), 즐목(櫛沐), 복이(服餌), 기거(起居), 요질(療疾), 구사(求嗣), 금기(禁忌), 불양(祓禳), 벽온(辟瘟)의 항목이 표로 만들어져 있다.[72] 그 내용은 원대 주수중(周守中)이 1220년경 편찬한 『양생월람(養生月覽)』의 내용을 7~8할 이상 나오기는 하지만, 표의 항목 설정과 체재 등을 풍석 자신

이 완전히 새롭게 만들었기 때문에 본인의 소작으로 여긴 듯하다.[73]

'좌공'은 월별 천지운기에 따른 도인법, '음찬'은 계절에 따른 권장 음식과 금할 음식, '즐목'은 머리빗기나 목욕하는 때와 방법, '탈착'은 의복을 입는 때와 주의할 점에 관하여 기술되어 있다. 또 '복이' 조에는 술, 차 등 음식으로 보양 또는 조리하는 방법에 대한 이야기, '기거'는 달에 따른 수면과 기상 시간, '요질'은 질병의 예방과 처치, '구사'는 아이를 얻는 방도, '금기'는 생활 속 경계할 일과 조심해야 할 일, 그리고 '불양'은 주술이나 푸닥거리로 질병을 멀리 쫓아내는 액막이 습속(習俗), '벽온'은 전염병에 대한 예방법에 대한 내용이다.

당시 세시풍속 등과 관련된 관습으로 보아야 할 곳도 많고, 지금의 감각으로 받아들이기 주저되는 부분도 없지 않다. 또 분량이 균일하지 않아 지금의 표 작성으로 변환하기가 어려운 부분도 있다. 예를 들면 단오(端午)가 들어 있는 5월의 내용이 1년 전체 분량의 1/3이나 된다.

그럼에도 불구하고 양생월령표는 당대 양생 지식이 실생활과 긴밀히 결합되어 있는 양상을 잘 보여준다. 계절별 양생과 함께 질병 예방, 세시풍속은 물론이고 하루 중에 일상적으로 이루어지는 의식주 생활까지 일목요연하게 정리한 표를 보고 있노라면 무언가 새로운 인간의 상이 그려지곤 한다. 단순히 개인의 건강관리를 넘어 우주와 세계의 신묘한 변화과정에 동참하여 그 일원으로 또는 주역으로 자리잡아가는 당당한 인간의 모습이.

6. 부모님과 노인 봉양

부모와 노인을 장수하게 하고 잘 봉양하는 법이 나온다. 이 부분은 『수친양로서』라는 책을 주로 인용하였는데, 송대 진직(陳直)의 저작 『양로봉친서』이다. 원대 추현(鄒鉉)이 증보하여 『수친양로신서』라 하고 원본에 양생과 노인 보건 및 여러 음식치료법을 추가하였다.

> 노인의 도는 마땅히 선을 생각하고 악을 생각지 않아야 한다. 살림을 생각하고 죽임을 생각지 않으며, 믿음을 생각하지 속임을 생각지 않으며, (중략) 기쁨과 노여움을 줄이고, 너무 골똘히 보거나 듣지 않으며, 너무 심각히 생각지 않으며, 너무 염려하지 않으며, 탄식하지 않고 소리치지 않으며, 휘파람을 불거나 노래를 하지 않으며, 울음소리를 내지 않고 너무 슬퍼하지 않으며, 경조사에 나가지 않고 빈객을 접대하지 않고 연회석에 나가지 않으며, 늘 싱겁게 먹어야 한다.[74]

이것이 노인의 건강 수칙이다. 노인은 경조사에 참석하지 않고 빈객 접대나 연회에 참여하지 않아야 한다는 말이 요즘 시속(時俗)에 어찌 이해될지 궁금해지는 대목이다. 노인의 병은 "울 때는 눈물이 안 나고 웃을 때 도리어 눈물이 나며, 코에는 탁한 콧물이 많고 귀에는 매미 소리가 나고, 밥을 먹을 적에는 입이 마르며 잘 때는 오히려 침이 흐르고, 오줌은 절로 흐르고 대변은 변비가 되고, 낮에는 꼬박꼬박 졸고 밤에는 말똥말똥 잠을 못 잔다."[75]고 하였다. 박장대소할 정도로 실제와 잘 부합되는 설명이다. 이렇게 되는 이유는 사람이 나이가 들어 정과 혈이 모두 닳게 되면 평시의 오감 기능이 반대로 되기 때문이라고 한다. 이런 노인의 생리 조건에서는 약치료가 음식치료만 못한데, "노인의 성질은 약을 싫어하고 밥을 좋아하니 음식으로 치료함이 약으로 하기보다 낫다. 더욱이 노인의 병은 토하고 설사하기를 삼가야 하니 음식으로 치료함이 더욱 좋다."[76]고 했다. 그러면서 약을 사용할 때에는 도와서 붙잡아주는 순하고 부드러운 약만 써야지, 출처 불명의 약이나 성질이 강한 약은 극히 조심하여 쓸 것[77]을 당부하기도 한다. 이후 음식으로 노인을 보양하는 처방과 질병을 치료하는 처방을 모두 합해 약 180가지에 걸쳐 자세하게 설명하고 있다. 앞서 '약 음식의 복용' 부분에서와 마찬가지로 「정조지」의 내용과 상통하는 내용이 많아 서로 참고하여 보면 좋을 것이다. 대표적으로 우유가 노인에게 좋다고 하니, 하나만 소개한다.

우유방(牛乳方)

『수친양로서』 허한 기운을 보익한다.

우유 5승, 필발(蓽茇) 21가루 1냥을 은그릇 안에 넣고, 물 3승에 필발 섞은 우유를 타서 3승이 되도록 달인 뒤, 오지그릇[瓷合] 속에 넣는다. 식전마다 작은 잔으로 따뜻하게 1잔씩 복용한다.

우유는 노인에게 가장 좋다. 혈맥을 평안하게 보하고, 심기를 보익하며, 기육을 길러주고 신체를 강건케 하며, 얼굴을 윤택하게 하고 눈이 빛나게 하며 마음이 기쁘게 하고, 쇠약하지 않게 한다. 그러므로 자식된 자는 항상 이바지하여 상시 복용할 수 있도록 해야 한다. 간혹 우유떡이나 이유식으로도 만들어 언제나 충분할 때까지 마음대로 먹을 수 있도록 한다. 이것은 고기보다 훨씬 낫다.[78]

7. 자손 출산과 양육

부모 봉양에 이어 자손의 출산과 양육에 대한 이야기가 나온다. 양생술을 논하는 저술에 자식 키우는 법에 대한 내용이 아무래도 어색하지만, 서유구의 『임원경제지』라는 책의 특징으로 들기에는 좋은 예가 된다. 첫머리에 전통시대의 결혼 적령기에 대한 우리의 인식이 어떤가를 묻고 있다.

남자가 16살에 사정이 가능하다고 하여도 반드시 30살에 장가를 들

것이요, 여자가 비록 14살에 생리가 왔다고 하여도 20살이 되어서 시집가야 한다. 이것은 다 음양의 기운이 완실한 다음 교합하도록 한 것이니 그렇게 교합하면 곧 임신되고 발육이 좋고 아기가 나면 건강하고 장수하는 것이다.[79]

이 구절의 원 출전은 당(唐) 저징(褚澄)의 『저씨유서(褚氏遺書)』인데, 이 수치가 당시 실제 결혼 연령을 그대로 반영하지는 못한다 하더라도 그들의 적령 기준에 대한 인식이 어떠했는가를 보여주는 증거로는 의미가 있다. 또한 이를 인용하여 「보양지」에 기재한 풍석의 인식도 함께 엿보인다. 가급적 결혼을 늦게 하기를 권했다.

임신 출산과 관련하여 '임신을 위한 약 처방'으로 고본건양단(固本健陽丹), 속사단(續嗣丹), 온신환(溫腎丸) 등 27가지를 제시한다. 약뿐만 아니라 '임신을 위한 침과 뜸', '임신하기 좋은 때', '아들 딸 알아보는 법', '임신을 위한 금기'가 설명되고, 과거 유행하던 전녀위남법(轉女爲男法, 딸을 아들로 바꾸는 법)도 빠지지 않고 나타난다. '태교법'과 '임신 중 조리법', '임신 중 금기'와 '임신 중 피해야 할 음식'을 모두 정리하고, '출산의 11가지 형태'에서 각종 난산에 대처하는 법까지 제시한 다음, '산후 조리법', '태반 묻는 법' 등으로 마무리하고 있다.

아이를 기르는 법은 "육아"에 있다. 이 중 '양아 10법'이라는 원칙[80]이 있는데 등과 배, 발을 따뜻하게 하고 머리와 가슴 부위를 서늘하게 하라는 말은 지금도 한의학에서 중요한 건강 지침으로 통용된다. 단지 실내 온도 몇 도를 유지하라는 정도가 아니라, 구체적으로 신체 어느 부위를 더 따뜻하게 하고 어느 부위를 보다 서늘하게 하라는 이야기는 현대 의학에서도 곱씹어볼 의미가 있다. 아이의 신체에서 부분적 체온의 불균형이 혈액 순환이나 성장 발달에 어떤 영향을 미칠지, 특히 신경계 분야의 발달에 어떤 작용을 할지는 아직 미개척 분야의 의료 영역이다. 특이하게도 가난한 집에서 아이 키우는 것이 부잣집에서 아이를 키우는 것보다 낫다는, 선뜻 받아들이기 어려운 내용이 있다. 아이 키우는 이치에 들어맞는 것이 네 가지가 있기 때문이다.

> 옷을 얇게 입고 담백하게 먹으며 욕심이 적고 잘 성내지 않는 것이 그하나요, 돈이 없어 약을 적게 쓰니 병이 자연 치유되므로 용렬한 의사들이 쓰는 뜨거운 기운이 강한 열약(熱藥)에 몸을 상하지 않는 것이 그 둘이요, 엄마 배 속에 있을 때부터 어미가 노동을 하므로 기혈이 움직여 신체가 충실해지는 것이 그 셋이요, 어미가 노동을 하므로 쉽게 순산하는 것이 그 넷이다.[81]

여기서 용렬한 의사들이 쓰는 열약 때문에 몸을 상하지 않는다는 표현이나, 가난한 집 환경이 아이에게 더 좋다는 네 가지의 이유가 어떻게 해석될지 의문이 남는다. 그 밖에 아이 관상 보는 법, 첫 출산 시 탯줄을 자르는 법과 해독법, 아이 씻기는 법, 유모를 택하는 법, 젖 먹이는 법, 의복, 아이를 키우면서 피해야 할 것들과 소아가 금기해야 할 음식을 설명하고 있다. 소아의 손가락 마디에 나타나는 색깔을 보고 병증을 판단하는 삼관맥(三關脈) 보기, 아이의 모양을 보고 병증을 살피는 법, 아이의 소리를 듣고 병증을 알아내는 방법 등도 아이 키우는 집안에서 반드시 알아야 할 정보로 제시되었다.

이처럼 풍석이 보는 개인의 몸의 수련(修身)은 어디까지나 부모의 봉양과 자식의 양육이라는 가(家)의 운영의 핵심적 가치와 나란히 가는 것이었다. 개인의 건강은 제가(齊家) 치국평천하의 상위 원칙으로 연결되며, 자연스럽게 천지의 운행에 참찬하고 만물을 화육하며 본연의 인간의

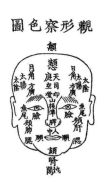

〈그림 3-55〉 관형찰색도
(『동의보감』)

도리를 다한다는 유가적 이상이 전제되어 있다. 이에 벗어난 개인의 양생은 대도에 어긋난 양생이요, 목적을 잃은 양생일 뿐이었다. 「보양지」에서 양로수친(養老壽親)과 구사육영(求嗣育嬰)이 함께 배치된 이유이다. 가정 단위가 전제된 양생은 다시 사회적으로 확장되어 백성을 구제하고, 자연으로 확장되어 만물을 기르는 유가의 이상으로 나아간다. 앞에 나온 '양생월령표'는 시간상으로 사시(四時)의 흐름에 참여하고자 하는 인간의 양생 노력이다.

3절. 의약 의술 분야

"실견이 있고 사람을 구제하는 효과가 있는 것은 오직 의약의 도이다"

1. 『임원경제지』 절반을 차지하는 「인제지」

서유구는 『동의보감』을 훌쩍 뛰어넘는 고금의 의학 자료를 집성하였다. 바로 「인제지」다. 인용 문헌과 분량 면에서 『의방유취』 이래 가장 방대한 규모다. 『동의보감』이 90여만 자인데 「인제지」 하나가 110만여 자다. 여기에 「보양지」 약 13만 자를 합하면 더욱 차이가 난다. 인용 문헌에서는 더욱 현격하다. 『동의보감』에 보이는 인용 문헌이 약 240종이라면, 「인제지」는 약 800종이다.[82] 늘어난 인용 문헌은 이후 200여 년간 새로 나온 의서 때문이기도 하겠지만, 서유구가 그 이전의 관련 문헌도 더욱 폭넓고 엄밀하게 훑은 결과다. 1610년 완성되고 1613년 간행된 『동의보감』에는 명나라 말기 이천(李梴)의 『의학입문』(1575년), 공정현(龔廷賢)의 『만병회춘』(1587년)까지 인용되고, 약간 뒤에 나온 이시진(李時珍)의 『본초강목』(1596년), 장개빈(張介賓)의 『경악전서(景岳全書)』(1624년)는 인용되지 못하였다. 약 200년 후 「인제지」는 당연하게도 『본초강목』·『경악전서』뿐만 아니라 청대의 방대한 종합의서 『의종금감』·『임증지남의안』·『고금도서집성』 등 거작들을 풍부하게 인용하였다. 조선 의서도 앞서 나온 정조의 『수민묘전(壽民妙詮)』, 어의 강명길의 『제중신편(濟衆新編)』과 같은 관찬 의서에서부터 이헌길의 『몽수방(夢叟方)』, 이경화의 『광제비급(廣濟祕笈)』, 『김씨경험방(金氏經驗方)』에 이르기까지 인용되는데, 이는 조선 후기 민간 의료가 성장하고 개별 의사들의 '경험방'들이 확대되는 정황과 무관치 않다. 처방의 개수를 살펴보자. 『동의보감』의 복합처방 개수는 4,300여 개, 「인제지」는 4,800여 개로 늘었다. 이름이 붙지 않은 '단방'까지 비교해보면 『동의보감』 2,000개 대 「인제지」 6,000개로 거의 3배나 되는 비약적 증보가 이루어졌다.[83]

이렇게 방대한 자료를 모아야 하는 이유에 대해서도 서유구는 본인의 입으로 이렇게 밝히고 있다.

> 대개 저술가들은 반드시 먼저 참고한 서적의 많고 적음을 보고 그 수준의 높고 낮음을 정해야 한다. 때로는 인용 서목의 분량만으로 한 책을 넘기도 하는데 이는 지식을 자랑하려는 것이 아니라, 이렇게 하지 않으면 좋은 점들을 한데 모아 일가의 설(一家之言)을 이룰 수 없기 때문이다.[84]

참고서적의 양이 저술의 수준을 가늠하는 기준이 되며, 많은 서적을 참고하지 않으면 좋은 것들을 모아서 당당한 자신의 설을 이룰 수 없다. 800종의 인용 문헌이 필요했던 이유다.

― 서유구의 「인제지」에 대한 그간의 평가
박물학, 곧 명물도수지학으로서의 『임원경제지』를 편찬한 서유구에 대해

선대 의학자들의 평을 살펴보자. 미키 사카에(三木榮, 1903-1992)는 『조선의서지(朝鮮醫書誌)』 '임원경제지' 항목에서 「보양지(葆養志)」와 「인제지」를 소개하였는데, 그 가치에 대해서 다음과 같이 말하고 있다.

> 기술 내용이 상세하고 인용 서목에서 많은 의서들을 들고 있으나, 실제 본문 편찬에서 그것들을 모두 원서에 근거해서 인용한 것으로 보기는 어렵다. 박물학 분야에서 조선 최대의 저술로 각고의 노력을 다한 책이라고 할 수는 있겠으나, 의학의 범위에서 이 책의 학문적 가치는 낮다.[85]

이상과 같이 미키 사카에는 박물학 분야에서 높은 의미가 있다면서도 의학의 범위에서 학문적 가치는 낮다고 하였다. 또 그의 또 다른 저서인 『조선의학사및질병사(朝鮮醫學史及疾病史)』에서도 "원전을 직접 인용하지는 않았다는 점에서 학문적 가치는 높지 않다."고 하여 거의 같은 평가를 내리고 있다.[86] 그런데 그 이유에 대해서는 "인용한 서적들이 원서에 근거한 것이라고 보기 힘들다."는 점 외에는 특별히 지적한 것은 없다. 그가 조선 의학사 연구의 초창기에 남긴 업적들을 감안해보면,[87] 이러한 평가는 이후 「인제지」 연구에 부정적 영향을 끼쳤을 것으로 짐작할 수 있다.

한편 이러한 평가를 내린 이유를 좀더 생각해보면, 우선 「인제지」에서 각종 의서에서 발췌한 것으로 표시한 내용들이 『동의보감』이나 『본초강목』에 수록된 기사를 '재인용'한 것으로 보이는 경우가 많다는 점이다. 또 서유구의 육필본 이후 간행되지 않은 채 필사본으로만 세간에 전하는 『임원경제지』는 국가에서 간행한 『동의보감』 등에 비해 상대적으로 오탈자가 많은 것이 사실이다. 그리고 '의학의 범위에서'라는 말에 주목해본다면, 다만 많은 서적을 인용하였을 뿐 서유구 스스로 어떤 의학 이론을 개진하거나 하는 것은 잘 보이지 않는다. 곧 전통의학에서 주로 말하는 음양오행을 근간으로 하여 오장육부의 생리와 병리를 아우르는 식의 새로운 견해가 보이지 않는다는 점을 지적해볼 수 있다. 아마도 이상의 점들에서 미키 사카에는 「인제지」의 가치를 낮게 본 것은 아닌가 짐작된다.[88]

　　다음으로 김두종(金斗鍾, 1896-1988)은 『한국의학사』에서 서유구의 조부인 서명응(徐命膺, 1716-1787)의 『고사신서(攷事新書)』와 함께 『임원경제지』의 「보양지」와 「인제지」를 소개하였다. 여기서는 "전원생활에 필요한 약물 및 본초학의 지식을 집대성한 근세 조선의 최대 전서이지만, 사본으로 전할 뿐으로 그것이 실생활에 어느 정도의 영향을 미쳤는지는 속단하기 어렵다."고 평가하였다.[89] 선생의 이 말처럼 "과연 「인제지」가 얼마나 읽혔으며, 실생활에 어느 정도 영향을 미쳤는가?"하는 점에서는 논란이 있다. 이와 관련 서론부에 『임원경제지』가 후대에 미친 영향을 일부 수록해두었다. 서유구 사후 최한기, 박규수, 이유원, 김윤식 등 개화기 지식인들에게는 널리 알려져 있고 영향력 또한 상당했다는 증거가 나타난다. 그리고 당대에 끼친 영향과 실제의 가치와는 별개로 보아야 할 경우도 있을 터인데, 특히 『임원경제지』와 같은 독특한 거작은 더욱 그러한 예에 해당할 것이다. 근래 『본초강목』이 『임원경제지』의 본초학 분류에 미친 영향에 대한 고찰이 있었다.[90] 워낙 편집 체재가 꼼꼼하여 현대적 통계 처리도 매우 효과적으로 수행할 수 있었고, 이를 바탕으로 「인제지」의 처방들을 통계 처리하여 신약 개발에 활용하려는 시도도 필자와 함께 진행되기도 하였다.[91]

2. 당시 의학 이론에 대한 서유구의 태도

서유구는 「인제지」와 「보양지」에서 무엇보다 의학 이론이 극단으로 치닫는 이론 과잉을 경계했다. 이는 여러 곳에서 확인된다. 특히 『동의보감』

'천지운기'편에서 그토록 정교하게 설명한 것이 '운기'였던 점을 상기하면서, 서유구의 태도를 살펴볼 필요가 있다. 서유구는 「인제지」의 '운기(運氣)' 항목[92]에서 영조 때 민간의 의사인 몽수 이헌길(李獻吉, ?-?)의 『몽수방』(1875)[93]에 적힌 처방을 수록하면서 몇 가지 논평을 하고 있다. 이헌길은 당시 민간에서 마진 치료로 이름을 떨쳤으며 "12년 뒤에 마마가 다시 퍼질 것"이라고 예언한 것으로 유명하다.[94] 『몽수방』의 내용을 요약하면, 해당 연도(을미년)의 운기에 따라 마진의 유행과 예후가 다르니, 이후로는 자신이 적은 처방만을 고수하지 말고 그해의 운기를 살펴 쓰라고 당부한다. 이에 대해 서유구는 다음과 같은 안설을 붙이고 있다.

> [안] 몽수가 진을 치료하는 방법은 오로지 만씨(萬氏)와 마씨(馬氏) 두 사람의 치료법을 가지고 처방을 만들었는데도 모두 효과가 있었다. 만씨와 마씨 두 사람의 처방이 어찌 을미의 운기에만 부합되었겠는가? 혁희(赫曦)라는 것은 무(戊)에 해당하는 해이다. 상화(相火)와 군화(君火)가 하늘을 관장하는 것은 자(子)·오(午)·인(寅)·신(申)의 간지가 들어간 해이다. 그런데 병술년·기해년·경술년·을미년은 혁희나 이화(二火)의 해가 아닌데도 진이 크게 유행하였으니, 이는 무엇 때문인가? 운기의 심오함을 깊이 이해하지 못한다면 알 수 없는 것이다.[95]

위의 글에서 이헌길이 마진 처방의 자료로 삼았다는 만씨와 마씨는, 각각 만전(萬全)과 마지기(馬之騏)다.[96] 서유구는 『몽수방』의 처방이 이헌길의 말처럼 꼭 을미년에만 효과가 있는 것은 아니라고 한다. 그 증거로 병술(丙戌)·기해(己亥)·경술(庚戌)·을미(乙未)년에는 무(戊)나 자(子)·오(午)·인(寅)·신(申) 같은 운기와 상관없는데도 마진이 크게 유행하였다는 사실을 들었다. 즉, 해당 연도의 간지(干支)의 운기에 따라 마진의 유행과 진단을 적용하는 것에 대해 회의적이다. 「인제지」 서문에서 "실제로 본 바가 있고 사람을 구제하는 효과가 있는 것은 오직 의약의 도뿐"이라고 한 것과, 많고 많은 의약 지식 중에서도 효과가 제대로 나는 것을 가려보는 '밝은 눈'을 가져야 한다는 것이 서유구의 의약관의 핵심이다.

그러나 이론의 과잉을 경계하고 적정선에서 끊었을 뿐, 반대로 그 전통적 이론을 강하게 공격하여 폐기할 것을 주장하거나 한 것도 아니다. 이는 정약용과 최한기의 경우와는 또 다른 입장이다. 의학 이론이라는 측면에서 보면, 『동의보감』을 포함하여 동양 의학의 기저를 이루는 이론들, 곧 삼음삼양과 12경락이론, 오장육부의 음양오행 배속이론, 오행의 상생 상극이론 등은 정동유(鄭東愈, 1744-1808), 정약용(丁若鏞, 1762-1836), 최한기(崔漢綺, 1803-1877) 등에 의해 강하게 부정되기도 하였다.[97] 그러나 서유구는 이들 이론을 공박하거나 비판하는 모습을 보이지 않았다. 서유구가 강조한 교정과 비판의 '밝은 눈'은 잘못을 지적하는 쪽으로만 번뜩이는 것이 아니었다. 이 점이 「인제지」를 통관하면서 느낀 서유구의 각별한 부분이다. 전통시대의 지식, 그 연원과 용도에 대해 그는 합리적 사유로 철저히 무장하여 매우 비판적인 듯하면서도 한편으로 애착을 가지고 널리 수용하려는 점에서 개방적인 측면이 자주 보인다. 오히려 「인제지」와 「보양지」 여러 곳에서 치료 사례가 있고 시행되는 의미가 있는 것이라면 민속적 관습, 불양, 주문, 부적까지도 간간이 기록해두는 편을 선택했다. 몇 가지 예를 보자.

[안] 해학(痎瘧, 학질)에 불양(祓禳, 액땜이나 푸닥거리)하는 방법은 여러 가지 서로 다른 것이 있지만, 환자의 마음을 움직이게 하거나 놀라고 두려워하게 하거나 더러운 냄새를 맡게 하여 (학질의 나쁜) 기운이 저절로 떨어져 나가도록 하는 것이다. 대개 마음이 움직이면 기가 운행하

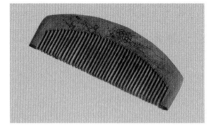

〈그림 3-56〉 얼레빗(왼쪽)과 참빗(오른쪽) (국립민속박물관 소장)

고 기가 운행하면 사기가 물러나니, 이 또한 병을 치료하는 한 가지 방
법이다.[98]

[안] 『천금방』에서 "이[蝨]를 잘못 삼켜 이가 배 속에서 자라나 징가
[癥]가 되면 사람이 죽을 수도 있다면서, 못쓰게 된 참빗이나 못쓰게
된 얼레빗을 각각 절반은 태워서 가루 내고 절반은 물에 달인 다음 섞
어서 복용하면 배 속의 이가 변을 통해 나온다."고 했는데, (필연은 아니
라도) 이치상 개연성이 어느 정도 있다.[99] (머릿니(頭蝨)를 내쫓아 버리는
법)

학질에 사용하는 액땜과 푸닥거리, 곧 불양의 방법 역시 "이 또한 병을
치료하는 한 가지 방법이다(是亦治病之一則)."라는 정도로 허용했고, 배 속
의 이를 쫓아내는 방법으로 빗 성분을 태우거나 물에 달여 복용하는 것
도 "이치상 개연성이 어느 정도 있다(或然之理)."고 여지를 남겼다. 앞서 선
행 연구자들이 서유구는 한의학에 대한 본격적 이론 창안에 별 다른 기
여가 없다고 했지만, 「인제지」의 방대한 내용의 행간에는 실로 이러한 서
유구의 의약에 관한 섬세하고 정겨운, 개방적 태도가 스며 있음을 보게
된다.

1) 『동의보감』과의 비교 그리고 근본적 차이점

『동의보감』은 1613년 간행된 이후 명실상부 조선의 간판 의학 고전이요, 국내뿐만 아니라 일본과 중국에서도 여러 차례 간행될 만큼 외국에서의 성가(聲價) 역시 찬란하다.[100] 「인제지」 역시 『동의보감』을 가장 중요한 저본으로 하고 있다. 단순 인용을 넘어 「인제지」는 『동의보감』을 적극적으로 활용하여 각종 의서의 기록을 보강하거나 부연하기도 한 것이었다.[101] 아래에 먼저 『동의보감』과 「인제지」(「보양지」 포함)의 목차를 비교하여 200년의 시간 간격을 둔 두 종합의서 간의 관계를 살펴볼 수 있게 했다.

〈표 3-5〉 『동의보감』과 『임원경제지』 「인제지」(「보양지」 포함) 비교표 (※동의보감 순서를 기준으로 재배치)

편목	권수	동의보감	인제지	보양지
內景篇	1	身形臟腑圖		
		身形		권1: 總敍(攝生) 권3: 起居飲食(養形)
		精		권2: 精氣神(保精)
		氣	권3: 諸氣	권2: 精氣神(調氣)
		神		권2: 精氣神(嗇神)
	2	血	권3: 失血總方	
		夢	권2: 少睡(多睡, 多夢)	권3: 起居飲食(養形); 論睡寐
		聲音	권2: 瘖瘂	권3: 起居飲食(養形); 論談笑
		言語	권2: 瘖瘂	권3: 起居飲食(養形); 論談笑
		津液		권3: 起居飲食(養形); 論津唾
		痰飮	권2: 痰飮	
	3	五臟六腑	※ 「인제지」는 오장육부에 대한 독립적 설명이 없음	권3: 起居飲食(養形); 論內景 (몸 안의 세계를 한 논설로 집중 설명, 섭생요의 인용)
		肝臟		
		心臟		
		脾臟		
		肺臟		
		腎臟		
		膽腑		

內景篇	3	胃腑		
		小腸腑		
		大腸腑		
		膀胱腑		
		三焦腑		
		胞	권12: 婦科(胞血)	
		蟲	권3: 諸蟲	
	4	小便	권3: 尿血	권3: 起居飲食(養形); 論便溺
		大便	권3: 便血	권3: 起居飲食(養形); 論便溺
外形篇	1	頭	권7: 頭痛(眩暈)	권3: 起居飲食(養形); 論頭面
		面		권3: 起居飲食(養形); 論頭面
		眼	권7: 眼疾	권3: 起居飲食(養形); 論耳目 권4: 修眞(導引); 導引療病諸方·明目聰耳方·修眞(按摩); 按摩耳目鼻法 권5: 服食(藥餌); 明目方
	2	耳	권8: 耳聾	권3: 起居飲食(養形); 論耳目
		鼻	권8: 鼻塞	권3: 起居飲食(養形); 論口鼻
		口舌	권18: 外科	권3: 起居飲食(養形); 論口鼻
		牙齒	권8: 齒痛	권3: 起居飲食(養形); 論齒牙
		咽喉		
		頸項	권8: 項背痛	
		背	권8: 項背痛	
	3	胸	권8: 心腹痛	
		乳		
		腹	권8: 心腹痛, 腹痛	
		臍	권8: 心腹痛	
		腰	권8: 腰脚痛, 腰痛	
		脇	권8: 臂脇痛	
		皮		
		肉		
		脈		
		筋	권8: 筋骨痛	
		骨	권8: 筋骨痛	
	4	手	권8: 筋骨痛, 四肢痛	권3: 起居飲食(養形); 論肢體
		足	권8: 筋骨痛, 四肢痛	권3: 起居飲食(養形); 論肢體
		毛髮		권3: 起居飲食(養形); 論毛髮

外形篇	4	前陰	권3: 尿血	권3: 起居飮食(養形); 論外腎
		後陰	권3: 便血	권3: 起居飮食(養形); 論便溺
雜病篇	1	天地運氣		
		審病		
		辨證		
		診脈		
		用藥		
		吐		
		汗		
		下		
	2	風	권4: 中風, 風痺	
		寒(上)	권5: 傷寒, 中寒	
	3	寒(下)	권5: 傷寒, 中寒	
		暑	권5: 中暑	
		濕	권5: 瘴濕	
		燥	권5: 燥澁	
		火	권5: 火熱	
	4	內傷	권1: 內傷	
		虛勞	권1: 虛勞	
	5	霍亂	권9: 霍亂	
		嘔吐	권9: 嘔吐	
		咳嗽	권10: 咳嗽	
	6	積聚	권3: 積聚	
		浮腫	권11: 浮腫	
		脹滿	권11: 脹滿	
		消渴	권11: 消渴	
		黃疸	권11: 黃疸	
	7	痎瘧	권6: 痎瘧	
		瘟疫	권6: 溫疫	
雜病篇	7	邪祟	권6: 師祟	
		癰疽(上)	권16: 癰疽總方/瘡癤總方	
	8	癰疽(下)	권18: 外科	
		諸瘡	권21: 外科	
	9	諸傷	권22: 諸傷/解毒	
		解毒	권22: 諸傷/解毒	

雜病篇	9	救急	권22: 諸傷/解毒	
		怪疾	권23: 奇疾/辟禳	
		雜方	권23: 奇疾/辟禳	
	10	婦人	권12: 婦科	권7: 求嗣育嬰
	11	小兒	권13~15: 幼科	권7: 求嗣育嬰
湯液篇	1	湯液序例	권24: 炮製序例	
		水部	권25: 收採時令(下)/水部	※「인제지」의 본초 실제 순서는 수–토–곡–인–금–수–어–충–과–채–초–목–옥–석–금
		土部	권25: 收採時令(下)/土部	
		穀部	권25: 收採時令(下)/穀部	
		人部	권25: 收採時令(下)/人部	
		禽部	권25: 收採時令(下)/禽部	
		獸部	권25: 收採時令(下)/獸部	
	2	魚部	권25: 收採時令(下)/鱗部	
		蟲部	권25: 收採時令(下)/蟲部	
		果部	권25: 收採時令(下)/果部	
		菜部	권25: 收採時令(下)/菜部	
		草部(上)	권24: 收採時令(上)/草部	
	3	草部(下)	권24: 收採時令(上)/草部	
		木部	권25: 收採時令(下)/木部	
		玉部		
		石部	권25: 收採時令(下)/金石部	
		金部	권25: 收採時令(下)/金石部	
鍼灸篇	1	鍼灸	권26 鍼灸臟穴	
			권27: 탕액운휘 권28: 구황	권4: 수진 권8: 양생월령표
총계	25권		28권	8권

『임원경제』는 『동의보감』에서 통합시킨 양생과 치료 분야를 다시 나누어 「보양지」와 「인제지」로 구분했고, 70여 가지 질병 분류도 내인, 외인, 내외겸인이라는 대분류를 사용하여 체계성을 더욱 높였다. 서유구가 새롭게 도입한 것이 '탕액운휘'와 '구황'인데, '탕액운휘'는 4,799가지 처방을 먼저 운서(韻書)의 순서에 따라 색인처럼 제시하고, 다시 탕(湯)·산(散)·단

(丹)·환(丸)·전(煎)·원(元)·음(飮)·고(膏) 등의 처방 제형에 따라 하위 분류하였다.(총론부 참고) 해당 병증과 치료 항목을 찾아보기 쉽게, 전문 의사가 아닌 독자의 활용도를 배려한 것이다.

'구황(救荒)' 부분은 직접 의료 행위는 아니지만, 흉년기 백성의 생명 구료를 위한 가장 직접적 도움이 되므로 「인제지」에 배치한 것으로 보인다. 서유구의 경세가적 면모가 잘 드러난 곳이다.

2) 박물학적 관점에서 분류 순서의 비교

그런데 『동의보감』을 이미 보유하고 있는 조선에서 서유구는 왜 「인제지」를 만들어야 했을까? 『임원경제지』라는 백과전서에 의학 지식이 절반 가까이 차지할 만큼의 비중을 가진다는 것이 그렇게 해야만 할 필연적 이유가 있을 것이다. 「인제지」 서문에서는 단지 향촌에서 전문적 의사에게 나아가 배울 수도 없으니 위급한 질환에 편리하게 찾아볼 수 있도록 책을 만들었다고만 했지만 말이다. 그것은 의약의 용도에 집중해본 관점이고, 사실 『임원경제지』의 절반의 비중은 의약을 넘어 만물, 박물에 대한 관점에서 볼 필요가 있다. 『동의보감』 역시 의학서이기 전에 박물학서의 기능을 했다. 그에 대한 간단한 필자의 의견을 개진하는 것으로 가름한다.

우선 『동의보감』 「탕액편」에 보이는 본초 분류 방식과 순서를 보자. 그것은 다음과 같다.

수-토-곡-인-금-수-어-충-과-채-초-목-옥-석-금

水-土-穀-人-禽-獸-魚-蟲-果-菜-草-木-玉-石-金

이런 순서를 매긴 이유에 대해 『동의보감』에서 그 이유를 분명하게 밝히고 있지는 않다. 그렇지만 전통시대 우주생성론의 큰 틀에서 접근해볼 때 이 순서의 이유를 짐작할 만한 힌트는 있다. 맨 처음은 물이 있었고, 그 물은 흙(土)을 낳았고, 그 토양에서 곡식이 자라나며, 곡식에 의해 사람이 살아갈 수 있으므로, 수-토-곡-인을 앞 순서에 놓는다. 사실 이 대목으로 우주 생성의 큰 줄기는 일단락된 것이나 다름없다. 하늘과 땅의 순정한 기운이 사람에게 전입된 것이다. 그다음 금-수-어-충-과-채-초-목-옥-석-금은 하늘과 땅의 기운의 다양한 파생 산물이다. 동물로는 날짐승, 길짐승, 어류를 두고, 그 뒤에 미물로 취급되는 충(蟲)을 배치하였다. 동물 다음에 식물을 과일, 채소, 풀, 나무의 순으로 놓았고, 이후는 무생물로 옥, 석, 금이 이어진다. 식물에서 과일, 채소를 먼저 두고 초목을 나중에 두는 것도 사람이 식량으로 쓸 수 있고 인가에 재배하는 것을 앞세운 측면이 있다. 우주 만물의 생성 순서, 만물의 귀천의 순서, 무르고 단단한 순서가 배어 있는 것이다. 총평하면 『동의보감』의 순서는 상당히 인간 중심적으로 놓여 있다는 인상이다. 먼저 수-토-곡-인이 놓인 이유도 인간의 생존에 반드시 필요한 것이라는 의미가 들어 있고, 인간의 다음에 오는 것도 인간과 생명으로서의 친연 정도나 유용성의 기준이 적용된 것이다. 이에 비해 「인제지」의 만물 분류 순서는 다음과 같다.

초부(草部), 곡부(穀部), 채부(菜部), 과부(果部), 목부(木部), 복기부(服器部), 고부(蠱部), 인부(鱗部), 개부(介部), 금부(禽部), 수부(獸部), 인부(人部), 수부(水部), 화부(火部), 토부(土部), 금석부(金石部)

『동의보감』의 방식을 비교해서 보면 우주생성론, 인간중심론 같은 기준이 들어 있는 것 같아 보이지는 않는다. 대신 3가지 카테고리를 구분해 보면 크게 다음과 같이 나눌 수 있겠다.

1. 초부(草部), 곡부(穀部), 채부(菜部), 과부(果部), 목부(木部), 복기부(服器部)

2. 고부(蟲部), 인부(鱗部), 개부(介部), 금부(禽部), 수부(獸部), 인부(人部)

3. 수부(水部), 화부(火部), 토부(土部), 금석부(金石部)

이렇게 식물부, 동물부, 무생물(물질)부로 자연스럽게 나뉘는 것이 현대적 분류와 기본 얼개가 맞아떨어진다. 식물부에서 야생의 풀인 초부를 앞에 두고 점점 뒤에서는 커지고 오래가는 과부-목부로 갔다가 주로 목재를 사용하여 사람이 사용하는 기물(器物)들에 대해 하나의 항목을 추가해 만든 것이다(복기부[服器部]). 동물부에서도 충부에 해당하는 고부를 먼저 놓고 어류, 파충류, 조류, 포유류, 다음 사람까지, 마치 진화의 단계를 보는 듯한 순서를 택하고 있다. 물질부에서 수부의 짝이 되는 화부를 새롭게 만들어 배치하고, 석과 금을 합하여 금석부로 만들었다. 여기서는 수와 토가 사람과 관련되어 별도로 다루어지지 않은 것이다. 두 책이 동물, 식물, 무생물의 큰 구획은 공통으로 유지하는 듯하지만, 『동의보감』은 수-토-곡 항목을 특별히 떼어내어 앞으로 배치한 것이 매우 다른 점이다. 그 결과 『동의보감』이 인간 중심으로 순서를 세웠다면 「인제지」는 오히려 자연 중심에 가깝다. 대체로 더 원형적, 기본적인 것을 앞에 두고 복합, 복잡한 것들을 뒤로 배치하고 있다. 「인제지」는 『동의보감』의 인간 중심의 만물 분류에서 훨씬 더 자연 중심의 분류로 이행하고 있는 것이다. 이 점이 동아시아 전통시대를 대표하는 『동의보감』의 세계관과 다른 「인제지」의 변화된 관점이요, 그에 따라 새로운 별개의 박물서로서 중요한 존재 이유가 될 수 있지 않을까 생각된다.

3. 침구법과 정골법

'침구수혈(鍼灸腧穴)'에는 '몸의 각 부위의 명칭과 위치 그리고 골도법(骨度 法, 뼈마디를 기준으로 거리를 재는 법)', '십이경락의 흐름과 혈자리', '침뜸 시 혈을 잡는 법' 등에 대해 상술한다.

그 외 근골 손상 시 고정용 기구를 설명하는 '뼈를 교정하는 기구'에는 골격 손상 후 정복(整復) 시 필요한 고정법(固定法)을 망라했다. 주로 청대 종합의서 『의종금감(醫宗金鑑)』을 인용하고 있는데, 두부 손상을 교정하 는 기구에서 어깨, 가슴·배·옆구리, 척추와 등, 허리, 사지, 무릎 손상까 지 부위에 따라 그 형태와 방법이 다양한 교정 기구를 살필 수 있다.

「인제지」의 처방 색인이라고 할 수 있는 '탕액운휘(湯液韻彙)'는 총론에 서 다루었으므로 생략한다.

— 약로

또 약로법(藥露法)에 대한 내용을 담고 있는데, 약로법은 요즘 말하자면 아로마(Aroma) 향기치료에 사용하는 원액 추출법을 말한다. 달이는 약은

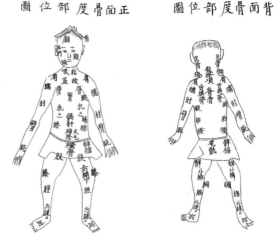

〈그림 3-57〉 인체 정면 골도(왼쪽)와 인체 후면 골도 (「인제지」 고려대학교 소장본)

오랜 시간 푹 끓이기 때문에 약효가 될 수 있는 중요한 원천인 향이 모두 날아가버린다는 점을 아쉬워하여 향을 그대로 보존할 수 있는 방법을 재현하려 하였다. 이 약로법은 서양[泰西國]에서 사용하는 방법이라고 기록하고 있다. 「인제지」에서 드물게 그림을 그려 설명하고 있는 부분이기도 하다. (그림의 주석: 갑임계자(甲壬癸子)는 구리솥. 을경신(乙庚辛)은 뚜껑. 술(戌)은 손잡이. 경신(庚辛)은 뚜껑 밑면. 무기(戊己)는 통수로. 병정(丙丁)은 관. 축묘진(丑卯辰)은 화덕. 축인(丑寅)은 부뚜막. 신유(申酉)는 구덕. 신유(申酉) 임계(壬癸)는 맞붙는다. 갑자(甲子) 경신(庚辛)도 맞붙는다. 오미(午未)는 아궁이. 해각항(亥角亢)은 대조. 저방심미(氐房心尾)는 평조.)

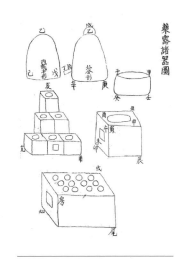

〈그림 3-58〉 약로의 명칭과 종류

4. 서유구 본인은 의약을 다루었을까?

혹자는 서유구가 다른 실용학은 실제로 경험을 쌓고 이해의 정도를 심화할 기회가 있었겠지만 정말 환자를 진료하고 치료하는 경우가 있었는지 궁금해할지도 모르겠다. 서유구 본인이 의술을 업으로 직접 진료하는 일을 하지는 않았겠지만, 상당한 소양을 가지고 있었던 것은 분명해 보인다. 이런 단서가 될 만한 기록이 있어 여기에 소개하도록 한다. 친한 벗 남공철(南公轍, 1760-1840)[102]과 주고받은 편지 속에서 강력환(薑瀝丸)을 보내주었다는 기록이다. 남공철은 서유구가 보내준 이 환약을 먹고 고질이던 체증이 매우 좋아졌다고 말했다.

서유구 준평에게 답함

"세상 사람들은 단지 서유구 공이 문장으로 뛰어난 분으로 알고 상당한 정치적 재능(정사지재)이 있다는 것을 모릅니다. 이는 그 특별한 장

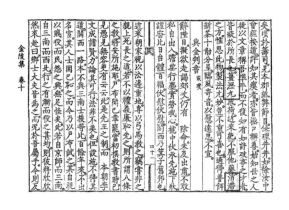

점에 오히려 덮여진 셈입니다. 강력환(薑瀝丸)은 감사히 받았습니다. 근
래에 다른 약은 전혀 복용할 수가 없어 체증을 푸는 약은 오직 이뿐
입니다. 제법 또한 신묘하니 더욱 기뻐합니다. 마침 새로 보이차를 구
했으니 10근을 나누어드립니다. 가을바람 이는 때에 소식을 전하며 멀
리 그리운 마음을 대신합니다. 이만 줄입니다."[103]

편지 속 강력환 기록이다. 답례로 '보이차'를 보내는 것도 눈길을 끈다.
남공철과 서유구의 친근한 관계를 잘 보여준다. 이런 일이 조선의 유학자
지식인에게 그렇게 드문 일은 아니었던 듯하다. 다산 정약용 역시 의약에
조예가 깊어 종두법(種痘法)에 관심을 가지고 『마과회통』과 같은 의서를
저술했으며, 헌종(憲宗)의 병환에 어의(御醫)들과 함께 입시하여 진료 과정
을 돕기도 한 것은 가까운 예가 되겠다. 이들은 모두 유의(儒醫)로서의 역
량을 갖춘 것이다.

5장

예능, 교양, 의례 분야

이 장은 앞 장들의 분위기와 사뭇 다르다. 물질적 생산이나 재화의 축적 활동 곧 식력(食力)과는 다른 내용인 양지(養志)를 본격적으로 다루고 있다. 선비의 뜻을 기르고 인간과 사물에 대한 안목을 키우며 그 속에서 삶의 궁극적인 상향(上向)을 이루는 데에 치중하고 있는 것이다. 『임원경제지』 중 「유예지」, 「향례지」, 「이운지」의 내용이 주가 되지만, 때로는 다른 지(志)와도 넘나들고 있다. 앞서 「예원지」에서 꽃을 키우는 이유에 대해 설명하면서 물질적으로 풍족한 삶을 추구하는 구복지양(口腹之養, 곧 식력)과, 정서적으로 풍요로운 삶을 이루는 이목지양(耳目之養, 곧 양지)을 말했다. 「유예지」, 「향례지」, 「이운지」는 「예원지」 서문에서 말한 내용을 확장하여 정서적으로 풍요로운 삶, 사회적으로 통합된 삶, 문화적으로 고양된 삶을 추구하고 있다. 관련 내용이 이들 3개 지(志)에 집중 수록되어 있는 것이다. 아래 절에서는 예능, 교양, 의례 분야를 육예, 향례, 양아의 3개의 키워드로 정리했다.

1절. "새롭게 재편한 육예(六藝), 그 예(藝)에 노닐며 심신을 연마하다"

1. 새로운 육예의 제안

전통적으로 '육예(六藝)'는 예(禮)·악(樂)·사(射)·어(御)·서(書)·수(數)를 의미한다. 『임원경제지』 「유예지」에서 예는 활쏘기[射]나 수레 몰기[御]와 같은 것을 말한다. '노닌다'의 '유(游)'는 물고기가 물에서 노닐 듯 그 속에서 늘 눈으로 보고 익힌다는 뜻을 담고 있기도 하다.[1] 학습의 내용이 체득과 실천으로 나아가는 것으로 보는 동아시아의 전통 학문의 관점에서 '예'는 인간이 마지막으로 도달해야 할 궁극의 단계로 여겨진다. 예술이나 학문이나 결국은 그 사람을 변화시키는 데에 효용이 있는 것이다.

그런데 풍석은 「유예지」에서 육예 중 예(禮), 악(樂), 어(御), 서(書) 같은 것을 과감히 생략하고 제외했다. 대신 독서법, 글씨, 그림, 방중악 등을 실었다. 예악(禮樂)의 중요성을 경시해서가 아니라 시대가 흐르면서 예의 원형은 희미해진 데다, 그 세부 조목들은 매우 번잡해져서 다 익히기가 어렵다고 판단했다. 음악의 경우 고성인 시대의 대악(大樂)이 사라지거나 변형되어 원모습을 되살리는 것이 불가능해졌다고 보고 당시 조선의 민간에서 공연되고 있던 방중악보(房中樂譜, 실내악의 악보)를 대체해서 실었다. 수레 모는 제도[御] 역시 조선에서는 이미 당대에 따를 만한 전범이 없다고 했다. 또 서(書)는 본래 육서(六書, 자서를 포함하여 문자학, 사전학을 총칭)를 가르치는 것이지만, 그러한 지식이 당시 긴요한 임무가 아니라고 봤다. 대신 선비의 기본 교양을 더욱 철저하게 밀고 간 '독서법', '글씨[書筏]', '그림[畵筌]'을 새롭게 추가했다. 한편 전통적 6예 중 '활쏘기[射訣]', '산술(算術)'은 실용적 입장에서 그 실체를 대체로 계승했다. 요컨대 『임원경제지』에서 서유구가 제창한 6예는 독서, 활쏘기, 수학, 글씨, 그림, 음악으로 요

약된다. 서유구 식 '육예'가 된 것이다.[2]

위의 내용을 간단히 표로 나타내 보이면 다음과 같다.

〈표 3–6〉 전통적 6예와 『임원경제지』의 6예

전통적 6예	서유구의 판단	『임원경제지』의 6예	비고
예	시의에 따라가야 함	향례: 향음, 향사, 향약, 관혼상제 등	독서법 추가
악	원형을 찾기 어려움	조선의 방중악보 대체	
사	중요성이 이어짐	사: 사결	
어	조선에 전범이 없음	–	
서	문자학의 용도 떨어짐	서화: 글씨 쓰는 법[書筏], 그림 그리는 법[畫筌], 화감상법[藝翫鑑賞] 등	
수	중요성이 이어짐	수: 산법	

2. 책 읽는 법[讀書法]

서유구는 가장 먼저 책 읽는 법, 곧 독서법을 내세웠다. 조선시대의 책 읽기는 오늘날과 시대적 차이가 주는 기본적 의미 역시 크게 달라진 점을 진지하게 음미할 필요가 있다. 『주자독서법』이 많이 인용되는 만큼 서유구에게도 성리학의 공부법이 중심이 된다.[3] "책을 천 번 읽으면 그 뜻이 저절로 드러난다(讀書千遍, 其義自見)."라는 옛말의 효용을 강조하는 데서 시작하여, "학문의 길은 다른 것이 아니라, 자신의 풀어놓은 마음을 찾는 것일 뿐이다(學問之道無他, 求其放心而已矣)."로 마무리했다.

전통적으로 책은 경사자집으로 나뉘는데 풍석은 주로 성현의 말씀이 담긴 경서를 읽는 법을 주로 다루었다. "독서로서 성현의 뜻을 살피고 성현의 뜻을 바탕으로 자연의 이치를 살핀다."고 한 『주자어류』의 말을 인용하였으니[4] 『임원경제지』의 이용후생도 박학다식도 사실 주자학의 거대한 우주 인간 담론의 틀에 포용되고 있음을 이 독서법에서도 찾아볼 수 있다. 예를 들면 성현의 경을 읽는 것은 배고픈 사람이 음식을 먹을 때 음식의 진정한 맛을 알 수 있고, 목마른 사람이 물을 마실 때 물의 참맛을 알 수 있는 이치와 같다고 비유했다.[5] 책을 읽는 것은 사람을 기른다는 측면에서 밥을 먹고 물 마시는 행위와 본질적으로 동일한 것이었다. 천천히 꼭꼭 씹어야 잘 소화가 되고 몸이 영양을 얻듯이 독서 역시 동일한 방법을 권했다.

책을 읽을 때에는 먼저 책상을 깨끗이 정리하고 단정히 앉아 천천히 글자를 보며 정확히 소리 내어 읽되, 여러 번 반복하면서 음미하라고 했다. 독서삼도(讀書三到)는 안도(眼到), 구도(口到), 심도(心到)로 '눈'과 '입'과 '마음'을 다하여 독서를 해야 하는 것이다.[6] 당연하게도 성현의 책을 읽는 것은 많이 읽는 게 중요한 것이 아니라, 실제로 그 사람과 얼마나 가깝게 공감을 이룰 수 있느냐의 문제였다. 성현과 혼연일체가 되는 것이 독서의 목표였다.

> 독서할 때는 반드시 차마 손에서 놓을 수 없는 지경에 이를 때까지 읽어야 참맛을 느낄 수 있다. 만약 몇 번 읽고 대략 그 의미를 이해하고서는 곧바로 싫증을 내어 다른 책을 구해보려 하면, 이는 이 책 한 권에 대해서조차 아직 그 뜻을 제대로 깨닫지 못한 것이다.
>
> 나는 예전에 독서하면서 한창 『논어』를 읽을 때에는 『맹자』가 있는지 알지 못했고, 한창 『논어』의 제1편인 「학이(學而)」를 읽을 때에는 제2편인 「위정(爲政)」이 있는지 알지 못했다. 오늘 이 한 단락을 보고서도 보고 또 보아서, 더 이상 보지 않아도 될 때에만 그제야 한 단락을 바꾸어보았다. 이동(李侗, 1093-1163) 선생의 말씀을 살펴보니, "글을 이해하려면 한 단락을 융석(融釋, 녹이고 풀어내다)한 뒤에 한 단락을 다시 이해해야 한다."라 했다. '융석'이라는 두 글자가 무척 좋다. 『주자어류』[7]

풍석은 경사자집의 책 읽는 순서에 대해 경서를 먼저 읽어 성현의 뜻을 파악한 뒤 역사서를 통해 국가의 흥망과 치세·난세의 자취를 살피고, 제자백가의 책을 읽어 백가의 잡스러운 논의의 병폐를 알아야 한다고 했다. 사서(四書)는 『대학』→『논어』→『맹자』→『중용』 순으로 읽고. 역사서는 『사기』→『좌전』→『자치통감』 순으로 읽고, 여력이 있으면 25사(史)까지 읽으라고 권했다.[8]

독서법에서는 서유구 자신의 견해를 일절 반영하지 않았는데, 이전에 전해 내려오는 견해나 이론만을 반영해도 충분하다고 판단했기 때문일 것이다. 물론 편차를 잡고 제목을 지어 전체 맥락을 연결해가는 서유구의 역량이다.

3. 활 쏘는 법

독서가 문(文)을 상징한다면 활쏘기는 무(武)를 상징한다. 문무를 겸비해야 하는 선비에게 활쏘기 또한 사대부들이 익혀야 할 주요 기예였다. 유학의 중요 덕목인 '수신(修身)'이나 '위인(爲仁, 인을 행함)'을 말할 때 그 실행 방법에 대해 활쏘기에 비유하는 일이 많다. 인(仁)의 실천을 활쏘기에 비유한 것이 좋은 사례이다. 활쏘기는 먼저 자신의 자세를 바로 한 뒤 격발하는데, 과녁에 적중하지 않았다고 해서 남 탓을 해서는 안 되니 바로 자신에게서 그 원인을 찾아야 한다고 했다.[9] 활쏘기는 상대방과의 경쟁이 없다는 점에서, 그래서 과녁을 맞히지 못하면 그 탓을 자신에게 돌린다는 점에서, 군자의 덕과 유사하다고 공자가 말했다.[10] 유학의 세계에서 활쏘기는 적군을 살상하는 무기이기보다는, 인격을 함양하는 자기 도야의 과정이자 무경쟁의 스포츠로서 더 중요한 수신의 훈련이었던 것이다.

조선이 예로부터 활에 강한 나라였고 편전(片箭, 애기살)과 같은 기술적 진보를 이루기도 했지만 활쏘기에 관련된 저술은 찾아보기 어렵다. 여기 「유예지」의 '활쏘기 비결'은 조선의 가장 체계적이고 구체적인 활쏘기 저

술로서의 의미도 크다.[11]

먼저 활쏘기 초보자에게 익혀야 할 기본 동작을 알렸다. 우선 자세를 바르게 잡은 뒤 화살을 메기고, 화살이 과녁에 도달하도록 하는 법을 배워야 한다. 각각 손·눈·허리·발·몸을 쓰는 법, 서는 법, 줌손(왼손)과 깍짓손(오른손)으로 활을 당기는 법, 화살을 거는 법, 과녁을 겨누고 자세를 굳히는 법까지 설명했다. 무를 연마하기 위해서는 기초 체력은 필수다. 활을 쏘기 위한 기초 체력 단련과 정신 집중을 위해 팔과 눈동자를 단련하는 법, 야간에 활쏘기 연습은 향 3개를 꽂아두고 이 향을 과녁 삼아 연습하라고 했다.[12]

활터에서의 실습 요령에 대해 14가지 요점을 들었는데, 활쏘기의 연속 동작을 매우 세분화하여 깨알 같은 해설을 붙였다. 먼저 활쏘기의 전반적인 원리를 일렀고, 화살 거는 법, 활시위 당기는 법, 줌손과 깍짓손 쓰는 법, 활을 쥐어 과녁을 겨누고 몸을 굳히는 동작, 줌통을 들고 시위를 당기는 동작, 깃을 어루만지며 화살을 뽑는 동작, 시위 중앙에 오늬를 들이는 동작, 어깨를 펴고 시위를 당기는 동작, 몸을 살짝 앞으로 기울이며 활을 당기는 동작, 힘을 다해 화살을 보내는 순간의 동작, 화살을 쏜 바로 뒤 시위를 거두어 활고자를 들이는 동작까지 정리했다.

활 쏘는 법의 14가지 요점

① 활은 부드러워야 한다.

② 화살은 길어야 한다.

③ 가슴 앞은 거둬들여야[哎] 한다.

④ 다리는 정해진 위치에 두어야 한다.

⑤ 계란을 쥐듯이 활을 잡아라.

⑥ 저울에 추를 매달듯 시위 한가운데에 화살을 걸어라.

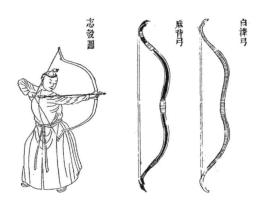

〈그림 3-60〉 『습사도(習射圖)』의 활 쏘는 모습(왼쪽)과 『무비지』의 활 그림(오른쪽)

⑦ 활고자는 기울여야[側] 한다.

⑧ 손은 수평을 이루어야 한다.

⑨ 줌손의 팔뚝은 엎어야[轉] 한다.

⑩ 관절은 펴야[伸] 한다.

⑪ 줌손의 어깨는 거둬들여야[藏] 한다.

⑫ 깍짓손의 어깨는 밀어내야[擠] 한다.

⑬ 화살을 내보낼 때는 가벼워야[輕] 한다.

⑭ 화살을 놓을 때는 빨라야[速] 한다.[13]

한편 활쏘기는 종종 의례화하거나 놀이화하기도 했다. 「향례지」에서는
의례화의 사례로 '향사례'라는, 중국 주나라 때부터 이어온 활쏘기 시합
을 소개했다.[14] 또한 「이운지」에서는 놀이화의 사례로 동물 그림을 그린
동그란 과녁 9개를 큰 과녁에 붙여놓고 활을 쏘는 놀이인 '구후사(九侯
射)'를 소개하기도 했다. 구후사 놀이에서는 과녁을 맞힌 이가 술을 마시
게 되어 있고 승자도 패자도 없는 군자의 놀이임을 천명했다.[15]

조선의 대표적인 군사 무예이면서 사대부들이 익혀야 할 활쏘기는 군주와 신하가 한자리에 모여 '대사례(大射禮)'라는 국가적 의식으로도 행해졌다. 지방에서는 향촌 사회의 풍속 교화와 공동체 의식의 결속을 위해 향사례(鄕射禮)가 거행되었다. 정조대는 문무겸전론(文武兼全論)을 바탕으로 무풍(武風)을 확산시키려 했던 시기인데, 이 운동의 핵심 분야가 활쏘기였다.[16]

— 서유구의 활쏘기 실력

서유구 역시 젊은 시절 활쏘기를 익히기도 했지만, 활쏘기에 그다지 소질을 보이지 못해 시험에서 좋은 점수를 못 얻었다고 한다.[17] 다음은 젊은 시절 서유구의 고향인 경기도 장단의 백학산 서쪽 기슭 학서(鶴西)에서 처음 활쏘기를 배울 때의 이야기다. 활쏘기를 가르친 사람은 탄소 유금(彈素 柳琴, 1741-1788)으로, 당호를 '기하실(幾何室)'이라고 했을 만큼 수학에 몰두했던 인물이다.

드디어 과녁을 펼치고, 소매를 걷고 활깍지를 갖춘 다음, 화살 네 대를 꽂고 나갔다. 그런데 나는 활을 잡아본 적이 없었다. 활시위를 끝까지 당기지도 못해서 손이 벌벌 떨리고 흔들리다가 어느 순간 화살을 놓았는데 공중으로 퉁겨나가더니 몇 걸음 못 가서 떨어지고 말았다. 평소에 활을 익힌 탄소가 내게 가르쳐주었다.

"이는 활시위에 문제가 있는 것이다. 당길 때는 팽팽하게 해야 하고, 풀어놓을 때는 겨누어야 한다. 당길 때 팽팽하게 하지 않으면 목표에 미치지 못하고 놓을 때 겨누지 않으면 느슨하게 된다. 그래서 화살이 멀리 나가지 못하는 것이다."

이번에는 그 말과 같이 하니 화살이 멀리 나가게 되었다. 하지만 빗나

가서 과녁의 왼쪽과 오른쪽에 떨어지는 등 일정하지가 않았다.

그러자 탄소가 말하였다.

"이는 활등에 문제가 있는 것이니, 활등을 잡을 때에 팔을 뻗치지 않았기 때문이다. 팔을 뻗치지 않으면 견고하지 못하고, 견고하지 못하면 쉽게 흔들린다. 따라서 명중하지 못하는 것이다." 그 말대로 하였더니 화살이 과녁을 향하게 되었다. 그런데 이번에는 과녁을 지나치거나 미치지 못하였다.

탄소가 말하였다.

"이는 그대의 몸에 문제가 있는 것이니, 너무 들지도 말고 너무 내리지도 말아야 한다. 너무 치켜들면 과녁을 지나치게 되고 너무 내려뜨리면 과녁에 못 미치게 된다."

그 말과 같이 하여 2발을 명중시켰다.[18]

서유구는 처음에 화살이 과녁에 미치지 못했고, 다음에는 좌우를 맞추지 못했으며, 마지막에는 거리를 가늠하지 못했다. 유금이 가르친 대로 활시위를 팽팽히 하고, 팔을 뻗치고, 몸을 바르게 하였더니 드디어 2발을 적중하게 되었다. 그러면서 "활쏘기의 바른 자세를 미루어 자신을 바로잡아 행동한다면 성인을 배우는 공부가 될 것이라는 말을 하고 있다(正己而後動 雖不中不遠矣 四者德之府也 吾將以是學聖人)." 조선 지식인으로 서유구의 집요한 지향성이 아닐까 한다.

〈그림 3-61〉 활쏘기 (김홍도의 『단원풍속도첩』, 국립중앙박물관 소장)

— 평등한 활쏘기 모임, '관덕회'의 제안

서유구는 활쏘기는 과녁을 맞추는 데 의미를 두는 것이 아니라, 활을 쏘는 사람의 몸가짐을 통해 그 덕행을 관찰하여 인재를 선발하는 데 목적이 있다고 본 듯하다. 그런데 『임원경제지』 「이운지」 '관덕회(觀德會)' 항목에서 활쏘기 모임의 취지를 다음과 같이 말하고 있다.

> 옛날의 활쏘기에는 두 가지가 있으니, 경대부의 활쏘기는 오르고 내려오며, 절하고 양보하며 술잔을 올리는 것이 그 예절이다. 그것은 과녁을 맞히는 것을 목적으로 하지 않으니 『의례』에 수록된 경대부의 활쏘기 예절이 그것이다. 이에 비해 서민들은 사냥을 해서 잡은 짐승을 나누어야 하니 적중시키는 것을 귀하게 여긴다. 『주례』의 오물(五物) 중에 3번째 주피(主皮, 과녁을 꿰뚫는 것)가 이것이다. 우리들은 산과 들에서 농사짓는 것이 업이니, 본래 사민(四民)의 하나이다. 봄가을로 날을 잡아 과녁을 쏨에 마땅히 서민의 예절을 써야 할 것이다. 그러나 안으로 심지가 바르고 밖으로는 몸을 곧게 하여 활과 화살을 잡고서 굳게 겨눌 수 있은 다음에야 '적중'했다고 할 수 있을 것이니, 이런 점에서 경대부의 활쏘기나 서민의 활쏘기는 한가지이다. 그래서 '덕을 살피는 모임'이라고 하는 것이다.[19]

비록 서민의 활쏘기는 과녁을 맞추는 데 목적이 있지만, 심지를 바르게 하고 몸을 곧게 하여야만 '적중'할 수 있다는 점에서, 경대부의 활쏘기와 다름이 없다는 것이다. 그래서 그 모임을 '관덕회'라고 한다는 말이다. 서유구는 경대부의 활쏘기와 사서인의 활쏘기가 그 근본에서는 서로 통하고 있음을 발견하고 서로 간에 덕을 높이는 모임 활동을 관덕회에서 실현하고자 소망했던 기록이다.

오늘날 양궁과 같은 스포츠와는 활을 쏘는 목적이 전혀 다르다. 경대부의 사는 적중(的中)이나 주피(主皮)가 목적이 아니라, 승강(昇降)과 읍양(揖讓)과 헌수(獻酬)의 목적으로 사례를 대한다. 단을 오르내리고, 서로 마주 절하면서, 장유의 순서나 예법을 서로 양보하는 태도를 보이고, 술잔을 주고받는 자세와 행동을 통해 사람의 인품과 덕성을 평가하고 권면하는 자리임을 말하고 있다. 서유구는 이런 향사례의 본래 의미를 되새기고자 한 것이다. 그런데 서유구 역시 실제 활을 쏘는 경험을 해보니, 적중을 하기가 쉽지 않다. 서민의 활쏘기 예를 지금까지 군자, 경대부의 활쏘기 예와 구별하여 급을 낮추어 본 것에 대한 자기반성과 함께, 서민의 적중과 주피 역시 경사지례(卿士之禮)와 통하는 부분이 있다고 했다.

서유구는 서민의 사례에서 사냥감을 잡아야 하는 필요성 때문에 오로지 적중을 목표로 한다고 하지만, 사실은 그 속에는 안으로는 뜻을 바르게 하고, 밖으로는 몸을 곧게 하며, 궁시 다루는 자세를 정확히 한(內志正·外體直, 持弓矢審固) 다음에야 적중을 바랄 수 있다는 점에서는 경대부의 사례와 다르지 않다고 본 것이다. 경대부의 사례에 비교하면 그 수련의 측면에서 양보, 헌수, 읍양의 덕과 통하는 요소가 있음을 발견한다. 그래서 사서인의 예, 경대부의 예를 모두 합하여 그 사람의 덕성을 다 함께 살필 수 있는 예식으로 생각하여 활쏘기 모임의 이름을 '관덕회(觀德會)'라고 새로 지었다. 신분 통합적인, 평등하고 민주적인 활쏘기의 의례로 가는 출발점이라고 해도 무방할 서유구의 발걸음이다.

4. 셈하는 법: 산법

육예 중 '수(數)'에 해당하는 산법을 보자.[20] 전통적으로 중국과 중국의 영향을 받은 우리나라에서는 수학의 내용을 전통적으로 '구장(九章)'으로 분류했다. 「유예지」 '산법' 또한 이 전통을 계승했다.[21]

「유예지」 '산법'은 크게 두 부분으로 구성되어 있다. 전반부는 수를 다루기 위한 기초와 기본연산법을 정리한 내용이고, 후반부는 '9가지 계산법[九數]'에 대한 정의와 예제를 차례로 보인 내용이다. 전반부 기초 과정은 다시 다섯 항목으로 구성되는데, 삼재수위[三才數位], 구구단[九九數目], 사칙연산[加減乘除], 제곱근풀이[平方]와 세제곱근풀이[立方], 사율비례(四率比例)가 그것이다.

'삼재수위[三才數位]'는 시간[曆]·길이[度]·부피[量]·무게[衡]·넓이[田里]의 단위들을 세분하고 서로 환산하는 법을 소개했다. '구구단[九九數目]'은 9단부터 1단의 순서로 진행된다. 여기서는 덧셈·뺄셈·곱셈·나눗셈 포함 총 11문항의 기초적인 연습문제가 나온다. 현재의 방식과 동일한 세로셈 필산법을 제시하고 있는데, 산목(算木)으로 계산하던 이전의 조선 수학과는 차별되는 부분이다. '제곱근풀이[平方]와 세제곱근풀이[立方]'에서는 이차방정식과 삼차방정식 푸는 법을 간단히 소개하고 역시 연습문제가 나온다. '사율비례(四率比例)'란 a(1율) : b(2율) = c(3율) : x(4율)의 비례식을 말한다. 이런 식으로 비례식을 만들어 미지수(x)를 구하는 방법이다.

이렇게 기초 과정이 끝난 뒤 본격적으로 '구장(九章)'으로 들어간다.

'방전수법(方田數法)'에서는 정사각형·직사각형·원·이등변삼각형·직각삼각형·등변사다리꼴의 넓이를 구하는 법을, '속포수법(粟布數法)'에서는 비례식 구하는 법과 정사각뿔·원기둥·원뿔의 부피 공식 응용하는 법을, '최분수법(衰分數法)'에서는 비례식 구하는 법을 소개했다.

'소광수법(少廣數法)'에서는 등차수열의 합 공식 익히는 법과 직사각형·직각삼각형의 넓이 구하는 법을, '상공수법(商功數法)'에서는 사각기둥 부피 공식 응용하는 법과 정사각뿔의 부피 구하는 법, 비례식 구하는 법, 유한급수 계산하는 법을, '균수수법(均輸數法)'에서는 비례식 구하는 법과 사다리꼴의 넓이 공식 응용하는 법, 등차수열의 합 구하는 법을 설명했다.

'영뉵수법(盈朒數法)'에서는 비례식을 이용하여 연립일차방정식 푸는 법을, '방정수법(方程數法)'에서는 가감법을 이용하여 연립일차방정식 푸는

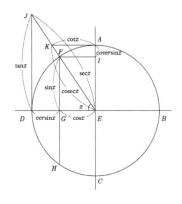

〈그림 3-62〉 「유예지」 '구고팔선'(왼쪽)과 장우석의 해설도(오른쪽)

법을 소개했다.

'구고(句股)와 팔선(八線)'에서는 피타고라스 정리·헤론(Heron)의 공식·비례식·개방법(이차방정식 풀이법)을 이용한 도형 문제 해결법과 삼각함수의 기본 정의를 소개했다.

이상 총 14개 분야(5개의 기초 과정과 9개의 본 과정)로 구성된 '산법'의 64개 문항과 그 풀이법은 대부분이 일상에서 실제로 응용할 수 있는 내용들이다. 동아시아의 수학은 현실 문제를 수학적으로 풀어내는 일에 기본적인 목적이 있기 때문에, 이론은 실용적인 한에서 의미를 지닌다. 서유구 역시도 동아시아 수학의 전통 위에서 향촌의 선비가 알아야 할 수학은 이런 것으로 판단한 것이다. 서유구의 할아버지 서명응이 편찬한 『고사십이집(攷事十二集)』 권2에 인용된 이상의 내용이 모두 나온다. 서명응은 독창적 방식으로 상수학적 이론을 전개한 학자로서 『구장산술(九章算術)』·『산법통종(算法統宗)』·『산학계몽(算學啓蒙)』 등 중국의 전통 수학서와, 청나라 강희제 때 편찬된 『수리정온(數理精蘊)』 같은 서양 수학과 중국 수학의 합일을 꾀한 수학서의 내용에 영향을 받았다.

조선에서 수학 연구는 비교적 유래가 깊고 저술도 활발했다. 최석정(崔錫鼎, 1646-1715), 홍정하(洪正夏, 1684-?), 홍대용(洪大容, 1731-1783), 홍길주(洪吉周, 1786-1841), 남병길(南秉吉, 1820-1869) 등의 저술이 대표적이다.[22] 서유구는 이미 『임원경제지』의 첫째 지(志)인 「본리지(本利志)」에서 농지의 넓이를 계산하는 문제 15가지와 그 풀이법을 제시한 적이 있다. 거기에서도 서양 수학의 성과를 반영한 삼각함수를 이용하기도 했는데, 역시 그 저술의 출처는 그의 부친 서호수의 『해동농서(海東農書)』였다.[23] 서유구가 경위도의 정확한 측정을 전국적 단위에서 실시해야 한다고 했고, 주척의 엄밀한 고증을 통해 도량형의 표준을 정확히 한 점도 이러한 수학 연구의 전통 위에 있다고 하겠다. 서명응, 서호수, 서유구로 이어지는 가학의 의미가 새롭다. 「유예지」를 통해 조선 유학자들이 서안에 앉아 경서(經書)를 소리 내어 읽는 모습(독서법)과 함께 골똘히 수학 문제를 푸는 모습(산법)도 얼마든지 상상할 수 있다.

5. 글씨 쓰는 법

─ 서벌과 화전의 뜻

앞에서 언급했지만 전통적인 육예에서의 '서(書)'는 문자학, 사전학의 의미가 강했다. 서유구는 글씨를 새롭게 6예의 하나로 편입한 것이다. 그런데 『임원경제지』「유예지」에서 '서벌(書筏)'이라는 제목을 붙인 것이 특히 의미심장하다. '글씨[書]'의 세계로 인도해줄 뗏목[筏]'이라는 뜻이다. 청나라 달중광(笪重光, 1623-1692)의 서예론 전문서인 『서벌(書筏)』이라는 명칭에서 서유구가 가져왔다. 여기서 '벌(筏)'은 뗏목인데, 뗏목은 강을 건너는 데 필요하지만 강을 건너고 나면 거기서 내려야 하는 물건으로 차용되고 있는 것이다.[24] 글씨 역시 무언가에 도달하기 위한 수단적 기예의 의미로 보는 서유구의 뜻이 엿보인다. 이런 경향은 '그림'에 대해서도 동일하게 나타난다. 그림 역시 전통적으로 육예의 하나로 채택된 것은 아니지만, 서유구 본인의 선택으로 채워 넣었고 서벌과 짝을 지어 '화전(畫筌)'이라고 했다. '전(筌)'은 물고기를 잡는 통발이다. 통발은 물고기를 잡기 위한 수단으로, 그 자체가 목적은 아니다. 물고기를 잡으면 통발은 잊어야 한다. 앞의 뗏목과 정확히 동일한 용법이다. 서유구에게 글씨와 그림은 향촌의 사대부가 추구하는 무엇을 온전하게 이루기 위해 갖추어야 할 좋은 방편으로서 의미를 가진다. 서유구는 그림과 글씨가 향촌 선비의 뜻을 기르는 데[養志] 효율이 뛰어난 방편이자 기예라고 본 것이다.

한편 글씨에 대해 조선에서는 서유구의 앞 세대 인물로 원교(圓嶠) 이광사(李匡師, 1705-1777)가 주목된다. 원교의 서예론은 『원교서결』로 정리되었는데, 서유구의 「유예지」 '서벌'에서 집중 인용되었다.[25] 이런 성과 위에 나온 『임원경제지』의 '서벌'은 조선의 서예론서 중 가장 방대하고 체계적인 저술이라는 평가를 받는다.

— 글씨는 살아 움직여야 한다

글씨 쓰는 법의 총론에서는 고문·대전·소전·예서·해서·행서·초서 등의 기본 서체와 그 외 주요 서체들의 특징을 설명했다. 글씨 배우는 법에서 모든 힘을 기울여 전심전력을 다해야 한다고 하면서, 대가 명필의 연습 과정과 기울인 공력을 예시하고 그 서첩을 통해 글씨를 익히도록 했다.

> 글씨 배우는 법은 구전심수(口傳心授)가 아니면 그 정수를 얻을 수 없다. 그 요령은 고인의 묵적(墨迹)에서 필획의 배치와 점획의 간격을 임서(臨書)하여 붓대를 잡으면 붓대가 부서지고, 글씨를 쓰면 종이가 찢어질 정도가 되도록 해야 하는 것이니, 그래야 공부를 했다고 할 수 있다.

장지(張芝)는 연못가에서 글씨를 쓸 때 연못물이 모두 먹물이 되었고, 종요(鍾繇)는 포독산(抱犢山)에 들어가 10년 만에 나왔는데 산의 물과 돌이 다 검어졌다. 조맹부(趙孟頫)는 10년 동안 누대에서 내려오지 않았고, 강리기기(康里巎巎)는 날마다 관청에 앉아서 공무가 파한 뒤에 1천 자를 다 쓰고서야 겨우 밥을 먹었다. 옛사람들은 빗자루에 물을 적셔 섬돌에다 글씨 연습을 하거나 탁상에다 썼는데, 탁상과 돌이 모두 움푹 파일 정도였다. 『춘우잡술』[26]

서유구는 명대의 동기창(董其昌)의 서법을 구체적으로 설명했고, 특히 조선의 이광사의 원교체(圓嶠體)의 점과 획 쓰는 법을 자세히 설명하면서 원교의 실력과 권위를 높이 인정했다. 글씨의 구조와 골격이 조화를 이루는 데 필요한 방안들을 제시했는데, 글씨도 생명체처럼 살아 움직일 수 있도록 쓰라는 주문이 핵심이다. 해서·행서·초서·예서·전서 이 5가지 서체는 독특한 특징들을 지니는데, 궁극에서는 서로 통한다고 했다.

선비가 쓰는 글자에는 해서·행서·초서·예서·전서 등 5가지의 서체가 있다. 전서·예서에서 일가를 이룬 사람이 있고, 해서·행서·초서에서 일가를 이룬 사람이 있는데, 이는 필의(筆意)가 본래 같지 않기 때문이다. 점과 획에 얽매여 마음 가는 대로 자득하지 못했기 때문에 결국 별도의 문호(門戶)를 만들고 말았지만, 만약 그 신묘한 변화에 통달한다면 이 5가지 서체가 모두 한 붓끝에 달려 있을 뿐이므로 조금도 경계를 지을 필요가 없다. 이는 오직 그 도를 얻는 데에 달려 있을 뿐이다. 풍신이 뛰어난 자로서 부지런히 힘써 공부하여 닳아빠진 붓이 무덤을 이루고 구멍 난 벼루가 산을 이룰 정도로 노력하지 않으면 이 말을 쉽게 하지는 못할 듯하다.[27]

선배 대가들의 글씨를 본받는 방법으로서 글자를 보고 그대로 따라 하기도 하고, 얇은 종이를 글씨 위에 덮고 용필을 따라 하기도 하고, 밝은 곳에서 글씨 위에 종이를 대고 글씨를 모사하기도 하는데, 중요한 것은 글씨 쓰기 모본이 반드시 대가의 친필이어야 했다. 그래서 서유구는 보고 따라 쓸 만한 '법첩'을 소개할 때도 송원 이후의 것들만 대상으로 했다. 이것은 한당 이전의 글씨는 진본이 거의 없다는 서유구의 냉철한 감식안이 전제된 판단이었다.[28]

글씨와 그림에 대한 이 모든 기술과 기예는 뗏목과 통발이라는 용어가 비유하는 바대로 하나의 방편이었다. 서체만 흉내내서는 안 되고, 천천히 음미하면서 대가들과 정신적 교감을 이루어야 진정한 전수가 되는 것이었다. 그런 점에서 그림과 글씨는 '독서법'에서 책을 읽을 때 그 글을 지은 성현의 마음과 교감을 이루어야 하는 일과도 나란하다. 글을 읽는 것과 글씨를 쓰는 것, 그림을 그리고 감상하는 것은 모두 성인의 마음을 깊이 이해하고 교감하면서 나도 그와 같이 닮아가려는 도정에서의 일인 것이다.

붓의 운용이 활과 칼 같은 무기의 운용과 비슷한 점을 말한 대목은 매우 흥미롭다. 글씨를 통해 그 정신이 성현과 교감해야 한다는 것과 마찬가지로, 붓의 사용에서도 역시 철과 뿔을 다루는 장인의 감각과도 공유되는 탄성을 느낄 수 있어야 한다는 점을 지적한 것이다. 좋은 활은 '게전(揭箭)'이 있어야 하고, 좋은 칼은 '회성(回性)'이 있어야 한다. 한 사건의 일이나 한 물건의 특성이 개별적으로 별개로 머무르지 않고 두루 통하고 널리 관류하고 있다는 것인데, 방대한 정보를 보유한 『임원경제지』가 이런 점을 유의하고 있는 것이다.

— 붓은 활이나 칼과 같다

붓은 끝이 길고 탄력 있으며 둥글어야 한다. 끝이 길면 먹을 머금은 채

움직일 수 있고, 탄력이 있으면 힘이 있고, 둥글면 매끄럽다. 내가 예전에 3가지 물건(활·칼·붓)을 논평한 적이 있는데, 그 쓰임이 달라도 이치는 서로 같았다. 좋은 활은 당기면 천천히 왔다가 놓으면 빨리 나가니, 세상에서 이를 '게전(揭箭)'이라 한다. 좋은 칼은 칼날을 누르면 휘었다가 놓으면 처음처럼 곧게 돌아오니, 세상에서 이를 '회성(回性, 탄성)'이라 한다. 붓끝도 이와 같아야 한다. 만약 붓끝을 한 번 당기면 휘어져 다시 펴지지 않는다면 어떻게 사람의 뜻대로 글씨를 쓰겠는가. 그러므로 길지만 탄력이 없는 붓끝은 길지 않은 것만 못하고, 탄력이 있는데 둥글지 않은 붓끝은 탄력이 없는 것만 못하다. 대개 종이와 먹은 모두 서법에 도움을 주는 재료이다.[29]

6. 그림 그리는 법

'화전(畫筌)'은 '그림[畫]'의 세계를 손으로 잡을 수 있게 안내한다. 전(筌)은 물고기를 잡는 데 필요한 도구이지만, 물고기를 잡는 목적을 이루고 나면 그 용도를 다하는 방편적 기물로 취급될 뿐이다.[30] 「유예지」 '그림[畫筌]' 역시 중국과 조선에서 나온 이전의 화론서를 가장 방대하고 체계적으로 정리한 화론으로 인정받는다.[31]

먼저, 사혁(謝赫, 6세기 중엽)의 그 유명한 육법(六法)[32] 이론으로 시작된다. 그림의 3품등, 그림의 3요소를 비롯하여 그림의 병폐, 기피 사항 등을 조목조목 범주화했다.[33]

서유구는 그림의 숙달 단계를 크게 보아 초보 단계에서는 한 화법을 먼저 제대로 터득하고 그 뒤에 여러 대가들의 그림을 두루 섭렵해야 한다고 했다. 한 화가에게서만 배우면 구태의연해지고 단조로워진다고 경계한 것이다. 또 배움의 과정 중에 모사 작업을 할 때도 대가와의 정신적 교감을 이루기에 더 힘을 쏟아야 한다고 했다. 처음 임모(臨摸, 모사) 때는 비슷하지 못할까 걱정이고, 나중에는 너무 비슷할까 걱정이라 선후배 대가의 작품에서 비슷한 점과 차별점이 함께 나타나는 이유가 거기에 있다는 것이다. 임모에서 소기의 성과를 달성했다면 임시방편이었던 옛 작품을 버릴 줄 알아야 한다고 했으니, 그림을 통발에 비유한 '화전(畵筌)'이란 제목이 여기에도 적용되고 있는 것이다.

1) 서유구의 '자연경'

특히 자연물의 변화나 다양한 상태를 배우는 공부는 스승의 법을 배우는 공부보다 더 뛰어나다고 인정했다. 천연의 생동을 법으로 삼는 것은 인위적인 의도를 초월하는 것이기 때문이다. 여기서 서유구의 세계 이해 중에서 중요한 '자연경' 개념이 다시 소환된다. 서유구 자신의 서실을 '자연경실(自然經室)'이라고 이름 짓고 그 연유에 대해 '자연경실기(自然經室記)'라는 기문을 지어 소상히 밝혔다.

> '자연경(自然經)'을 실속 없는 말이라고 하는 것은 그대가 성인이 짓고 현인이 풀어 쓴 경전[聖作賢述之經]에 너무나 익숙해져 거기에 눈이 가린 탓이 아닌가요?… 지금 저 육경(六經)의 문장이란 것은 성인이 만물의 실상을 능숙하게 그려놓은 모사물일 뿐입니다.… 이 자연경실에 대해서는 기문(記文)이 없어도 본뜻을 알 것이니, 이 물건 자체가 그 이름입니다.[34]

그는 "자연 그 자체가 경전"이라는 인식을 보였다. 그것은 성인의 말씀으로서 경전, 곧 '성경(聖經)'을 넘어선 곳에 '자연경(自然經)' 지위를 인정할 수 있다는 선언이요, 자신감이었다. 자연경은 '천경(天經)'이라고도 부른다. 이런 그의 태도가 '화전'의 그림을 배우는 과정에서도 나타나고 있다.

자연 그 자체가 인간이 모방한 예술 혹은 경전보다 본래적인 것이요, 더 근원적인 것이다. 선배 대가나 스승의 그림은 아무리 뛰어난 것이라 해도 그에 대한 1차 모사일 뿐이라고 한 데서도 서유구의 인식이 동일한 패턴으로 드러난다. 궁극에서는 '자연'과 '법'과 '자신'이 서로를 모두 잊고[忘我] 원래의 하나로 돌아가는 경지[物我一體]에 도달하게끔 한다. 글씨의 서벌과 그림의 화전이 왜 제목으로 채택되었는지 분명한 이유를 알게 해주는 대목이다. 아래 그 부분을 소개한다.

화가가 옛사람을 스승으로 삼는다면, 이미 그 자체로 가장 좋은 것이다. 그러나 이것을 뛰어넘으려면 자연을 스승으로 삼아야 한다. 매일 아침에 구름의 기운이 변화하는 것을 보면, 그 모습이 그림 속의 산과 꼭 닮았다. 산속을 걸어갈 때, 기묘한 나무를 보면 반드시 사방에서 그것을 관찰해야 한다. 나무는 왼쪽에서 볼 때 그릴 만하지 못하여도 오른쪽에서 보면 그릴 만한 것이 있다. 나무의 앞과 뒤도 마찬가지이다. 보는 눈이 성숙하면 자연스럽게 자연의 정신을 전하게[傳神] 된다. 정신을 전하는 것은 반드시 형체를 통해서 해야 하는데, 나무의 형체와 화가의 마음과 손이 조화를 이루고 몰입해서 서로를 잊게 되는 것이 정신이 의탁된 경지이다. 나무에 어찌 그림에 들어갈 만하지 않은 것이 있겠는가? 다만 화가[畫史]는 비단 화폭에 그것을 담아 그릴 때 무성하고 빽빽하게 하면서도 너무 복잡하지 않게 표현해야 하며, 빼어나게 하면서도 썰렁하지 않게 해야 한다. 이것은 바로 한집안의 식구와 같은 것이다.[35]

2) 그림과 글씨는 통한다

앞서 붓이 칼과 활의 용법과 통한다고 더 큰 차원을 놓고도 이야기했지만, 그보다 가까운 거리에 있을 것 같은 그림과 글씨는 당연히 그 법이 같다고 인정했다. 나아가 먹과 붓의 관계를 인체의 유기적 구성에 비유하여 붓이 골격이라면 붓에 묻은 먹(물)은 정액이요, 붓을 잡은 사람은 정신에 해당된다고 했다.

- 먹은 붓을 근골로 삼고, 붓은 먹을 정액으로 삼는다.
- 점과 획이 맑고 참되어야 하는 것은 화법이 원래 서법과 통하기 때문이다. 기품과 정신이 초일한 것은 그림의 마음이 문장의 마음과 합치되기 때문이다.[36]

또 서유구는 선비의 담박한 정신을 표현하는 데에 수묵이 으뜸임을 인정하면서도, 때로 조화롭게 채색하는 법을 추구할 필요도 있다고 하여 색을 혼합하여 새로운 색을 만드는 방법을 수록하기도 했다.

3) 인물화, 산수화

그림에서 인물화 그리기가 가장 어려운데, 인물의 정신과 기상이 느껴지도록 그려야 하기 때문이다. 묘사나 구도에 얽매이기보다 그를 넘어서 인물의 전체적 모습에서 뿜어져 나오는 기운이 나타나야 하고, 특히 기운의 정수가 표출되는 얼굴을 잘 그려야 한다. 맑은 정신과 격조 있는 위의를 표현해야 하기 때문이다. 얼굴 중에서도 눈동자는 살아 움직이는 인물의 '생의(生意)'를 드러내는 핵심이라 많은 공력을 들여야 한다. 눈동자의 '생의'야말로 화전이라는 제목에서 말하는 통발을 버리고 물고기를 취한다는 뜻의 핵심이 아닐까 한다.

산수화는 옛사람들이 가장 많이 그린 주제여서 「유예지」에서 내용이 가장 많다.[37] 대상이 많을 뿐만 아니라 형태 변화가 무쌍하지만, 인간을

〈그림 3-63〉 하규(夏珪, 1195-1224)의 〈장강만리도(長江萬里圖)〉

포함한 모든 자연물을 어떻게 바라봐야 할지 원칙을 다음에서 확인할
수 있다. 산수 그림은 사람이 살 만한 곳이라는 품격을 취해야 한다는 것
이다.

> 세간에서는 "산수에는 갈 만한 곳이 있고, 바라볼 만한 곳이 있고, 유
> 람할 만한 곳이 있고, 살 만한 곳이 있다."고 한다. 그림이 여기에 이르
> 면 모두 묘품(妙品)에 든다. 그러나 갈 만한 곳과 바라볼 만한 곳은 유
> 람할 만한 곳과 살 만한 곳보다 못하다. 무엇 때문인가? 지금의 산천을
> 보면, 땅 수백 리 중 유람할 만한 곳과 살 만한 곳은 10곳에서 3~4곳
> 도 안 되니 산수 그림에서는 유람할 만한 곳과 살 만한 곳을 취해야만
> 한다. 군자가 갈망한 은거지[林泉]는 바로 이런 좋은 곳을 가리킨 것이
> 다. 그러므로 화가는 이러한 뜻으로 그려야 하고, 감상자 역시 이러한
> 뜻으로 궁리해야 한다. 이것이 "그 본뜻을 잃지 않는다."는 것이다.[38]

서유구에게서 『임원경제지』의 주제는 당대 조선 사람에게 유용한 것을
제공하는 것이었다. 산수 그림 역시 살 만한 가거처(可居處)를 벗어나 다

른 기묘한 무엇을 추구하지 않았다. 군자의 가거처를 찾는 기술을 「상택지」에 정리한 것도 이와 다르지 않다.

4) 화조도, 초충도, 계화

화조도와 초충도는 대상이 처한 자연과 계절의 어울림을 고려해야 한다고 했다. 식물의 그림에 대해 두 가지 기법을 들었는데 곧 손 가는 대로 그리면서 대상에 내재한 본질이나 그 특성을 표현하려는 사의(寫意)와 세필로 윤곽을 긋고 채색을 하여 대상의 외형적 묘사에 중점을 두는 사생(寫生)이 그것이다. 하지만 이 둘의 화법은 다르지만 드러내려는 이치는 같아서 궁극적으로 둘로 나눌 수 있는 것이 아니라고 했다. 새나 짐승을 그릴 때는 반드시 그 동물의 형체와 이름과 서식지 등을 알아야 이들의 근력과 정신을 분명히 드러내, 하늘에서 부여받은 본성을 표현할 수 있다고 했다. 동물의 그림을 통해 그들이 하늘에서 부여받은 본성을 표현하는 것이 최종적 도달점이라는 이야기는 한

〈그림 3-64〉 송 휘종(徽宗, 1082-1135)의 〈홍료백아도(紅蓼白鵝圖)〉

편으로 이용후생학과 명물도수지학의 중요성을 말하는 『임원경제지』가 어떤 세계 인식에 기반한 것인지 다시 돌아보게 한다. 각 동식물의 특징과 이력을 정확히 알아야 하는 이유는 지식의 활용과 국가의 재용이라는 의미에서뿐만 아니라, 그들이 하늘로부터 타고난 본성을 잘 드러내는 일이기 때문이다. 화조 초충의 그림에서 최후의 경지가 하늘로부터 타고난 그들의 본성을 표현하는 것이라는 언명은 인간을 포함한 만물이 하늘과 땅 사이에서 생명이 영위된다는 공통의 기반을 돌아보게 하는 장치일 것이다.

궁중 행사 그림 등에서 잘 보이는 '계화(界畵)'는 곧 건축물을 자를 써서 정교하게 그리는 그림이다. 이런 그림을 그릴 때는 옛날의 궁전 제도를 잘 알아야 한다고 했다. 그러면 그림에 담긴 실물의 기능, 제도, 의례 등의 구체적 지식을 역사 고증을 통해 추적할 수 있게 된다. 김홍도의 〈연회도〉와 같은 그림을 당대 사회의 실상을 살펴보는 좋은 자료로 사용할 수 있게 된 것은 풍석의 이런 언급과 맥이 닿는다.

5) 매화 · 대나무 · 난치기

사군자라고 알려진 네 식물 중 세 가지, 곧 매·난·죽을 다루었다.[39] '대나무 치기'에서 먼저 대 그림에 정해진 법칙이 없으니, 법칙을 배우느라 헛되이 애쓸 필요가 없다고 했다. 다만 붓질에 생의가 있고 자연스러움의 경지에 이르면 된다는 것이다. 또한 가슴에서 먼저 대나무가 이루어지도록 한 뒤 붓을 들고, 일단 붓을 들면 거침없이 그려야 한다며, 먼저 구도를 잡고 댓줄기·마디·가지·잎 그리는 법을 설명했다. 수묵뿐만 아니라 채색 과정도 곁들였는데, 승염(承染)이라는 물들이는 기법, 녹색 물감과

〈그림 3-65〉 대나무 도식 잎줄기(왼쪽)와 죽순(오른쪽) (출처: 「유예지」 규장각본)

풀즙을 만들어 덧칠하는 법이 그것이다.

'대나무 치기 도식(圖式)'에서는 대나무 그림 70점을 제시해 대를 그리는 다양한 기법을 보여주고 있다. 그림 옆에는 '사람의 손 모양[人手]', '울타리처럼 얽기[挾籬]'처럼 간략한 해설이 붙어 있으며, 이들 그림은 『죽보상록(竹譜詳錄)』과 『삼재도회(三才圖會)』에서 가져온 것으로 확인된다.[40]

'매화치기'에서는 송나라 석중인(釋仲仁)의 『화매보(畫梅譜)』(또는 『매보(梅譜)』)를 순서대로 대부분을 인용하고, 4자의 '구결(口訣)' 형식으로 매화를 찬미했다. 매화 그리는 법은 매화나무 각 부위에서 상(象)을 취해 각 요소의 특징을 두 글자로 상징하여 표현하고, 이들을 그리는 법을 하나씩 다룬다.

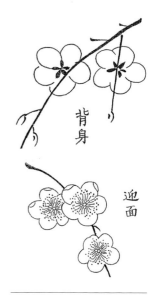

〈그림 3-66〉 매화 도식 (출처: 「유예지」 규장각본)

꽃 꼭지는 태극(太極)을 상상(象)으로 삼아 일정(一丁),
뿌리는 음·양 이의(二儀)를 상으로 삼아 이체(二體),
화방은 삼재(三才)를 상으로 삼아 삼점(三點),
나무줄기는 사계절[四時]을 상으로 삼아 사향(四向),
꽃받침은 오행(五行)을 상으로 삼아 오엽(五葉),
가지는 육효(六爻)를 상으로 삼아 육성(六成),
꽃술은 칠정(七情)을 상으로 삼아 칠경(七莖),
잔가지는 팔괘(八卦)를 상으로 삼아 팔결(八結),
시드는 꽃은 지극한 수인 9를 상으로 삼아 구변(九變),
매화나무 전체는 완전한 수인 10을 상으로 삼아 십종(十種).

'매화치기 도식'에서는 그림 123점을 제시해 매화 그리기의 다양한 기법을 보여준다. 그림에 '뒷모습[背身]'이나 '정면 모양[迎面]'같이 그림 설명

〈그림 3-67〉 난치기 도식 (출처: 「유예지」 규장각본)

을 했다. 역시 그림은 『삼재도회』를 인용했다.

 '난치기' 역시 이론을 4자 요결[總結]로 간단히 제시하고 '난치기 도식'에서는 그림 91점으로 난을 치는 실례를 곡진하게 보였다. 화예(花蕊)는 꽃술을 그리는 법을 알리고 있고, 이슬을 머금은 함로(含露), 꽃이 반쯤 나오려 하는 상태인 반토(半吐) 등 간결한 시적 해설이 더해져 다양한 기법을 선보인다.

7. 사진법과 서양화

서유구는 서양에서 전래된 그림과 새로운 기법에 대한 소개와 설명을 덧붙였다. 중국에는 없는 명암법을 구사하며 각 구성 요소가 정교하게 묘사되고 있다며 예술적 기법에 찬사를 보냈다. 서유구가 인용한 조선의 문헌은 『열하일기』의 박지원이 중국에서 본 서양화에 관한 소감과, 『국사소지(菊史小識)』의 최북(崔北, 1712-1786) 정도이고 나머지는 대부분 중국 문헌이었다. 먼저 '카메라 오브스큐라(Camera Obscura)'라고 전해지는 '원경'에 대한 설명이다.

렌즈를 통해 방안에서 바깥 경치를 모사하여 그리는 법

먼저 문과 창을 모두 닫아 깜깜하게 한다. 문이나 창에 구멍 하나를 뚫는데, 그 크기는 전경(前鏡)의 크기만 하게 한다. 전경【전경은 서양의 망원경으로, 유리로 만든다. 평평한 것 같으면서 평평하지 않은 둥근 거울을 통구경(筒口鏡)이라 하는데, 바로 이른바 '볼록렌즈[中高鏡]'·'전경'이다.】을 꺼내어 문구멍에 설치하고, 깨끗한 종이를 방안에 적절한 거리에 마주 놓고 전경에 바깥 경치가 들어오게 하면, 대상이 밖에서부터 전경을 통해 조금도 틀리지 않게 그 형상이 종이 위에 맺히게 된다. 이를 모사하여 그린다.[41]

이 방법은 중국에 머물렀던 예수회 선교사 아담 샬(Johann Adam Schall von Bell, 湯若望, 1591-1666)의 저술 『원경설(遠鏡說)』에서 소개된 것으로, '사진기의 원리'가 바로 이것이다. 조선에서는 이 원리가 상당히 알려져 있었던 것 같다. 또 박지원(朴趾源, 1737-1805)이 중국에서 서양인이 그린 벽화를 본 소감을 소개했는데, 마음이나 생각으로 짐작하거나 말이나 문자로 형용할 수 없을 정도로 생생해 그 명암법이나 원근법 처리에 놀랐음을 전하고 있다. 원근법과 명암법의 발전으로 회화의 극성기를 이룩한 르네상스기의 서양 미술품을 감상한 박지원의 놀라움을 서유구가 그대로 옮겨놓았다.

일반적으로 그림을 그릴 때 외형을 그리면서 동시에 내면을 그리기가 쉽지 않다. 사물에는 솟아오르거나 움푹 들어가거나, 작거나 크거나, 멀거나 가까운 기세가 있으나, 그림을 잘 그리는 사람은 대략 그 사이에서 붓질 몇 번 한 것에 불과하여, 산에 주름이 없거나 강에 물결이 없거나 한다. 이것이 이른바 사의(寫意: 형체를 넘어 의취를 담음)의 법이다.

나는 서양 사람이 벽에 구름과 인물을 그린 것을 본 적이 있었는데,
마음이나 생각으로 헤아릴 수도 없었고, 언어나 문자로 형용할 수도
없는 것이었다(非心智思慮所可測度, 亦非言語文字所可形容). 내가 눈으로
그것을 보려고 하자, 번개처럼 번쩍 빛나며 나의 눈을 먼저 빼앗는 듯
하였고 그림이 나의 마음을 꿰뚫어보는 듯해서 싫었다. 귀로 그림에서
말하는 것을 들으려고 하자, 그림이 먼저 굽어보고 쳐다보고 돌아보면
서 나의 귀에 속삭이는 듯하였고 그림이 내가 숨긴 것을 알아챌까 봐
부끄러웠다. 내가 입으로 말하려고 하자, 그림 또한 침묵하고 있다가
먼저 큰 소리를 지르려는 듯하였다.

내가 가까이 다가가 보니, 거기에는 필과 먹이 거칠고 소략하였지만,
그림 속 인물의 이목구비와 모발·피부 주변을 훈염하면서 경계를 그렸
는데, 미세한 경계선까지도 구분하여 마치 그림 속 인물이 숨을 쉬고
움직이는 듯하였다. 이는 음양과 향배를 통해 자연히 명암이 생겼기
때문이다.[42]

비록 조선의 회화 수준이 아직 그에 못 미치고 있다는 냉정한 판단이
지만, 뛰어난 작품을 정확하게 평가하는 조선 지식인의 안목과 그림의 디
테일한 곳까지 살핀 뒤의 느낌을 생생하게 기록했다. 앞으로 무엇을 해야
할지 그 방향과 목표를 뚜렷이 해준 것이다.

8. 실내음악의 악보

음악에 대해 서유구는 대악(大樂)이 이미 폐했으므로 말할 거리가 없다
고 「유예지」 서문에서 이야기했다. 이에 〈방중악보〉로 대체하여, 당시 조
선 사람들이 방안에서 풍류음악으로 연주할 수 있었던 음악과 악기에
대해 알려주고 있다. 거문고·중국금·양금·생황 이 네 악기에 대한 해설

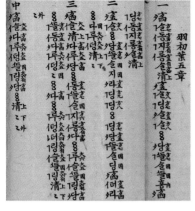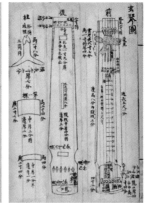

〈그림 3-68〉「현금악보」와「현금도」(『유예지』오사카본)

과 연주법 및 악보가 수록되었는데, 이론이나 미학이 아니라 실제 연주 활동에 필요한 사항들만 기록되었다.

먼저 '거문고 악보'는 거문고를 연주할 때 왼손의 어떤 손가락을 사용 하여 어떤 줄을 짚어야 하는지를 알려주는 운지법(運指法)과 술대를 사용 하는 탄법(彈法), 음표와 음고에 해당하는 여러 가지 구음(口音)들을 소개 한다. 거문고 여섯 줄의 이름과 악기 각 부분의 명칭 및 치수를 '거문고 그림'을 통해 보여준다.(그림 3-68 참조)

'거문고 악보'에 수록된 곡은 풍류방 음악으로 애용된 가곡, 영산회상, 보허사 등 모두 32곡인데, 여기에 수록된 곡이 많은 것은 거문고가 당시 민간에서 많이 애호되었음을 말해준다. 조선 후기 유행한 하나의 중요한 문화 활동인 풍류방 연주회의 실마리를 제공한다는 점에서 이 악보의 의 미가 더해진다. 홍대용의 '유춘오악회(留春塢樂會)'라는 이름을 통해 우리 는 풍류방 연주회의 실체를 추적해볼 수 있다.

서유구와도 친했던 성대중(成大中, 1732-1809)은 자신의 문집 『청성집(靑 城集)』에 '유춘오악회'의 기록을 남겼다. 담헌 홍대용의 별장 '유춘오(留春

塢)'에 모여 음악 연주를 하고 노래를 부르며 즐기는 광경을 담은 문장이다. 홍대용은 가야금을, 홍경성(洪景性)은 거문고를, 이한진(李漢鎭, 1732~?)은 퉁소를, 김억(金檍, 1746~?)은 양금을, 장악원 공인 보안(普安)은 생황을 연주하고, 유학중(俞學中)은 연주에 맞춰 노래를 부르고 있다.[43] 이 유춘오악회에는 중국금만 제외하고 〈방중악보〉에 나오는 모든 악기가 사용되고 있는 점도 특기할 만하다. 당시 연주곡이 〈방중악보〉에 수록된 곡일 가능성이 높은 것이다. 성대중은 서유구의 젊은 시절 문집인 『풍석고협집(楓石鼓篋集)』에 실을 글에 평을 해준 사람으로 각별한 교유가 있었으며, 그의 아들 성해응은 서유구가 「상택지」를 저술할 때 많은 인용을 했던 「명오지」를 저술하기도 했다.

　조금 독특한 악기로 양금이 보이는데, 조선에서의 양금 활용에 대해서는 연암 박지원의 증언이 생생하다. 박지원은 담헌 홍대용이 최초로 양금을 조선의 음조로 연주했다고 기록했다. 담헌이 연암에게 양금을 연주해 보였는데, 음조를 이해한 수준이 보통이 아니어서 양금 연주법을 창시했다고 할 만해 그 날짜(1772년 6월 18일)까지 적어두었다는 것이다. 이때부터 널리 전해져 9년 후 금사(琴師) 중 양금 연주를 못하는 이가 없을 정도라 했다.[44]

　이규경(李圭景) 역시 자신의 오주산고에 『구라철사금자보(歐邏鐵絲琴字譜)』를 수록하고 있어 주목된다. 두 악보는 같은 시기인 19세기 전반에 편찬되었고, 내용에서 비슷한 점이 많아 동일 계통의 악보로 추정된다. 이규경은 또 속악변증설(俗樂辨證說)에서 중국의 중국금·생황·양금 악보가 조선에는 없는 현실을 보고 자신이 '생황자보(笙簧字譜)·동금자보(銅琴字譜)' 등 몇 곡을 지었다고도 했다.[45] 이규경은 자신의 할아버지 이덕무의 영향을 강하게 받아 자신의 학문을 구성해갔다. 이덕무도 성대중과 마찬가지로 서유구의 『풍석고협집』에 훌륭한 평을 달 정도로 서유구와 깊은

〈그림 3-69〉〈상춘야흥〉(신윤복 「풍속도화첩」, 국보 제135호, 간송미술관 소장)

교유를 했다. 이규경은 자연히 이런 서유구를 종유(從遊)하여 그의 역작 『오주연문장전산고』에 『임원경제지』와 서유구에 대한 이야기가 10회나 인용된 바 있다.[46]

성대중과 성해응(부자), 이덕무와 이규경(조손), 박지원과 박규수(조손) 등이 서유구(서명응, 서호수)와 학술적으로 큰 영향을 직접적으로 주고받고 있음을 살필 수 있다. 그 당시의 문화가 학술, 기술, 실용, 예능에까지 널리 연계되어 있는 모습도 간취해낼 수 있다.

2절. "새롭게 재편한 향례(鄕禮), 그 예(禮)에 기대어 가향을 교화하다"

1. 의례를 새롭게 정리하기

예나 지금이나 사람이 집단을 이루어 살아가는 이상 거기에 적절한 예의

가 없을 수 없다. 인간 사이의 관계를 원활하고 마땅하게 하는 일이 인간 존재의 자연스러움을 지키는 기본 요건이다. 유학이 전통적 노불의 사상이나 당시의 서학 등 다른 경쟁 사상체계와 가장 뚜렷한 차이점을 보이는 것이 바로 개인을 넘어 가족과 향촌, 국가에 이르기까지 인간 공동체에 대한 적극적 긍정과 도덕적 질서의 일관된 추구였다. 「향례시」의 의례는 공동체의 화합과 질서가 개인의 온전한 유지에 매우 긴요함을 전제한다.

조선의 역사에서 특히 세세한 의례에 대한 집착이 큰 부담으로 나타나기도 했고 과도한 정치적 이슈가 되어 역사 진행의 걸림돌로 작용했다는 지적도 있었다. 하지만 모든 의례의 소기하는 목적은 세세한 절차 자체가 아니라 그 절차 속에서 지키려 했던 사회적 인간으로서 인륜의 실천을 주목해야 한다. 사람은 하늘과 땅의 기운으로 이루어진 당당한 존재자로서의 도리를 이루려는 데 예의 궁극적 목적이 있었으니, 예가 천리지절문(天理之節文)이라고 하는 이유가 거기에 있다. 서유구는 이러한 의례의 근본적 목적과 의미를 의식하면서 당시 의례의 형식을 산정(刪定)하고 재구성하고 있다.

「향례지」는 『임원경제지』의 종합과 창신의 뜻을 특히 잘 보여주는 곳이다. 그는 기본적으로 중국과 조선의 예학 대가들의 성취를 선택적으로 받아들이면서 예(禮)의 원의를 돌아보게 하는 해설을 덧붙였고, 곳에 따라 자기의 판단에 따라 적절히 가감했다. 곧 현재의 관행이 예의 본뜻에 크게 벗어나 길을 잃은 것은 과감하게 바로잡았고, 반대로 고례에 어긋난다 해도 금속(今俗)의 간이한 방식이 예(禮)의 근본 의미를 더 잘 구현하고 있다고 판단되면 당시의 관례를 남겨두기도 했다. 나아가 현실에 적용하기 적절하다고 보는 의례를 풍석 자신이 새로 만들어내기도 했다.

관례·혼례에서는 국초부터 시행해온 『국조오례의』의 관례를 대체로 존중했고, 향약과 상례·제례에서는 조선조 예학자들의 연구 성과를 반영하면서 자신의 견해를 덧붙였다. 향음주례와 향사례의 세부 내용은 이전의 전례를 수용하면서도 큰 틀에서 자신이 새로운 가치 지향을 만들어냈다. 16세기 김장생의 『상례비요』나 이율곡의 『율곡제의초』 역시 18~19세기 풍석의 시대에 적용하기에는 임기응변이 필요했던 것이다.

─『향례합편』의 편찬

'향례(鄕禮)'라는 말은 시골 향촌에서 쓰이는 의례 정도로 이해될 만하다. 그런데 풍석의 고증에 의하면 본래 『의례(儀禮)』나 『주례(周禮)』에 나오는 향음주례(鄕飮酒禮)나 향사례(鄕射禮)에서 '향(鄕)'의 의미는 왕성 안을 뜻했다고 한다. 그것이 후대에 뜻이 변하고 시골의 고을을 뜻하게 되었다는 것이다. 이런 고증을 하고 난 뒤에 풍석은 「향례지」에서 쓰이는 '향'은 후대에 와전된 뜻이지만 이미 사람들이 익숙하게 쓰는 뜻을 그대로 따른다고 했다. 왕성이 아닌 향촌에서 시행하는 의례를 담았다는 말이다. 사회와 역사의 변천을 그대로 긍정하려는 풍석의 태도다.

「향례지」는 정조의 어머니 혜경궁(惠慶宮, 1735-1815) 홍씨의 회갑연과 인연이 깊다. 정조는 1795년 어머니 혜경궁의 회갑을 기념하여 잔치를 크게 열고 옥책(玉冊)을 올려 장수를 기원하면서 많은 노인들에게까지 잔치를 베풀었다. 정조는 이 회갑연을 계기로 효와 함께 '향례'를 흥기시키고자 했다. 이 전국 규모의 대잔치가 판소리 〈심청가〉 속 맹인 잔치의 단초가 되었다고 전하기도 한다. 그는 규장각 각신에게 명하여 역대의 향음(鄕飮) 의식을 책으로 만들어 서울과 지방에 배포하고자 했다. 이렇게 만들어진 책이 『향례합편(鄕禮合編)』인데, 풍석이 편찬을 주도했다. 풍석의 문집 『금화지비집』에 실린 글이다.

정조 을묘년(1795)에 주상 어머니의 보령(寶齡)이 회갑을 맞으셨다. 주상 께서 경하를 드리고 호(號)를 올리고 잔치를 베풀었다. 다시, 널리 어른을 공경하고 근본을 세울 뜻으로, 도성과 각 고을에 명하여 향음 의례와 향 사 의례를 익히고 시행하라 하셨다. 이듬해 병진년에 내각(규장각)에 명하 여, 의례 모범집을 편집하고 정한 뒤 팔도에 배포하라 하셨다.

내가 그때 외람되게 『향례합편』 편찬 일을 받들었는데, 의례는 고금(古 今)의 차이가 많고 『국조오례의』는 또 너무 소략하여 흠이라고 속으로 생 각했다. 그리하여 이들의 장단점을 참작하여 향음 의례와 향사 의례 두 편을 편정하고서 원편(즉 『향례합편』의 원편)에 추가하여 올렸다. 주상께서 보시고 좋다고 하셨다.[47]

풍석 자신이 향음주례와 향사례의 새로운 의례를 만들었다는 말하고 있다. 1795년 정조의 어머니 회갑연이 계기가 되어 1797년에 완성된 것 이 『향례합편』과 「향례지」 두 종류의 책이었다. 풍석의 '향례'에 대한 구 상은 이때에 이미 완성되어 있었던 것이다. 아래에 『향례합편』, 「향례지」 의 구성과 인용 문헌 표로 정리한다.

〈표 3-7〉 『향약합편』, 「향례지」의 구성과 인용 문헌

	『향례합편』	인용 문헌	「향례지」	인용 문헌
향례	향음주례(권1)	『의례』, 『기』, 『예기향음주의』, 『당개원례』, 『송사예지』, 『대명집례』, 『대명회전』, 『국조오례의』	향음주례(권1)	『의례』, 『당개원례』, 『송사예지』, 『대명집례』, 『국조오례의』, 『풍석집』
	향사례(권2)	『의례』, 『기』, 『국조오례의』	향사례(권2)	『의례』, 『국조오례의』, 『풍석집』
	향약(권2)	『남전여씨향약』	향약(권3)	『남전여씨향약』, 『율곡전서』
가례	사관례(士冠禮)(권3)	『사마광서의』, 『주자가례』, 『국조오례의』	관례(권4)	『사마광서의』, 『주자가례』, 『국조오례의』
	사혼례(士昏禮)(권3)	『사마광서의』, 『주자가례』, 『국조오례의』	혼례(권4)	『사마광서의』, 『주자가례』, 『국조오례의』
	–		상례(권5)	『주자가례』, 『상례비요』, 『율곡제의초』 등 20종
	–		제례(권5)	『주자가례』, 『상례비요』, 『율곡제의초』 등 8종

2. 마을 사람과 화합하는 법: 향음주례

권1에 '향음주례(鄕飮酒禮)'를 다룬다. 향음주례는 고을 수령이 주관하여 향촌의 선비나 유생들이 향교나 서원 등에 모여 술을 마시며 잔치를 하는 향촌 의례다. 그런데 술을 마신다고 하여 단순한 유흥을 위한 것이 아니다. 거기에는 반드시 인물의 됨됨이 곧 학덕과 인격의 정도를 가늠하는 평판의 자리도 겸하므로 항상 엄정한 의례가 동반된다. 서유구는 역대 (주나라, 당나라, 송나라, 명나라, 조선)의 향음주례를 먼저 설명한 뒤에, 마지막에서는 옛 의례를 참조하여 본인이 새롭게 개정한 '새로 정한 향음주례(新定鄕飮儀)'를 실었다.

> 전통적 의례(儀禮)와 의식(儀式)은 옛날과 지금의 차이가 많고, 우리나라 『국조오례의』는 또한 지나치게 간략한 단점이 있다. 지금 이들의 단점과 장점을 참작하여 아래와 같이 상고하여 정한다.[48]

어떤 방식으로 새롭게 개정했는지 구체적으로 살펴보자. 향음주례의 등장인물은 주인, 선생, 빈, 개, 유사의 명칭을 가진 부류이다.

주인은 제후 아래의 향대부(鄕大夫), 선생은 그 고을의 퇴직 관료로서 향음주례의 개설자가 된다. 빈(賓)과 개(介)는 벼슬을 하지 않은 선비 가운데 훌륭한 사람을 가리키는데, 이들이 향음주례의 주인공들이다.[49] 이들이 중심이 되고 그 외 여러 유사(有司)들의 도움으로 향음주례의 의식이 진행된다. 빈과 개는 다시 식견과 연륜이 높은 이가 주빈(主賓), 그다음이 개(介)가 되고, 그 외 여러 유생들이 중빈(衆賓)으로 초대된다. 본래 주나라 의례에서 출발한

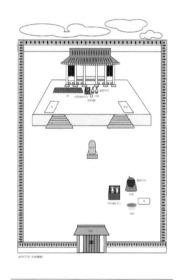

〈그림 3-70〉 향음주례 설석진기도 (임원경제연구소 그림)

『주례』의 첫머리에 "주인이 선생에게 찾아가서 빈(賓)과 개(介)를 누구로 모실지 의논한다."고 했다. 아래에 '전래의 향음주례'(A: 주례의 24단계)에 나오는 순서를 나열하고 바로 이어서 '서유구가 새롭게 정한 향음주례'(B: 항례지의 11단계) 순서를 보인다.

A: 빈(賓)과 개(介)에 대해 의논하기, 자리 배치와 기물 준비, 빈 맞이하기, 주인이 빈에게 술잔 올리기, 빈이 주인에게 잔 돌려주기, 주인이 빈에게 술잔 받기, 주인이 개(介)에게 술잔 올리기, 개가 주인에게 잔 돌려주기, 주인이 여러 빈에게 술잔 올리기, 주인을 돕는 첫째 사람[一相]이 뿔잔을 들어 여수(旅酬, 차례로 술잔을 받는 예)하기, 음악 연주단[樂賓]의 등장, 사정(司正, 예를 돕는 이) 세우기, 빈이 주인에게 잔 돌려주기, 주인이 개에게 잔 주기, 개가 여러 빈에게 술잔 돌리고 여러 빈이 서로에게 술잔 돌려 참여한 사람에게 모두 술잔이 돌아가게 하기, 주인을 돕는 두 사람이 뿔잔을 올려 잔의 숫자를 세지 않기, 그릇 물리기, 당에 올라가 자리에 앉기, 음악의 수를 헤아리지 않고 즐기기, 빈이 나가기, 준(遵, 뒤따름)의 예, 빈이 잔치에 감사하여 절하기, 주인이 자신을 낮추어 찾아온 일에 빈이 감사의 절하기, 사정 위로 잔치 열기.

B: 빈(賓)과 개(介) 세우기, 자리 마련하고 그릇 벌여놓기, 빈 맞이하기, 주인이 빈에게 처음으로 술잔 올리기, 빈이 주인에게 술잔 돌려주기, 주인이 처음으로 개에게 술잔 올리기, 주인이 중빈(衆賓)에게 술잔 올리기, 주인이 준(僎)[50]에게 술잔 올리기, 사정이 치(觶, 술잔)를 높이 들기, 잔치 베풀기, 그릇 거두고 빈이 나가기.

C: 조선의 의례『국조오례의』

① 빈 이하가 시간에 맞게 도착하여 모이면 주인은 문밖으로 나가서 이들을 맞이한다. 【일반적으로 빈과 주인이 예를 행할 때는 모두 상자(相者, 의례 절차를 돕는 사람)가 방향을 가리켜주고 인도한다.】

② 주인은 읍하고 사양한 다음 먼저 들어간다.

③ 빈은 그제야 들어간다.

④ 중빈(衆賓)은 따라간다.

⑤ 당에 이르면 주인은 동쪽에 서고, 빈은 서쪽에 선다.

⑥ 빈은 2번 절한다.

⑦ 주인은 답례로 2번 절한다.

⑧ 그다음 중빈은 위의 의례대로 예를 행한다. 【참외관들은 주인의 위치 앞으로 나아가 예를 행한다. 만약 서인이 뜰에서 예를 행하면 주인은 답례하지 않는다.】

⑨ 주인과 빈 이하는 모두 자신의 위치에 나아간다.

⑩ 악공은 금(琴)과 슬(瑟)을 가지고 당에 올라가 술상의 남쪽에 앉는데, 동쪽을 상석으로 한다.

⑪ 음악 연주는 일상적인 의례와 같다. 【본래 음악을 연주하지 않는 부분에서는 굳이 음악을 사용하지는 않는다.】

⑫ 집사자는 탁자를 마련하고 술을 따른다.

⑬ 주인은 빈에게 술을 올린다.

⑭ 빈은 주인에게 보답하여 술잔을 올리되, 일상적인 의례와 같다. 【중빈도 같다. 오직 뜰에 있는 사람만 집사자가 술을 돌린다.】

⑮ 잔을 5번 돌리고 나면 탁자를 물린다.

⑯ 빈과 주인은 모두 일어난다.

⑰ 사정은 자신의 위치에서 나가【사정의 위치는 남쪽 줄 중빈의 뒤이다.】북쪽을 향하여 선 뒤 그제야 다음과 같이 말한다. "우러러 생

각건대 국가에서는 옛 법을 따라 예교를 두터이 숭상하고 향음주례를 거행하는 이유는 마시고 먹기 위함이 아닙니다. 모든 우리 어른들과 젊은이들이 각자 서로 권면하고 힘써서 신하된 사람은 충성을 다하고, 자식된 사람은 효를 다하여, 안으로는 집안에서 화목하고, 밖으로는 마을에서 도리에 따르도록 하기 위함입니다. 서로 깨우쳐주고 가르쳐주어, 혹시라도 이를 실추시켜 낳아준 분에게 욕되지 않도록 해야 합니다."

⑱ 자신의 위치에 있는 사람들은 모두 처음과 같이 2번 절한다.

⑲ 빈은 당에서 내려가 문밖으로 나간다.

⑳ 중빈은 따라 나간다.

㉑ 주인은 문밖에서 전송하기를, 일상적인 의례와 같이 한다.

A는 상당히 복잡하고 번다해 보인다. 그래서 『주례』의 실행은 시대에 따라 조금씩 변형이 되었고, 조선에서도 마찬가지 과정을 겪었다. 조선의 의례(C)는 원래의 『주례』에 비하면 이미 매우 간소하게 정해져 있었기에, 풍석은 오히려 이 향음주례(향사례 포함)가 너무 소략해진 것이 흠이라고까지 평가했다.[51] 이런 점을 고려하여 자신이 정한 향음주례(B)의 절차를 11단계로 다시 재구성했던 것이다. 풍석의 향음주례 중에는 '사정이 술잔 높이 들기[揚觶]'라는 절차가 있는데, 사정이 술잔을 높이 들고서 외치는 말에서 향음주례의 목적을 보여준다.

"삼가 생각건대 조정에서 옛 법도를 따라 예교(禮敎)를 돈독히 숭상하여 향음주례를 거행하게 되었으니 이는 음식을 먹고 마시기 위함이 아닙니다. 무릇 우리 어르신들과 젊은이들이 서로 권면하고 힘써서 신하된 사람은 충(忠)을 다하고 자식된 사람은 효(孝)를 다하며 안으로는 가정을 화목하게 하고 밖으로는 마을을 질서 있게 만들어 혹시라도 실추되어 부모님을 욕보이게 하지 마소서."[52]

이 절차는 본디 『주례』에도 없었고 송나라에도 없었다. 당나라 향음주례에 잠시 보이던 것을 서유구가 「향례지」에서 다시 채용했던 것이다. 향음주례의 취지를 되새기며 효와 충, 화목과 화순을 가정과 향촌에서 균형 있게 이루어가려는 의지로 풀이된다. 요컨대 이러한 풍석의 재편집 과정은 향음주례라는 의례를 향촌에서 자리잡게 하여 가정 윤리를 마을 윤리로, 이후에는 국가 윤리로 확대해가고자 하는 뜻이 배어 있다.

3. 선비들과 교류하는 법: 향사례

'향사례'는 활쏘기를 하며 예와 악을 익히게 하는 행사로서, 봄·가을 두 계절에 시행했다. 향사례는 두 가지 종류가 있었다고 하는데, 하나는 『주례』에 나온 것으로 관리가 향촌의 어질고 능력 있는 이를 천거하기 위해 3년마다 행하는 인재 등용 행사요, 다른 하나는 『의례』에 나온 것으로 활쏘기를 통해 인간세의 예악(禮樂)을 익히는 데 주안점을 둔 행사다. 풍석이 「향례지」에서 다룬 내용은 주로 두 번째의 행사를 가리킨다.[53]

「향례지」에서 풍석이 '새로 정한 향사례[新定儀]' 절차를 보면 그 내용은 다음과 같다.

빈을 정하는 절차(立賓)
자리를 설치하고 기물을 진설하는 절차(設席陳器)
빈을 맞이하는 절차(迎賓)
주인이 빈에게 술을 올리는 절차(主人獻賓)
빈이 주인에게 술을 올리는 절차(賓酢主人)

주인이 중빈에게 술을 올리는 절차(主人獻衆賓)

주인이 준에게 술을 올리는 절차(主人獻僎)

사정이 술잔(치)을 드는 절차(司正揚觶)

사사가 활쏘기를 청하는 절차(司射請射)

활쏘기를 가르치는 절차(誘射)

삼우가 활쏘기를 하는 절차(三耦射)

빈과 주인이 활쏘기를 하는 절차(賓主人射)

준이 중빈과 함께 활쏘기를 하는 절차(僎與衆賓射)

이기지 못한 사람에게 벌주를 마시게 하는 절차(飮不勝者)

연례의 절차(燕)

두를 치우고 빈이 나가는 절차(撤豆賓出)[54]

위의 내용을 보면 향사례의 의식은 빈(賓)을 정한 다음, 활을 쏘는 자리를 설치하고, 빈을 맞이하여 주인과 서로 술을 올리고 활쏘기를 행한 다음, 벌주를 마시고 연례를 행하는 방식으로 진행되고 있다. 주인은 고을의 수령이 맡게 되며, 빈과 중빈(衆賓)은 나이가 있고 덕망이 높은 사람을 초빙한다. 준(僎)은 빈을 접대하는 역할인데 관직을 역임하여 의식을 받들 만한 이가 맡는다. 삼우(三耦)는 대개 빈이 추천한 여섯 명의 제자들로서 2명씩 짝을 지어 3조로 이루어지므로 이런 명칭이 붙었고, 이들이 실제 활쏘기를 하게 된다. 사정(司正)은 관리 중에서 추천을 받은 인물로, 의식 진행 전반을 감독하는 역할을 한다. 사사(司射)는 관청의 아전이 맡아서 활쏘기 행사 진행을 돕는다.

향음주례와 달리, 향사례에서 풍석은 『주의(周儀)』와 조선의 『국조오례의』에 실린 향사례와 자신이 새로 정한 향사례만 싣고 있다. 중국의 여러 사례는 모두 생략하고 바로 조선의 국조의(國朝儀)를 실었고, 이 역시 너

〈그림 3-71〉 『대사례의궤』. 중앙 하단에 과녁이 보인다. (규장각한국학연구원 소장)

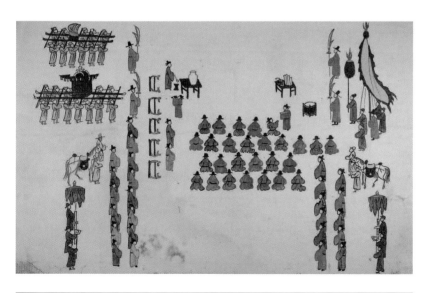

〈그림 3-72〉 『대사례의궤』. 승부를 겨룬 뒤 벌주 마시기 (규장각한국학연구원 소장)

무 소략한 것이 흠이라고 여겨 의례의 본의에 맞게끔 자기 의견을 추가하였다. 향사례는 구체적으로 활쏘기의 높은 기술 수준이 동반되는 의례다. 활쏘기는 조선시대에 '연사례', '대사례'와 같은 국왕과 조정대신이 함께하는 의식이 자주 행해졌으며 지방에서도 '향사례'라는 이름으로 꾸준히 행해지기도 한 것이다. 활쏘기 기술에 대한 구체적 설명은 「유예지」 활쏘기에서 다루었다.

4. 조선의 마을자치규약: 향약

널리 알려진 것처럼 '향약'은 마을의 자치 규약으로, 그 유래는 중국의 북송 말기 섬서성(陝西省) 남전현(藍田縣)에 살았던 여씨 4형제(대충[大忠]·대방[大防]·대약[大鈞]·대림[大臨])에게서 비롯되었다. 이를 여씨향약(또는 남전향약)이라 한다. 이 여씨향약을 주희가 보완하고, 『주자대전(朱子大全)』에 수록함으로써, 그때부터 향약은 향촌 사회를 성리학적 도덕 세계로 인도하는 중요한 실천 규약이 되었다. 조선에서도 중종 12년(1517)에 경상도 관찰사였던 김안국(金安國)이 『여씨향약』을 간행·반포한 것이 향약 보급의 출발이 된다.

풍석은 「향례지」에서 주희가 보완한 『여씨향약』을 앞세우고, 율곡 이이(李珥, 1536-1584)의 『율곡전서』에 실린 '사창계약속(社倉契約束)'을 소개한다. 특히 율곡의 '사창계약속'은 중국 향약과 조선에서 오래전부터 이어온 사회 규약을 접목시킨 훌륭한 선행 사례로서 향약의 4대 강목의 실제 적용 사례, 규범을 어길 때의 처벌 방법까지도 구체적으로 제시했다. 인적 체계의 구성과 운영 방침 등을 설명한 '입약범례(立約凡例)', 모임 때의 의례 순서를 정한 '강신의(講信儀)' 등은 풍석이 거의 그대로 인용 계승하고 있다. 입약범례(立約凡例, 규약 범례)의 한두 가지만 본다.

- 여러 계원이 한 사람을 추대하여 약장(約長)으로 삼고, 또 한 사람을 추대하여 부약장(副約長)으로 삼는다. 일을 맡아서 할 2명의 유사(有司)를 뽑는다.【약장과 부약장은 특별한 사정이 없는 한 교체하지 않고 유사는 1년마다 교체한다.】
- 다섯 집을 오(伍)로 삼고, 오장(伍長)을 두어【오장은 1년마다 교체한다.】 다섯 집의 선행과 악행 및 질병과 환난을 살피는 일을 맡게 한다. 다섯 집의 모든 길흉을 일일이 유사에게 알린다.[55]

향약의 4대 강령인 덕업상권, 과실상규, 예속상교, 환난상휼에 대해서 간단히 살펴본다.

─ 덕업상권(덕과 업을 서로 권장하기)

권장하는 덕은 곧 부모에 효도하고 나라에 충을 다하며, 형제자매 간 우애하고 윗사람을 공경하고, 남녀 간에 분별하는 예가 있고, 말은 반드시 마음을 다하고 믿음직스러워야 하고, 행동은 반드시 독실하고 공경히 하는 등의 유교적 덕목과 관련되고, 권장하는 업은 일을 부지런히 하며 직분에 충실하고 조세와 부역의 의무에 성실한 경우를 포함한다.

이상의 덕(德)과 업(業)으로 칭찬할 만한 일들을 사창계 계원들이 각각 스스로 닦으며, 서로 권장한다. 그 일들을 잘 실행하는 사람이 있으면 같은 계원들이 들은 대로 유사(有司)에게 알리고, 유사는 사적으로 장부를 만든다. 그런 다음 강신(講信)할 때 약장(約長, 향약의 우두머리)에게 이 사실을 알리고, 약장은 여러 사람에게 물어 그 실상을 확인한다. 그런 뒤에 뛰어나게 특별한 사람은 관청에 보고하여 포상하고 장려하기를 청한다. 그 나머지는 선행을 기록하는 장부에 기록하여 훗날

살펴볼 수 있도록 한다.[56]

— 예속상교(예에 맞는 풍속으로 서로 사귀기)

현대의 상식과는 달리 전통시대의 예는 10살 이내 사이에는 평등하게 서로 대한 것 같다. 나이보다 덕이 훌륭한 이가 존경의 대상으로 더 우선한다는 것도 새로 볼 만하다.

> 일반적으로 자기보다 20살 이상 많으면 존자(尊者)이고, 자기보다 10살 이상 많으면 장자(長者)이다. 길에서 사창계 계원인 존자를 뵈면 말에서 내린다. 일반적으로 존자를 뵈면 반드시 절을 하고, 장자를 뵈면 공손히 읍(揖)한다. 계원 중에 나이가 비록 많지 않더라도 만약 덕(德)이나 지위가 존경할 만한 사람이 있으면 존자로서 대우하고, 존자도 그에 대등한 예[抗禮]로 대한다.
>
> 새해 첫날에는 사창계 계원끼리 서로 오가며 세배[歲謁]를 하되, 존자나 장자가 유자나 소자의 집에 굳이 찾아갈 필요는 없다. 계원의 자녀가 장가들거나 시집갈 때 쌀 3두(말)를 주고, 혼인할 때가 되어 회문(回文, 청첩장)을 돌리면 계원은 각각 땔감 1바리씩을 내어서 혼인하는 집 계원에게 준다. 계원의 아들이 장가들 경우에는 신부례(新婦禮)를 할 때 준다.[57]

— 과실상규(과오를 서로 규제하기)

과실이란 스스로 몸가짐을 삼가지 않고, 윗사람을 섬김에 예의가 없고 아랫사람과 사귐에 은혜를 베풀지 않으며, 규약과 명령을 따르지 않는 등의 종류를 지칭하며, 그에 대한 처벌 규정을 상벌(上罰), 차상벌(次上罰), 중벌(中罰), 차중벌(次中罰), 하벌(下罰) 등 5가지 종류로 정해두었다. 상벌이 무겁고 하벌이 가볍다. 벌의 내용은 사족의 경우 중인환시리에 꾸중을 하여 면박을 주는 것이고, 하인의 경우 볼기를 치는 것이다. 물론 이것은 향촌 내에서 풍속을 유지하는 데 더 관심을 둔 것이므로 중죄는 관아에 알리는 것이 우선이었으니 둘 사이는 상호 보완적 관계에 있다고 하겠다. 가족 간의 구타나 배신에 대해 크게 엄격한 것이 특징이다. 또 존자가 잘 못이 있을 경우 자제가 대신 받게 하고, 노비가 병이 있어 벌을 받지 못 할 경우 면제 벌주를 내는 것으로 대신했다.

> 큰 잘못이나 죄악(罪惡)을 저지른 사람과【부모에게 효도하지 않는 사 람, 부모나 시부모를 때리거나 밀쳐서 넘어뜨린 사람, 하인으로서 상전 을 배반한 사람, 형제가 화목하지 못한 사람, 같은 부모에게서 태어난 형과 삼촌·오촌 숙부를 때린 사람, 하인으로서 사족(土族)을 욕보이거 나 때린 사람 등의 종류를 말한다.】여러 차례 잘못을 따지고 벌을 주 었는데도 끝내 스스로 고치지 않아 사창계의 규약과 명령을 허물어뜨 린 사람은 모두 관청에 아뢰어 죄를 다스리게 한 뒤 사창계에서 내쫓 아 계원들이 그와의 관계를 끊어 말을 섞지 않는다.【잘못을 뉘우치고 고쳐 스스로 새롭게 되겠다고 청하면 다시 사창계에 들어올 것을 허 락하니, 이때는 처음 계에 들어올 때의 예(例)와 같이 한다.】[58]

하인이 서로 싸운 경우 주인이 이치를 따져서 처벌의 정도를 달리 정 하는 것이 흥미롭고 사족끼리 또는 사족과 하인끼리 분란이 생긴 경우도 규정해두었다.

> - 하인이 서로 싸우고 때리면 그 나이의 많고 적음, 사정과 이치의 옳 고 그름, 피해의 경중을 살펴서 벌을 논한다.【때린 하인이 연장자

인 경우 연장자의 이치가 옳고 맞은 사람이 다치지 않았다면 하벌에 처한다. 이치가 옳지만 때려서 다쳤다면 중벌에 처한다. 이치가 그른데 때려서 다쳤다면 상벌에 처한다. 이치가 그른데 맞은 사람이 다치지 않았다면 차중벌에 처한다. 나이가 어린 사람의 경우, 때려서 다쳤다면 이치의 옳고 그름을 따지지 않고 관청에 고발한다. 이치가 옳고 맞은 사람이 다치지 않았다면 차상벌에 처한다. 이치가 그르고 맞은 사람이 다치지 않았다면 상벌에 처한다. 나이가 서로 비슷한 경우 이치가 그르고 때려서 다쳤다면 상벌에 처하고, 때렸지만 다치지 않은 경우 차상벌에 처한다. 이치가 옳지만 때려서 다쳤다면 차상벌에 처하고, 때렸지만 다치지 않은 경우 차중벌에 처한다. 대체로 상처가 심하면 모두 관청에 고발한다.】

- 나이가 서로 비슷한 사인(士人, 사족)끼리 서로 큰 소리로 꾸짖고 욕하면 차중벌에 처한다. 사인이 사적인 감정으로 하인을 때린 경우는 중벌에 처하고, 하인이 중상을 입었다면 관청에 고발을 허한다. 다른 사람의 아내나 딸을 몰래 간음한 경우는 관청에 고발한다. 만약 잘못을 뉘우쳐 죄를 받고 스스로 새로워지기를 원하는 경우는 상벌에 처한다.[59]

— 환난상휼(어려움에 처한 사람 서로 돕기)

상을 당했을 때, 병에 걸렸을 때, 화재나 홍수 피해를 입었을 때, 도둑을 맞았을 때 등 환난에 닥친 사람을 돕는 일이다. 그런데 마음뿐 아니라 실제 힘으로나 재물을 들여야 하는 일에 여유가 있는 이와 그렇지 않은 부류에 맞게 그 정도를 미리 정해둔 것(예를 들어 하인은 이런저런 부조에 참여하지 않는다.)이 인상적이다. 현재 부의금도 이러한 관습의 연장에 있는 듯하다.

- 계원 중에 병에 걸려 위중한 사람이 있으면 재력이 있는 사람은 그 병을 치료할 수 있는 약을 구하여 돕는다. 유사는 사령(使令)을 시켜 재력이 있는 이에게 구호하라는 명을 전하게 한다. 만약 온 집안이 병을 앓아 농사를 짓지 못하고 있는 경우에는 사창계 계원들이 자신들의 능력에 맞게 힘을 내어 밭을 갈고 김을 매어주어 굶주림과 고달픔을 면하게 해준다.
- 계원 중에 무고하게 누명을 써서 죄를 얻었는데 스스로 누명을 풀 수 없는 사람이 있으면 사창계 계원들이 연명(連名)으로 관청에 보고하여 풀려나도록 돕는다.
- 계원 중에 나이가 많은 처녀가 집이 가난하여 시집을 가지 못했으면 관청에 보고하여 혼수(婚需)를 공급해주기를 요청하고, 사창계 내에서도 자신의 능력에 맞게 부조한다.【하인은 내지 않는다.】[60]

5. 관례와 혼례

관례는 곧 성인식이다. 관례(冠禮, 남자 성인식)와 계례(笄禮, 여자 성인식)가 이에 해당한다. 인용서 중 사마광의 『서의』에서는 남자는 12~20세에, 여자는 출가할 때나 15세에, 주자의 『가례』에서는 남자가 15~20세에, 여자는 출가할 때나 15세에 치르도록 했다. 혼례의 경우 『서의』와 『가례』에서 모두 남자는 16~30세에, 여자는 14~20세에 치르도록 했다. 『임원경제지』 「보양지」에서도 인체 생리적 결혼 적령기로 남자는 30세에, 여자는 20세에 결혼해야 음양의 교합이 완실하여 임신도 잘 되고 아기도 건강하다고 했다.[61] 생리적 결혼 적령은 사회적 결혼 적령의 맨 끝에 놓여 있다. 혼례 절차를 각각 의례서 내용에 따라 정리했다.

'사마광의 『서의』에 따른 혼례' 절차는 다음의 7단계이다.

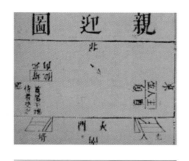

<그림 3-73> 혼례 절차 중 '친영' 그림 (『문공가례의절』 와세다대학 소장본)

문명(問名, 신부가 될 집안의 성씨를 묻기), 납길(納吉, 점을 쳐서 길한 징조가 나왔음을 신부 측에 알리기), 납폐(納幣, 신랑 측에서 신부 측에 폐백 보내기), 청기(請期, 혼인하는 날 청하기), 친영(親迎, 혼례를 올리고 며느리 맞아오기), 부현구고(婦見舅姑, 며느리가 시부모 알현하기), 서현부지부모(壻見婦之父母, 사위가 며느리의 친정 부모 알현하기).

'주자의 『가례』에 따른 혼례' 절차 역시 7단계인데, 내용이 조금 다르다.

의혼(議婚, 혼인 의논하기), 납채(納采, 채택을 받아들이기), 납폐, 친영, 부현구고, 묘현(廟見, 며느리가 사당에 알현하기), 서현부지부모.

'조선의 『국조오례의』에 따른 혼례'는 절차가 5가지로 줄었다.

납채, 납폐, 친영, 부현구고, 부현사당(婦見祠堂, 며느리가 사당에 알현하기).

6. 상례

상례는 「향례지」에서 가장 내용이 많고 복잡하다. '상례'에서는 '복(復, 혼 부르기)', '염습[襲]'에서 '길제(吉祭, 2주기가 지난 3개월 뒤의 제사)', '이장'까지 총 19단계의 절차가 있다. 이 절차는 대부분 조선의 예학(禮學)에 절대적인 영향력을 미쳤던 『가례』의 내용을 본줄기로 삼고 이를 주석한 여러 예학서를 인용하는 형식으로 구성되었다. 19단계를 제시하면 다음과 같다.

복(復, 혼 부르기), 염습[襲], 소렴(小斂), 대렴(大斂), 성복(成服), 아침저녁
으로 곡하고 전(奠) 올리기[朝夕哭奠], 조문과 부의, 분상(奔喪, 초상 소식
듣고 집으로 급히 돌아가기), 치장(治葬, 장지 조성), 발인(發引), 하관[窆葬],
삼우제[虞祭], 졸곡(卒哭, 곡 마치기), 부제(祔祭, 조상의 신주와 함께 모시는
가묘제), 소상(小祥, 1주기), 대상(大祥, 2주기), 담제(禫祭, 대상 후 2개월 뒤의
제사), 길제(吉祭, 담제 다음 달의 제사), 이장[改葬].

'상례'에서는 주자의 『가례』 이외에 조선 중기 신의경(申義慶,
1557-1648)의 『상례비요(喪禮備要)』가 매우 중요한 역할을 한다.
신의경의 동학(同學) 김장생(金長生, 1548-1631)이 이 책을 수정
증보하고 아들 김집(金集, 1574-1656)이 교정 인쇄하였으며(1648
년) 이후 조선 예학의 중요한 문헌이 된다. 풍석은 예학에 밝았
던 8인 유학자들의 견해를 인용하기도 하면서 상례 과정의 이
해를 세세한 부분에서까지 이해를 돕고 있다. 이재(李縡, 1680-
1746), 권상하(權尙夏, 1641-1721), 송시열(宋時烈, 1607-1689), 김장
생, 박세채(朴世采, 1631-1695), 이이(李珥, 1536-1584), 이황(李滉,
1501-1570), 주세붕(周世鵬, 1495-1554) 등이 그들이다.

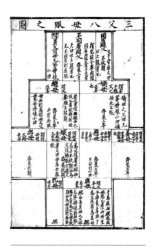

〈그림 3-74〉 '삼부팔모복지도' (『향례지
2』 오사카본)

먼저 '본종오복지도(本宗五服之圖)'는 나를 기준으로 직계 위아래 4대, 8
촌 범위의 친족에 대한 복제도 그림이다. '삼부팔모복지도(三父八母服之圖)'
는 직간접적으로 나의 아버지뻘 되는 3인과 어머니뻘 되는 8인에 대한
복제도 그림이며,(그림 3-74) '외당처당복지도(外黨妻黨服之圖)'는 외가의 친
족과 처가의 친족 관계에 관련된 복제도 그림이다. 이 그림들은 주자의
『가례』에서 왔다.

또 '삼상강복지도(三殤降服之圖)'[62]는 미성년으로 사망한 경우 강복(降服,
규정한 복보다 한 등급 낮춰 입는 복)을 입는 복제도 그림이고, '위인후자위

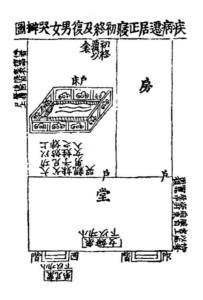

〈그림 3-75〉 천거정침 (『가례집람도설』)

〈그림 3-76〉 발인도 (『상례비요』)

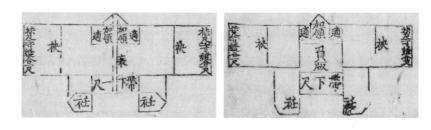

〈그림 3-77〉 상복 상의 앞(왼쪽)과 뒤(오른쪽) (『상례비요』)

'본종강복지도(爲人後者爲本宗降服之圖)'는 양자로 간 사람이 자신의 본생(本生) 친족을 위해 강복을 입는 복제도 그림이다.

'상례'에는 장례와 삼년상까지 이어지는 여러 가지 제례, 그리고 묘를 옮기는 이장까지 다루고 있다. '상례' 중 세세한 절목과 각 절차에서 필요한 용품 및 의복 등도 자세한데, 특히 의복을 중시하여 의복 제도를 그림을 실어 설명했다. 상례는 워낙 복잡한 단계와 의식이 있어서, 그림 두어 개로 간단히 짚어보려 한다.

〈그림 3-78〉 심의 세부도 (『상례비요』)

'천거정청'은 죽은 이의 시신을 정청으로 옮기는 과정을 묘사했다. '발인' 과정도 그림에 담았다. '성복' 단계에서 입는 정식 상복과 그 이전까지 입는 옷인 '심의' 그림도 옮겼다.

7. 제례

'제례'에서는 '사당(祠堂) 세우기', '시제(時祭, 계절별로 지내는 제사)', '기제(忌祭, 기일에 지내는 제사)', '묘제(墓祭)', '복상 기간의 제사'로 나누어 제사 의례를 설명했다. 제사에는 축문, 제문이 반드시 쓰이므로 사당을 세울 때 쓰는 여러 글, 여러 제사에서 신주를 모실 때 아뢰는 글, 축문 쓰는 법 등을 알려준다.

여기서는 집안에 세울 가묘(곧 사당)와 가묘 내부의 신주 모신 그림을 올려두었다.

관혼상제 전반에 걸쳐서 풍석은 곳곳에 자신의 안설을 삽입하여 세목에 대한 의견을 개진하면서, 고의를 정확히 이해하고 그 본뜻을 이어가야 한다면서도 민간에서 현재 행해지는 것들과 조화를 이루려 고심했다. 몇 가지 사례를 들어 풍석이 고례를 정당화하거나 또는 도리어 당시 풍속을 받아들이는 것이 낫다거나 하는 실제 모습을 살펴보자.

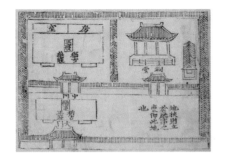
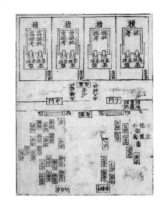

〈그림 3-79〉 가묘도 (『상례비요』)　　　　　〈그림 3-80〉 가묘 내부 신주, 제의도 (『상례비요』)

- 사위는 며느리에게 읍하고 자기 자리로 나아가 앉되, 사위는 동쪽에
  앉고 며느리는 서쪽에 앉는다.【옛날 동뢰(同牢)의 예에서는 사위가
  서쪽에서 동쪽을 향하고 며느리가 동쪽에서 서쪽을 향했다. 대개
  옛사람들은 오른쪽을 숭상하였으므로 사위가 서쪽(오른쪽)에 있었
  으니 그를 높이기 위함이다. 그러나 요즘 사람들은 이미 왼쪽(동쪽)
  을 숭상하니, 또한 민간의 풍속을 따른다.】[63]

- 고시(古詩)에 "머리 묶는 나이에[結髮] 부부가 되네."라 했는데, 어린
  아이였다가 처음으로 머리를 묶어 올린 이후로 부부가 되었다는 말
  이다. 그것은 이광(李廣)이 "나는 머리를 묶고서부터 흉노(匈奴)와 전
  쟁을 했다."라 한 말의 '묶다'와 의미가 같다. 지금 민간에서 혼례 때
  머리를 묶어 올리는 의식이 있으니, 이것은 매우 우스운 일이다.[64]

- 고례에는 혼례를 올린 다음 날 시부모가 그제야 보낼 사람들을 대
  접했다. 그러나 지금은 (당일 대접하는) 민간의 풍속을 따른다.[65]

- 민간에서는 새 사위가 화승(花勝, 머리 꽃장식)을 머리에 꽂아 그 얼
  굴을 가린다. 그러나 이는 장부의 용모와 체신을 전부 잃는 풍속이

니, 화승은 쓰지 않아야 좋다.[66]

- 지금 민간에서 혼례를 하며 음악을 연주하는 일은 전혀 바른 의례
  가 아니다.[67]
- 고례(古禮)에는 혼례를 올린 다음 날, 보낼 사람들을 대접했다. 그러
  나 지금은 민간의 풍속을 따른다.[68]
- 지금 민간에서는 비록 며칠이 지나서 염습을 하더라도 염습 이전에
  는 전(奠)을 올리지 않는다. 염습이란 곧 소렴(小斂)인데, 염습을 하
  고 나서야 비로소 전(奠)을 올린다면 인정과 예법을 크게 잃게 된다.[69]

요컨대 서유구는 「향례지」에서 임원에 살면서 향음주례, 향사례, 향약,
관혼상제 등의 예의를 통해 공동체의 화목과 질서를 소망했다. 풍석은 향
음주례와 향사례를 자신이 새로 만들었고, 향약과 상례·제례에서는 조선
조의 연구 성과를 반영하면서 자신의 견해를 덧붙였던 것이다. 관례·혼례
는 『국조오례의』의 관례를 존중했고, 상례·제례에서는 『상례비요』나 『율
곡제의초』를 많이 참고하면서도 19세기 당대에 적합하게 맞추려고 했다.
그것은 고대 성인이 만든 정통 의례를 근간으로 출발했으나 최종적으로
는 풍석 자신이 당시에 적용하기에 가장 적절하다고 판단한 의례를 만들
어낸 성과라고 할 수 있다.

8. 새롭게 구상한 향촌 협력체

향례나 가례에서뿐만 아니라 향촌의 경제생활을 성공적으로 영위하기
위해서도 인간의 유대와 협력은 절대적으로 필요하다. 향촌에서의 인적
협력체의 모델이 『임원경제지』에 다수 등장한다. 「향례지」를 넘어 「이운
지」의 행포사, 경솔사, 전어사가 보인다. 「본리지」에서 북방 지역에서 북방
촌락의 '서사(鋤社)'가 좋은 모델이 될 만하다고 했다.

— 행포사

먼저 「이운지」의 '행포사'다. 행포사는 농민의 협업을 위한 결사체다. 외형을 묘사한 것을 보면 우선 중앙의 건물 한 채 및 그 좌우의 초가집 수십 채로 구성된다. 중앙의 건물에는 부엌, 욕실, 외양간, 절구간 등이 갖추어진다. 그 주변의 초가집에는 소, 개, 쟁기, 써레, 호미 등이 있다. 그리고 사지기가 행포사에 상주하면서 각종 농사일을 돕는다.

> 동쪽 창고의 동쪽으로 건물 1채를 지어서 부엌·벽 없는 곡간[廩]·목욕간·외양간·마구간·방앗간·맷돌작업 공간 등을 차례로 모두 갖추어놓는다. 이 건물의 좌우에는 초가집 수십 채가 옹기종기 모여 있는데, 집집마다 반드시 소 2마리, 개 2마리, 쟁기[犁] 1개, 써레[耙] 1개, 자귀[鑡]나 누(耨) 같은 김매기 연장 3~5개를 준비하여놓는다. 이것이 바로 행포사(杏蒲社)이다. 이곳에 행포사 청지기[社直] 1명을 두는데, 청지기는 처자를 거느리고 이곳에 살면서 들밥 내가기·머슴일·방아찧기 등의 일을 담당하게 한다.[70]

농사에 필요한 전반적 활동을 공동으로 구비·관리·사용하기 위한 목적으로 조성된 행포사는 그 모델이 되는 것이 있었다. 서유구는 「본리지」에서 농민의 협력적 결사체로 중국 북방 촌락의 '서사(鋤社)'를 소개한 바 있다.

> 북방의 촌락에서는 서사(鋤社)를 많이 결성하는데, 모두 열 집을 기준으로 삼아서 먼저 어느 한 집의 논을 김매면 그 집에서 음식을 제공하며, 그 나머지 집들도 차례대로 한다. 열흘 사이에 모든 집의 논을 김매고 손질한다. 서로 이끌어서 일을 즐겁게 하면서 게으름 피우는 사

람이 없다. 간혹 병환이 있는 집은 함께 힘을 합쳐 돕는다. 그러므로 황폐지는 논이 없고 해마다 풍년이 든다. 가을걷이 뒤에는 돼지 족 발과 술로써 돌아가면서 노고를 서로 위로하는데, 이름하여 '서사(鋤 社, 호미모임, 두레)라고 하니 매우 본받을 만하다.[71]

'서사'는 열 가구가 돌아가면서 품앗이로 하루씩 김을 매어 열흘 동안 모든 집의 김을 맨다. 이들은 우환이 있는 집이 있으면 다른 집이 힘을 합쳐 돕는다거나 가을걷이를 마친 뒤에 모두들 음식을 마련하여 함께 나눈다는 점에서, 향촌공동체를 추구한 서유구의 지향과 매우 가깝게 다가 간 것으로 보인다. '행포사'는 이를 모티프로 한 것이다.

― 경솔사
서유구는 농사를 위한 행포사 외에도 잠사업의 '경솔사', 목축과 어업의 '전어사'를 구상했다. 경솔사는 춘경료와 추솔와에서 일하는 여성의 결사 체인데, 춘경료는 누에치는 곳이고 추솔와는 실잣는 곳이다. 잠사와 방적 기술로 엮여진, 곧 부공(婦功) 분야에서의 여성 협력체가 경솔사이다.

여기에서 몇 계단 내려가서 남쪽에 터를 닦고 건물 1채를 짓는데, 대청· 안방·행랑·부엌·목욕간 등을 모두 갖춘다. 왼쪽 행랑에는 양잠하고 길쌈하는 도구를 보관하고, 오른쪽 행랑에는 세탁하여 염색하는 도구 를 보관한다. 근처에 시냇물이 있으면 시냇물을 끌어오고, 시냇물이 없 으면 샘물을 끌어와서 수력으로 돌리는 물레와 수력으로 돌리는 소차 (繅車, 물레)를 설치하고, 잠모(蠶母, 양잠하는 여인) 2~3명과 직부(織婦, 길 쌈하는 아낙) 5~6명을 두어 이곳을 담당하게 한다. 이곳이 바로 경솔사 (鶊鵯社)이다.[72]

― 전어사

목축업과 어업 종사자들의 결사체로 '전어사(佃漁社)'가 등장한다. 전어사는 두 종류로 나뉘는데 하나는 '육(陸)전어사'이고, 다른 하나는 '수(水)전어사'이다.

전어사(佃漁社)에는 다음과 같은 2가지가 있다. 하나는 산을 의지하고 계곡 옆에 있으며, 앞쪽으로 수목이 우거진 큰 늪과 닿아 있어 물과 풀이 풍부한 땅에 3~5칸 건물을 짓는다. 여기에 양 우리, 돼지 울타리, 닭장은 땅의 크기에 따라 갖추는데, 우리에는 양 250마리·돼지 250마리·닭 5,000마리를 기른다. 양을 기르는 우리 남쪽에는 물을 끌어와 연못을 만들고, 도주공의 방법(陶朱水蓄法)을 사용하여 10,000마리의 물고기를 기르며, 3~5명의 목장지기를 두고 그 일을 주관하게 한다. 이것이 육전어사다. 수전어사는 강가나 포구와 같이 배가 다닐 수 있는 곳에 둔다. 그런 곳에 수십 칸의 집을 짓고 거느림채와 광, 부엌, 욕실 등을 대략 갖춘다. 기(機)가 있어서 낚시를 할 수 있고, 거룻배가 있어서 고기잡이를 할 수 있다. 또 작은 배를 여러 척 두어 해외의 소금을 유통한다. 어부와 사공 십여 명을 두어 일을 맡게 한다. 이것이 수전어사다. 이 2가지 전어사는 지세(地勢)가 편리하고 알맞은지 여부만 보고 지으니, 비록 집과 5~10리 떨어져 있어도 괜찮다.[73]

서유구는 육·수전어사에서 공동 작업이 원활히 이루어지고 노동의 집적 효율이 높아지며 각각의 업종 종사자들 간의 협력 관계가 정착되고 지속되기를 기대했을 것이다. 「향례지」와 「이운지」에서 보인 이러한 향촌인들 간의 협력에 의한 자율적 질서의 유지와 공동노동 결사체에 대한 구상은 여러 가지 의미가 있다. 한편으로는 향촌의 자립적 삶의 필수 전제로서 향촌 노동인력의 효율화를 도모했지만, 나아가 경제와 문화 모두 수준 높은 도덕공동체를 이루는 방향으로 향해 있다. 이는 조선에서 전통적으로 이어온 향촌 사회의 문화적 축적 위에 서유구의 생산력 발전의 구상이 결합된 결과로 해석된다.

9. 사람들의 화합을 높이는 법: 절일(節日)과 모임(會)

「향례지」의 '향음주례', '관덕회(향사례)', '향약' 등의 의례 공동체와 함께 「이운지」의 '행포사', '경솔사', '전어사' 등의 생산 공동체가 나름의 역할을 가지고 속속 등장한 것을 보았다. 그런데 『임원경제지』는 생산성, 실용성과 함께 유희성, 예술성의 면을 동등한 정도로 강조한다. 이 놀이의 측면이 두드러진 곳이 「이운지」'한가로운 삶의 일과(燕閑功課)'[74]와 '시문과 술을 함께 하는 연회(文酒讌會)', '절일을 맞아 즐기는 모임(節辰賞樂)'[75] 등에 나타난다. 향음주례와 향사례 등은 향촌의 질서를 유지하기 위한 의례와 행사였다면, 여기서는 편안하고 친밀감이 생길 수 있는 놀이와 행사가 많다.

문주연회에는 '유상곡수(流觴曲水)', '투호', '구후사(九侯射)', '시패 놀이', '남승도(攬勝圖)' 등 5가지 놀이가 나온다. '유상곡수'는 술 마실 사람이 굽이진 시내에 술잔을 띄운 다음 산가지를 상류의 물로 던져 정한 규칙대로 흘러가지 않는 산가지 수만큼 술을 마시는 놀이이다. '투호'는 항아리에 화살을 던져 넣는 놀이, '구후사'는 동물그림이 그려져 있는 과녁에 표창을 던져 꽂는 놀이, '시패 놀이'는 시어가 적힌 카드를 뽑아 각자 적당한 시구를 짓는 놀이이다. '남승도'는 명승지를 그린 지도를 가지고 방안에서 마치 실제 유람을 하는 듯하는 놀이인데, 특별히 여기서 풍석은 직접 자신의 일화를 달아두었다.

경진년(1820)에 아들 우보(宇輔, 1795-1827)가 6촌 동생 치간 서유긍(穉榦 徐有肯, 1794-1822), 집안 조카 치익 서지보(穉翼 徐芝輔, 1795-1860)와 함께 난호초당(蘭湖草堂)에서 공부를 했는데, 책에 파묻혀 골몰하고 있었다. 나는 이들이 너무 공부에만 치우칠까 걱정하여 장조(張潮, 1650-?)의 『단궤총서(檀几叢書)』에 실린 〈남승도〉를 건네주어, 그 규칙대로 (게임을 하면서) 술을 마시며 시를 짓게 했다. 시집이 완성된 뒤에 가져다 보니, 북쪽으로는 연계(燕薊)를 지나갔고 남쪽으로는 오초(吳楚)를 다 보았으며 서쪽으로는 파촉(巴蜀)에 당도했다. 그리고 교외의 누대, 물가의 정자, 도관(道觀)과 사찰 등의 승경지를 남김없이 구경했다. (중략) 나는 늙고 병들어 궁벽한 시골에 칩거하고 있다. 비록 감악산이나 소요산 같은 주변 명산이 나를 발돋움질하여 바라보게 하지만, 이 또한 바다 밖의 세 산이나 다름없어 쳐다볼 뿐 직접 가볼 수는 없다. 그러니 너희들이 한 번 〈동국남승도(東國攬勝圖)〉를 만들어서 술 마시며 시 짓고 논 뒤, 내가 그 시집을 보면서 와유(臥遊)하면 좋겠구나.[76]

이 글은 풍석이 후손들에게 권유한 남승도 놀이의 결과물로 만들어진 〈남승도시집〉을 읽은 뒤 쓴 제사(題辭)이다. 공부하는 손주뻘의 집안 아이들에게 잠시 놀거리를 제공하는 모습도 푸근한 어른의 풍모가 나타난다. 그런 와중에도 중국의 남승도에 머물지 말고 조선의 남승도를 만들어 우리의 산수를 간접 유람할 수 있도록 해보라는 제안을 하고 있다. 『임원경제지』 곳곳에서 보인 그의 조선 토착화 노력이 우리 국토의 명승을 적용한 조선 〈남승도〉의 제안과 그 실행에서도 그 일단이 보인다. 아쉽게도 「이운지」에는 조선 남승도는 출현하지 않는다.

'때에 따라 모이는 모임'으로 총 41개의 절일(節日)을 수록했다. 아래에 몇 가지 예를 들어본다.

상치회(尚齒會), 좋은 날 저녁을 골라 이웃 어른들을 정성스레 대접하는 모임

난강(煖講), 공부에 지친 학생들을 위로하는 잔치. (강[講]은 책을 암송하는 일)

관덕회(觀德會), 활쏘기 모임(향사례)을 풍석이 새롭게 고쳐 만든 모임

범주회(泛舟會), 조각배를 호수에 띄워 벗들과 경치를 감상하는 모임

생일회(生日會), 한마을에서 동지들이 모여 생일 선물(쌀과 돈)을 주는 친목 모임

월조탕병회(月朝湯餅會), 친족의 화목을 위해 매월 초하룻날 떡국을 함께 먹는 모임

월회(月會), 뜻 맞는 벗들이 모여 우의를 다지는 모임

이런 모임들은 모두 각각 그 유래와 연원이 있는 모임인데, 풍석 자신이 향촌공동체의 화합을 위해 필요하다고 판단한 것들을 선택한 것이다. 『임원경제지』가 구상하는 큰 틀에서 향촌공동체의 운영의 실질을 채워나가는 과정은 오랫동안 서유구가 매만져온 생각으로 보인다.

이상 향촌공동체에서 시행하는 여러 행사들을 살펴보면 『임원경제지』는 세상과 초연하여 향촌에 은둔하는 삶이 아니다. 가정을 꾸리는 데서부터 시작하여 향촌의 사람들과 어울려 살아가는 사회적 환경을 조성하는 데에 큰 관심을 두고 작동 방식에 대해 세밀하게 구상했다. 가정과 향촌의 삶 속에서 높은 아취를 추구하려는 것이다. 역설적으로 그러한 적극적이고 주체적 삶의 환경 건설은 인류사 전체를 통해서 서너 사람만이 도달 가능했던 것이었다. 그것은 '양아'와 '청복'의 이상으로 표현된다.

3절. "조선 선비의 양아(養雅), 이 풍진 세상에서 천년 아취를 길러내다"

청복의 이상

「이운지」 서문에 나오는 우화로 시작한다.

> 소원을 들어주겠다는 하느님 앞에서 세 사람이 자기 원을 밝혔다. 앞의 두 사람은 각각 '부(富)'와 '명예'를 원하여 각각 소원 성취하였다. 그런데 세 번째 사람의 소원은 그들과 달랐다.
> "임원에서 고상하게 수양하면서 세상에 구하는 것 없이 한 몸을 마치고 싶습니다."
> 그런데 하느님은 이 소박한 소원을 들어주기를 거부했다. 이 세상에 청복은 불가능하다면서!
> "이 혼탁한 세상에서 청복(淸福)을 누리는 것은 불가능하니, 너는 함부로 구하지 말라!"[77]

이처럼 하느님도 허락하기 어려웠던 그 청복을 풍석은 「이운지」에서 다루었다. "맑은 마음으로 고상함을 기르고 한가로이 소요하며 유유자적하는" 삶의 풍도를 알려주겠다는 것이다.[78] 왕유(王維)·예찬(倪瓚)·고덕휘(顧德輝)·도홍경 4인 정도만이 그 경지에 들어간 예로 들었듯이, 인류사에 그 누구도 도달하기가 어려웠던 것이 '청복'이었다. 풍석의 『임원경제지』는 식력과 양지를 통해 '청복'의 물리적 정신적 조건을 제안하고, 또 청복 향유의 주체적 실력의 양성을 밝힌 것으로 풀이할 수도 있다.

한편 '청복'은 풍석이 제시하는 '삶의 아취를 기르는 일[養雅]'과 나란히 간다. 삶의 아취는 충분한 경제적 부와 함께 수준 높은 문화적 양식을 실생활에 구현하는 과정에서 나타난다.

1. 건물 공간의 아취

1) 이상적 정원: 장취원(將就園), 용도서(龍圖墅), 구문원(龜文園)

풍석이 말하는 정원의 수준은 소박하게 집 한 칸에 나물 캐며 사는 삶과는 그 규모에서 비교할 수 없을 정도다. 먼저 정원이 입지할 만한 자연조건부터 다르니, 신선이 산다는 이상향인 '봉래산'처럼 우아한 정취가 흘러나오게 해야 한다. 그리고 정원 조성의 정점에 있는 '장취원(將就園, 이상향의 정원)'이 등장한다. '장취원'은 명나라 황주성(黃周星, 1611-1680)의 『장취원기(將就園記)』에서 소개된 정원으로 그곳의 자연은 높은 산이 사방을 둘러싼 데다 넓고 기름진 들판에 냇물이 흐르는 곳, 세상의 온갖 물산이 다 갖춰져 있다. 동쪽 장산(將山) 아래 장원(將園)과 서쪽 취산(就山) 아래 취원(就園)이 있어 이를 합하여 장취원이라 한다. 장원과 취원은 비슷하면서도 각각의 아름다움이 있어, 두 아름다움이 합치되어야 더욱 빛이 난다고 했다. 물론 그 속의 사람들은 친절하고 겸손하며 탐욕과 간사함이 없다. 동방의 지성인들이 꿈꾸던 상상 속의 정원 '장취원을' 통해 풍석의 이상의 크기를 말한 것이다.[79]

장취원이 중국에서 온 이상적 정원이었다면, 다음의 용도서와 구문원은 조선의 선비들이 구상한 별장이다. '용도서(龍圖墅)'는 황하에서 나온 용의 무늬를 본떠 만들었다는 하도(河圖)의 형상을 응용해 만든 별장이다.(그림 3-81 참조) 가운데 지은 다섯 칸짜리 누각은 천오(天五)를 상징하고 단 외부를 빙 두른 8개의 계단은 선천(先天)의 팔괘(八卦)를 상징한다는 식으로, 모든 건축물과 조경에 상징성을 부여한다. 동그라미 부분에는 돈대를 쌓아 꽃과 나무를 심는데, 하도의 수 55(1부터 10까지의 합)가 갖춰지도록 한다. '구문원(龜文園)'은 하나라 우임금 때 거북이가 등에 지고 나

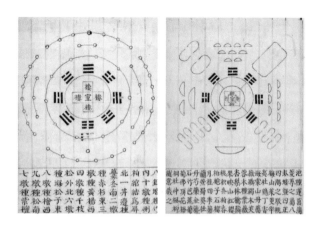

〈그림 3-81〉 용도서(왼쪽)와 구문원(오른쪽) (출처: 「이운지」 오사카본)

온 무늬를 본떠 문왕(文王)이 그렸다고 알려진 낙서(洛書)의 위치와 수를
응용한 정원이다. 중앙의 원형 섬에는 태극을 상징하는 정자를 짓고 사
방에는 연못 4개를 두른다. 섬과 연못을 합해 중오(中五)의 수가 되게 만
든 것이다. 그 주위에 설치한 반달 모양의 돈대 역시 수를 상징한다. 이
둘은 짝이 되어 유학자의 우주론을 압축해놓은 우주정원이 되는 셈이다.
조선의 『산림경제보』에서 인용한 이 글의 말미에서는 "이 용도서는 예전
이나 지금이나 임원의 즐거움에 청아한 뜻을 둔 자가 아직 발상을 못한
구상이다."라고 하여 다른 사람들이 고안한 적이 없는 아이디어임을 은근
히 자부한다.[80] 그 연못에는 연·창포·부들·마름·순채 따위를 심고, 팔괘
를 본뜬 잔디계단 및 사방 정방향과 네 모서리의 돈대에는 복숭아·매실·
산수유 등의 초목을 심는다고 했다.

연못을 조성하는 법에 특히 주의를 기울였다. 보통 집 가까이에는 작
게, 멀리 떨어진 곳에는 크게 만들어 물 기운으로 인한 집과 사람의 피
해가 없도록 해야 한다고 조언했다. 수원지가 없는 곳에 연못을 만들 경
우에 물 빠짐 현상을 극복하기 위한 아이디어를 제안하기도 했다.[81] 그

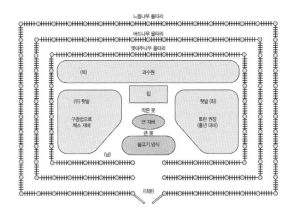

〈그림 3-83〉 정원과 울타리 개념도 (임원경제연구소 그림)

중 원천이 없는 곳에는 『태서수법(泰西水法)』의 수고(水庫)를 사용하거나 큰 항아리를 여러 개 이용하여 연못을 만드는 것이 좋고, 벽돌이나 구운 진흙을 사용해 연못을 만드는 것은 완전한 방법이 못 된다고 평가했다. 항아리를 이용해 연못을 만들거나(조대분법, 그림 3-82 참조) 멀리 있는 곳에서 대나무 통을 연결해 물을 끌어들이는 방법도 있다(그림 3-83 참조). 연못 주위에 돌

〈그림 3-82〉 조대분법: 항아리를 이용해 조성한 연못 (출처: 김규섭·이재근 "임원경제지(林園經濟志)」에 나타난 정원조영 연구")

을 쌓고 인공 산을 만들어 풍취를 자아내려는 경우 웅황(雄黃)과 노감석(爐甘石) 같은 돌을 쓰면 뱀을 막고 안개 끼는 현상을 연출할 수 있다고 했다.

그렇게 하여 최종적인 집과 별장, 울타리 등을 종합하면 아래와 같은 구도가 나온다.[82]

2) 임원의 공간 구상

그 외에도 휴식 공간인 원실(園室), 숯으로 습기를 줄이는 방습실인 온각

(煴閣), 찻방, 금(琴) 연주실, 향나무로 만든 정자, 소나무 사이에 세운 집, 이동식 정자인 택승정(擇勝亭), 이동식 암자인 관설암(觀雪庵)이 등장한다. 음악에 관심을 기울인 풍석은 금 연주실을 보였는데, 이는 연주대의 땅 아래에 큰 항아리를 두고 그 속에 종을 걸어두어 금 소리가 공명하게 만든 방이다.

'서재'는 선비가 가장 많은 시간을 보내는 공간일 것이다. 풍석은 환하고 깨끗하여 정신을 상쾌하게 해주는 곳이라야 한다고 했다. 그리고 땅의 기운과는 멀리 떨어지는 것이 좋다고 한다.

> 거처하는 곳은 최대한 지기(地氣)와 멀리 떨어져야 하니, 옛날에 선인(仙人)은 누각에 살기를 좋아한다고 한 말이 이것이다. 우리나라 사람들은 불을 피운 온돌방에 거처하는 데 익숙하여 겨울에는 누각에 살수 없다. 서재를 지을 때에는 먼저 기초를 쌓고, 서재의 바닥면이 땅에서 3~5척 떨어지게 한다. 사방의 둘레에는 벽돌이나 돌로 계단을 만들고, 그 위에 3~5겹으로 벽돌[甎甓]을 깔고 난 다음에야 비로소 주춧돌을 세우고 가옥을 짓는다. 온돌을 만드는 방법 또한 대략 중국인들의 캉의 제도[鋪炕之法]를 따른다. 이때 오로지 벽돌만 사용해야지 흙이나 돌을 사용하여 습기를 끌어들이지 말아야 한다.[83]

또 책을 보관하는 장서각(藏書閣), 활자 보관실인 취진당(聚珍堂), 손님을 맞이하는 영빈관(迎賓館), 학생들이 글공부하는 서당, 활 쏘는 정자인 사정(射亭), 농사를 독려하는 정자인 망행정(望杏亭), 가을걷이를 감독하는 누각인 첨포루(瞻蒲樓), 누에방 춘경료(春鶊寮)와 길쌈방 추솔와(秋蟀窩), 가축농장과 양어장인 전어사(佃漁社), 채소밭 정자, 시냇가 정자, 강가 누각, 저수지 정자, 대나무 정자, 띠로 지붕을 얹은 정자, 놀잇배 차여택

(此予宅)은 모두 서유구의 제안이다.[84] 이런 각각의 건물에 대해 그 용도에 맞는 건축법과 서로 간의 실용적 동선, 실내 공간의 세부 배치와 운영 관리법을 서술했다.

이 중 망행정, 첨포루는 「본리지」와 「관휴지」의 농사와 관련된 건물이고 춘경료, 추솔와는 「전공지」의 양잠 길쌈을 위한 공간이다. 전어사는 「전어지」와 직접 관계되는데 지역에 따라 육전어사, 수전어사로 나뉘어 각기 가축과 양어를 담당하게 된다. 사정(射亭)은 「유예지」나 「향례지」에서 언급된 활쏘기 공간이다. 책을 보관하는 장서각, 책을 인쇄하는 취진당, 손님을 맞이하는 영빈관, 학생을 가르치는 서당은 「이운지」에서 꼭 필요한 삶의 공간으로 추가된 곳이다.

또 약당(藥堂)을 두었는데 「인제지」와 「보양지」의 의약 정보를 『임원경제지』에 수록한 이유와 상통한다. 「관휴지」의 약초 항목과 연관을 지어두었고, 약실(藥室)에는 약왕(藥王)에게 제사상을 마련해두기도 했다.

왕민(王旻)의 『산거록(山居錄)』에서 약당(藥堂)은 약초밭에 둔다고 했는데, 지금 이 설에 근거하여 약당을 배치한다. 약당 안에는 약을 조제하는 데 필요한 여러 기구들을 보관하며, 자제와 문하생 중에 황제(黃帝)와 기백(岐伯)의 의술에 제법 통달한 사람에게 일을 맡긴다. 약초밭과 약당의 제도는 「관휴지(灌畦志)」에 자세하다.[85]

이러한 건축물들은 대체로 농사·목축·어로·누에치기·베 짜기 등 생산물을 생산·관리·감독하는 공간, 신체를 단련하는 공간, 질병에 대응하는 공간, 공부하고 가르치고 출판하는 공간, 휴식하는 공간 등으로 대별된다. 『임원경제지』는 풍석이 실제와 이론을 아우르는 건축가로서, 공간 디자이너로서 그리고 향촌공동체의 실경영자로서 면모를 잘 보여준다. 그런데 과연 풍석은 스스로 이 모든 것을 구비하고 살아갔을까? 이런 규모의 구조물을 모두 갖추고 살기란 당대 그 누구에게도 쉽지 않았을 것이다. 풍석은 말년에 번계(樊溪, 지금의 서울시 번동 부근)로 이사한 뒤 자신이 제안한 건물들을 갖추려고 시도한 적은 있지만 모두 짓지는 못했다고 한다. 「이운지」의 건물 중 실제 번계산장에 구현한 건물로는 자연경실(自然經室, 서재), 자이열재(自怡悅齋, 기거 공간), 거연정(居然亭, 정자), 광여루(曠如樓, 농사 독려하는 누각), 오여루(奧如樓, 휴식하는 누각) 등 5가지 정도이다.[86] 따라서 「이운지」의 건축물은 각자 자신의 처지에 맞게 가감하라는 의도로 이해된다.

2. 실내 생활의 아취

1) 가구와 실내용품

이제 건물 속으로 들어가 실내 생활과 관련된 도구와 용법을 살펴보자. '궤(几)와 탑(榻)과 문구(文具)의 배치'에서는 집 안 곳곳에 들어갈 가구들의 배치를 주로 다룬다. 특정한 물건이 어느 곳에 있어야 좋은지, 어떤 물건을 들여서는 안 되는지, 인테리어는 어떤 콘셉트로 해야 하는지 말했다.[87] '상(牀)과 탑(榻)'에서는 여름에 통풍이 잘 되고 겨울에 따뜻한 평상, 누워서 독서할 수 있는 평상, 등받이 각도를 조절할 수 있는 평상, 나뭇등걸의 자연스런 모양을 살린 평상, 글 쓰다 피곤하면 휴식을 취할 수 있는 평상 등 다양한 용도의 평상을 제작하고 이용하는 법을 알려준다. 등받이와 안석 등 평상에 필수적인 보조용품, 겨울에 알맞은 부들 의자, 겨울 외에 알맞은 등나무 의자, 발 지압 의자, 기혈이 잘 돌게 하는 좌선용 의자 등을 만드는 법과 활용법도 소개했다.[88] '침구류'에서는 잠자리의 필수품인 요·이불·베개를 비롯해 쿠션·대자리·방석도 소개한다. 종이로 두루마리를 아래에 2개, 위에 1개를 놓아 '품(品)' 자 모양으로 만든 베개,

〈그림 3-84〉여의. 철로 만들었으며 예측할 수 없는 일 을 예방하는 물건이다. (국립중앙박물관 소장)

〈그림 3-85〉둥글부채의 일종인 깃털부채를 들고 있는 제갈공명

부들꽃을 넣어 만든 요, 갈대꽃을 넣어 만든 이불 등 대개 중국의 사례 인데, 「섬용지」에서는 자리는 우리나라 산품도 좋다고 평가했다.

> 등나무자리 중에서 검은색과 흰색을 가로세로로 교차시켜 뇌문(雷紋, 번개 모양)을 짠 자리가 좋다. 우리나라의 평안도·황해도 사람들이 수 숫대 껍질로 짠 자리 또한 괜찮아서, 여름철의 용도로 충당한다.[89]

또 '병풍과 장막'에서는 장식용 병풍, 외풍을 막는 병풍, 여름이나 겨울 에 쓸 수 있는 여러 휘장들을 소개한다. 빈틈없는 휘장은 모기나 벌레 등 이 들어오지 못하게 해준다. '휴대용 도구'에서는 그림·칼·불진(拂塵) 등 물건을 거는 고리, 먼지떨이나 벌레를 잡는 용도로 쓰인 불진, 법회나 설 법 때 위용을 덧입히는 여의(如意), 둥글부채의 종류와 제작법을 설명했 다. 그중에 한두 가지를 그림과 함께 아래에 제시한다.

2) 차

실내의 가구와 물품이 준비된 뒤에는 음미하고 즐기기 위한 것이 따라온다. 차·향·금(악기)·검 등을 들었다. 이후에는 실외의 정원을 노니는 벗들로 꽃·돌·새·사슴·물고기가 이어진다.

먼저, 차는 찻잎 가공법과 가공에 필요한 도구를 다루고 있다. 차 마시는 일은 취미이자 일상의 중요한 일과이기도 하다.[90] 차 재배법은 나무 농사의 「만학지」에 자세하고, 여기서는 차를 끓이는 물의 품등, 물 끓이는 기술 등을 말했다. 좋은 맛을 내기 위한 첫 기준으로 물 온도가 너무 낮으면 차 맛이 제대로 우러나지 않고, 너무 오래 끓이면 차 맛이 쓰게 된다고 했다. 차는 본래의 맛을 음미하는 것이 중요하지, 소금이나 생강을 첨가하거나 과일 또는 향이 나는 잎을 넣는 것은 불필요하다고 하였다. 물 끓이는 땔감에 대해서는, 깨끗한 숯을 최고로 치며 연기가 많이 나거나 좋지 않은 냄새를 풍기는 것은 땔감으로 적절하지 못하다고 했다.[91]

본론에서 풍로나 숯 광주리를 비롯하여 다구(茶具)를 50여 개를 소개하고 환경과 취향에 따라 선택하도록 했는데 집 안에서뿐만 아니라 여행할 때 챙길 물품이기도 하다.

3) 향

향은 의례에서나 일용에서나 그 용도가 매우 다양하다. 마음을 가라앉히고 무엇에 침잠하거나, 특수한 분위기를 연출하는 데 없어서는 안 된다. 서유구는 향의 이름과 뜻을 밝히고, 품등, 제조법, 재료, 보관법, 활용법과 관리 및 보관 도구들, 그리고 총 45종의 향 제조법을 소개했다. 또 고급 향과 저급 향의 특징을 알려주고 있다.

아래 방통도(旁通圖, 여러 줄과 칸으로 된 직사각형 표)는 가로 7개, 세로 7개를 배열해 향을 체계적으로 정리하고 있는 향보이다. 45종 중에 조선의

향은 단 1개인데 바로 『동의보감』에 수록된 동국부용향(東國芙蓉香)이 그것이다.[92]

서유구는 향 재료가 대부분 먼 남방에서 나고, 중국에서는 열에 한둘, 조선에서는 백에 한둘이 날 뿐이라며 모조품이 많기 때문에 이를 구별할 수 있도록 도움을 주려는 의도로 작성한다고 했다.[93] 향을 체계적으로 소개한 이유도 역시 호사자(好事者)들이 제대로 된 물품을 무역할 수 있게 지식인이 사전에 올바른 정보를 제공해야 한다는 뜻이었다.

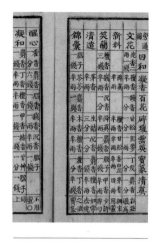

<그림 3-86> 방통도 (『이운지』 오사카본)

그중 풍석이 직접 의견을 낸 것을 보면, 사향(麝香)은 우리나라에서도 나지만 품질이 떨어진다고 했고, 침향(沈香)은 우리나라 사람들이 구매해 오는 것이 모두 잔향이나 황숙향의 종류일 뿐 진짜 침향은 아직 우리나라에 전해온 적이 없다고 했다. 단향(檀香)에 대해 우리나라에서는 삼나무(杉)와 전나무[檜]의 일종으로 나뭇결이 자색인 나무를 가리켜서 자단이라 하였으나, 본초서에서 "단향의 줄기와 잎은 모두 여지(荔枝)와 비슷하고, 껍질은 청색이며 반들반들 윤기가 있다."고 한 점을 들어 우리나라에서 말하는 자단과 다른 종류라고 판단했다.

소합향(蘇合香)에 대해서는 유우석(劉禹錫)이 『전신방』에서 "엷은 잎은 금색 같고, 만지면 곧 작아졌다가 놓아두면 곧 원래대로 돌아오고, 한참

<그림 3-87> 왼쪽부터 작(爵, 국립고궁박물관 소장), 두(豆, 국립중앙박물관 소장), 향구(香毬)와 뚜껑을 벌린 모습 (국립민속박물관 소장)

〈그림 3-88〉 용가마 모습(왼쪽)과 박산로(국립중앙박물관 소장)

동안 마치 벌레가 꿈틀거리듯 가만히 있지 않고, 향기가 강렬한 것이 좋다."고 했는데 이것이 진짜 소합유라고 판단했다.[94]

기능과 용도가 다양한 향의 제조법이 「이운지」속에 더 나온다. 주요 성분이 꿀과 숯인 향이 제조 과정에서 향냄새가 약해지지 않게 하는 법과, 향을 제조한 뒤 한 달가량 땅속에 묻어두어 향을 더욱 진하게 해주는 법, 또 향의 연기를 변주하는 기발한 방식도 있다. 향의 연기가 흩어지지 않게 모으거나, 모은 향 연기를 나누어 구름이나 글자체를 만들거나, 호리병에 자석을 넣어 연기를 빨아들이는 등 조화가 무궁하다. 그 밖에 일정 시간 동안 타는 향의 특징을 이용하여 시간의 흐름을 알 수 있는 향, 동물 모양의 향, 물에 떠 있어도 꺼지지 않는 향도 있다. 귀중한 의례에서 쓰이는 향은 향로, 향반, 향합, 향궤 등의 도구가 매우 정교하고 귀한 것이 많다. '향로'에 대해서 다음과 같은 고증도 실었다.

옛날에는 쑥을 태워 천지신명(天地神明)에게 도달했기에 향을 피우지는 않았다. 그러므로 향로가 없었다. 지금 말하는 '향로'는 모두 옛사람들이 종묘(宗廟)에 제사지내던 그릇을 본떠 만든 물건이다. '작로(爵爐)'는 옛날의 작(爵)을, '산예로(狻猊爐)'는 옛날의 우족두(踽足豆)를, 향구(香毬)는 옛날의 용가마[鬵]를 본뜬 향로인데, 그 모양이 서로 다르다. 새로 주조하여 옛 그릇을 본떠 만든 향로가 있는데, 이것이 박산로(博山爐)라는 한(漢)나라 태자궁(太子宮)에서 쓰던 것이다. 향로의 제작은 이때부터 시작되었다.[95]

3. 풍류와 완상의 아취

1) 금 연주

풍석이 마지막 숨을 거둘 때 금(琴)을 연주하게 했다는 일화는 유명하다.[96] 그는 『임원경제지』에서도 연주를 잘하든 못하든 불문하고 금을 퉁김으로써 느낄 수 있는 아취를 즐기라고 권했다. 달밤에 금을 한두 곡 타는 것은 성품을 도야하고 수신하는 방도로 매우 좋다는 것이다. 향촌 선비의 서재에는 반드시 금을 두어야 한다.[97] 그는 먼저 금을 만드는 재료로서 좋은 오동나무를 구하는 법에 대해 최종적으로 우리나라의 『악학궤범(樂學軌範)』을 인용해 정리했다.

전해오는 말로는 석상동(石上桐, 돌 위에 자란 오동)이 가장 좋다고 한다. 하지만 그런 나무라도 땅에서 7~8척 정도 높이 뻗어야 좋다. 옹이로 인해 굽은 무늬가 많으면 나뭇결이 어둡고 혼탁해서 금을 만들면 소리가 맑지 못하다. 굽은 흔적 없이 높이 뻗어 결이 곧은 나무라야 좋은 금을 만들 수 있다. 높이 뻗은 재목이라면, 비록 석상동이 아니어도 좋다.[98]

금은 주로 오동나무와 가래나무로 만드는데, 금의 앞면은 양목(陽木)인 오동나무를, 바닥은 음목(陰木)인 가래나무를 쓰면 좋다고도 했다. 금의 부속품인 진(軫)과 휘(徽), 현(絃)의 품등까지 다루면서 값비싸고 귀한 것

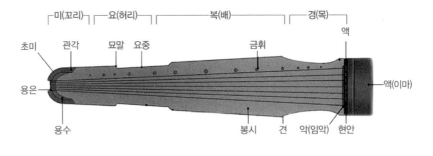

〈그림 3-89〉 금의 각 부위 명칭

보다는 실용적이고 고아한 정취를 낼 수 있는 금을 쓰라고 권한다.

또 금은 우리나라의 거문고와는 다른 악기로 원래 두 종류의 고금(古琴, 옛 금)이 있었는데, 뒤에 다양한 모양으로 변해간 역사 고증도 병행했다. 우리나라 금은 현금(玄琴, 검은고, 거문고)이라고 하는데 고구려 왕산악이 중국 금을 본받아 고쳐 만든 것이며, 이 현금이 중국의 옛 금에 가장 가깝다고 평가했다.

　　민간의 악기 중에는 오직 현금(玄琴)이 옛 제도와 가장 가깝다. 대개 앞(머리)이 넓고 뒤(꼬리)가 좁으며 위판은 둥글고 밑판은 네모난 것이며 모양과 용구·봉미와 7현의 제도는 현금과 고금이 같다. 오직 휘(暉, 徽)가 괘(棵)로 바뀌었는데, 이것만이 조금 다르다. 그러나 13개의 휘가 1년의 12개월과 윤달을 본뜬 것이고, 13개의 괘도 1년의 12개월과 윤달을 본뜬 점은 같다. 더욱이 괘(卦)를 잘못하여 괘(棵)라 부르는 것은 휘(徽)를 잘못하여 휘(暉)라 부른 것과 같다. 무엇을 괘(卦)라고 하는가? 사물의 형상을 걸어서[懸掛] 사람들에게 보이는 것이 『주역(周易)』의 괘이고, 여러 줄을 걸어 소리를 내는 것이 금의 괘이다. 금은 본래 복희(伏羲)가 만들었는데, 금의 괘로 『주역』의 괘를 본떴으니, 그 이치가 거의 비슷하다.

지금 『신라고기(新羅古記)』를 살펴보면, 진(晉)나라 사람이 칠현금을 고구려에 남겨주었다고 했다. 그렇다면 고구려 사람이 어떻게 금의 옛 제도를 알았겠는가? 어쩌면 은일(隱逸)하는 군자가 바다를 건너와 전해주어서일 것이다. 다만 지금 금의 곡조는 사람들이 멋대로 가락을 만들어서 모두 음이 번잡하여 옛날의 정성(正聲, 바른 소리)을 맑게 회복할 수 없으니, 이 점이 아쉽다.[99]

『동국문헌비고』 「악고」의 내용을 인용하여 악이 주역의 괘를 본받은 것은 주역의 괘가 우주만물을 본뜬 것과 같다는 관점을 드러냈고, 고구려의 칠현금은 중국 진나라에서 왔다는 『신라고기』의 기록을 말하고 있다. 동아시아 역사를 넓게 아우르면서 천하의 원류가 해동으로 이어지고 있다는 인식이 돋보인다. 풍석의 시대에는 서양 금(양금)이 중국으로부터 들어와 있어 그에 대해서도 설명했다.

<그림 3-90> 금탁 위에 금을 놓고 연주하는 모습
(송 휘종의 〈청금도〉 부분)

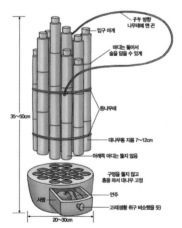

<그림 3-91> 생황호 추정도 (임원경제연구소 그림)

〈그림 3-92〉 피리(왼쪽, 『악학궤범』)와 풍경(오른쪽)

좋은 소리가 나는 최고급 금은 통짜나무로 만들어야 한다. 반대로 짧은 나무조각을 아교로 붙여 만든 백랍금(百衲琴) 같은 것은 소리가 제대로 나지 않아 천하게 여긴다. 또 금을 좋은 상태로 유지하는 법으로 습기와 먼지를 제거하고 줄의 탄성을 유지해야 한다고 했다. 연주할 때는 연기가 적은 향을 피워주면 분위기가 무르익도록 돕는데, 꽃 향이 짙으면 안 된다고 했다. 연주하기 좋은 때와 장소로 너무 이르거나 늦은 시간, 물소리가 큰 물가에서는 연주를 피하고 날씨가 화창한 봄이나 가을, 소나무 사이로 바람 부는 소리와 시냇물 소리가 섞이는 곳이 가장 적합하다고 했다. 금 외에 생황과 피리는 그 이름과 뜻 그리고 만드는 법에 대해서, 종과 경쇠는 그 쓰임새에 대해서, 풍경은 그 쓰임새와 효과에 대해서 서술했고, 풍경은 일본산이 좋다는 견해도 밝혔다.

2) 검(劍)

풍석은 서재에 반드시 검을 걸어둘 것을 권했다. 도둑을 막거나 신체를 방어하는 수단으로보다는 서재에 장식하면 용맹스러운 기운을 얻을 수 있다는 것이다. 심신 수양에 중점을 둔 조선의 선비 정신이 느껴진다.[100]

3) 괴석

실내에서 완상하는 돌로 괴석을 말했는데, 기준은 빼어남·수 척함·우아함·투명함 의 4가지로 평가한다. 흡수성이 좋아 꼭 대기까지 물을 빨아들일 수 있는 돌을 좋은 괴석(怪石)으로 친다. 수석 감상하는 법에 이어 중국과 조선 돌의 품등에 대 해서도 정리했는데, 32종의 중국 돌 중 두드리면 맑은 소리가 나고 향기를 머금을 수 있는 영벽석(靈壁石), 광채가 찬란하고 구멍이 많은 청주석(靑州石) 등이 높이 평가되고, 12종의 조선 돌 중에서는 흡수성이 매우 좋아 한낮에도 마르지 않는 경천 석(敬天石), 바위가 높고 구멍이 깊어 운연이 모여드는 모양으 로서 조선의 으뜸인 덕적도산 덕적석(德積石) 등이 상찬을 받았다.

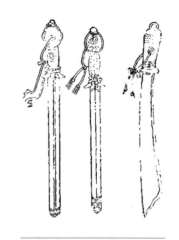

〈그림 3-93〉 검(왼쪽)과 도(오른쪽) (『삼재 도회』)

　개성 남쪽의 경천사 부근에 있다는 경천석(敬天石)은 특별히 천하의 뛰 어난 보물이라고 했다.

> 개성(開城)의 남쪽 20여 리 되는 곳에 경천사(敬天寺)가 있는데, 절 북 쪽으로 3~4리 되는 곳에서 괴석이 많이 난다. 돌의 색깔은 푸른 옥빛 인데, 봉우리가 가파르고 험준하며 낭떠러지와 가파른 골짜기는 아득 하여 마치 구름과 번개를 은은하게 숨기고 있는 듯한 형상이다. 수분 (水盆) 안에 두면 돌이 물을 흡수해서 봉우리의 정상까지 이르게 할 수 있으니, 비록 한낮이라도 마르지 않는다. 이끼가 반질반질하면서 곱 게 뒤덮여 있고 모양과 색깔이 침수향(沈水香)과 비슷하므로 민간에서 는 '침향석(沈香石)'이라 한다. 참으로 천하의 뛰어난 보물이다.[101]

4) 꽃

방안에서 완상하는 것으로 꽃이 으뜸이다. 꽃은 화병에 꽃꽂이, 종이꽃,

분재 등을 소개했다. 특히 방이 좁거나 집을 자주 옮기는 사람은 화병의 꽃을 감상하는 것이 꼭 필요하다. 꽃병과 여기에 꽃을 꽂을 꽂에 대해 9품등으로 나누어 소개했는데, 각 철에 나는 꽃을 취하되 병에 꽂는 방식에는 섬세한 감각이 필요하다. 풍석의 여성적 심미감이 특히 돋보이는 부분이다. 꽃에 주는 물은 비와 이슬이 가장 좋고, 우물물은 피해야 하며, 가급적 매일 갈아주어야 좋다고 한다. 분재(盆栽)의 경우 뿌리까지 온전한 화초를 키우는 것의 좋은 점과 각각이 풍기는 아취, 그리고 분재에 적당한 다양한 화분을 소개했다.

매화·모란·연꽃·치자 등 11종의 꽃꽂이법 중 계절마다 피는 꽃을 마음 가는 대로 택하여 꽃병에 꽂으라고 한다. 하루가 지나면 물을 뿌려주어야 하고, 기름기 있는 손으로 쥐거나 향을 피우는 것은 피하라고 했다. 잘 관리하면 겨울에도 오랫동안 실내에서 감상할 수 있다.

한편 천연꽃이 아닌 인조꽃으로 분위기를 내는 것도 좋다고 본 풍석은 공작의 꽁지깃을 자기병에 꽂는 법, 윤회매(輪回梅) 꽂는 법 등까지도 소개했다. 윤회매는 종이로 만든 꽃받침과 밀랍으로 만든 꽃잎, 노루털로 만든 꽃술을 서로 접합시킨 다음 매화나무나 복숭아나무 가지에 부착시킨 것인데, 이덕무(李德懋, 1741-1793)의 경험담이 적힌 '윤회매십전(輪回

〈그림 3-94〉 납매: 밀랍으로 만든 조화. 색깔이 밀랍의 황색이다. 왼쪽부터 '매화 끝에 밀랍 묻히기', '매화 끝과 꽃잎 분리하기', '이어 붙인 꽃잎'
(출처: 임원경제연구소)

梅十箋)'에서 인용했다. 거기에는 윤회매 만드는 법이 그림과 함께 실려 있다.[102] '윤회매십전'에 따르면 이덕무는 17~18세 때부터 윤회매 제작에 취미를 붙여 전문가의 경지에 이르렀다고 한다. 당시 한양 사는 한 사대부의 방이 밀랍으로 만든 조화와 생화를 함께 놓아 꽃향기가 끊이지 않는다는 이야기도 전한다. 제작 과정의 일부를 옮긴다.

만약 복숭아꽃을 만든다면 꽃잎 머리를 약간 뾰족하게 하고, 연지(臙脂) 즙을 적신다. 꽃받침의 경우에는 먹물에 주사(朱砂)를 타서 참새의 머리 색깔같이 만든다. 가지는 꼭 푸르지 않아도 된다. 복숭아나무나 매화나무의 가지 끝에다 부드러운 잎 3~4개를 단다. 분지에 연한 녹색을 물들여, 잎을 물고기 모양으로 오리되, 잎의 뒷부분은 반드시 잎 앞면을 향해 굽게 하고, 가장자리는 반드시 자잘한 톱니 모양을 만든다. 가지 끝에 붙일 잎은 조금 작게 만드는데, 아래 절반은 연한 녹색, 위 절반은 연지색으로 물들인다. 돌 위에 잎맥 무늬를 음각하되, 먼저 세로무늬 하나를 새기고, 좌우로 각기 5~6개의 비스듬한 가로무늬를 새긴다. 이때 살이 문드러진 물고기의 등뼈에 갈비뼈가 붙어 있는 모습

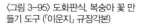

〈그림 3-95〉 도화판식. 복숭아 꽃 만들기 도구 (『이운지』 규장각본)

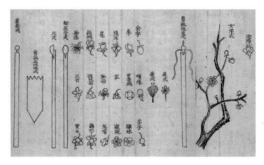

〈그림 3-96〉 매화골식. 매화 만들기 도구와 과정 (『이운지』 규장각본)

〈그림 3-97〉 조화가 완성된 모양. 윤회매
는 종이로 만든 꽃받침과 밀랍으로 만든
꽃잎, 노루털로 만든 꽃술을 서로 접합시
킨 다음 매화나무나 복숭아나무 가지에
부착시킨 것이다.

처럼 새긴다. 이렇게 잎맥 무늬를 새긴 돌 위에다 종이 이파리를
덮고 무늬를 따라 엄지손톱으로 문지르면 종이의 모양이 잎처럼
자연스러워 보인다. 이를 그대로 납장(蠟漿)에 적시면 선명하게 윤
기가 나면서 매끈해진다.[103]

아래는 납매 제작 단계에서 이용되는 도화판식(복숭아꽃),
매화골식(매화꽃)의 그림이다.

5) 애완 또는 감상용 동물

학·비오리 등의 조류와 사슴 같은 들짐승, 금붕어·붕어·거북
이 같은 물고기를 다루었다. 학 기르는 법이 눈길을 끄는데,
다음은 '학에게 춤 가르치기'다.

학에게 춤을 가르치려면, 학이 배고프기를 기다렸다가 먹이를 멀리 트
인 곳에 놓아두고, 손바닥을 치면서 유인하면 학이 날개를 퍼덕이면서
우는데, 그 모습이 마치 춤을 추는 모양과 같다. 이렇게 오래하면 손바
닥 치는 소리만 들어도 반드시 일어나 춤을 추니, 이것이 먹이로 길들
이는 방법이다.
방구들에 불을 때서 방을 몹시 뜨겁게 한 뒤, 둥근 표주박을 방에 둔
다. 학을 몰아서 방으로 들어가게 하면 학이 구들의 열기를 피해 표주
박 위에 앉으려고 하는데, 표주박이 둥글고 미끄러워서 발을 붙일 수
가 없으므로 자연스레 날개를 펼친다. 나는 듯하지만 날지 못하니, 이
때 곧바로 북과 금(琴)을 연주해 그 곡조에 어울리게 하여 학이 저도
모르는 사이에 춤추는 법을 깨닫게 한다.[104]

한편 비오리는 그 알을 가져다 닭에게 품게 한 뒤 새끼 때부터 기른다고 하여 탁란법을 알려주었고, 사슴을 기를 때 병이 들면 소금을 콩에 섞어 먹이라고도 했다. 금붕어를 기를 때는 거북이를 짝으로 기른다거나, 생강즙을 등에 발라 털이 나게 해주는 법도 말했다.

4. 문필 기구의 아취

1) 문방사우

풍석의 문방사우(文房四友)에 대한 견해와 평가를 보자. 먼저 붓은 사용자나 지역, 문헌에 따라 최상품에 대한 견해가 다르기는 하지만, 붓의 털은 토끼털·양털·쥐수염 등이 좋은 재료로 들어간다. 중국 문헌에서 "고려의 백추지(白硾紙)와 낭미필(狼尾筆)이 좋다."고 했는데, 반대로 우리나라의 박지원은 낭미필(족제비털)이 중국의 좋은 붓털만 못하다고 했다. 그는 조선의 '종이'를 대할 때도 비슷한 입장을 보였는데 중국에서 이방의 물산이라 좋다고 한 것이지 정말 품질이 좋아서 좋다고 한 것이 아니라는 것이

<그림 3-98> 우리나라에서 많이 쓰는 족제비털

다.[105] 서유구의 조부 서명응은 조금 달랐다. 우리나라의 족제비털이 토끼털, 담비털보다 상등이고, 개털이나 돼지털도 좋다고 보았다. 베트남, 일본의 사례와 함께 오랑우탄의 털이 사용된다는 정보도 흥미롭다.

일반적으로 붓털은 쥐수염이 상품이고, 오랑우탄털이 그다음이고, 족제비꼬리털이 또 그다음이고, 토끼털·담비털·청설모털이 또 그다음이다. 베트남에서는 닭털로 붓을 만들고, 일본에서는 산양털로 붓을 만든다. 우리나라 함경도의 개털붓과 평안도의 새끼돼지털붓은 또한 붓가운데 좋은 것들이다.[106]

또 붓대는 유리나 상아 같은 고급 재료보다 가볍고 쓰기 편한 대나무로 만든 것이 좋다고 했다. 붓을 곧장 씻어 습기가 배지 않게 보관하는 붓의 관리 습관이나, 붓걸이·붓통·붓받침대·필선·필점·필세(붓 빼는 그릇)·필병 등의 관련 도구들도 모았다.

'먹'은 붓보다 제작 과정이 훨씬 복잡하다. 먹은 세월이 지나도 변색되지 않도록 반드시 좋은 제품을 써야 하는데, 좋은 먹은 빛과 색, 두드려서 나는 소리, 벼루에 갈 때의 소리 등으로 판별한다. 먹의 원료인 그을음을 채취하는 시기를 잘 맞추어야 하며, 송연(松煙, 소나무 그을음)이 먹의 가장 보편적인 원료인데, 삼기름이나 오동나무기름 같은 기름을 태운 그을음, 즉 유연(油煙)을 얻는 방법도 있다. 이 과정에서 필요한 물동이·기름잔·그을음 사발·등초(燈草) 같은 도구의 모양과 이용법도 곁들여 언급했다. 채취한 그을음은 체로 잘 거른 뒤 사슴뿔·소가죽·부레 등으로 만든 아교와 배합한다. 먹이 좋지 않더라도 훌륭한 아교를 만나면 상품 먹이 된다고 할 정도로 아교 녹이기가 중요하다고 한다. 그을음에 아교를 부어 가능한 한 빨리 반죽한 뒤, 이 반죽을 시루에 찐다. 충분히 찐 뒤에는 찐 반죽을 절구에 넣고 절구질하는데, 많이 찧을수록 좋다. 찧은 것은 다시 다듬이판에 고정시킨 뒤 다섯 사람이 번갈아가며 수백 번 쇠망치질을 하고, 이를 손으로 반죽하여 덩이를 만든다. 이어 덩이 모양을 잡은 뒤 무늬를 넣는다. 무늬 넣는 방법은 비전으로 전해지기에, 풍석은 없어질까 걱정된다며 사선 무늬, 고송 무늬, 금성 무늬, 은성 무늬, 비단 무늬, 금글씨 무늬 등 6가지 방법을 실어놓았다.[107] 먹틀에 넣고 찍어낸 먹은 재 속에 넣어 적절하게 건조시킨 뒤 잡질을 제거하고 윤을 낸다. 먹을 보관할 때는 습기가 스미거나 모양이 변형되지 않도록 해야 하고, 먹을 갈 때는 경우에 따라 물과 함께 생강즙·쌀뜨물·고추즙 등을 섞어 쓰기를 권했다.

'벼루'는 견고하고 윤기가 나며 발묵(發墨, 먹을 갈 때 나오는 검은 색)이 좋아야 한다는 등 명품 벼루의 조건을 언급했다. 최상품 벼루 단계연(端溪硯, 단계에서 생산되는 벼루)과 그다음의 흡연(歙硯, 용미계에서 생산되는 벼루)의 품질을 논했다. 돌의 결에 따른 세라문(細羅紋)·추라문(麤羅紋) 등 25종의 무늬와 함께 유명한 벼루 산지 15곳을 소개했다. 조선에서 최고의 품질로 남포연을 들었고, 일본산 벼루 적간관(赤間關) 등도 평가했다. 도기로 만든 벼루와 옥·수정·은·구리·쇠 등으로 만든 벼루도 있다. 나아가 풍석은 벼루 모양에 따른 각각의 장단점과 벼루 자체의 예술적 완성도까지 논하고 있다. 벼루를 처음 쓸 때 밀랍을 전체에 바르는 손질법, 변색과 망가짐을 막기 위한 관리법, 깨진 벼루를 접착하는 법도 흥미롭다.[108]

'종이'에서 조선지의 품등에 대해 논했다. 앞서 본 것처럼 박지원의 견해를 받아들여 풍석은 조선의 종이가 중국산보다 품질이 떨어진다고 평가했다. 국내에서는 호남의 전주·남원·남평 산의 종이가 제일이지만, 까칠하고 뻣뻣한 것이 단점이라고 지적했다. 이 종이로 그림이나 책을 찍으면 책이 너무 무겁고, 그림을 표구하면 뻣뻣하고 거칠어서 접고 펴기가 불편하다는 것이다.[109] 이는 당시 지식인으로 실제 종이와 붓을 가장 많이 사용하는 사람이 내리는 현실의 판단으로 여겨진다. '북지(北紙)'는 조선의 종이 제조법 중 유일하게 수록된 내용이다. 북지는 무늬가 가로로 난 종이로 바탕이 거칠고 두터워 먹을 잘 받지 못하며, 북묵(北墨)은 송연(松煙)이 많아 색이 푸르고 옅으며 기름이나 밀랍과 어울리지 못한다는 것이다. 법첩(모범이 되는 글씨를 모아놓은 첩)을 만들 때는 종이와 먹의 앙상블이 좋아야 한다며, 그 관계를 설명했다.[110]

대가들의 글씨를 모은 귀한 '법첩'을 잘 관리하는 법과 서화(書畵)를 족자나 병풍으로 만드는 '표장(장황, 표구)'에 대해서도 알려두었다. 표장은 귀한 작품을 보존하는 중요한 기술로, 좀이 쏠지 않게 하는 비법은 풀 쑤는 법에 있다고 했다.

2) 활자와 인쇄법

풍석은 인쇄용으로 어떤 나무가 판목으로 좋은지, 나무를 어떻게 다루어 목판을 만드는지를 소개하면서 먼저 목판을 만들려면 한 행에 19~20자를 쓸 정도로 작게 하는 게 좋다고 했다. 인쇄 후 판목은 반드시 잘 씻어서 놓고 건조한 곳에 보관해야 한다면서 바로 해인사 대장경판이 600년 동안 새것과 같은 이유를 들었다.

　우리나라에서는 태종 때 주자소(鑄字所)를 설치한 이래, 정조 때에도 활판을 이용한 책의 간행이 성행했으며 1795년에는 목활자와 동활자를 각각 15만 자씩 제조하여 이를 '생생자(生生字)'라고 했던 역사적 사실도 밝히고 있다. 개인 활판 소장자도 있어서 민간에서 문집이나 족보를 간행할 때 10분의 9가 모두 활판을 쓸 정도라고 했다. 『임원경제지』에서 서유구 자신의 임원 공간을 구상할 적에 학교와 함께 금속활자인 취진자(聚珍字)를 구비하여 책을 찍어낼 수 있는 취진당을 지을 것을 말한 이유를 알 수 있다. 송나라 때 흙을 구워 만든 교니활자(膠泥活字)의 활용법이나 『왕씨농서(王氏農書)』의 목각활자 활용법 설명 역시 같은 맥락에서 이해된다. 목각활자에 대해서는 특히 제작법과 함께 운서(韻書)에 나오는 글자 배열 방식을 몇 종류 예시한 뒤, 이를 본받아 조자(造字)하도록 했다. 배열하는 운(韻)에 따라 글자를 배치할 수 있는 기구 만드는 법을 그림과 함께 설명했다.

　풍석은 중국의 사상 최대 편찬사업 결과물인 『사고전서(四庫全書)』를 만드는 데 쓴 활자판도 소개했다. 이 활자판을 '취진판(聚珍版)'이라 하는데, 취진판을 만들고 활용하는 방식을 15개의 조목으로 나누어 7개의 그림과 함께 해설했다. 서유구는 안설에서 청나라 건륭(乾隆) 연간(1736-1795)

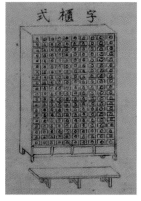

〈그림 3–99〉 활자를 질서 있게 배치하는 도구들: 활자판운륜도(왼쪽)와 자궤식(오른쪽)

에 『사고전서』를 편찬할 때, 동무영전사(董武英殿事) 김간(金簡, ?-1794)이 목활자를 만들자고 건의한 사실을 언급했다. 그 방법이 다른 활판(活版)에 비해 매우 간단했기 때문에 『사고전서』라는 엄청난 규모의 인쇄 사업을 수행하기에 적당하였고, 이에 황제가 '취진(聚珍)'이라는 이름을 하사했다고 전했다. 이 부분은 좀더 서술할 필요가 있다. 김간(金簡)은 병자호란 때 중국에 끌려간 조선 사람의 후손으로, 1773년 사고전서관의 부총재를 담당했고 그 후 황제의 교각(校刻) 사업을 전담하면서 목활자 인쇄기술을 개량시켰다. 김간이 이때 제작한 목활자만 해도 총 25만여 자에 이른다.[111] 서유구가 『임원경제지』 속에서 사용했던 '취진'이란 이름에 대한 애착이 김간의 이러한 활동과 연관이 되었을지도 모를 일이다.

풍석은 또 우리나라에서 서울 이외의 지역에서 보존되어 있는 모든 목판본 총 522종을 「이운지」에 실었다. 서유구는 1796년 규장각 각신으로 있을 때 정조의 명을 받아 국내 목판본을 모두 망라한 도서목록 『누판고(鏤板考)』를 편찬한 적이 있다. 「이운지」는 '경외누판(京外鏤板, 서울 이외의 곳에 소장된 목판)'이라는 이름으로 『누판고』 중에서 국왕과 직접 관련된

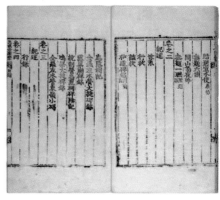

<그림 3-100> 『충무공가승』의 표지(왼쪽)와 내지(오른쪽) (일본 동양문고 소장)

어찬, 어정서 66종을 제외한 나머지 정보를 실었던 것이다. 국왕의 명으로 『향례합편』을 편찬하였다가 본인의 뜻이 많이 가미된 개인 저술 「향례지」 형태로 『임원경제지』에 편입시킨 정황과 비슷한 맥락으로 읽힌다.

「이운지」 '경외누판' 522종은 경사자집(經史子集)의 분류 양식대로 경전류 39종, 역사류 78종, 제자류 105종, 문집류 300종의 목판이 정리 소개되어 있고, 구체적으로 책명, 권수, 편찬 시기, 편찬자, 소장처, 목판 상태, 인쇄한 종이의 수 등이 나와 있다. 아래에 충무공 이순신의 집안에서 전해지는 『충무공가승』을 예로 들었다.

『충무공가승(忠武公家乘)』 6권

이홍의(李弘毅) 편집. 그의 고조 이순신(李舜臣)의 사적. 순천(順天) 충민사(忠愍祠) 소장. 인지3권 3장. 함경도관찰영 소장. 인지 3권 10장. 목판 마모됨.[112]

이처럼 풍석은 서지학자로서 동아시아와 조선의 모든 경전과 문집과 기술서의 수집 방법과 출판 상태 및 책 정리법에 대해서까지 세밀하게 논하고 있다. 본인이 꿈꾼 임원의 거처에는 직접 활자로 책을 인쇄하는 곳까지 마련해두었을 만큼 그의 이같은 열망은 실천적이었다.

5. 글씨와 그림의 아취

『임원경제지』「이운지」의 마지막 순서에서는 중국과 동국의 역대 글씨와 그림이 서유구에 의해 선별되어 품평되고 있다. 선비의 안목과 감상법의 절정이 드러나는 곳이다. 먼저 가치에 대해서도 흥미로운 등급을 두었는데, 도교·불교 그림을 제일로 치고, 인물화, 산수화, 화조도, 말 그림 등의 순으로 쳤다. 말은 옛사람들에게 용과 함께하는 이미지가 있는데, 용마(龍馬)가 그것이다. 신령한 동물로 친 것이다. 또 옛 그림을 귀하게 여길 일이지만 반드시 시대를 따질 필요는 없고, 어떤 작품이든 생의(生意)를 품고 있다면 보배롭다는 원칙을 세웠다.

> 그림을 수집하는 방법으로는 도교나 불교를 소재로 한 그림을 최고로 친다. 대개 옛사람들이 이를 공들여 그린 이유는 보는 사람들에게 흠모하며 예를 존중하는 마음이 일도록 하고자 함이다. 그다음은 인물화로, 교훈으로 삼기에 좋다. 다음은 산수화로, 무한한 운치가 있다. 그다음은 화초 그림이다. 그다음은 말 그림으로, 준마의 신령함을 감상할 수 있다. 귀족 여인이나 이민족을 그린 그림의 경우 비록 정밀하게 잘 그렸더라도 문인의 공부방에서 감상할 만한 그림이 아니다. 이는 미불(米芾)이 말한 것이다.
> 지금 사람들은 그림을 수집할 때 대부분 옛 그림을 귀하게 여기고 근래의 그림은 천하게 여긴다. 하지만 산수화나 화조화 같은 경우 오히려 송대의 몇몇 화가들의 작품이 뛰어나게 아름답다. 그림은 다만 그

신묘함을 취할 뿐, 시대는 따지지 않는 법이다.[113]

또 원나라 탕후(湯垕, ?-?)의 화론에 근거한 그림 감상법으로 그림에서
느껴지는 생동감과 필자의 필의(筆意)를 기준으로 삼아야 한다고 했다.

그림 보는 법은 먼저 자연의 생기[天眞]를 관찰하고, 다음으로 필의를
보며 그림을 마주하고서 붓과 먹의 자취를 잊는 경지에 이르러야만 비
로소 흥취를 얻는다.[114]

풍석은 그림을 소장하는 두 부류에 대해 언급하고 있다. 하나는 그림
을 좋아하지 않지만 돈이 많아 운치 있는 사람으로 보이기 위해 그림을
수집하는 이들로, 이를 '호사가(好事家)'라 부른다. 다른 하나는 그림을 독
실하게 좋아하여 두루 보고 기록하며 마음으로 깨닫고 그림을 그릴 줄도
아는 부류로, 이들을 '감상가(鑑賞家)'라 부른다. 감상가를 더 높이 친 것
이다.

또 역사상 모범이 되는 글씨로서 중국과 조선에 남아 있는 실제 작품
을 소개하는데 중국 작품으로는 〈석고(石鼓)〉·〈형악비(衡岳碑)〉·〈역산명(嶧
山銘)〉 같은 한나라와 당나라 이전의 금석문 48종과 〈계첩(禊帖)〉·〈악의론(樂毅
論)〉·〈동방선생찬(東方先生讚)〉 등의 수나라와 당나라 이후의 각첩(刻帖) 72
종을 소개했다. 풍석은 이 중에서 〈석고〉, 〈계첩〉 등에 대해 특히 정밀한
고증과 평가를 기울여 조선 지식인의 예술 감상 수준을 여실히 보여주고
있다. 조선 작품으로는 〈최치원묘비(崔致遠墓碑)〉·〈진흥왕순수정계비(眞興
王巡狩定界碑)〉·〈본조천문도석각(本朝天文圖石刻)〉·〈황희묘비(黃喜墓碑)〉·〈이
순신묘비(李舜臣墓碑)〉 같은 금석문 203종과 〈김생서(金生書)〉·〈안평대군서
(安平大君書)〉·〈원교서(圓嶠書)〉 같은 묵적 8종을 들었다. 작자와 작품의 유

래, 특성, 실 내용, 예술적 가치, 위조 여부, 비평, 고증 등 다양한 측면을 꼼꼼히 설명했는데, 아래에서는 이들의 사진과 함께 풍석의 평가를 원문으로 제시하여 좀더 구체적으로 살펴볼 것이다. 특히 진흥왕순수비와 김생의 글씨를 동국 금석과 서예의 시초로 보면서 중국의 그것과 보편적 가치 기준으로 균형감 있게 평가하고 있다. 우리나라 비석과 글씨에 대한 서유구의 평가는 해동 문명에 대한 총평과도 같은 느낌을 준다.

1) 중국 글씨: 비석

― 석고(石鼓)

석고는 중국 고대문자가 새겨진 독특한 '돌 북'이다. 10개의 간지(干支) 순서대로 10개의 석고가 한 세트를 이루어 무언가 의식을 치렀던 기물로 보인다. 각 석고에는 표면을 빙 둘러 글자를 새겼는데, 행마다 6~7자씩 모두 과두고문(科斗古文)[115]으로 되어 있다. 이전에는 알려지지 않다가 당대(唐代)에 이르러서야 비로소 발견된 기물인데, 여러 금석가들이 의견을 내놓기를 위응물(韋應物, 737-792)은 주(周)나라 문왕(文王) 때의 북에 주나라 선왕(宣王)이 시를 이 북에 새겼다고 했고, 한유(韓愈, 768-824)는 주나라 선왕 때의 북이라 했으며, 동수(董銖, 1152-1214)와 정호(程顥)·정이(程頤)는 주나라 성왕(成王) 때의 북이라 했고, 마정국(馬定國, ?-?, 금나라)은 우문주(宇文周, 북주) 때 새긴 것이라 하면서 논의가 분분하다. 석고는 세월이 오래되고 전란과 곡절을 겪으며 오목한 윗부분을 파내어 절구를 만들기도 하여 글자가 더욱 희미해져서, 석고 10개를 통틀어 알아볼 수 있는 글자는 겨우 325자에 불과하고 나머지는 모두 알아볼 수가 없다고 한다. 간혹 예전에 탁본해놓은 자료를 수집하여 알아볼 수 없는 글자를 채워 넣기도 했는데, 예를 들어 반적(潘迪, ?-?, 금나라)의 『석고문음훈(石鼓文音訓)』 같은 것이다.[116]

〈그림 3-101〉 석고 　　　　　　　　　　　　　〈그림 3-102〉 석고문음훈

　　그런데 풍석은 후에 나온 책들에 수록된 글자 수가 점점 더 많아진 상황을 들어 그 주장이 모두 의심스러워 믿을 수가 없다고 하였고, 고대문자가 담긴 최초의 석각문이라는 것 이외에는 석고에 대해 특별한 의미를 두지 않았다.

— 형악비(衡岳碑)

풍석은 형악비에 대해 중국 명나라 곽종창(郭宗昌, ?-1652)이 지은 『금석사(金石史)』를 인용하여 비교적 상세히 서술했다.[117] 『금석사』는 주나라에서부터 당나라까지의 금석문에 대하여 다루고 있는 책이다.

　　우(禹)임금의 글씨라 전해지는 〈형악비(衡岳碑)〉는 글자가 77자이며 밀운봉(密雲峯)에 있다. 송나라 가정(嘉定) 연간(1208-1224)에 하치자(何致子)가 한번은 남악(南岳)에 유람하러 갔다가 그 문자를 탁본하여 악록(岳麓)에 새겼다. 명나라 양신(楊愼)이 이를 다시 전(滇)에 새겼고, 양시교(楊時喬)가 또 서하(棲霞)에 새겼다. 그러나 왕세정(王世貞)은 이에 대해 다음과 같이 논하여 말했다. "비문에 새겨진 글은 성경(聖經) 문장에 맞지 않으니, 형악비의 내용은 주(周) 급총(汲冢)에서 출토된 목천자(穆天子)의 이야기[118]라는 설이 있는데, 그것이 믿을 만하다."[119]

이에 대해 서유구는 본인이 소장하고 있는 형악비 탑본은 명의 양시교가 제작한 서하본(棲霞本)일 것이라고 자평했다. 그러면서 송의 하치자(何致子), 명의 양신·양시교 모두『예석(隷釋)』[120]을 보유하고 있었으니,『순화각첩(淳化閣帖)』[121]에 남아 있는 우임금의 글씨가 평이한 포치로 쉽게 알아볼 수 있는 것과 비교해보면 형악비의 글씨는 용이 발톱으로 움켜잡고 호랑이가 앞발로 치는 듯하여 전혀 다른 글씨임을 알 텐데, 자기 마음을 좇아 옳다고 여기기 때문에 평가가 사람마다 달라졌다고 했다.[122] 중국의 금석학자들이 해석하는 방식에 대해서도 비판적 자세를 갖고 있는 풍석 서유구다.

〈그림 3-103〉 형악비

이후 당대의 명필로 왕희지의 뒤를 잇고 있는 구양순(歐陽詢, 557-641), 우세남(虞世南, 558-638), 저수량(褚遂良, 596-658)의 비첩들이 소개되는데 여기서는 그들을 모두 한곳에서 묶어 평가하고 있는 '현비탑비'라는 작품 하나로 대신하고자 한다. 당나라 장안의 장락궁 근처 현비탑은 대달법사의 비석인데 유공권이 글씨를 썼다. 구양순·우세남·저수량과 함께 안진경, 유공권이 나란히 일컬어지고 이를 미불(迷芾, 1051-1107)이 평가하고,『금석사』의 곽종창이 다시 한번 정리하고 있는 것으로 5대 명필의 글씨를 한 줄에 꿰어 볼 수 있는 드문 작품이다.

— 현비탑비(玄秘塔碑)

미불(米芾)이 이들을 다음과 같이 평하였다.

〈그림 3-104〉 현비탑비

"구양순의 글씨는 이제 갓 병이 나은 사람처럼 얼굴빛이 초췌하고 거동이 매우 불편한 듯하다. 우세남의 글씨는 술법을 배워 곡식을 먹지 않는 도사가 정신은 맑지만 몸이 야윈 듯하다. 저수량의 글씨는 전투에 익숙한 기마병이 자유자재로 움직이면서 유달리 교만한 기색이 있는 듯하다. 안진경의 글씨는 항적(項籍)이 검을 어루만지고 번쾌(樊噲)가 적진으로 돌파할 때 강력한 노(弩)를 당기고 쇠기둥같이 우뚝 버티어 범치 못할 기색이 있다. 유공권의 글씨는 깊은 산에서 도를 터득한 도사가 수양이 이미 완성되어 정신과 기운이 맑고 굳세며 세상에 더럽혀지지 않은 듯하다."

내(곽종창, 금석사의 저자)가 생각해보니, 유공권의 글씨는 조(趙) 무령왕(武寧王)이 검사(劍士, 검객)를 좋아하여, 관(冠)은 만호(曼胡)의 끈으로 묶고, 뒷부분의 옷을 짧게 입으며, 눈을 부릅뜨고 알아듣기 어려울 정도로 거친 소리를 지르는 듯하다. 안진경의 글씨는 용천검(龍泉劍) 태아검(太阿劍) 같은 명검이 높은 경지에 오르고 깊은 곳에 도달하여 매우 높이 나는 듯하다. 저수량의 글씨는 공손대랑(公孫大娘)이 성년이 되어 검기(劍器)로 춤출 때 파도가 치는 듯하고 웅혼하며 옥처럼 아름다운 얼굴에 비단 옷을 입은 듯하다. 구양순·우세남의 원필(圓筆, 꺾이는 부분이 둥근 자획)과 방필(方筆, 꺾이는 부분이 각진 자획)을 본받으면 글씨가 진실로 제후의 검과 같다. 그림자를 드러내고 빛을 드러내지 않는 서법의 요체는 진(晉)나라 필법에 있을 듯하다.[123]

2) 중국 글씨: 서첩

― 왕희지 난정서

글씨에서는 '서성(書聖)'이라 일컬어지는 왕희지(王羲之, 307-365)가 만대의 조종(祖宗)이다. 그의 작품 중에서도 〈난정서(蘭亭序)(〈계첩〉이라고도 함)'의 글씨는 사람이 지었다고 하기 어려운 경지였으며, 왕희지 자신도 그 이후에 수천 번을 시도해봐도 그때의 순간에 도달하지 못했다고 술회하기도 했다. 320여 글자에 불과하지만 글씨의 전범으로 후대 모든 서도가의 모범으로 남게 된 불후의 명작이다. 그런데 이 〈난정서〉의 전승이 좀 복잡하여 대가들의 이야기가 조금씩 엇갈리고 있다. 서유구는 매우 공들여 〈계첩(禊帖, 난정서)〉[124] 부분을 깊게 천착하고 있는데, 그가 갖춘 감식의 안목, 고증의 능력, 그리고 역사적 감각까지 매우 잘 드러냈다. 역사적 사실과 허구를 갈라내고 판별하는 데 물적·제도적·정신적 정황과 상황 변화 과정을 추적하면서도 서법과 미학의 원칙을 일관되게 지켜나가는 모습이 마치 법리를 정교하게 따지는 판사나 물증을 캐어 형사 사건을 지휘하는 CSI 팀장을 연상시킨다.

먼저, 청(淸)의 손승택(孫承澤, 1592-1676)이 편찬한 책 『한자헌첩고(閑者軒帖考)』[125]를 통해 그 간의 〈난정서〉에 관한 사실의 정리된 통설을 세세하게 제시한 뒤, 본인의 『금화경독기』에서 고증했던 근거와 함께 새로운 주장을 펼치는 형식으로 구성했다. 서유구는 『한자헌첩고(閑者軒帖考)』를 인용하면서 먼저 왕희지 〈난정서〉와 석각본의 유래를 설명했다.

〈난정서(蘭亭敍)〉는 수(隋)나라 개황(開皇) 연간(581-600)에 처음 돌에 새겼다. 왕희지 진본(眞本)이 왕희지의 7대손 지영(智永)[126]에게 있었는데, 그가 직접 글씨를 모사하여 돌에 새긴 것이 〈난정서〉 석각의 시조이다(수본).[127] 『난정시말기(蘭亭始末記)』를 쓴 하연지(何延之, ?-?, 당나라)[128]가 다음과 같이 말했다.

왕희지(王羲之)는 영화(永和) 연간(345-356)에 태원(太原) 손승공(孫承公) 등 41명과 불계(祓禊, 삼짇날 행사)를 행하고 붓을 들어 서문을 썼다. 이때 잠견지(蠶繭紙, 누에고치로 만든 두꺼운 종이)와 서수필(鼠鬚筆, 쥐 수염으로 만든 붓)을 써 글자가 힘이 있고 아름답고 강건했으니, 이전에는 없던 글씨였다. 글자는 모두 324자로, 중복되는 글자가 있지만 모두 글자체를 달리했다. 특히 '지(之)'자가 약 20자 있는데, 쓸 때마다 글자체를 바꿔 한 글자도 같은 체로 쓴 글자가 없으니, 마치 신이 도운 듯하다. (왕희지가) 술에서 깬 뒤 다른 날에 수백 수천 번에 달하도록 다시 써봐도 끝내 이전에 미치지 못했다."[129]

이후 당나라 때 〈난정서〉는 태종(太宗) 정관(貞觀) 연간(627~649)에 판각되었다(당본). 당태종이 글씨를 좋아하여 늘 왕희지의 유묵(遺墨)에 마음을 두고 있었다. 위징(魏徵)[130]이 왕희지의 친필로 쓴 〈난정서〉가 승려 변재(辯才)[131]한테 있다고 하자, 특별히 어사(御史) 소익(蕭翼)[132]을 보내 속임수를 써서 〈난정서〉를 얻었다.

이후 저수량(褚遂良)[133]과 구양순(歐陽詢)[134]

〈그림 3-105〉 구양순 정무본 〈난정서〉

도 각각 임탑본(臨搨本)을 보유하게 되었으나 이 두 사람은 자신의 필법이 이미 드러나서 왕희지의 점과 획에 구애받지 않았다. 후세에 이른바 구양순 '정무본(定武本)'과 저수량 '당견본(唐絹本)'이 이것이다. 이후 오대십국, 거란의 침입, 금과 전쟁 등의 혼란을 겪었는데 금(金)나라 사람들의 방화와 약탈 중에 마침내 그 종적을 잃고 말았다.

〈그림 3-106〉 저수량 임모본 〈난정서〉

지금 국학(國學)에 있는 〈난정서〉 판본은 홍치(弘治) 연간(1488-1505)에 천사암(天師菴)[135]의 땅속에서 출토되었다. 북경은 오대(五代)로부터 송(宋)대에 이르기까지 중국 영토가 아니었기에, (천사암 출토) 석각이 아주 힘 있고 빼어난 것을 보면 그 이전 당나라 때 모사한 것임을 알 수 있다. 이는 금나라 사람들이 수레에 실어 연경으로 가져간 물건이다. 강기(姜夔)[136]가 "정강(靖康)의 변란에 선화전에 새긴 '석고(石鼓)'와 〈난정서〉가 함께 연경으로 들어갔다."라 했는데, 아마도 이것일 것이다. 또 저수량의 '당견본(唐絹本)'은 당시에 각 군(郡)의 학궁(學宮)[137]에 나누어주어 널리 퍼졌다.

서유구는 이러한 〈난정서〉의 유래와 전승에 대한 통설을 전하면서, 본
인의 안설에서 평하기를 『한자헌첩고』의 저자 손승택(孫承澤)의 기록은
당송 시기의 일을 서술했는데, 여러 사람의 기(記)·발(跋)에서 가려 뽑은
것이므로 간간이 잘못된 곳이 있다고 분명한 어조로 말했다. 예를 들어
"어사(御史) 소익(蕭翼, ?-?, 당나라)을 보내 속임수를 써서 〈난정서〉를 얻었
다."라는 것은 하연지의 말을 인용한 것이고 "무덕(武德) 4년(621)에 〈난정
서〉가 진왕(秦王)의 부고(府庫)에 들어갔다."라는 것은 유속(劉餗, ?~?, 당나
라)[138]의 말을 인용한 것인데, 이 두 가지의 불일치를 심각하게 본 것이다.
이후 서유구는 이런 불일치 지점에 대해 그것이 태종 즉위 이후의 사건
이냐 이전의 사건이냐, 위징을 신하로 삼은 시기냐 아니냐 등을 따지면서
본격적으로 분석해 들어갔다. 천고(千古)의 법첩 중에 으뜸인 〈난정서〉에
대해 사람들의 의견이 가장 많이 갈린 것을 하연지(何延之)의 『난정시말
기(蘭亭始末記)』와 유속(劉餗)의 『전기(傳記)』의 사실의 불일치에서부터라면
서 그 진위를 철두철미하게 추구해 들어갔다.

구체적으로 하연지는 스스로 "변재(辯才, ?~?, 당 승려)의 제자인 원소(元
素)에게 직접 들었다."라 했고, 또 "개원(開元) 10년(722) 4월 27일에 아들
영(永)에게 사본을 진상하도록 하여 비단 30필을 하사받았다."라 했는데,
풍석은 이것이 당시 임금께 올린 문장이므로 항간에 떠도는 부실한 말이
있어서는 안 된다고 평가했다. 또 오열(吳說, ?~?, 송나라)[139]이 보충하여 쓴
『소익잠난정고사도(蕭翼賺蘭亭故事圖, 소익이 속임수를 써 난정서를 얻은 상황
을 그림)』 발문에서 다음과 같이 말했던 것을 주목했다.

그림은 당나라 우승상 염립본(閻立本, 600-673)[140]의 필적이다. 서생의
모습을 한 이가 어사 소익이며 의기양양하게 흡족한 낯빛을 띠고 있
다. 노승의 모습을 한 이가 비구 변재인데 입을 벌린 채 다물지 못하고

<그림 3-107> 〈소익잠난정고사도(蕭翼賺蘭亭故事圖)〉

실의에 찬 모습이다. 집사 2명이 입김을 불어 끓는 차를 식히니, 그 모
양이 생동감이 있다.

이 그림에는 집현원(集賢院)[141]의 도서인(圖書印)이 찍혔고, 염립본(閻立本)
도 당대 사람이었으므로, 당시에 이러한 일이 없었다면 어떻게 거짓으로
꾸며서 대번에 그림을 그릴 수 있었겠는가? 하면서 결론적으로 풍석은
하연지의 〈난정기〉가 당연히 진실된 기록이고, 유속의 『전기』는 사실을
옮기고 바꾼 의도가 있는 것이라고 결말을 내고 있다.

한편 이러한 일이 일어난 배경으로 풍석은 당 태종의 인간적 문제점과
유속의 사관으로서의 관행 내지는 악습을 비판했다. 태종의 영민함과 통
찰력은 세상을 덮을 만하지만, 도리어 즐기고 좋아하는 일에 빠졌고, 그
래서 살아서는 속임수를 써서라도 구하고 거간꾼들이 서로 속이며 질시
하는 관습도 꺼리지 않았고, 죽어서는 이를 아까워하여 순장함으로써 많
은 소장품을 묻으면서까지 후하게 장례를 치렀다는 비난을 자초했으니,
이는 진실로 당시에는 알릴 수 없었지만 후세에 전해진 일(不可認諸今, 而
傳諸後者)이라고 강하게 질타했다.[142]

풍석은 유속이 (난정서의 역사에 대한) 사실을 옮기고 바꾼 것은 『춘추』를 저술할 때, (자기 나라인) 노나라를 위해 (좋지 않은 사실을) 피휘하여 사건의 전모를 모두 기재하지 않은 잘못을 저지른 것과 같다고 비판했다(劉之遷就其說, 猶之 得《春秋》爲魯諱之義, 未必紀載之誤也).[143] 풍석의 칼날은 〈난정서〉를 넘어 당태종의 치세를, 심지어 공자로부터 시작된 춘추의 역사 기술 자세에까지 뻗쳐 있었던 것이다.

다른 한편, 최고의 글씨를 음미하는 미학적 기준에 대해서도 자신의 비평을 남겼다. 〈난정서〉에 대해 구양순의 정무본을 정본으로 평가해왔는데 그 기준에 대한 분란을 언급한 것이다. 황정견(黃庭堅)이 정무본에 대해 "자획이 살쪘으나 살이 남아돌지는 않고, 가늘지만 뼈가 드러나지는 않았다."라 칭찬하자 사대부들이 바람에 초목이 쓰러지듯이 수긍했고, 마침내는 정무본을 추켜세워 여러 판본 중의 으뜸이라 했으니, 그렇다면 정무본이 천하에 중망을 얻은 이유는 그야말로 자획의 굵기가 적당했기 때문일 뿐이라는 말이 된다. 사실은 정무본에도 역시 본래부터 자획의 굵고 가는 차이가 있는 것이었다. 더욱이 모두 박학다식하며 고아한 사람인데 하연지는 "자획이 가는 판본이 진짜 정무본이다."라 했고, 왕순백(王順伯)은 "자획이 살진 판본이 진짜 정무본이다."라 한 것처럼 그 주장이 이처럼 다르니, 누가 이를 절충할 수 있겠는가 하면서 판단의 기준 정립에서 문제를 제기했다. 최종적으로 서유구는 자획이 가늘거나 살진 것은 각자의 취향을 따를 뿐이라면서 미인 중에서 조의주(趙宜主)[144]는 너무 야위었고, 양귀비(楊貴妃)는 너무 살쪘다[145]고 논하는 것과 같다고 했다. 아름다움과 추함의 판단 기준은 거기에 있는 것이 아니므로 그런 기준으로 우열을 따지는 것이 크게 잘못되었다고 말했다.[146]

풍석은 본인의 〈난정서〉 감상 기준으로 육유(陸遊)[147]가 말한바 선종의 입문하는 방법을 응용하면 좋다고 했다. 예술의 진면목은 선불교의 깨달음과 같은 충격으로 다가올 때 비로소 알 수 있다는 발상이다. 점획이나 선의 굵기를 보는 것이나 다른 사람이 비평한 말을 듣고 감상의 기준을 삼거나 해서는 서성 왕희지의 내면을 알 길이 없다는 말이다. 서유구의 원어를 남긴다.

> 육유는 다음과 같이 말했다. "〈난정서〉를 살필 때에는 응당 선종(禪宗)의 입문하는 방법처럼 하는 것이 좋다. 만약 그 개가 입을 크게 벌리기를 기다렸다면 그다음에는 무엇을 해야 하겠는가?[148] 식견이 있는 사람들은 서첩을 한번 열자마자 이미 정교함과 거침을 알 수 있다. 그런데 어떤 사람은 오직 점획만을 구하여 귀로 들은 이야기를 참고하여 감상하니, 속인들을 속이는 것은 가능하거니와 다만 왕희지는 수긍하지 않을 듯하다." 이 주장은 감상가의 깊은 뜻을 가장 잘 터득한 것이다.[149]

― 왕희지 『십칠첩(十七帖)』과 『만천상찬(曼倩像贊)』

왕희지의 작품으로 유명한 『십칠첩』과 『만천상찬(曼倩像贊, 동방선생찬)』에 대한 평가를 추가해 올린다. 중국의 평가(『발십칠첩(跋十七帖)』)와 조선 이광사의 평가(『원교서결』)를 병렬해두고 있다.

> _주희: 왕희지의 『십칠첩(十七帖)』 중에서 진본을 전한 법첩은 그 필의를 완미해보면 부드럽고 여유가 있으며, 기상이 초연하여 격식에 얽매이지도 않았고, 일부러 서법에서 벗어나려고도 하지 않았다. 한 글자 한 글자가 자신의 마음에서 흘러나왔을 뿐이다.[150]
>
> _이광사: 『만천상찬(曼倩像贊)』은 왕희지의 글씨 중에 제일이

〈그림 3-108〉 「십칠첩」

다. 그 글씨의 모범적이면서도 반듯하고 빼어나면서도 강건함은 이미 대전체와 비슷하며 말이 내달리고 새가 날아오르는 듯한 자태는 행서와 초서에 더 잘 사용할 수 있으니, 이것이 상상도 할 수 없는 『만천상찬』의 가장 뛰어난 특징이다. 위삭(衛鑠)이 말한 6가지 용필법은 전서·초서·팔분·예서 등의 필법을 해서에 잘 갖추는 방법인데, 이것을 나는 이 글씨에서 보았다.[151]

— 손과정서보(孫過庭書譜)

손과정(孫過庭)[152]이 초서로 쓴 서보(書譜)인 『손과정서보』는 그 자체가 서법의 역사이면서 이론서이면서 동시에 글씨로 이름이 난 독특한 작품이다.

『손과정서보』는 전적으로 왕희지의 서법을 본받았고, 3,700여 글자에 한 기운이 관통하여 필세의 운치가 온전히 남아 있다. 이는 진실로 초서의 지극히 귀한 보배이다. 비록 송나라 때의 판각본은 매우 적지만

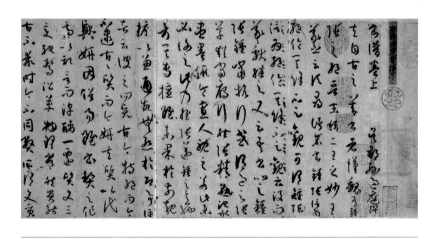

〈그림 3–109〉 『손과정서보』

문벽(文璧)의 정운관본(停雲館本)이 여전히 임모할 만하다. 근래의 번각본(翻刻本) 같은 경우에는 수준이 좋지 않아 임모할 수 없다.[153]

3) 우리나라 글씨: 비석

풍석은 앞에서 중국의 금석문 42종, 각첩 72종을 뽑아 소개했다. 우리나라 비로는 진흥왕순수비에서 시작하여 203종을 들었다. 중국 땅에 있는 광개토대왕비는 그의 탐구 범위에 아직 들어오지 못한 듯하다.

— 진흥왕순수비

먼저 진흥왕의 함경도 황초령비에 대한 설명했는데, 단천에도 이러한 비가 있다는 사실을 전하고 있다. 비문을 짓고 쓴 사람이 승려 법장(法藏)·혜인(慧忍)임을 유득공의 말로 알려준다.

진흥왕(眞興王) 순수(巡狩) 정계비(定界碑)

[동국문헌비고(東國文獻備考)] 신라 '진흥왕순수정계비': 함흥부(咸興府) 북쪽 초방원(草坊院)에 있고, 초방원은 함흥부 북쪽 100여 리 황초령(黃草嶺)의 아래에 있다. 『동국여지승람(東國輿地勝覽)』에는 '방(坊)'자가 '황(黃)'자로 되어 있는데, 음이 서로 비슷하기 때문이다. 『해동집고록(海東集古錄)』에 "비문은 12행이고, 각 행은 35자이며, 전체 비문은 420자이다."라 했는데, 지금은 닳아 없어져 분별할 수 있는 글자는 겨우 278자이다.

비문에 "무자(戊子)년 8월 국경을 순수(巡狩)하고 민심을 찾아 묻고 모았다."라는 구절이 있다. 진흥왕(眞興王) 무자년(戊子; 568)은 남진(南陳) 임해왕(臨海王) 광대(光大) 2년, 북

〈그림 3–110〉 진흥왕순수비 탑본

제(北齊) 후주(後主) 천통(天統) 4년이다. 비문은 거의 다 없어져서 글씨 쓴 사람의 성명을 분별할 수 없다. 지리지(地理志)에 "단천(端川)에도 '진흥왕순수비'가 있다."라 했다.

유득공은 '신라 진흥왕(眞興王) 북순비시주(北巡碑詩註)'에서 "비문이 많이 손상되었고, 어가를 호종한 승려가 법장(法藏)·혜인(慧忍)이라 되어 있는데, 이들이 곧 비문을 짓고 글씨를 쓴 사람들이다."라 했다.

― 백월서운탑비

다음으로 동방 최고의 명필 김생(金生)의 글씨가 남아 있는 백월서운탑(白月棲雲塔)[154]을 소개했다. 남구만(南九萬, 1629-1711)의 『약천집(藥泉集)』에 내용이 상세하다. 그런데 풍석은 안설에서 현덕 원년(954)은 고려 광종(光宗, 재위 949-975) 때이니, 김생과의 시대적 거리가 멀기 때문에 이는 당연히 집자한 것이라고 평가했다.

영천군(榮川郡) 자민루(字民樓) 아래에 김생이 쓴 〈백월서운탑비(白月棲雲塔碑)〉가 있다. 비석은 여전히 완전하지만, 새겨진 글자 획은 닳고 떨어져 나갔다. 뒷면에 "신라국 석남사(石南寺)에서 돌아가신 국사(國師)의 비명(碑銘)[新羅國石南寺故國師碑銘]"이라 새겼고, 그 뒤에는 "문하 제자인 승려 순백이 서술했다."라 새겼고, 끝부분에는 큰 글씨로 "현덕(顯德) 원년 갑인년(954) 7월 15일에 세웠다[顯德元年, 歲在甲寅七月十五日立]."라 쓰여 있다. 비의 글씨체는 김생의 것과 거의 같지만 곱고 세밀한 점은 김생 글씨에 미치지 못하고, 또 닳고 떨어져 나간 부분이 많다.

비는 본래 봉화현(奉化縣)의 태자사(太子寺) 터에 있었는데, 명나라 정덕(正德) 연간(1505-1521)에 영천 군수 이항(李沆, ?-1533)이 자민루 아래

로 옮기고 난간을 만들어 보호했다. 만력(萬曆) 임자
년(壬子年, 1612)에 동쪽을 정벌하던 장교들이 영천에
오래 머무르다가 수천 본을 탁본했다. 탁본할 때는 추
운 시기라 먹이 얼자 비에 숯불을 피웠는데, 이로 인
하여 비가 많이 상했다. 그 뒤에 명나라 사신 웅화(熊
化)[155]가 올 때 압록강을 건너기 전에 먼저 사람을 보
내 〈백월비〉 탁본을 달라고 했다. 우리나라 사람들이
비가 있는 곳을 몰라 다시 웅화에게 물어 영천에 있
다는 사실을 알고, 비로소 관리를 보내 탁본하여주었
다 하니, 우리나라 사람들의 무관심이 심하다.

〈그림 3-111〉 낭공대사 백월서운탑비 탁본 (국립
중앙박물관 소장)

아아! 이른바 낭공대사(朗空大師) 행적(行寂)이 어떤 승려인지 알 수 없
지만, 마침내 김생의 글씨를 가탁하여 그 비문이 먼 후세에 전해지게
했다. 게다가 비문이 중국에 들어가 천하에서 매우 뛰어난 보배가 되
었으니, 구양수(歐陽修)가 말한 "부처와 노자의 거짓되고 망령된 설이
라도 자획의 정밀함 때문에 차마 갑자기 없애버릴 수 없다."[156]라 한 말
이 진실일 것이다.

근래 어떤 수령이 탁본을 구하는 사람들 때문에 힘이 들자 군사들에
게 난간을 헐게 하여 마구간을 만들고, 말똥과 오물을 쌓고 비를 파
묻어서 사람들이 탁본을 하지 못했다. 비석이 많이 상한 것은 이때에
일어난 일이라 한다.

— 보각국사비

보각국사비는 『삼국유사』를 집필한 경북 군위 인각사(麟角寺)에 남아 있
는 일연(一然, 1206-1289)의 비석이다. 이 비문은 서성 왕희지의 글씨를 집
자한 것이어서 특히 인기가 높아 많은 탑본이 유행했다고 전한다.

〈그림 3-112〉 인각사 보각국사비 탁본
(국립중앙박물관 소장)

인각사(麟角寺) 보각국사비(普覺國師碑)[157]

민지(閔漬)[158]가 글을 짓고, 왕희지의 글씨를 집자했다. 의흥(義興) 화산(華山)에 있다.

원정(元貞) 원년(1295) 을미(乙未)년 8월에 세웠다. 일연(一然)의 문인인 승려 죽허(竹虛)[159]가 우군 왕희지의 글씨를 집자했다. 또 다른 문인인 내원당(內願堂) 주지 통오(通奧) 진정대선사(眞靜大禪師) 청공(淸恭)이 비를 세웠다. 버려진 비편을 모아놓기만 하고 정리하지 않았는데, 갈라진 비편의 글자들을 대조하여 정밀하게 분별하고서 순서를 비로소 바로잡았다.

— 문수원기

고려 때의 명필 탄연(坦然, 1070-1159)의 글씨가 남아 있는 비문이다.

〈그림 3-113〉 문수원 중수비 탁본
(국립중앙박물관 소장)

문수원기(文殊院記)[160]

비문(碑文)은 행서(行書)이고, 비액(碑額)은 큰 해서이다. 건염(建炎) 4년(1130) 경술년(庚戌年)에 승려 탄연(坦然)[161]이 글씨를 썼고, 정의대부(正議大夫) 국자감대사성(國子監大司成) 보문각학사(寶文閣學士) 지제고(知制誥) 김부철(金富轍)이 기문(記文)을 지었다.

행서가 호방하여 이리저리 나는 봉황 같다. 그렇지만 이 비에 빠져들어 매우 좋아하더라도 비석은 이미 닳아서 글씨를 알아볼 수 없으니, 미인이 서서히 늙어가는 한스러움이 없지 않다.[162] 비의 높이는 4.5척, 너비는 2.7척이다. 비문은 모두 29행이고 행마다 모두 48자이다. 춘천부(春川府) 청평산(淸平山)에 있다.

— 천상열차분야지도

지금의 만원권 뒷면에 새겨져 있는 〈천상열차분야지도〉가 새겨진 석각이
다. 조선 초기 평양성에 있다가 전란에 사라졌던 천문석각의 인본을 누
가 구하여 태조에게 바친 사정이 기록되어 있다. 서유구는 국초에 있었
던 이 비석이 내버려져 있던 것을 다시 찾아낸 과정을 기록했다.

본조천문도석각(本朝天文圖石刻)[163]

권근(權近, 1352-1409)이 글을 짓고, 설경수가 글씨를
썼다. 서운관(書雲觀)[164]에 있다.

[안] 옛날에는 경복궁(景福宮)에 있었는데, 만력(萬
曆) 임진년(壬辰年, 1592) 이후에 잃어버려 전해지지
않았다. 영조(英祖) 기축년(己丑年, 1769)에 내 부친(서
호수)이 『동국문헌비고(東國文獻備考)』를 편집하는 낭
청(郞廳, 종6품관)이 되어, 경연에서 "태조(太祖)께서
하늘의 명을 받아 개국을 하셨던 초기에 평양(平壤)
의 구본 천문도(天文圖)가 헌납된 적이 있습니다."[165]
라 아뢰니, 서운관에 명하여 다시 중성(中星)[166]을 정
하고 돌에 새겨 궁궐에 두었다. 이 돌은 경복궁 옛
터에 두어야 했지만 장소가 적절하지 않았다. 국초
에 천문을 관측할 때 쓰였던 흠천기(欽天器)가 풀숲

〈그림 3-114〉 천문석각 탁본 (국립중앙박물관 소장)

에 내버려져 있어 급히 명을 내려 찾자 과연 위병들이 머무는 장소의
섬돌 사이에서 얻었다. 마침내 각을 세우고 서운관으로 옮겨 봉안했으
며, '흠경(欽敬)'이라 왕이 직접 쓴 편액을 하사하고 그 일을 기록했다.

— 동해퇴조비

〈동해퇴조비〉는 독특한 서체를 이루었던 미수 허목(許穆, 1595-1682)의 글씨가 아름답게 남아 있는 비석이다. 삼척에 있어 '척주동해비'라고도 불린다.

〈그림 3-115〉 동해퇴조비 또는 척주동해비

동해(東海) 퇴조비(退潮碑)[167]

허목(許穆)이 전서(篆書)로 썼다. 삼척(三陟) 해변에 있다.

전서(篆書)는 모두 16행이고, 행마다 모두 18자이다. 본관이 공암(孔巖)[168]인 허목(許穆)이 글을 짓고 아울러 글씨를 썼다. 서체가 〈벽락비(碧落碑)〉와 동일하다.

— 서산대사비

선승의 입장에서 유불선을 모두 아울러 정리한 『삼교귀감』을 짓고, 승병을 일으켜 조선에서 불교의 맥을 굳건히 이어간 서산대사의 비다. 글씨는 『동의보감』 서문을 짓고 당대의 문장가로 이름이 높았던 이정구가 썼다.

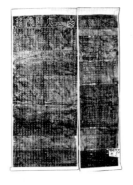

〈그림 3-116〉 서산대사비 탁본 (국립중앙박물관 소장)

서산대사비(西山大師碑)[169]

이정구(李廷龜)가 글을 짓고, 신익성(申翊聖)이 글씨를 썼다. 금강산(金剛山) 백화암(白華菴)[170] 옛터에 있다.

— 만폭동 석각

조선 전기 호방한 기질의 시인이자 서예가 봉래 양사언(蓬萊 楊士彦, 1517-1584)이 바위에 새긴 글씨. 그는 금강산을 비롯하여 전국의 명승을 다니면서 시를 짓고 그 감흥을 바위에 초서로 새긴 작품을 많

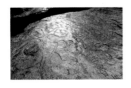

〈그림 3-117〉 만폭동 석각

이 남겼다.

만폭동(萬瀑洞) 석각(石刻)[171]

금강산 만폭동(萬瀑洞)[172] 입구에는 양사언(楊士彦)의 '봉래풍악원화동
천(蓬萊楓嶽元化洞天, 봉래산이자 풍악산인 이곳은 으뜸의 조화를 이루어 신선
이 사는 곳)'이라는 8대자(八大字, 8자의 큰 글씨)가 있다. 이 글자는 용이
용틀임하고 봉황이 나는 듯하니, 산수와 더불어 웅장함을 다툰다.

양봉래(楊蓬萊) 석각(石刻)

함흥(咸興) 기린산(麒麟山) 아래 여러 곳에 있다. 또 금수정(金水亭)[173]의
암석 사이에도 있는데, '경도(瓊島, 옥과 같은 섬)'라 새긴 글씨가 더욱 기
이하다.

4) 우리나라 글씨: 서첩

동국 글씨의 비조 신라의 김생에서부터 고려의 탄연, 조선초 안평대군,
봉래 양사언, 석봉 한호를 거쳐, 풍석 당시의 원교 이광사까지 묵적을 한
데 모아 품평했다. 추사 김정희가 활동하기 이전 시기라 추사는 등장하
지 않는다. 특히 원교 이광사의 서예 이론서인 『원교서결』을 많이 인용했
는데, 이광사의 집안과도 상당히 가까이 교유했던 인연도 있다. 김생의 글
씨는 입신의 경지라고 한 『삼국사기』의 기사를 옮기고, 고려 때 사신이
김생의 글씨를 가지고 가서 송나라 한림학사들에게 보여주자, 왕희지의
친필로 오인했다는 기록이 흥미롭다.

김생(金生)의 글씨

신라(新羅) 김생(金生)의 글씨는 우리나라 서법의 모태이다. 『삼국사기

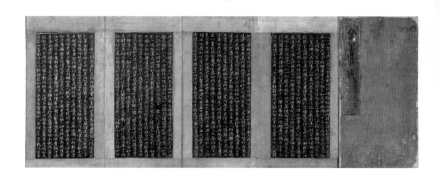

〈그림 3-118〉 김생의 글씨

(三國史記)』에 다음과 같이 말했다. "김생의 예서·행서·초서는 모두 입신(入神)의 경지에 이르렀다. 숭녕(崇寧) 연간(1102-1106)에 학사(學士) 홍관(洪灌)이 진봉사(進奉使)를 따라 송나라에 들어갔는데, 한림대조(翰林待詔) 양구(楊球)와 이혁(李革)이 칙명을 받들어 숙소에 왔다. 홍관이 김생의 행서와 초서를 이들에게 보여주자 두 사람이 크게 놀라며 '오늘 왕희지의 친필을 보게 될 줄은 생각지도 못했습니다.'라 했다. 이에 홍관이 '이는 신라 사람인 김생의 글씨입니다.'라 했으나, 두 사람이 믿지 않았다."[174]

『원교서결(圓嶠書訣)』에서도 "우리나라의 필법(筆法)은 김생을 으뜸으로 여긴다. 그러나 친필이 전하지 않는다. 탁본 역시 빼어나고 법도가 있으니, 고려 이후의 글씨가 따라갈 수 있는 수준이 아니다."[175]라 했다. 이광사가 말한 탁본은 아마도 「백월비(白月碑)」[176]의 종류를 가리킨 듯하다. 근래에 간혹 오래된 부도(浮圖)[177]에서 이금(泥金, 금가루를 섞어 만든 안료)으로 글씨를 쓴 소해(小楷) 불경(佛經)을 얻기도 한다.

이어 신라 승려 영업(靈業)의 글씨는 가늘면서도 굳세어 취할 만하다고 했고, 고려 승려 탄연(坦然)의 글씨는 왕희지의 〈집자성교서(集字聖敎序)〉

〈그림 3-119〉 영업의 글씨 (국립중앙박물관 소장)

〈그림 3-120〉 탄연의 글씨

〈그림 3-141〉 안평대군의 글씨(이백 도의편) (임창순 소장)

〈그림 3-142〉 김구(金絿)의 글씨 (충재박물관 소장)

만을 오로지 배워 진실로 우리나라 사람들에게 원필(圓筆, 필획이 둥근 것)의 길을 열어주었다고 평가했다.

조선 초에는 안평대군(安平大君)의 글씨가 수려하고 아름다워서 아낄 만하다. 재주와 기운이 모두 뛰어나서 조맹부(趙孟頫)와 우열을 다투지만 그 서법(書法)이 조맹부의 서체만을 오로지 배워 여러 서예가들의 서체를 널리 취하지 못하기 때문에 속기(俗氣)를 면치 못한다고 평가했다. 또 김구(金絿)[178]의 경우 해서는 비루하여 볼 만한 것이 없지만 행서와 초서는 상당히 뛰어나다면서, 풍석이 직접 유세모(柳世模)[179]의 집에서 행서와 초

〈그림 3-143〉 양사언의 글씨 (서강대학교 박물관 소장)

서로 쓴 큰 글씨 한 폭을 보았는데, 탁월하게 뛰어나서 가볍게 평가할 만
한 글씨가 아니라고 본인의 경험을 말했다.

　양사언(楊士彦)의 경우[180] 초서는 그 호탕하고 형식에 얽매이지 않은 품
격이 언뜻 보면 장욱(張旭)[181]을 뛰어넘고 회소(懷素)[182]를 초월하려는 듯
보이지만, 재주만 있고 배움이 없어서 그림자만 얻고 뼈대를 잃었으니, 결
국 일가를 이루었다고는 할 수 없다고 조금 박한 평가를 내렸다. 석봉 한
호(韓濩)[183]는 그 자질과 학식[才學]이 높지 않지만 오랫동안 꾸준히 익혀
공력을 이루어, 비록 옛사람들의 글씨를 쓰는 방법을 몰랐지만 자연스레
그들과 부합되는 부분이 있다고 평가했다. 다만 신분이 미천했기 때문에
원본체(院本體)[184]의 일정한 형식에 국한되었기에 '해서'는 더욱 비루했지
만, 필력에서는 볼 만한 부분이 있었다는 것이다. 행서와 초서에서 완숙

〈그림 3-144〉 한호의 글씨 '추일연등광왁서' (『한석
봉증유여장서첩(韓石峯贈柳汝章書帖)』, 국립진주
박물관 소장)

한 경지를 이룬 부분에 이르러서는 웅장하면서도 심원
하고 내실을 갖추면서도 탄탄하니, 송나라나 원나라 글
씨 사이에 두더라도 또한 부끄러운 부분이 없을 것이라
고 후하게 평가했다. 풍석은 당대의 우리 조선의 서법은
안평대군·김구(金絿)·양사언(楊士彦)·한호가 4대가(四大
家)라고 하면서, 한때 윤순(尹淳)은 "양사언이 가장 뛰어
나다."고 평한 적이 있지만, 자신은 한석봉을 제일로 친

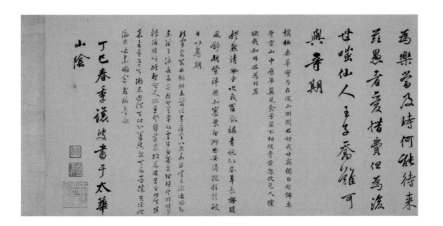

〈그림 3-145〉 백하 윤순이 쓴 고시 (국립중앙박물관 소장)

다고 당당히 밝히고 있다. 중국 송원대의 대가들과 비교해도 손
색없다는 평이다.[185]

　윤순(尹淳)[186]은 서유구 시대에서 가장 최근의 사람으로 그의
글씨는 홀로 중국의 필의를 얻었다면서 필체와 격식이 아름답고
빼어나며 재주와 정감이 가득차서 넘치니, 우리나라 사람들의 서
법이 졸렬하고 볼품이 없는 단점을 한꺼번에 탈피했다고 매우 높
이 평가했다. 마지막으로 이광사(李匡師)에 대해 그의 글씨는 처
음에는 윤순(尹淳)을 배웠으나 얼마 지나지 않아 스스로 일가를
이루어 이름을 한 시대에 떨쳤으며, 스승인 윤순이 이광사의 초
기 작품들에 대해 "이광사의 글씨는 우리나라 수천 년 동안에
없었던 것이다. 중국에 두더라도 응당 위나라나 진나라 글씨 사
이에 둬야지, 당나라나 송나라 이후의 글씨에 비길 수 있는 수준
이 아니다."라는 평가를 수록했다. 풍석은 윤순이 지나치게 자랑
한 감이 있지만 이광사의 자질과 학식[才學]은 으뜸이었다고 인정
했다. 또 이광사가 신지도에 유배 갔을 때[187] 매번 행서·초서·해

〈그림 3-146〉 이광사의 글씨(왼쪽, 『원
교서결』)와 초상(오른쪽)

서로 작은 서첩을 만들어 호로병에 넣고 바닷물에 띄우며 "해외 다른 지방 사람들도 모두 내 글씨를 얻게 하리라."고 했다는 일화를 전했다. 또 이광사의 아들 이영익(李令翊)[188]의 서법이 이광사의 서법과 비슷하고, 그 문하에서 배운 남녀의 사람들 중에는 글씨에 정진하여 일가를 이룬 사람들이 꽤 많아서 이따금씩 이광사의 진본과도 혼동된다고 하면서 이광사의 후대 영향력을 말해주었다.[189]

5) 중국 그림

풍석은 중국의 역대 그림을 논하는 항목에서는 당·송·원·명대 유명 화가들의 전문 분야를 서술하고 간략한 품평을 골라 배치해놓았다. 각 시대의 그림에 대한 전체적 품평을 약술한 『준생팔전(遵生八牋)』의 내용인데, 서유구도 동의하여 인용한 것으로 생각된다.

아주 오랜 상고(上古) 시대의 그림은 그 형태가 간소하고 뜻이 담백하며 자연스럽고 참된 정취[眞趣]가 있다. 당나라 사람들의 그림은 대상의 정신[神]이 형태 너머에서 생겨나고 생기(生氣)가 형태 속에 갖추어졌고, 장중하며 엄숙하여 공교함을 구하지 않더라도 저절로 수려하여 생각으로 미칠 수 있는 경지가 아니다. 대개 당나라 사람들은 그림을 그리기 전에 정신을 잘 수렴하므로 그린 이의 정신이 그림에 충분히 담긴다. 그러나 송나라 사람은 사물과 흡사하게 그리는 데 공을 쏟기 때문에 그림 솜씨는 충분한데도 그린 이의 정신을 담는 데 미약하다. 결국 송나라 사람들의 사물에 대한 아취는 당나라 사람들보다 나으며, 당나라 사람들의 천취(天趣)는 송나라 사람들보다 낫다.

요즘 그림을 평가하는 사람들은 송나라 사람들의 그림을 원화(院畫, 궁중 화가의 그림)라고 여겨 귀하게 생각하지 않고 오직 원나라의 그림을

〈그림 3-147〉 미불의 〈춘산서송도〉(왼쪽)와 〈운기루도〉(오른쪽)

숭상하니, 송나라의 그림이 기교가 너무 지나치고 정신이 부족하다고 여기기 때문이다. 그러나 송나라의 그림도 후대의 사람들이 넘볼 수 있는 경지가 아니니, 정신과 기교 어느 분야든 원나라 사람들의 그림을 송나라와 감히 대등하게 견줄 수 있겠는가? 원나라의 유명한 화가들은 당대에 이름을 떨칠 만하다면 괜찮겠지만, 송나라 화가들을 넘어선다고 할 수는 없는 것이다. 오직 조맹부·황공망·왕몽의 그림 정도는 되어야 송나라 사람들이 보았을 때도 기꺼이 그 천취(天趣)에 승복할 것이다.[190]

미불(米芾)의 산수화(山水畫)에 대한 품평이다. 그림의 특징과 화법의 연원을 말했고, 또 재료의 사용에 대한 화가 특유의 방법과 그 호오까지도 진위를 판정하는 기준으로 제시했다.

미불의 산수화 한 폭을 북경에서 보았다. 산수화에서 입체감을 표현하는 점법(點法)이 간략하면서도 깊이가 있으며, 건물·인물·선박을 모두 자세하게 잘 그렸으니, 그 솜씨가 동원(董源)으로부터 비롯되었음을 바로 알 수 있다. 옛사람들의 배움에 근본이 있다는 말은 이같은 경우이다. 황공망(黃公望)과 심주(沈周)의 도장이 찍혀 있다. 왕탁(王鐸)이 제문을 썼다.

미불이 수묵 작품을 만들 때 붓만 사용한 것은 아니다. 간혹 종이 노끈이나 사탕수수 찌꺼기나 연밥으로도 그림을 그릴 수 있었다. 종이에는 아교와 백반을 넣지 않았고, 비단 위에 그림 그리는 일을 좋아하지도 않았다. 오늘날 보이는 미불의 그림 중 비단에 그린 것은 후대 사람들의 위작이다.[191]

송나라 문동(文同, 1018-1079)과 소식(蘇軾, 1036-1101)이 묵죽으로 유명했던 시절의 이야기도 재미있다. 팽성(彭城)은 소식이 거처하던 지역이다. 고수들의 경지를 가늠해보고자 하는 노력이 치열하게 벌어지는 것과 함께, 풍석이 안설에서 말하고 있듯이 실제 진품을 보는 것과 그렇지 않은 것의 현격한 차이를 설득력 있게 전달한다. 각 예술품의 진정한 가치를 직접 느껴보는 경험의 중요성을 말한다고 하겠다.

문동이 워낙 묵죽을 잘 그려 신품이라는 소문이 나자 사방의 사람들이 비단을 가지고 그림을 청하는 사람들이 많았다. 문동이 싫증 난 나머지 비단으로 이제 발싸개를 하겠다고 말했다. 그 뒤 팽성에 있는 소식에게 편지를 보내어 "최근 내가 사대부들에게 '우리 묵죽의 한 갈래가 가까이 팽성에 있으니, 그곳으로 가서 그림을 그려달라고 하시오.'라고 했으니, 발싸개 재료가 응당 그대에게 모일 것이오."라 했다고 전한다.[192]

문동이 드리운 댓가지 하나가 높이 휘날려 그 생기가 종이에 가득하니 소식(蘇軾)의 큰 화폭과는 확연히 다르다. 이에 "우리 묵죽의 한 갈래가 가까이 팽성(彭城)에 있다."라고 했다. 이러한 생동감은 형사(形似)

로는 표현할 수 없는 것이다.

[안] 탕후의 『화감(畫鑑)』에 "문동의 대나무 그림은 진품이 아주 드물어 평생 겨우 5점을 보았고, 위작은 30점이나 보았다."라 했다. 탕후와 문동은 세대가 그리 멀지 않은데도, 진짜와 가짜가 뒤섞여 이처럼 진품을 보기 힘들었으니, 하물며 지금이랴?

[우안] 『죽보상록(竹譜詳錄)』에 다음과 같이 말했다.

"소식·황정견으로부터 송(宋)나라와 금(金)나라의 여러 명사에 이르기까지 문동의 그림을 조물주에 비유하며 찬미했는데, 매번 그림을 실컷 보지 못한 것을 아쉬워했다. 그 뒤 전당(錢塘, 항주 일대)에 이르러 처음으로 10여 점의 그림을 봤는데, 모두 나를 만족시키기에 부족했다. 나중에 나의 벗인 왕자경(王子慶)이 나에게 '진품을 보지 못해서 그렇다.' 면서 부사(府史) 아무개가 소장하고 있는 그림 1폭을 가지고 와 내게 보여주었다. 이에 비로소 선배들이 문동을 극찬한 글이 부끄러울 것이 없음을 깨달았다." 이를 보면, 세상에 전하는 문동의 대나무 그림은 위작이 얼마나 많을지 더욱 알만하다.[193]

이어서 소식의 그림에 대한 평가를 옮긴다.

〈그림 3-148〉 동파 소식의 〈소상죽석도〉

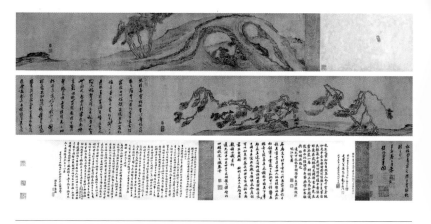

〈그림 3-149〉황도주의 〈고송도〉

소식이 횡폭(橫幅)에 그린 묵죽도(墨竹圖)는 손승택(孫承澤)의 집에 있다. 흥이 충만하고 빼어나 사람의 마음을 변화시키기에 충분하다. 먹의 농담(濃淡)이 7단계로 나뉘는데, 나는 그의 지극한 솜씨가 도달한 경지가 믿기지 않았다.

누강(婁江)에 사는 김회박(金懷璞)의 집에서 소식의 대나무 그림을 봤는데, 돌 사이에 뿌리를 내린 크고 작은 대나무 두 줄기는 가지가 하늘을 향했고 잎을 늘어뜨리고 있다. 필세가 웅건하고 먹 기운이 깊고 두터우니 마치 그의 서법처럼 침착하면서도 몹시 시원스러웠다.[194]

황도주(黃道周, 1585-1646)의 〈고송권(古松卷)〉[195]에 대한 평을 보자.

포정박(鮑廷博)이 명나라의 황도주가 소나무를 그린 긴 두루마리를 꺼내 보였다. 그 그림은 필묵이 간결하고 속세와 절연한 운치가 있어 유달리 사람들의 마음에 드나들었다. 소나무는 천단산(天壇山)·아미산(峨眉山)·대산(岱山)·화산(華山)·숭산(嵩山)에도 희소한 품종이다. 그림의 매 단마다 작은 해서체로 관지(款識)를 썼다. 관지에는 "임신년(壬申年, 1632) 10월 29일, 나이든 여러 친구들이 모여 장수를 기원한다."라 썼고, 그 뒤에 직접 쓴 발문이 있다. 황도주의 글씨는 종요(鍾繇)를 본받았고, 그의 그림은 구해 보기가 참으로 어렵다.[196]

6) 우리나라 그림

풍석은 자신의 저술 『금화경독기』를 인용하여 우리나라 그림 전체의 흐름을 길지 않게 요약하였는데, 큰 줄기를 잡아서 특징을 잘 부각시키고 있다. 동국의 그림은 솔거부터 시작해야 마땅하지만 남아 있는 작품이 없고, 고려의 〈예성강도〉가 송 휘종의 눈길을 끌었던 이야기를 전한다. 조선에서는 김정(金淨, 1486-1521), 이경윤(李慶胤, 1545-1611)·이정(李霆, 1554-1626) 부자, 이징(李澄, 1581-1645)을 먼저 언급하고 이후 화가와 화첩 19종을 소개하면서 작가의 특성, 작품 내용, 예술적 가치 등을 설명했다. 그가 직접 본 우리나라의 빼어난 그림 중에는 조선의 김정(金淨)이 그린 〈이조화명도〉가 가장 오래된 작품이라고 술회했다.

우리나라 그림은 신라의 솔거(率居)를 개창자로 삼지만, 그가 남긴 작품은 전해지지 않는다. 그가 그린 황룡사(皇龍寺) 벽면의 늙은 소나무, 분황사(芬皇寺)의 관음상(觀音像), 단속사(斷俗寺)의 유마상(維摩像)과 같은 그림들이 아름답다고 전해지던 빼어난 작품이지만 지금은 모두 볼 수 없다. 고려시대에 이르러서야 단청(그림) 솜씨로 천하에 이름을 날리게 되었다. 『고려사(高麗史)』에 근거하면 이녕(李寧)의 〈예성강도(禮成江圖)〉는 송나라 휘종(徽宗)이 감상한 작품이었다. 곽약허(郭若虛)의 『도화견문지(圖畫見聞志)』에서도 고려인의 착색산수화(着色山水畫, 채색을 한 산수화) 및 〈팔로도(八老圖)〉·〈행도천왕상(行道天王像)〉 등이 풍

〈그림 3-150〉〈호렵도〉(국립중앙박물관 소장). 지금은 전해지지 않는 김홍도의 〈음산대렵도〉 계통의 그림으로, 고구려 고분벽화의 수렵도, 고려 공민왕의 천산대렵도의 전통이 이어지는 모습이 보인다.

격이 넉넉하다고 칭찬했다. 그러나 이 작품들은 비단에 그린 그림으로, 지금까지 전하는 것이 전혀 없다. 『동천화록』의 저자 조희곡(趙希鵠)은 "글씨와 그림을 논할 때는 직접 눈으로 본 작품을 기준으로 삼아야 한다."라 했는데, 내가 직접 본 우리나라의 빼어난 그림 중에는 조선의 김정(金淨)이 그린 〈이조화명도〉가 가장 오래된 작품이다. 이 그림은 새 두 마리가 가지 하나씩을 차지하여 수컷이 위에서 지저귀고 암컷이 아래서 지저귀는 풍경을 그렸다. 비록 종이의 보풀이 일고 점획이 어두워져 기교를 따져보기는 어렵지만, 문인이 그림에 노닐던 흔적을 충분히 볼 수 있다.[197]

이후 지금도 잘 알려진 정선(鄭敾, 1676-1759), 심사정, 강세황, 최북, 김홍도의 그림을 평가했는데, 윤두서(尹斗緖, 1668-1715)의 아들 윤덕희(尹德熙, 1685-1776)의 말 그림이 볼 만하다고 올렸고, 조선 후기의 이인문(李寅文, 1745-1821), 이명기(李命基, 1756-?)를 끝으로 맺고 있다. 조선 화첩의 기사는 모두 풍석 자신의 글로서, 젊은 시절부터 쌓아온 '감상가'로서의 예술적 심미안이 돋보인다. 특히 김홍도(金弘道, 1745-1806)의 〈음산대렵도(陰山大獵圖)〉는 풍석의 소장품으로, 김홍도 자신도 득의필(得意筆)이라 자부할 정도로 힘차고 생생하게 그렸다고 평가했다. 당대 최고 화가의 그림을 진품으로 수장하고 자신의 심미안으로 평가하는 면모를 볼 수 있다.

내 집에는 오래전부터 김홍도의 〈음산대렵도(陰山大獵圖)〉 비단본 8폭이 있었는데, 이를 이어서 병풍 하나로 만들었다. 이 병풍은 무성하게 띠가 자란 광야에서 활시위를 울리며 말을 타고 달리며 쫓는 모습이 마치 살아 있는 듯 생생했다. 이 그림에 대해 김홍도는 스스로 '평생의 수작'이라 했다. 다른 사람이 설령 모방하는 일이 있더라도, 생선 눈알과 야광주(夜光珠)의 차이처럼 현격하니, 한눈에 알아볼 수 있다.[198]

풍석은 그림 감상법에 대해, 그림 감상은 방에 걸어두고 보름 정도 감상하는 것이 좋고, 그림 수준이 비슷한 작품을 걸어놓아야 한다고 했다. 시간을 두고 유심히 생각을 하면서 보아야 하며 일정한 수준의 안목을 기르는 훈련이 필요하다고 본 것이다. 아울러 펼치고 거둘 때 손상이 없도록 조심하고, 특히 방에는 기름기 많은 향을 피우지 말아야 한다고 세심하게 주의시킨다. 장황(裝潢) 역시 가능하면 적게 할수록 그림 훼손을 줄인다면서, 그림 훼손을 적게 하는 여러 가지 장황법을 소개하기도 했다.

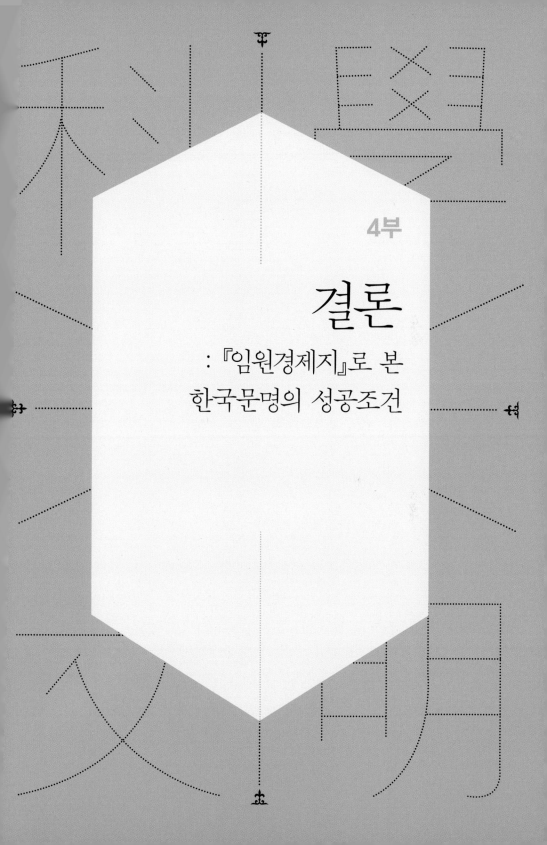

4부

결론

: 『임원경제지』로 본
한국문명의 성공조건

공자는 농사일을 배우려 하는 제자 번지(樊遲)를 내치고, 단사표음(簞食瓢飲)으로 지내면서도 인간 본연의 즐거움을 추구한 안회(顏回)를 높였다.[1] 이 일화가 동아시아 문명을 떠받드는 중심이 무엇인지 힌트를 준다. 공자의 그런 판단과 태도가 바로 교육이요, 문화요, 문명의 본질이었던 것이다. 하지만 인간세의 극(極, 원칙)의 수립을 위한 서릿발 같은 기준으로는 그렇다 치더라도 현실로 돌아오면 밸런스를 추구하지 않으면 안 된다. 공자 역시 다른 장면에서는 그런 중도(中道)를 가르쳤다. 서유구는 도귀적가(道貴適可), 곧 도는 적정함을 귀하게 여긴다고 했다. 원칙을 세우는 관점으로 볼 때는 당연히 안회가 높고 번지가 낮지만, 일상의 삶을 살아가는 기본 태도로 볼 때 변통할 줄 몰라서는 안 된다는 것이다. 안회의 뜻을 품되 번지의 실용을 무시하지 않는 밸런스를 갖춘 사람이 되어야 한다. 그것이 건전한 상식이다. 그런데 서유구는 여기서 한 걸음 더 나아갔다. 번지의 실용 속에 안회의 도가 온존한다는 것이다. 그것도 안회를 일부 깎아내고 번지로 내려가는 것이 아니라 번지를 통째로 안회와 같은 경지로 올리는 방법으로 제시했다. 그것이 『임원경제지』다.

전통 학문은 기본적으로 '천지와 인간을 하나로 이해'하려는 유기체적 관점이 확고하게 뿌리를 박고 있다. 이 점은 자기 앞을 스스로 내다보지 못하는 근대 과학의 외눈박이 폭주를 다잡을 수 있는 거의 유일한 대안으로 보인다.[2] 동아시아 우주론에서 사람은 천지(天地)의 묘합으로 만물과 함께 동등한 자격으로 태어난 존재이지만, 동시에 하늘과 땅의 본디 자리를 바로잡아주고 만물의 화육(化育)을 돕는 데 주도적으로 참여하는 주인공의 역할을 부여받았다고 본다.[3] 천지의 빼어난 기운을 받은 사람은 우주만물의 주인이면서 동시에 동료이고, 또 그들을 이용하면서 봉사하고 급기야 삼라만상 전체가 나아가는 방향을 제시하고 주도한다. 인간을 개인으로 단절, 구획하기보다 가정, 향촌, 국가, 천하라는 외부 세계와 조화롭게 연접하여 혼연의 일체감을 가지게 되는 것을 가장 큰 즐거움과 행복으로 쳤다. 생리학에서 세포-조직-기관-개체가 긴밀하게 조화하여 한 단위의 생명체가 활동하는 것과 유비된다. 땅 위의 인간이 천지 생명의 인드라망 속에서 누릴 수 있는 무상의 복락(福樂)이다. 서유구는 이것을 천지녹양지은(天地祿養之恩)에 대한 보답이라고 했고, 또 그것은 자연히 부생모육지은(父生母育之恩)에 대한 보답이 된다고 했다.[4] 유학의 최고 도덕률과 천지라는 자연법칙의 멋진 랑데부다. 거기에서는 인간이 일용의 범사에 활동하여 오관구열(五官俱悅)의 상태에 머무는 것이야말로 최고의 윤리다. 건강한 신체와 든든한 감성을 갖춘 사람, 따뜻한 가족 성원이자 유능한 사회 구성원, 천지와 공감하면서 만물의 안위를 책임지는 주체로서의 삶이 주는 존재 근원의 기쁨이다.

『임원경제지』에는 유학을 근간으로 하는 한국 전통 지성의 정신이 깊이 투영되어 있다. 서유구의 학문을 추적하면서 본 조선 성리학의 품은 그만큼 넉넉한 것이었다. 서유구의 학술에는 조선 유학의 학문적 경로와

훈련이 깊이 배태되어 있는 것이었다고 말하지 않을 수 없다. 그것은 기존의 문명 전통을 망라하면서도 시대의 흐름을 살피는 안목으로 다시 새로운 단계로 나아가는 자세로 나타났다. 서유구는 동서고금의 모든 지식을 포괄하는 백과전서『임원경제지』를 편찬했고, 우리나라 명문장을 모두 채록하여 중국에 버금가는 문명으로서의 자부심을 드러내는『소화총서(小華叢書)』를 기획했으며, 유교 문명의 시대적 흐름에 걸맞게 13경 주해서를 새로 편찬하고자 하였다. 앞서 보았듯이 이런 포부의 바탕에는 유불선 삼교 통합을 지향하는 종유통선불지도(宗儒統仙佛之道)의 뜻, 문장과 학문이 하나로 융회되는 도문일치(道文一致)의 꿈, 천공과 인공이 합일되는 자연경(自然經)의 이상이 그의 삶 속에 펄펄 뛰고 있었던 것이다. 그는 이런 꿈을 옛사람들이 이루고자 했던 '불후의 성사[不朽盛事]'라고 했다. 이것이 어찌 서유구 개인의 재능에 의한 희망과 바람으로 그칠 것인가?

부친 서호수(徐浩修)가 자신을 마테오리치(Matteo Ricci)의 정통 계승자로 자부하는 데에 일말의 거리낌이 없었고, 수학과 천문, 음률의 모든 원리를 정교하게 정리 회통하여 주자(朱子)가 간절히 염원했던바 천고일쾌(千古一快)를 다시 한번 당대에 이루려 했다. 조부 서명응(徐命膺) 역시 가장 먼저 경위도를 정밀 계산하여 국가 행정에 적용할 것을 주창했고 서학의 모든 과학기술이 그 원류에서 인류 공통의 자산임을 독창적인 방식으로 설득했다. 동시대의 박지원, 박제가, 홍대용이나 조금 더 거슬러 이익, 이수광, 유형원이 그 시대적 자세가 다르지 않았다. 퇴계 이황, 율곡 이이 역시 그런 범주에서 뚜렷한 광채가 나타났으며, 조선 개국 초의 정도전, 권근, 변계량이 활약하던 때의 분위기는 더욱 활기차고 자신감이 넘쳤다.

조선조 전체를 두고 살폈을 때 이들은 모두 기존의 습속과 관행적 사고를 일찌감치 뛰어넘은바, 유불선의 세계를 아우르고 서학의 성취를 자유롭게 드나들었던 진정한 세계인이요 천하인이며 인류문명인이었던 것이다. 한국의 지성과 전통은 이런 기존의 습속과 관행적 사고를 극복하고, 새로운 방향을 적극적으로 모색하고 실천해온 과정이다. 그런 태도에는 금기가 없고 과감하고 용감무쌍하였다. 모든 진리를 편견 없이 개방적으로 받아들이고, 가장 오래 지속되는 인류 보편에게 적용될 만한 결과물로 펼쳐내려는 정신이 바탕에 있다. 한국 문명의 성취와 업적은 시대와 지역을 넘어 면면하게 이어져온 그 정신에 입각해서 이루어진 것이라 하지 않을 수 없다.

현대 한국은 제조업과 서비스업을 망라하여 기업이 국가 생산력 발전의 엔진을 담당하고 있는 사회다. 무역을 주축으로 한 물류 산업은 소위 이용후생이 될 만한 모든 기술과 물품을 지구촌 곳곳에서 자유롭게 도입하고 제조 가공하며 다시 세계의 시장에 내놓아 평가를 받는다. 풍석이 그토록 길러내기를 갈망한 새로운 기술과 물품, 곧 물류와 유통의 에이전트, 호사자가 맘껏 활동하며 무역을 수행하는 사회가 아니었던가? 게다가 그 과정에 일의 효율과 의의를 알아가며, 일 속의 '삼매'를 느끼고 살아가는 사회라면 우리의 현존에서나 다음 세대의 이상으로 제시하기에 부족할 것이 무엇인가. 우리나라가 2차 대전 이후 피원조국에서 원조국의 지위에 올라선 그 근원의 역량에 대해 표면적 설명을 넘는 이유를 여기서 찾아볼 수 있지 않을까? 일이십 년 단위가 아니라 백년 또는 천년 단위 장기간의 관점으로 역사적 정신적 배경과 함께 실제로 일어난 구체적 활동을 포함하는 또렷한 이미지를 찾아볼 수는 없을까? 『임원경제지』 속에서 오늘날 세계에서 재조명되고 있는 한국 문명의 가치를 찾아보는 이유다.

〈주석〉

1부 서론

1. 『林園經濟志』「灌畦志引」, 況玆林園雅標, 分畦布種, 抱瓮灌苗, 實是恒需之, 不可少者.

2. 『林園經濟志』『贍用志』「訓工」"論士夫宜留意工制".

3. 『林園經濟志』「倪圭志引」然食貨之術, 固君子所不取, 亦君子所不棄也.… 故食之之術, 不可不講. 於其術也, 又有別焉. 農者本也, 賈者末也. 是書也, 始於本利, 重農之道也; 終以倪圭, 爲其末而輕之也.

4. 전종욱 "조선물질문명 개역의 서, 임원경제지". 한국과학기술학회 학술대회 (2018). 106-115쪽.

5. 故曰 或勞心 或勞力 勞心者 治人 勞力者 治於人 治於人者 食人 治人者 食於人 天下之通義也. 『맹자』「등문공 상」.

6. 심지어 서릿발 같은 유교합리주의를 융통성 있게 적용하여 민간의 부적이나 주술도 때로는 그럴 만한 이유가 있을 것이라며 허용하기도 했다.

7. 이경해경(以經解經)은 경전의 뜻을 풀이하는 데 다른 책이나 사람의 주석을 별도로 붙이기보다 해당 경전 속의 언어를 사용해 풀이하는 방식이 낫다는 의미의 고전학 용어다. 노자 주석가 왕필(王弼)이 '노자도덕경을 노자도덕경으로 풀이한다'는 뜻으로 '이로해로(以老解老)'라는 용어를 쓰기도 했다.

8. 전종욱 "조선물질문명 개역의 서, 임원경제지", 한국과학기술학회 학술대회 (2018). 106-115쪽. 일부 내용은 수정하여 여기에 실음.

9. 조창록, "楓石 徐有榘에 대한 한 硏究: '林園經濟'와 『樊溪詩稿』와의 관련을 中心으로"(成均館大學校 박사학위논문, 2003); 조창록, "풍석 서유구의 『금화경독기』", 『한국실학연구』 Vol.0 No.19 (2010); 서유구 저, 조창록 역, 『번계시고』 (풍석문화재단 자연경실, 2018).

10. 김대중, "풍석 서유구 산문 연구" (서울대학교 박사학위논문, 2011). '임원경제학'은 그해 졸업논문 소개란에서도 중요한 개념으로 표현되었다. "2011년도 졸업논문 소개", 273쪽.

11. "서유구의 선진 농업 제도화를 통한 국부 창출론." (서울대학교 박사학위논문, 2014).

12. 현재 16지 중 13지가 출간되었다. 2023년까지는 「인제지」를 제외한 15지가 모두 완간될 예정이다. 「인제지」는 그 호한한 분량 때문에 내용의 완결과는 별도의 펀드가 필요한 상황이라고 전해 들었다. 본서의 저술 과정에서 필자는 임원경제연구소의 출간 또는 미출간 원고를 제공받는 등 큰 호의를 받았다. 만일 이런 행운이 없었더라면 본서가 정해진 일정 안에 완성되기 어려웠을 것이다. 이 자리를 빌려 큰 감사의 뜻을 전한다.

13. 재단법인 실시학사 편,『풍석 서유구 연구 상·하』(사람의무늬, 2014). 그리고 이에 대한 전종욱의 서평, "임원에서 시작하는 조선 유학의 마지막 변주—임원경제지",『태동고전문학연구』(2019), 299-309쪽 참조.

14.『풍석 서유구 연구 상 하』에서의 논의가 포함된다.

15.『13경전설』은 숙부 서형수와의 편지 속에 그 생각의 일단이 드러나 있다. 재단법인 실시학사 편,『풍석 서유구 연구 하(이봉규)』(사람의무늬, 2014), 312-313쪽. 또 서유구 가(家)에서 기획했던『소화총서』편찬 작업은 완결된 것은 아니지만, 우리나라의 우수한 서적들을 망라하여 경사자집(經史子集)으로 분류하여 총집하고자 기획되었다. 경익(經翼) 부분(총 20종)에 안배되어 있다. 이규경,『오주연문장전산고』, 경사편, 「소화총서변증설(小華叢書辨證說)」은 이덕무의 발의로 이의준, 서유구 등이 편집에 참여한 것으로 기록되어 있다. 버클리본에 「소화총서 목록」이 수록되어 있는데, 다산의『주역사전』,『아방강역고』를 비롯하여 본인의『행포지』,『종저보』등의 저술이 포함되어 있다. 개관서 168쪽 참조.

2부 총론 :『임원경제지』의 탄생과 그 의미

1장『임원경제지』의 탄생 배경

1. 풍석 서유구 지음, 정명현·민철기·정정기·전종욱 외 옮기고 씀,『임원경제지(林園經濟志): 조선 최대의 실용백과사전』(씨앗을뿌리는사람, 2012), 258쪽 참조.

2. '오비거사'는 풍석이 자신에게 붙인 호로, 인생에서 5가지를 허비했다는 뜻의 겸사다.

'생광'은 죽기 전에 미리 만들어놓은 무덤, '자표'는 묘비에 쓸 글을 자신이 썼다는 뜻이다. 『楓石全集』『金華知非集』 卷6 「墓表」 '五費居士生壙自表'(『韓國文集叢刊』 288, 424-425쪽).

3. 『풍석전집』〈금화지비집〉 권6 "묘표" '오비거사생광자표' 참조.

始吾從仲父明皐公受檀弓考工記唐宋八家文. 嘐然有志于柳子厚歐陽永叔之文章. 旣而讀詩書四子書則又說鄭司農之名物. 朱紫陽之性理. 方其溺苦而未有得也. 不勝其斧之握而推之投也. 亡幾何. 而幹蠱以沮撓之. 遊宦以誘奪之. 昔之所學. 今皆忘之則一費也. 策名之初. 荷正廟渢拂之恩. 使復備數於邇英西淸之列. 則復妄自期于桓氏之稽古. 劉中壘之校書. 方其策勵而陳力也. 不勝其手之胝而目之蒿也. 亡幾何. 而羊腸在前. 瞿塘在後. 轉折柁失. 迤如而不前則二費也. 夫然後廢然俛就于東陵之瓜. 雲卿之蔬. 氾勝之. 賈思勰之樹蓺. 經營籌度. 積有日月. 不謂無競之地. 亦且有物斯之. 齟齬絆攣. 願莫之遂. 而卒之生棟覆屋. 萬緣瓦裂則三費也. 歲癸未明皐公自海而陸. 甲申謫籍永滌. 而余復廁于朝. 春陽煦煦. 枯荄再榮. 歷敭華膴. 致位崇顯. 而才短性疎慵. 立朝無吁咈之謨. 居官無補報之績. 及其秊至慮耗. 丐休▨休. 追惟往跡. 幻若浮漚. 此一費也. 屛避之初. 爲在憂忘憂也. 薈萃博采. 纂林園經濟志. 部分十六. 卷分百十. 弊弊乎丹鉛甲乙之勞者. 首尾三十餘年. 及其書潰日成. 以之壽梓則無力. 以之覆瓿則有餘. 此又一費也.

4. 서유구가 심상규에게 뱅어 선물을 보낸 데 대한 심상규의 감사 시가 남아 있다. 본서 361쪽 참조.

5. "余獨弊弊乎農家者流,窮老盡氣而不止之者, 是誠何爲也?吾嘗治經藝之學矣, 可言者, 昔之人言之已盡, 吾又再言之三言之, 何益也? 吾嘗爲經世之學矣, 處士揣摩之言, 土羹焉已矣, 紙餠焉已矣, 工亦何益也?" 『杏蒲志』 「杏蒲志序」(『農書』 36, 4쪽). 211-212쪽 참조.

6. 김대중, "풍석 서유구 산문 연구" (서울대 박사학위논문, 2011), 152쪽. "余年七歲從塾師授史." 徐有榘, 『金華耕讀記』 卷4 「豫讓」 5면. 숙사(塾師)는 유금을 가리킨다.

7. "탄소 유금의 제문(祭柳君彈素文)"과 "기하자의 죽음에 곡하며(送遠辭哭幾何子)"가 그것이다. 김대중, 앞의 책, 246-252쪽 참조.

8. "始吾從明皐先生受檀弓·考工記·唐宋八家文, 嘐然有志於柳子厚·歐陽永叔之文章. 旣而移家于蓉洲, 得見愚山李先生于西湖, 則又說鄭司農之名物·朱紫陽之性理, 方其溺苦而未有得也." 『楓石全集』『金華知非集』 卷2 「書」 '與朋來書'(『韓國文集叢刊』 288, 325쪽). 『임원경제지 개관서』, (씨앗을뿌리는사람, 2012), 141쪽 참조.

9. "憶! 余嘗在明皐精舍, 與楓石子講禮之考工記. 時燈火青熒, 砧聲砰湃在樹間, 楓石子朗誦數遍, 拍案而起曰: '大丈夫爲文, 不當如是耶?' 余笑而頷之. 楓石子豈忘之耶?" 『楓石全集』『楓石鼓篋集』「楓石鼓篋集序」한국고전종합DB 참조.

10. 炯菴曰: '余讀奇器圖說, 回互或難解, 未若此記之歷歷如覩掌紋也.' 『임원경제지 개관서』(2012), 204-205쪽 참조.

11. "沈斗室公之續堂殆過四萬, 趙遊荷秉龜·尹石醉致定二公之家亦不下三四萬卷, 其他鎭川縣草坪里華谷李相慶億之萬卷樓, 徐楓石有榘斗陵里之八千卷, 又其下也." 洪翰周, 『智水拈筆』卷1 '藏書家'. 위의 책, 207-208쪽 참조.

12. 『풍석전집』, 「詩策」, "大凡著述之家, 必先視參攷書籍之多寡, 以定其高下. 故歷觀前代, 其百家諸書之稱以淹博見稱者, 莫不有引用書目, 或盈軸而溢卷. 非以誇耀也, 不如是, 則無以集衆美而成一家之言也."

13. 『풍석전집』, 「上仲父明皐先生論四書輯釋書」, "我東儒者, 苦無讎書之學, 板印一行, 訛舛百出, 絶羣之誤, 牡丹之譏, 在在皆是. 若此者與無書等, 不可不愼也."

14. 김대중, 앞의 논문, 60-61쪽.

15. 이규경은 서유구가 저술한 『종저보』에 대해서, 그 교정과 탈고를 자신이 주관했음을 말하고 있다. 이규경, 『五洲衍文長箋散稿』, 만물편, 「著譜辨證說」, "徐公有榘, 字準平, 號五費, 官至內閣大提學奉朝賀. 嘗輯種諸譜一編. 按察完營時, 刊刻字擺印, 傳行. 旣純廟甲午季秋, 而其校正脫稿, 予實主之." 한국고전종합DB 참조.

16. 이 시집은 당대의 언급이나 선학들의 평은 별로 없다. 일반 시집과는 달리 현저하게 농사의 현장 내용과 기술 지식을 담고 있어, 시집 형식이기는 하지만 서유구의 실용 저술로도 꼽을 수 있다. 조창록 (2001); (2013) 참조.

17. 이들 3대의 학문을 보고 있으면 항상 그리스 철학의 소크라테스-플라톤-아리스토 텔레스의 계보와, 유가 철학의 공자-자사-맹자와 같은 흐름, 또는 근세 철학에서 화이트헤드, 러셀, 비트겐슈타인과 같은 사승 관계가 떠오른다.

18. "丙午, 宣覽叢書, 諭曰: '我東四百年, 無此鉅篇.'" 『保晩齋集』 '保晩齋集跋'(徐有榘)(『韓國文集叢刊』233, 418쪽), 『楓石全集』『金華知非集』卷9「雜著」'保晩齋集跋'(『韓國文集叢刊』288, 475쪽).

19. "나는 14세에 할아버지 보만재 선생께 당송팔가문을 배웠다.(榘年十四, 受唐宋八家文于先王父保晩先生.)" 『楓石全集』『金華知非集』卷5「記」'又思潁亭記'(『韓國文集叢刊』288, 385쪽).

20. "況本史之作, 蓋欲使天下之愚夫愚婦, 一開卷之頃, 需然通曉其種植樹蓺之法, 以施之

實用. 今爲艱深幽澁之語, 使讀者如鉗在口, 則吾恐後世無文者將以是覆醬瓿也. 有榘
怡然覺悟, 退而編成." 『楓石全集』 『楓石鼓篋集』 卷6 「雜著」 '跋本史'(『韓國文集叢刊』
288, 289쪽).

21. 조창록 (2007), 196-198쪽 참조.

22. 「北學議序」, "城郭室廬車輿器用, 莫不有自然之數法. 得之則堅完悠久, 失之則朝設夕
弊, 害民國不細. 今觀周禮, 涂廣有軌, 堂脩有尺, 車轂三其輻則不泥, 屋苴一其峻則易
溜, 以至金石之劑量, 韋革之緩急, 絲之漚漆之豫, 莫不謹書該載,… 自漢以後, 儒者不
能通萬有之數法, 槩曰此百工之事也. 凡當時制度之書, 但載其大綱." 박제가 지음, 안
대회 옮김, 『완역 북학의』 (2008), 9-10쪽 참조.

23. 조창록 (2008), 199-205쪽 참조.

24. 피터 버크 지음, 박광식 옮김, 『지식의 사회사1』 (2006), 150쪽; 조창록 (2008), 199-
205쪽 참조.

25. 余嘗請於公曰, 道者, 形而上者也, 藝者, 形而下者也. 君子語上, 而不語下. 公之所好,
無乃不擇於術乎. 公曰, 然. 吾固無不知也, 夫道無形而易眩, 藝有象而難假. 吾非不好
道也, 所惡 名好道而實不道, 幷 與所謂藝者, 而無得焉爾." 『明皐全集』, 권8, 「幾何室
記」, 한국고전종합DB 참조.

26. 『풍석전집』, 「數理精蘊補解序」, "天下之有言也久矣, 可言者昔之人盡言之. 所已言而
言則爲贅, 所不言而言則其言亦贅. 寰宇以內, 言藝之家, 指難計, 而蔽蒙于昔, 撥霧于
今, 累萬言而無一言贅者, 唯數理精蘊爲然."

27. '자연경'에 대해서는 본서 467쪽 참조

28. 조창록 (2008); "鶴山 徐浩修論", 『민족문화』 31, 177-212쪽.

29. 『역상고성보해』, 『수리정온보해』, 『율려통의(律呂通義)』가 그것이다. 조선의 학자로
서 중국의 황명으로 편찬된 최고 지식 저술을 모두 완벽히 습득하고 그에 대한 문제
점까지 파악해 본인의 생각을 펼쳤다는 점에서 높이 평가되어야 할 것이다.

30. 조창록, "학산 서호수와 『열하기유(熱河紀遊)』", 『동방학지』 (2006).

31. 서호수 저, 김창숙 역, 『열하기유』 (아카넷, 2017). 조창록, 앞의 논문 참조.

32. 위의 책, 326-327쪽.

33. 위의 책, 359-360쪽.

34. 위의 책, 348-349쪽.

35. "楓石子未弱冠, 從余讀五經四子唐宋八家文. 疑必叩叩, 必盡. 一有未契, 卽俛首蹙眉,
屢詁訓, 滋益不說. 苟契矣, 語未竟, 啞啞叫奇. 往往旁觀者, 駭而哎, 而不恤也." 『楓石

全集』「楓石全集序」‘楓石鼓篋集序(서형수)’(『韓國文集叢刊』288, 209쪽);『임원경제지 개관서』(2012), 141쪽 참조.

36. 명고전집 제1권/ 시(詩). 산속 집에서 향불을 피우고 최현(璀絢) 스님과 함께 불경을 강론하며[山齋燒香 與絢上人演佛乘]. 한국고전종합DB 참조.

37. 한국고전종합DB『풍고전집』「해제」 참조하였고, 일부 필자가 수정함.

38. 심경호, "좌소산인문집 해제",『좌소산인문집左蘇山人文集』(亞細亞文化社, 1992) 참조.

39. 서울의 사학(四學)과 각 지방에서 아이들을 교육하던 종9품 관직.

40. 조선시대 내명부 정·종8품의 위호(位號)다.

41. "其饋也, 王父文靖公問曰: ‘聞汝好讀小學. 其書所載嘉言善行, 何事可法?’端人對曰: ‘言先于行, 不敢也.’ 文靖公喟然曰: ‘遜而文! 孰謂是女子乎?’"『楓石全集』『金華知非集』卷7「墓誌銘」‘嫂氏端人李氏墓誌銘’(『韓國文集叢刊』288, 437쪽).『임원경제지 개관서』(2012), 142쪽 참조.

42. "酒作絶命詞曰: "生醉死亦夢, 生死元非眞. 髮膚受父母, 何事視若塵. 泰山與鴻毛, 隨義互詘伸. 念我結髮情, 自非時俗倫. 伉儷兼金蘭, 倐已五十春. 未解悅己容, 庶報知己恩. 今也得死地, 片心可質神. 捐生謝知遇, 安得全吾身." (중략) 不粒食不櫛髮不易衣, 無寒暑持一弊被, 不改卧處者, 首尾十九月, 而始克遂其志焉."『楓石全集』『金華知非集』卷7「墓誌銘」‘嫂氏端人李氏墓誌銘’(『韓國文集叢刊』288, 438쪽).

43. 강응천 편,『18세기 왕의 귀환』(민음사, 2014), 107-123쪽.

44. 물론 1778년 연행한 채제공(蔡濟恭)은 여전히 청의 문물은 오랑캐의 것이라 전혀 볼 만한 것이 없다고 단정했다. 그의『함인록(含忍錄)』은 이런 인식을 그대로 드러낸다. 함께 채제공을 따라갔던 박제가가 그 유명한『북학의』를 저술한 것은 아이러니하다. 마치 임난 직전 일본에 통신사로 파견된 황윤길과 김성일이 같은 풍신수길과 일본을 두고 전혀 다른 보고를 한 것과 같은 양상이 채제공과 박제가의 경우에서도 반복되고 있는 것이다.

45. 안대회·이현일,『한국산문선7』(민음사, 2017), 282쪽; 이희경의 ‘한어’ 참조.

46. 18세기 후반의 건륭제대는 청의 전성기임과 동시에 쇠퇴의 조짐이 함께 나타난 시기였다. 당시 청조에는 인구의 폭발적 증가로 사회 전반에 경제적 압력이 가중되는 가운데 중앙과 지방 행정체계의 이완과 침체, 사치 풍조와 부패의 만연, 각종 반란의 폭발 등 여러 문제가 나타나고 있었다. 강응천 편,『18세기 왕의 귀환』(민음사, 2014), 115쪽 참조.

47. "현재 백성의 생활은 날이 갈수록 곤궁해지고 국가 재정은 날이 갈수록 고갈되고 있는데 사대부가 어찌 수수방관하고 구제하지 않는가?" 박제가 저, 안대회 역, 『북학의』(돌베개, 2013), 29쪽, '자서' 참조.

48. 천주교에 대해 홍대용은 "유가의 상제라는 이름을 훔치고, 불가의 윤회설로 치장한 것"이라고 비판했고, 박지원은 "지나치게 높고 먼 곳에 서서 교묘한 데로 치우친 설교를 늘어놓아 하늘과 사람을 속이는 죄과에 귀착하고 의리와 윤리를 손상시키는 구렁에 저절로 빠지는 줄 모르고 있다."라고 했다. 강응천, 앞의 책, 120-121쪽 참조.

49. 『임원경제지』「섬용지」서문 참조.

50. 정명현·김정기, 『임원경제지 본리지2』(소와당, 2008), 599쪽, 652쪽 참조.

51. 조창록 (2001), 305-309쪽 참조. 이후 시문과 관련된 내용은 조창록의 논문을 주로 인용하여 정리한 것이다.

52. 홍현주, 『海居齋詩集』「又分園字」.

53. 서유영, 『雲皐詩抄』, "族兄楓石尚書(有榘氏), 致政家居, 夜邀洪沆瀣(吉周)丈原泉經臺賦詩, 經臺初入詩社".

54. 洪敬謨, 『冠巖叢史』권8, 「祭楓石徐公(有榘)文」, "固守先正之法程, 而每見手丹墨二毫, 終日一語. 然叩所學, 援古證今, 具有經緯, 如坐古人之旁, 而爲商確也. 第觀其家園諸志, 罔非利用厚生之事, 尤可驗經濟之才猷, 而嘗一臠可知全鼎也."

55. 박규수, 『瓛齋集』권3, 「呈徐楓石致政尚書」; 김명호 (2008), 223쪽 참조.

56. 서유구가 생의 마지막을 보낸 두릉은 정약용의 거처가 있던 곳으로, 홍석모는 그곳을 다음과 같이 읊고 있다. 『陶厓詩集』권18, 「苕上雜詠」, "茶山事業遺珍笈, 楓石詞翰老硏經. 斗渚如今江左地, 時人爭道聚文星." 김명호 (2008) 참조.

57. 『海藏集』권3, 「種甘藷」, "楓石徐尚書爲譜, 悉著其傳種培雍之法, 其利益倍勝於岷山之蹲鴟渤海之薙韭. 近得數本於南中, 治小圃, 照譜蒔種, 將以廣播根植, 利濟艱食. 人或笑其迂, 而自謂寓經濟之志云."

58. 이규경 지음, 최주 역주, 『오주서종박물고변』(학연문화사, 2008), 16쪽. 원문은 뒤에서 5*으로 표기됨. "…是書也 庶可爲一斑之見而亦足爲山居之經濟矣."

59. 「五洲衍文長箋散稿序」, "世之爲論者以爲, 名物度數之學, 漢代以後, 絶已久矣…. 逮于皇明之末造, 中土人士駸駸然入于其中, 打成習尚, 以不知此道爲恥, 如徐玄扈, 王葵心之流, 崛起絶學之後, 多所啓發, 創始象數之學, 名物度數, 煥然復明於世, 從玆以後, 崇門名家稍稍出焉." 김채식, "이규경의 『오주연문장전산고』 연구"(2008), 41쪽 참조.

60. 경화세족이었던 서유구 집안은 해외 문물 도입에도 매우 유리한 교통 요지에 거주

지를 두고 있어 자연스럽게 당시 중국 명·청대 학술을 접했다. 당시 중국은 황종희 (黃宗羲), 고염무(顧炎武), 왕부지(王夫之)로 대표되는 고증학과 마테오리치[利 瑪竇], 아담샬[湯若望] 등 서양 선교사의 영향 아래 매문정(梅文鼎), 대진(戴震), 서광계, 송응성(宋應星) 등의 천문학·산학·농학·공학 등이 크게 발흥했다. 戶川 芳郞·蜂屋邦夫·溝口雄三 共著 (1987), 364-365쪽 참조.

61. 왕징(王徵, 1571-1644). 서안부(西安府) 사람으로 자는 양보(良甫)이고, 호는 규심 (葵心), 요일도인(了一道人), 지리수(支離叟)이다. 명(明)나라 때의 관리이자 과학자로 서방학술(西方學術)을 습득한 천주교 신도였다. 서방과학(西方科學)을 전파하는 등 동서 문화 교류에 큰 공헌을 하여 '남서북왕(南徐北王)'으로 일컬어진다. 남서는 서 광계, 북왕은 왕징을 뜻한다.

62. 박상영, "『인제지』의 조선후기 의사학적 위상과 의의", 『한국실학연구』 (2013), 565-567쪽 참조.

63. 『지비집』, 「示七輔」, "吾於丙寅以後, 凡四遷其居, 金華以山無拱抱, 迫近官路棄, 帶湖 以背無靠依, 土亦赤黏棄, 樊溪以基窄田塉, 經濟莫施棄. 近所占斗陵, 江山最昭曠可 喜, 而所乏者前坪耕稼之場耳."

64. 『瓛齋集』 권9, 「與尹士淵(7) 丁卯」, "弟平生結習, 自放於雲水間, 夢想淸洌佳處. 向得 一老屋於斗陵, 卽徐楓石舊宅也. 自以爲一可意事, 願與吾作桑麻鷄黍之鄰, 如何如何. 得閒覽草, 伏希回信."

65. 『임하필기』 제31권, 순일편, 聽琴大歸, "楓石太史八十二疾革, 使侍者彈琴于側, 曲闋 而終. 此至人忘形尸解之一事也. 余覽公家狀, 及於此, 未嘗不茫然歎息. 凡軒駟鳴呵 敝縕躡屨, 其歸也一也. 公以平日蓄儲, 發於大歸之時, 聽琴怡然無怛化色, 非庸人可跂 也."

66. 『玉坡集』 권1, 장62, 「哭徐楓石」.

2장 『임원경제지』의 통합적 이해

1. 계예(計倪)와 백규(白圭): 계예는 춘추시대 월나라 사람, 백규는 전국시대에 위나라 사람으로 재부를 모으는 데 뛰어났다.

2. 서종태의 논문(2018)에서는 『여지도서(輿地圖書)』를 인용했다고 기록한 「예규지」 권 4의 "팔도 물산"의 조항을 꼼꼼하게 인용서와 대조한 결과, 서유구가 스스로 1/3 이 상 분량을 추가 작성하여 새롭게 재편성했다는 사실을 확인했다.

3. 이헌창의 논문(2009, 2021)은 「예규지」의 팔역장시(八域場市)에 관한 서지적(書誌的)

이해를 증진하였으며, 「예규지」뿐만 아니라 『임원경제지』 전반을 다룸으로써 그 역사성을 보다 포괄적으로 접근하여 평가했다. 이헌창은 개항 이전의 최대 최고의 경제서로 서유구의 『임원경제지』를 평가했으며 서양의 다양한 경제사학자들의 업적과도 비교 검토하였다.

4. 然食貨之術, 固君子所不取, 亦君子所不棄也. 「예규지」 서문. 『임원경제지 개관서』 (2012), 502-504쪽.

5. 공자가 제자를 평가하면서 단사표음(簞食瓢飮)으로도 즐거움을 잃지 않는 수제자 안회(顔回)를 현자라고 높였고 농사에 대한 지식을 물어본 번지(樊遲)를 소인으로 폄하했던 것을 보면 사람이 무엇을 목표로 살아야 하는지에 대한 공감대는 의심할 바가 없다고 했다. 至若君子之修道, 何嘗以溫飽爲志哉? 陋巷簞瓢, 不改其樂者, 與之以'賢哉!' 學稼學圃, 不先禮義者, 斥之爲小人, 其所養可知也.

6. 풍수에서 말하는 일정한 틀에 부합되는 지의 여부와 순역(順逆)의 형세 판별, 오행(五行) 육기(六氣)의 운행 담론과도 연관된다.

7. 『상택경(相宅經)』이나, 곽박(郭璞) 양익(楊益) 뇌풍강(賴風岡)의 저술은 모두 믿을 수 없거나 아직 시비가 판명되지 않은 것이므로 이런 번쇄한 복택의 지식은 모두 내다 버리는 것이 맞다(卜宅者, 舍之焉, 可也.)고 한다.

8. 이 말은 『행포지』 서문에 나온다.

9. 『시경(詩經)』 "그늘인지 양지인지 살피고 물줄기를 관찰하네."

10. 附以八域名基者, 以類從也. 蓋欲使淸修之士 逐所在而逍遙, 知所揀選, 亦雅課之一助也.

11. 居鄕淸修之士, 豈但爲口腹之養哉.

12. 또한 서유구는 경위도 파악이 "농사의 시후를 살피는 삼매(三昧)"라고 표현했다.

13. 凡我同志之士, 或倦游名勝, 或卜居邱園, 卽從其所到所居地方, 用象限子午線等儀, 實測經緯里差之度, 零零湊合, 逐加訂正, 則是編也未必不有裨於欽若授時之晟化. 又豈徒曰田家用天分地之指南而已哉. 情告有心, 盡慾圖焉.

14. 曾於耕穫之具. 紡織之需, 論我法之粗劣, 已種種矣. 厚生之原 蓋有未盡其度者. 至於贍用, 可發歎者 益强半焉. 「섬용지」 서문. 『임원경제지 개관서』 (2012), 933-937쪽.

15. 我人不然. 人自劑量, 工以意出, 擧一方櫛比之屋, 無一中律. 國有人乎哉! 「섬용지」 서문. 앞의 책.

16. 전공(展功)은 부공(婦功)을 펼친다는 뜻이다. 부공이란 방적과 방직, 곧 실잣기와 길쌈을 비롯한 의복 분야 전반의 일을 말한다.

17. 我人自有法, 胡爲求諸中華也? 爲其不善也.「전공지」서문.『임원경제지 개관서』 (2012), 669쪽.

18. 그리고「섬용지」에 실릴 계획이었던 '이용도보'는 실행되지 못했다.

19.「인제지」서문.『임원경제지 개관서』(2012), 1131쪽.

20. "春耕爲本, 秋穡爲利." 本利者, 耕穡之謂也.… 種一本, 得利千百倍也. 故不曰"耕穡"而 必曰"本利"者, 所以歆之也.「본리지」서문.『임원경제지 개관서』(2012), 469-471쪽.

21. "天工, 人其代之"『尙書』「皐陶謨」.「본리지」서문. 앞의 책, 471쪽.

22. 區種. 車戽, 所以彊旱也; 圩岸. 溝洫, 所以制潦也; 糞壤. 淤蔭, 所以變埆爲良也. 같은 곳.

23. 古之人, 敦本敎穡之說, 備矣. 特患蚩蚩之眇能勸相耳. 같은 책, 472쪽.

24. 天之生人, 必與之食, 以保其生.『명심보감』「성심」편의 "天不生無祿之人, 地不長無 名之草"가 이런 뜻과 통한다.

25. 隨取無難, 其順也; 運機乃取, 其逆也.… 是知食蔬茹者, 卽天之與之順之道也. 其食之 在羽者·毛者·鱗介者, 逆其與而用巧也.… 夫人之受之也, 食之以草以蔬者, 順其與而 安之也. 但有函生之氣, 而倒植其首於土, 柔軟不敢自行者, 甘爲人之供, 而固自然者也. 今夫人之食於草也. 皆隨人種而隨人取, 無少難焉.… 凡有血氣覺性蠢動之倫, 疑於 與人同, 而欲相亢者也. 至於羽毛鱗介者, 不要人昵近, 期於避遁者. 而人者暗運心機, 罟擭焉; 鉤籍焉; 攫拏焉, 以充食焉. 관휴지 서문.『임원경제지 개관서』(2012), 519- 522쪽.

26. 古之人有得於此道, 做百事者, 始於咬根, 食三九者, 名以'淸節'. 관휴지 서문, 위의 책.

27. 蓋先有宮室之營, 而繼有栽植之政者也. 栽植之政, 不其要務與? 위의 책.

28. 以五粒松爲柏. 指杉曰檜, 不幾於鼠璞乎; 舍楚曰杻, 奚翅於菽麥乎? 위의 책.

29. 堅韌有用之材自生於山澤呼之以俚語曰朴達也.曰哥沙也,茫然不辨爲何名,至於淸海鎭 折爾苫之內,槪多美材之經冬不凋者,總呼曰冬生樹.名猶不綜,奚暇究其用乎;務實之家所 講明者政在於此矣.「만학지」서문.『임원경제지 개관서』(2012), 613-619쪽.

30. 위선은 고대에 일기 예측을 잘 했던 사람의 이름이다.「위선지」의 내용은 농사짓는 이들이 사용할 수 있는 일기 예측 자료들로서, 이를 바탕으로 밭 갈고 수확하는 일 을 그르치지 않기를 바라는 뜻에서 수록했다고 밝혔다.

31. 왜냐하면 간지란 인간의 작위에서 시작된 것이지 하늘의 소관이 아니며, 절기는 인 간의 의도적 안배에 속하는 것인데 거기에 수(水)나 화(火)의 기운을 억지로 붙일 수는 없다는 것이다. 실질에 힘쓰는 사람이라면, 이런 것을 믿고 따를 수는 없다고

했다.

32. "무릇 태양은 지구를 둥글게 둘러싸 돌고 달과 별은 태양의 기를 받는다. 이들의 운행의 과정에서 더위와 추위, 홍수와 가뭄, 바람과 비, 흐린 날과 맑은 날이 생긴다. 이러한 운행의 법칙을 깨친 자는 기후 예측의 실상을 논할 수 있을 것이다." 大凡太陽包環於地球, 而月星皆受太陽之氣, 於其運也, 有寒暑焉, 水旱焉, 風雨焉, 陰晴焉. 明此道者, 庶可語於候占之實也. 「위선지」 서문. 『임원경제지 개관서』(2012), 722쪽.

33. 畜牧與佃漁二事也, 今同入於一志者, 以義從也. 若比而論之, 其所需蓋有四端焉. 一曰軍旅之需, 二曰般游之需, 三曰貨殖之需, 四曰奉養之需. 「전어지」 서문. 『임원경제지 개관서』(2012), 777쪽.

34. 「정조지」 서문. 『임원경제지 개관서』(2012), 847-849쪽.

35. 「보양지」 서문. 『임원경제지 개관서』(2012), 995-998쪽.

36. 「보양지」 권6 「부모나 노인이 건강하도록 봉양하기[壽親養老]」와 권7 「출산과 육아[求嗣育嬰]」.

37. 「仁濟志引(大阪本), "推占者紛紛然搖其籤, (중략) 一切術數若陰陽五行之家, 動以千數, 其歸蓋救世者. 然都是勞勞而摸虛也. 吾未之知焉. 其有實見而有濟人之功者, 惟醫藥之道乎! 「인제지」 서문. 『임원경제지 개관서』(2012), 1129-1133쪽.

38. "今四庫之所著錄有九十七部一千五百三十九卷. 然其中不能無純駁, 或有託於古人, 而屬以虛假之理者, 或有見道不精, 而妄售繆盭之方者. 惟在明見之擇善耳. 「인제지」 서문. 같은 책.

39. 송대 진언(陳言, 1121-1290)의 저술인 『三因極一病證方論』 곧 『삼인방(三因方)』의 편집 체재를 따랐다. 내인·외인·내외겸인의 순서로 되어 있다.

40. 古之耕者, 三年而通一埶. 유예지 서문. 『임원경제지 개관서』(2012), 1311-1314쪽.

41. 皆所以參酌增刪, 便於林居之用者也. 「유예지」 서문. 같은 곳.

42. 「향례지」 서문. 『임원경제지 개관서』(2012), 1263-1267쪽.

43. 夫吾人之生, 有五官之用焉… 如粟米·葅醢·骰薤之倫, 所以養口者, 極其備矣. 則於耳目與鼻, 獨無所養乎? 「예원지」 서문. 『임원경제지 개관서』(2012), 561-564쪽.

44. 禽獸者急於口腹之養, 無暇及於其外. 惟人則保生以後, 別求所以觀玩之供, 又多於保生焉. 及其甚也, 至有喪邦損軀而不能已者. 「예원지」 서문. 같은 곳.

45. 凡物之養, 有虛者然後, 養實者全矣. 若但知養實之是務, 則所養反鹵莽矣. 必也虛實兼養, 乃可完矣. 養虛非所以養實乎?… 其於人也, 口固吾有也, 耳目鼻亦吾有也. 若但知養彼而不知養此, 則彼養者不其偏乎? 如欲求吾人之供, 必有五官俱悅者, 然後可矣.

「예원지」 서문. 같은 곳.

46. 昔有數人, 訴于上帝,祈其寧. 一人曰:"願榮顯宦途, 貴占卿相." 帝曰:"諾!可賦之." 一人曰:"願富至累巨萬." 帝曰:"諾!亦賦之." 一人曰:"願文章藻詞, 照耀一世." 帝良久曰:"有些難第, 亦賦之." 最後一人曰:"書足以記姓名耳, 産足以資衣食耳, 無他望也. 惟祈林園養雅, 無求於世, 以終身焉." 帝顰蹙曰:"淸福不可於濁世, 爾勿妄干! 更奏其次, 可也." 「이운지」 서문. 『임원경제지 개관서』(2012), 1379-1384쪽.

47. 전종욱, "'호사가'와 '삼매'를 키워드로 본 임원경제지의 정신", 『파주 임원경제지학술대회 자료집』(2020. 09. 03), 29-55쪽. 본고는 이 발표 내용을 일부 수정 정리한 것이다.

48. 或疑吾東風土, 不并于中州, 是不知凡所云風土不宜者, 秖由南北寒暖之不同耳, 卽無論西北豆粟之産. 雖以江南稻種言之, 江南極高三十二度四分, 吾東嶺湖南沿海州郡, 極高三十四度, 其南北寒暖之相去, 果幾何哉? 昔徐玄扈述丘仲深"南北兼種諸穀, 欲令昔無而今有"之言, 曰:"居上者人有此心, 民安得歲死? 悠悠之論, 率以風土不宜爲説, 而余謂風土不宜, 千百中一二; …吾故深排風土之論. 且多方購得諸種, 手自樹藝; 試有成效, 乃廣播之. 凡種, 不過一二年, 人享其利, 卽亦不煩勸相也." 余每讀之, 未嘗不有味乎其仁人之言也. 杏蒲志. 정명현·김정기, 『임원경제지 본리지2』(소와당, 2008). 585-586쪽.

49. 陸海法序 人苟能察其勢而導其氣 則有可通之術 有可濟之業… 此皆因趨下之勢以導之 凡人之所易知而易行者也 若田高而水下 必須設器械而掣(挈)之 豈非智巧者所能得耶 苟求其故 實無覼縷委曲也 人常拘於習俗 且竑量不及 使膏腴之地多不闢 旱潦之歲 未救災 是誠爲牧民者所憂 田夫之所病 或有營始者 一試未效 輒毀其法 不改制作之未盡 是豈創立者之本意耶. 최한기, 『육해법』, 한국과학사학회편 (성신여자대학교출판부, 1989), 3-6쪽.

50. 하백원(河百源, 1781-1845): 호는 규남(圭南). 전라도 화순(和順) 사람으로 진사시에 합격 후 벼슬길을 포기하고 실용 학문에 주력, 자동양수기 자승거(自升車), 펌프의 일종인 항흡기(缸吸器), 짐 나르기용 목우(木牛)와 계영배(戒盈盃), 자명종(自鳴鐘) 등과 『동국지도』를 제작했다. 순창의 신경준(申景濬), 장흥의 위백규(魏伯珪), 고창의 황윤석(黃胤錫)과 함께 호남의 4대 실학가로 평가된다.

51. 조선의 일반적 유학자와 달리 서유구의 조부 서명응의 경우 이 일화를 달리 이해하려 했다. 길고를 쓰면 힘들지 않고 넓은 농지에 물을 댈 수 있기 때문에, 인위적 방식이라도 득이 크다면 활용해야 한다는 것이다.

52. 『주역(周易)』 감괘(坎卦, 곧 水, ☵)의 가운데 효(爻)가 실(實, 양효)한 것이고, 반대로 리괘(離卦, 곧 火, ☲)의 가운데 효(爻)는 빈(虛, 음효)을 염두에 둔 것 같다. 그 결과 수화미제(?)가 순환의 동력을 갖추게 된다는 상수학적 의미가 은연중 깔려 있는 표현으로도 해석이 가능할 것이다.

53. 東史云 高麗正言文益漸 使如元 得木棉種 歸屬其舅鄭天益 種之 初不澆培養之術 幾稿止一莖 在比三年 遂大繁衍 此吾東種棉之始也 當時木綿入中國未久 必以風土不宜 爲疑 而幸得好事如文江城者 傳植 至今衣被一國殆遍八域 益信風土之不足爲拘矣. 『鶹蜂志』, 임원경제연구소, 『임원경제지 전공지1』 (풍석문화재단, 2022), 77-78쪽.

54. (杏蒲志) 我國湖南州郡往往産茶. 李晬光芝峯類說云 "新羅興德王時, 使臣自唐還賫茶子來, 命植智異山." 未知其時賫來者何地之産, 而今湖南之茶要其遺種也. 葉麤大而硬, 煎之, 氣味一似燕肆購來之黃茶, 意採擷蒸焙之未得其法也. 嶺湖南沿海州郡極高, 較中國江浙兩淮等産名茶地方不甚相遠, 地氣寒煖涼亦無異. 或謂風土不宜者妄也. 苟能購得嘉種而栽藝有方, 焙造合宜, 則石花紫筍之名品, 未始不可得於東土矣. 임원경제연구소, 『임원경제지 만학지』, 미출간 원고.

55. 論編壤亦察經緯度. 客有難之者曰 "子誠好事耳. 中國之職方所紀, 遠者或萬餘里, 其治曆授時之必詳於里差, 固也. 如我東彈丸之大, 堇敵中國之一省. 烏用是璅璅爲也?" 余曰 "不然. 我東地勢, 東西狹而南北長. 北之慶源. 慶興, 與宣府. 大同相直, 南之海南. 康津, 與登州. 萊州相直. 長白之下, 四月隕霜, 而耽羅橘柚, 冬不著裘. 此其南北寒暑之差, 與中國何異哉."

56. 按)東人不甚喫茶. 國中自有茶種, 而知者亦鮮. 近自五六十年來, 縉紳貴遊, 往往有嗜之者, 每歲燕輈之購來者, 動輒汗牛馬, 然眞者絕罕, 多雜以樗櫟檀皂之葉, 久服之, 令人冷利. 今略掇中州産茶地方及各種名品, 載錄如右, 俾好事者, 得以購種傳殖焉. 苟其蒔藝焙造之有術, 庶不至捨吾邦固有之眞茶, 而購他域價翔之僞茶也. 앞의 주와 함께 이어짐. 임원경제연구소, 『임원경제지 만학지』, 미출간 원고.

57. 연경에서 도입하는 물건에 대한 이야기는 '수선화' 항목에도 있다. "우리나라에 옛날에는 수선화(水仙, 一名金盞銀臺)가 없었는데 근래 중국 연경의 시장에서 처음 구매하여 들여왔다. 호사들이 그 뿌리를 나누어 화분(畫盆)에 심고 이를 궤안(几案)에 올려두고 좋은 완상품으로 자랑한다. 그러나 값이 비싸서 재력가가 아니면 살 수 없다."『금화경독기』 我東舊無水仙, 近始有購諸燕市而來者. 好事者, 往往以畫盆分根, 置之几案, 詑爲奇玩. 然價重, 非有力者, 不能致也. 『金華耕讀記』, 임원경제연구소, 『임원경제지 예원지』, 미출간 원고.

58. 황정견(黃庭堅, 魯直)은 "대나무의 종류가 이뿐만이 아니므로, 내가 제대로 대나무 역사서를 지으려고 했지만 이루지 못했다."고 했다. 黃魯直謂 "竹類不止於此, 欲作竹 史而未果. 임원경제연구소, 『임원경제지 만학지』, 미출간 원고.

59. "(按) 我國則無多種. 其産於南土者大可以代瓦. 葺屋. 汗靑. 取瀝, 小可以爲笛籥. 箭笴. 筆管. 及佗雜用. 漢水以北, 則惟有烏竹. 斑竹. 慈竹數種耳. 今撮本草農書竹品最著者, 列錄如右, 以備好事者購種傳殖云." 임원경제연구소, 『임원경제지 만학지』, 미출간 원 고.

60. 又有美人蕉·鳳尾蕉·膽瓶蕉·朱蕉·黃蕉·牙蕉·水蕉,諸種. 案; 我東之産, 須多年宿根, 始開花. 然開亦不久, 未曾見結子者. 蓋由地氣不常暖. 每至冬月, 輒剪其莖葉, 埋根土 窖. 春暖再植之. 不若閩廣等地之四時常植在土也. 誠得佳種, 種於嶺湖極南地方, 如 法澆灌, 無由不結實, 但患無好事者耳. 임원경제연구소, 『임원경제지 예원지』, 미출간 원고. 열매를 맺어야 좋은 파초는 혹시 바나나를 말하는 것인지도 모른다.

61. 〈按〉 花卉中, 品類式繁者, 唯牡丹. 芍藥. 蘭. 菊爲最. 今蒐羅前人譜記, 作四種花名攷, 俾好事者, 得以按名購種云. 임원경제연구소, 『임원경제지 예원지』, 미출간 원고.

62. 蔗之用,博矣. 煎而煉之, 曝而乾之. 凝堅如石者爲石蜜, 輕白如霜者爲糖霜, 印成人物 之形者爲饗糖, 夾諸色果蓏則爲糖纏, 和牛乳. 酥酪則爲乳糖. 中國賓俎之羞, 太半皆 蔗出也. 東人獨不知蓻蔗, 必遠購諸燕肆, 非豪貴不能致. 然嶺湖南沿海州郡, 氣候寒 暖, 視中國産蔗地方, 不甚相遠. 苟能傳種勸相, 按法蒔蓻, 蔑不成矣. 特患無好事如文 江城其人耳. 『饗饎雜志』 '당전과'는 임원경제연구소, 『임원경제지 정조지2』 (풍석문 화재단, 2020), 83-84쪽.

63. 곱돌: 납석(蠟石, agalmatolite) 엽랍석(葉蠟石)을 주성분으로 하는 암석 또는 광석의 일반명.

64. 石鼎. 傳稱黃帝始鑄鼎. 其制, 兩耳在上, 三足居下, 中畫雲雷百物之象. 好事者, 或倣 古制, 琢石爲鼎, 兩耳三足, 中刻雷紋, 作爲林園淸供, 亦不多見也. 或養生家, 爲蒸飯 軟爛, 用石鼎; 朝夕炊飯, 則仍用釜制, 支灶而炊. 蓋作鼎之石, 另有一種, 密理而軟, 受 釜鑿如木, 色烏黑或靑白. 今梓人用作煎膠器者, 是伊川産者, 最佳. "俗呼곱돌. ○『金 華耕讀記』" 石鼎, 宜鏃木爲蓋. 苟鼎, 倣古制, 則蓋上, 亦當作饕餮鈕. 임원경제연구소, 『임원경제지 섬용지1』 (풍석문화재단, 2022), 329-330쪽.

65. 千金要方. 甲子日 取菖蒲一寸九節者 陰乾 百日 爲末 每酒服方寸匕 日三服. 久服 耳 目聰明 益智不忘. 七月七日 取菖蒲爲末 酒服方寸匕 飮酒不醉 好事服而驗之, 久服 聰明. 임원경제연구소, 『임원경제지 보양지2』 (풍석문화재단, 2022), 292쪽.

66. 윤동섬(尹東暹): 조선 후기 대사헌·이조참판·이조판서를 역임했고, 〈달천사비(達川 祠碑)〉·〈임경업충렬사비(林慶業忠烈祠碑)〉 등 다수의 금석문을 작성했다.

67. 연석(燕石): 중국 북경 근처의 연산(燕山)에서 나는 돌. 모양이 옥과 비슷하지만, 별 가치가 없다.

68. 金華耕讀記. 尹尙書東暹, 最工隷書, 購集漢魏隷碑, 總四十餘卷, 雖其眞贗相雜, 燕 石眩玉, 而蒐羅之富, 中州好事家之所罕有云. 임원경제연구소, 『임원경제지 이운지3』 (풍석문화재단, 2022), 153쪽.

69. 염(閻)·오(吳)·왕(王)·이(李): 당대의 대표적 화가들인 염립본(閻立本), 오도자(吳 道子), 왕유(王維), 이사훈(李思訓)을 줄여서 한 말이다.

70. 案. 昔人謂, 書畵非千年物, 蓋以其易敗也. 書則猶有石刻撫楊, 故秦碑·漢碣, 尙可見 其典型, 至於圖畵, 只恃絹素, 尤易鎖毁. 世所傳, 閻·吳·王·李之筆, 大抵皆贗鼎耳. 今 斷自宋元, 探錄見存眞蹟, 俾好事者按名購求. 儻有遺漏, 容俟訪補. 앞의 책. 519쪽.

71. 중수(仲殊, ?-?): 중국 송나라 승천사(承天寺)의 승려로 소식(蘇軾, 1036-1101)과 교 류했다.

72. 季春看花局 釋仲殊《花品序》云: "每歲禁煙前後, 置酒饌以待來客, 賞花者, 不問親疏, 謂之'看花局'."

我東京都賞花, 最稱弼雲臺杏花'北笛洞桃花每歲季春, 訪花隨柳者, 多集于此, 處處主人, 能灌園藝畹, 竹扉茅亭以迎賓客. 至於鄉野, 花節差晚, 勝地亦無定處, 唯在好事者, 粧 點園池之如何耳. 金華耕讀記. 임원경제연구소, 『임원경제지 이운지4』 (풍석문화재단, 2022), 530쪽.

73. 子貢問曰, 貧而無諂, 富而無驕, 何如? 子曰, 可也, 未若貧而樂, 富而好禮者也. 『논어』 「학이」 제1.

74. "벗 심상규에게 나의 초상화에 대한 글을 부탁하는 편지[與沈穉敎乞題小照書]". 안 대회, 이현일, 『한국산문선8』(민음사, 2017), 205-207쪽. 서유구 항목 참조. 내용은 필자가 다시 요약함.

75. 삼매의 상태를 규정하는 방식은 동서고금이 별로 다른 것 같지 않다. 사물의 핵심 을 간파해내어 내면에 기쁨이 일어나는 상태인데, 이런 불교 용어를 차용해 쓰는 여 유가 있다. 조선 성리학은 본질상 불교 논리를 내면화한 것임을 상기해도 좋을 것이 다. 앞서 호사가 항목의 '백월비'에서 나온 말이 참고된다. 부처와 노자의 언어라도 거기에 가치 있는 것이 포함되어 있으면 배척하지 않는다고 했다.

76. 徐玄扈思以南北緯差載之農書, 令知寒暖之宜, 以辨土物而興樹藝. 余每讀之, 未嘗

不擊節曰 "此農穡之三昧也." 然今考徐氏農書, 不少槪見, 何哉. 豈未之逞歟. 抑以其 說已詳於崇禎曆, 指此無用架疊也乎. 정명현·김정기, 『임원경제지 본리지1』 (소와당, 2008), 404쪽.

77. 草曆. 余所論北極緯差, 亦槩言南北寒煖之候耳. 其實同在一度之內, 而山高則多寒, 下 濕則多暑. 同 在一山之中, 而山陽先春, 山陰後榮, 冒而作事, 其不至於費種而敗事也, 鮮矣. 然則如之何而可也. 呂覽曰 "見生而樹生, 見死而穫死", 此二語實爲稼穡審時之 三昧. 不論南北高下, 秪觀當地草木之生死榮悴, 作爲耕農播穫之日曆. 夫豈有先時後時 之差失哉. 今採俚諺之占草木爲播種之候者, 著之如左, 名之曰草曆云. 『杏蒲志』 같은 책, 429쪽.

78. 凡種, 欲牛遲緩行, 種人令促步, 以足躡蕫底. 「注. 牛遲則子勻, 足躡則苗茂. 足跡相接 者, 亦可不煩撻也.」熟, 速刈; 乾, 速積. 「注. 刈早則鎌傷, 刈晚則穗折, 遇風則收減, 濕 積則藁爛, 積晚則損耗, 連雨則生耳. 齊民要術. 案. 賈氏此段, 雖專論種粟之法, 而賈 書敍五穀, 粟居其首. 故凡陸種諸穀 樹藝鋤穫之法, 皆於此發其凡而提其綱. 陸農三昧 盡於此矣. 凡爲神農許行之學者, 所宜熟讀而細繹焉.」 정명현 김정기, 『임원경제지 본 리지2』 (소와당, 2008), 280쪽.

79. 진무인(陳懋仁): 명(明)나라 사람. 천주부(泉州府)의 경력(經歷)을 지냈으며, 저술에 『천남잡지』가 있다. 천남은 천주부의 별칭이며, 천주는 복건성(福建省) 진강현(晉江 縣)에 해당한다.

80. 陳懋仁, 泉南雜志云, "泉庚所儲, 晚稻也. 多擊則殼破, 少擊則芒留, 兩者皆可引蚨. 安 得出陳易貯早稻, 使民髓不爲消竭也." 此謂早稻耐陳而晚稻不耐陳也. 若論吾東之産, 則晚稻亦未始不耐陳. 豈泉南卑濕, 其稻品與藏法, 俱不幷東北耶. 然殼破芒留, 皆可 引蚨'數句語, 亦可謂能得蓋藏之三昧矣. 『杏蒲志』. 같은 책, 436쪽.

81. 서차탁(徐次鐸): 송대(宋代) 사람으로 『복감호의(復鑑湖議)』(復鏡湖議라고도 함)를 지었다.

82. 修復陂塘法. 大曰湖, 小曰池. 湖池之隄岸, 曰陂, 曰塘, 曰堰, 皆瀦水之制也. 我國池塘, 處處有之, 俗號防築. 至於湖蕩, 則絶罕. 唯金堤之碧骨池, 光州之景陽湖, 尙州之恭儉 池, 洪州之合德堤, 堤川之義林池, 延安之南大池, 永柔之德池, 俱漑田數千頃, 號爲一 方巨浸. 而今歲月彌遠, 瀦淤益甚, 或侵作宮莊, 或設爲營屯. 樂歲租課之入不能補荒 年撤放之失, 而江衍之廢鏡湖, 樓异之佃廣德, 異世同歎矣. 其革侵佔·禁淤塞, 卽有司 事耳, 非可以謀於野者, 而大抵開復舊湖之法, 則次鐸之復鏡湖議, 獨得三昧. 故治湖之 法, 不越乎"修堤堰·固寶堌·節宣以時"而已. 苟能此, 千頃之陂. 萬畞之塘, 開之不難,

而况乎復之云乎哉. 然濬湖者, 勢必置土於隄岸; 築隄者, 勢必取土於湖內, 則二者又相成而不相悖矣. 「杏蒲志」. 정명현·김정기, 『임원경제지 본리지1』 (소와당, 2008), 272-274쪽.

83. 治酒材法. 案. 酒材, 卽秔稻等釀酒之米是也. 凡酒米, 淨洗爲貴, 故古方皆以百洗爲度. 苟不淨洗, 則味惡而色濁也. 造酒飯, 須水浸經宿, 然後易爛. 又須放冷入甕, 然後不酸. 故'百洗, 浸宿, 放冷'六字, 卽釀酒三昧也. 임원경제연구소, 『임원경제지 정조지4』 (풍석문화재단, 2020), 30-31쪽.

84. 『제민요술』에… 있다:『農政全書』 卷28 「樹藝」 "蔬部"(『農政全書校注』, 719쪽).

85. 案. 徐玄扈云: "『齊民要術』所著食物烹治, 古今習尙不同, 有難施用." 況今後玄扈百餘年乎! 又況我東習尙與中州懸殊也乎! 特載此方者, 誠以"擇甕不津, 置甕石上, 面太歲, 和料 仰甕口曝之, 雨卽蓋甕無令水入, 及百日始熟等法", 皆爲造醬三昧, 不以古今東西異也. 임원경제연구소, 『임원경제지 정조지3』 (풍석문화재단, 2020), 173쪽.

86. 孫思邈法. 深掘大根, 厚削至白. 寸切水浸, 每朝易之. 五日取出, 擣之以力. 貯以絹囊, 濾爲玉液, 候其乾矣. 可爲粉食, 雜以粳糜, 皷起雪色似乳酥酪, 食之補益. 此作瓜蔞粉三昧也. 「饔饎雜志」. 임원경제연구소, 『임원경제지 정조지1』 (풍석문화재단, 2020), 495쪽.

87. 臂鷹者, 獨坐高阜少樹木四眺不礙處, 先使衆獵戶持杖打草. 且發縱獵狗, 穿林搜叢, 雉纔驚起, 臂鷹者釋縱放鷹, 則一展翩已攫取矣. 少緩則失雉. 坡翁所謂"免起鶻落, 少縱則近"者, 儘鷹獵之三昧也.(후략). 임원경제연구소, 『임원경제지 전어지2』 (풍석문화재단, 2020), 36-37쪽.

88. 論卜居先看水土 昌黎《送李愿盤谷序》擘頭稱"泉甘而土肥", 余謂此翁最得相宅三昧. 蓋泉不甘則居之多疾, 土不肥則生物不遂. 縱使陰陽, 向背盡合形家之法, 何可爲將來范昧之禍福, 昧目下切身之利害哉? 故凡問舍求田, 苟得泉甘土肥之地, 其他都不須問也. 『金華耕讀記』 임원경제연구소, 『임원경제지 상택지』 (풍석문화재단, 2019), 97쪽.

89. 山谷云"泃泃乎! 如澗松之發淸吹. 浩浩乎! 如春空之行白雲", 可謂得煎茶三昧. 『巖棲幽事』 임원경제연구소, 『임원경제지 이운지1』 (풍석문화재단, 2020), 278쪽.

90. 東坡蟹圖 山靜居畫論, 東坡畫蟹, 瑣屑毛介, 曲隈芒縷, 備俱. 所謂 遊戱亦有三昧也. 임원경제연구소, 『임원경제지 이운지3』 (풍석문화재단, 2020), 538쪽.

91. 그 밖에도 송나라 문인들이 달성한 예술적 경지를 '송인삼매(宋人三昧)'라고 표현했다. 대진(戴進, 1388-1462)이 그 경지를 달성했다고 한다. "대진(戴進)의 산수화, 인물화 및 신선 그림은 그 고아함이 송인들이 달성한 최고 경지[삼매]를 얻었다. 그가

송나라 명화를 임모한 것은 거의 진본과 같고, 종이에 색을 입히고 물을 들이는 빠른 속도는 황공망·왕몽 등의 그림을 본받았으나 그 두 작가보다 낫다.(如戴文進之山水人物神像, 雅得宋人三昧, 其臨摹倣效宋人名畫, 種種逼眞, 其生紙着色, 開染草草, 效黃子久. 王叔明等畫, 較藤二家.)" 임원경제연구소, 『임원경제지 이운지3』 (풍석문화재단, 2020), 501쪽.

92. 陸務觀之言曰：“觀《蘭亭》, 當如禪宗勘辨入門, 便可. 若待渠張口, 堪作什麼? 識者一開卷, 已見精麤. 或者惟求點畫, 參以耳鑑, 瞞俗人則可, 但恐王內史不肯耳. 此說最得鑑賞三昧矣. 『금화경독기』. 임원경제연구소, 『임원경제지 이운지3』 (풍석문화재단, 2020), 227쪽.

3장 『임원경제지』 기술 지식의 특징

1. 愛生惡死. 人與物同也. 但人有智而物無智. 人能言而物不能言. 人力能制物. 而物不能制人. 人用是故殺而食之不忌. 此豈天理. 爲君子者. 宜有以惕念之哉 〈芝峯類說卷十九 食餌〉 한국고전종합DB.

2. 民吾同胞 物吾與也. 然草木無知覺 與血肉者有別 可取以資活 如禽獸貪生惡殺 與人同情 又胡爲忍以戕害. 〈성호사설 제12권〉 인사문(人事門) 식육(食肉) 한국고전종합DB 참조.

3. 「관휴지」 서문 주석 참조. 앞의 책.

4. 물론 이 말의 원류는 성리학의 선구자 중 한 명인 장횡거(張橫渠, 1020-1077, 이름은 재[載])로서, 그의 '서명'에 나오는 말이다.

5. 鯨, 冬月自北行南, 春月自南去北. 捕之之法, 用鈝擲刺之. 「鈝俗呼森鈝, 卽古所謂猎也, 形如小矛. 其刃必用生鐵爲之, 蓋鯨皮肉厚, 鋼刀却不中用, 故庖丁切鯨肉, 亦必用生鐵也.」 漁戶, 乘船迭進迭退, 競互擲鈝, 鯨之大者, 雖中鈝, 能負痛遁去, 故豫用大繩網, 遠遠地遮截去路, 然後始擲森鈝, 百無一失. 《和漢三才圖會》 或遇子鯨從母者, 則先刺子鯨, 但令傷損, 不至殊死. 母鯨以身蔽護不去, 於是先殺母鯨, 次收其子. 《同上》 「○案：三才圖會云, 鯨以五六月, 就岸生子, 至七八月, 導率其子, 還大海中. 宜趁其未還大海前, 捕之. 又案, 我國漁戶, 無能捕鯨者, 但遇自死浮出沙上者, 官必發棊丁, 持刀斧砍, 取鬐鬣皮肉, 馬載人輸, 數日不盡, 獲一大鯨, 其値毋慮千金. 然利盡歸官, 漁戶無與, 故莫肯學刺鯨之法也.」 임원경제연구소, 『임원경제지 전어지2』 (풍석문화재단, 2021), 206-208쪽.

6. 大抵海魚之族多, 而行有條路者, 北海則鯖魚. 北魚爲最, 鰱魚·魴魚·鰈魚·呑魚次之.

南西海則鯖魚·石首魚爲最, 鰣魚. 民魚次之. 來有時候, 行有條路. 適其時, 當其路, 一陣魚隊, 蜂擁入網, 網非絶大, 不足以容魚. 船非絶大, 不足以勝網. 濱海富戶, 每破千金, 造船結網, 一年漁採, 往往收奇羨巨萬者. 임원경제연구소, 『임원경제지 전어지2』(풍석문화재단, 2021), 146쪽.

7. 明鮐魚. 俗呼生者爲명?, 乾者爲북어. 出關北無鱗. 脊淡黑腹微白. 頭大而長, 幾占身三之一.… 正月者肉鬆爲上, 二三月者次之, 四月以後者肉硬爲下, 皆南輸于元山. 元山, 四方商旅之都會也. 船輸循東海, 馬載踰鐵嶺, 晝夜絡繹, 流溢八域. 蓋我國海錯之繁, 惟此魚與青魚爲最, 而此魚甘溫無毒, 有和中益氣之功, 人尤重之. 임원경제연구소, 『임원경제지 전어지2』(풍석문화재단, 2021), 436-438쪽.

8. 論海魚未驗. 我國三面環海, 東鱗日本, 西接遼海, 湖汐之所往來, 魚鱉之所孳育, 初無有方城之限, 則一切魚族之出遼海·日本者, 皆吾東產也. 然今以本草諸家及和漢三才圖會, 按名考驗, 則其彼有而此無者十居二三, 何哉. 蓋未嘗無之, 而漁工·海夫, 不能言其名. 學士·大夫, 又不肯留心勘驗, 遂疑其無耳. 임원경제연구소, 『임원경제지 전어지2』(풍석문화재단, 2021), 500쪽.

9. 「전어지」는 어명이나 물명을 한글로 제시한 곳이 많다. 향촌인과 지식인의 협력과 지식 확장을 소기할 수 있게 만들었다. 예를 들어 '통쟈긔', '빅암쟝어', '머역이', '가ᄉᆞ어', '마지' 등이다.

10. 鮪《蘭湖漁牧志》(중략) 日本人能詳其形名, 和漢三才圖會, 旣圖其形, 且列宇豆和, 目鹿, 目黑, 末黑, 波豆諸名, 而我國士大夫雖素號博識者, 亦不能擧其俗名云何, 以小華文明之邦, 而多識草木鳥獸之名, 反遜於漆齒卉服之類, 士大夫不肯留心小學之過也. 임원경제연구소, 『임원경제지 전어지2』(풍석문화재단, 2021), 511-512쪽.

11. 【鯇】《蘭湖漁牧志》《本草綱目》云, 鯇其性舒緩, 故一名鰀. 以其食草, 故又名草魚. 郭璞所謂鯶子似鱒而大者, 是也. 其形長身圓, 肉厚而鬆, 狀類青魚. 有青鯇. 白鯇二色, 白者味勝. 商人多鯗之. 案 閩越江西等地, 鑿池養魚之家, 買魚苗于江湖, 鱒鯶鰱鱅之類, 皆有而最重鯶鰱, 爲其易長而味美也. 今欲倣其法養魚, 必先辨鯶鰱俗名之云何, 然後可以取秧. 苟不能得之吾東, 雖購之中原或日本, 未爲不可. 蓋魚𤁋子在泥, 雖乾涸多年, 得水卽生, 與初生者, 無異也. 임원경제연구소, 『임원경제지 전어지2』(풍석문화재단, 2021), 524-525쪽.

12. 鱟【《蘭湖漁牧志》王世懋《閩部疏》云: "濱海諸郡, 以鱟皮代杓, 歲省銅千餘斤." 我國三面環海, 固海邦也. 如得取鱟殼爲杓, 通一國言之, 其歲省銅, 何啻累數千斤也.】 임원경제연구소, 『임원경제지 전어지2』(풍석문화재단, 2021), 534-535쪽.

13. 『동의보감』 "蟲部"에 해마를 손에 쥐고 있으면 난산에 도움 된다고 했다. "婦人難産, 手握此蟲則如羊之産也"

14. 鯛. 出日本. 形似鯽而扁. 其鱗鬣皆淡赤色, 離水則變爲正赤色. 鬣特紅, 其肉白而味美. 大者一二尺, 小者一二寸. 日本人甚珍之. 其在中國本爲稀種, 故玉篇但云魚名而不擧似其形色… 近世江浙商舶之至倭者, 多載之而歸, 故寧波海中多有之云. 我國與日本只隔一帶海洋, 而迄無有傳種者, 宜其利用厚生之遠, 不及他邦. 임원경제연구소, 『임원경제지 전어지2』(풍석문화재단, 2021), 532-533쪽.

15. 풍석 서유구 지음, 정명현·민철기·정정기·전종욱 외 옮기고 씀, 『임원경제지(林園經濟志): 조선 최대의 실용백과사전』(씨앗을뿌리는사람, 2012), 246-250쪽. '임원경제지는 16개의 동의보감이다.' 항목 참조.

16. 自玆以降, 徐兢圖經但詳儀章, 董越詞賦廖廖數篇, 皆不槪及於草木, 魚鼈之産. 임원경제연구소, 『임원경제지 전어지2』(풍석문화재단, 2021), 498-499쪽.

17. 辨樂浪七魚〈金華知非集〉題語… 樂浪之人也而不識樂浪之魚, 將孰從而問之哉? 임원경제연구소, 『임원경제지 전어지2』(풍석문화재단, 2021), 485쪽. 낙랑칠어(樂浪七魚)는 一曰魦, 二曰鯦, 三曰鮁, 四曰鮈, 五曰鯛, 六曰鱳, 七曰鱛 등이다.

18. 「인제지」 서문. "其有實見而有濟人之功者, 惟醫藥之道乎!" 앞의 책.

19. 대완국(大宛國): 중앙아시아 파미르고원 북서쪽 페르가나(Ferghana) 분지에 있는 나라.

20. 수수(蘆穄, 여제): '蜀黍'(촉서)의 다른 이름이다. 남쪽 지방에서 주로 '여제'로 불렀다고 한다. 『본초강목』 「곡부(穀部)」 23권 '촉서(蜀黍)' 참조.

21. 擇種, 爲農穡之第一義. 諦樹之時同, 藝之地同, 蔣耨之功又同, 而此穎而粟, 彼秕而秅者, 種有不同也. 故種不可不擇. 然其始, 豈降自天哉? 亦惟曰 購之廣, 而傳之有方也. 故胡麻, 自大宛來; 占稻, 自占城來; 豌豆, 自西戎來; 蘆穄, 自回回來. 夫以中國之大, 猶然, 況吾東之僻處一隅乎! 今考古今農書·各省地志, 撮稻品之最著而可傳種者, 敍之如左. 黍稷以下倣此. ⑥ 중국의 올벼. 정명현·김정기, 『임원경제지 본리지2』(소와당, 2008).

22. 正宗戊午, 湖南夏旱, 揷秧愆期, 朝令代播蕎麥. 余時守淳昌郡, 躬行阡陌, 勸相其役, 從古水種之地, 什七皆蕎麥也. 未幾伏秋之交, 淫潦復至, 而畦塍之間水深沒脛, 則蕎麥之病潦, 又甚於秔稬之病旱, 而南人遂告饑. 蓋代播誠是也, 而所播之種, 未得其宜耳. 吾東穀種名品雖繁, 其實則播耨收穫之期, 不甚相遠, 其晩蒔而可食者, 只有蕎麥與綠豆耳. 然二種或喜燥而惡濕, 或宜埆而忌肥, 冒昧而作事, 宜其勞而無功也. 苟能預購中

州之異種, 如德安之香秜晚·通州之六十日,「俱稻名, 七月可蒔」」豈有是也? 故廣購嘉

種, 爲救災荒之第一急務也. 杏蒲志. 정명현·김정기, 『임원경제지 본리지2』 (소와당,

2008).

23. 홍도(紅稻)·조도(棗稻, 대추벼): 「본리지」 권8 '곡명고' "③ 늦벼" 항목에 나오는 품

종들이다. 조도와 천홍도(茜紅稻)가 병충해에 강한 것으로 나온다. 정명현·김정기,

『임원경제지 본리지2』 (소와당, 2008), 461-463쪽.

24. 己亥, 蟲損之歲, 處處稻畦, 一望蕭索, 而惟早種早穗之稻, 實顆實栗, 蟲不能災. 又紅

稻·棗稻, 莖葉勁剛, 蟲不能食. 凡遇慮蟲之年, 尤以早種爲貴. 且宜種紅稻·棗稻也. 정

명현·김정기, 『임원경제지 본리지2』 (소와당, 2008), 652쪽.

25. 案. 東醫寶鑑引醫學正傳云, 大薊卽紫花地丁, 誤也.” 『동의보감』에는 다음과 같이 기

술되어 있다. "地丁卽大薊也 黃花者名黃花地丁 紫花者名紫花地丁 竝主癰腫〈正傳〉"

「인제지」 (권24 부여 수채시령, 자화지정[紫花地丁]), 미출간 원고.

26. "[案] 東醫寶鑑載此方, 用白雄鷄膽. 且云, 先以藥水洗淨, 乃上藥. 又云, 治五十年久痔,

及一切諸痔·痔漏·脫肛腫痛, 絶勝他藥. 今攷入門, 無此文, 疑出他書, 而誤系入門.”

「인제지」 (권19 외과, 치질[痔瘡] 웅빙고[熊氷膏], 미출간 원고.

27. 架木引泉法 斜木架空, 遠引山泉, 注至廚下 亦甚省力.【案 林洪《山家淸事》有剖竹引泉

法, 詳見《怡雲志》, 可與此參考.】增補山林經濟. 임원경제연구소, 『임원경제지 섬용

지1』 (풍석문화재단, 2017), 206쪽.

28. 又王禎《農書》云: "連筒, 以竹通水也. 凡所居相離水泉頗遠, 不便汲. 用取大竹, 內通

其節, 令本末相續, 連延不斷, 閣之平地, 或架越澗谷, 引水而至, 注之池浴及庖湢之間,

如藥畦, 蔬圃亦可供用. 杜詩所謂「連筒灌小園.”】過園穿墻, 得怪石則爲澆溜, 得石槽則

爲細渠, 得小大石甃則爲洗硏之地, 爲養鵝鵡19之地, 爲種芙蕖之地, 支流餘派又可以

澆花灌圃. 山棲無此, 則雖使園林`亭榭極一時之盛, 如人血脈燥澁, 如樹津液枯瘁, 圓

活靈通之機息矣. 金華耕讀記. 임원경제연구소, 『임원경제지 이운지1』 (풍석문화재

단, 2020), 130-132쪽.

29. 社倉穀納, 不以實者, 中罰; 斗升減縮者, 次中罰【加捧準納】. 案. 社倉穀糶糴法, 見《仁

濟志·救荒》. 임원경제연구소, 『임원경제지 항례지1』 (풍석문화재단, 2021), 390쪽.

30. 『주희집』 99권 18에 실려 있다.

31. 社倉法. 朱子奏社倉事目狀. 臣所居建寧府, 崇安縣, 開耀鄉, 有社倉一所係. 昨乾道四

年, 鄉民艱食, 本府給到常平米六百石, 委臣與本鄉土居朝奉郎劉如愚同其賑貸. 至冬

收到元米, 次年夏間, 本府復令依舊貸與人只, 冬間納還. 臣等申府措置, 每石量收息米

二斗. 自後逐年, 依舊斂散. 或遇小歉, 則糶其息之半, 大饑卽盡糶之. 至今十有四年, 量支息, 造成倉廒三間收貯, 已將元米六百石納還本府. 其見管三千一百石. 竝是累年, 人戶納到息米. 已申本府照會, 將來依前斂散, 更不收息, 每石只收耗米三升. 係臣與本鄕土居官及土人數人同其掌管, 遇斂散時, 卽申府差縣官一員監視出納. 以此之故, 一鄕四五十里之間, 雖遇凶年, 人不闕食. 竊謂其法可以推廣, 行之他處. 乞特依義役體例, 行下諸路州軍, 曉諭人戶, 有願依此置社倉者, 州縣量支常平米斛, 責與本鄕出等人戶主執斂散. 每石收息二斗, 仍差本鄕土居官員士人有行義者, 與本縣官同其出納. 收到息米十倍本米之數, 卽送原米還官, 却將息米斂散, 每石只收耗米三升. 其有富家情願出米作本者, 亦從其便. 息米及數, 亦與撥還. 如有鄕土風俗不同者, 更許隨宜立約, 申官遵守, 實爲久遠之利. 其建寧府社倉, 見行事目. 謹錄一道進呈. 「인제지」 권28 '부여(附餘)' "구황" '예비총론(豫備總論)', 미출간 원고.

32. 當盛暑時, 食飮加意調節, 緣伏陰在內腐化消遲. 又果瓜' 園蔬多將生, 噉蘇水' 桂漿. 唯欲冷飮, 生冷相値, 尅化尤難, 微傷卽飧泄, 重傷卽霍亂吐利. 是以暑月食物尤要節減, 使脾胃易於磨化, 戒忌生冷, 免有腹臟之疾也.《三元延壽書》임원경제연구소, 『임원경제지 보양지1』 (풍석문화재단, 2020), 323쪽.

33. 桂漿方 夏月飮之, 解煩渴, 益氣消痰. 桂末一大兩, 白蜜一升, 以水二斗, 先煎取一斗, 待冷, 入新瓷甁中, 乃下二物, 打二三百轉. 先以油紙一重覆上, 加七重封之. 每日去紙一重, 七日開之, 氣香味美, 格韻絶高.『圖經本草』원서에는 "居家必用"의 一法이 더 있다. 임원경제연구소, 『임원경제지 정조지2』 (풍석문화재단, 2020), 34-35쪽.

34. 「인제지」 권27, 湯液韻彙, "按 各證治法中有云, 當用某方, 而某方不列於本門湯液類, 另見他門者居多. 臨證議方, 殊費搜閱 今用三韻彙類, 而倣骿字類篇之例, 標拈各方首字, 以便考檢云."

35. 禦定『骿字類編』凡例 六條: "各種類書 但分字類 今標二字於首 與他書義例全別 所摘經史實事 點醒標題二字 其前後文 可以刪削者 從簡以避太繁 其語勢不可止者 則用整段", 바이두 참조.

36. 한편 중국에는 채열선이 1652년에 편찬한 『본초만방침선』에 색인이 보인다. 그런데 부문에 따라 병증을 제시하고, 그 처방이 실린 『본초강목』의 면수를 표시하는 형태로 되어 있다. 이것은 '탕액운휘'처럼 처방에 대한 색인이 아니며, 또 이미 이루어진 저작에 대한 별도의 색인서라는 점이 다르다. 『본초만방침선』은 『임원경제지』의 인용서목에는 수록되어 있지 않다.

37. 목록학은 비록 검색 기능을 갖춘 것은 아니지만, 분류색인의 전신이라고 할 만큼

색인과 밀접한 연관을 가지고 있는 것으로 평가된다. 박준식, 『색인사연구』, 184-190 참조.

3부 각론 : 『임원경제지』의 일용 기술

1장 상업, 물류, 지리 분야

1. "古之爲市者, 以其所有易其所無者, 有司者治之耳. 有賤丈夫焉, 必求壟斷而登之, 以左右望而罔市利, 人皆以爲賤, 故從而征之. 征商, 自此賤丈夫始矣." 『맹자』 「공손추 하」.

2. 「예규지」에서 '예규(倪圭)'는 '계예(計倪)와 백규(白圭)'를 줄인 말로, 여기서 '예규지'라는 이름이 유래되었다. 이들은 중국의 춘추시대와 전국시대에 재물을 모으는 재주가 뛰어났던 대표적 인물이다.

3. 이헌창, "임원경제지 倪圭志의 경제사상과 경제정보", 『경제사학』 제45권 제3호 (통권 제77호) (2021. 12), 375–443쪽.

4. 북학파, 중농파의 차이.

5. 임원경제연구소, 『임원경제지 예규지1』 (풍석문화재단, 2019), 33쪽.

6. 이헌창, 앞의 논문, 409쪽.

7. 別置簿收管, 以爲伏臘裘葛, 修葺墻屋, 醫藥賓客, 弔喪問疾, 時節餽送. 又有餘, 則以周給鄰族之貧弱者, 賢士之窮困者, 佃人之飢寒者, 過往之無聊者. 임원경제연구소, 『임원경제지 예규지1』 (풍석문화재단, 2019), 8쪽.

8. 豐儉異制 居家之病有七: 曰呼, 曰遊, 曰飮食, 曰土木, 曰爭訟, 曰翫好, 曰惰慢. 有一於此, 皆能破家. 其次貧薄而務周旋, 豐餘而尙鄙猥. 事雖不同, 其終之害, 或無以異, 但在遲速之間耳. 夫豐餘而不用者, 疑若無害也. 然已旣豐餘, 則人望以周濟, 今乃恝然, 則失人之情矣. 旣失人之情, 則人不佑之, 惟恐無其隙. 苟有隙可乘, 則爭媒蘗之, 雖其子孫, 亦懷不滿之意, 一朝入手, 若決隄破防矣. 前所言存留十之三者, 爲豐餘之多者制也. 苟所餘不能三分, 則存二分亦可; 又不能存二分, 則存一分亦可; 又不能存一分, 則宜節嗇用度以存贏餘, 然後家可長久. 不然, 一朝有意外之事, 家必破矣. 前所言 "一切不講" 者, 非謂絶其事也, 謂不能以貨財爲禮耳. 如弔喪則以先往後罷爲助, 賓客則樵蘇不爨, 淸談而已. 至如奉親至急也, 啜菽飮水盡其懽, 斯之謂 "孝". 祭祀宜嚴也, 蔬食, 菜羹, 足以致其敬. 凡事皆然, 則人固不我責, 而我亦何慊哉? 『居家制用』. 임원경제연구소, 『임원경제지 예규지1』 (풍석문화재단, 2019), 10-12쪽.

9. 論衣食緩急 衣以歲計, 食以日計. 一日闕食, 必至飢餒, 一年闕衣, 尙可藉舊衣在家者 也. 食麤而毋人知, 衣餙外者也, 衣弊而人必笑. 故善處貧者, 節食以完衣; 不善處貧者, 典衣而市食.『經鉏堂雜誌』. 임원경제연구소,『임원경제지 예규지1』(풍석문화재단, 2019), 21쪽.

10. 姑就世法中較之, 有三不宜, 三宜, 宜何從焉? 蓋多品必多戕殺, 不宜一; 多品必多麤 率, 致無下箸, 不宜二; 多品必多費, 難繼客至, 或以他辭相謝, 不宜三. 임원경제연구소, 『임원경제지 예규지1』(풍석문화재단, 2019), 25-26쪽.

11. 人生衣食財祿, 皆是定數. 若儉約不貪, 則可延壽, 奢侈過求, 受盡則終. 譬人有錢千文, 日用百則可旬日, 日用五十; 可二旬日. 恣縱貪侈, 立見敗亡, 則一千一日用盡矣. 或謂: 人 有廉儉而促, 貪侈而長者, 何也?"曰:"儉而命促者, 當生之數少也. 若更貪侈則愈促矣. 侈而壽長者, 當生之數多也. 若更廉儉, 則愈長矣."『昨非庵日纂』. 임원경제연구소,『임 원경제지 예규지1』(풍석문화재단, 2019), 20-21쪽.

12. 임원경제연구소,『임원경제지 예규지1』(풍석문화재단, 2019), 26-27쪽.

13. "肉雖多 不使勝食氣".『논어』「향당」.

14. 今若以中制論之, 質庫月息自二分至四分, 貸錢月息自三分至五分, 貸穀以一熟論, 自三 分至五分, 取之亦不爲虐, 還者亦可無詞. 풍석은 적당한 이자율로 월 2/100~5/100를 제기했다. 임원경제연구소,『임원경제지 예규지1』(풍석문화재단, 2019), 98쪽.

15. "善操奇嬴者, 賤之惟貴, 貴之惟賤, 人棄而我取, 人取而我與."「예규지」권2 "재산 증 식" "무역" '장사의 빼어난 방법'. 임원경제연구소,『임원경제지 예규지1』(풍석문화재 단, 2019), 95쪽.

16. 임원경제연구소,『임원경제지 예규지1』(풍석문화재단, 2019), 95-97쪽.

17. 조선 후기 대형 병풍 그림인 〈태평성시도〉속 상점 기둥에 대련 글씨가 주목된다. 그 림은 구글아트앤컬처(https://artsandculture.google.com/?hl=ko)에서 세밀하게 살펴볼 수 있다. 필자가 살펴본 바는 다음 몇 구절이다. 交易自無私, 權衡須有意 교역은 공 평한 데서부터 시작되는 것이니, 도량형에 항상 주의해야 할 일이다. 宰割能知輕重, 權衡自合中庸 고기를 베어내는 데 무게를 정확히 알고, 저울에 다는 것 절로 중용에 합치되도다. 無欺心自安, 有客德乃大 속임이 없으니 마음은 절로 편안해지고, 손님 이 많으니 덕은 계속 쌓인다.

18. 재산 불리기에 관하여 서유구는 청나라 석성금(石成金, 1658-?)의『인사통』과 송나 라 원채(袁采, ?-1195)의『원씨세범(袁氏世範)』을 많이 인용했다. 석성금의 또 다른 저술인『쾌활방(快活方)』·『지세사(知世事)』도 자주 인용되었다.

19. 如有餘之家, 只在本家左右·鄕庄鄰近, 或遇荒年, 可令家人密呼極貧之人, 黑晚至家, 不令人知, 恐生慚愧. 임원경제연구소, 『임원경제지 예규지1』(풍석문화재단, 2019), 58쪽.

20. 유안(劉晏, 715-780). 당(唐)나라 중기의 관료로, 안녹산(安祿山)·사사명(史思明)의 난 이후 재정 회복에 힘썼다. 염세(鹽稅)를 개선하고 평준법(平準法)을 시행하는 등 업적이 있었다. 이 과정에서 물가를 안정시키기 위하여 전국의 시세를 조사하여 남는 물건을 사들이고 부족한 물건을 공급했다. 유안의 정책으로 수운이 크게 개선되어 당나라 경제는 크게 발전했다.

21. 車利. 我國東西千里, 南北三之, 而王都居其中焉. 四方物貨之來集者, 橫不過五百里, 縱不過千餘里. 又三面環海, 近海處各以舟行, 則陸地之通商者, 度遠不過六七日程, 近則二三日程, 自一邊至一邊者倍之. 若如劉晏之置善走者, 則四方物貨之貴賤, 可以平準於數日之內矣. 『北學議』. 임원경제연구소, 『임원경제지 예규지1』(풍석문화재단, 2019), 89-90쪽.

22. 故嶺東産蜜而無鹽, 關西産鐵而無柑橘, 北道善麻而貴綿布, 峽賤赤豆, 海獸鰱鮸. 같은 책.

23. 然而此賤而彼貴, 聞名而不見者何也? 職由無力而致之耳. 方數千里之國, 民萌産業若是其貧, 一言而蔽之, 曰車不行域中之故也.… 人有恒言, 曰"我東巖邑不可用車", 是何言也? 國不用車, 故道不治耳. 『熱河日記』. 임원경제연구소, 『임원경제지 예규지1』(풍석문화재단, 2019), 91-94쪽.

24. 治生須貿遷. 人生於世, 養生送死, 皆需財用, 而財非天降地湧, 故必待貿遷有無. 貿遷之道, 舟利爲最, 車馬次之. 若乃富商大賈, 南通倭國, 北通中國, 積年灌輸天下之物, 或至累百萬金者, 惟漢陽多有之, 次則開城, 又次則嶺南之東萊·密陽·關西之義州·安州·平壤, 皆以通南北之路, 每獲奇羨, 其利倍蓰於國內商販. 然士大夫不可爲此, 但視魚鹽相通處, 置船受贏以備冠婚喪祭之需, 亦何害哉? 『八域可居誌』. 임원경제연구소, 『임원경제지 예규지1』(풍석문화재단, 2019), 80-81쪽.

25. 『여지도서』 완역 사업에 참여했던 서종태의 분석 결과에 따르면, 함경도 임연(臨淵)이 『여지도서』에는 소개되지 않았는데 「예규지」에서 새로 추가했고, 임연에서 나는 산물은 22종도 그러하다. 서종태, "徐有榘의 『林園經濟志』에 실려 있는 「팔도 물산」에 대한 연구"(서강대학교 인문과학연구소, 2018) 서강인문논총, 41쪽.

26. 榷貨 我國舟不通外國, 車不行域中, 故百物生于其中, 消于其中. 夫千金小財也, 未足以盡物. 然折而十之, 百金十; 亦足以致十物. 物輕則易轉, 故一貨雖絀, 九貨伸之. 此常利

之道, 小人之賈也. 若萬金則足以盡物, 故在車專車, 在船專船, 在邑專邑. 如網之有罟,

括物而數之. 陸之産萬, 潛停其一; 水之族萬, 潛停其一; 醫之材萬, 潛停其一, 一貨潛

藏, 百賈皆涸, 此大賈之権貨者也.『熱河日記』. 임원경제연구소,『임원경제지 예규지1』

(풍석문화재단, 2019), 94-95쪽.

27. 이헌창은 이에 대해 다음과 같이 말했다. 매점매석('각화')에 대하여 박지원은 '인민

을 해치는 방도'이고 "그 나라를 병들게 한다."고『열하일기』에 쓴 것을『임원경제지』

「예규지」에서는 "이것이 대상인의 각화이다."고 고쳐 표현했다. 박지원이 조선이 상업

이 발달하지 못해 시장 규모가 작은 현실을 비꼬는 가운데 각화 활동을 비판한 것

이 과연 진심인지, 혹은 보수파에 대한 자신의 보호 장치인지, '萬金'으로 모두를 매

점할 수 있는 조선 현실을 조롱하는 문학적 修辭인지 필자는 잘 모르겠다. 이전에

박제가는 해로를 통한 외국과의 무역과 사족의 상업 종사를 적극 권장하였고, 그

전에 유수원 역시 대상인의 영리 활동을 적극 권장한『우서(迂書)』를 출간하였다.

유수원의 관점은 매점매석의 상업 행위를 사대부에 권장하는 것이었다. 그는 18세

기 전반 소론의 촉망받은 사상가이고,『우서』는 소론의 높은 평가를 받았으니, 독서

욕이 남다른 서유구가『우서』를 읽었을 가능성은 높다. 이헌창, "임원경제지 倪圭志

의 경제사상과 경제정보",『경제사학』45-3. (2021), 410-411쪽.

28. 「전어지」.

29. 大抵海魚之族多, 而行有條路者, 北海則鯖魚. 北魚爲最, 鰱魚. 魴魚. 鰈魚. 杏魚次之.

南西海則鯖魚. 石首魚爲最, 鰣魚. 民魚次之. 來有時候, 行有條路. 適其時, 當其路, 一

陣魚隊, 蜂擁入網, 網非絶大, 不足以容魚. 船非絶大, 不足以勝網. 濱海富戶, 每破千

金, 造船結網, 一年漁採, 往往收奇羨巨萬者.『蘭湖漁牧志』.

30.『논어』「선진」제11.

31. 論卜居先看水土 昌黎《送李愿盤谷序》擘頭稱"泉甘而土肥", 余謂此翁最得相宅三昧.

蓋泉不甘則居之多疾, 土不肥則生物不遂. 縱使陰陽, 向背盡合形家之法, 何可爲將來

茫昧之禍福, 昧目下切身之利害哉? 故凡問舍求田, 苟得泉甘土肥之地, 其他都不須問

也.『金華耕讀記』. 임원경제연구소,『임원경제지 상택지』(풍석문화재단, 2019), 97쪽.

32. 人家房屋, 向南爲上, 向東爲次, 向北又次, 切不可向西, 以西方門向, 多不利也.『傳家

寶』. 임원경제연구소,『임원경제지 상택지』(풍석문화재단, 2019), 175쪽.

33. 人居房室, 必須向南以受陽氣, 不論宅基之坐子, 坐西, 坐卯, 凡係人居房屋, 皆不可無

向南之牖.『金華耕讀記』. 같은 책.

34. 임원경제연구소,『임원경제지 상택지』(풍석문화재단, 2019), 22쪽.

35. 위의 책, 22-23쪽.

36. 論卜居宜便農賈 人生於世, 養生送死, 皆需財用, 而生財之道, 土沃爲上, 舟車貿遷次之. 임원경제연구소, 『임원경제지 상택지』(풍석문화재단, 2019), 142쪽.

37. 是知古人卜居, 必先取田地之善. 苟其不善, 縱積財千萬, 終非己有也. 『金華耕讀記』. 임원경제연구소, 『임원경제지 상택지』(풍석문화재단, 2019), 144쪽.

38. 土沃謂地宜五穀. 水田種稻一斗, 收六十斗者爲上, 收四五十斗者次之, 收三十斗以下者爲瘠土. 陸田耕一日, 收粟三石者爲上, 二十石者次之, 三五石者爲瘠土. 俱不堪居矣. 임원경제연구소, 『임원경제지 상택지』(풍석문화재단, 2019), 142쪽.

39. 貿遷之道, 馬不如車, 車不如船. 故居近江海, 可通舟楫處, 通都大邑貨財湊集處, 皆可試貴出賤取之術. 《八域可居誌》故慶尙則洛東江入海處爲金海七星浦, 北泝至尙州, 西泝至晉州, 惟金海管1 轄其口. 『八域可居誌』. 임원경제연구소, 『임원경제지 상택지』(풍석문화재단, 2019), 143-144쪽.

40. 七不可居 人家居住, 先要擇隣, 孟母三遷, 良有深意. 凡寺廟, 神佛之傍, 不可居也; 顯宦, 財主之側, 不可居也; 前後近河之所, 不可居也; 草房 叢聚之處, 不可居也; 窩坊1 凶暴之地, 不可居也; 娼, 優相雜之間, 不可居也; 少宴, 蕩子之近, 不可居也. 임원경제연구소, 『임원경제지 상택지』(풍석문화재단, 2019), 153-154쪽.

41. 論財利湊集處不可居 凡舟車湊集, 市井爭利處, 非但熱鬧可厭, 民俗亦必不美. 『增補山林經濟』. 임원경제연구소, 『임원경제지 상택지』(풍석문화재단, 2019), 154쪽.

42. 論八域謠俗 關西人心醇厚. 次則嶺南 俗尙質實. 關北地接女眞, 民皆勁悍. 海西山水險阻, 民多獷暴. 關東峽民多蠢. 湖南專尙狡獪, 易動以非. 京畿都城外野邑民物彫弊. 湖西專趨利勢. 此八域人心之大略也. 『八域可居誌』. 임원경제연구소, 『임원경제지 상택지』(풍석문화재단, 2019), 154-155쪽.

43. 임원경제연구소, 『임원경제지 상택지』(풍석문화재단, 2019), 16-17쪽.

44. 물의 품등, 「이운지」; 물의 등급과 약효, 「보양지」; 물의 약효, 「인제지」.

45. 總水 天之生人, 水穀以養之. 故曰: "水去則榮散, 穀消則衛亡." 仲景曰 "水入於經, 其血乃成; 穀入於胃, 脈道乃行", 水之於人, 不亦重乎! 故人之形體有厚薄, 年壽有長短, 多由於水土稟受滋養之不同, 驗之南北水土人物, 可見矣. 『食性本草』. 임원경제연구소, 『임원경제지 정조지1』(풍석문화재단, 2020), 136-137쪽.

46. 井華水 淸暑筆談 晨起, 取井水新汲者, 傅淨器中, 熟數沸, 徐啜徐嗽, 以意下之, 謂之"眞一飮子". 蓋天一生水, 人夜氣生于子. 平朝, 穀氣 未受, 胃藏沖虛, 服之, 能蕩宿滯痰, 滲以佐化源.

47. 『주역』, 산풍정(山風井)괘의 구오(九五) 효사(爻辭)이다.

48. 泉以甘爲上, 泉甘者稱之必重厚. 其所由來者遠大使然也. 泉水不紺寒, 俱下品.『易』謂, "井冽寒泉食", 可見井泉以寒爲上. [同上] 泉水甘寒者多香, 其氣類相從爾. [同上]. 임원경제연구소, 『임원경제지 이운지1』(풍석문화재단, 2020), 256-258쪽.

49. 원행[元行]: 4대 원소(물·불·공기·흙)를 주장한 이는 엠페도클레스(Empedocles, BC 493-433)인데, 동양에서는 5행(五行)을 기본으로 우주의 구성 원리를 생각해오던 전통에서 서양의 원소(元素) 개념을 원행(元行)으로 받아들인 것으로 추측된다.

50. 試水美惡法.

第一煮試: 取淸水, 置淨器煮熟, 傾入白磁器中, 候澄淸, 下有沙土者, 此水質惡也. 水之良者無滓. 又水之良者, 以煮物則易熟.

第二日試: 淸水置白磁器中, 向日下令日光正射水. 視日光中, 若有塵埃絪縕如游氣者, 此水質惡也. 水之良者, 其澄澈底.

第三味試: 水, 元行也. 元行無味, 無味者眞水. 凡味皆從外合之, 故試水以淡爲主, 味佳者次之, 味惡爲下.

【案 說見《怡雲志·山齋淸供·水品》.】

第四稱試: 有各種水, 欲辨美惡, 以一器更酌而稱之. 輕者爲上.

第五紙帛試: 用紙或絹帛之類, 色瑩白者, 以水蘸而乾之, 無跡者爲上也.『泰西水法·附餘』.

【案 相宅者, 得兩地局勢相等, 將以水泉美惡取舍者, 當用此五試法, 較其高下優劣.】임원경제연구소, 『임원경제지 상택지』(풍석문화재단, 2019), 111-112쪽.

51. 지명을 간단히 설명하면 다음과 같다.

옥천(玉泉): 중국 북경 이화원(頤和園) 서쪽에 있는 샘물. 샘이 맑고 투명하여 옥과 같다 하여 붙은 지명이다. 천하제일천(天下第一泉)으로 불리며 연경팔경(燕京八景)의 한 곳이다.

이손(伊遜): 중국 하북성 승덕시(承德市)에 있는, 청 황제들의 여름 별장 피서산장(避暑山莊) 일대의 이손하(伊遜河).

제남(濟南): 중국 산동성(山東省)의 성도(省都). 태산의 북쪽, 황하의 남쪽에 위치.

진주천(珍珠泉): 중국 제남 옛 성의 중심에 있는, 제남의 3대 명천의 하나.

중냉천(中冷泉): 중국 양자강 하류 강소성(江蘇省) 진강(鎭江)에 위치한 이름난 샘.

혜산천(惠山泉): 중국 강소성(江蘇省) 무석현(無錫縣)의 혜산사(惠山寺)에 있는 이름난 암반 샘물. 육우(陸羽)는 혜산천을 가리켜 '천하제이천(天下第二泉)'이라 했다.

호포천(虎跑泉): 중국 절강성(浙江省) 항주(杭州) 서호(西湖)의 남서쪽에 위치한 이름
난 샘.

평산천(平山泉): 중국 양자강 하류 강소성(江蘇省) 양주(揚州)에 위치한 이름난 샘. 진
강(鎭江)과 강을 사이에 두고 마주한다.

52. 임원경제연구소, 『임원경제지 이운지1』(풍석문화재단, 2020), 256-257쪽.

53. 國中七大水, 漢水最佳, 源出五臺山 于筒水, 水味爲海東之最. 雖其馳駛奔疾, 百川貫
之, 而于筒之水自行中心, 瑩然不雜. 『金華耕讀記』. 임원경제연구소, 『임원경제지 상
택지』(풍석문화재단, 2019), 108-109쪽.

54. 임원경제연구소, 『임원경제지 상택지』(풍석문화재단, 2019), 132-133쪽.

55. 域內瘴土.

土瘴之毒, 毒於鴆. 藏毒於尋常飮啜之中, 浸漬肺胃, 潛戕暗攻, 遂成癃痹不起之疾. 然考之
古今醫方, 有不伏水土之症, 又有峽水久服則癭之文, 而獨不及於土瘴者, 何也? 豈以
療治無方而遂闕著述歟? 抑中土罕有此毒, 人知避忌, 不曾中傷, 而固無俟乎醫師之懸
方以待之歟? 吾東傍山濱海之地, 在在有之, 而或通邑同然, 或一坊偏甚. 居是土者, 不
論男婦少長, 無不過其毒. 始則欬唾痰血, 面光羸瘦, 久則爪甲膨脹, 浮腫喘滿, 夭札痼
瘵, 鮮有全其生者. 蓋山矗海瀦黑鹵赤埴之土, 沴氣瀜結于中. 井泉釀其濁, 菰蔬稟其
惡, 襲人腸腑, 輒發奇疾, 而耕鑿於是者, 但爲樵, 採, 稻, 蟹之利, 安居重遷, 甘飫其毒,
寧滅性而不悟, 甚矣其迷也! 凡雅意林園者, 必先審擇於此, 然後始可問舍求田. 今略
捃摭域內瘴土曾所睹聞者, 開錄如左.

嶺南之咸陽 咸安 丹城 豐基 皆有瘴 而晉州 河東最甚.

湖南之順天 礪山 泰仁 古阜 茂長 扶安 高山 益山 皆在處有之 而光陽 求禮 興陽尤甚 大
抵智異山雄峙海上 分界兩道 而依山諸都 均被此患.

湖西山嫩野拓 素稱善地 而靑陽 定山往往有瘴.

京畿南陽 安山 通津 交河之沿海處 間或有之 坡州之坡平山下 長湍之基一臨江 西都諸村
民 多病瘴 朔寧 麻田等處 亦間間有之.

海西之平山 黃州 鳳山等邑 土黏水溷 居者多疾 而金川一境 尤甚.

關西山明水麗 地不汙下 而陽德 孟山 順川之間 或云 水土頗惡.

關東溪山爽塏.

關北風氣高寒 絶無瘴毒之患 而近聞永興有之 此其大略也. 『金華耕讀記』. 임원경제연구
소, 『임원경제지 상택지』(풍석문화재단, 2019), 132-141쪽.

56. [廣濟祕方] 濕居之民, 水土混濁, 常服此水, 痰盛氣急, 欬嗽吐血, 爪甲膨脹. 或宦遊

之人, 不服水土, 亦成此疾, 百藥無效, 甚可悶惻. 考之古方, 亦無顯效之藥, 推移東醫
經驗方中所存, 略施之. 民魚膽和酒, 每日晨服一杯, 又土猪肉作酒服, 又蒼朮膏多服.
與不伏水土參看. [又] 土疾一身虛痒, 全屬血虛. 四物加黃芩五分水煎, 紫背浮萍爲末,
調服. 又蟬殼·薄荷·樺皮, 燒存性, 等分爲末, 酒服. 又灸曲池百壯, 效. 임원경제연구
소, 『임원경제지 인제지』 권5, 외인, 미출간 원고.

57. [案] 土瘴一證, 古無其名, 而考諸近世東人所纂廣濟祕方, 以土疾立目. 土疾者, 東人俗
稱也, 此疾非特南方卑濕之地有之, 雖西北高燥之處間多有之. 以我東言之, 嶺湖畿甸
之間, 往往一村偏多, 或通邑皆然. 其土色粗汚, 井泉溷濁, 蔬菜菓苽, 皆稟其瘴毒之氣.
居是土者, 飮水啜蔬, 積傷腸胃, 以受此疾. 其證痰盛氣喘, 咳嗽咯血, 皮毛瘻痒, 爪甲膨
脹, 無男婦少長, 一中其毒, 死而後已, 此實疾病之危惡者也, 而古今醫方皆闕焉. 況我
東醫技鹵莽, 無一人發前未發剙立新方者, 良可歎也. 大抵究其因起, 實是水土瘴毒之
祟, 故以土瘴立目, 僅以廣濟祕方所錄若干方, 附之. 凡有意濟衆者, 博訪經驗, 以補古
人之未備, 則幸矣. 又案, 土瘴之毒, 多著於井泉之中, 蔬菓之類, 故大忌冷吸井泉, 生
啖蔬菓. 苟能烹飪而食, 不御生冷, 則庶可受害不深矣. 임원경제연구소, 『임원경제지
인제지』 권5, 외인, 미출간 원고.

2장 공업, 건축, 의복 분야

1. 贍用志引, "嗟乎! 我國自古仰賴於中華, 其技藝之不及, 固也. 誰謂以堂堂相亢之國, 而
甘輸於海中之一醜乎? 嗟夫! 讀是志者, 其有所興慨者與!" 임원경제연구소, 『임원경제
지 섬용지1』 (풍석문화재단, 2017), 86~87쪽.

2. 針. 針本作鍼.《說文》"鍼, 縫布帛之錐"是也. 東人不知造針, 必待燕貿而後始給用. 如此
日用不可缺之需, 亦須仰給於他域, 萬一遼ㆍ瀋之路, 三五年關而不通, 則鴨水以東之
人皆將躶耶?《天工開物》有造針法, 苟能按法打造, 流通域中, 則亦利用厚生之一助也.
『金華耕讀記』. 임원경제연구소, 『임원경제지 섬용지2』 (풍석문화재단, 2017), 153-154
쪽.

3. 凡針先錘鐵爲細條. 用鐵尺一根, 錐成線眼, 抽過鐵條成線, 逐寸翦斷爲針. 先鎈其末
成穎, 用小槌敲扁其本, 剛錐穿鼻, 復鎈其外. 然後入釜, 慢火炒熬. 復以土末入松木火
矢, 豆豉三物罨蓋, 下用火蒸. 留針二三口揷于其外, 以試火候. 其外針入手捻成粉碎, 則
其下針火候皆足. 然後開封, 入水健之. 凡引線成衣與繡刺者, 其質皆剛, 惟馬尾刺工爲
冠者, 用柳條輭針. 分別之妙在乎水火健治云.『天工開物』. 임원경제연구소, 『임원경제
지 섬용지2』 (풍석문화재단, 2017), 154-155쪽.

4. 『주례』「고공기」.

5. 論士夫宜留意工制.··· 余願世之戒素餐, 知慚愧之君子; 少留心於便器利用之道, 取《營造法式》,《天工開物》等書, 熟講而亟試之,··· 器械便利, 民用殷阜. 豈徒爲一鄕一閭之倡率? 雖以仰裨論道經邦之萬一, 亦可矣.『金華耕讀記』. 임원경제연구소, 『임원경제지 섬용지3』(풍석문화재단, 2017), 343쪽.

6. 2부 총론 참조.

7. 주척은 시간이 오래 지나면서 사라졌고 도량형 제도도 바뀌었다. 서유구는 그러나 한대까지는 대체로 주척을 복구하여 주척 제도를 활용했다고 보았다. 한대 이후로 주척이 전하지 않으면서 주척 길이에 대해 많은 이견들이 생겼는데, "검정 기장에서 구한 것, 손가락 마디를 기준으로 한 것, 벼 까끄라기 10개를 1촌으로 삼은 것, 머리카락 10개를 1푼으로 삼은 것" 등이 그것이었다.『임원경제지 본리지1』, 65쪽.

8. 서유구는 서광계의『농정전서』에 수록된 글을 참고로 하여 이 중에서 진(晉)의 태시 연간에 활동했던 순욱(荀勖, ?-289)이 복구해낸 자, 즉 '순척(荀尺)'이 주척과 부합한다는 사실을 알게 되었다. 순척은 3세기 당시에 남아 있던 7가지 유물로 고증하여 제작된 자로, 이후 수나라 때 15등급의 자를 나열하면서 이 순척을 주척 등과 같은 등급에 놓고 있는 것으로 보아 바로 순척이 주척의 참값을 얻었음을 알 수 있다고 서유구는 인정했다. 정명현, "서유구(徐有榘, 1764~1845)의 선진 농법 제도화를 통한 국부창출론:「의상경제책(擬上經界策)」의 해제 및 역주"(서울대학교 박사학위논문, 2014). 193-194쪽.

9. 〈그림 3-33〉 참조.

10. 조선의 부세제도의 바탕인 결부법을 경묘법으로 개혁해야 한다는 목적과도 통한다.

11. "治地宜先明古今畝法." 서유구 지음, 정명현·김정기 역주,『임원경제지 본리지』1(소와당, 2008), 45쪽. "古之步, 六尺爲步; 今之步, 五尺爲步. 故欲明古今畝法, 先明古今步法."(같은 책, 47쪽). "故欲明古今步法,先明古今尺法."(같은 책, 47쪽), "경묘법과 결부법"(같은 책, 65-76쪽).

12. "此乃今三陟府所藏銅鑄世宗朝布帛尺, 半其所刻, 年號月日俱在. 制造極精, 細入秋毫. 蓋當時旣齊律度, 鑄銅尺遍藏於各司各邑史庫名山, 而屢經兵亂, 今無存者, 唯幸保於此府. 人亦視爲尋常, 未久又將埋沒, 可歎." 柳馨遠, 『磻溪隧錄』卷2「田制」下 '諸本周尺附'.

13. "臣曾見古人文集, 則江原道三陟府, 尚有世宗朝所造布帛尺云, 故臣因人以木依樣造成見之, 則其背刻, 以正統十一年十二月詳定新造布帛尺云矣."『비변사등록』영조 16년

(1740) 4. 7.

14. "論東國尺法". 서유구 지음, 정명현·김정기 역주, 『임원경제지 본리지』 1(소와당, 2008), 95쪽.

15. 중국 가옥과의 비교를 통해 조선의 건축 기술이 낙후하다는 서유구의 생각에 대해 김왕직은 문화적 저변과 기술 발달 과정의 변화, 실제 작동 모습에 대한 이해가 고려되지 않은 채 개론하고 있다는 지적을 하였다. 그 외 온돌이나 지붕 등에 대해서도 비판적 해석을 가하였다. 김왕직 외, 『풍석 서유구 연구 상』(사람의무늬, 2015), 30-42쪽 참조.

16. 蓋覆. 中國之瓦體, 如正圓之竹而四破之, 其一瓦之大恰比兩掌. 民家不用筒瓦, 但用女瓦, 一仰一覆, 相爲雌雄, 復以灰泥, 膠粘鱗級, 自無雀鼠之穿. 我東瓦體過大, 故過彎. 過彎, 故自多空處, 爲蛇雀之屈. 『熱河日記』. 임원경제연구소, 『임원경제지 섬용지1』 (풍석문화재단, 2017), 107-108쪽.

17. 유형원(柳馨遠, 1622-1673): 조선 후기의 학자. 반계(磻溪)는 그의 호이다. 농민들을 위한 제도 개혁의 필요성을 역설하며 『반계수록(磻溪隨錄)』을 저술하였다.

18. "或居民結約, 鳩財造瓦, 則不出十數年, 一村盡成瓦屋"은 『磻溪隨錄』 卷1 「郡縣制」 "歷代制"에 보인다.

19. 結社燔瓦法. 物貴慮遠. 聖人乘殷之輅, 取其堅固也. 生民所急, 衣食爲最, 屋宇次之. 爲屋不使雨漏, 可支數百年, 而今不能然者, 鄕俗無力燔瓦, 只得用稻藁蓋屋故耳. 柳磻溪欲令外邑各就土木便近處, 置局燔瓦, 許民貿易. 且曰: "或居民結約, 鳩財造瓦, 則不出十數年, 一村盡成瓦屋." 其慮遠大矣, 宜亟行之. 且地用莫如馬, 農桑非牛不成. 養馬牛, 草藁爲重, 貧家或因乏此而不得養. 誠令村家皆覆瓦, 藁草不費於苫蓋, 則又補益之大者也. 『星湖僿說』. 임원경제연구소, 『임원경제지 섬용지1』 (풍석문화재단, 2017), 284-285쪽.

20. 論甓利. 今天下出地五六丈, 入地五六丈皆甓也, 高則爲樓臺, 城郭, 垣墻, 深則爲橋梁, 墳墓, 溝渠, 坑埃, 堤堰之屬. 衣被萬國, 使民無水火, 盜賊, 朽濕, 傾圮之患者, 皆甓也. 其功如此, 而東方數千里之內, 獨廢而不講, 失策大矣. 或曰"甓由於土性, 故我國瓦而不甓", 是大不然. 圜則瓦, 方則甓. 『北學議』. 임원경제연구소, 『임원경제지 섬용지1』 (풍석문화재단, 2017), 285-286쪽.

21. 수화기제(水火旣濟): 『주역』의 63번째 기제(旣濟) 괘(䷾)를 말한다. 기제 괘는 괘상의 위에는 물(☵)이 있고 아래에 불(☲)이 있어서, 가마에서 물과 불이 서로 감응하는 모습이 기제의 괘상과 일치한다.

22. 燒甎法. 凡埏泥造甎, 掘地驗 辨土色, 或藍或白或紅或黃.【閩, 廣多紅泥. 藍者名"善泥", 江, 浙居多.】【案 我東燔瓦所用赤黏土, 卽紅泥之類, 在處有之. 其藍色而黏泥者, 多在水濱 或肥稻田內.】皆以粘而不散, 粉而不沙者爲上. 汲水滋土, 人逐數牛錯趾, 踏成稠泥, 然後塡滿木匡之中, 鐵線弓戞平其面而成坯形… 凡瓦百鈞, 用水四十石. 水神透入土膜之下, 與火意相感而成. 水火旣濟, 其質千秋矣.『天工開物』. 임원경제연구소, 『임원경제지 섬용지1』(풍석문화재단, 2017), 270-275쪽.

23. 旋木車 一枋臥地, 左立單簨, 右立雙簨. 雙簨相距數寸, 而中有兩木條嵌固, 作井字形用槫大木爲臥軸, 鉋治圓滑, 一頭嵌入單簨, 一頭貫出雙簨中間井字之中而軸之. 頭有鐵釘六七環列. 每旋木, 以所旋木料, 釘住在軸頭, 而一人用革條絆軸腰. 左右餘紳各數尺, 其人左右手執紳, 一縱一挽, 則其軸不住輪轉. 一人執旋刀,【頭微鉤而左右雙刃. 木柄長尺許.】住在當乞處. 不搖不蹙, 則削木如鉋, 其妙專在執刀者手法. 刀有大小數三等, 精粗異用.『金華耕讀記』. 임원경제연구소, 『임원경제지 섬용지3』(풍석문화재단, 2017), 178-179쪽.

24. 一端作小竅, 注淸冷水於其中, 每夕一易之. 尋常盞爲火所灼而燥, 故速乾, 此獨不然, 其省油幾半.【案 東人有倣此法, 鑄造梜盞者, 果省油有效. 如用磁燔, 則尤當省油.】『老學庵筆記』. 임원경제연구소, 『임원경제지 섬용지3』(풍석문화재단, 2017), 38-39쪽.

25. 東人澆燭之用, 不過蜂蠟, 麻, 荏油數種, 而蜂蠟價翔, 非豪貴不能, 有麻油爲食料所需, 其日用然燈及熬油紙革, 不越乎住一種耳. 用股需博, 斥膏腴以種荏, 費糞淤以壅荏者, 幾過什之一. 而荒陂隙地天生膏燭之材, 則一切抛棄, 曾莫之顧, 使玄扈見之, 以爲何如也? 今探草木之實可作膏燭之用者, 詳著之, 非膏燭之爲貴也, 亦欲省麻, 菽以充糧, 省荏, 菜之田以種穀, 如文定之云云, 而冀少補於利用厚生之萬一耳.『杏蒲志』. 임원경제연구소, 『임원경제지 섬용지3』(풍석문화재단, 2017), 54-55쪽.

26. 余向從耽羅人聞, 彼中有一種樹, 似橡而子稍小, 其仁可生食, 味如栗, 土人呼爲"諸栗". 余疑其爲甘櫧, 試求其種. 翌年耽羅商舶來寄送數十粒, 形色與《本草綱目》所言甘櫧子, 恰相似. 授園丁種之, 而久不芽, 試掘之, 盡爲鼠竊去矣. 方擬更求種于耽羅, 期廣布傳殖. 如果耽羅所謂諸栗卽是本草所謂櫧子, 本草所謂櫧子卽是玄扈所言楮木, 則此種傳殖, 必大有補於膏燭之費也.『杏蒲志』. 임원경제연구소, 『임원경제지 섬용지3』(풍석문화재단, 2017), 65쪽.

27. 取油諸品. 徐玄扈盛言江, 浙之間烏臼取油之利, 且曰: "膏油不可闕, 而民間所用多取諸麻, 菽, 荏, 菜. 麻, 菽非穀耶? 荏, 菜非穀耶? 藝荏, 菜者非穀田耶? 烏臼之屬, 比諸麻, 菽, 荏, 菜有十倍之收. 且取諸荒山隙地, 以供膏油, 而省麻, 菽以充糧, 省荏, 菜之

田以種穀, 其益于積貯, 不爲少矣." 余于斯言有曠百載之神契, 以爲玄扈相業無奕奕可紀者, 而其濟人實用却都在一部農書. 縱令相業磊落軒天地, 不過一時之彌綸, 固不必以此易彼也. 임원경제연구소, 『임원경제지 섬용지1』 (풍석문화재단, 2017), 53-54쪽.

28. 정후조(鄭厚祚): 지지서(地誌書)인 『사예고(四裔考)』의 제작자. 정상기(鄭尙驥, 1678-1752)의 〈동국지도(東國地圖)〉를 자기 형인 정철조(鄭喆祚, 1730-1781)와 함께 수정하여 주해본을 만들기도 했다.

29. 輪船. 我東鄭厚祚, 星湖李瀷俱有所記, 而鄭厚祚《四裔考》詳其制度.
其法: 毋論船之大小, 前後左右, 各設兩柱, 其柱之上端, 缺作凹字形以受軸焉. 軸之長視船之廣, 稍加長之, 使輪合軸, 可以轉輪於船外, 合轂於軸, 以作輪焉. 長其輻以作挽水箟, 箟長毋論船之大小, 自軸至船底以爲度. 箟根之揷轂處必厚之, 比其廣必殺三之一. 箟端之入水處, 漸薄而尖圓之如櫓之端, 必用大索或鐵索, 堅束於箟之出水處, 以代輪之郭焉. 必勿使有動搖拔脫之患焉. 若索之緊束周紐者入於水, 則必防於挽箟激水也. 又於柱頭之受軸處及軸之當柱處, 皆用鐵裹之. 不用鐵則兩木之間必戞而生火矣. 又於軸之中間設十字, 作爲轆轤, 用便於手捘或足踏也. 欲速則速轉, 欲遲則遲轉. 左旋者懸左輪而獨轉右輪, 欲右旋者亦如之. 必使前柱高而後柱低也, 前輪大而後輪小也. 『菊史小識』. 임원경제연구소, 『임원경제지 섬용지3』 (풍석문화재단, 2017), 124-125쪽.

30. "제가 전하께서 내려 주신 『기기도설(奇器圖說)』에 실려 있는 기중(起重)의 법들을 살펴보니, 모두 11조(條)나 되었습니다. 그런데 대개는 정밀하지 못하고 다만 제8조·제10조·제11조의 그림만이 자못 정밀하고 신묘했습니다. 그러나 제10조의 그림은 구리쇠로 만든 나사(螺絲)의 도르래가 있어야 됩니다. 지금 생각해보건대, 비록 나라 안 제일의 기술자라도 그것을 만들지 못할뿐더러, 더구나 구리쇠 바퀴에다 톱니를 만드는 일은 어려울 것입니다. 이 때문에 제8조와 제11조를 취하고 참고해서 변통하여 만들었는데, 다음과 같습니다."『다산시문집』 제10권 "기중도설(起重圖說)". 한국고전번역원 '한국고전종합DB'.

31. 擧重器. 先朝甲寅, 城隋州內, 下擧重器一部. 其制: 四脚戴一橫梁, 下懸兩游梁, 左右各有繅 車, 用大麻絚懸物. 左右分立役夫, 用力轉繅車而起重. 凡營造者, 不可無此器. 『金華耕讀記』. 임원경제연구소, 『임원경제지 섬용지3』 (풍석문화재단, 2017), 140-141쪽.

32. 轆轤 四柱, 三梁, 兩枋. 一邊設繅車, 一邊斜立兩長竿. 竿頭有兩短梁, 兩梁中間有短軸, 掛大麻綯, 一端繫物, 一端繞在繅車之上. 繅轉則物起.【案 制詳《本利志·農器圖譜》.】『金華耕讀記』. 임원경제연구소, 『임원경제지 섬용지3』 (풍석문화재단, 2017),

141-142쪽.

33. 부금(麩金): 앞서 부맥금(麩麥金)이라고 한 것.

34. 1푼: 금 1푼 무게당.

35. 我東, 無處不産金, 關西之成川. 熙川等地, 海西之遂安. 谷山等地, 關北之端川. 永興等地, 尤盛, 關東金剛山下諸邑産赤金. 唯三南, 不如西北之盛. 然南原. 淳昌之間, 有赤城江, 沿江上下, 多産金, 則南方未嘗不産金. 而特南民, 揣揣田疇, 不以採金爲事耳. 大抵, 東金, 多得之水濱沙土中, 凡傍山臨流, 土色明麗, 斜日照之, 有一種晃爍之氣者, 必産金. 形如稷穀, 雜在沙土中, 華人所謂麩金, 是也.

採者, 携一木瓢, 一布帒, 一小鍬, 以往, 用鍬掘土, 用帒盛之, 仍就水以瓢, 淘泥而得金. 一日或得十餘粒.

36. 『장자』 「소요유」의 고사. 송나라에 손을 트지 않게 하는 약을 잘 만드는 사람이 있었지만 그 가치를 모르고 기껏 솜이나 빨았을 뿐인데, 후에 그 약의 가치를 알아본 사람이 그 방법을 비싼 값에 사서 수군(水軍)에 이용하여 크게 출세하였다는 일화. "높은 값을 치르더라도 그것이 결국 더 큰 이익을 낼 것을 생각하여 열심히 구한다면"이라는 의미.

37. 五代史云, "高麗地, 産銅銀, 周世宗時, 遣尙書水部員外郞韓彦卿, 以帛數千匹, 市銅於高麗, 以鑄錢. 顯德六年, 高麗王昭, 遣使貢黃銅五萬斤" 然我東, 非不産銅, 而不知煉銅之法, 迄無有開礦採取者. 赤銅, 來自日本爐甘石, 貿之中國, 煉成黃銅, 其實, 我國所用黃. 赤銅, 皆非土産. 是時, 中國不通日本, 日本之銅, 必先輸于我國, 以轉售于中國, 故華人, 遂謂我東之産耳. 相傳嶺南寧海産銅. 然數千年來, 未聞有開礦採取者, 則雖有而與無同矣. 寧海邑志云, "銅, 舊出大所山, 今無此", 殊可笑. 自有此山以來, 元不曾一番鼓鑄, 則舊有之銅, 其將鬼輸神搬而去耶? 李星湖謂, "我東, 銅山, 出碁布", 且據柳磻溪輿地志, 京畿之永平, 湖西之公州. 鎭岑, 湖南之淳昌. 昌平. 興陽. 珍山. 靈光. 康津. 海南, 嶺南之寧海. 巨濟, 關東之平昌. 金城, 海西之遂安. 長淵, 關西之龜城. 三登, 皆産銅, 而一切封椿於土石之中, 年年用重値, 遠市於日本, 此眞所謂封困箱而乞糴於鄰者也. 星湖又云, "若以千金求煉銅之法, 如洴澼絖, 則豈有不得之理?" 此又未達之論. 今考天工開物, 煉銅無他法, 與今煉銀法同, 但患無人留意於利用厚生之具耳.『金華耕讀記』關北甲山. 安邊等地, 産銅最饒, 近多開礦採取, 用之鑄錢, 獲利倍筴. 然製造器物, 頗欠勁猛, 終不及倭産. 此, 由煉法之未得其妙故也.『金華耕讀記』임원경제연구소,『임원경제지 섬용지3』(풍석문화재단, 2017), 210-213쪽.

38. 刀劍. "倭國刀背闊不及二分許, 架于手指之上, 不復欹倒. 不知何錘. 中國未得其傳."

『天工開物』. 임원경제연구소, 『임원경제지 섬용지3』 (풍석문화재단, 2017), 248쪽.

39. "(日本) 刀極剛利, 中國不及也." 임원경제연구소, 『임원경제지 섬용지3』 (풍석문화재단, 2017), 251쪽.

40. "朝鮮國俗, 破釜必棄之山中, 不以還爐." 案 此言妄也. 今行商有專貿破鐵者. 唱號閭里, 貿去破金鍋, 廢鏡辮以售於鑄爐者, 殆徧八域人家, 凡有破金廢鍋, 一一收儲, 用以換貿新出爐者. 宋氏所云"棄之山中", 未知傳聞何國夷俗, 而誤系之吾東也. 임원경제연구소, 『임원경제지 섬용지3』 (풍석문화재단, 2017), 239-240쪽.

41. 靉靆者. 眼鏡之一名.⋯ 老人不辨細書. 以此掩目則明. 《百川學海》云. 出於西域滿利國. 【滿利之利 似是剌字之誤也. 卽滿剌加國也.】 이규경의 할아버지 이덕무 역시 『방여승람』을 인용해 '만랄가국(滿剌加國)'에서 안경이 들여온다고 했는데, 아마도 말래카에서 중간 교역을 통해 들어오는 것이 조선에 와전된 것으로 보인다. 그 지역의 배가 왔으니, 그 지역산이라고 했지만 실제로는 네덜란드를 비롯한 유럽산으로 이해해야 할 것이다.

42. 靉靆, 古未有也, 皇明時, 來自西洋, 詑爲奇寶, 價直一匹良馬, 今殆遍天下, 三家村裏挾兎園冊子者, 無不眼掛靉靆也, 夏月宜用水晶造者, 冬月宜用玻瓈造者, 水晶寒時冷氣逼眼, 不可用也, 倭造者, 往往有佳品, 我國慶州, 亦出烏水晶, 可作靉靆, 然琢磨粗造, 不能如華倭之美也. 『金華耕讀記』.

43. "士人之妻, 家計貧乏, 稍營生理, 未爲不可. 紡績蠶繭, 固是本業." 『靑莊館全書』 卷30 「士小節」 '婦儀'.

44. "婦人而不識縫織烹飪, 是猶丈夫而不知詩書六藝." 『靑莊館全書』 卷30 「士小節」 '婦儀'.

45. "今之俗, 京婦人不解織布, 士婦人不解炊飯, 皆陋習也. 織布炊飯, 視以爲羞恥, 是可謂之婦人乎!" 『靑莊館全書』 卷30 「士小節」 '婦儀'.

46. "精敏之婦, 雖小鮮枯菜烹割齊潔, 皆適口也. 雖爛帛陳絮縫裁新整, 皆便體也. 庸拙之婦, 魚肉之肥焉而煮爛之乖焉, 稻粱之馨焉而蒸炊之違焉, 綺羅之燦焉而矽熨之麤焉, 絲綿之良焉而紃裝之陋焉. 膳書鍼史, 不可不著." 『靑莊館全書』 卷30 「士小節」 '婦儀'.

47. 織紝. 紗・羅・綾・緞總法. "我東無紗・羅・綾・緞, 不但素昧織法, 亦由繭絲薄劣, 大異中國絲品. 故今尙方工人, 或有做造紫色緞帛者, 亦用中國絲耳." 임원경제연구소, 『임원경제지 전공지1』 (풍석문화재단, 2022), 292쪽.

48. "不善蠶桑, 其絲綾織紝, 皆仰賈人, 自山東, 閩浙來." 『高麗圖經』 卷23 「雜俗」 '土産'.

49. 東紬織法. 임원경제연구소, 『임원경제지 전공지1』 (풍석문화재단, 2022), 305쪽.

50. 附餘. "桑皮抄紙. 春初, 斬斫繁枝, 剝芽皮爲上, 餘月次之." "柘葉飼蠶, 絲好, 作琴
瑟等絃, 淸鳴響徹, 勝於凡絲遠矣." 案. 桑之爲材也, 最良用作牀榻, 几案, 光潤可愛,
不獨中爲弓弩之材而已也. 임원경제연구소, 『임원경제지 전공지1』 (풍석문화재단,
2022), 104-105쪽.

51. 養蠶. 蠶. "蠶, 孕絲蟲也. 種類甚多, 有大小白烏班色之異. 其蟲屬陽, 喜燥惡濕, 食而
不飮, 三眠三起, 二十七日而老. 自卵出而爲蚨, 自蚨蛻而爲蠶, 蠶而繭, 繭而蛹, 蛹而蚕,
蚕而卵而復蚨. 亦有胎生者, 與母同老, 蓋神蟲也." 임원경제연구소, 『임원경제지 전공
지1』 (풍석문화재단, 2022), 118쪽.

52. (試以蠶事言之, 別爲室安之, 風凉之, 火烘之, 爲之箔排養之, 爲之網擡飼之, 節三眠
四眠之候, 順春飼秋飼之分, 乃可得也. 我則不然, 雜猥於人氣之炕, 固已萎爛之道也.
又從而數數拈之, 不諳網箔之制. 故蒸穢不淸, 乃强手以勒提, 缺其足抓其皮, 則殷者强
半矣. 旣不任其性, 雖不抓, 其全者盡荼矣, 安敢望緻繭乎?) 임원경제연구소, 『임원경
제지 전공지1』 (풍석문화재단, 2022), 62-64쪽.

53. 繰絲軖轤. 繰絲軖轤, 我國之法也. 其制: 用木板方一尺餘爲質, 板端立二小柱相對. 長
四寸, 柱穿二竅, 二竅之間一寸餘. 用箭竹二个如小毫筆柄, 長二寸餘, 貫以小鐵爲軸,
安於柱竅, 令可滑轉, 是名"軖轤". 復以鐵條如錢大, 穿一眼如菉豆, 嵌於柱下. 板底出
其眼, 置板於煮繭土銼旁, 令眼當鋒. 候釜繭, 湯熱繰者, 以筋攪之. 惹衆系湊爲一端,
去其初出䗉絲, 以其精者串於鐵眼, 繞軖轤而引法, 以一手挽之. 夫此制甚樸矣. 人旣手
挽, 其熱之遲疾不均, 其力之勞費太甚, 終日牽轉, 勤苦不已. 雖弱女之指裂腰酸, 而其
所繰, 纔一掬亂緖而已, 誠可歎也. 『鷗蜉志』. 임원경제연구소, 『임원경제지 전공지2』
(풍석문화재단, 2022), 290-293쪽.

54. 絲匰. 絲匰, 亦我國之法也. 自軖轤繰絲, 堆疊於傍, 亂無倫次. 若有分散, 勢將縈繞. 故
將絲堆, 以水沃之, 令相粘付, 裹以巾布, 用石壓之, 烘乾而出之. 是成絲匰, 俗呼爲"絲
盤臺". 壓如筰麻之枯餅, 薄如切鋸之䗉板, 此天下所無之法也. 我邦之人狃於故習, 繰
車·軒牀之制, 不能講行, 只以劣手繰絲, 爲此作匰之法. 但烘火太急, 則焦而點黃; 濕
鬱經宵, 則爛而發黴. 若遇所用, 復欲引起, 則絲縷緊貼, 亂抓勒挽, 扯斷無已, 脆軟不
勝, 將何爲哉? 夫我人養蠶, 本是䗉鹵. 必使抑其性, 而不遂其生, 蠶之旣萎繭, 何能
緻?
雖然旣以此繭繰絲矣, 當順絲之性而保其天可也. 今壓而勤之, 必使之纖弱, 何也? 嘗
觀中華之令, 湖絲之善者, 皆令織緞, 其次者, 方許賣買出疆, 而令華絲之束出者, 皆勁
韌滑澤. 雖以東絲之極選, 不能抵其劣焉. 豈天之生繭, 厚於華而薄於東哉? 全係人功

之巧拙明矣. 歷觀古今蠶書, 又閱日本諸書, 皆無絲區之法. 雖屬細務, 良可歎惜. 故特著論之, 以見我人鈍劣之一端云.『鶹蟀志』. 임원경제연구소,『임원경제지 전공지2』(풍석문화재단, 2022), 294-297쪽.

55. "今考諸書, 但有漚池, 無蒸法也. 然華俗先漚而後, 又有灰凍水煮之節. 我俗先蒸而後, 又有水濯灰淋之序. 法雖不同, 製造則一, 但手法有工拙耳."「전공지」권4「잠상도보」'증석'. 임원경제연구소,『임원경제지 전공지2』(풍석문화재단, 2022), 263-264쪽.

56. "十二月頒勸農桑詔曰: 刺守縣令, 其務出入阡陌, 勞來三農. 望杏敦耕, 瞻蒲勸穡. 春鶹始轉, 便具籠筐. 蟋蟀載吟, 卽鳴機杼."『十國春秋』卷49「後蜀」'後主本紀'.
"春鶹始囀, 必具龍筐. 秋蟀載吟, 必鳴機杼."『山堂肆考』卷144「民業」'望杏瞻蒲'.

57.「전공지」【麻績】【藝大麻 (附) 苴麻栽法】【大麻】. 임원경제연구소,『임원경제지 전공지2』(풍석문화재단, 2022), 20쪽.

58. 첨운경(詹雲卿): 첨사룡(詹士龍, 1261-1313)을 말한다. 중국 원(元)나라 관리. 자는 운경(雲卿). 대덕(大德) 4년에 강남행대감찰어사(江南行臺監察御史)에 제수되었고, 광서도첨사(廣西道僉事)까지 올랐다.

59. 모시[毛絁]: 모시포(毛施布)는 모시베[苧麻布]의 취음으로 모시(毛絁) 또한 모시(毛施)를 차음한 것으로 추정한다.

60. 詹雲卿造布法. 毛絁布法: 揀一色白苧麻, 水潤, 分成縷, 粗細任意, 旋緝旋搓. 本俗於腿上搓作繡, 逗成鋪, 不必車紡【案 我東緝麻, 皆於腿上搓作繡】. 亦勿熟漚, 只經生繡, 論帖穿苧如常法. 以發過稀糊, 調細豆麨刷過, 更用油水刷之. 於天氣濕潤時, 不透風處或地窖子中, 灑地令濕, 經織爲佳. 若風日高燥, 則繡縷乾脆難織, 每織必先以油水潤苧, 及潤繡. 經織成生布, 於好灰水中浸蘸, 曬乾, 再蘸再曬. 如此二日, 不得揉搓. 再蘸濕了, 於乾灰內周徧滲浥兩時久. 納於熱灰水內, 浸濕, 於甑中蒸之, 文武火養二三日. 頻頻翻觀, 要識灰性及火候緊慢. 次用淨水澣濯. 天晴再三帶水搭曬如前. 不計次數, 惟以潔白爲度. 灰須上等白者, 落黎, 桑柴, 豆稭等灰, 入少許炭灰妙.『왕씨농서』. 임원경제연구소,『임원경제지 전공지2』(풍석문화재단, 2022), 54-58쪽.

61. 면화를 우리나라에 처음으로 들여온 사람은 문익점(文益漸)이다. 문익점이 공민왕 때에 원나라에 사신으로 갔다가 목면 씨를 얻어 와서 장인인 정천익(鄭天益)에게 주어서 심으니, 3년 만에 크게 번성하였다고 한다. 이후 우리나라의 의복에서 목면은 가장 큰 비중을 차지하며 관북 지역을 제외한 칠도로 퍼져나갔다. 안정복,『동사강목』'동사'.

62. 我東則自文江城迄于今, 只一種傳植, 旣久穰薄劣, 地肥年豐菫二十而得五, 其得七得

九者通國絶無, 苟於每歲使輌購來靑核等三四品, 必有棉重倍收之效也. 임원경제연구소, 『임원경제지 전공지2』 (풍석문화재단, 2022), 93-94쪽.

63. 又按 和漢三才圖會云 中國棉灰白色 不如倭棉之潔白也… 中州佳種如不可購 則宜從
對馬島購來倭種 必勝於東種也. 『鵝蜂志』. 임원경제연구소, 『임원경제지 전공지2』 (풍석문화재단, 2022), 94-95쪽.

64. 坎種法. "山谷或平原荒田, 解冰後, 掘坎沒脛廣濶如方席, 種木棉. 臨時以尿灰及牛馬
糞堪坑, 又加新土, 棉種轉拌牛尿熟灰如栗子大. 每坑種五六介, 待長成約七八寸; 去
其中心梢, 則枝茂實繁所摘倍多. 明年鑿旁坑, 又如是, 三年後, 便成饒田, 而無墾荒之
勞." 『農家集成』. 임원경제연구소, 『임원경제지 전공지2』 (풍석문화재단, 2022), 132쪽.

65. 송강(松江部): 중국 상해시 남서쪽에 위치하는 구(區)로, 절강성(浙江省)과 접해 있
다.

66. 紡織. 碾彈法. 松江民藝木綿, 初無踏車'椎弓之製, 率用手剖去子; 線弦竹弧置案間,
揉掉成劑, 厥功甚艱. 國初有嫗黃婆者, 自崖州來, 乃敎以作造捍彈, 紡織之具, 至於錯
紗配色, 綜綫挈花, 各有其法. 以故織爲被, 褥, 帶, 帨, 其上折枝, 團鳳, 棋局, 字樣, 粲
然若寫. 人旣受敎, 競相作爲, 轉貨家富. 莫不感恩, 嫗卒爲立像祀焉. 《輟耕錄》《東史》
云: "高麗正言文益漸奉使如元, 轉竄劍南得木綿種而還, 與其外舅鄭天翼種之, 三年大
蕃殖. 又相與刱爲攪車, 繰車, 彈機·絲樞, 成綿以絮衣, 引縷以織布."

67. 笠. 有帽有簷, 皆竹絲結成而布裹髹漆. 其簷來自耽羅, 近年統營造者尤佳. 衣被八域
者, 什九皆耽羅産, 而統營者價翔, 僅居什之一. 然耐風而靭, 耽羅簷三不能當統營簷一
也. 新冠少年戴黃草笠, 其色如金, 開城人善爲之. 蓋笠制, 遠自新羅至今, 爲朝野, 貴賤
之所同服, 華人謂之"折風巾". 尤侗《外國竹枝詞》其言朝鮮有云"長衫廣袖折風巾", 卽指
我國袍笠之制也. 『金華耕讀記』; 洗笠汚法. 笠子油汚或汗透, 以烏頭煎濃湯洗之. 『物
類相感志』. 임원경제연구소, 『임원경제지 섬용지2』 (풍석문화재단, 2017), 33-35쪽.

68. 裘. 凡取獸皮製服, 統名曰"裘". 貴至貂, 狐, 賤至羊, 麂, 值分百等. 貂産遼東外徼建州
地及朝鮮國. 一貂之皮方不盈尺, 積六十餘貂, 僅成一裘. 服貂裘者, 立風雪中, 更煖于
宇下 【案. 我東關西, 北産貂類多黔黃色, 其溫厚亞於建州之産. 又有鼠皮, 華鼠皮, 皆
可爲裘材. 狐則處處有之, 而東人不嫺硝熟之法, 無爲裘者. 燕貿蜀貓皮, 雪白可愛, 但
毛淺不溫.】 殊方異物, 如金絲猿上用爲帽套, 扯里猻, 御服以爲袍, 皆非中華物也. 飛
禽之中, 有取鷹腹, 鴈脇毳毛, 殺生盈萬乃得一裘, 名天鵝絨者, 將焉用? 『天工開物』;
古之裘制, 長與衣齊, 我東則長短, 大小不一. 或周身環掩如今周衣 【俗呼두루마기】, 或
半臂方領兩襟對下, 長僅護腹如今褂子; 或長及踝脛, 而前後不相連屬如今俗所謂冬衣

【동옷】, 又或有如今裏衣【俗呼져고리】者. 其衣或以綃, 緞, 或以紬, 絹, 靑, 紫, 沈香, 錦香, 駞色, 無所不可, 獨不得用紅, 黃兩色. 其兩襟對下者, 用銀紐或琥珀, 蜜花等紐.『金華耕讀記』. 임원경제연구소,『임원경제지 섬용지2』(풍석문화재단, 2017), 105-109쪽.

69. 나전베개:「섬용지」권3 '생활하는 도구' "나전베개". 임원경제연구소,『임원경제지 섬용지2』(풍석문화재단, 2022), 232-233쪽.

70. 枕.《詩》有 "角枕粲兮" 之語, 古人多用骨角爲枕, 今亦有象牙枕, 刻畫綺石, 花卉, 頗愜淸齋臥具. 若彩絲刺繡者及統營造螺鈿枕, 非不華美可愛, 而殊不免閨閤粉脂氣矣. 烏木爲枕, 上鑲磁石者, 能養目力. 又曾見定窰磁枕, 作童子仰臥狀, 顧眄勃勃, 呼之可起, 亦奇制也. 另用紫絹貯稷米爲小囊, 置童子腹上以支項, 卽暑月所用也. 至於婦人之枕, 終當以繡鴛鴦繡鳳凰爲佳品也.『金華耕讀記』. 임원경제연구소,『임원경제지 섬용지2』(풍석문화재단, 2022), 127-128쪽.

71. 木紅色. 用蘇木煎水, 入明礬, 梧子.『天工開物』. 317쪽.

72. 藍色. 六七月蓼藍葉肥津盛時, 取葉于淨器內, 澆水按碎, 取汁染之. 染藍每當庚伏, 易致蒸浥變色, 故須照氷.『鵬蟀志』. 327쪽.

73. 임원경제연구소,『임원경제지 전공지1』(풍석문화재단, 2022), 156-176쪽.

3장 농사, 기상, 동물 분야

1.『임원경제지』의 원 순서가 농업에서 시작하여 상업으로 끝나지만, 본서에서는 16개를 개별적으로 다루지 않고 큰 카테고리 5개로 재편하면서 오히려 상업이 먼저 나오고 농업이 뒤로 놓였다. 결과적으로 사농공상의 순서가 역전되어 '상공농사'에 의(醫, 음식·양생·의학)가 추가된 구성이다. 이에 대한 입장은 서두에서 일단을 밝혔거니와 전통적 방식에서 살짝 비켜나서 서유구의 본의를 좀더 핍진하게 드러내보려는 의도임을 한 번 더 이해를 구하려 한다.

2. 풍석의 농업기술 중 밭농사 진흥의 밑바탕이 되는 것으로, 특히 봄가뭄이라는 우리나라 기후의 문제를 극복하는 방식이 휴전법이라고 하겠다.

3. 직방(職方):『주례(周禮)』 '하관(夏官)' '직방씨(職方氏)'로서 구주(九州)의 지도(地圖)를 관장하고 사방에서 들어오는 공물을 다룬 벼슬 이름이다. 여기서는 '지도'로 풀이하였다.

4. 자초삼각지말(子初三刻之末): 자시(子時)는 오후 11시부터 오전 1시까지이며, 자초와 자정으로 다시 세분된다. 1각은 하루를 100으로 나눈 시간 단위, 곧 14분 24초다. 자초삼각지말은 오후 11시 43분경이다.

5. 자정초각지초(子正初刻之初): 자정(子正)은 밤 12시 정각, 자정초각지초는 밤 12시 정각 직후이다.

6. 【論褊壤亦察經緯度】

客有難之者曰 "子誠好事耳. 中國之職方所紀, 遠者或萬餘里, 其治曆授時之必詳於里差, 固也. 如我東彈丸之大, 堇敵中國之一省. 烏用是璅璅爲也?" 余曰 "不然. 我東地勢, 東西狹而南北長. 北之慶源 · 慶興, 與宣府 · 大同相直, 南之海南 · 康津, 與登州 · 萊州相直. 長白之下, 四月隕霜, 而耽羅橘柚, 冬不著裘. 此其南北寒暑之差, 與中國何異哉. 古語曰 '智如后稷, 不能使禾冬生.' 又曰 '霜降而樹穀, 氷泮而求穫, 欲得食則難矣.' 此言審時之爲貴也. 今使我東極北極南之耕耘收穫, 一準乎漢陽之節氣, 則不其幾於冬樹穀而春求穫也乎.'"

客曰 "南北寒暑之緯差, 則然矣. 若乃經差, 由漢陽東至于嶺南, 西至于關西, 各不過一度强耳. 縱有刻分之差, 所爭幾何哉." 余曰 "假使漢陽立春在子初三刻之末, 則偏東過一度之地, 乃後一日立春矣. 在子正初刻之初, 則偏西過一度之地, 乃先一日立春矣. 夫以兩年交界之際, 而先後判爲兩日, 是豈細故也哉. 烏得以刻分之微而忽之. 且古之農家, 有以節氣時辰而校晴雨占荒豐者, 亦有以節氣時辰樹藝者. 如立夏晴辰扦者, 無不活, 是也. 今極東之東萊 · 機張, 極西之義州 · 昌城, 皆以漢陽節氣爲準, 冒昧而作事, 一或不驗, 則乃癈. 然曰 '古方不足信.' 噫. 不足信者, 果古方耶, 抑其所謂節氣時辰, 非其地之節氣時辰耶. 此眞所謂膠柱而鼓瑟, 黏錘而權輕重者也." 「杏蒲志」. 정명현 · 김정기, 『임원경제지 본리지1』(소와당, 2008). 419-421쪽.

7. 희화(羲和): 요순(堯舜) 때 천문을 맡은 벼슬 이름.

8. 余也職非羲和, 跡蟄畎畮, 旣無由握管窺測于四方, 則姑以昔所得於過庭者, 著錄如左. 凡我同志之士, 或倦游名勝, 或卜居邱園, 卽從其所到所居地方, 用象限子午線等儀, 實測經緯里差之度, 零零湊合, 逐加訂正, 則是編也未必不有裨於欽若授時之晟化. 又豈徒曰田家用天分地之指南而已哉. 情告有心, 盍惄圖焉. 『杏蒲志』. 정명현 · 김정기, 『임원경제지 본리지1』(소와당, 2008). 410쪽.

9. 과정지훈(過庭之訓)은 공자에게 아들 공리(孔鯉)가 있었는데, 다른 제자들이 혹시 공자의 아들은 공자와 늘 집에 함께 기거하니까 자기들보다 뭔가 더 특별한 배움이 있지 않을까 궁금해하면서 물어보는 대목에서 연유한 성어다.

10. 풍씨(馮氏)의 설: 풍응경(馮應京)의 『논왕씨수시도(論王氏授時圖)』를 말한다.

11. 산서(山西): 태항산(太行山) 서쪽에서 황하 동쪽 지역. 지금의 산서성(山西省).

12. 【論東國經緯度】今以馮氏之說, 較量我國南北, 則京師北極高三十七度三十九分, 與山

西相直. 北之甲山, 與瀋陽相直. 南之耽羅, 與江南相直. 自耽羅而至京師, 自京師而至甲山, 三候亦應以千里差一旬. 先時而種者, 失之太早而不生; 後時而藝者, 失之太晚而不成. 「海東農書」. 정명현·김정기, 『임원경제지 본리지1』 (소와당, 2008), 404쪽.

13. 徐玄扈思以南北緯差載之農書, 令知寒暖之宜, 以辨土物而興樹藝. 余每讀之, 未嘗不擊節曰 "此農穡之三昧也." 정명현·김정기, 『임원경제지 본리지1』 (소와당, 2008), 404쪽.

14. 蓋地之經緯相去二百里, 而天之經緯必差一度. 南北則望極有高下, 而節氣之寒暑因之. 위의 책, 405쪽.

15. 我東雖壤地褊小, 東西一千餘里, 南北三千餘里. 以鳥道計之, 經差當過數三度, 緯差當過六七度. 위의 책, 406쪽.

16. 至於諸道經緯里差, 則未曾測驗, 直以漢陽經緯度而蓋之. 是我東之曆, 卽畿甸二百里以內之曆, 而非二百里以外之曆也. 然則畿甸以外諸道, 雖謂之無曆, 可也. 無曆則其於樹藝何哉. 위의 책, 406쪽.

17. 『역상고성(曆象考成)』: 서명. 42권. 청(清)나라 강희제(康熙帝)가 지은 『율력연원(律曆淵源)』의 제1부.

18. 상한대의(象限大儀): 상한의(象限儀). 각도(角度)를 측정하는 기계. 상한이란 원을 4등분하여 얻은 한 각(90°)을 말한다.

19. 나의 조부: 서유구의 조부는 서명응(徐命膺, 1716-1787)이다. 『보만재총서(保晚齋叢書)』와 『고사신서(攷事新書)』에는 농업을 중심으로 한 이용후생의 학문 정신이 잘 드러나 있다.

20. 元郭守敬授時曆, 定高麗極高三十八度四分度之一, 卽松亭極高也. 淸梅穀成曆象考成, 定朝鮮極高三十七度三十九分一十三秒, 卽淸使何國柱用象限大儀, 測極高於漢陽鍾街者也. 先王父文靖公遊白頭山, 用象限儀, 測高於臙脂峯下, 得四十二度三分. 此皆實測也. 其餘各道極高, 則竝不曾推測. 雲觀日記, 有世宗朝分遣曆官, 測北極高度于摩尾峯白頭山漢挐山之文, 而其所測度分, 則今不可考矣. 正宗丁未, 先王父撰賜谷志, 用古法二百五十里差一度之制, 據鄭厚祚東國輿地圖, 量定諸道經緯星差. 辛亥先大夫提擧雲觀, 用今法二百里差一度之制, 據備邊司所藏輿地圖, 量定諸道經緯里差. 然我國山川縈紆道路迂迴, 且量地之尺法步法, 俱無準則. 凡所云用鳥道量定里差者, 特存其槩略耳. 以之考驗實測, 未知如何也. 정명현·김정기, 『임원경제지 본리지1』 (소와당, 2008), 407-409쪽.

서유구는 중국측 자료도 소개하고 있는데, 이 역시 지도를 가지고 추측한 값이라 확신할 수 없다고 했다. "안: 제소남(齊召南)은 《수도제강(水道提綱)》에서 우리 동방의 북극 고도는 장백산(長白山) 아래를 42°약(弱)으로, 온성(穩城)의 미전진(美錢鎭)을 42°강(强)으로, 경흥(慶興)을 42° 5′으로, 단천(端川)을 40° 7′으로, 고원(高原)을 39°로, 양양(襄陽)을 37° 5′으로, 한양을 37° 6′으로, 강화를 37° 4′으로, 경상좌수영 (慶尙左水營)을 35° 3′으로, 무안(務安)을 34° 7′으로, 김해(金海)를 34° 6′으로, 진해(鎭海). 고성(固城)을 34° 4′으로, 제주(濟州)의 한라산(漢拏山)을 34° 3′으로 정하였다. 그러나 이것도 또한 지도상의 이수(里數)로써 미루어 헤아린 것이지 실제로 측량한 값이 들어 있지는 않다." "案. 齊召南水道提綱, 定我東極高長白山下四十二度弱, 穩城美錢四十二度强, 慶興四十二度五分, 端川四十度七分, 高原三十九度, 襄陽三十七度五分, 漢陽三十七度六分, 江華三十七度四分, 慶尙左水營三十五度三分, 務安三十四度七分, 金海三十四度六分, 鎭海固成三十四度四分, 濟州漢拏山三十四度三分. 蓋亦以地圖里數而推測, 非有實測也." 위의 책.

21. 시헌력은 서유구 당시 150여 년 전부터 조선에서도 시행되고 있었다. 그리고 그의 조부와 부친의 활동이 왕성했던 정조 치세기에 『국조역상고(國朝曆象考)』(서호수 책임 편찬)가 편찬되었고, 순조 때에는 『서운관지(書雲觀志)』(1818)가 편찬되었다. 서유구가 이렇게 경도와 위도를 이 「본리지」에 상세하게 싣게 된 것은 조부와 부친이 천문역법에 대한 전문적 식견을 쌓아올린 결과다. 풍석은 당시까지 조선에서 이해한 시헌력의 정수 중 일부를 흡수·정리했고, 그의 경위도에 대한 정밀한 주장은 24절기와 72후의 조선식 변용이라 할 수 있다.

22. 茶根肥, 耕莫芽, 種春橫, 藝芓麻. 蒲抽葉, 爭荷鍤, 蜀漆瓲, 播粟粱; 迎春黃, 注稻秧. 蹲鴟萌打麥聲. 麥黃, 種稻; 稻黃, 種麥. 秋亦春, 何時息. 정명현·김정기, 『임원경제지 본리지1』(소와당, 2008). 429-436쪽.

23. 이런 정보들의 일부가 2011년에 '전국귀농운동본부'에서 제작한 『자연농사달력 2012』에 반영되기도 했다.

24. 「본리지」 전체에서 이 표에 대해서만 인용 문헌이 기록되지 않았는데, 아마도 서유구가 이전의 자료를 종합하여 제작한 것으로 보인다. 「본리지」 권9.

25. 「전공지」에서 옷감 짜는 기계를 중국에서 도입하자거나, 「섬용지」에서 건축양식과 공업제도는 중국의 방식을 따르자고 한 주장도 같은 맥락에 있다.

26. 『임원경제지 개관서』(2012), 502-504쪽.

27. 정명현·김정기, 『임원경제지 본리지1』(소와당, 2008), 407-409쪽.

28. 성해응도 서유구 못지않게 상당히 치밀하게 고증하면서 『행포지』의 자료를 여러 군

데에서 비중 있게 인용했다. 成海應, 『硏經齋全集』 外集 卷62 「器量類」 '古今尺度 考'(『韓國文集叢刊』 278, 139-152쪽).

29. 『헌종실록』 권5. 憲宗 4년 6월 己卯: 大司憲 徐有榘 疏略曰 (중략) 今年幾湖之擧….

30. 이 벼들에 대해서는 「본리지」 권7 "곡명고", ⑦ '중국의 늦벼'를 참조 바람. 정명현·
김정기, 『임원경제지 본리지2』(소와당, 2008), 476-484쪽.

31. 正宗戊午, 湖南夏旱, 揷秧愆期, 朝令代播蕎麥. 余時守淳昌郡, 躬行阡陌, 勸相其役, 從
古水種之地, 什七皆蕎麥矣. 未幾伏秋之交, 淫潦復至, 而畦塍之間水深沒脛, 則蕎麥
之病潦, 又甚於秔稬之病旱, 而南人遂告饑. 蓋代播誠是也, 而所播之種, 未得其宜耳.
吾東穀種名品雖繁, 其實則播種收穫之期, 不甚相遠, 其晩蒔而可食者, 只有蕎麥與綠
豆耳. 然二種或喜燥而惡濕, 或宜埼而忌肥, 冒昧而作事, 宜其勞而無功也. 苟能預購中
州之異種, 如德安之香秄晚·通州之六十日, 「俱稻名, 七月可蒔」 豈有是也? 故廣購嘉
種, 爲救災荒之第一急務也. 杏蒲志. 정명현·김정기, 『임원경제지 본리지2』(소와당,
2008), 598-599쪽.

32. 농사의 다섯 피해 부분, 곧 5해고. 5가지 피해는 홍수, 가뭄, 바람과 안개, 서리와 우
박, 벌레나 동물 등에 의한 피해다. 섞어짓기를 하거나 맥류를 재배하면 가뭄이나 홍
수를 피할 수 있다.

33. 멸오충(蔑吳蟲): '멸오'는 '며루'를 지칭한 것으로 보이며, 며루는 '멸구'의 방언이다.
곧, '멸오충'은 벼멸구를 가리키는 것으로 보인다. 『표준국어대사전』, 2129, 2139쪽 참
조.

34. 【除蟬蟲法】 六七月天氣蒸潯, 有蟲化生於稻畦. 其色淺黑, 其大如蝨, 稍長則有翼能飛.
似螂而小, 圍繞稻莖, 咂食苗葉, 稻自萎枯. 俗呼蔑吳蟲, 又呼蟬蟲. 戊子夏, 生畿湖間,
歲遂失稔. 己亥夏秋之交, 又自湖西南, 蔓至畿甸, 遂遍嶺南東湖南. 人用法弭之. 其法
灌水滿畦, 持杖攪水不住, 則蟲皆漂落, 浮在水面. 用木楪徐徐驅下畦尾, 則蟲皆團聚.
以魚油一匙, 點潑于其上, 則蟲卽死. 於是決畦使流下, 仍以布帒承塍口, 受之癠之. 他
處轉相倣效, 蟲不爲災. 惟畿人未諳其方, 遂致飢荒. 杏蒲志. 정명현·김정기, 『임원경
제지 본리지2』(소와당, 2008), 651-652쪽.

35. 己亥, 蟲損之歲, 處處稻畦, 一望蕭索, 而惟早種早穗之稻, 實穎實栗, 蟲不能災. 又紅
稻·棗稻, 莖葉勁剛, 蟲不能食. 凡遇慮蟲之年, 尤以早種爲貴. 且宜種紅稻·棗稻也. 정
명현·김정기, 『임원경제지 본리지2』(소와당, 2008), 652쪽.

36. "農爲治本." 「본리지」 권4 '농지가꾸기'. "총서" '농사총론'.

37. "食乃民天." 「본리지」 권4 '농지가꾸기'. "총서" '농사총론'.

38. "凡開荒山澤田, 皆七月芟艾之, 草乾, 卽放火, 至春而開墾. 其林木大者, (畚+刂)殺之, 葉死不扇, 便任耕種. 三歲後, 根枯莖朽, 以火燒之. 耕荒畢, 以鐵齒(金+扇)榛, 再徧杷之. 漫擲黍稷, 勞亦再徧. 明年, 乃中爲穀田." 「본리지」 권4 '농지가꾸기' "개간" '산과 습지의 황무지 개간법'.

39. 당시로는 그 땅에는 거기에 알맞은 작물만 재배해야 한다는 생각이 일반적이었다. 다른 지역에서 새로운 작물이 들어오면 성공적으로 재배되지 못한다는 경험에서 나온 말이다. 그러나 서유구는 이러한 생각에 부정적이다. 외래종이라도 우리 땅에서 잘 수확되면 그것이 새로운 토종이다. 이는 서유구가 누차 강조한 내용이다.

40. 「예규지」의 해당 부분.

41. 「본리지」의 해당 부분.

42. "畝也者, 所以受種也; 壟也者, 所以隤土而培根也; 溝也者, 所以洩水也, 亦所以灌水也. 是故畝欲其行直; 壟欲其高墳; 溝欲其大而深." 「본리지」 권4 '농지가꾸기', "밭갈이, 써레질, 고무래질" '밭갈이법'.

43. 당시에는 고랑 없이 평평한 땅에 흩뿌리기(만파)를 하는 것이 보통이었다.

44. 하야미 아키라(速水融) 교수의 근면 혁명(industrious revolution) 개념과 상통한다.

45. "俚諺曰: '近家無瘦地, 遙田不富人, 豈不信然?'" 「본리지」 권4 '농지가꾸기'. "총서" '농민의 거처는 농지에서 가까워야 한다'.

46. "工欲善其事, 必先利其器." 『論語』 「위령공(衛靈公)」.

47. 박지원은 『과농소초』에서 농기구(26종)와 수리기구(28종) 총 54종, 박제가는 『북학의』에서 약 40종, 서명응은 『본사(本史)』(『보만재총서(保晚齋叢書)』에 수록)에서 약 97종, 서호수는 『해동농서』에서 약 30종을 소개했다. 그러나 서호수의 책 이외에 그림은 전혀 없다.

48. 일례로 '지세 측량법'에 대해 하천의 생김새를 보고 제방을 어떻게 쌓을 것인지 구상하기와 토목 측량법을 서술했다. 「본리지」.

49. 학음을 전라감사 재임 시 관할 군현에 내려보낸 기록은 『完營日錄』 II, 602-614쪽에 4회가 나오고, 용미차를 귀농지인 금릉(金陵)에 설치했다는 이야기는 서유구가 하백원에게 보낸 서신에 나온다.

50. 「본리지」 권12~13은 수리(水利)에 필요한 기구 및 시설을 보여준다.

51. 한편 서호수와 동시대인인 이희경이란 사람이 『농기도』라는 책을 썼다고 전해지지만, 그의 서문만 『북학의』에 남아 있을 뿐 본 책은 유실되었다. 이 책은 『해동농서』와 거의 비슷한 시기의 저술일 것으로 보인다. 100여 년 전에 『농정전서』나 『천공개

물』 같은 서적에서 그림이 충실히 소개된다.

52. 『임원경제지』에서 그림은 「본리지」에 112종, 「전공지」에 78종으로 총 190여 종을 다룬다. 옷감 원료를 재배하고 가공하는 내용을 담은 「전공지」에는 누에치기(32종)와 옷감짜기(46종)에 필요한 도구 및 장비, 시설들을 모아놓았다.

53. 「본리지」에서는 총 6분야로 분류했으나, 농사 공정과의 연관성을 보여주기 위해 더 세분했다. 임원경제연구소 제공.

54. 蕎麥, 非麥而有麥之名, 爲其磨粉療飢, 如麥之有麪也. 莖弱而翹然, 易長易收, 故曰蕎麥, 亦曰荍麥. 花繁而密, 故曰花麥; 實熟則稃黑, 故曰烏麥. 東人以其莖之似木之有節, 呼爲木麥. 南北俱有之, 而關東旌善者爲上. 粒大而白, 粉膩而滑. 作爲饙飥, 肩視香稬亦奇種也. 中國南方産苦蕎麥, 枝·葉·花·實皆蕎麥也, 而花帶綠色, 實尖而稜角不峭, 其味苦惡, 故謂之苦蕎. 亦一時備荒之穀也. 杏蒲志. 정명현·김정기, 『임원경제지 본리지2』(소와당, 2008), 533쪽.

55. [案] 諸家本草, 甘平寒無毒, 實腸胃, 磨積滯, 消熱腫, 壓丹石毒, 除白濁. 名狀, 見《本利志》. 「인제지」. 미출간 번역본.

56. 주진형(朱震亨)은 "트이고 흐르게 하는[疏洩] 역할을 주관하는 것이 채소[菜]이다. 채소를 '소(蔬)'라 쓴 까닭은 소통(疏通)의 뜻이 있기 때문이다. 이것을 먹으면 장위의 기운을 잘 퍼지게 해서 막히고 정체되는 질환이 없다."라 했다. 임원경제연구소, 『임원경제지 정조지1』(풍석문화재단, 2020), 175쪽.

57. 음물(陰物): 음적인 특성이 강한 사물. 인간과 우주의 구성과 운행 원리를 음양(陰陽)에서 찾을 때, 음식물도 음물과 양물(陽物)로 구분할 수 있다. 땅에서 나는 채소나 과일은 음물이며, 하늘을 나는 새는 양물로 분류한다.

58. 『임원경제지 개관서』(2012), 502-504쪽.

59. 위의 책.

60. 治畦法 "劚地爲畦, 長兩步, 廣半之, 緣邊作界. (중략) 菜畦, 長可展, 廣不可展. 蓋畦之內澆水沮洳, 不容足踐. 踐則令土堅垎傷苗. 故其鋤之也, 須坐兩邊界, 垎而鋤之. 畦太廣則不便耘也." 임원경제연구소, 『임원경제지 관휴지』, 미출간 원고.

61. 위의 책.

62. 『임원경제지 개관서』(2012), 510-511쪽.

63. 위의 책. 551쪽.

64. [名醫別錄] 二月四月八月上旬, 採根, 竹刀刮, 曝乾, 勿令見風. [圖經本草] 春生苗, 多於深山背陰, 近椴漆下濕潤處. [海藥本草] 新羅國所貢者, 有手足, 狀如人形, 長尺餘,

以杉木夾定, 紅絲纏飾之. [案] 諸家本草, 根甘微溫無毒, 補五臟, 安精神, 治諸虛證. 蘆苦溫無毒, 吐虛勞痰飮. [案] 名狀, 見《灌畦志》. 임원경제연구소, 『임원경제지 인제지』, 미출간 원고.

65. 【名品】一名神草, 一名地精. "『本草綱目』蔘(参오)本作薓. 爲其年深浸漸長成也. 根如人形有神, 故謂之人·薓神草. 得地之精靈故又名地精. 『按』本草薓以上黨者爲第一, 新羅·百濟·高麗者次之, 則吾東之産, 固天下之選也. 東俗以産於嶺湖南者, 爲羅參. 産於關西江界等地, 及江原道郡者, 爲江參. 産於關北者, 爲北參. 上以貢御, 下給閭閻. 南輸於倭, 北市於燕. 用殷價翔, 爲國重貨. 近自數十年來山産漸罄, 而家種之法作始于嶺南, 遍于國內. 謂之家參, 所以別於山産也. 李時珍云, 人蔘十月收子, 待春下種, 如種菜法則中國家種之法. 已先於吾東矣." 임원경제연구소, 『임원경제지 관휴지』, 미출간 원고.

66. 설혜심, 『인삼의 세계사』 (휴머니스트, 2020), 48-50쪽 참조.

67. 【論蔘不易生】蔘靈草, 本自罕有, 兼之子老則不生. 今蔘爲秋採, 皆於子熟之時. 望其紅實而採之, 故所取之子: 皆過老不生, 其不經人採自結自落者, 亦必在過老之後. 其微熟易生者, 必自落. 是百子而生者僅一二. 此蔘所以不易生也. 『種蔘譜』. 임원경제연구소, 『임원경제지 관휴지』, 미출간 원고.

68. 【論蔘不易長】蔘之生旣不易, 其長尤不易. 蓋蔘性好水, 而惡濕惡陽, 而喜陰. 縱使蔘子幸而得生, 若上值高燥, 下值卑濕. 或山坡兀兀, 烈日恒曝, 或巖石蔽, 虧氷無陽光, 皆不得長. 必厥土肥厚潤滲相兼, 草木蒙密, 天光穿漏載陽載陰. 然後可以滋長. 古語曰三椏五葉, 背陽向陰, 欲知我者, 樻漆相尋, 正謂此也. 其生而得地者, 絶少. 此蔘所以不易長也. 〈寧高燥不可卑濕. ○『種蔘譜』〉. 임원경제연구소, 『임원경제지 관휴지』, 미출간 원고.

69. 『고려도경』권23, 土産. 인삼은 고려 곳곳에서 나고 특히 춘주(춘천)의 것이 좋다고 했다. 생삼, 숙삼이 있다고도 했다.

70. 【收採】凡蔘種四五年, 便可收採. 生根重四錢者, 乾必爲一錢. 四錢以上, 皆以乾耗四分一爲率, 若延至多年, 彌重彌佳. 其或生或熟及捻造洗剔, 糊鬚卷尾等術, 俱有蔘戶常法. 『種蔘譜』. 임원경제연구소, 『임원경제지 관휴지』, 미출간 원고.

71. 【收藏】人蔘頻見風日則易蛀. 惟用盛過麻油瓦罐, 泡淨焙乾入, 細辛與蔘相間收之密封, 可留輕年. 一法用淋過竈灰曬乾, 罐收亦可. 『四聲本草』. 임원경제연구소, 『임원경제지 관휴지』, 미출간 원고.

72. [案] 諸家本草, 一名蔓菁. 根葉苦溫無毒. 利五臟, 令人肥健, 下氣, 治嗽, 治風腫·乳

癰. 子苦辛平無毒. 明目, 療黃疸, 利小便. 治積聚·霍 亂. 임원경제연구소, 『임원경제
지 인제지』, 미출간 원고.

73. 【名品】一名蔓菁, 一名九英菘, 一名諸葛菜.〈『本艸拾遺』蕪菁南北之通稱. 北人名蔓
菁, 塞北河西種者名九英菘.『本艸綱目』劉禹錫嘉話錄云,諸葛亮所止,令兵士獨種蔓菁者,
取其纔出甲可生啖一也,葉舒可煮食二也. 久居則隨以滋長三也. 棄不令惜四也. 回則易
尋而採五也. 冬月根可食六也. 比諸蔬, 其利甚博, 至今蜀人, 呼爲諸葛菜.〉임원경제연
구소, 『임원경제지 관휴지』, 미출간 원고.

74. 此物菜中極佳, 非惟畦中, 但閑地皆可種. 其根葉皆可食, 耕地惟須深熟全肥地. 稠種
爲妙, 若稀種則心虛. 임원경제연구소, 『임원경제지 관휴지』, 미출간 원고.

75. [案] 諸家本草, 子辛平無毒. 明目, 除風, 出癰疽頭, 消斑疹. 根莖苦寒無毒. 治傷寒·
汗出·肺壅. [案] 一名牛蒡子: 名狀, 詳見《灌畦志》. 임원경제연구소, 『임원경제지 인제
지』, 미출간 원고.

76. 牛蒡【名品】一名惡實, 一名鼠粘, 一名大力子.〈『圖經本草』實殼多刺, 鼠過之則綴, 惹
不可脫. 故名鼠粘.『本草綱目』其實狀惡, 故名惡實. 根葉皆可食, 故人呼爲牛菜. 術人
隱語, 呼爲大力也. 莖高三四尺. 四月開花成叢, 淡紫色. 結實如楓梂而小. 蕚上細刺,
百十攢簇之. 一梂有子數十粒〉. 임원경제연구소, 『임원경제지 관휴지』, 미출간 원고.

77. 예원(畹)은 "원(畹)에서 가꾼다[藝]"는 뜻이다. 「예원」 서문에서는 '자란(滋蘭)'의
뜻을 취하여 예원이라 이름 지었다고 했다. 자란은 "난초를 기른다"는 말이다.

78. "玩人喪德, 玩物喪志".『尙書注疏』卷13 「旅獒」 第7(『十三經注疏整理本』 3, 389쪽).

79. 『노자』 11장의 "(방은) 문과 창을 뚫어 조명을 밝히는데, 그 빔에 방의 쓰임이 있다
(鑿戶牖以爲明, 當其無, 有室之用)."『老子』 원문에는 '明'이 '室'로 되어 있다. 풍석이
바꾼 듯하다.

80. 『속문선』 제15권 서(序) 양화소록서(養花小錄序) "噫. 花卉植物也. 非有智識之相感.
言語之相宣也. 然其屈伸嬌揉. 敷榮頓挫. 在我而物莫能違. 不過順其性而全其天耳. 向
使天假之年. 移此手段. 陶甄一世. 則其仁恩利澤. 及人者廣矣. 豈但假養花之末事. 窮
神化之妙用者哉." 한국고전종합DB 참조.

81. 「예원지」 서문 참조.

82. 「예원지」는 모두 5권으로, 권1은 '총서'이고, 권2·3은 '꽃류', 권4는 '풀류', 권5는 '꽃
이름 고찰'이다. 50종의 꽃류를 다룬 권2·3에서는 모란·해당화·매화·백일홍·무궁
화 등 나무에 꽃이 피는 목본류 총 22종이 권2에서, 난화·국화·함박꽃·수선화·양
귀비·패랭이꽃 등 풀에 꽃이 피는 초본류 총 28종이 권3에서 소개된다.

83. 木槿【名品】《本艸綱目》此花朝開暮落, 故曰槿. 曰櫬, 猶僅榮一瞬之義也.《增補山林經濟》俗號無宮花. 임원경제연구소, 『임원경제지 예원지』, 권2 '화류 무궁화', 미출간 원고.

84. 《金華耕讀記》我東舊無水仙, 近始有購諸燕市而來者. 好事者, 往往以畫盆分根, 置之几案, 詑爲奇玩. 然價重, 非有力者, 不能致也. 임원경제연구소, 『임원경제지 예원지』, 미출간 원고.

85. 我東則種蒔頗罕, 余曾見之禁苑, 其實大似鵝鴨卵而稍長, 皮微磈磊, 瓤作砂屑而色紅, 嚼之甜而不爽. 大抵翠藤金實, 可貢園圃間奇賞耳, 用充籩實則殊遜他果. 意亦培壅之未得其法也. 「杏蒲志」. 임원경제연구소, 『임원경제지 예원지』, 미출간 원고.

86. 海棠 余居金華山莊, 後麓有小樹叢生, 春開五出紅花, 色極鮮娟, 結實如木瓜, 而小村人指爲木瓜, 而非木瓜也. 考諸『沈立海棠記』, 其葉蔕花蘂, 節節相符. 始知吾東自有眞海棠, 而人自不識也. 今所稱海棠, 皆紅薔薇之類. 關東海西近海之地, 又有金沙海棠, 無根無葉, 散生濱海沙地, 色深紅. 望若落花點地, 別是一種艸本也. 임원경제연구소, 『임원경제지 예원지』, 미출간 원고.

87. 「예원지」에 드러난 풍석의 태도에 대해서는 「예원지」 공동 역자 중 한 사람인 고연희의 「예원지 해제」(미출간본) 참고.

88. 【작약(芍藥)】[名醫別錄] 生川谷, 二月八月采根, 暴乾. [本草別說] 人家種植者, 必加糞壤, 雖肥大而香味, 入藥少效. [本草綱目] 入藥宜單葉之根, 氣味全厚. 根之赤白, 隨花之色. [案] 諸家本草, 酸微寒有小毒. 赤者, 利小便下氣, 白者, 止痛, 補血. [案] 名狀, 見《藝畹志》. [案] 諸家本草, 酸微寒有小毒. 赤者, 利小便下氣, 白者, 止痛, 補血. 임원경제연구소, 『임원경제지 인제지』, 미출간 원고.

89. 【名品】一名餘容, 一名鋋, 一名犂食, 一名將籬, 一名婪尾春.《本艸綱目》芍藥猶婥約也. 此草花容婥約, 故以爲名. 羅願爾雅翼云, 制食之毒, 莫良于此, 故得藥名亦通." 임원경제연구소, 『임원경제지 예원지』, 미출간 원고.

90. 自八月至十二月, 其津脈在根, 可移栽, 春月不宜. 諺云春分分芍藥, 到老不開花, 以其津液發散在外也. 群芳譜. 임원경제연구소, 『임원경제지 예원지』, 미출간 원고.

91. 須三年一分, 俱以八月爲候, 所謂芍藥洗脚, 是也. 園圃日考. 임원경제연구소, 『임원경제지 예원지』, 미출간 원고.

92. [案] 諸家本草, 葉甘大寒無毒. 止渴, 潤肺, 治丹石毒·酒毒. 根治天行熱狂·癰腫. 蕉油治風癇. [案] 名狀, 見《藝畹志》. 取芭蕉油法, 以竹筒揷入皮中, 取出甁盛. 임원경제연구소, 『임원경제지 인제지』, 미출간 원고.

93. [案] 我東之産, 須多年宿根, 始開花. 然開亦不久, 未曾見結子者. 蓋由地氣不常暖. 每至冬月, 輒剪其莖葉, 埋根土窖. 春暖再植之. 不若閩廣等地之四時常植在土也. 誠得佳種, 種於嶺湖極南地, 方如法澆灌, 無由不結實, 但患無好事者耳. 임원경제연구소, 『임원경제지 예원지』, 미출간 원고.

94. 宰南小塢, 新植芭蕉四五本, 驟長十餘尺, 晚陰覆牖, 几榻書帙爲之澄碧可念. 時暑甚, 余病肺卧, 汗涔涔昏繭若睡者數矣. 忽聞除砌間有淅瀝聲, 淸凉撲面. 起視則陣雲密布, 雨鈴驟打蕉葉上. 拍拍簌簌, 琳琅散落, 余竦聽久之, 神爽氣朗, 覺病良已. 『楓石全集』『楓石鼓篋集』卷2 「記」 "雨蕉堂記" 번역은 金大中, 『楓石鼓篋集』의 評語 연구" (서울대 석사학위논문, 2005), 63쪽 참조.

95. 朴甥聖用盛植芭蕉於庭. 雨 卧聽. 聲會于心則喜. 名其堂曰雨蕉… 蕉特以空心而搏之爲聲… 한국고전종합DB. 명고전집 제8권 「雨蕉堂記」.

96. 『속동문선』 제1권. 부(賦) 양초부(養蕉賦) 한국고전종합DB.

97. 파초에 대한 서유구의 취향은 우초연(雨蕉硯)이라는 벼루에 대한 애호로 이어지며, '신회(神會)'를 강조한 심괄(沈括, 1033-1097)의 화론(畵論)과도 연관된다.

98. "東人不甚啜茶. 國中自有茶種, 而知者亦鮮. 近自五六十年來, 縉紳貴遊, 往往有嗜之者. 每歲燕輈之購來者, 動輒汗牛馬, 然眞者絶罕. (중략) 今略掇中州産茶地方及各種名品, 載錄如右. 俾好事者得以購種傳殖焉. 苟其蒔藝焙造之有術, 庶不至捨吾邦固有之眞茶, 而購他域價翔之僞茶也." 「만학지」 권5 「기타 초목류」 "차" '이름과 품종'.

99. "我國則無多種. (중략) 今撮本草·農書竹品最著者, 列錄如右, 以備好事者購種傳殖云." 「만학지」 권5 「기타 초목류」 "대나무" '이름과 품종'.

100. 不俗齋記 齋之西有小塢. 與齋爲對. 盛植叢竹. 風度而有聲鏘鏘焉. 月來而有影隱隱焉. 宜於雨有蕭灑之趣. 宜於雪有挺特之思. 於是扁其楣曰不俗. 古之美竹者衆矣. 或以其剛而取之. 或以其淸而與之. 或以其虛而多之. 余獨好夫子之訓. 昔夫子適衛. 有風動竹聞蕭瑟之聲. 欣然忘味. 三月不肉. 顧謂公孫靑曰. 人不竹則俗. 汝知之乎. 以是知人之患在乎漸染流俗. 不自拔焉. 故不能虛. 不能淸且剛. 苟其不俗也. 三善皆有之矣. 三善目也. 不俗綱也. 綱擧目安得逃乎. 此余所以捨三善而取不俗. 又恐人不知余有得於夫子者. 於是乎記. 以爲不俗齋記. 한국고전종합DB 保晩齋集卷第八 達城徐命膺君受著 / 記.

101. 昔 晉之陸機 種竹齋東 日飮其中 子之扁 蓋取諸斯乎? 夫坐 翳陰 聽風竿 擧臼而飮此晉人之淸放 而韓愈所謂 '有託而逃焉'者也 子富於年 優於才 固將立身砥行 出而爲世用 尙何麯蘖之托 而林麓之逃邪? 徐有榘 篠陰齋記. 『풍석고협집』 권2. 『한국문집

총간』288, 230쪽.

102. 不俗齋記 余東人也. 東俗最近中華. 猶於習染之來. 常患其陋也. 信乎俗之難易也. 丁
酉夏五月. 余伯氏種竹于除. 竹甚茂. 遂名其居曰不俗. 他日余語人曰善哉. 吾伯氏之移
風易俗也. 昔仲尼在衛聞竹. 三月不知肉味. 曰人不竹則俗. 故易俗莫善乎竹. 夫中則不
移正則不易. 可移可易者. 風俗之謂也. 是故地之相去也千有餘里. 世之相後也千有餘
歲. 而得志行乎中國. 若合符節. 此聖人之德之中正也. 外體直內體虛. 嚴霜不能摧. 凄
風不能蘀. 此竹之品氣之中正也. 而其移風易俗則與之同功焉. 한국고전종합DB. 楓石
鼓篋集卷第二. 洌上徐有榘準平/ 記.

103. 曺蒼錄, "楓石 徐有榘에 대한 한 研究" (성균관대 박사학위논문, 2002), 125-131쪽
참조. 이 시에는 풍석이 말년까지 나무 심는 법조차 몰라 실패를 거듭한 뒤 이웃 노
인에게서 그 비법을 전해 듣는 장면이 나온다. 그러나 이웃 노인은, 조창록이 지적했
듯이, '가상의 화자'인 것 같다. "종수가"는 풍석이 현장 적용에서 실패한 실제 상황
과 문헌을 통해 본래 알고 있었던 내용을 접목시켜 그가 지어낸 스토리텔링이 겹쳐
있는 것으로 보아야 할 듯하다. 노인이 전해준 비법이라 옮겨놓은 내용의 상당 부분
이 중국 문헌에 나오고 있고, 또 시 중간중간에 들어있는 소주(小註)에서도 인용한
책을 적어놓곤 했다. 따라서 노인의 자세한 설명에 놀라는 서사 형식을 띠고 있으
나 그 문헌의 내용을 노인이 일일이 전해주었다고 보기는 어려울 것이다.

104. 「이운지」 권1 "은거지의 배치". 임원경제연구소, 『임원경제지 이운지1』 (풍석문화재
단, 2019), 120-124쪽.

105. 「상택지」 권1 '집 가꾸기' "나무 심기" '임원경제연구소, 『임원경제지 상택지』 (풍석
문화재단, 2019), 169-174쪽.

106. 我邦之人, 多粗鹵稼穡之事. 本自昧方, 何暇及於種樹乎? 喬嶽邃谷任其自生而槁者,
滔滔皆是也. 至其有實者, 時或收而扞之, 然猶零星極矣. 『개관서』, 617쪽.

107. 청해진(淸海鎭): 전남 완도군 완도읍 장좌리(장도) 일대.

108. 거금도[折爾苫]: 전라남도 고흥군 금산면에 속한 섬.

109. 「만학지」 서문. 『개관서』 617쪽.

110. 그 외의 접붙이는 방법은 근접법(根接法: 몸체에 접붙여 뿌리가 되게 하는 법), 피
접법(皮接法: 거죽에 접붙이는 법), 지접법(枝接法: 가지 접붙이는 법), 엽접법(靨接
法: 눈 접붙이는 법), 탑접법(搭接法: 말귀 모양으로 만들어 접붙이는 법), 과접법
(過接法: 한쪽씩 깎아 접붙이는 법), 행접법(行接法: 옮겨 심을 때 접붙이는 법), 접
화교법(接花膠法: 꽃을 과일나무에 접붙이는 법), 먼 곳에서 접순을 가져오는 법(遠

地取接枝法) 등이다.

111. 【皮接法】用小利刀刀子, 於元樹身八字斜剚之. 以小竹籤, 測其淺深, 以所接枝條皮肉相向挿之. 封護如前法, 候接枝發茂, 卽斬去其元樹枝莖. 『務本新書』. 임원경제연구소, 『임원경제지 만학지』, 미출간 원고.

112. "一綘接博, 二氣交通, 以惡爲美, 以彼易此, 其利有不可勝言者矣." 「만학지」권1 「총서」"접붙이기"'총론'. 임원경제연구소, 『임원경제지 만학지』, 미출간 원고.

113. 【炙樹法】木自南而北多枯, 寒而不實, 只於臘月去根旁土, 麥穰厚覆之燃火．深培如故, 則不過一二年皆結實. 若歲用此法, 則南北不殊, 猶人炷艾耳. 「種樹書」. 임원경제연구소, 『임원경제지 만학지』, 미출간 원고.

114. 【藏果法】凡收一切鮮果, 用臘水同薄荷一握. 明礬少許, 入不津器浸之, 色味俱美. 一云只近水氣, 不入水爲妙, 皆忌近油酒氣及盛油酒之器. 柑橘桃梨之類七八分熟時, 帶枝挿蘿蔔或大芋中, 仍用紙或乾穰草包護, 藏新甕內, 勿令通風, 來年取食如新. 「群芳譜」. 「만학지」권1 「총서」"접붙이기"'총론'.

115. 燕京藏果之法最佳. 去年夏果與今年新果裸賣, 如樝·梨·葡萄之屬, 色若新摘于樹者. 得此一方, 亦足以取一時之利. 按物理小識, 梨與蘿蔔, 同收則不壞, 或挿蒂於蘿蔔, 又按他方, 截地種大竹, 貯柹於筒, 仍以泥丸封裹其口, 經夏出之. 『北學議』. 임원경제연구소, 『임원경제지 만학지』, 미출간 원고.

116. 松. 임원경제연구소, 『임원경제지 만학지』, 미출간 원고.

117. 楮. 임원경제연구소, 『임원경제지 만학지』, 미출간 원고.

118. 고구마와 감자를 비롯하여 수박과 참외 오이 등 풀열매류는 모두 「만학지」에 올라 있다.

119. 이규경은 1764년(갑신년)에 일본에서 들어왔다고 했다. "我東自英廟朝甲申, 七灘李匡呂從倭得來." 『五洲衍文長箋散稿』「人事篇」"耀糧賑恤"'山野荒政辨證說'. 한국고전번역원 '한국고전종합DB' 참조(이하 같음). 서유구 자신은 1795년으로 봤다.

120. "故農人之家, 不可一歲不種. 此實雜植中第一品, 亦救荒第一義也." 「만학지」권3 '풀열매류' "고구마" '구황'.

121. 서유구의 『종저보』는 서광계의 『감저소』와 『김씨감저보』·『강씨감저보』·『군방보』 등에서 골라 뽑아 14개 조목으로 구성하였다.

122. "歲甲午, 余巡按湖南, 見蘆嶺南北往往有平疇衍壠一望汗萊. 詢之土人曰: '往値己巳·甲戌之饑, 佃戶流亡, 鎡基不入者久矣.' 噫! 天與之時, 地與之產, 皆所以養人也. 而特因人工之不逮, 抛天之時, 錮地之產, 橫計於土地, 所失者將不知爲幾千萬億, 竪計於歲

年, 巧曆何以窮其數哉?"『種藷譜』「種藷譜序」(『農書 36』[亞細亞文化社, 1986], 431-432쪽).

123. "近世徐尙書五費公有渠輯種藷譜, 以傳于世. 若百姓以藷爲農, 則省穀一半, 穀價如土矣. 惟人更不患饑, 風醇俗美, 則可爲家國之幸矣."『五洲衍文長箋散稿』, 한국고전번역원 '한국고전종합DB' 참조.

124.《姜氏甘藷譜》甘藷, 倭人呼爲古古伊文瓜, 琉球國呼爲番茄. 聞之對馬島人, 初産周匡國, 其俗以藷代穀, 禁不得出境. 有呂私國人之業商至彼者, 潛竊一莖以歸, 遂遍南國. 呂私, 卽日本屬國云. 按, 周匡疑朱匡之訛. 按, 呂私, 卽呂宋字訛也. 임원경제연구소, 『임원경제지 만학지』, 미출간 원고.

125.【土宜】種須沙地, 仍要極肥. "按. 所貴乎沙土者, 其爲虛鬆易行根也. 然沙白之土例多不肥. 此須籍淤蔭而治之. 苟淤蔭得宜, 又復三耕九耰, 令土脈疏爽則疆礫化爲鬆輭, 所謂强土而弱之也. ○《徐玄扈甘藷疏》: 吾東南邊海高鄕, 多有橫塘縱浦. 潮沙淤塞, 歲有開濬. 所開之土, 積於兩崖. 此等高地, 旣不堪種稻, 若種吉貝, 亦久旱生蟲. 種豆則利薄, 種藍則本重. 惟用種藷, 則新起之土, 皆是潮沙, 土性虛浮, 于藷最宜, 特異常土." 按. 凡蔬荋之用卵用根者, 皆喜沙泥鬆輭之地, 爲其易行根. 今人種萊菔, 最貴濱湖濱江潦泥往來之田. 待七月水退, 藝以萊菔, 則滋胤蓄息, 逈異他田. 余謂種藷亦宜用此地. 先於二三月, 擇最高仰處, 挑起淤泥, 作爲高垺. 視潦年水至之限, 令高一二尺, 種卵于垺上. 七月潦收, 又剪藤, 廣揷于低下之地, 則當得倍收. 朴齊家《北學議》云箭串栗島等地可多種藷, 亦有見乎此也. ○同上". 임원경제연구소, 『임원경제지 만학지』, 미출간 원고.

126.【附北藷】近自關北來, 葉似萊菔新生葉, 而細枝芽叢生. 長及數尺, 則上重而俛地. 六七月, 開花結實. 花似番椒花. 實似軟棗實. 方其枝俛附附地也, 輒堆土埋之, 則節節生卵. 卵大如小兒拳. 又取其實埋地, 則亦輒成卵. 九十月, 掘取蒸煮, 皆可食. 較番藷, 特異滋胤. 俗傳"庚伏日, 埋枝, 則易生卵."「杏蒲志」. 임원경제연구소, 『임원경제지 만학지』, 미출간 원고.

127. 劉禹錫嘉話錄云, 諸葛亮所止, 令兵士獨種蔓菁者, 取其纔出甲可生啖一也. 葉舒可煮食二也. 久居則隨以滋長三也. 棄不令惜四也. 回則易尋而採五也. 冬月根可食六也. 比諸蔬, 其利甚博, 至今蜀人, 呼爲諸葛菜. 『관휴지』.

128. 酉陽雜俎 俗謂 柿有七絶. 一壽. 二多陰. 三無鳥巢. 四無蟲. 五霜葉可玩. 六嘉實. 七落葉肥大. 임원경제연구소, 『임원경제지 만학지』, 미출간 원고.

129. 임원경제연구소, 『임원경제지 만학지』, 미출간 원고.

130. 【功用】劉禹錫謂'蔓菁有六利', 段成式謂'柿有七絶', 徐文定謂'甘藷有十三勝'. 余於覆
盆亦有皷棗之嗜, 嘗

謂"覆盆有八奇.嗒酸消爽, 悅口潤渴, 二也. 登諸賓豆, 火齊煜 燦, 三也. 晒 曝屑之, 可作
麨 食, 四也. 撲地自生, 毋煩蒔藝, 五也. 深北極南, 在處有之, 六也. 五月成實, 果蓏 中
最先熟, 七也. 益氣明目, 和五臟澤肌膚, 八也.「杏蒲志」. 임원경제연구소, 『임원경제지
만학지』, 미출간 원고.

131. 高麗栗大如桃, 甘美可愛. 夏月亦有之. 問其法, 乃盛以陶器, 埋土中, 故經歲不壞.
『高麗圖經』. 임원경제연구소, 『임원경제지 만학지』, 미출간 원고.

132. 西瓜最稱廣州産, 非土地之異也, 蒔藝得其方也. 其法, 蔓長數尺餘, 順蔓之勢, 鋤土
作溝, 臥蔓於溝中, 以糞灰和土壅之. 只餘蔓梢五寸出土外. 待結子, 摘去初結子, 則力■
于梢. 再結以後肥碩甘美云.「杏蒲志」. 임원경제연구소, 『임원경제지 만학지』, 미출간
원고.

133. 도주공(陶朱公, ?-?). 중국 춘추(春秋)시대 월(越)나라의 공신(功臣)인 범려(范蠡)
를 말한다. 월왕 구천(句踐)을 도와 오왕(吳王) 부차(夫差)를 쳐서 이겼지만, 높은 명
성을 얻은 뒤에는 오래 머물기 어렵다고 하며 벼슬을 내어놓고 미인 서시(西施)와
더불어 오호(五湖)에 배를 띄우고 놀았다. 이재(理財)에 밝아 장사를 통해 많은 돈
을 모았다. 훗날 이를 백성들에게 나누어준 다음 도(陶) 땅으로 갔기 때문에 호를
도주공이라 일컫고, 다시 수만금을 모아 대부호가 되었다.

134. 論畜五牸 陶朱公曰:"子欲速富, 當畜五牸."【注牛, 馬, 豬, 羊, 驢五畜之牸. 然畜牸
則速富之道也】『齊民要術』. 임원경제연구소, 『임원경제지 전어지1』 (풍석문화재단,
2021), 70쪽.

135. 『북학의(北學議)』: 조선 후기의 학자 박제가(朴齊家, 1750-1805)가 청나라의 풍속
과 제도를 두루 시찰하고 쓴 기행문. 2권 1책으로 구성되어 있다.

136. 論華, 東牧養之異 遼左, 遼右二千里之間, 鳴吠相聞, 畜牧成群. 稍富之戶, 禽畜合至
十餘種, 馬, 騾, 驢, 牛各十餘匹, 豬, 羊各數十匹, 狗數頭, 或橐駝一二匹, 鷄, 鵝, 鴨各
數十頭. 方其放牧, 幾乎蔽山. 日暮則一夫出野, 逐善馬而騎之, 作聲一招, 持棒而麾之,
則馬畜皆隨其家而入, 不亂群不驚逸, 十餘歲兒亦能此職. 驅羊, 家者各率數百頭, 遇
之於道, 卒然相混, 不可復制, 而唿哨一聲, 鞭響出焉, 則頭東頭西, 依舊而行. 蓋由御之
有術也. 東人都不講此, 食必牛肉, 馬必有牽, 羊無私畜. 驅四五家者, 穿耳而行, 猶患其
奔突, 而御獸之道日窮. 御獸之道窮, 而國遂以不富强. 無他, 不學中國之過也.『北學
議』. 임원경제연구소, 『임원경제지 전어지1』 (풍석문화재단, 2021), 75-76쪽.

137. 백락상마경(伯樂相馬經): 중국 전국(戰國)시대의 말 감별가인 백락(伯樂)이 지은 책으로 알려졌다. 본 저서는 실전되었지만, 여러 책에 그 편린들이 부분적으로 남아 『백락상마경(伯樂相馬經)』, 『백락보금편(伯樂寶金篇)』 등의 이름으로 전해지고 있다

138. 허구리[膁]: 움푹 들어간 말의 옆구리 부분을 말한다.

139. 相馬五藏法: 肝欲得小, 耳小則肝小, 肝小識人意. 肺欲得大, 鼻大則肺大, 肺大則能奔. 心欲得大, 目大則心大, 心大則猛利不驚. 目四滿則朝暮健. 腎欲得小, 腸欲得厚且長, 腸厚則腹下廣方而平. 脾欲得小, 膁腹小則脾小, 脾小則易養. 望之大, 就之小, 筋馬也 ; 望之小, 就之大, 肉馬也, 皆可乘致. 임원경제연구소, 『임원경제지 전어지1』(풍석문화재단, 2021), 82-83쪽.

140. 馬者, 火畜也. 其性惡濕, 利居高燥之地. 日夜餵飼, 仲春群, 蓋順其性也. 季春必㗧, 恐其退也.… 夏月自早至晚, 宜飲水三次, 秋冬只飲一次可也. 飲宜新水, 宿水能令馬病. 冬月飲畢, 亦宜緩騎數里. 卸鞍, 不宜當簷下, 風吹則成病. 『便民圖纂』. 임원경제연구소, 『임원경제지 전어지1』(풍석문화재단, 2021), 116-117쪽.

141. 中國喂馬, 不以粥. 鹽炒乾穀, 令鹹食之而飲以冷水. 鹹欲其渴而飲水也. 欲其飲水者, 欲其利溲溺也. 利溲溺則無病. 『北學議』. 임원경제연구소, 『임원경제지 전어지1』(풍석문화재단, 2021), 116-117쪽.

142. 齕草飲水, 馬之性也. 故中國之馬, 草水之外所喂者, 卽四五升豆穀, 而其馬脹肥壯健, 一日百里不喂而能走, 蓋養得其法故也. 我東則不然. 勿論寒暑, 草料之外, 又飼朝夕糜粥. 其馬體雖易肥, 而肉不硬實, 性亦變柔, 每三四十里, 輒汗喘飢倒, 片時瘦憊. 此實養不得其法故也. 『증보산림경제』. 임원경제연구소, 『임원경제지 전어지1』(풍석문화재단, 2021), 127-128쪽

143. 수구(袖口): 말 음경의 귀두 부분.

144. 治馬患垂縷不收方 馬經: 垂縷不收者, 腎虛之症也. 因瘦馬勞傷過度, 空腸誤飲濁水太過, 停立不散, 流入腎經, 滲於臍下, 積於袖口, 凝結而成腫. 令尿{月+尋}不縮, 垂縷難收, 草細膁弔, 胯拽腰拖. 破故紙 肉荳蔻 茴香 厚朴 靑皮 陳皮 胡蘆芭 川鍊子 巴戟, 共爲末, 每服一兩, 水一鍾煎三沸, 入童便半盞, 空草, 溫灌. 火針腰上七穴. 增料草, 省奔馳, 夜拴煖廐, 乾馬糞鋪地臥之. 莫飲空腸水, 休拴濕地眠. 임원경제연구소, 『임원경제지 전어지1』(풍석문화재단, 2021), 234-236쪽.

145. 《造化權輿》云: "乾陽爲馬, 坤陰爲牛, 故馬蹄圓, 牛蹄坼. 馬病則臥, 陰勝也; 牛病則立, 陽勝也. 馬起先前足, 臥先後足, 從陽也; 牛起先後足, 臥先前足, 從陰也." 임원경제연구소, 『임원경제지 전어지1』(풍석문화재단, 2021), 285쪽. 조화권여(造化權輿)는

중국 당(唐)나라의 조자면(趙自勔, 8세기경 활동)이 지은 책으로 태극(太極)·천지·
산악(山岳)·칠요(七曜, 7개의 별)·오행·음양과 만물의 변화 등에 대해 서술하였다.

146. 古人臥牛衣而待朝, 則牛之寒, 蓋有衣矣; 飯牛而牛肥, 則牛之瘠飽, 蓋啖以菽粟矣. 衣
以褐薦, 飯以菽粟. 古人豈重畜如此哉? 以此爲衣食之根本故也. 彼槀秸不足以充其飢,
水漿不足以禦其渴, 天寒嚴凝而凍慄之, 天時酷暑而曬暴之, 困瘠羸劣, 疫癘結瘴以致
斃踣, 則田畝不治, 無足怪者. 임원경제연구소, 『임원경제지 전어지1』(풍석문화재단,
2021), 296-297쪽

147. 餵牛俗方: 冬間, 每日豆莢三四斗‘黃豆數升, 煮熟釜中, 乘熱拌細剉藁草, 朝夕飽喂.
夜又頻與草, 得十分胖壯, 然後始可春耕. 牛忌放吃晨露之草, 必生病.《增補山林經濟》
임원경제연구소, 『임원경제지 전어지1』(풍석문화재단, 2021), 302-303쪽

148. "향유(香油)… 있구나": 『溫飛卿詩集箋注』 卷3 「春曉曲」.

149. 論牛宜數浴 中國之牛, 居常浴刷. 唐詩"油壁車輕金犢肥", 亦言毛色澤也. 我東之牛,
終身不洗, 糞穢乾坏. 瘦瘠疥癬, 多由於此. 宜三五日一沐也. 『北學議』. 임원경제연구
소, 『임원경제지 전어지1』(풍석문화재단, 2021), 304쪽.

150. 芭蕉根汁一椀灌口, 連三日, 則雖毒疫, 必差. 『增補山林經濟』의 인용이다. 임원경제
연구소, 『임원경제지 전어지1』(풍석문화재단, 2021), 309쪽.

151. 本草綱目: 驢, 臚也. 臚, 腹前也. 馬力在膊, 驢力在臚也. 有褐, 黑, 白三色. 遼東出野
驢, 似驢而色駁, 鬃尾長, 骨格大. 西土出山驢, 有角如羚羊. 騾大于驢而健于馬, 其力在
腰. 其後有鎖骨, 不能開, 故不孳乳. 其類有五: 牡驢交馬而生者, 騾也. 牡馬交驢而生
者, 爲駃騠. 牡驢交牛而生者, 爲馲. 牡牛交驢而生者, 爲騈, 牡牛交馬而生者, 爲駏驉.
今俗通呼爲騾矣. 임원경제연구소, 『임원경제지 전어지1』(풍석문화재단, 2021), 324-
325쪽.

152. 磨驢, 以皮片遮兩眼, 欲其圜轉而不知, 知則眩暈. 如養魚, 必有島, 魚繞島而行, 自謂
日游千里也. 載米無輣, 作絭布長袋可五斗者凡三. 空其中而米垂於兩端以貼背, 不搖
左右斜而一橫之, 如紡車之輻. 汲水, 有輣. 凡汲桶皆長, 有兩耳, 而穿之橫木于輣, 貫其
耳於左右, 使自歸其家而復來井上. 『北學議』. 임원경제연구소, 『임원경제지 전어지1』
(풍석문화재단, 2021), 328-329쪽.

153. 豬多, 總設一大圈, 細分爲小圈. 每小圈, 止容一豬, 使不得閒轉, 則易長也. 『農政全
書』.

154. 肥豬法: 用管仲三觔, 蒼朮四兩, 黃豆一斗, 芝麻一升. 各炒熟, 共爲末, 餌之. 十二日則
肥. 『農政全書』. 임원경제연구소, 『임원경제지 전어지1』(풍석문화재단, 2021), 359쪽.

155. 取冬瓜一顆和桐葉, 與猪食之, 一冬更不要與諸物食, 自然不飢, 長三四倍也.『食療本
草』. 임원경제연구소,『임원경제지 전어지1』(풍석문화재단, 2021), 359쪽.

156. 莧菜熟烹, 幷其水飼之. 泡水及常水, 和土飼之.『山林經濟補』. 임원경제연구소,『임
원경제지 전어지1』(풍석문화재단, 2021), 359-360쪽.

157. 向有漂到中國商船, 船中養猪. 其法: 用廣木板鑿四穴, 揷猪四脚於其穴, 使不得轉動,
懸在空中. 日三飼粥料, 猪之屎尿, 任其自放. 如是月餘, 肥大勝於放牧者.『增補山林經
濟』. 임원경제연구소,『임원경제지 전어지1』(풍석문화재단, 2021), 360쪽.

158. 猪宜窖養. 其法: 掘地作大坑, 深可數仞, 縱倍之, 橫半之. 上設草廠以庇雨雪. 草廠東
西兩頭, 皆設門扉, 令可啓閉. 直門靠壁, 設土梯以便牧人出入.『蘭湖漁牧志』. 임원경
제연구소,『임원경제지 전어지1』(풍석문화재단, 2021), 361쪽.

159. 임원경제연구소,『임원경제지 전어지1』(풍석문화재단, 2021), 32-33쪽.

160. 養鷄法: 二月先耕一畝作田, 秋粥靡之, 刈生茅覆上, 自生白蟲. 임원경제연구소,『임
원경제지 전어지1』(풍석문화재단, 2021), 389쪽.

161. 王元之《蜂記》云: "蜂王無毒. 窠之始營, 必造一臺. 大如桃李. 王居臺上, 生子於中.
王之子盡復爲王, 歲分其族而去. 其分也, 或鋪如扇, 或圓如罌, 擁其王而去. 王之所在,
蜂不敢螫. 若失其王, 則衆潰而死".『本草綱目』. 임원경제연구소,『임원경제지 전어지
1』(풍석문화재단, 2021), 439-440쪽.

162. 養蜂, 宜前山高峻之地. 爲其不遠颺也; 宜西北障塞之地, 爲其忌乾戌風也; 宜溪澗
不遠之地, 爲其渴易得水也; 宜以瓦盆貯人畜尿, 置之傍近, 爲其取而釀蜜也; 宜四圍
山陂廣種蕎麥, 蓋六七月之間, 百花俱謝, 獨蕎麥花盛也.『湖漁牧志』. 임원경제연구소,
『임원경제지 전어지1』(풍석문화재단, 2021), 452쪽.

163. 治生之法有五, 水畜第一. 水畜, 所謂魚池也. 以六畝地爲池, 池中作九洲. 多蓄葵荇水
草. 求懷子鯉魚長三尺者二十頭, 牡鯉魚長三尺者四頭. 임원경제연구소,『임원경제지
전어지1』(풍석문화재단, 2021), 415쪽.

164. 凡所居近數畝之湖, 如依陶朱法畜之, 可致速富. 此必然之效也.『王氏農書』. 임원경
제연구소,『임원경제지 전어지1』(풍석문화재단, 2021), 418쪽.

165. 중한(中寒): 추위로 한사에 감수된 증상.

166.【養法: 凡鑿池養魚必以二. 有三善焉: 可以畜水, 霽時, 可去大而存小, 可以解汎【此池
汎, 可入彼池】. 可以溫麻, 一日卽汎. 魚遭鴿糞則汎, 以圊糞解之. 魚之自糞多而返復食
之則汎. 亦以圊糞解之. 池不宜太深. 深則水寒而難長. 魚食鷄鴨卵之黃, 則中寒而不
子, 故魚秧皆不子. 魚之行遊, 晝夜不息. 有洲島環轉則易長. 池之傍, 樹以芭蕉, 則滴露

而可以解汛. 樹棟木則落子池中, 可以飽魚. 樹葡萄架子於上, 可以免鳥糞. 種芙蓉岸周, 可以辟水獺.『農圃四書』, 농포사서(農圃四書)는 중국 명나라 황성증(黃省曾, 1490-1540)이 편찬한 농서. 임원경제연구소,『임원경제지 전어지1』(풍석문화재단, 2021), 421-424쪽.

167. 取魚子; 將鷄蛋【卵也】去黃白, 以子入內, 用鷄菢廿一日. 取出陰乾, 放水中, 卽成魚.『增補山林經濟』. 임원경제연구소,『임원경제지 전어지1』(풍석문화재단, 2021), 434쪽.

168. 飼魚, 不可撩水草, 恐有黑魚, 鮎魚等子在草上, 是能食魚. 黑魚者, 鱧魚也. 夜則仰首而戴斗. 鮎魚者, 鯷魚也, 卽鯷魚也. 大首方口. 背靑黑而無鱗, 是多涎. 池中不可著鹹水 石灰, 能令魚汛. 凡池之蘵相傳, 一夜生七子; 太密則魚皆鬱死. 必去其半乃佳.『農圃四書』. 임원경제연구소,『임원경제지 전어지1』(풍석문화재단, 2021), 423-424쪽.

169. 便民圖纂 凡魚遭毒翻白, 急疏去毒水, 別引新水入池. 多取芭蕉葉, 擣碎, 置新水來處, 使吸之則解. 或以溺澆池面, 亦佳. 임원경제연구소,『임원경제지 전어지1』(풍석문화재단, 2021), 437쪽.

170. 소제목 "그물"이 이끄는 21개의 표제어 중 18개 표제어 아래에 모두『난호어목지』가 들어가 있으며 이들 중 촉고(촘촘한 그물)·후릿그물·반두·쟁이·차망(갈래그물)·좌증·어조망(큰 배 밑에 설치하는 안강망)·문망(기둥으로 고정시킨 안강망) 등을 설명한 기사는 그 묘사만을 가지고도 복원이 가능할 정도로 매우 세심하고 쉽다.

171. 蘭湖漁牧志 鱧, 兩腮之後, 皆有七斑點, 以象北斗. 夜必仰首拱北, 有自然之禮, 故字從禮. 或曰: "諸魚膽皆苦, 惟鱧膽甘如醴, 故字從醴也." 其色玄, 故又有"玄鱧", "烏鱧"之稱. 身有花文, 故又曰"文魚". … 至今好與蛇交, 氣味鮏惡, 罕充庖廚, 特以有治痔殺蟲之功. 故漁者得之, 値倍他魚. 然七星分明者, 始入品, 其五六星者, 功殊劣也. 處處有之, 鴨綠江上下流最多. 自古謂是"北方之魚", 蓋不獨以性寒色玄也. 獺.『農圃四書』. 농포사서(農圃四書)는 중국 명나라 황성증(黃省曾, 1490-1540)이 편찬한 농서. 임원경제연구소,『임원경제지 전어지2』(풍석문화재단, 2021), 317-319쪽.

172. [案] 諸家本草, 肉甘寒無毒. 療五痔. 治濕痺·浮腫·大小便甕·妊娠水氣. 腸及肝, 治痔瘻·瘡中生蟲. 膽甘平. 治喉痺欲死.『임원경제지』「인제지」권25 '수채시령' 참조.

173. [靈死方] 喉痺將死者. 點入少許, 卽瘥. 病深者, 水調灌.『임원경제지』「인제지」권18 '외과 후비' 참조.

174. [日華本草] 鱧 魚腸, 以五味炙香貼痔瘻, 引蟲盡爲度.『임원경제지』「인제지」권19 '외과 치창' 참조.

175. [醫方摘要] 浴兒免痘, 除夕黃昏時, 大烏魚一尾, 小者二三尾煮湯, 浴兒遍身七竅俱到, 不可嫌腥以淸水洗去. 若不信, 但留一手, 或一足, 不洗. 過出痘時, 則未洗處偏多也, 乃異人所傳也. 『임원경제지』「인제지」 권14 '유과 두창' 참조.

176. 詩 蘭皐徐尙書準平有槩 送白魚. 前亦屢惠.

誰憐長鋏分鮮味. 又向蘭江謝尙書.

雪片傾筐看已爽. 氷條夾筯嚼旋虛.

老鰥安得千斤肉. 少鯁誠甘二寸魚.

未許鯫生輕品第. 鱠殘雖細是王餘.

(千斤肉: 蘇伯玉妻盤中詩 羊肉千斤酒百斛. 令君馬肥麥與粟) 천근육은 소백옥의 반중시에서 남편을 잘 봉양하고자 하는 뜻을 담은 말이다. 회잔, 왕여는 모두 뱅어의 별칭이다. 왕기가 있는 곳에 자란다고 왕여어라는 말이 붙었다는 설이 있다.

177. 氷魚 뱅어.

蘭湖漁牧志 長僅數寸, 無鱗而通身白瑩, 但可辨兩目黑點. 其來必以冬至前後, 鑿氷投網而取之. 立春以後, 色漸靑, 出漸稀, 氷泮則不可見, 故名"氷魚". 今俗呼爲"白魚"者, 言其色也.《和漢三才圖會》云: "氷魚, 自秋末至冬初, 聚魚梁, 以攩網取." 蓋日本時候, 差先於我國一兩月矣. 又引《和名抄》謂"氷魚, 名鮍", 然考之字書, 但云"鮍, 細魚", 不明言形狀, 未知果卽此魚, 而中華之有此魚, 亦未可知也. 我東之産, 漢江者最佳, 長湍之臨津江, 平壤之大同江者次之. 湖西 錦江上下流及湖南 咸悅等地, 嶺南 金海等地亦有之. 임원경제연구소, 『임원경제지 전어지2』 (풍석문화재단, 2021), 329-332쪽.

178. 漁條網 海洋漁具也. 海魚往來有時候, 有條路. 漁夫伺時候, 乘大船, 投錨立于條路, 懸網船底以取魚. 故名"漁條網"【沿海漁夫, 呼漁船爲"中船", 呼網爲"中船網", 未知何義】. 其網以麻繩爲之【取生麻皮, 細析爲縷, 用繅車左旋作單繳. 其合絲也, 亦用繅車右旋作雙繳. 如是則其絞極緊, 入水尤剛勁】.

上侈下弇, 侈處目疏, 弇處目密【密處目方不過寸許】. 長滿四十五把, 上廣恰爲六把, 如是結成八張, 然後排聯連幅, 作一大網. 形如布袋而口侈尾瑣. 上口周圍爲四十八把. 取合抱槲木長十二把者, 削治令上下不殺, 絆在網口上下. 船頭左右, 各設轆轤, 用葛絞大絙二條, 下繫網口下唇之橫木【橫木左右兩頭, 各進四把繫絙】, 上繫在轆轤之軸. 임원경제연구소, 『임원경제지 전어지2』 (풍석문화재단, 2021), 141-146쪽.

179. 門網 網制, 一如漁條網, 但不繫在船底. 就海洋中魚行條路要害處, 對樹合抱兩大木. 其長六七十仞【難得如許長木, 則用兩木接成一條. 其法: 將居下木梢, 居上木跟, 皆斜籤相合, 以麻繩札縛, 牢固如縛接果木様】, 兩木相距把如門棖.… 潮至魚入, 乘大船橫

截兩根, 引網取魚如常法. 俗呼"周壁網", 不知何義. 豈與海西注朴網異制同名, 而方音 轉訛耶. 『蘭湖漁牧志』. 임원경제연구소, 『임원경제지 전어지2』 (풍석문화재단, 2021), 147-149쪽.

180. 2부 총론의 '삼매' 항목에서 매사냥의 '삼매' 참조.

181. 조기법(調肌法): 매의 기(肌, 근육과 살)를 조절하여 훈련하는 법. 기(肌)는 육(肉, 살)과 차이가 있는 용어이다. 여기서는 매의 근육과 살을 포괄하는 의미로 쓰였다.

182. 調肌法: 凡鷹飢卽附人, 飽輒颺去. 故飢飽, 必觀胸上肌, 而消息之, 肌肉堅實者, 內多 脂而飽者也. 肌肉虛軟者, 飢而少脂也. 肌若太虛軟, 則令鷹氣弱, 不可獵矣. 見其胸內 堅實, 取雞肉割作片, 浸冷水, 連日量宜飼之. 待其肌不堅不軟, 始可出獵, 而先一日用綿 子團如大豆大, 裹水浸雞肉, 飼之【俗稱"加伊音"】. 鷹食此半日餘, 肉消而復只吐綿子 團, 是拭出腸脂之法. 鷹內旣淨, 肌又調平, 方許獵雉. 然初試, 切勿多放, 須一次卽還. 『增補山林經濟』. 임원경제연구소, 『임원경제지 전어지2』 (풍석문화재단, 2021), 32-33 쪽.

183. 中國狗房飼狗之法: 必躑物空中, 令狗跳騰挐攫而取之. 落地則不令食, 欲其習蹻捷 也. 與食節約, 常令三分飢餧, 故凡獵狗率多羸瘠. 蓋慮其脂充肥腯懶走厭騰也. 『金華 耕讀記』. 임원경제연구소, 『임원경제지 전어지2』 (풍석문화재단, 2021), 45쪽.

184. "以氄布地及橫施道側, 虎來頭觸, 覺其黏也. 爪之不得下, 則坐地上. 俄而遍體皆汚, 怒號跳撲, 至死." 임원경제연구소, 『임원경제지 전어지2』 (풍석문화재단, 2021), 110 쪽.

185. 機鐮 就山谷間虎豹往來要路邊, 植兩大木柱, 相距六七尺, 務令堅深不動. 離地寸許, 橫設一枋【枋兩頭, 嵌入兩柱數寸】. 離枋上一把許, 以熟麻大索抱兩柱, 橫絡屢回, 索 盡處, 兩端, 交紐固結. 以長柄犀利大鐮【鐮, 用剛鐵錘造, 形如刈柴之鐮而甚大. 刃尖 鉤曲如鷹爪, 水淬硎磨, 令極犀利. 柄大數圍, 其長一把餘】, 揷柄兩索間【分兩柱之間, 正中揷鐮】. 兩人隔索對立, 用腕力捄轉鐮柄, 令兩索左旋而絞合. 漸捄轉漸促緊, 至撐 弸力滿, 不可更轉, 然後取臂膊大木長七尺數寸者, 際鐮柄跟寸許而橫設之, 合兩端倚 柱, 中腰爲鐮柄所持. 如是則麻索之左絞撑怒者, 思欲右旋翻解, 而鐮柄爲橫木限截, 不 能右轉; 橫木之懸空倚設者, 思欲墮地, 而中腰爲鐮柄持固, 不能墮落, 其勢固然也. 乃 用細木條, 編爲長箔, 一頭鋪地, 一頭拖掩橫木. 虎豹過之, 一躡其箔, 則橫木墮下, 而鐮 隨索轉, 已斫中虎豹, 剚腸剔背, 翻轉亂斫, 勢甚勁疾, 雖飛鳥莫能避. 凡熊, 羆, 鹿, 狐 一切山獸, 皆可用此獵取. 『蘭湖漁牧志』. 임원경제연구소, 『임원경제지 전어지2』 (풍 석문화재단, 2021), 86-88쪽.

186. 胡人擒貂鼠, 黃鼠, 皆有機, 穽, 遍山無虛地, 俗呼"飾山", 其擒貂也. 每冬氷結之時, 衡一獨木橋於谿上, 多設絲羂于橋. 貂緣橋而渡, 躍於羂, 懸於氷水凍死, 胡人取之. 『於于野談』. 임원경제연구소, 『임원경제지 전어지2』 (풍석문화재단, 2021), 97쪽.

187. 由甲山入白頭山之路, 有申大淵洞, 卽番胡部落舊居也. 貂, 獾, 鼪鼠, 四時皆有. 獵貂者, 造浮梁穴其中, 駕于川上, 則貂爲飮水, 緣梁上下, 墮穴中入水, 遂爲人所捕. 『保晚齋集·白頭山記』. 위의 책.

188. 氛祲之察, 候占之稽, 其來尙矣. 裨梓著異於前, 魏鮮踵名於後. 然其爲術勘能攷摧, 至今散佚, 而雜於傳記者, 槪多猥瑣謬悠者, 孰從而明之也? 『개관서』, 719쪽.

189. "四始者 候之日 而, 漢魏鮮 '集解': 孟康曰: '人姓名, 作占候者.'" 集臘明正月旦, 決八風, 風從南方來大旱, 西南小旱." 『史記』 卷27 「天官書」. "집해: 맹강이 말하길, 위선은 성명이니, 앞날을 점치고 예측하는 사람이다."

190. 『개관서』, 697쪽.

191. 『무비지』를 조선에서는 1738년 간행하여 각 지방에 보급하였다. (『조선왕조실록DB』, 영조 14년 10월 20일)

192. 『개관서』, 697-702쪽.

193. 「위선지」 권3. 1-1, 총론. "夫水旱豐荒尤繫七政, 而婁陸占侯不槪及於星象者, 何也? 今上溯甘石, 下逮司馬遷·張衡·李淳風諸家, 撮其有關於侯歲者, 著之于篇. 噫! 著明者象, 微茫者理. 泥之則拘, 捨之亦非. 不泥不捨. 神而明之, 存乎其人, 書不盡言云." 『행포지』. 『개관서』, 701쪽.

194. 試提一端, 以日月之干支, 徵其豐歉, 觀氣節之陽陰, 判其潦暵. 夫支干起於人爲, 非皇穹之攸關; 節氣屬於意排, 豈水火之強牽? 然則務實者, 嗚呼適從! 『개관서』. 721쪽.

195. 今所占測零瑣者, 廁於田民鄕夫之口, 袞往跡之影響, 摸昔人之蓁穢, 據以爲目前之實驗, 可云乎哉? 大凡太陽包環於地球, 而月星皆受太陽之氣, 於其運也, 有寒暑焉, 水旱焉, 風雨焉, 陰晴焉. 明此道者, 庶可語於候占之實也. 『개관서』, 722쪽.

196. 『개관서』, 705쪽.

197. 【愆候】孟春行夏令, 則雨水不時, 草木蚤落. 行秋令, 則其民大疫, 猋風暴雨總至. 行冬令, 則水潦爲敗, 雪霜大摯, 首種不入. 『禮記·月令』. 임원경제연구소, 『임원경제지 위선지』, 미출간 원고.

198. "正月雪至地, 三日內卽化, 歲成人安. 七日不消, 秋穀不成. 群芳譜." 「위선지」 권1 '일년의 예측' '정월점' '총점'. 임원경제연구소, 『임원경제지 위선지』, 미출간 원고.

199. "甲子日立春, 高鄕豐稔, 水過岸一尺." 「위선지」 권1 '일년의 예측' '정월점' '입춘의

일진'. 임원경제연구소, 『임원경제지 위선지』, 미출간 원고.

200. 참고로 오행에 근거한 천간과 지지 등의 대응 관계를 표로 만들면 다음과 같다. 이
　　 도표는 수(隋)나라 소길(蕭吉, ?-?)의 『오행대의(五行大義)』를 기준으로 만들어졌다.
　　 『개관서』, 708쪽.

〈표〉 오행의 상응관계표

오행(五行)	오성(五星)	오시(五時)	오방(五方)	오색(五色)	오성(五聲)	오상(五常)	오수(五數)	오미(五味)	오정(五情)	오장(五臟)	천간(天干)	지지(地支)
목(木)	목성(木星)	춘(春)	동(東)	청(靑)	각(角)	인(仁)	8,3	산(酸) 신맛	희(喜)	간(肝)	갑을(甲乙)	인묘(寅卯)
화(火)	화성(火星)	하(夏)	남(南)	적(赤)	치(徵)	예(禮)	7,2	고(苦) 쓴맛	락(樂)	심(心)	병정(丙丁)	사오(巳午)
토(土)	토성(土星)	토(土)	중앙(中央)	황(黃)	궁(宮)	신(信)	5,10	감(甘) 단맛	욕(慾)	비(脾)	무기(戊己)	진술축미 (辰戌丑未)
금(金)	금성(金星)	추(秋)	서(西)	백(白)	상(商)	의(義)	9,4	신(辛) 매운맛	노(怒)	폐(肺)	경신(庚辛)	신유(申酉)
수(水)	수성(水星)	동(冬)	북(北)	흑(黑)	우(羽)	지(智)	6,1	함(鹹) 짠맛	애(哀)	신(腎)	임계(壬癸)	해자(亥子)'

201. "元日立春, 主民大安. 諺云: ‘百年難遇歲朝春.’ 月令通考." 「위선지」 권1 ‘일년의 예
　　 측’ ‘정월점’ ‘초하루의 절기’. 임원경제연구소, 『임원경제지 위선지』, 미출간 원고.

202. "立春日晴明少雲, 歲熟; 陰則旱, 蟲傷禾豆. 武備志." 「위선지」 권1 ‘일년의 예측’ ‘정
　　 월점’ ‘입춘의 징후’. 임원경제연구소, 『임원경제지 위선지』, 미출간 원고.

203. "二日田家謂之, 上工日, ‘[按]傭工之人, 此日上工.’ 宜晴. 群芳譜." 「위선지」 권1 ‘일년
　　 의 예측’ ‘2월점’ ‘상공일’. 임원경제연구소, 『임원경제지 위선지』, 미출간 원고.

204. "2월 2일 봄 농사가 시작되는데, 민간에서는 상공일이라고 한다. 농사를 짓는 집의
　　 품팔이 일꾼들 모두가 이날 일거리를 맡게 되는 날의 시작이기 때문에, 이름 짓길
　　 ‘상공’이라고 한다."(初二日, 東作興, 俗謂上工日. 田家雇傭工之人, 俱此日執役之始, 故
　　 名上工.) 『農政全書』 卷10 「農事」 "授時"(『農政全書校注』, 230쪽).

205. 洪錫謨 撰, 崔南善 編, 『東國歲時記』(朝鮮光文會, 1911), 20쪽. 「이운지」에서 소개.

206. "淸明, 喜晴惡雨. 諺曰, ‘簷前揷柳靑, 農人休望晴, 簷前揷柳焦, 農人好作嬌.’ 月令通
　　 考." 「위선지」 권1 ‘일년의 예측’ ‘3월점’ ‘청명의 징후’. 임원경제연구소, 『임원경제지
　　 위선지』, 미출간 원고.

207. "五月朔朝爲旱禾本命日, 尤忌雨. 嘉定縣志;" "一日晴, 主年豊. 群芳譜;" "諺云, ‘初一
　　 雨落井泉浮, 初二雨落井泉枯. 初三雨落連太湖.’ 又云: ‘一日値雨, 人食百草.’ 又云: ‘一
　　 日晴, 一年豊. 一日雨, 一年歉.’ 農政全書』. 「위선지」 권1 ‘일년의 예측’ ‘3월점’ ‘벼의

운세'. 임원경제연구소, 『임원경제지 위선지』, 미출간 원고.

208. 태을성: 자미원의 남문 입구 근처에 천을성과 붙어 있는 태을성은 천제(天帝)의 신으로, 태일(太一) 혹은 태일(泰一)이라고도 한다. (『문화원형백과 한국천문 우리하늘 우리별자리』[2003], 한국콘텐츠진흥원)

209. "流星入太乙, 占同天乙. 彗孛干犯太乙, 兵喪旱俱起. 赤氣出入太乙, 大旱. 黑氣, 大水. 蒼白氣, 大疫死喪. 管窺輯要."「위선지」 권3 '일년의 예측' "별로 점치다" '자미원의 별자리'. 임원경제연구소, 『임원경제지 위선지』, 미출간 원고.

210. "天高色白, 爲旱. 武備志"; "天色變黃, 旱荒盜起. 武備志"; "天忽濛濛, 數日不解, 大雨不至, 天下大旱. 管窺輯要."「위선지」 권2 '일년의 예측' "하늘로 점치다" '하늘 빛깔'.

211. "有物如小錢許大, 從地中出. 其中如麻黍稷大, 名天雨釜甑. "[按]管窺輯要云: '世人謂之蒸餅.' 主歲穰. 宋天文志"; "地生白毧, 其年民飢流亡. 武備志."「위선지」 권2 '일년의 예측' "땅으로 점치다" '땅의 이상현상'. 임원경제연구소, 『임원경제지 위선지』, 미출간 원고.

212. "藕花謂之水花魁, 開在夏至前, 主水. 田家五行." "桃李實多者, 來歲必穰. 鹽鐵論." "杏多實不蟲者, 來年秋禾善. 師曠占." 임원경제연구소, 『임원경제지 위선지』, 미출간 원고.

213. [蟻] 春暮暴煖 屋木中出飛蟻 主風雨 平地蟻陣作, 亦然『農政全書』蟻封穴戶 大雨將至『易占』.「위선지」 권4 '비와 바람의 예측' "곤충과 물고기로 점치다" '개미'. 임원경제연구소, 『임원경제지 위선지』, 미출간 원고.

214. [靑蛙] 驟雨方至 靑蛙亂叫 林木間 雨不多『杏蒲志』. 임원경제연구소, 『임원경제지 위선지』, 미출간 원고.

215. [鼎小鳥] 鼎小鳥夜鳴 其音若云"鼎小" 故名 山林罕有之 俗云 "此鳥鳴 則歲稔."『杏蒲志』.

216. "孩兒噴沫作聲, 主雨. 杏蒲志".「위선지」 권4 '비와 바람의 예측' "여러 점" '사람 소리'. 임원경제연구소, 『임원경제지 위선지』, 미출간 원고.

217. [狗] 狗爬地 主陰雨 每眠 灰堆高處 亦主雨 拘咬靑草吃 主晴『田家五行』絲毛狗 褪毛不盡 主梅水未止『同上』犬瓣戲奔勤 則風『杏蒲志』牡狗 朝日向東 深尿 則雨『同上』. 임원경제연구소, 『임원경제지 위선지』, 미출간 원고.

218.「위선지」 권4 '비와 바람의 예측' "곤충과 물고기로 점치다" '물고기'.
[魚] "魚浮水面, 主雨. 群芳譜". 魚躍離水面 謂之'秤水' 主水漲高多少 增水多少『田家五行』.

凡鯉鯽魚 在四五月間 得暴漲 必散子 散不盡 水未止 盛散 水勢必定 夏至前後 得黃鱓魚 甚散子 時雨必止 雖散不甚 水終未定 最緊『同上』.

車溝內魚來 攻水逆上 得鮎主晴 得鯉主水 諺云 "鮎乾鯉濕" 又 "鯽魚主水 鱓魚主晴"『同上』.

漁者網得死鱔 謂之'水惡' 故魚著網, 卽死也. 口開, 主水立至 易過. 口閉, 來遲 水旱不定. 『同上』.

鰕籠中張得鱓魚, 主風水『同上』.

魚浮水面, 主雨『群芳譜』.

天將雨也. 陰暗未集 而魚已噞矣.『同上』.

群魚出水跳躍 大風之候『武備志』.

夏至前 田內晒死小魚 主水. 口開 卽至易過, 閉 反是.『老農俚語』. 임원경제연구소, 『임원경제지 위선지』, 미출간 원고.

4장 음식, 건강, 의학 분야

1. 桐城 張英《飯有十二合說》云 "朝鮮人善炊飯, 顆粒朗然而柔膩香澤, 儻所謂中邊皆腴者耶?", 吾東炊飯, 蓋已名於天下矣. 今人煮飯無他術, 將米淘淨, 傾去潘汁入鍋, 澆淹新水, 令米上一掌厚, 蓋定, 燒柴煮之. 欲軟者, 臨熟退火, 一二刻再進火煮之; 欲硬者, 不退火, 始終武火煮之. 然南人善炊稻飯, 北人善炊粟飯, 亦各從其俗也.『饔饎志』. 임원경제연구소, 『임원경제지 정조지1』 (풍석문화재단, 2020), 375-376쪽.

2. 渾沌飯方 粳米, 赤豆, 熟栗, 乾棗, 相和爲飯, 先將赤豆煮熟, 次入粳米, 棗, 栗爛蒸之, 令糜爛如餻. 略加糯米, 使有粘氣尤好.『饔饎志』. 임원경제연구소, 『임원경제지 정조지1』 (풍석문화재단, 2020), 382-383쪽.

3. 諸飯方 炊粳米, 將熟未熟, 始入諸米同蒸, 令氣餾爲可, 諸米過熟, 則恐糜爛也.『饔饎志』. 임원경제연구소, 『임원경제지 정조지1』 (풍석문화재단, 2020), 385-386쪽.

4. 임원경제연구소, 『임원경제지 정조지1』 (풍석문화재단, 2020), 34쪽.

5. 引切餠, 海西 延安者佳, 不寧以糯勝於此産也. 必須先擣米爲粉, 然後爛蒸熟擣. 故膩黏, 不疹瘀也. 或用紅棗肉拌蒸, 或用當歸葉屑拌蒸, 或先作紅飯【案 紅飯, 俗呼"藥飯"】, 旋復擣爛爲餠, 皆異味也.《周禮·籩人》"羞籩之實, 糗餌, 粉餈." 徐鍇云 "粉餈, 以豆爲粉, 糝餈上也", 餠品中, 此爲最古矣.『饔饎志』. 임원경제연구소, 『임원경제지 정조지1』 (풍석문화재단, 2020), 399쪽.

6. 粳米粥方 白粥, 晚稻米爲上1. 用石鼎煮則味佳, 水鐵鼎次之, 鍮鐺爲下. 用甘泉則尤佳.

泉劣則粥色黃而不成也. 煮法: 精鑿白米多洗下. 熱鼎滴香油略炒, 待油盡入. 然後多灌水, 用柴木火連連煎去, 至半熟汁欲渾, 便以鏢杓酌出其2 汁於淨器. 又以鏢杓之背, 微微磨硏, 而勿令米粒成泥. 入香油攪均, 無少住火, 滾煮之. 用鏢杓, 取酌出之汁, 次次添下於粥中, 其汁旋縮旋添, 煮到無可添乃止, 則其粥十分濃稠如牛乳粥. 淸晨啜之, 生津液, 甚宜老人.『增補山林經濟』. 임원경제연구소, 『임원경제지 정조지1』(풍석문화재단, 2020), 445-446쪽.

7. 張耒《粥記》云: "每晨起, 食粥一大椀, 空腹胃虛, 穀氣便作, 所補不細. 又極柔膩, 與腸胃相得, 最爲飮食之良." 妙齊和尙說: "山中僧, 每將朝一粥, 甚繫利害. 如不食則終日覺臟腑燥涸. 蓋粥能暢胃氣, 生津液也." 임원경제연구소, 『임원경제지 정조지1』(풍석문화재단, 2020), 447쪽.

8. 임원경제연구소, 『임원경제지 정조지1』(풍석문화재단, 2020), 46-47쪽.

9. 靑泡以綠豆製造, 如豆腐之法. 但不待壓, 收貯木器, 凝成後, 切而用之. 細切作菜, 和醋, 醬食之甚佳.『攷事十二集』. 임원경제연구소, 『임원경제지 정조지1』(풍석문화재단, 2020), 47쪽.

10. 靑泡須用綠豆造乃佳. 用梔子水設色, 則嫩黃而明亮, 極可愛. 或用黃豆造者, 色味俱劣也. 儉歲山民拾橡子, 磨粉澄濾, 熬作靑泡. 色紫味淡, 亦足住飢.『饔饎志』. 임원경제연구소, 『임원경제지 정조지1』(풍석문화재단, 2020), 47쪽.

11. 蜜煎覆盆子方 取紅熟覆盆子淨洗, 入銚, 鐺內, 以蜜調生薑湯浸淹. 煎熟控起, 篩去核, 取稠汁. 再入鐺, 灌以雪白上好蜜, 慢火熬之, 不住手用箸攪之, 勿令焦燶. 待火候旣足, 稠如飴餳, 出貯淨缸, 放在冷水盆中, 經宿則凝定, 刀切方寸大爲餅.『饔饎雜志』. 임원경제연구소, 『임원경제지 정조지2』(풍석문화재단, 2020), 71-72쪽.

12. 蔗之用博矣. 煎而煉之, 曝而乾之, 凝堅如石者爲石蜜. 輕白如霜者爲糖霜. 印成人物之形者爲饗糖, 夾諸色果, 斌則爲糖纏. 和牛乳酥酪則爲乳糖. 中國賓俎之羞, 太半皆蔗出也. 東人獨不知藝蔗, 必遠購諸燕肆, 非豪貴不能致. 然1 嶺, 湖南沿海州郡, 氣候寒暖, 視中國産蔗地方, 不甚相遠. 苟能傳種, 勸相按法蒔藝, 蔑不成矣. 特患無好事如文江城其人耳.『饔饎雜志』. 임원경제연구소, 『임원경제지 정조지2』(풍석문화재단, 2020), 83-84쪽.

13. 임원경제연구소, 『임원경제지 정조지1』(풍석문화재단, 2020), 41쪽.

14. 用眞豆粉半斤, 入鍋火焙無豆腥. 先用乾淨龍腦, 薄荷一斤, 入甑中, 用細絹隔住, 上置豆粉, 將甑封蓋, 上鍋蒸至頂熱甚, 霜以成矣. 收起粉霜, 每八兩配白糖四兩, 煉蜜四兩, 拌均擣膩, 印餠或丸. 噙之, 消痰降火, 更可當茶, 兼治火症.『遵生八牋』. 임원경제연구

소, 『임원경제지 정조지2』 (풍석문화재단, 2020), 129-130쪽.

15. 饊子造法: 上好白丁香色糯米, 擣粉細羅過. 入少 小麥麵, 鹽水溲爲劑, 木案上, 薄薄捍開, 刀切作徑寸片. 銚, 鐺內用脂麻油煎之【或言中國人用蒼耳子油煎寒具, 當試之】. 煎時, 以漏杓頻頻鎭按, 勿令泡脹, 以箸撈起, 置淨盤上. 另用蜂蜜, 白餳, 相和溶化, 拌饊子上, 拖飯中, 翻轉數回, 則飯粒粒粒黏着于饊子片上爲衣. 嚼之有聲, 可留數月不敗. 『饔饎雜志』. 임원경제연구소, 『임원경제지 정조지2』 (풍석문화재난, 2020), 137-138쪽.

16. 柚漿方 瓷缸貯雪白上好蜂蜜二三升, 投生柚子十數箇于其內, 密封缸口, 入窨百餘日. 出之則蜜化如明油, 漉去柚 子濾滓, 澄淸, 盛瓷瓶中. 每水一盞, 調一大匙飮之, 甘香爽口, 最宜夏月. 『饔雜志』. 임원경제연구소, 『임원경제지 정조지2』 (풍석문화재단, 2020), 37쪽.

17. 서긍의 『고려도경』에서 고려의 음식 중 놀랄 만한 것이 '밤'이라고 한 이야기가 나오는데, 크기도 크고 맛이 일품이며 일 년 내내 맛볼 수 있게 옹기에 담아 땅속에 저장하는 방법도 특이하다고 평가했다. 율추숙수와 함께 고려의 밤에 대해 주목된다.

18. 임원경제연구소, 『임원경제지 정조지1』 (풍석문화재단, 2020), 39-40쪽.

19. 임원경제연구소, 『임원경제지 정조지3』 (풍석문화재단, 2020), 57-60쪽.

20. 俗呼"煎鐵", 亦名"㡡笠套", 其製來自日本, 今遍國中. 但未聞中州有此食品也. 『饔雜志』. 임원경제연구소, 『임원경제지 정조지3』 (풍석문화재단, 2020), 66쪽.

21. 임원경제연구소, 『임원경제지 정조지1』 (풍석문화재단, 2020), 49-50쪽.

22. 임원경제연구소, 『임원경제지 정조지1』 (풍석문화재단, 2020), 50쪽; 『임원경제지 개관서』 (2012), 521쪽.

23. 임원경제연구소, 『임원경제지 정조지1』 (풍석문화재단, 2020), 44쪽.

24. 醃菹法: 霜後取蘿蔔根連葉【去老葉, 只取嫩葉】, 淨洗. 每一根, 竪剖作三四片, 放淨盆內, 略用鹽糝. 過三日, 始同胡瓜子【預於六七月鹽醃, 至是水浸退鹹用】, 茄子【去蔕】, 冬瓜子【去皮瓤, 切作片】, 菘菜【去根及莖皮】, 芥菜【去根葉及莖皮】及諸種物料, 裝3入罈內. 料用石首魚醢【去鱗及頭尾, 斜切作片】, 鰒魚肉【生者切作片】, 海螺肉【作片】, 小八梢魚【寸切】, 石決明【生用】, 鹿角菜【作數寸長】, 生薑【去皮切】, 川椒【去目】, 南椒【寸切】, 一層菜, 一層物料, 層層裝入. 訖, 用甘泉水, 調醢汁, 鹹淡得所, 灌淹之. 油紙紮口, 稻穰裹着, 深埋地中, 勿令凍損. 三七日熟. 『饔雜志』. 임원경제연구소, 『임원경제지 정조지1』 (풍석문화재단, 2020), 226-227쪽.

25. 임원경제연구소, 『임원경제지 정조지2』 (풍석문화재단, 2020), 184쪽.

26. 海帶煎方 海帶水浸一宿, 控起, 裁刀剪作數寸長, 熱銚內滾油煎之, 以黃香泡起爲度.

糁以炒芝麻, 放冷食之, 極脆美. 俗稱"奪角". 油用麻油, 荏油無所不可. 『饔饌志』. 임원
경제연구소, 『임원경제지 정조지2』 (풍석문화재단, 2020), 271쪽.

27. 임원경제연구소, 『임원경제지 정조지3』 (풍석문화재단, 2020), 147쪽.

28. 醬, 將也, 能制食物之毒, 如將之平暴惡也. 임원경제연구소, 『임원경제지 정조지3』
(풍석문화재단, 2020), 147쪽.

29. 陶隱居論醬品, 以豆醬陳久者爲勝, 是則吾東之醬, 當爲天下第一也. 임원경제연구소,
『임원경제지 정조지3』 (풍석문화재단, 2020), 153쪽.

30. 임원경제연구소, 『임원경제지 정조지3』 (풍석문화재단, 2020), 153-160쪽.

31. 配鹽麻屑方 白脂麻十兩, 入白鹽三兩, 同炒香, 擣作屑, 磁缸收貯. 用以調和羹, 臕, 撒
拌菜, 肉, 越助滋味, 無適不宜. 『饔饌志』. 임원경제연구소, 『임원경제지 정조지3』 (풍
석문화재단, 2020), 272-273쪽.

32. 餁料者, 離餁之物料也. 辣料以開胃, 甜料以悅口, 香料以辟臭, 酥料以腰堅. 大抵皆食
料之不可闕者也. 임원경제연구소, 『임원경제지 정조지3』 (풍석문화재단, 2020), 265
쪽.

33. 임원경제연구소, 『임원경제지 정조지4』 (풍석문화재단, 2020), 25-27쪽.

34. 治麴法 造酒者, 先期碎麴如栗子大, 曝曬三日, 夜承露氣, 去其艾氣. 用熟甕浸水三日,
淨洗, 薰以藁烟, 用之. 最忌雜 1人, 孕婦, 孝子, 僧髡.《三山方》治酒材法 凡酒米, 淨洗
爲貴, 故古方皆以百洗爲度. 苟不淨洗, 則味惡而色濁也. 造酒飯, 須水浸經宿, 然後易
爛. 又須放冷入甕, 然後不酸. 故‘百洗, 浸宿, 放冷’ 六字, 卽釀酒三昧也. 『三山方』. 임
원경제연구소, 『임원경제지 정조지4』 (풍석문화재단, 2020), 29-31쪽.

35. 임원경제연구소, 『임원경제지 정조지1』 (풍석문화재단, 2020), 58쪽.

36. 燒酒總方 一名"火酒", 一名"阿剌吉酒". 燒酒, 非古法也. 自元時始創其法, 用濃酒和糟
入甑, 蒸令氣上, 用器承取滴露. 임원경제연구소, 『임원경제지 정조지4』 (풍석문화재
단, 2020), 127쪽.

37. 평생 고구마 재배와 그 활용법을 전파하기 위해 노력한 풍석은 고구마술과 이를 증
류한 고구마소주도 소개하고 있다. 임원경제연구소, 『임원경제지 정조지4』 (풍석문화
재단, 2020), 141쪽.

38. 論華東飮法 東人飮酒, 毒於天下. 必以大椀礧額一倒. 此灌也, 非飮也; 要飽也, 非要
趣也. 故必一飮則醉, 醉則輒酗. 中國飮法甚雅, 雖盛夏必湯飮, 雖燒露亦湯. 杯如杏子;
掛齒細呷, 留餘卓上, 移時更呷, 未嘗健倒. 如我東所謂大鍾, 大椀, 絶無飮者. 『熱河日
記』. 임원경제연구소, 『임원경제지 정조지4』 (풍석문화재단, 2020), 182쪽.

39. 『林園經濟志』「葆養志引」, 道家者流, 有煉精之說; 釋氏之道, 明治心之義. 其言曰, "有物自無始來, 生生不已. 先天地而自在, 後天地而亦自在." 道謂之玄牝, 釋謂之眞如, 二氏之立教也, 專以保此爲務, 不求乎其外. 故道者清淨無爲, 修眞去知, 而至於登仙; 釋者亦清淨無爲, 若枯木死灰, 以期於成佛. 其爲說也, 豈無見也? 一以是設教者, 偏也. 惟吾聖人之爲道也, 本於彝倫, 參之以禮樂刑政, 相維焉, 相安焉, 而盡心明性之學, 自寓於其中, 所以濟世也. 是道也, 得於有形者也; 彼二氏者, 得於無形者也. 由是而判, 庶可見吾與彼之異矣. 雖然吾人何嘗舍神氣之收斂哉? 特係是大道之一緒, 故罕言之. 孟子有夜氣之養, 朱子嘗託於空同道士, 而留意於調息之法焉. 其不可廢, 審矣. 夫人之生也, 受於天者, 固不昧也. 有所欲以梏亡之, 竟不得復其初者, 滔滔也. 于以靜坐觀心, 降火而養精, 以保厥生, 抑一道也. 임원경제연구소, 『임원경제지 보양지1』 (풍석문화재단, 2020), 90-94쪽.

40. 안대회·이현일 편역, 『한국산문선8 책과 자연』, '불멸의 초상화, 불멸의 문장' (민음사, 2017), 205-207쪽. 서유구는 자신의 도를 '종유통선불지도(宗儒統仙佛之道)'라고 했다.

41. 임원경제연구소, 『임원경제지 보양지1』 (풍석문화재단, 2020), 28쪽.

42. 안대회·이현일, 『한국산문선8 책과 자연』, '책과 자연' (민음사, 2017), 209-212쪽. '자연경실기'가 '책과 자연'이라는 제목으로 번역되어 실렸다.

43. 문석윤 외, 『풍석 서유구 연구 (하)』, "풍석 서유구 보양지의 형성에 대한 연구" (사람의무늬, 2015), 229쪽.

44. 위의 책, 230쪽.

45. 선조의 『동의보감』 편찬의 3대 지침은 "중국 의서의 핵심을 간추려라, 치료보다 양생을 우선하라, 향약을 많이 활용하라."였다.

46. 天地虛空中皆氣, 人身虛空處皆氣. 故呼出濁氣, 身中之氣也; 吸入淸氣, 天地之氣也. 人在氣中, 如魚游水中. 魚腹中不得水出入卽死, 人腹中不得氣出入亦死, 其理一12 也. 善攝生者, 必明於氣之故矣. 임원경제연구소, 『임원경제지 보양지1』 (풍석문화재단, 2020), 184-185쪽.

47. 폐기, 태식, 주천화후의 3단계로 정리된다.

48. "道家惟主導引, 不言藥石. 蓋藥有眞僞, 性有反慄, 疾縱去而毒尚留, 或乘寒暑之變, 或因飲食之反而生他疾, 至於殺身者有之." 임원경제연구소, 『임원경제지 보양지2』 (풍석문화재단, 2020), 19-20쪽.

49. "導引之上, 行其無病; 導引之中, 行其未病; 導引之下, 行其已病." 위의 책, 20쪽.

50. 余獨憂夫山林澤藪遐陬僻壤之地, 素無攻醫之方, 又乏鍼砭之具, 一朝疾生, 莫知所措, 而終不免於夭折促短者, 何限哉! 今取修養家所言"導引療疾之方", 芟繁撮要, 分門類彙. 俾不待求之盧扁方劑, 而反諸吾身, 可以發膏肓, 起廢疾, 將與田夫共, 此自然聖惠方也. 임원경제연구소, 『임원경제지 보양지2』 (풍석문화재단, 2020), 105-106쪽.

51. "吞津法 古方皆謂舌拄上腭, 自生津液, 漱而吞之, 然拄腭不必生津. 惟屈舌而攪舌本乃生津. 若久久成習, 則自不能已, 飢困時亦易得力." 임원경제연구소, 『임원경제지 보양지2』 (풍석문화재단, 2020), 104쪽.

52. 임원경제연구소, 『임원경제지 보양지2』 (풍석문화재단, 2020), 202-203쪽.

53. 熱摩手心, 頻拭額上, 謂之 "修天庭". 連髮際二三 七遍, 面上自然光澤, 所謂 "手宜在面"是也. 『養性書』. 임원경제연구소, 『임원경제지 보양지2』 (풍석문화재단, 2020), 245쪽.

54. "寢不尸, 居不容." 『논어』 「향당」.

55. "蓋人身以滋液爲本, 在皮爲汗, 在肉爲血, 在腎爲精, 在口爲津, 伏脾爲痰, 在眼爲淚, 曰汗·曰血·曰淚·曰精. 出則皆不可回, 惟津唾則獨可回, 回則生意又續續矣." 『三元延壽書』. 임원경제연구소, 『임원경제지 보양지1』 (풍석문화재단, 2020), 273쪽.

56. "金石, 其性慓悍, 而無津液之潤, 盛壯時, 未見其害, 及其衰弱, 毒則發爲. 草木之藥, 服之不倦, 勢力相接, 積年之後, 必獲大益." 임원경제연구소, 『임원경제지 보양지2』 (풍석문화재단, 2020), 217쪽.

57. "仙家所述, 雖若過情, 蓋獎辭多溢, 亦常理耳." 임원경제연구소, 『임원경제지 보양지2』 (풍석문화재단, 2020), 332쪽.

58. 蓋欲抑妖務常 納民於壽而不失正也. 觀者倘取於斯 求之日用事物之間 而不入於闊誕高遠之域 則庶乎其可也.

59. 「仁濟志引」(大阪本), "…其有實見而有濟人之功者, 惟醫藥之道乎."

60. 정약용 저, 『의령』의 사례.

61. "人之壽, 天元六十; 地元六十; 人元六十; 共一百八十歲." 임원경제연구소, 『임원경제지 보양지1』 (풍석문화재단, 2020), 105쪽.

62. "治身養性, 務謹其細, 不可以小益爲不平而不修, 不可以小損爲無傷而不防." 養生須謹其細治身養性, 務謹其細, 不可以小益爲不平而不修, 不可以小損爲無傷而不防. 凡聚14 小所以就大, 損一所以致億也. 『抱朴子』, 위의 책, 111쪽.

63. 內外三寶 精, 氣, 神爲"內三寶", 耳, 目, 口爲"外三寶". 常使內三寶不逐物而施16, 外三寶不誘中而擾. 『壽養叢書』. 임원경제연구소, 『임원경제지 보양지1』 (풍석문화재단,

2020), 112쪽.

64. "生機有二, 使此心嘗自怡適, 而不以憂懠窒其生機, 一也. 助養脾土, 以滋化源, 則四藏都有生機, 二也." 위의 책, 113쪽.

65. "故以人所泄之精貯于器拌少鹽酒露一宿則復爲血." 위의 책, 137쪽.

66. "慾多則損精. 人可保者命可惜者身可重者精." 위의 책, 136쪽.

67. "病者所緣適于死之路也, 欲者所緣適于病之路也, 邇聲色者所緣適于欲之路也. 塞此三路可以延生." 위의 책, 137쪽.

68. 論愛憎 老子曰: '甚愛必大費, 多藏必厚亡. 知足不辱, 知止不殆, 可以長久.' 多藏必厚亡, 知足不辱, 知止不殆, 可以長久." 蓋甚愛色, 費精神, 甚愛財遇禍患, 所愛者少, 所費者多, 惟知足知止, 則自可不辱而不危也, 故可長久. 『三元延壽書』. 위의 책, 226-227쪽.

69. 喜怒者道之衰 也, 憂悲者德之失也, 好憎者心之過也, 嗜欲者生之累也. 人大怒破陰, 大喜墜陽, 薄氣發喑, 驚怖爲狂, 憂悲焦心, 疲乃成疾. 『文子』. 위의 책, 195쪽.

70. 憂傷肺氣而不行. 『雲笈七籤』, 위의 책, 223쪽.

71. 學道之人, 聊且均調喜怒之情. 雖有喜, 勿至盪動湛然之性; 雖有怒, 勿至結滯浩然之氣. 『耆智餘書』, 위의 책, 210-211쪽.

72. 「이운지」 '하루일과'와도 연계가 된다.

73. 문석윤 외, 『풍석 서유구 연구 (하)』, "풍석 서유구 보양지의 형성에 대한 연구"(사람의무늬. 2015), 257-258쪽.

74. "老人之道, 當常念善, 無念惡, 常念生, 無念殺, 常念信, 無念欺,… 無極視, 無極聽, 無太用意, 無太思慮, 無呼嗟, 無叫喚, 無吟咏, 無歌嘯, 無哮啼, 無悲愁, 無哀慟, 無慶弔, 無接對賓客, 無預局席, 常常淡食." 『厚生訓纂』. 임원경제연구소, 『임원경제지 보양지3』 (풍석문화재단, 2020), 20쪽.

75. "平居七竅反常, 啼哭無淚, 笑反有淚, 鼻多濁涕, 耳作蟬鳴, 喫食口乾, 寢則涎溢, 溲尿自遺, 便燥或泄, 晝則多睡, 夜臥惺惺不眠, 此老人之病也." 『醫學入門』. 임원경제연구소, 『임원경제지 보양지3』 (풍석문화재단, 2020), 30쪽.

76. "老人之性皆厭藥而喜食, 以食治疾, 勝於用藥. 況老人之疾愼於吐痢, 尤宜用食以治之." 임원경제연구소, 『임원경제지 보양지3』 (풍석문화재단, 2020), 31쪽.

77. "老人藥餌, 止是扶將之法. 只可溫平·順氣·進食·補虛·中和藥, 治之. 不可用市肆贖買, 他人惠送, 不知方味, 及狼虎之劑, 最宜愼重詳審." 임원경제연구소, 『임원경제지 보양지3』 (풍석문화재단, 2020), 31쪽.

78. 牛乳方 壽親養老書 壽親養老書 補虛益氣. 牛乳五升, 蓽茇末一兩, 入銀器內, 以水三升和乳合, 煎取三升, 後入瓷合中. 每於食前, 煖一小盞服之. 牛乳最宜老人, 平補血脈, 益心, 長肌肉, 令人身體康强, 滑澤面, 目光, 悅志不衰. 故爲人子者, 常須供之, 以爲常食. 或爲乳餠或作斷乳等, 恒使恣意 充足爲度. 此物勝肉遠矣. 임원경제연구소, 『임원경제지 보양지3』(풍석문화재단, 2020), 34쪽.

79. "男雖十六而精通, 必三十而娶; 女雖十四而天癸至, 必二十而嫁. 皆欲陰陽氣完實而後交合, 則交而孕, 孕而育, 育而爲子, 堅壯强壽." 임원경제연구소, 『임원경제지 보양지3』(풍석문화재단, 2020), 124쪽.

80. 1. 등을 따뜻하게 할 것. 2. 배를 따뜻하게 할 것. 3. 발을 따뜻하게 할 것. 4. 머리를 서늘하게 할 것. 5. 가슴을 서늘하게 할 것. 6. 흉측한 걸 보이지 말 것. 7. 비위를 늘 따뜻하게 할 것. 8. 울음을 그치고 진정하기 전에 젖 먹이지 말 것. 9. 광물 약을 먹이지 말 것. 10. 목욕을 줄일 것 등이다. "一要背煖. 二要肚煖. 三要足煖. 四要頭凉. 五要心胷凉. 六要勿見怪物. 七要脾胃常溫. 八要啼未定, 勿便飮乳. 九要勿服輕粉·朱砂. 十要少洗浴." 「보양지」 권7 '출산과 육아' '육아' '총론'.

81. "貧家之育子; 雖薄於富家, 其成全小兒, 反出於富家之右. 其暗合育子之理者, 有四: 薄衣·淡食·少慾·寡怒, 一也. 無財少藥, 其病自痊, 不爲庸醫熱藥所攻, 二也. 在母腹中, 其母作勞, 氣血動用, 形得充實, 三也. 母旣作勞, 自易生產, 四也." 「보양지」 권7 '출산과 육아' '육아' '총론'.

82. 풍석 서유구 지음, 정명현·민철기·정정기·전종욱 외 옮기고 씀, 『임원경제지―조선최대의 실용백과사전』(씨앗을뿌리는사람, 2012).

83. 『개관서』 통계표 1104쪽 참조.

84. 2부 주12와 동일.

85. 三木榮, 『朝鮮醫書誌』(自家印行, 1956) 338쪽. "その記述口詳細であり引用書目中に夥多な醫書を擧げてゐるが 本文編述に際し總べてこれらを原書に據って引照したと認め難い. 博物学書として李朝最大の著述で勞多く精勵を極めた書と言ひ得るも, 醫学の範圍では本書は學問的價値は低い."

86. 三木榮, 『朝鮮醫學史及疾病史』(自家出版, 1963), 248쪽. "その記述は詳細を極め労多き精励の著書であり, またその引用書目中に多数の医書を挙げてはいるが, 孫引的のもので学的価値はそう高くない."

87. 김호, "의사학자 三木榮의 생애와 『朝鮮醫學史及疾病史』", 『의사학』 14-2 (2005) 참조.

88. 전종욱·조창록, "『임원경제지』·「인제지」의 편집 체재와 조선후기 의학 지식의 수용 양상",『의사학』21-3(42) (2012). 2-3쪽.

89. 김두종,『한국의학사』(탐구당, 1993), 354-355쪽.

90. 오재근, "『본초강목』이 조선 후기 본초학 발전에 미친 영향",『의사학』21-2 (2012).

91. Jongwook Jeon, Jungsul Lee. "Discovering new lead compound candidates and combination therapy model using traditional Korean Medicine", 2012. 09. 11, Systems Medicine international conference, Dublin 2012.

92. 권15 유과(幼科) 마진(麻疹).

93. 이 책은 현재 이헌길의『마진기방』이란 이름으로 전한다.

94. 정약용,『여유당전서』1집, 권17,『몽수전(蒙叟傳)』참조.

95. "[按] 夢叟之治疹, 專以萬馬二家按治立方, 而皆有效. 萬馬二方, 豈獨合於乙未運氣耶. 赫曦者, 戊年也, 二火司天者, 子午寅申之年也. 如丙戌. 己亥. 庚戌. 乙未, 但非赫曦二火之歲, 而疹乃大熾, 何也. 非深造運氣之奧者, 不可知也." 전종욱·조창록, "『임원경제지』·「인제지」의 편집 체재와 조선후기 의학 지식의 수용 양상",『의사학』21-3(42) (2012), 32-33쪽.

96. 정약용,『여유당전서』7집,『麻科會通』권1,「抄撮諸家姓氏書目」; 권3,「古醫第一」참조.

97. 신동원, "조선시대의 의학론",『의사학』13-1 (2004), 142-145쪽 참조.

98. [案] 痎瘧祛禳之法, 不一而欲令患人心動, 或逢驚怕, 或遇臭穢, 病氣自祛. 蓋心動, 則氣行, 氣行則邪退, 是亦治病之一則也.「인제지」권6 '해학'.[案] 千金方, 人齧蝨 在腹中成癥, 能斃人. 用敗筐·敗梳 各以一半燒末, 一半煮湯, 調服, 蝨從下部自出, 理或然也.「인제지」권23 '벽제충'.

99. [案] 千金方, 人齧蝨 在腹中成癥, 能斃人. 用敗筐·敗梳 各以一半燒末, 一半煮湯, 調服, 蝨從下部自出, 理或然也.「인제지」권23 '벽제충'.

100. 김남일, "조선 중기 어의 허준에 의해 완성된 종합의서",『허준과 한국의 한의학』(허준박물관, 2005) 참조.

101. 예를 들면 멍울[癭瘤] 치료에 쓰는 하고초산(夏枯草散)의 용법, 비치(鼻痔) 치료에 쓰는 신이고(辛夷膏) 처방, 노혈로 인한 기침과 구취에 쓰는 사간(射干)의 용법, 천금목(千金木)의 우리나라 명칭 등을『동의보감』의 기록에 근거해 밝힌 경우가 그것이다. 전종욱,『임원경제지—조선최대의 실용백과사전』, 1106-1108쪽 참조.

102. 남공철(南公轍, 1760-1840). 1792년 친시문과에 병과로 급제, 초계 문신에 선임되

었으며, 1817년에 우의정, 1833년 영의정으로 봉조하가 되었다. 김상임(金相任)·성대중(成大中)·이덕무(李德懋) 등과 친했고 당대 제일의 문장가로 이름이 높았다.

103. 金陵集卷之十 宜寧南公轍元平著 答徐準平有榘 蟬聲日淸 思奉雅論 邈不可得 卽沐手翰… 始知世之人徒以文章稱吾準平 而不復知有如許政事之才者 皆蔽於所長也 薑瀝丸感荷 近來絶不服他藥 消滯之方 惟思此物 製法尤妙 豈不重可喜也 適得普餌新茶 十劬分呈 臨風寄音 以愚遠思 不宣. 한국고전번역원 한국문집총간 웹서비스.

5장 예능, 교양, 의례 분야

1. '유예(遊藝)'는 "예에서 노닌다[游於藝]."는 『논어』와 공자의 말에서 왔다. "依於仁, 游於藝." 『論語注疏』 卷7 「述而」.

2. 「유예지」 서문 참조, 임원경제연구소, 『임원경제지 유예지1』 (2017), 75-76쪽. 예 가운데 향촌에서 행해지는 향음주례, 향사례, 향약 등의 향례와 관혼상제와 같은 가정에서 행해지는 가례 등은 『임원경제지』 「향례지」를 통해 정리하고 있다.

3. 『주자어류(朱子語類)』에 실려 있는 「독서법」과 송나라 장홍(張洪, 1361?-1444?)·제희(齊熙)가 편찬한 『주자독서법(朱子讀書法)』, 주희가 아동 교육을 위해 지은 『동몽수지(童蒙須知)』가 많이 인용된다.

4. 讀諸經統論 讀書以觀聖賢之意, 因聖賢之意以觀自然之理. 『朱子語類』. 임원경제연구소, 『임원경제지 유예지1』 (2017), 101쪽.

5. 讀書, 須是窮究道理徹底. 如人之食, 嚼得爛, 方可嚥下, 然後有補. 『朱子語類』. 임원경제연구소, 『임원경제지 유예지1』 (2017), 104쪽.

6. 讀書有三到, 謂"心到", "眼到", "口到". 心不在此, 則眼不看子細. 임원경제연구소, 『임원경제지 유예지1』 (2017), 82쪽.

7. 讀書, 須讀到不忍舍處, 方是見得眞味. 若讀之數過, 略曉其義卽厭之, 欲別求書看, 則是於此一卷書猶未得趣也. 某舊日讀書, 方其讀《論語》時, 不知有《孟子》, 方讀《學而》第一, 不知有《爲政》第二. 今日看此一段, 明日且更看此一段, 看來看去, 直待無可看, 方換一段看. 看李先生說: "理會文字, 須令一件融釋了後, 方更理會一件." "融釋"二字下得極好. 『朱子語類』. 임원경제연구소, 『임원경제지 유예지1』 (2017), 91쪽.

8. 四部次第 "博學而詳說之, 將以反說約也." 故必先觀《論》, 《孟》, 《大學》, 《中庸》以考聖賢之意, 讀史以考存亡, 治亂之迹, 讀諸子百家以見其駁雜之病. 其節目自有次序, 不可躐越. 『朱子語類』. 임원경제연구소, 『임원경제지 유예지1』 (2017), 112-113쪽.

9. "仁者如射. 射者正己而後發, 發而不中, 不怨勝己者, 反求諸己而已矣." 『맹자』 「공손추

上」.

10. "子曰: '君子無所爭, 必也射乎. 揖讓而升, 下而飮, 其爭也君子.'" 『논어』「팔일」; "子曰: '射有似乎君子. 失諸正鵠, 反求諸其身.'" 『중용』 14장.

11. 『사법비전공하(射法秘傳攻瑕)』라는 책이 대표적인 활쏘기 교본으로 알려져 있지만 이 또한 중국의 『무경칠서회해(武經七書匯解)』의 부록에 실려 있는 책이라 조선의 저술은 아니다. 서유구의 「활쏘기 비결(사결)」의 인용서가 모두 3종으로, 청나라 주용(朱墉)이 편찬한 『무경회해(武經匯解)』, 당나라 왕거(王琚)가 편찬한 『왕씨사경(王氏射經)』 그리고 『몽계필담(夢溪筆談)』이 그것이다. 임원경제연구소, 『임원경제지 유예지1』 (2017), 22쪽.

12. 初學演習 學射總法. 임원경제연구소, 『임원경제지 유예지1』 (2017), 125-133쪽.

13. 射法十四要. 임원경제연구소, 『임원경제지 유예지1』 (2017), 176-186쪽.

14. 周儀 鄕射之禮: 主人戒賓, 賓出迎, 再拜. 主人答再拜. 乃請. 임원경제연구소, 『임원경제지 향례지1』 (2021), 112-113쪽.

15. 「이운지」 권8 '시문과 술을 즐기는 잔치' "구후사". 임원경제연구소, 『임원경제지 이운지4』 (풍석문화재단, 2020), 466-469쪽.

16. 최형국, "18세기 활쏘기[國弓] 수련방식과 그 실제: 『林園經濟志』 「遊藝志」 射訣을 중심으로", 『탐라문화』 50, 제주대학교 탐라문화연구소 (2015), 244-251쪽.

17. 『임원경제지 개관서』 (2012), 156쪽.

18. 遂張侯, 袒決, 拾搢乘矢以出. 蓋徐子未嘗操躬者也. 彎未旣, 手顫掉, 輒舍矢, 紆而趨, 不數武落. 彈素素習弓, 敎之曰: 是病于弦. 宛之欲滿, 釋之欲挍. 宛不滿則需, 釋不挍則荼, 故矢不遠. 如其言, 矢遠而邪, 左右侯而落無常. 彈素曰: 是病于柑, 執柑不挺臂也. 不挺臂則不固, 不固則易搖, 故不中. 如其言, 矢向侯, 而或過之或不及. 彈素曰: 是病于子之身. 毋已昂, 毋已俯. 已昂則莫能以愿中, 已俯則莫能以速中. 如其言, 獲二矢焉.… 正己而後動 雖不中不遠矣 四者德之府也 吾將以是學聖人… 徐有榘, 『楓石全集』 「楓石鼓篋集」 卷第2 '記' '鶴西學射記'.

19. 古之射有二, 卿大夫之射, 以升降揖遜獻酬爲禮, 而不主於皮, 儀禮卿射之禮, 是也. 庶民因田獵分禽, 則以得中爲貴, 周禮五物三日主皮, 是也. 吾輩耕鑿山野, 固四民之一也. 春秋選日射侯, 當用民庶之禮. 然內志正·外體直, 持弓矢審固, 然後可以言中, 則卿射·與主皮之射, 一也. 故曰, '觀德之會'. 『金華耕讀記』. 임원경제연구소, 『임원경제지 이운지4』 (풍석문화재단, 2020), 569-570쪽.

20. 장우석, "19세기 조선의 수학 교재 《遊藝志》 卷2의 특징 연구" (서울대학교 석사학

위논문, 2012), 42쪽. 「산법」의 내용들 중 세로셈 필산법·가감법을 이용한 연립방정식 풀이법, 삼각함수 등은 서양 수학의 영향이라고 한다.

21. 「유예지」의 내용은 다음과 같다. 방전법(方田法, 토지의 넓이 구하기), 속포법(粟布法, 물건의 양과 거래 시 가격 계산하기), 최분법(衰分法, 물건의 가격·세금에 차등을 두어 계산하기), 소광법(少廣法, 화살 묶음의 개수와 토지의 넓이 구하기), 상공법(商功法, 거리의 원근과 용역비용 구하기), 균수법(均輸法, 물건의 가격과 각종 비용 구하기), 영뉵법(盈朒法, 사람 수와 물건의 가격 구하기), 방정법(方程法, 물건의 개수와 가격 구하기), 구고팔선(句股八線, 피타고라스 정리, 삼각형의 성질을 이용한 도형 문제 해결하기, 삼각함수의 정의).

22. 17세기 후반 이후 조선에서는 수학 연구가 심화되는 경향을 보이는데, 대표적인 수학자들이 소론(少論)의 당색(黨色)을 띠는 가문 출신이다. 노론(老論)으로 분류되는 홍대용과 홍길주도 당색과 무관하게 소론의 유자들과 활발히 교류했다.

23. 「본리지」 권1 "부록 양전법" 정명현·김정기, 『임원경제지 본리지2』 (소와당, 2008), 181-195쪽.

24. 到岸捨筏. 곧 『주역』과 『장자』에 그 연원을 두고 있는 유명한 문구들인 득의망상(得意忘象), 득어망전(得魚忘筌)과 같은 용법이다.

25. 『서결(書訣, 또는 圓嶠書訣)』 원문 글자 수가 총 7,254자이며, 형식은 위부인(衛夫人)의 『필진도(筆陣圖)』와 왕희지(王羲之)의 『필진도후(筆陣圖後)』의 내용을 소개하면서 중국의 서법에 자신의 견해를 추가했다. 「유예지」의 서벌에는 소제목을 5개 배치하고, 그 아래에 45개의 표제어를 뽑았으며, 15개의 소표제어를 두었다. 여기에 들어있는 기사 수는 모두 83개이다. 이광사의 『서결』을 포괄하여 총 11,758자로 되어있다. 인용 문헌은 조선의 『원교서결』과 『증보산림경제』 2종을 포함하여 총 25종이다. 「유예지 해제」. 임원경제연구소, 『임원경제지 유예지2』 (2017), 29-30쪽.

26. 論學書貴專勤 學書之法, 非口傳心授, 不得其精. 大要須臨古人墨迹布置, 間架, 握破管, 書破紙, 方有工夫. 張芝臨池學書, 池水盡墨; 鍾丞相, 入抱犢山十年, 水石盡黑; 趙子昂國公, 十年不下樓; 巙子山平章, 每日坐衙, 罷寫一千字, 纔進膳. 古人以箒濡水, 學書於砌, 或書於几, 几石皆陷. 『春雨雜述』. 임원경제연구소, 『임원경제지 유예지2』 (2017), 63-65쪽.

27. 論五體相通 士人作字, 有眞, 行, 草, 隸, 篆五體. 往往篆, 隸, 各成一家, 眞, 行, 草, 自成一家, 以筆意本不同. 每拘於點畫, 無放意自得之迹, 故別爲戸牖. 若通其變, 則五者皆在筆端, 了無罣塞, 惟在得其道而已. 非風神穎悟, 力學不倦, 至有筆塚研山者, 似未易

語此.『翰墨志』. 임원경제연구소, 『임원경제지 유예지2』(2017), 66-67쪽.

28. 「이운지」 권5 법첩 "친필은 거의 없다"(論眞迹難存). 임원경제연구소, 『임원경제지 이운지3』(풍석문화재단, 2020), 110-111쪽.

29. 論筆似弓刀 筆欲鋒長勁而圓, 長則含墨, 可以運動, 勁則有力, 圓則硏美. 余嘗評三物, 用不同, 理相似. 良弓引之則緩 來, 舍之急往, 世俗謂之"揭箭". 好刀按之則屈, 舍之則勁直如初, 俗謂之"回性". 筆鋒亦欲如此, 若一引之後已曲而不復挺, 又安如人意耶? 故長而無勁, 不如勿長; 勁而不圓, 不如勿勁. 蓋紙墨, 皆書法之助也. 姜白石《書譜》. 임원경제연구소, 『임원경제지 유예지2』(풍석문화재단, 2017), 155쪽.

30. 『장자(莊子)』 「외물(外物)」의 "통발은 물고기를 잡기 위한 것이니 물고기를 잡으면 통발은 잊어야 한다.(筌者所以在魚, 得魚而忘筌)"에 어원이 있다.

31. 미술사학자 이성미, 박은순, 조송식 등의 공통적인 평가다.
李成美, 《林園經濟志》에 나타난 徐有榘의 中國 繪畫 및 畫論에 대한 關心: 朝鮮時代 後期 繪畫史에 미친 中國의 影響", 『美術史學硏究』193 (한국미술사학회, 1992), 49쪽.
박은순, "서유구의 서화 감상학과《林園經濟志》", 한국학연구소 편, 『18세기 조선 지식인의 문화 인식』(한양대학교 출판부, 2001), 416쪽, 445쪽; 「유예지 해제」 33.
조송식, 《유예지》〈화전〉 해제", 풍석 서유구 지음, 임원경제연구소(심영환·조송식·고연희·정명현) 옮김, 『임원경제지 유예지2』(풍석문화재단, 2017) 참조.

32. 기운생동(氣韻生動)·골법용필(骨法用筆)·응물상형(應物象形)·수류부채(隨類傅彩)·경영위치(經營位置)·전이모사(傳移模寫)가 그것이다.

33. 그림의 3품등은 신품(神品)·묘품(妙品)·능품(能品)이요, 그림의 3요소는 천취(天趣, 정신)·인취(人趣, 생동)·물취(物趣)라고 했다. 임원경제연구소, 『임원경제지 유예지2』(풍석문화재단, 2017), 176-180쪽.

34. "…謂自然之經虛言者, 子所慣聖作賢述之經爲之臂也.… 今夫六經之文 亦聖人所以善畫萬物之情者也. 子又求諸研几鼎彝則將有不待記而知者. 是其名也."『금화지비집』권5. 「自然經室記」.

35. 畫家以古爲師, 已自上乘, 進此當以天地爲師. 每朝起看雲氣變幻, 絶近畫中山. 山行時, 見奇樹, 須四面取之. 樹有左看不入畫, 而右看入畫者, 前後亦爾. 看得熟, 自然傳神. 傳神者必以形, 形與心手, 相湊而相忘, 神之所托也. 樹豈有不入畫者? 特畫史收之生絹中, 茂密而不繁, 峭秀而不寒, 卽是一家眷屬耳. 莫氏《畫說》. 임원경제연구소, 『임원경제지 유예지2』(2017), 209쪽.

36. 墨以筆爲筋骨, 筆以墨爲精. 임원경제연구소, 『임원경제지 유예지2』(2017), 223쪽;
故點畫清眞, 畫法原通於書法, 風神超逸, 繪心復合於文心. 笪氏《畫筌》. 같은 책, 219
쪽.

37. 왕유(王維, 699-759)의 『화학비결(畫學秘訣)』과 달중광(笪重光, 1623-1692)의 『화전
(畫筌)』을 인용하여 매우 소상히 적었다.

38. 論畫山水必取可居品 世之篤論, 謂"山水有可行者, 有可望者, 有可遊者, 有可居者." 畫
凡至此, 皆入妙品. 但可行, 可望, 不如可居, 可遊之爲得, 何者? 觀今山川, 地占數百里,
可游, 可居之處十無三四, 而必取可居, 可游之品. 君子之所以 渴慕林泉者, 正謂此佳處
故也. 故畫者當以此意造, 而鑑者又當以此意窮之, 此之謂"不失其本意". 『林泉高致』.
임원경제연구소, 『임원경제지 유예지2』(2017), 331-332쪽.

39. 나머지 한 가지인 국화는 다루지 않았는데 왜 제외했는지 별도의 설명이 없어서 그
이유는 알 수 없다.

40. 임원경제연구소, 『임원경제지 유예지2』(2017), 466-467쪽.

41. 室中照鏡描書畫法, 全閉門窓. 務極幽暗, 或門或窓開一孔, 大小與前鏡稱. 取出前鏡.
【前鏡, 卽泰西望遠鏡, 用玻瓈製之, 一似平非平之圓鏡, 曰筒口鏡, 卽所謂"中高鏡"也,
"前鏡"也.】置諸孔眼, 以白淨紙, 如法對置內室, 則鏡照諸外而以所摸書畫. 自外對鏡,
則影入紙上, 絲毫不爽, 摸而畫之. 『遠鏡說』. 임원경제연구소, 『임원경제지 유예지2』
(2017), 212-213쪽.

42. 西洋畫 凡爲畫圖者, 畫外而不能畫裏者, 勢也. 物有陸坎, 細大, 遠近之勢, 而工畫者
不過略用數筆於其間, 山或無皴, 水或無波, 是所謂寫意之法也. 余嘗見西洋人壁畫雲
氣人物, 有非心智思慮所可測度, 亦非言語文字所可形容. 吾目將視之, 而有赫赫如電
先奪吾目者, 吾惡其將洞吾之胸臆也. 吾耳將聽之, 而有俯仰轉眄先屬吾耳者, 吾慚其
將貫吾之隱蔽也. 吾口將言之, 則彼亦將淵黙而雷聲. 逼而視之, 筆墨麤疏. 但其耳目口
鼻之際, 毛髮腠理之間, 暈而界之, 較其毫分, 有若呼吸轉動. 蓋陰陽向背而自生顯晦耳.
『熱河日記』. 임원경제연구소, 『임원경제지 유예지2』(2017), 264-266쪽.

43. "湛軒 洪大容置伽倻琴, 洪聖景 景性操玄琴, 李京山 漢鎭袖洞簫, 金檍挈西洋琴, 樂
院工普安, 亦國手也, 奏笙簧. 會于湛軒之留春塢, 兪聖習 學中, 侑之以歌." 『靑城集』
卷6 「記」 "記留春塢樂會"(『韓國文集叢刊』248, 466쪽). 한국고전번역원《한국고전종
합DB》참조.

44. "歐邏鐵絃琴, 吾東謂之西洋琴, 西洋人稱天琴, 中國人稱番琴, 亦稱天琴. 此器之出我
東, 未知何時, 而其以土調解曲始于洪德保. 乾隆壬辰六月十八日, 余坐洪軒, 酉刻立

見其解此琴也. 概見洪之敏於審音, 而雖小藝, 旣系柳始, 故余詳錄其日時. 其傳遂廣, 于今九年之間, 諸琴師無不會彈." 朴趾源, 『燕巖集』 卷15 別集 『熱河日記』 "銅蘭 涉筆"(『韓國文集叢刊』 252, 325쪽). 임원경제연구소, 『임원경제지 유예지1』 (풍석문화재단, 2017), 49쪽 참조.

45. "지금의 관악기나 현악기 연주는 옛날과 다르다. 또 당금(唐琴)·당비파·생황(笙簧)·양금(洋琴)이 우리나라 음(音)으로 번역된 것이 있으나, 손에서 손으로 서로 전할 뿐 자보(字譜)가 없다. 그러므로 내가 일찍이 생황·양금의 자보를 지었으나 몇 곡(曲)에 불과하다. 상자 속에 깊이 넣어두었으므로 이를 본 사람이 없는데, 생황자보(笙簧字譜)·동금자보(銅琴字譜)라고 한다.(今之吹彈, 又與古異. 復有唐琴·唐琵琶·笙簧·洋琴, 譯以東音者, 但手手相傳, 未有字譜. 故愚嘗著簧笙·洋琴字譜, 不過數曲, 錮諸巾衍, 故人無見者, 名以笙簧字譜·銅琴字譜云.)" 『五洲衍文長箋散稿』 「經史篇/經傳類」 "樂" '俗樂辨證說'. 한국고전번역원 《한국고전종합DB》 참조; 「유예지 해제」, 임원경제연구소, 『임원경제지 유예지1』 (풍석문화재단, 2017), 49쪽 참조.

46. 『임원경제지 개관서』 (2012), 255쪽.

47. "正宗乙卯, 慈宮寶齡光躋週甲. 上進賀進號進饌, 復以廣敬因本之義, 命中外講行鄕歙鄕射儀. 翌年丙辰, 命內閣撰定儀式, 頒之八方. 余時承乏猥膺編纂之役, 竊意儀禮古今異宜, 國朝五禮儀又患太簡. 參酌損益, 撰定鄕歙儀·鄕射儀兩篇, 繫之原編而進之. 上始覽而可之,…". 「향례지」 해제. 임원경제연구소, 『임원경제지 향례지1』 (2021), 26-27쪽.

48. 新定儀【儀禮儀式, 古今異宜, 《國朝五禮儀》 又患太簡. 今參酌損益, 考定如左】. 임원경제연구소, 『임원경제지 향례지1』 (2021), 195쪽.

49. "主人就先生, 而謀賓介. '注: 主人, 謂諸侯之鄕大夫也; 先生, 鄕中致仕者; 賓·介, 處士賢者.'" 임원경제연구소, 『임원경제지 향례지1』 (2021), 26-27쪽.

50. 준(遵)과 같은 뜻.

51. "儀禮儀式, 古今異宜. 國朝五禮儀又患太簡, 今參酌損益, 攷定如左." 「향례지」 권1 '통례(상)' "향음주례" '새로 정한 향음주례'. 임원경제연구소, 『임원경제지 향례지1』 (2021), 195쪽.

52. "恭惟朝廷率由舊章, 敦崇禮敎, 擧行鄕歙, 非爲飮食. 凡我長幼, 各相勸勉, 爲臣竭忠, 爲子盡孝, 內穆於閨門, 外順於鄕黨, 毋或廢墜以忝所生." 「향례지」 권1 '통례(상)' "향음주례" '새로 정한 향음주례'. 임원경제연구소, 『임원경제지 향례지1』 (2021), 204쪽.

53. 「향례지」 해제. 임원경제연구소, 『임원경제지 향례지1』 (2021), 35-36쪽.

54. 「향례지」 해제. 임원경제연구소, 『임원경제지 향례지1』 (2021), 36-38쪽.

55. 一. 衆推一人爲約長, 又得一人副之. 輪擇可堪任事者, 爲有司二員【約長, 副約長, 則無大故不遞, 有司則一年相遞】. 一. 五家爲伍, 有伍長【一年相遞】, 掌察五家內善惡之行及疾病, 患難. 凡吉凶, 一一告于有司. 임원경제연구소, 『임원경제지 향례지1』 (2021), 400-401쪽.

56. 右件德業可觀者, 同契之人, 各自進修, 互相勸勉. 有能行者, 則同契隨所聞, 告于有司, 有司私作置簿. 講信時, 告于約長, 詢于衆, 得其實. 然後表表特異者, 報官請褒獎. 其餘則書于善籍, 以憑後考. 임원경제연구소, 『임원경제지 향례지1』 (2021), 378-379쪽.

57. 凡長於我二十歲以上, 則爲尊者, 十歲以上, 則爲長者. 路中遇同契者, 下馬【尊者强請乘馬, 則俯伏馬上】. 凡見尊者則必拜, 長者則恭揖【洞內年長十五歲者亦拜】契中員, 年雖不高, 若有德位可尊者, 則待以尊者, 尊者亦抗禮. 歲時, 同契人相往還致歲謁, 尊, 長則不必往幼, 少者之家. 子女婚嫁時【率居孫子女同】, 給米三斗【下人則半減】, 臨時出回文, 各出柴木一馱給之【下人則不出柴, 亦不給柴】. 男則行新婦禮時給之. 임원경제연구소, 『임원경제지 향례지1』 (2021), 393-394쪽.

58. 凡有大過惡者【謂不孝父母者, 毆打及擠跌父母, 舅姑者, 下人背叛上典者, 兄弟不和者, 毆打同生兄及三寸·五寸叔父者, 下人陵辱毆打士族者之類】及累次論罰, 終不自悛, 壞敗約令者, 皆告官治罪, 後黜契, 契中人絶之, 不相接話【悔過請改自新, 則許復入, 如初入例】. 임원경제연구소, 『임원경제지 향례지1』 (2021), 379쪽.

59. 凡下人相鬪毆打者, 察其年齒老少, 情理曲直, 被毆輕重, 論罰【年長者理直, 而所毆無傷, 則下罰. 理直而傷打則中罰. 理曲而傷打則上罰. 理曲而所毆無傷, 則次中罰. 年少者不論曲直, 傷打則告官. 理直而所毆無傷, 則次上罰. 理曲而所毆無傷則上罰. 年次相敵則理曲而傷打者, 上罰; 不傷打者, 次上罰. 理直而傷打, 則次上罰 ; 不傷打者, 次中罰. 大抵傷處重大, 則皆告官】. 士人敵者相詬罵, 則次中罰. 士人私打下人者, 中罰, 重傷則許其告官. 潛姦他人妻及女者, 告官, 若悔過願受罪自新者, 上罰. 임원경제연구소, 『임원경제지 향례지1』 (2021), 385-397쪽.

60. 契中人有疾病重者, 則有力人覓當藥以救之. 有司使使令傳命. 若闔家病患, 廢棄農事者, 同契之人, 量宜出力耕耘, 使免飢困. 契中之人, 有被誣枉得罪, 不能自伸者, 則同契連名, 報官救解. 契中人有年壯處女, 而家貧未嫁者, 則報官請給資裝, 契中亦隨宜扶助【下人則不出】. 임원경제연구소, 『임원경제지 향례지1』 (2021), 398쪽.

61. 서유구 지음, 임원경제연구소 옮김, 『임원경제지 보양지3』 (풍석문화재단, 2020), 124쪽 참조.

62. 삼상(三殤): 미성년의 상(喪)이 상(殤)이다. 이를 나이에 따라 셋으로 구분한 상을 삼상(三殤)이라 하며 장상(長殤)·중상(中殤)·하상(下殤)이 그것으로, 장상은 16~19세, 중상은 12~15세, 하상은 8~11세의 상이다.

63. 壻揖婦就坐, 壻東婦西.【古者同牢之禮, 壻在西東面, 婦在東西面. 蓋古人尚右, 故壻在西, 尊之也. 今人既尚左, 且從俗】. 임원경제연구소, 『임원경제지 향례지2』(2021), 98쪽.

64. 古詩云"結髮爲夫婦", 言自稚齒始結髮以來, 卽爲夫婦, 猶李廣云"廣結髮, 與匈奴戰也". 今世俗有結髮之儀, 此尤可笑. 위의 책, 111-112쪽.

65. 古禮明日, 舅姑乃享送者. 今從俗. 위의 책, 112쪽.

66. 世俗新壻帶花勝, 擁蔽其面, 殊失丈夫之容體, 勿用可也. 위의 책, 126쪽.

67. 今世俗昏禮用樂, 殊爲非禮. 위의 책, 112쪽.

68. 古禮, 明日享送者. 今從俗. 위의 책, 112쪽.

69. 今俗雖經日而襲, 襲前不奠. 襲卽小斂, 斂後始奠, 大失情, 禮. 위의 책, 180쪽.

70. 東寮之東, 建以一舍, 庖廚, 廩溷, 牛宮, 驢廐, 碓廠, 磨屋, 取次皆具. 舍左右草屋數十, 星星點點, 家必置牛四角, 犬八足, 犁一, 耙一, 鑱耨之具三五, 是爲杏蒲之社.【合望杏, 膽蒲之義名之】置社直一人, 率其妻孥居之, 掌鹺田, 雇役, 礱碾等事『金華耕讀記』. 임원경제연구소, 『임원경제지 이운지1』(풍석문화재단, 2020), 160-161쪽.

71. 北方村落之間, 多結爲鋤社, 咸十家爲率, 先鋤一家之田, 本家供其飲食, 其餘次之. 旬日之間, 各家田皆鋤治. 自相率領, 樂事趨功, 無有偸惰. 間有病患之家, 共力助之. 故田無荒穢, 歲皆豐熟. 秋成之後, 豚蹄盂酒, 遞相犒勞, 名爲"鋤社", 甚可效也. 『王氏農書』. 풍석 서유구 지음, 정명현·김정기 역, 『임원경제지 본리지 2』(소와당, 2009). 230쪽.

72. 歷階數級, 迤南闢地, 建以一舍, 敞軒, 奧室, 廂廊, 庖溷皆具. 左廂藏蠶織之具, 右廊藏洗染之具. 有溪澗則就溪澗, 無溪澗則引泉源, 設水轉紡車, 水轉繅車, 置蠶母二三人, 織婦五六人主之. 是爲鵃蟀之社. 『金華耕讀記』. 임원경제연구소, 『임원경제지 이운지1』(풍석문화재단, 2020), 162-163쪽.

73. 佃漁社 佃漁之社有二: 其一在依山傍谷, 前臨藪澤, 饒水草之地, 建舍三五楹. 羊棧, 豚柵, 鷄園, 隨地取具, 一依《齊民要術》,《便民圖纂》,《農政全書》之法. 牧羊千蹄, 豬千蹄, 鷄萬足. 羊棧之南, 引水爲池, 用陶朱水畜法, 養魚萬頭, 置牧三五人, 主其事, 是爲陸佃漁社. 一在江湖浦濱, 可通舟楫之處, 建舍數十楹, 廂寮, 庖溷略具. 有磯可釣, 有艇可漁. 又置舴艋數三, 以通海外醃鹽, 置漁父, 梢工十餘人, 掌其事, 是爲水佃漁社. 二社惟視地勢便宜, 雖去家五里十里之遠, 毋傷也. 『金華耕讀記』. 임원경제연구소, 『임

원경제지 이운지1』 (풍석문화재단, 2020), 163-164쪽.

74. 특별한 일 없이 한가로운 시간을 보내는 속에서 즐기는 일들이다. 예를 들어 미루었던 잔일을 하거나, 서안을 정리하거나, 벼루를 씻거나, 글자를 모사하거나, 시문을 짓거나, 졸거나, 누워 있거나, 단편 글을 보거나, 장편 글이나 주석서를 보거나, 명상하거나, 벗들과 맑은 담소를 나누거나, 술을 조금 마시거나, 정원을 손질하거나, 금(琴)을 연주하거나, 향을 사르고 차를 달이거나, 바둑을 둔다. 또 닭 울음에 일어나서는, 온몸을 깨우는 운동을 함으로써 하루를 시작하고, 잠들 때까지 평온한 일상을 보내는 법 등이 나온다.

75. 세시풍습과 각종 모임에 대한 내용으로, 먼저 월별로 있는 행사를 요약하고 이후 중국의 행사 74개와 쑥국놀이·화전놀이·관등놀이·유두놀이·호미씻이놀이 등 조선의 놀이를 포괄하고 있다. 총 41개의 절일(節日)을 소개하고 있는데, 조선의 절일뿐 아니라 중국의 절일을 조선에 적용하는 것도 고려하고 있다.

76. "歲庚辰, 兒子宇輔與再從弟稗輍, 族子稗翼, 攻業于蘭湖草堂, 矻矻無二事. 余懼其局也, 授以張氏叢書所載攬勝圖, 使按其式飲而賦之. 既成取見之, 則北過燕薊, 南盡吳楚, 西抵巴蜀. 凡郊臺, 水榭, 仙宮, 梵廬之勝無遺焉.… 吾老且病, 閉戶荒陬. 雖域內名山如紺嶽, 逍遙, 企余望之, 而亦如海外三山, 可望不可卽. 汝曹試作東國攬勝之圖, 飲酒賦詩, 使我寓目而臥遊焉, 其可矣."『金華知非集』卷9「雜著」'題攬勝圖詩卷'(『韓國文集叢刊』288, 479쪽). 번역은 김대중, 『풍석 서유구 산문 연구』, 103쪽.

77. 「이운지」 서문. 임원경제연구소, 『임원경제지 이운지1』 (풍석문화재단, 2020), 75쪽.

78. 보통 양 무제가 도홍경에게 벼슬을 권했는데 그가 거절하면서 지어 보낸 답시를 '이운(怡雲)'의 전거로 삼는다. 원시는 다음과 같다. '山中何有所, 英英多白雲, 只可自怡悅, 不堪持寄君.'

79. 「이운지」 해제. 임원경제연구소, 『임원경제지 이운지1』 (풍석문화재단, 2020), 21쪽.

80. 此古今雅意園林之樂者所未發也.『山林經濟補』. 임원경제연구소, 『임원경제지 이운지1』 (풍석문화재단, 2020), 116쪽.

81. 번토작지법(燔土作池法), 작소지법(作小池法), 무수근처작지법(無水根處作池法), 작분지법(作盆池法), 조대분(造大盆) 등이 그것이다.

82. 삽화는 임원경제연구소, 『임원경제지 이운지1』 (풍석문화재단, 2020), 123쪽 참조.

83. 居室最宜隔遠地氣, 古謂仙人好樓居者此也. 東人習處烘火房堗, 寒月不能樓居. 凡作書齋, 先築基址, 令距地三五尺, 四周砌以甎, 石, 上鋪甎甓三五重, 然後始樹礎起屋. 其造竈堗亦略倣華人鋪炕之法, 專用甎甓, 勿用土石以歽濕氣.『金華耕讀記』. 임원경제

연구소, 『임원경제지 이운지1』(풍석문화재단, 2020), 134-135쪽.

84. 모두 서유구 자신의 저술 『금화경독기』에서 온 것이다.

85. 案 王旻《山居錄》藥堂在藥圃之中, 今可倣置, 仍就藥堂內, 藏製藥諸器, 使子弟, 門生中稍通軒岐之術者主之. 藥圃, 藥堂法, 詳見. 『灌畦志』. 임원경제연구소, 『임원경제지 이운지1』(풍석문화재단, 2020), 139~140쪽.

86. 「이운지」 해제. 임원경제연구소, 『임원경제지 이운지1』(풍석문화재단, 2020), 24-25쪽.

87. 모두 명나라 문진형(文震亨, 1585-1645)의 『청재위치(淸齋位置)』를 인용했다.

88. 「이운지」 해제. 임원경제연구소, 『임원경제지 이운지1』(풍석문화재단, 2020), 25쪽.

89. 藤簟之黑白經緯作雷紋者佳. 我東關西, 海西人, 用蜀黍稭皮織成者亦可, 充夏月之用. 『金華耕讀記』. 임원경제연구소, 『임원경제지 섬용지』 권3, '일상생활에 필요한 도구' "와구(누울 때 쓰는 도구)" 등나무자리·수숫대자리.

90. 『한국의 차 문화 천년』에 수록한 문헌을 참고해보면 차 문화에 대해 「이운지」만큼 체계적이고 많은 정보를 소개한 책을 발견할 수 없다고 평가했다.

91. 「이운지」 해제. 임원경제연구소, 『임원경제지 이운지1』(풍석문화재단, 2020), 29-30쪽.

92. [芙蓉香] 沈束香白檀各二兩零陵香甘松香茅香各一兩丁香三乃子八角各七錢小腦五錢白芨四兩(或五兩)右硏爲末水和撚作條如筋子大陰乾燒之此芙蓉小炷法也〈俗方〉 침속향·백단향 각 2냥, 영릉향·감송향·모향 각 1냥, 정향·삼내자(三乃子)·팔각향 각 7돈, 소뇌(小腦) 5돈, 백급 4냥 또는 5냥. 이상의 향료들을 갈아 가루 낸 뒤, 물을 섞고 비벼서 젓가락 크기의 향 가락을 만든 다음 그늘에 말려서 피운다. 이것이 부용소주법(芙蓉小炷法)이다. 『동의보감(東醫寶鑑)』 '잡방' '향보'에 보인다.

93. 其産於中州者十不一二, 産於東國者百不一二, 轉輾購售, 眞假相雜. 今採本草及諸家譜錄, 詳著其狀品, 庶使雅意焚修者, 得免魚目燕石之眩也. 어목연석(魚目燕石)은 물고기의 눈과 중국 하북성(河北省) 천안시(遷安市)에 있는 연산(燕山)에서 나는 돌은 구슬처럼 보이나 실제 구슬이 아니라는 의미의 고사성어로 진짜와 비슷하나 실제로는 다른 물건을 말한다. 임원경제연구소, 『임원경제지 이운지1』(풍석문화재단, 2020), 350-351쪽.

94. 劉夢得《傳信方》言蘇合香多, '薄葉29子如金色, 按之卽小、放之卽起, 良久不定如蟲動, 氣烈者佳'; … 【竊按劉氏所說, 亦是油也, 不必致疑.】 임원경제연구소, 『임원경제지 이운지1』(풍석문화재단, 2020), 360-361쪽.

95. 香爐 古以蕭艾達神明而不焚香, 故無香爐, 今所謂"香爐", 皆以古人宗廟祭器爲之. 爵爐則古之爵, 狻猊爐則古踽足豆, 香毬則古之鬵, 其等不一. 或有新鑄而象古爲之者, 惟博山爐, 乃漢太子宮所用者, 香爐之制始於此.『洞天淸錄』. 임원경제연구소,『임원경제지 이운지1』(풍석문화재단, 2020), 389-390쪽.

96. 풍석은 자신이 마지막 숨을 거둘 때 금을 연주하게 했다.

97. 論書室不可無琴 琴爲書室中雅樂, 不可一日不對. 淸音居士談古, 若無古琴, 新琴亦須壁懸一牀. 無論能操縱不善操, 亦當有琴.… 淸夜月明, 操弄一二, 養性修身之道, 不外是矣. 豈以絲桐爲悅耳計哉?『遵生八牋』. 임원경제연구소,『임원경제지 이운지1』(풍석문화재단, 2020), 401-403쪽.

98. 世傳石上桐最好. 然生石上者, 去地上七八尺許, 朣腫多旋紋者, 必木理沈濁, 造琴聲亦不淸. 須擇高枝無旋痕理直者, 乃可造. 若得高枝, 則雖非石上桐亦好.『樂學帆範』.

99. 俗樂之器, 惟玄琴最爲近古, 蓋其前廣後狹, 上圓下方, 與夫龍口, 鳳尾, 七絃之制, 玄琴, 古琴一也. 惟暉易之以稞, 此爲少異. 然暉十三象十二月及閏, 稞十三亦象十二月及閏. 況其卦之誤稱爲稞, 猶徽之誤稱爲暉. 何謂卦也? 懸掛物象以示人者,《易》之卦也; 懸掛諸絃以作聲者, 琴之卦也. 琴本伏羲所作, 其象易卦以琴卦, 於理爲近. 今考《古記》, 晉人以七絃琴遺高麗, 則安知古制? 自隱君子流傳海外也歟? 但今之琴調, 人自爲調, 皆是繁音而不得淳古之正聲, 是可恨也.『東國文獻備考·樂考』. 임원경제연구소,『임원경제지 이운지1』(풍석문화재단, 2020), 423-424쪽.

100.「섬용지」에서 검 만드는 방법과 연계된다.

101. 敬天石 [菁川養花錄] 松都南二十餘里有敬天寺, 寺北三四里多産怪石. 石色靑碧, 峯巒峭峻, 懸崖絶壑, 隱隱若藏畜雲雷之形 置諸水盆中, 則能引水至峯頂, 雖日中不乾. 苔蘚斑爛, 形色似沈水香, 故俗謂之"沈香石". 眞天下絶寶也. 강희맹의『청천양화록』인용 내용이다. 임원경제연구소,『임원경제지 이운지1』(풍석문화재단, 2020), 551-552쪽.

102. 李德懋,『靑莊館全書』卷62「西海旅言」"輪回梅十箋"(『韓國文集叢刊』259, 109-114쪽). 이덕무 자신이 장인들보다 더 독창적이라고 자부하기도 한다.

103. 若造桃花, 瓣頭乍尖, 漬以臙脂汁. 蕚則墨諧硃如雀頭色. 條不必靑. 桃梅枝頭, 綴嫩葉三四枚, 粉紙漬軟綠色, 剪葉如魚, 而背必反張, 畔必細齟齬. 枝端葉差小, 而下半軟綠, 上半漬臙脂. 石上陰刻葉紋, 先刻一縱 紋, 左右各刻斜橫紋五六, 如肉爛之魚脊骨傅脅骨. 以紙葉覆刻上, 循其紋, 以拇指爪搯之, 則天然如葉, 仍漬蠟漿, 明潤膩膩.『輪回梅十箋』. 임원경제연구소,『임원경제지 이운지1』(풍석문화재단, 2020), 510-512쪽.

104. 教鶴舞法 欲教以舞, 俟其餒而實… 食於闊遠處, 拊掌誘之, 則奮翼而唳, 若舞狀. 久而聞拊掌必起, 此食化也.《山家淸事》烘房堗 令極熱, 置圓瓠於房. 驅鶴入房中, 則鶴避堗熱, 欲坐瓠上, 而瓠圓滑不可住足, 自然張翼. 似飛不飛, 此時便鼓琴中其節, 使之暗解舞法.『增補山林經濟』.

105. 임원경제연구소, 『임원경제지 이운지2』 (풍석문화재단, 2020), 16-18쪽.

106. 凡毫, 鼠鬚爲上, 猩猩毛次之, 獺尾又次之, 兔毫, 貂毫, 靑鼠毫又次之. 越南以鷄毛爲筆, 日本以羔毛爲筆. 我國關北之狗毛筆, 關西之兒猪毛筆, 又筆之美者也.『攷事十二集』. 임원경제연구소, 『임원경제지 이운지2』 (풍석문화재단, 2020), 16-17쪽.

107. 『임원경제지』의 정보가 풍부하고도 치밀하게 구성되도록 한 서유구의 기록 정신이 드러나는 대목이다. 紋法 古墨形製多有紋理, 可尙其法. 秘而不傳, 鮮有知者. 玆恐久後湮沒, 筆于此編, 庶傳不朽也.『墨法集要』. 임원경제연구소, 『임원경제지 이운지2』 (풍석문화재단, 2020), 100-103쪽.

108. 황랍(黃蠟) 또는 지렁이를 판 잎 속에 넣어 생기는 진액을 접착제로 이용한다.『임원경제지 이운지2』 (풍석문화재단, 2020), 213쪽.

109. 중국에서 해동의 종이를 귀중하게 여겼다는 기록은 이미 고려시대의 것이고, 그 것도 외국의 종이라서 (예우 차원에서) 귀하게 여겼을 뿐이라는 것이다. 박지원 역시 조선 종이는 두드리지 않으면 보송이가 일어나고, 다듬이질을 하면 너무 빳빳하고 미끄러워져 붓이 안기지도 못하고 먹을 잘 빨아들이지도 못한다고 낮게 평했다. "湖南之全州, 南原, 南平產者, 素號國中第一而亦患積悍矗硬. 以之摹印圖籍, 則卷軸太重, 以之禪暉書畵則勁悍, 不便卷舒."『임원경제지 이운지2』 (풍석문화재단, 2020), 266-267쪽.

110. '북지 만드는 법'.『임원경제지 이운지2』 (풍석문화재단, 2020), 269-270쪽.

111. 할아버지 김상명(金尙明)은 각로(閣老)·대신(大臣)을 지냈고, 아버지는 청나라 이부상서(吏部尙書)를 지낸 김삼보(金三保)이다. 특히 김상명과 김간은 조선의 대청 교섭 과정에서 큰 역할을 했다. 김간이 개량한 목활자가 무영전취진판(武英殿聚珍版)이고, 그 결과로『무영전취진판총서(武英殿聚珍版叢書)』134종의 간행을 본다. 그는『사고전서회요(四庫全書薈要)』의 편찬에 참여했고『요금원삼사어해(遼金元三史語解)』를 저술했다. 김간은『사고전서』에 대한 공적으로 1785년 2급(二級)이 가서(加敍)되었다. 한국민족문화대백과 참조.

112.《忠武公家乘》六卷 李弘毅輯. 其高祖舜臣事蹟. 順天 忠愍祠藏. 印紙三卷三張. 關北觀察營藏. 印紙三卷十張. 刊. 임원경제연구소, 『임원경제지 이운지4』 (풍석문화재단,

2020), 195-196쪽.

113. 收蓄品第 收畫之法, 道, 釋爲上. 蓋古人用工於此, 欲覽者生敬慕愛禮之意. 其次人物, 可愛鑑戒. 其次山水, 有無窮之趣. 其次花草. 其次畫馬, 可以閱神駿. 若仕女, 番族, 雖精妙, 非文房所可玩者. 此元章之論也. 今人收畫, 多貴古而賤近, 且如山水, 花鳥, 宋之數人, 超越佳者. 但取其神妙, 勿論世代可也. 湯氏《畫論》. 임원경제연구소, 『임원경제지 이운지3』(풍석문화재단, 2020), 481-482쪽.

114. 觀畫之法 …先觀天眞, 次觀筆意, 相對忘筆墨之迹, 方爲得趣. 湯氏《畫論》. 임원경제연구소, 『임원경제지 이운지3』(풍석문화재단, 2020), 475쪽.

115. 과두고문(科斗古文): 모양이 머리가 굵고 끝이 가느다란 올챙이를 닮은 서체인 과두체로 새겨진 고문.

116. 石鼓 [金華耕讀記] 石鼓不見稱於前代, 至唐始顯, 韋蘇州以爲周文王之鼓, 宣王刻詩, 韓昌黎以爲宣王之鼓, 董·程二氏以爲成王之鼓而馬大卿則謂之宇文周所刻, 至今聚訟不已. 然歐陽公謂非史籒不能作, 朱彛尊謂其文離鍾鼎款識未遠. 要之, 爲上代之跡無疑也. 凡十鼓以十干爲第次, 每鼓旋轉刻文, 每行或七字或六字, 皆科斗古文也. 劉梅國《廣文選》, 其所收錄者, 或四百九十四字或四百九十七字, 而較其時代後出者, 反多於前, 此皆可疑, 不可信者. 至若楊用修, 謂得李賓之所傳唐人拓本, 而收錄倍多於前人, 則尤其妄者也. 임원경제연구소, 『임원경제지 이운지3』(풍석문화재단, 2020), 127-373쪽의 내용을 정리함.

117. 『金石史』 卷上 「夏衡岳贗碑」(『叢書集成初編』 1518, 2쪽).

118. 목천자전(穆天子傳): 위(魏)나라 무렵의 작품으로 작가 미상. 진(晉)나라의 대강(大康) 2년(281)에 발견되었으며, 허난성(河南省) 치현(汲縣)에 있는 위나라 국왕의 무덤에서 발굴된 유명한 고문서 『급총주서(汲冢周書)』의 하나이다. 죽간(竹簡)에 기록되어 있으며, 문자는 전서(篆書)보다 오래된 것이다. 내용은 주(周)나라의 목왕(穆王)이며, 황허강(黃河)의 수원(水源: 天山의 동쪽 끝 바루크라고 함)으로 가는 여행길에 올랐다가, 황허강 하신(河神)의 안내로 천제(天帝)의 딸 서왕모(西王母)와 만나 시가(詩歌)를 주고받고 다시 남쪽으로 가서 성희(盛姬)라는 미인과 결혼하는데, 성희가 죽자 호화로운 장사를 지낸다는 이야기 등이다.

119. 衡岳碑 [金石史] 相傳禹《衡岳》, 字七十七, 在密雲峯. 宋 嘉定中, 何致子一遊南岳, 脫其文, 刻于岳麓. 明 楊用修又刻于滇, 楊時喬又刻于棲霞. 然王元美論之曰: "銘詞未諧聖經類, 周家穆天語, 其言信矣." 임원경제연구소, 『임원경제지 이운지3』(풍석문화재단, 2020), 132-133쪽.

120. 예석(隷釋): 중국 송나라 홍괄(洪适, 1117-1184)이 지은 책으로 한나라의 비첩을 정리하여 전문을 싣고, 비문 내용과 함께 관련된 역사적 사건들을 서술했다.

121. 순화각첩(淳化閣帖): 중국 송나라 태종 순화(淳化) 3년(992)에 역대 명필의 글씨를 모아 총 10권으로 만든 법첩(法帖). 각첩(閣帖) 또는 순화비각법첩(淳化秘閣法帖)이라고도 한다. 10권 중 왕희지 부자(父子)가 5권을 차지한다.

122. [金華耕讀記] 余家舊藏峋嶁碑搨本, 蓋棲霞本也. 何氏及二楊皆有《隷釋》, 各自不同. 蓋其字體, 龍拏虎攫, 絶不類《淳化帖》中. 夏禹書之不鋪易知, 諸人各自師心取決, 故言人人殊也. 임원경제연구소, 『임원경제지 이운지3』(풍석문화재단, 2020), 133쪽.

123. 玄秘塔碑 [又] 玄秘塔爲大達法師建. 在長樂南原, 今移西安府學. 裴休撰, 柳公權書. 柳書與歐, 虞, 褚, 顔並稱. 米元章評云: "歐如新瘥病人, 顔色憔悴, 擧動辛苦. 虞如學術休糧道士, 神淸體疲. 褚如熟戰御馬, 擧動隨意, 別有驕色. 顔如項羽按劍, 樊噲排突, 硬弩欲張, 鐵柱特立, 昂然有不可犯之色. 柳如深山得道士, 修養已成, 神氣淸健, 無塵俗." 余謂柳如趙王好劍士, 冠曼胡之纓, 短後之衣, 瞋目而語難. 顔如龍泉, 太阿登高臨深, 巍巍翼翼. 褚如公孫盛年舞劍器, 波瀾蔚跂, 玉貌錦衣. 歐, 虞法圓法方, 則固諸侯之劍也. 若夫見影不見光, 其在晉法乎. 임원경제연구소, 『임원경제지 이운지3』(풍석문화재단, 2020), 195-197쪽.

124. 계첩(禊帖): 왕희지(王羲之, 307-365)가 쓴 행서첩 『난정서(蘭亭序)』의 별칭. 『난정서』는 먼저 연회의 시간과 장소 및 참여한 사람들을 순서대로 기술하고, 자연 환경과 주변 경물을 묘사했다.

125. 『한자헌첩고(閑者軒帖考)』: 중국 청(淸)나라 때 손승택(孫承澤, 1592-1676)이 편찬한 책이다. 왕희지부터 문징명(文徵明, 1470-1559)까지 모두 30여 종의 서첩이 실려 있다.

126. 지영(智永): 중국 수(隋)나라의 승려로, 왕희지의 7세손이라 한다. 자는 일소(逸少).

127. 『閑者軒帖考』 「禊帖」(『四庫全書存目叢書』 520, 546-548쪽).

128. 하연지(何延之, ?-?). 중국 당(唐)나라의 문인. 그가 지은 『난정시말기(蘭亭始末記)』가 전한다.

129. 『蘭亭考』 卷2 〈睿賞〉(『文淵閣四庫全書』 682, 82쪽).

130. 위징(魏徵, 580-643). 중국 당나라의 문신. 자는 현성(玄成). 『주서(周書)』·『수서(隋書)』·『북제서(北齊書)』·『양서(梁書)』·『진서(陳書)』 등의 편찬에 참여했다. 저서에 『군서치요(群書治要)』가 있다.

131. 변재(辯才, ?-?). 중국 당나라의 승려. 절강성(浙江省) 영흠사(永欽寺)에 수행했다.

132. 소익(蕭翼, ?-?). 중국 당나라의 관리. 본명은 세익(世翼). 정관(貞觀) 연간(627-649)에 간의대부(諫議大夫), 감찰어사(監察御史)를 지냈다.

133. 저수량(褚遂良, 596-658). 중국 당나라의 서예가. 자는 등선(登善), 우세남(虞世南)·구양순과 아울러 초당 3대가로 불리며 해서의 모범으로 전해진다.

134. 구양순(歐陽詢, 557-641). 수나라 때에는 태상박사(太常博士), 당 고조 때는 급사중(級仕中)이 되었다. 처음에는 왕희지에게 글씨를 배웠고, 독자적인 서체를 창안하여 해서의 모범으로 전해진다.

135. 천사암(天師菴): 중국 북경(北京) 천지단(天地壇) 서남쪽 인근에 있던 암자.

136. 강기(姜夔, 1155-1221). 중국 남송의 문인·음악가. 자는 요장(堯章), 호는 백석도인(白石道人). 평생 벼슬하지 않고, 전국 각지를 유람하면서 시를 지었다. 매화를 읊은 「암향(暗香)」과 「소영(疏影)」이 유명하고, 작품에 『대악의(大樂議)』가 있다.

137. 학궁(學宮): 중국 각 군(郡)·현(縣)에 있던 학교. 공자의 사당과 유학을 가르치는 관청이 있었다.

138. 유속(劉餗, ?-?). 중국 당나라의 집현원학사(集賢院學士)를 역임했다. 박학다식하였으며 재주가 많았다. 저서로 『수당가화(隋唐嘉話)』·『전기(傳記)』·『악부고제해(樂府古題解)』 등이 있다.

139. 오열(吳說, ?-?). 중국 송나라의 서예가. 자는 부붕(傅朋), 호는 연당(練塘). 소흥 15년(1145)경에 상서랑(尙書郞)이 되었고, 작품에 『왕안석(王安石)·소식(蘇軾) 삼시권(三詩卷)』 등이 있다.

140. 염립본(閻立本, 600-673). 중국 당나라의 화가. 고종의 현경 연간(656-660)에 공무상서가 되었고, 중서령(中書令)과 공부 장관을 역임했다.

141. 집현원(集賢院): 당 현종 때 궁중에 세운 집현전서원(集賢殿書院). 경전을 편집하고 유실된 책을 수집하거나 인재를 추천하는 등의 일을 담당했다.

142. 임원경제연구소, 『임원경제지 이운지3』(풍석문화재단, 2020), 219쪽.

143. 임원경제연구소, 『임원경제지 이운지3』(풍석문화재단, 2020), 219쪽. 또 《春秋穀梁傳》成公九年注疏曰 春秋諱有四事 一曰為尊者諱恥 二曰為魯諱敗 三曰為賢者諱過 四曰為同姓諱疾 라는 말이 있다.

144. 조의주(趙宜主, BC.45-BC.1). 한나라 성황제의 부인이며, 효성황후가 되었다. 절세의 미인으로서 춤과 노래를 잘하고, 몸이 가볍기가 나는 제비와 같았기 때문에 비연(飛燕)으로 호를 삼았다.

145. 중국 4대 미인 중 한 명이었던 양귀비는 체형이 뚱뚱했는데, 서로의 체형을 비교하

여 '연수환비(燕瘦環肥)'라는 성어가 생겼다. 이 말의 의미는, 야위거나 뚱뚱하거나 상관없이 이들 모두 미인이라는 점은 한가지이며, 〈난정서〉 자획의 야윔과 살짐으로 미의 기준을 삼을 이유가 없음을 비유했다.

146. 論者謂褚庭誨所臨恨太肥, 張景先闕石本又恨太瘦. 至黃山谷稱定武"肥不剩肉, 瘦不露骨", 而士大夫靡然和之, 遂推定武爲諸刻之冠. 然則定武之重於天下, 政以肥瘦得中耳. 然定武又自有肥瘦之別, 尤延之謂"瘦者爲眞定武", 王順伯謂"肥者爲眞定武". 二公皆號博雅, 而其不同如此, 將孰使之折衷哉? 余謂瘦謂肥, 各隨好尙. 喜肥者, 惟恐其或瘦; 喜瘦者, 惟恐其或肥. 如論飛燕太瘦, 太眞太肥, 皆在姸媸色相之外, 以是而更定優劣則差矣. 此其可疑者三也. 임원경제연구소, 『임원경제지 이운지3』 (풍석문화재단, 2020), 226쪽.

147. 육유(陸遊, 1125-1130). 중국 남송의 관리. 시로 유명했으며 중국 역대 시인들 중에서 시를 가장 많이 썼다. 금에 대항하는 의식의 시를 많이 써 애국시인으로 추앙받았다.

148. 이 내용은 역대 부처와 조사들의 어록과 행적을 모은 책에 실려 있는데, 『직지심경(直指心經)』, 『경덕전등록(景德傳燈錄)』, 『선원몽구습유(禪苑蒙求拾遺)』에 근원한다. 덕산밀선사(德山密禪師)의 휘하에서 수행하던 선자(禪者)가 있었는데, 오랫동안 열심히 수행하는데도 깨닫지 못하다가 어느 날 개 한 마리가 입을 크게 벌리고 자신을 잡아먹으려는 듯이 달려든다고 하며 놀라 달아났다. 얼마 지나지 않아 이러한 일을 덕산밀선사에게 아뢰자, "군이 두려워하지 말라. 단, 정신을 통렬히 가다듬고 그 개가 입을 크게 벌리기를 기다렸다가 결연히 그 입 속으로 쑥 들어가버리면 깨달음을 얻을 것이다.(不必畏矣, 但痛加精彩, 待渠開口, 撞入裏許便了.)"라고 선사가 대답했다. 육유가 『난정서』를 음미하는 방식으로 비유한 것인데 서유구도 전적으로 동위하고 있다.

149. 陸務觀之言曰: "觀《蘭亭》, 當如禪宗勘辨入門, 便可. 若待渠張口, 堪作什麼? 識者一開卷, 已見精矗. 或者惟求點畫, 參以耳鑑, 瞞俗人則可, 但恐王內史不肯耳." 此說最得鑑賞三昧矣. 임원경제연구소, 『임원경제지 이운지3』 (풍석문화재단, 2020), 227쪽.

150. 十七帖 [朱子跋] 右軍《十七帖》相傳眞的, 玩其筆意, 從容衍裕, 氣像超然, 不與法縛, 不求法脫, 一一從自己胸襟流出. 임원경제연구소, 『임원경제지 이운지3』 (풍석문화재단, 2020), 232쪽.

151. [圓嶠書訣] 《曼倩像贊》爲右軍書之第一. 其典嚴奇崛, 旣似篆籒, 而騫翥之態, 尤可用之於行 草, 此最不可思測也. 衛 夫人所謂六種用筆備篆, 草, 分, 隷等法於眞者, 吾

於此書見之. 임원경제연구소, 『임원경제지 이운지3』(풍석문화재단, 2020), 230쪽.

152. 『손과정서보(孫過庭書譜)』: 중국 당나라의 서예가인 손과정(孫過庭)이 687년에 저술한 서예이론서. 한나라 때부터 육조 이후의 글씨를 왕희지를 종주로 하여 품계·서체·서법 등을 체계적으로 논술하였다.

153. 孫過庭草書書譜 [書學捷要] 孫虔禮草書《書譜》全法右軍, 而三千七百餘言, 一氣貫注, 筆致具存, 實爲草書至寶. 雖宋刻甚少, 而文氏停雲館本尙可臨摹. 若近世翻刻則惡劣不堪矣. 임원경제연구소, 『임원경제지 이운지3』(풍석문화재단, 2020), 241-242쪽.

154. 백월서운탑(白月棲雲塔): 태자사(太子寺) 낭공대사(朗空大師) 백월서운탑비(白月栖雲塔碑)의 뒷면을 말한다.

155. 웅화(熊化, ?-?). 중국 명나라의 관료. 조선의 선조(宣祖)가 죽자 신종(神宗)이 내린 시호와 부의를 받들어 조선에 왔다.

156. 부처와…없다: 『歐陽文粹』卷8「書」"與蔡君謨"(『文淵閣四庫全書』1103, 712쪽).

157. 인각사(麟角寺) 보각국사비(普覺國師碑): 고려 후기의 승려 일연(一然)을 기념하기 위하여 세운 비. 경상북도 군위군 고로면 화북리에 있다. 보물 제428호.

158. 민지(閔漬, 1248-1326). 고려의 좌부승지로 원나라의 일본 정벌을 반대했다. 저서로 『본국편년강목(本國編年綱目)』이 있다.

159. 죽허(竹虛, ?-?). 고려 후기의 승려. 일연의 대표적인 제자이다.

160. 문수원기(文殊院記): 고려 인종(仁宗) 때 문수원(文殊院)을 중수하고 세운 비. 문수원(文殊院) 중수비(重修碑)라 부른다.

161. 탄연(坦然, 1070-1159). 고려 중기의 승려. 본래는 경학에 뛰어났다. 과거에 합격하여 세자를 가르치다가 도망쳐 출가했다. 선사(禪師)·대선사(大禪師) 등을 거쳐 1146년에는 왕사(王師)가 되었다. 글씨로 이름을 날려 김생과 요극일(姚克一)에 버금간다는 평가를 받았다.

162. 미인이…않다: 중국 전국시대 굴원(屈原)의 시 「이소(離騷)」의 "초목이 말라 떨어짐을 보니, 미인이 서서히 늙어감이 두렵다(惟草木之零落兮, 恐美人之遲暮)."라는 구절에서 유래한 내용이다. 「이소」에는 벼슬에서 물러난 실망과 나라를 걱정하는 마음이 드러나 있다.

163. 1395년에 제작된 천문도(天文圖) 석각으로 〈천상열차분야지도〉라는 이름이 새겨져 있다.

164. 서운관(書雲觀): 고려 말, 조선 초에 천재지변의 예측, 달력의 편찬, 천문관측을 담당했던 관서. 세조(世祖) 때 관상감(觀象監)으로 이름이 바뀌었다.

165. 『승정원일기』 영조 46년(1770) 2월 21일 기사.

166. 중성(中星): 별자리 28수 가운데 일출과 일몰 때 하늘 정남쪽에 보이는 별. 일몰 때의 중성은 혼중성(昏中星)이라 하고, 일출 때의 중성은 단중성(旦中星)이라 한다.

167. 동해(東海) 퇴조비(退潮碑): 극심한 조수 피해를 막고자 1661년(현종 2) 삼척부사 허목(許穆, 1595-1682)이 세운 것으로, 척주동해비(陟州東海碑)라고도 한다. 비문은 고전자체(古篆字體)로 씌어졌으며 강원도 삼척시 정상동에 있다.

168. 공암(孔巖): 경기도 양천현(陽川縣, 지금의 서울시 양천구 일대)의 옛 이름. 신라 경덕왕(景德王) 때에 제차파의현(齊次巴衣縣)을 개칭한 것으로, 고려 충선왕(忠宣王) 때에 양천현으로 고쳤다.

169. 서산대사비(西山大師碑): 보현사(普賢寺)에 거처하던 서산대사 휴정(休靜, 1520-1604)의 행적에 대하여 쓴 비이다.

170. 백화암(白華菴): 금강산에서 서산대사 휴정(休靜, 1520-1604)이 오랫동안 기거했던 암자로, 서산대사의 비명과 영정이 안치되어 있다.

171. 만폭동(萬瀑洞) 석각(石刻): 양사언이 회양군수로 있을 때 금강산을 왕래하며 금강산 내금강의 바위에 초서체로 글씨를 써서 새긴 "봉래풍악원화동천(蓬萊楓嶽元化洞天)" 8자를 말한다.

172. 만폭동(萬瀑洞): 내금강의 입구에 위치한 넓고 큰 동구로, 내금강의 상봉인 비로봉과 중향성 일대의 물이 기암괴석으로 이루어진 계곡을 따라 골골마다 나뉘어 흘러오다가 하나로 모이는 곳이다.

173. 금수정(金水亭): 경기도 포천시에 있는 정자로 양사언의 별장이었다. 「상택지」에도 나온다.

174. 『삼국사기』 권48 「열전」 8 "김생". 金生, 父母微, 不知其世系. 生於景雲二年. 自幼能書, 平生不攻他藝. 季踰八十; 猶操筆不休. 隷書行草皆入神. 至今往往有眞蹟, 學者傳寶之. 崇寧中, 學士洪灌隨進奉使入宋, 館於汴京. 時翰林待詔楊球·李革奉帝勅至館, 書圖簇. 洪灌以金生行草一卷示之, 二人大駭曰, 不圖今日, 得見王右軍手書. 洪灌曰, 非是, 此乃新羅人金生所書也. 二人笑曰, 天下除右軍, 焉有妙筆如此哉, 洪灌屢言之, 終不信.

175. 『圓嶠書訣』 「後編下(서울대규장각한국학연구원, 『圓嶠書訣』 이미지, 45b).

176. 백월비(白月碑): 신라 낭공대사(郎空大師, 832-916)의 탑명(塔銘)을 새긴 비이다. 백월서운탑비(白月栖雲塔碑)이다.

177. 부도(浮圖): 승려의 사리나 유골을 넣어둔 석조물을 가리킨다.

178. 김구(金絿, 1488-1534). 조선 중기의 문신·서예가.

179. 유세모(柳世模): 미상.

180. 『圓嶠書訣』「後編」下(서울대규장각한국학연구원, 『圓嶠書訣』 이미지, 46b).

181. 장욱(張旭, 675-750). 중국 당나라의 서예가. 특히 초서(草書)에 뛰어나, 초성(草聖)이라 불렸다.

182. 회소(懷素, 725-785). 당대(唐代)의 승려이자 서예가로, 장욱을 계승하여 광초(狂草)로 이름났다.

183. 『圓嶠書訣』「後編」下(서울대규장각한국학연구원, 『圓嶠書訣』 이미지, 46a~46b).

184. 원체(院體): 조정의 관청에서 쓰는 일정한 격식을 갖춘 서체를 말한다.

185. 石峯書 [金華耕讀記] 我朝書法, 以安平, 自菴, 蓬萊, 石峯爲四大家. 白下嘗謂"蓬萊最優", 余獨以石峯爲第一. 蓋其才學未高, 而積習功到. 雖未知古人畫法, 而亦有自然相合處. 特以地微之故, 局於院體程式, 眞書尤鄙陋, 而亦有筆力可觀者. 至於行, 草得意處, 雄深質健, 置諸宋, 元, 亦可無愧色. 임원경제연구소, 『임원경제지 이운지3』(풍석문화재단, 2020), 461쪽.

186. 『圓嶠書訣』「後編」下(서울대규장각한국학연구원, 『圓嶠書訣』 이미지, 46b).

187. 이광사는 1755년(영조 31) 소론 일파의 역모 사건에 연좌되어 전라남도 완도군 신지도(薪智島)로 이배(移配)되어 그곳에서 일생을 마쳤다. 유배지에서 동국진체(東國眞體)를 완성하고, 서예 이론서인 『원교서결』을 집필했다. 신지도 금곡리에는 이광사가 기거했던 고택이 남아 있다.

188. 이영익(李令翊, 1740-1780). 조선 후기의 학자이자 서예가. 부친은 이광사(李匡師, 1705-1777), 형은 이긍익(李肯翊, 1736-1806)이다. 일찍이 벼슬을 단념하고 학문에만 몰두했는데, 글씨와 음악에 능했다. 저서로 『신재집(信齋集)』이 있다.

189. [金華耕讀記] 圓嶠書始學白下, 旣而自開門戶, 名振一世. 白下嘗評其初年所作謂: "東方數千年所未有. 置之中華, 當在魏, 晉之間, 非唐, 宋以後可擬." 雖屬過詡, 亦可見才學之冠絶也. 其謫居海島, 每作行, 草, 眞楷小帖, 貯之葫蘆, 浮之水, 曰: "使海外殊方, 皆得 吾墨迹"云. 其子令翊書法惟肖, 且南人從學者, 頗有臨池餘派, 往往亂眞. 世所行《圓嶠書帖》, 多如優孟之像叔敖, 非其眼者不能辨也. 임원경제연구소, 『임원경제지 이운지3』(풍석문화재단, 2020), 463쪽.

190. 論歷代畫 上古之畫, 迹簡意淡, 眞趣自然… 唐人之畫, 神生狀外, 生具形中, 莊重律嚴, 不求工巧, 而自多妙處, 思所不及… 蓋唐人神具畫前, 故畫成神足. 而宋則工于求似, 故畫足神微. 宋人物趣, 迥邁於唐, 而唐之天趣, 則遠過於宋也. 今之評畫者, 以宋

人爲院畫, 不以爲重, 獨尙元畫, 以宋巧太過而神不足也. 然宋畫亦非後人可造堂室, 元人敢爲倂駕馳驅哉?… 皆元之名家, 足以擅名當代則可, 謂之能過於宋則不可也. 惟子昂, 大癡, 叔明, 宋人見之, 亦當甘心, 服其天趣. 同上『遵生八牋』. 임원경제연구소, 『임원경제지 이운지3』 (풍석문화재단, 2020), 481-482쪽 내용을 간추림.

191. 米芾山水幅 [七頌堂識小錄] 米南宮山 水一幅, 見之京師. 山水點法, 簡而能厚, 室宇, 人物, 舟楫皆工細, 已乃悟其從北苑來. 古人學有原本12 如是也. 有黃子久印, 沈石田印, 王文安題.

192. 『東坡全集』卷36「文與可畫篔簹谷偃竹記」.

193. 文湖州《墨竹》[七頌堂識小錄] 文與可垂竹一枝, 襯褓軒轟, 生氣滿紙, 與東破大幅迥殊. 酒云: "吾墨竹一派, 近在彭城." 此不可以形似求也.

案 湯垕《畫鑑》云: "文與可竹, 眞者甚少, 平生止見五本, 僞者三十本." 湯去文, 不甚遠, 而魚目之混已如此, 況今日耶? 又案 李衎《竹譜詳錄》云: "東坡, 山谷泊宋, 金諸名士, 讚美文與可筆與造化比, 每恨不卽快睹. 後至錢塘, 始見十餘本, 皆無足起予. 友人王子慶謂余‘未見眞蹟’, 携府史某人藏弄一幅示予. 始覺前背議論爲無愧." 觀此益見世傳湖州竹之多贗鼎矣. 임원경제연구소, 『임원경제지 이운지3』 (풍석문화재단, 2020), 536-537쪽.

194. 東坡《墨竹》[七頌堂識小錄] 東坡竹橫幅在孫北海家. 酣滿俊逸, 足移人情. 墨分七層, 予疑東坡先生未能工妙至此. [山靜居畫論] 婁江 金懷璞家, 見坡老墨竹, 石根大小兩竿, 仰枝垂葉. 筆勢雄健, 墨氣深厚, 如其書法沈着痛快者也. 임원경제연구소, 『임원경제지 이운지3』 (풍석문화재단, 2020), 537-538쪽.

195. 미불(米芾, 1051-1107)의 〈운기루도(雲起樓圖)〉, 조맹부(趙孟頫, 1254-1322)의 〈도적도(陶蹟圖)〉, 황도주(黃道周, 1585-1646)의 〈고송권(古松卷)〉 등 송·원대 이후의 그림 족자 51종.

196. 黃石齋《古松卷》[山靜居畫論] 鮑以文出示明 石齋黃公畫松長卷, 筆墨簡遠, 殊出入意. 松凡天壇‘ 峨嵋, 岱, 華, 嵩少之品. 每畫一段以小楷識之. 款書"壬申十月二十九日, 集諸鬒朋爲壽", 後有自跋, 公書法鍾太傅, 畫實罕觀. 임원경제연구소, 『임원경제지 이운지3』 (풍석문화재단, 2020), 557-558쪽.

197. [金華耕讀記] 東國繪事以新羅 率居爲開山鼻祖, 而遺蹟不傳. 如皇龍寺壁老松, 芬皇寺觀音像, 斷俗寺維摩像, 艶傳爲神品, 而今皆不可見矣. 降及高麗, 丹靑之技擅名天下, 據《高麗史》, 李寧《禮成江圖》爲宋 徽宗所鑒賞. 郭若虛《圖畫見聞志》亦稱高麗人着色山水曁《八老圖》,《行道天王像》饒有風格. 然絹素之, 至今傳者絶罕. 趙希鵠之言曰:"論書畫, 當以目1 見者爲準." 余所見東人墨妙中, 我朝金冲菴《二鳥和鳴圖》最古.

二鳥各占一枝, 作雄鳴上風, 雌鳴下風之狀, 雖紙毛點黑暗, 難辨工拙, 而略綽見文人遊

戱之跡云. 임원경제연구소,『임원경제지 이운지3』(풍석문화재단, 2020), 561-562쪽.

198.《陰山大獵圖》[金華耕讀記] 余家舊有金弘道《陰山大獵圖》絹本八幅, 連作一屛. 荒

茅曠野鳴弦馳逐之狀, 赫赫如生. 弘道自云 "生平得意筆". 他人縱有彷 效, 魚目夜

光, 一見可辨. 임원경제연구소,『임원경제지 이운지3』(풍석문화재단, 2020), 570

쪽.

4부 결론 :『임원경제지』로 본 한국문명의 성공조건

1.『논어』「자로」제13.

2. 야마모토 요시다카 지음, 남윤호 옮김,『16세기 과학혁명』(2010), 807-810쪽 참조.

3.『중용』1장.

4.『행포지』서문.

〈표 및 그림 일람〉

〈표 일람〉

〈그림 일람〉

<그림 3-21〉 씨실 감는 물레(위차[緯車]) (출처:「전공지」권5 '방직도보')

〈그림 3-22〉 여인 방적하는 모양 (출처: 김준근의 『기산풍속도』)

〈그림 3-23〉 우리나라 모시 짜기 모식도

〈그림 3-24〉 대오리로 만든 양태에 베[布]를 입힌 갓과 대오리로 엮어 옻칠을 한 갓 (국립민속박물관 소장)

〈그림 3-25〉 고구(羔裘)와 여우갓옷(狐裘) (출처: 『삼재도회(三才圖會)』)

〈그림 3-26〉 자수베갯모에 무명 홑청을 두른 베개(국립민속박물관 소장)와 대나무베개 (국립민속박물관 소장)

〈그림 3-27〉 나전 배겟모 (국립민속박물관 소장)

〈그림 3-28〉 목홍색 (박영진 제공)

〈그림 3-29〉 남색 (박영진 제공)

〈그림 3-30〉 상한의, Giovanni battista giusti, quadrante orario, 1550-1600 (출처: Wikimedia)

〈그림 3-31〉 자오선의전도 (출처: 『관정역서(寬政曆書)』권19)

〈그림 3-32〉 수시도 (출처:「본리지」고대본)

〈그림 3-33〉 주척 (「본리지」권1)

〈그림 3-34〉 요맥차

〈그림 3-35〉 용미차

〈그림 3-36〉 서유구가 제안한 두렁밭의 구조 (「본리지」해제)

〈그림 3-37〉 정조의 〈파초도〉 (동국대학교 박물관 소장)

〈그림 3-38〉 대나무 (탄은 이정의 〈묵죽도〉)

〈그림 3-39〉 『종저보』의 표지와 『종저보』 서 (국립중앙도서관 소장)

〈그림 3-40〉 요심난축(尿腎難縮, 말의 생식기가 오그라들지 않는 질환) (『마경대전』)

〈그림 3-41〉 가물치 (출처: shutterstock.com)

〈그림 3-42〉 젓뱅어 (출처: 국립생물자원관)

〈그림 3-43〉 어조망의 구조와 어조망으로 고기잡기 (『임원경제지 전어지2』, 임원경제연구소)

〈그림 3-44〉 문망으로 고기잡기 (임원경제연구소 『임원경제지 전어지2』)

〈그림 3-45〉 매사냥 (출처: 유네스코 인류유산)

〈그림 3-46〉 호랑이를 잡기 위한 기겸의 구조 (『임원경제지 전어지2』)

〈그림 3-47〉 담비 (『고금도서집성(古今圖書集成)』)

〈참고문헌〉

1. 자료

『文淵閣 四庫全書』電子版 (迪志文化出版有限公司, 2007).

憑虛閣李氏 原著, 鄭良婉 譯註, 『閨閤叢書』(寶晋齋, 1975).

三木榮, 『朝鮮醫學史及疾病史』(自家出版, 1963).

三木榮, 『朝鮮醫書志』(自家印行, 1956).

徐命膺, 『攷事新書』(국립중앙도서관, 일산古031-24).

徐有榘, 『林園經濟志』(日本大阪府立中之島圖書館 소장).

徐有榘, 『林園經濟志』1~6 (보경문화사, 1983).

徐有榘, 『楓石全集』(보경문화사, 1983).

徐浩修, 『海東農書 II』(농촌진흥청, 2008).

李瀷, 『星湖僿說』(한국고전번역원, 한국고전종합DB).

丁若鏞, 『與猶堂全書』, 《한국문집총간》 제281·286집 (민족문화추진회, 2002).

正祖, 『弘齋全書』(한국고전번역원, 한국고전종합DB).

朴趾源, 『燕巖集』(계명문화사, 1986).

朴齊家, 『楚亭全書』, 서벽외사해외수일본 32 (아세아문화사, 1990).

徐居正, 『四佳集』, 《한국문집총간》 제11~12집 (민족문화추진회, 1988).

徐敬德, 『花潭集』, 《한국문집총간》 제24집 (민족문화추진회, 1988).

徐命膺, 『保晚齋集』, 《한국문집총간》 제233집 (민족문화추진회, 1999).

『保晚齋叢書』(서울대학교 규장각 홈페이지, 전자정보실), 원문자료.

徐渻, 『藥峯遺稿』, 《한국문집총간》 제63집 (민족문화추진회, 1991).

徐有榘, 『楓石全集』(보경문화사, 1983).

『林園經濟志』(보경문화사, 1983).

徐有本, 『左蘇山人文集』, 서벽외사해외수일본 8 (아세아문화사, 1992).

徐浩修,『私稿』(이화여자대학교 도서관).

徐瀅修,『明皐全集』,《한국문집총간》제261집 (민족문화추진회, 2001).

李珥,『栗谷全書』,《한국문집총간》제44~45집 (민족문화추진회, 1989).

崔漢綺,『增補 明南樓叢書』(성균관대학교 대동문화연구원, 2002).

黃允錫,『頤齋亂藁』(한국정신문화연구원, 2001).

『국역신증동국여지승람』(민족문화추진회, 1971).

『한국고서종합목록』(대한민국국회도서관, 1968).

2. 단행본

姜萬吉,『朝鮮後期 商業資本의 發達』(고려대 출판부, 1973).

고동환,『한국 전근대 교통사』(들녘, 2015).

고석규, "서북지방의 민중항쟁",『한국사』36 (국사편찬위원회, 1997).

고영진,『조선중기 예학사상사』(한길사, 1995).

구만옥,『세종시대의 과학기술』(들녘, 2016).

국사편찬위원회 편,『한국사』(국사편찬위원회).

규남실학사상연구회,『규남 하백원의 실학사상연구』(경인문화사, 2007).

金文植,『朝鮮後期 經學思想研究』(一潮閣, 1996).

金容燮,『朝鮮後期農學史研究』(一潮閣, 1988).

김남일, "조선 중기 어의 허준에 의해 완성된 종합의서",『허준과 한국의 한의학』(허준
    박물관 도록, 2005).

김동기, "한국수학사",『한국문화사대계Ⅲ』(고려대학교 민족문화연구소, 1970).

김두종,『한국의학사』(탐구당, 1993).

김명호,『환재 박규수 연구』(창비, 2008).

김문식, "18세기 후반 서울 學人의 淸學認識과 淸 문물 도입론",『규장각』17 (1994).

김문식, "서명응의 생애와 규장각 활동",『정신문화연구』제22권 제2호 (1999).

김문식,『保晩齋叢書 해제』,『保晩齋叢書』1 (서울大學校 奎章閣韓國學研究院, 2006).

김문용,『홍대용의 실학과 18세기 북학사상』(예문서원, 2005).

김영식,『주희의 자연철학』(예문서원, 2005).

김영식,『정약용의 문제들』(혜안, 2014).

김영식,『한국 전통과학의 배경』(들녘, 2020).

김왕직, 「贍用志」를 통해 본 楓石의 건축론", 실시학사 편,『풍석 서유구 연구 下』(사람의무늬, 2015).

金容燮,『朝鮮後期農學史研究』(지식산업사, 2009).

김용옥,『혜강 최한기와 유교』(통나무, 2004).

김용옥,『讀氣學說: 최한기의 삶과 생각』(통나무, 2015).

김용운,『개성상인의 商術』(한길사, 1986).

김준석, "탕평책 실시의 배경",『한국사』(국사편찬위원회, 1997).

김택영 저, 김승룡 편역주,『송도인물지』(현대실학사, 2000).

김형효, "화담 서경덕의 자연철학에 대하여",『한국학보』제13호 (1978).

김호, "楓石의 醫學論:「仁濟志」의 利用厚生을 중심으로", 실시학사 편,『풍석 서유구 연구 上』(사람의무늬, 2014).

문석윤, "楓石 徐有榘의「葆養志」의 형성에 대한 연구", 실시학사 편,『풍석 서유구 연구 下』(사람의무늬, 2015).

문석윤, "담헌 홍대용(湛軒 洪大容) 연구", 성균관대학교출판부 (사람의무늬, 2012).

문중양, "16·17세기 조선 우주론의 상수학적 성격",『역사와 현실』제34호 (한국역사연구회, 1999).

문중양,『조선후기 水利學과 水利담론』(集文堂, 2000).

박권수, "楓石의 자연과학 저술의 특징", 실시학사 편,『풍석 서유구 연구 上』(사람의무늬, 2014)).

벤저민 엘먼, 양휘웅 옮김,『성리학에서 고증학으로』(예문서원, 2008).

三浦國雄 지음, 이승연 옮김,『주자와 기, 그리고 몸』(예문서원, 2003).

서유구, 조창록 역,『번계시고』(자연경실, 2018).

서유구, 임원경제연구소 옮김,『예규지 1: 가정경제 백과사전』(풍석문화재단, 2019).

설혜심,『인삼의 세계사』(휴머니스트, 2020).

신동원,『조선사람 허준』(한겨레신문사, 2001).

신동원,『동의보감과 동아시아의학사』(들녘, 2015).

신동원,『한국과학문명사강의』(책과함께, 2020).

신복호, "서명응의 문장론",『민족문화연구』제38권 (고려대학교 민족문화연구소, 2003).

심경호, "조선후기 유서·유설과 지식체계의 재정립", 경기문화재단 실학박물관 편,『조선후기 유서(類書)와 지식의 계보학』(景仁文化社, 2019).

안대회, "부(富)의 추구와 생업의 가치를 역설한 이재운의 중상주의적 경영론", 이재운 지음, 안대회 옮김, 『海東貨殖傳』(휴머니스트, 2019).

안대회, 『산수간에 집을 짓고』(돌베개, 2005).

안대회, 이현일 편역, 『한국산문선8, 책과 자연』(민음사, 2017).

안승택, 『식민지 조선의 근대농법과 재래농법: 환경과 기술의 역사인류학』(신구문화사, 2009).

염정섭, 『농업개혁론을 제시한 임원경제지 편찬자 서유구』(민속원, 2013).

염정섭, 『조선시대 농법발달 연구』(태학사, 2002).

염정섭 외, 『楓石 徐有榘와 林園經濟志』(소와당, 2011).

와타나베 히로시, 김선희·박홍규 옮김, 『일본정치사상사: 17-19세기』(고려대학교출판 문화원, 2017).

원유한, 『조선후기 실학의 생성발전 연구』(혜안, 2003).

유경로, "書舍錄 I", 『한국과학사학회지』 제19권 1호 (1997).

유봉학, 『연암일파 북학사상 연구』(일지사, 1995).

유봉학, 『조선후기 학계와 지식인』(신구문화사, 1998).

유승주·이철성, 『조선후기 중국과의 무역사』(景仁文化社, 2002).

유정동, "화담·회재·퇴계의 성리설 전개", 『한국사상대계IV』(성균관대학교 대동문화연 구원, 1984).

이봉규, "『林園經濟志』를 통해 본 楓石의 禮學과 經濟觀: 「鄕禮志」와 「예규지」를 중심 으로", 실시학사 편, 『풍석 서유구 연구 下』(사람의무늬, 2015).

이우성, 『한국의 역사상』(창작과비평사, 1983).

이종호, "유교의 문학관과 미의식", 『대동문화연구』 제38집 (성균관대학교 대동문화연구 원, 2001).

이진수, 『한국 양생사상 연구』(한양대학교 출판부, 1999).

李春寧, 『韓國農學史』(民音社, 1989).

이헌창, 『18세기 황윤석가의 경제생활: 이재난고로 보는 조선지식인의 생활사』(한국학 중앙연구원. 2007).

이헌창, "총론: 한국경제사와 유학사상", 『韓國儒學思想大系 經濟思想編』(한국국학진 흥원, 2007).

이헌창, "星湖의 安民富國論". 실시학사 편, 『성호 이익 연구』(사람의무늬, 2012).

이헌창, "楚亭의 利用厚生思想과 富國論", 실시학사 편, 『초정 박제가 연구』 (사람의무 늬, 2013).

이헌창, 『韓國經濟通史』(제8판) (해남, 2018).

이현구, 『최한기의 기철학과 서양과학』, 대동문화연구총서 18 (성균관대학교 대동문화 연구원, 2000).

이호철, 『朝鮮前期 農業經濟史』 (한길사, 1986).

이화자, 『朝淸國境問題硏究』 (집문당, 2008).

임유경, "서명응의 《보만재총서》에 대하여", 『계간 서지학보』 9 (한국서지학회, 1993).

임유경, "서명응의 문학관 및 시경론", 『한국한문학연구』 제9·10합집 (한국한문학연구 회, 1987).

張永堂, "최한기의 運化氣學", 『대동문화연구』 제45집 (성균관대학교 대동문화연구원, 2004).

전성호, 『조선후기 米價史 연구』 (한국학술정보, 2007).

전용훈, 『한국천문학사』 (들녘, 2017).

정옥자, "규장각의 지식기반사회적 의의와 동아시아문화", 정옥자 외, 『조선시대문화사 (상)』 (일지사, 2007).

정환국, "19세기 文論史에서의 崔漢綺의 文章論", 『대동문화연구』 제43집 (2003).

조창록, "楓石의 실학자적 위상과 '林園經濟'", 실시학사 편, 『풍석 서유구 연구 上』 (사 람의무늬, 2014).

조창록, "풍석 서유구에 대한 한 연구" (성균관대학교 박사학위논문, 2003).

최홍규, 『禹夏永의 實學思想 硏究』 (一志社, 1995).

坂出祥伸 編, 『中國古代養生思想の總合的硏究』 (平河出版社, 1988).

풍석 서유구 지음, 정명현·민철기·정정기·전종욱 외 옮기고 씀, 『임원경제지: 조선 최대 의 실용백과사전』 (씨앗을 뿌리는 사람, 2012/2013개정판).

풍석 서유구 지음, 정명현·김정기 역, 『임원경제지 본리지 1, 2, 3』 (소와당, 2009).

풍석 서유구 지음, 임원경제연구소 역, 『임원경제지 섬용지 1, 2, 3』 (풍석문화재단, 2017).

풍석 서유구 지음, 임원경제연구소 역, 『임원경제지 유예지 1, 2, 3』 (풍석문화재단, 2017).

풍석 서유구 지음, 임원경제연구소 역, 『임원경제지 이운지 1, 2, 3, 4』 (풍석문화재단, 2019).

풍석 서유구 지음, 임원경제연구소 역, 『임원경제지 정조지 1, 2, 3, 4』 (풍석문화재단, 2020).

풍석 서유구 지음, 임원경제연구소 역, 『임원경제지 보양지 1, 2, 3』 (풍석문화재단, 2020).

풍석 서유구 지음, 임원경제연구소 역, 『임원경제지 상택지』 (풍석문화재단, 2019).

풍석 서유구 지음, 임원경제연구소 역, 『임원경제지 예규지 1, 2』 (풍석문화재단, 2017).

풍석 서유구 지음, 임원경제연구소 역, 『임원경제지 전어지 1, 2』 (풍석문화재단, 2021).

풍석 서유구 지음, 임원경제연구소 역, 『임원경제지 향례지 1, 2』 (풍석문화재단, 2021).

풍석 서유구 지음, 임원경제연구소 역, 『임원경제지 전공지 1, 2』 (풍석문화재단, 2022).

풍석 서유구 지음, 임원경제연구소 역, 『임원경제지 예원지』 (미출간본).

풍석 서유구 지음, 임원경제연구소 역, 『임원경제지 만학지』 (미출간본).

풍석 서유구 지음, 임원경제연구소 역, 『임원경제지 관휴지』 (미출간본).

풍석 서유구 지음, 임원경제연구소 역, 『임원경제지 위선지』 (미출간본).

풍석 서유구 지음, 임원경제연구소 역, 『임원경제지 인제지』 (미출간본).

3. 논문

강명관, "楓石 서유구의 散文論", 『韓國學論集』 34 (한양대학교 한국학연구소, 2000).

강민구, "유서(類書)에 나타난 조선 지식인의 화훼(花卉)에 대한 인식", 『東方漢文學』 56 (동방한문학회, 2013).

강신익, "나투스 건강학: 스피노자 윤리학과 생물의학의 통접(統接)", 『의철학연구』 22 (한국의철학회, 2016).

권정순, "『林園經濟志』「鼎俎志」의 飮淸類 研究" (圓光大學校 박사학위논문, 2018).

권정순, "『임원경제지』「정조지」의 차(茶)에 대한 고찰", 『한국예다학』 5 (원광대학교 한국예다학연구소, 2017).

권정순, "『동다송(東茶頌)』에 나타난 차정신(茶精神)의 현대 차생활 적용방안 모색", 『한국예다학』 4 (원광대학교 한국예다학연구소, 2017).

구만옥, "조선후기 과학사 연구에서 '실학'의 문제", 『韓國實學研究』 36 (2018).

구만옥, "유희(柳僖)의 도수지학(度數之學)에 대한 인식과 『고공기도보주보설(考工記圖補註補說)』", 『한국실학연구』 32 (한국실학학회, 2016).

구만옥, "유희(柳僖), 유학(儒學)과 서학(西學)의 통합을 모색한 박학(博學)",『내일을 여는 역사』58 (재단법인 내일을여는역사재단, 2015).

김미희·구자옥·이상영·노경희, "고농서(古農書)에 나타나는 천기예측(天氣豫測) 기술", 『농업사연구』8-2 (한국농업사학회, 2009).

김규섭·이재근, "「임원경제지(林園經濟志)」에 나타난 정원조영 연구: 「이운지(怡雲志)」와 「상택지(相宅志)」를 중심으로",『한국선통조경학회지』32-1 (한국전통조경학회[구 한국정원학회], 2014).

김규섭, "조선시대 서유구의 자연관 및 정원조영 연구" (상명대학교 박사학위논문, 2013).

서정남·김광진·한경숙·고연희·김남이, "『임원경제지』「예원지」에 기술된 초본화훼류의 동정", 한국원예학회 학술발표 2017-5 (한국원예학회, 2017).

김호, "醫史學者 三木榮의 생애와『朝鮮醫學史及疾病史』",『의사학』14-2 (2005).

김대중, "「倪圭志」의 가정 경제학",『韓國漢文學研究』51 (2013).

김대중, "『怡雲志』의 공간 사고"『한국문화』68 (서울대학교 규장각한국학연구원, 2014).

김대중, "위희(魏禧)와 조선후기 한문학: 서유구의 사례를 중심으로",『民族文化研究』58 (고려대학교 민족문화연구원), 2013.

김대중, "조선후기 달성서씨가의 학풍과 실학: 화훼에 대한 서유구의 감수성과 그 의미",『한국실학연구』11 (한국실학학회, 2006).

김대중,『풍석 서유구 산문 연구』(서울대 박사학위논문, 2011).

김대중, "『楓石鼓篋集』의 評語 연구" (서울대 석사학위논문, 2005).

金文植, "19세기 전반 京離學人의 經學思想과 經世論成海應__洪奭周·丁若鏞을 중심으로" (서울대학교 박사학위논문, 1995).

김문식, "楓石 徐有榘의 학문적 배경",『震檀學報』108 (2009).

김문식, "「擬上經界策」에 나타난 徐有榘의 지역인식",『韓國實學研究』18 (韓國實學學會, 2009).

김문식, "18세기 후반 서울 學人의 淸學認識과 淸 문물 도입론",『규장각』17 (1994).

김문식, "서명응의 생애와 규장각 활동",『정신문화연구』22-2 (1999).

김문식, "서유구가 편찬한 할아버지 저술",『문헌과 해석』34 (2006).

김문식, "楓石 徐有榘의 학문적 배경",『震檀學報』108 (2009).

김문용, "서양 의학의 수용과 신체관의 변화: 최한기의『身機踐驗』을 중심으로"『東洋

古典研究』37 (동양고전학회, 2009).

김문용, "조선후기 유서 지식의 성격", 『民族文化研究』83 (고려대학교 민족문화연구원, 2019).

김문용, "조선후기 독서궁리론과 지식의 변화", 『東洋古典研究』32 (동양고전학회, 2008).

김선경, "1833~34년 전라도 지역의 살옥 사건과 심리: 『완영일록』의 분석", 『歷史敎育』 122 (역사교육연구회 2012).

김선희, "19세기 지식장의 변동과 문명의식: 홍한주, 이규경, 최한기를 중심으로", 『韓國 思想史學』49 (한국사상사학회, 2015).

김선희, "조선 후기 유서(類書)와 서학(西學): 『성호사설』과 『오주연문장전산고』를 중심 으로", 『民族文化研究』83 (고려대학교 민족문화연구원, 2019).

김선희, "격물궁리지학, 격치지학, 격치학 그리고 과학: 서양 과학에 대한 동아시아의 지 적 도전과 곤경", 『개념과 소통』17 (한림과학원, 2016).

김선형·김달래, "정조의 의학관", 『의사학』18-2 (대한의사학회, 2009).

김순석, "『완영일록』을 통해 본 전라도관찰사의 공문서 유형과 문서식", 『지역사회연구』 22-3 (한국지역사회학회, 2014).

김영제, "南宋의 地方財政에 對해서―浙東路 慶元府(明州)의 財政收支를 中心으로―", 『中國史研究』21 (2002).

김태우, "만성병 수치화의 생명정치", 『韓國文化人類學』47-2 (한국문화인류학회, 2014).

김혜일·정창현·장우창·백유상, "조선통신사(朝鮮通信使) 의학필담록(醫學筆談錄) 내 용 분석", 『대한한의학원전학회지』28-4 (대한한의학원전학회, 2015).

김혜일, "朝鮮通信使 醫學筆談錄에 대한 考察: 醫學 文獻, 理論, 疾患을 중심으로" (경 희대학교 박사학위논문, 2016).

김형효, "화담 서경덕의 자연철학에 대하여", 『한국학보』13 (1978).

김희정, "중국 고대 感應觀의 형성: 주요 개념과의 관계를 중심으로", 『동양철학』26 (한 국동양철학회, 2006).

김희정, "黃老思想의 天人相應觀 研究: 「黃帝四經」, 「管子」四篇, 「淮南子」, 「黃帝内經」을 中心으로" (西江大學校 박사학위논문, 2003).

김희정, "몸의 논리로 본 인간의 역사에 관한 시론(試論): 고대 중국의 형신론(形神論) 과 감응관(感應觀)에 근거하여", 『의철학연구』3 (한국의철학회, 2007).

남기달 외, "『섬용지』를 통해본 명유의 산업적 활용 가능성", 『2016년 풍석학술대회 논문집』.

노기춘, 「『山林經濟』引用文獻 分析考」, 『書誌學研究』 19 (2000).

노기춘, 「『임원십육지』 인용문헌 분석고(2)—인제지를 중심으로—」, 『서지학연구』 (서지학회, 2006).

문만용, 「나비분류학에서 인문학까지: 석주명식 확산형 학문의 전개와 의미」, 『탐라문화』 40 (제주대학교 탐라문화연구소, 2012).

문중양, 「18세기 후반 조선 과학기술의 추이와 성격: 정조대 정부 부문의 천문역산 활동을 중심으로」, 『역사와현실』 39 (2001).

문중양, 「18세기 말 천문역산 전문가의 과학활동과 담론의 역사적 성격」, 『동방학지』 120 (2003).

문중양, 「16·17세기 조선 우주론의 상수학적 성격」, 『역사와 현실』 34 (한국역사연구회, 1999).

문중양, 「전근대라는 이름의 덫에 물린 19세기 조선 과학의 역사성」, 『한국문화』 54 (서울대학교 규장각한국학연구원, 2011).

문중양, 「『東國·增訂·增補文獻備考』「象緯考」의 편찬과 영정조대의 한국 천문학」, 『震檀學報』 106 (2008).

문중양, 「세종대 척도의 탄생: 주척과 황종척을 중심으로」, (연세대학교 국학연구원, 2021).

박권수, 「徐命膺의 易學的 天文觀」, 『한국과학사학회지』 20-1 (1998).

박상영, 「「인제지」의 조선후기 의사학적 위상과 의의」, 『한국실학연구』 25 (2013).

부유섭, 「건륭 연간 연행록을 통해 본 중국도서 유입에 대하여」, 『대동한문학』 34 (2011).

부유섭, 「연행록을 통해 본 강옹 년간 중국 서적 유입에 대하여」, 『한문학보』 22 (2010).

서종태, 「徐有榘의 『林園經濟志』에 실려 있는 「팔도 물산」에 대한 연구」, 『서강인문논총』 53 (2018).

손병규, 「徐有榘의 賑恤政策—『完營日錄』·『華營日錄』을 중심으로」, 『大東文化研究』 42 (2003).

송윤진·이효지, 「「임원십육지 정조지」 중 식감촬요의 곡류에 관한 고찰」, 『韓國生活科學研究』 25-1 (한양대학교, 2005).

송지원, 「서명응의 詩樂學 연구」, 『民族文化』 42 (한국고전번역원, 2013).

송지원, 「조선후기 儒家樂論의 쟁점」, 『한국학연구』 30 (고려대학교 한국학연구소,

2009).

신동원, "조선시대의 의학론", 『의사학』 13-1 (대한의사학회, 2004).

신동원, "한국과학사에서 본 석주명", 『탐라문화』 40 (제주대학교 탐라문화연구소, 2012).

신복호, "서명응의 문장론", 『민족문화연구』 38 (고려대학교 민족문화연구소, 2003).

신영주, "『이운지』를 통해 본 조선 후기 사대부가의 생활 모습", 『漢文學報』 13 (우리한 문학회, 2005).

심명주, "『이운지(怡雲志)』의 농업공간에 관한 고찰", 『한국문화연구』 36 (이화여자대학 교 한국문화연구원, 2019).

심명주, "『이운지(怡雲志)』 「절신상락(節辰賞樂)」에 관한 소고(小考)", 『한국문화연구』 41 (이화여자대학교 한국문화연구원, 2021).

심명주, "「형비포치(衡泌鋪置)」를 통해 본 서유구(徐有榘)의 향촌 공간 구상" (이화여자 대학교 박사학위논문, 2020).

안대회, "林園經濟志를 통해 본 徐有榘의 利用厚生學", 『韓國實學研究』 11 (2006).

안대회, "조선 후기의 좋은 집터, 이상적 거주공간의 이론과 실제―『임원경제지』 「상택 지」를 중심으로―", 『民族文化硏究』 83 (고려대학교 민족문화연구원, 2019).

安大會, "18·19세기의 주거문화와 상상의 정원", 『진단학보』 97 (진단학회, 2004).

오재근, "『본초강목』이 조선 후기 본초학 발전에 미친 영향", 『의사학』 21-2 (2012).

이강민, "서지학적 분석을 통한 임원경제지 섬용지 영조기사의 구성과 특징 연구", 『한 국주거학회 논문집』 21-4 (한국주거학회, 2010).

李康洙, "徐命膺의 老子理解", 『道教文化硏究』 5 (한국도교문화학회, 1991).

이대승, "서명응의 선천학적 수양론 형성 연구", 『道教文化硏究』 34 (한국도교문화학회, 2011).

이대승, "주희의 『참동계고이』 저술과 그 배경", 『泰東古典硏究』 36 (한림대학교 태동고 전연구소, 2016).

이봉호, "서명응의 『도덕지귀』에 나타난 역리와 내단사상(內丹思想)의 일치", 『韓國思想 과 文化』 22 (한국사상문화학회, 2003).

이봉호, "서명응의 선천학, 서양천문학 이해의 논리: 서호수, 홍대용과 비교를 중심으로", 『한국실학연구』 11 (한국실학학회, 2006).

이정, "조선 후기 기술 지식의 실용성: 제지(製紙) 관련 지식을 통해 본 실학(實學)", 『한 국과학사학회지』 42-1 (한국과학사학회, 2020).

이종묵, "자연의 경을 담은 자연경실과 서유구", 『문헌과 해석』 34호 (문헌과해석사, 2006).

이종호, "유교의 문학관과 미의식", 『대동문화연구』 38 (성균관대학교 대동문화연구원, 2001).

이진수, "修養書에 보이는 양생사상", 『道教文化研究』 24 (한국도교문화학회, 2006).

李鎭洙, "朝鮮後期 養生思想에 괸한 연구: 『이양편』을 중심으로", 『道教文化研究』 8 (한국도교문화학회, 1994).

이태호, "조선후기 화조·화훼·초충·어해도의 유행과 사실정신", 『미술사와 문화유산』 2 (명지대학교 문화유산연구소, 2013).

이헌창, "『林園經濟志』의 경제학", 『震檀學報』 108 (2009).

이헌창, "임원경제지 倪圭志 경제사상과 경제정보", 『경제사학』 45-3 (통권 제77호) (2021).

李根·李憲昶, "지난 千年 韓國經濟史의 4가지 爭點", 『經濟論集』 40-3 (서울대학교경제연구소, 2001).

홍기현, "왜 이재학(理財學)이 아니라 경제학(經濟學)인가?: 이헌창 교수의 정성스러운 탐구", 『한국경제포럼』 8-4 (한국경제학회, 2016).

이현구, 『최한기의 기철학과 서양과학』, 대동문화연구총서 18 (성균관대학교 대동문화연구원, 2000).

임원경, "서명응의 《보만재총서》에 대하여", 『계간 서지학보』 9 (한국서지학회, 1993).

임형택, "실학적 지식과 저술 형태", 『韓國實學研究』 38 (2019).

장동우, "朝鮮時代 『家禮』 研究의 進展", 『泰東古典研究』 31 (2013).

張永堂, "최한기의 運化氣學", 『대동문화연구』 45 (성균관대학교 대동문화연구원, 2004).

전용훈, "조선후기 서양천문학과 전통천문학의 갈등과 융화" (서울대 박사학위논문, 2004).

전종욱·조창록, "『임원경제지』·「인제지」의 편집 체재와 조선후기 의학 지식의 수용 양상", 『醫史學』 21-3 (대한의사학회, 2012).

전종욱, "조선물질문명 개역의 서 임원경제지", 『한국과학기술학회 학술대회 발표자료집』 2018-4 (한국과학기술학회, 2018).

전종욱, "[서평] 『풍석 서유구 연구』(상, 하): 임원에서 시작하는 조선 유학의 마지막 변주―임원경제지(林園經濟志)", 『泰東古典研究』 43 (한림대학교 태동고전연구소,

2019).

전종욱, "조선 鍼灸의 지향에 대한 小考", 『대한한의학원전학회지』 32-3 (대한한의학원
　　전학회, 2019).

전종욱, "호사자와 삼매로 본 임원경제지의 정신", 파주임원경제지학술대회 발표자료집
　　(2020).

전종욱, "임원경제지와 조선 양생의 지향에 대한 연구―몸 자연 사회의 연계를 중심으
　　로", 『대한한의학원전학회지』 35-2 (대한한의학원전학회, 2022).

전종욱, "임원경제지 어류지식의 한의학적 고찰―동의보감과의 비교를 중심으로", 『대
　　한한의학원전학회지』 35-3 (대한한의학원전학회, 2022).

전종욱, "19세기 조선 의약 풍경과 약로―신대우 가계와 서유구, 이규경의 저술을 중심
　　으로", 『한국의사학회지』 35-1 (한국의사학회, 2022).

이지혜·김한솔·정유성·강영민·김대욱·전종욱·박정환·임남희, "오아시스 전통의학정
　　보포털 및 고의서 빅데이터를 활용한 한약재 과체(瓜蔕)의 고문헌 분석 및 활용 가
　　치 제고", 『농업생명과학연구』 55-3 (경상국립대학교 농업생명과학연구원, 2021).

정명현, "『임원경제지』 사본들에 대한 서지학적 검토", 『규장각』 34 (서울대학교 규장각
　　한국학연구원, 2009)

정명현, "조선 백과사전 『임원경제지』와 그 현대적 활용", 한국사전학회 학술대회 발표
　　논문집 (한국사전학회, 2014).

정명현, "조선의 실용백과사전 『임원경제지』에서 구하는 실용적 복고", 『내일을 여는 역
　　사』 (재단법인 내일을여는역사재단, 2019).

정명현, "『임원경제지』 번역의 출발과 전개", 『고전번역연구』 3 (한국고전번역학회, 2012).

정명현, "전통 과학과 기술 연구를 위한 정본화 사업의 필요성", 『한국학』 35-3 (한국학
　　중앙연구원, 2012).

정명현, "서유구(徐有榘, 1764~1845)의 선진 농법 제도화를 통한 국부창출론: 「의상경
　　제책(擬上經界策)」의 해제 및 역주" (서울대학교 박사학위논문, 2014).

정명현, "조선시대 견종법(畎種法) 보급론의 확대", 『농업사연구』 11-2 (한국농업사학회,
　　2012).

정우진, "煉丹術의 기초적 연구", 『道教文化研究』 37 (한국도교문화학회, 2012).

정우진·문석윤, "과학적 질서로서의 이(理)에 관한 연구", 『동서철학연구』 78 (한국동서
　　철학회, 2015).

정은주, "조선 후기 가삼(家蔘) 재배와 『삼서(蔘書)』", 『한국실학연구』 24 (한국실학학회,

2012).

정정기, "임원경제학과 조선의 음식문화", 『人文科學』 64 (성균관대학교 인문과학연구소. 2017).

정호훈, "우하영의 학문과 『천일록』의 사상사적 위상: 17, 18세기 경세학의 흐름을 중심으로", 『韓國思想史學』 48 (한국사상사학회, 2014).

정호훈, "20세기 후반 미국에서의 실학 연구: 제임스 팔레의 「반계수록」 연구를 중심으로", 『한국사연구』 168 (한국사연구회, 2015).

조민환, "서명응 『도덕지귀(道德指歸)』 1장에 관한 연구", 『韓國思想과 文化』 22 (한국사상문화학회, 2003).

조송식, "조선 후기 서유구 『임원경제지』의 『유예지』 「화전」 연구", 『美學』 84-3 (한국미학회, 2018).

조송식, "조선 후기 산림(山林)의 삶과 예술: 서유구 『임원경제지』를 중심으로", 『산림문화전집』 5 (숲과문화연구회, 2016).

조인철, "『林園經濟志』 「相宅志」의 내용 중 '木星輪圖'에 의한 방위측정상의 길흉판단에 관한 연구", 『石堂論叢』 74 (동아대학교 석당학술원, 2019).

조창록, "鶴山 徐浩修論", 『民族文化』 31 (한국고전번역원, 2008).

조창록, 『김려의 우해이어보와 자산어보·「전어지」의 비교 연구』, 『大東漢文學』 47 (대동한문학회 [구. 교남한문학회]), 2016).

조창록, "『해동농서』 이본과 『임원경제지』로의 수용 양상, 『한국실학연구』 38 (한국실학학회, 2019).

조창록, "『산림경제』와 『임원경제지』의 비교 고찰", 『人文科學』 77 (성균관대학교 인문학연구원, 2020).

조창록, "학산 서호수(鶴山 徐浩修)와 『열하기유(熱河紀遊)』: 18세기 서학사의 수준과 지향", 『동방학지』 135 (연세대학교 국학연구원, 2006).

조창록, "사대부의 생활이상과 『임원경제지』: 산림의 처사(處士)에서 임원의 생활인(生活人)으로", 『漢文學報』 19 (우리한문학회, 2008).

조창록, "풍석 서유구와 『번계시고』: 자료 소개를 겸하여", 『韓國漢文學研究』 28 (한국한문학회, 2001).

조창록, "풍석 서유구 『금화경독기(金華耕讀記)』", 『한국실학연구』 19 (한국실학학회, 2010).

조창록, "『자산어보』 원편(原編)과 이청의 재편집에 대한 고찰", 『한국실학연구』 33 (한국실학학회, 2017).

조창록, "전근대 동아시아 국제관계의 재인식: 조선 실학에 끼친 서광계(徐光啓)의 영
　향—서유구 가문을 중심으로", 『史林』 41 (수선사학회, 2012).

조창록, "조선조 개성의 학풍과 서명응 가의 학문", 『大東文化硏究』 47 (성균관대학교
　대동문화연구원, 2004).

차경희·이혜원, "『임원경제지(林園經濟志)』 「정조지(鼎俎志)」를 통해 본 『옹치잡지(饔饎
　雜志)』의 내용과 가치", 『동아시아식생활학회 학술발표대회논문집』 10 (동아시아식
　생활학회, 2018).

차경희·송윤진·이효지, "채소류의 기미론(氣味論) 연구: 「임원십육지」 [정조지] 중 〈식
　감촬요〉와 「동의보감」 [탕액편]를 중심으로", 『한국식품조리과학회지』 22-5 (한국식
　품조리과학회, 2006).

차서연·장동우, "서유구(徐有榘)의 복식관(服飾觀)", 『服飾』 62-6 (한국복식학회, 2012).

차서연, "徐有榘의 服飾觀: 「贍用志」 服飾之具의 분석을 중심으로" (단국대학교 석사학
　위논문, 2011).

최수경, "세계를 수집하다: "물(物)"에 대한 인식의 역사와 명대(明代) 출판물 속의 박물
　학(博物學)", 『中國語文論叢』 73 (중국어문연구회, 2016).

최원석, "조선후기의 주거관과 이상적 거주환경 논의: 건강장수도시의 한국적 원형 탐
　구를 위한 문헌 고찰", 『국토연구』 73 (국토연구원, 2012).

최원석, "조선후기의 주거관 및 거주환경 논의: 그 현대적 조명과 풍수적 의의", 『대한지
　리학회 학술대회논문집』 6 (대한지리학회, 2014).

최원석, "어디가 살만한 곳인가? 조선후기 실학자들의 주거관과 거주환경 논의", 『선비
　문화』 26 (남명학연구원, 2014).

최형국, "18세기 활쏘기(國弓) 수련방식과 그 실제: 『임원경제지』 「유예지」 '射訣'을 중심
　으로", 『탐라문화』 50 (제주대학교 탐라문화연구소, 2015).

최형국, "조선시대 활쏘기 중 鐵箭[六兩弓] 射法의 특성과 그 실제", 『민속학연구』 46
　(국립민속박물관, 2020).

韓美鏡, "「난호어목지」와 「전어지」의 비교 연구", 『서지학연구』 47 (한국서지학회, 2010).

韓美鏡, "조선시대 물고기 관계 문헌에 대한 연구", 『서지학연구』 44 (한국서지학회,
　2009).

홍나영, "조선후기 복식과 임원경제지", 『진단학보』 108 (진단학회, 2009).

〈상세목차〉

1) 대나무 연통 가설에 대하여

　　　—「섬용지」: "나무를 가설하여 샘물을 끌어오는 법"

　　　—「이운지」: "정원에 샘물 끌어들이는 법"

2) '사창' 운용에 대하여

　　　—「향례지」: 사창계약속

　　　—「인제지」: 사창법

3) 계장(계피 음료)에 대하여

　　　—「보양지」: 여름철 건강

　　　—「정조지」: 계장(桂漿, 계피 음료) 만들기

3. 4개의 논문, 1개의 색인

1) 4개의 논문: '곡명고', '오해고', '화명고', '어명고'

2) 탕액운휘:「인제지」의 처방 색인

3부　각론:『임원경제지』의 일용 기술

1장　상업, 물류, 지리 분야

1절. 재리(財利)와 도리(道理)

1. 상업에 대한 태도

1) 재화 추구를 긍정하는 유학 전통

2) 성호 이익과 풍석 서유구

2. 풍족할 때의 도리, 부족할 때의 처신

식(食)과 의(衣) 무엇을 우선할 것인가?

3. 물질의 절약과 그 너머 연계된 행위

1) 절약과 몸의 건강

2) 식시삼사

2절. 물산과 물류

1. 재산을 모으는 법

1) 장사의 비법, 공(公)과 성(誠)

2) 사람 관리와 도둑 예방법

2. 조선 물산과 물류

배와 수레를 이용한 물류

4부 결론: 『임원경제지』로 본 한국문명의 성공조건

Contents in English

Imwon-gyeongje-ji(林園經濟志) and Joseon's Everyday Technology

by Jeon, Jongwook

Assistant Professor

Korean Research Institute of Science, Technology and Civilization

Jeonbuk National University

"Catch mother whales easily using baby whales."

3.3 Meeting

"The noble intellectuals and field practitioners should meet and cooperate"

3.4 Knowledge

"I collected whatever knowledge if it can increases the productivity of Joseon."

III. Detail part: Everyday Technology of Imwon-gyeongje-ji

Chapter 4. Commercial, logistics and geography

4.1 The way of wealth, the way of life

"Pursuing interests, but following principles."

4.2 Products and logistics

"The province that makes a living lies in trade."

4.3 Geography and location

"If water and soil are good, that's all."

Chapter 5. Industrial, Architecture, and Clothing

5.1 Industry and architecture in general

"Manufacturing is the basis of all industries."

5.2 Heavy equipment and mining industry

"The development of mines in Joseon is of great benefit."

5.3 Spinning, textile, and clothing

"Introduce advanced technology and create a joint labor groups."

Chapter 6. Agriculture, animals and weather

6.1. Farming in general, grain agriculture

"Agricultural development in Joseon depends on the introduction of new technologies and the implementation of the Gyeong-myo system(頃畝法)".

6.2. Vegetables, horticulture and fruit trees

"Vegetarian diet is the way of Heaven, and growing flower is good way to cultivate personality."

6.3. Livestock, hunting and fishing

"These are all necessary for the military use, entertainment, wealth and serving."

6.4. Weather prediction

"Collects knowledge helpful for farming through long experience."

Chapter 7. Food, health and medicine

    7.1 In the field of food cooking

        "The longer the storage time, the better the soysauce: the soysauce of Joseon is the best in the world."

    7.2 In the field of health and curing

        "By fusing both Buddhist and Taoist methods, the best Confucian health curing technique eventually appears."

    7.3 In the field of medicine

        "It is only the way of medicine that is proven in reality and has the effect of relieving people."

Chapter 8. Arts, rituals and liberal arts

    7.1 "The newly reorganized Yuk-ye(六藝), based on that, we play and train our mind and body."

    7.2 "The newly reorganized Hyang-rye(鄕禮), based on that, we harmonize and lead our family and the villagers."

    7.3 "Joseon scholars' noble hobbies: how to cultivate universal nobility that lasted a thousand years in this harsh world."

IV. Conclusion

The conditions of success of Korean civilization as viewed on Imwon-gyeongje-ji